次のページもご覧ください ▶▶▶

都立 立川（たちかわ） 高等学校

https://www.metro.ed.jp/tachikawa-h/

〒190-0022 立川市錦町2-13-5
☎042-524-8195
交通　ＪＲ中央線・青梅線・南武線立川駅　徒歩８分
　　　多摩モノレール立川南駅・柴崎体育館駅　徒歩６分

普通科
創造理数科

制　服

[カリキュラム] ◇三学期制◇

・平成24年度より学習内容を大幅に変更。これまで以上に**難関国立大学**を視野に入れたものとなった。1日**7時限×45分授業**となり、**土曜日授業**（年20回程度）も実施し、三学期制となった。
・１・２年次は全員が共通科目で学習する。新たに設置した「**SS課題研究Ⅰ・Ⅱ**」と「**SS英語**」を学んでいく。
・創造理数科では、より充実した科学教育を展開しながら探究活動を深めるとともに「**理数探究**」・「**SS英語**」を学ぶ。
・国語、数学、英語、化学で**習熟度別授業**や**少人数授業**を取り入れ、指導の充実を図っている。
・理科の基礎科目（物理基礎、化学基礎、生物基礎、地学基礎）をすべて学習する。
・東京外国語大、東京農工大、電気通信大、などの講義を受講できる**高大連携**を実施している。
・全生徒、創造理数科の生徒を対象としたフィールドワークを実施している。

[部活動]

・約11割が参加（一部兼部可能）。
・**剣道部**が、東京都高体連剣道専門部第七支部大会で男子団体優勝、女子個人戦（初段の部）準優勝になった。男子は都大会に出場した。**天文気象部**が、全国高等学校総合文化祭研究発表地学部門で最優秀賞を受賞した。
・令和２年度は、**男子ハンドボール部**が公立高校ハンドボール大会において優勝。

★設置部（※は同好会）
野球、水泳、バスケットボール、サッカー、陸上競技、硬式テニス、卓球、山岳、バレーボール、柔道、剣道、バドミントン、ハンドボール、ダンス、ソフトテニス、生物、化学、天文気象、美術、室内楽、吹奏楽、文芸、茶道、演劇、漫画、放送、ESS、クイズ研究、合唱、パソコン、物理、※数学研究、※歴史研究

[行　事]

１年次夏の**臨海教室**は全員参加。千葉県館山の清明寮にて３泊４日で行う。

4月　新入生歓迎会
5月　体育祭、芸術鑑賞教室
6月　合唱祭
7月　臨海教室（１年）
8月　部合宿
9月　文化祭（展示）、演劇コンクール
11月　修学旅行（２年）
3月　クラスマッチ（１・２年）

[進　路]（令和５年３月）

・**生徒全員が大学への進学を希望**しているため、入学時より３年間を見通した進路指導を行っている。
・合格状況は、国公立135名、早慶上理ICU123名、GMARCH278名。
・各学年ごと、希望者を対象に平日の放課後や長期休業中、土曜日などに計画的に**補習・講習**を行い、学力の充実をはかっている。
・外部講師による**進路説明会**や**進路講話**、**オープンキャンパス**、**OB研究室見学**（東京大、東京工業大、京都大、北海道大など）への参加、また、「**進路だより**」による情報提供といった様々な取り組みを行っている。
・**進路指導室**は終日生徒に開放されている。

★卒業生の進路状況
＜卒業生312名＞
大学245名、短大０名、専門学校２名、就職０名、その他65名

★卒業生の主な合格実績
東京大、京都大、東北大、北海道大、筑波大、電気通信大、東京海洋大、東京外国語大、東京学芸大、東京工業大、東京農工大、一橋大、信州大、国立看護大学校、東京都立大、早稲田大、慶應義塾大、青山学院大、上智大、中央大、東京理科大、法政大、明治大、立教大

♣指定校推薦枠のある大学・短大など♣
首都大学東京、早稲田大、慶應義塾大、青山学院大、学習院大、中央大、津田塾大、東京女子大、東京薬科大、東京理科大、日本女子大、法政大、

・明治34年、東京府立第二中学校として創立された多摩地区で最古の**伝統校**。卒業生は２万７千名を超え、各界で活躍している。
・同窓会の施設として、千葉の館山に「**清明寮**」があり、臨海教室などに利用している。
・平成29年、高校生「**科学の祭典**」の「情報」「実技」の２部門で第１位となった。
・平成29年、都の**進学指導重点校**に継続指定された。
・平成30年度から５年間、**スーパーサイエンスハイスクール**に指定された。令和５年度から２期目の取組みが始まっている。
・令和４年、創造理数科が新設された。

[学校見学]（令和５年度実施内容）

★授業公開　5・8月各３回、6・10・11月各１回、9月２回
★入試問題説明会　7・12月各１回
★学校説明会　10・11月各１回
★夏季見学会　8月３回
★文化祭　9月　見学可

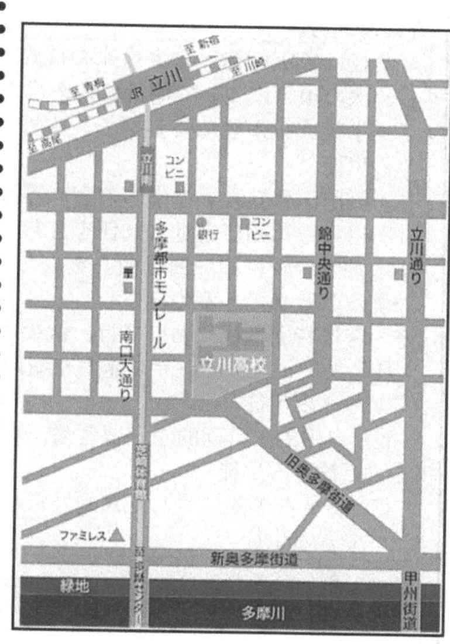

入試!インフォメーション

※本欄の内容はすべて令和６年度入試のものです。

受検状況

科名・コース名	募集人員	推薦に基づく入試				第一次募集・分割前期募集			
		募集人員	応募人員	応募倍率	合格人員	募集人員	受検人員	受検倍率	合格人員
普　通	276	56	165	2.95	56	220	292	1.33	225
創造理数	40	8	9	1.13	6	34	83	2.44	36

入学者選抜実施方法

	科名・コース名	推薦枠		調査書の活用		満点					備考
		割合(%)	特別推薦の有無	観点別学習状況の評価	評定	調査書点	集団討論・個人面接	小論文	作文	実技検査	
推薦	普　通	20	−	−	○	500	100	400	−	−	＊口頭試問を行なう。
推薦	創造理数	20	−	−	○	500	50*	200	−	−	

	科名・コース名	分割募集	男女枠緩和	学力検査		調査書		学力検査：調査書	満点					備考
				教科	学校指定による傾斜配点	教科の評定の扱い			学力検査	調査書点	面接	小論文・作文	実技検査	
						学力検査を実施する教科	学力検査を実施しない教科							
第一次・分割前期	普　通	−	○	5*		1倍	2倍	7：3	700	300	−	−	−	＊国数英は自校作成。（普通科と創造理数科は共有）
第一次・分割前期	創造理数	−		5*		1倍	2倍	7：3	700	300	−	−	−	

〈本校の期待する生徒の姿〉

★普通科

本校は質実剛健・自主自律の校風に基づき、将来のリーダーを育成することをミッションとしている。これを理解し、次の項目について期待に応え得る生徒を望んでいる。

1　学業成績が極めて良好で、本校の普通科の教育課程を理解し、入学後も意欲的に学習に取り組むことができる生徒

2　難関国公立大学進学への意欲等将来の進路実現に向けて、高い志を掲げ、継続して努力することができる生徒

3　自らの行動に自覚と責任をもち、中学校において、学習と特別活動等を両立させてきた実績がある生徒

4　探究的な姿勢をもち、自ら課題を見付け、その解決策を見いだすような取り組みができ、何にでも興味をもち、自分のこととして物事を捉えることができる生徒

※　特に推薦選抜においては、次のような特性をもつ生徒が望ましい。

(1)　コミュニケーション能力や論理的思考力、表現力等に優れ、積極的であり、様々な場面でリーダーシップを発揮できる生徒

(2)　自主的・計画的な学習習慣が身に付いており、入学後も継続して努力し、高い志をもち、自分を高める環境を求め続ける生徒

★創造理数科

本校は質実剛健・自主自律の校風に基づき、将来のリーダーを育成することをミッションとしている。これを理解し、次の項目について期待に応え得る生徒を望んでいる。

1　学業成績が極めて良好で、本校の創造理数科の教育課程を理解し、入学後も意欲的に学習に取り組むことができる生徒

2　難関国公立大学進学への意欲等将来の進路実現に向けて、高い志を掲げ、継続して努力することができる生徒

3　自らの行動に自覚と責任をもち、中学校において、学習と特別活動等を両立させてきた実績がある生徒

4　科学分野に高い興味関心をもち、研究活動等の創造的な活動に意欲があり、外部の研究発表会等に積極的に参加することができる生徒

※　特に特別選抜においては、次のような特性を持つ生徒が望ましい。

(1)　コミュニケーション能力や論理的思考力、表現力等に優れ、積極的であり、様々な場面でリーダーシップを発揮できる生徒

(2)　自主的・計画的な学習習慣が身に付いており、入学後も継続して努力し、高い志をもち、自分を高める環境を求め続ける生徒

(3)　様々な事象に対して知的好奇心をもって向き合い、自ら設定した課題に対して継続的に粘り強く挑戦することができる生徒

難易度（偏差値）	ＡＡ（72－70）	併願校選択例	錦城、東京電機大、八王子学園八王子、明治大付属明治、早稲田実業

都立立川高等学校

〈収録内容〉

便利な DL コンテンツは右の QR コードから

⇒

※データのダウンロードは 2025 年 3 月末日まで。
※データへのアクセスには、右記のパスワードの入力が必要となります。 ⇒ 936887

本書の特長

実戦力がつく入試過去問題集

▶ 問題 …………… 実際の入試問題を見やすく再編集。
▶ 解答用紙 …… 実戦対応仕様で収録。
▶ 解答解説 …… 詳しくわかりやすい解説には、難易度の目安がわかる「基本・重要・やや難」の分類マーク（下記参照）。各科末尾には合格へと導く「ワンポイントアドバイス」を配置。採点に便利な配点つき。

入試に役立つ分類マーク

基本 確実な得点源！
受験生の90%以上が正解できるような基礎的、かつ平易な問題。
何度もくり返して学習し、ケアレスミスも防げるようにしておこう。

重要 受験生なら何としても正解したい！
入試では典型的な問題で、長年にわたり、多くの学校でよく出題される問題。
各単元の内容理解を深めるのにも役立てよう。

やや難 これが解ければ合格に近づく！
受験生にとっては、かなり手ごたえのある問題。
合格者の正解率が低い場合もあるので、あきらめずにじっくりと取り組んでみよう。

合格への対策、実力錬成のための内容が充実

▶ 各科目の出題傾向の分析、合否を分けた問題の確認で、入試対策を強化！
▶ その他、学校紹介、過去問の効果的な使い方など、学習意欲を高める要素が満載！

解答用紙ダウンロード 解答用紙はプリントアウトしてご利用いただけます。弊社ＨＰの商品詳細ページよりダウンロードしてください。トビラのＱＲコードからアクセス可。

UD FONT 見やすく読みまちがえにくいユニバーサルデザインフォントを採用しています。

過去問の効果的な使い方

① **はじめに**　入学試験対策に的を絞った学習をする場合に効果的に活用したいのが「過去問」です。なぜならば，志望校別の出題傾向や出題構成，出題数などを知ることによって学習計画が立てやすくなるからです。入学試験に合格するという目的を達成するためには，各教科ともに「何を」「いつまでに」やるかを決めて計画的に学習することが必要です。目標を定めて効率よく学習を進めるために過去問を大いに活用してください。また，塾に通われていたり，家庭教師のもとで学習されていたりする場合は，それぞれのカリキュラムによって，どの段階で，どのように過去問を活用するのかが異なるので，その先生方の指示にしたがって「過去問」を活用してください。

② **目的**　過去問学習の目的は，言うまでもなく，志望校に合格することです。どのような分野の問題が出題されているか，どのレベルか，出題の数は多めか，といった概要をまず把握し，それを基に学習計画を立ててください。また，近年の出題傾向を把握することによって，入学試験に対する自分なりの感触をつかむこともできます。

過去問に取り組むことで，実際の試験をイメージすることもできます。制限時間内にどの程度までできるか，今の段階でどのくらいの得点を得られるかということも確かめられます。それによって必要な学習量も見えてきますし，過去問に取り組む体験は試験当日の緊張を和らげることにも役立つでしょう。

③ **開始時期**　過去問への取り組みは，全分野の学習に目安のつく時期，つまり，9月以降に始めるのが一般的です。しかし，全体的な傾向をつかみたい場合や，学習進度が早くて，夏前におおよその学習を終えている場合には，7月，8月頃から始めてもかまいません。もちろん，受験間際に模擬テストのつもりでやってみるのもよいでしょう。ただ，どの時期に行うにせよ，取り組むときには，集中的に徹底して取り組むようにしましょう。

④ **活用法**　各年度の入試問題を全問マスターしようと思う必要はありません。できる限り多くの問題にあたって自信をつけることは必要ですが，重要なのは，志望校に合格するためには，どの問題が解けなければいけないのかを知ることです。問題を制限時間内にやってみる。解答で答え合わせをしてみる。間違えたりできなかったりしたところについては，解説をじっくり読んでみる。そうすることによって，本校の入試問題に取り組むことが今の自分にとって適当かどうかが，はっきりします。出題傾向を研究し，合否のポイントとなる重要な部分を見極めて，入学試験に必要な力を効率よく身につけてください。

数学

各都道府県の公立高校の入学試験問題は，中学数学のすべての分野から幅広く出題されます。内容的にも，基本的・典型的なものから思考力・応用力を必要とするものまでバランスよく構成されています。私立・国立高校では，中学数学のすべての分野から出題されることには変わりはありませんが，出題形式，難易度などに差があり，また，年度によっての出題分野の偏りもあります。公立高校を含め，ほとんどの学校で，前半は広い範囲からの基本的な小問群，後半はあるテーマに沿っての数問の小問を集めた大問という形での出題となっています。

まずは，単年度の問題を制限時間内にやってみてください。その後で，解答の答え合わせ，解説での研究に時間をかけて取り組んでください。前半の小問群，後半の大問の一部を合わせて50%以上の正解が得られそうなら多年度のものにも順次挑戦してみるとよいでしょう。

英語

英語の志望校対策としては，まず志望校の出題形式をしっかり把握しておくことが重要です。英語の問題は，大きく分けて，リスニング，発音・アクセント，文法，読解，英作文の5種類に分けられます。リスニング問題の有無(出題されるならば，どのような形式で出題されるか)，発音・アクセント問題の形式，文法問題の形式(語句補充，語句整序，正誤問題など)，英作文の有無(出題されるならば，和文英訳か，条件作文か，自由作文か）など，細かく具体的につかみましょう。読解問題では，物語文，エッセイ，論理的な文章，会話文などのジャンルのほかに，文章の長さも知っておきましょう。また，読解問題でも，文法を問う問題が多いか，内容を問う問題が多く出題されるか，といった傾向をおさえておくことも重要です。志望校で出題される問題の形式に慣れておけば，本番ですんなり問題に対応することができますし，読解問題で出題される文章の内容や量をつかんでおけば，読解問題対策の勉強として，どのような読解問題を多くこなせばよいかの指針になります。

最後に，英語の入試問題では，なんと言っても読解問題でどれだけ得点できるかが最大のポイントとなります。初めて見る長い文章をすらすらと読み解くのはたいへんなことですが，そのような力を身につけるには，リスニングも含めて，総合的に英語に慣れていくことが必要です。「急がば回れ」ということわざの通り，志望校対策を進める一方で，英語という言語の基本的な学習を地道に続けることも忘れないでください。

国語

国語は，出題文の種類，解答形式をまず確認しましょう。論理的な文章と文学的な文章のどちらが中心となっているか，あるいは，どちらも同じ比重で出題されているか，韻文(和歌・短歌・俳句・詩・漢詩)は出題されているか，独立問題として古文の出題はあるか，といった，文章の種類を確認し，学習の方向性を決めましょう。また，解答形式は，記号選択のみか，記述解答はどの程度あるか，記述は書き抜き程度か，要約や説明はあるか，といった点を確認し，記述力重視の傾向にある場合は，文章力に磨きをかけることを意識するとよいでしょう。さらに，知識問題はどの程度出題されているか，語句(ことわざ・慣用句など)，文法，文学史など，特に出題頻度の高い分野はないか，といったことを確認しましょう。出題頻度の高い分野については，集中的に学習することが必要です。読解問題の出題傾向については，脱語補充問題が多い，書き抜きで解答する言い換えの問題が多い，自分の言葉で説明する問題が多い，選択肢がよく練られている，といった傾向を把握したうえで，これらを意識して取り組むと解答力を高めることができます。「漢字」「語句・文法」「文学史」「現代文の読解問題」「古文」「韻文」と，出題ジャンルを分類して取り組むとよいでしょう。毎年出題されているジャンルがあるとわかった場合は，必ず正解できる力をつけられるよう意識して取り組み，得点力を高めましょう。

数学 出題傾向の分析と合格への対策

▼年度別出題内容分類表……

出題内容			2020年	2021年	2022年	2023年	2024年
数と式		数の性質	○	○	○	○	○
		数・式の計算	○	○	○		
		因数分解					
		平方根	○	○	○	○	○
方程式・不等式		一次方程式	○	○	○	○	○
		二次方程式	○	○	○	○	
		不等式					
		方程式・不等式の応用	○	○	○		
関数		一次関数	○	○	○	○	○
		二乗に比例する関数	○	○	○	○	○
		比例関数		○			
		関数とグラフ	○	○	○	○	○
		グラフの作成					
図形	平面図形	角度		○			
		合同・相似	○	○	○	○	○
		三平方の定理	○		○	○	○
		円の性質	○	○	○	○	○
	空間図形	合同・相似			○		○
		三平方の定理	○		○	○	○
		切断					
	計量	長さ	○	○	○	○	○
		面積	○	○	○	○	○
		体積	○		○	○	○
		証明	○	○	○	○	○
		作図	○	○	○	○	○
		動点					
統計		場合の数					
		確率		○	○	○	○
		統計・標本調査					
融合問題		図形と関数・グラフ	○	○	○	○	○
		図形と確率					
		関数・グラフと確率					
		その他					
その他				○			

都立立川高等学校

――出題傾向とその内容――

都立独自入試校の入試問題には特徴として「受験生の思考過程や推論の過程を重視する」というねらいがある。本校でも証明や解答に至る途中式や計算の過程を記述する問題が2～4において出題された。

出題内容は，1が数・式の計算，平方根，連立方程式，二次方程式の応用，確率，作図等，中学数学全分野からの基本的な小問群，2は図形と関数・グラフの融合問題で，関数や図形の性質を理解し，問題を統合的にとらえて，論理的に考える力が試されている。3は平面図形の総合問題で，円周角の定理や相似の性質，三平方の定理を利用した線分の長さ，角度の計量と三角形の合同を利用した図形の記述式証明問題，4は相似の性質や三平方の定理を利用した，空間内の線分の長さや立体の体積を求める問題であった。

――来年度の予想と対策――

学習のポイント★★★

他の自校作成問題よりは解きやすい傾向は続くと思われる。ただし，今後も数と式，図形，数量関係の各領域における基本的な知識・理解の程度をみるとともに，数学的な考え方・表現技法・処理能力を測る問題が出題されることは間違いないだろう。まずは，教科書に載っている基本的な定理・公式・性質などを復習すること。さらに実践にむけて，他の私立上位校や自校作成問題出題校の過去問を使って，数学的な視点で問題を捉える訓練をつむこと。また，定理や公式にあてはめるだけでは対応できない問題の出題率は今後も高くなっていくと思われる。対策としては，公式や定理，問題パターンを暗記するような方法ではなく，覚えた知識などを自由に使いこなすという実践力が必要であることを意識して，上記に挙げたような問題をある程度こなしていけばよいと思われる。

英語　出題傾向の分析と合格への対策

▼年度別出題内容分類表……

	出題内容	2020年	2021年	2022年	2023年	2024年
話し方・聞き方	単語の発音					
	アクセント					
	くぎり・強勢・抑揚					
	聞き取り・書き取り	○	○	○	○	
語い	単語・熟語・慣用句				○	○
	同意語・反意語					
	同音異義語					
読解	英文和訳(記述・選択)					
	内容吟味	○	○	○	○	○
	要旨把握	○	○	○	○	○
	語句解釈	○	○	○	○	
	語句補充・選択	○	○	○	○	○
	段落・文整序		○	○	○	○
	指示語					
	会話文	○	○	○	○	○
文法・作文	和文英訳					
	語句補充・選択				○	○
	語句整序	○	○	○	○	○
	正誤問題					
	言い換え・書き換え			○		
	英問英答					
	自由・条件英作文	○	○	○	○	○
文法事項	間接疑問文		○	○	○	○
	進行形	○	○	○		
	助動詞	○	○	○	○	○
	付加疑問文・感嘆文					
	仮定法				○	○
	不定詞	○	○	○	○	○
	分詞・動名詞	○	○	○	○	○
	比較	○	○	○	○	○
	受動態	○	○		○	○
	現在完了	○	○	○	○	○
	前置詞	○		○	○	○
	接続詞	○	○	○	○	○
	関係代名詞	○		○	○	○

都立立川高等学校

出題傾向とその内容

大問構成はリスニングテスト1題，会話文読解1題，長文読解1題の3題である。

会話文は「再生可能エネルギーである地熱エネルギー」に関するもの。長文読解は「中学3年生が家族である島に1年間住んだ時に経験したこと」についての物語であった。ともに文章量はかなり多く，例年通り難易度は高めと言えるだろう。小問の出題傾向としては文章の内容理解を問うものが多いが，語句整序の形で文法知識も求められた。

また，読解問題中で40～50語の英作文が出題された。まとまった内容の英文を書く必要があり，表現力も試される出題だった。

来年度の予想と対策

学習のポイント★★★

例年の傾向を踏まえつつも，多少の変化には柔軟に対応できるよう，十分な準備を進めたい。

本年度の入試から考えると，読解中心ではあるが，高いレベルの総合力が求められる出題となるであろう。対策としては，やや難易度が高く，文章量の多い読解問題に積極的に取り組み，さまざまな出題形式に慣れてほしい。

また，読解問題といえども文法や構文を正確に理解していなければ，長文を正確に読みとることはできない。中学で学習した文法事項を確かな知識として自分のものにしておこう。英文が長いので，速読を意識した英語を読む習慣を身につけるように心がけよう。

もちろん，英作文対策という意味でも単語・熟語は，しっかりと身につけることが大切である。

国語 出題傾向の分析と合格への対策

▼年度別出題内容分類表……

出題内容			2020年	2021年	2022年	2023年	2024年
内容の分類	読解	主題・表題					
		大意・要旨			○	○	○
		情景・心情	○	○	○	○	○
		内容吟味	○	○	○	○	○
		文脈把握	○		○	○	○
		段落・文章構成	○	○			
		指示語の問題		○			
		接続語の問題					
		脱文・脱語補充		○	○	○	○
	漢字・語句	漢字の読み書き	○	○	○	○	○
		筆順・画数・部首					
		語句の意味					
		同義語・対義語					
		熟語					
		ことわざ・慣用句					
	表現	短文作成					
		作文（自由・課題）			○	○	○
		その他					
	文法	文と文節					
		品詞・用法			○	○	○
		仮名遣い					
		敬語・その他					
	古文の口語訳						
	表現技法						
	文学史						
問題文の種類	散文	論説文・説明文	○	○		○	○
		記録文・報告文					
		小説・物語・伝記	○	○		○	○
		随筆・紀行・日記					
	韻文	詩					
		和歌（短歌）	○			○	
		俳句・川柳					
	古文		○				
	漢文・漢詩			○			○

都立立川高等学校

――出題傾向とその内容――

本年度も昨年度同様，漢字の読み書きが独立して2題と読解問題が3題の，計5題が出題された。

漢字の読み書きは，やや難しい。常用漢字からの出題ではあるが，中学生が日常生活ではあまり使わないものがよく狙われる。

小説は，登場人物の心情や行動の理由，そして表現技法などが問われやすい。

説明的文章は，内容理解や文章の構成などが問われやすい。また，本文の内容について80～150字で説明する記述問題も課される。

特徴的なのが，毎年大問5で問われる，古文や漢文を含む説明的文章の問題である。本年度は，和歌を含む文章の読解が課された。

――来年度の予想と対策――

学習のポイント★★★

来年度も，出題傾向・形式に大きな変化はないと思われる。

現代文は，文章が少し長いので，速く正確に読む訓練をしておきたい。演習で使う問題集は，標準～やや難の難易度のもので構わない。小説では，登場人物たちの「出来事→心情→行動」を押さえて読むことに重点をおこう。説明的文章では，筆者の主張を押さえながら，文章の構造を意識して読むことに重点をおこう。

古文と漢文は，説明的文章の中に含まれて解説されるのが普通なので，基本的な知識があれば十分対応できる。

漢字や慣用句などの語彙に関しては，教科書だけではなく国語便覧なども使って学習するとよいだろう。もし時間があれば，語彙の問題集を一冊完璧にしておきたい。

理科 ●●●•• 出題傾向の分析と合格への対策 ••●●●

出題傾向とその内容

〈最新年度の出題状況〉

大問1は，全領域からの小問で，大問2の生徒研究ではクジャク石に含まれる銅の割合の計算，光の屈折の作図などの出題があった。大問3の地学は，透明半球での太陽の日周経路の観察，北極側から見た地球の自転，緯度の高低と夜の長さの考察であった。大問4の生物は，光合成の対照実験では顕微鏡操作と光合成の条件，光の明るさと光合成量・呼吸量の関係の考察であった。大問5の化学は，電解質と非電解質，溶解度曲線の温度と水溶液の濃度の変化のグラフの考察と溶質を全て取り出すための計算問題があった。大問6の物理は，斜面上での台車の運動と斜面上の台車の力の分解，作用・反作用の法則，位置／運動エネルギー，仕事とエネルギーの考察があった。探究の過程重視で，実験データや資料の読解力，分析力，判断力，科学的思考力等が試され，地学と化学で文章記述があった。

〈出題傾向〉

毎年，各学年の教科書の第一分野・第二分野からバランスよく出題される。大問1は各分野の基礎的問題で，大問2は資料や実験データの読みとり，計算，作図など科学の方法の基本的問題である。大問3から大問6は，各領域ごとに，一つのテーマについて，実験や観察から調べていきデータ(資料)をもとに考察し，総合的に活用して解く問題であり，論理的な問題解決能力が要求される。出題内容は，実験操作，モデル化，化学反応式，計算，グラフ化，データや資料の読みとりなどである。

物理的領域　大問は，6年は斜面上の台車の運動と力の分解，作用・反作用，位置／運動エネルギー，仕事，5年は電圧と電流と抵抗，電力の実験とグラフ，電力量，4年は斜面を下る小球の運動，力学的エネルギー，3年はフレミングの左手の法則，電磁誘導，右ねじの法則，回路の抵抗であった。

化学的領域　大問は，6年は電解／非電解質，溶解度曲線の温度と水溶液の濃度・溶質の取り出し，5年はイオンの粒子モデルと塩化銅／水の電気分解，4年は電池の電極での化学変化，水の電気分解，中和実験でのイオン数，3年は熱分解のモデル・実験方法・pH，質量変化の規則性であった。

生物的領域　大問は，6年は光合成の対照実験・顕微鏡操作，光の明るさと光合成量・呼吸量の関係，5年は消化の対照実験・柔毛での吸収・血液の循環・細胞の呼吸，4年は花のつくりと生殖，メンデルの実験の応用，3年は光合成の対照実験，光の明るさと光合成量・呼吸量の関係であった。

地学的領域　大問は，6年は透明半球の太陽の日周経路，北極側からの地球の自転，緯度の高低と夜の長さ，5年は露点の測定実験と湿度，雲の発生実験と寒冷前線，4年は火成岩と堆積岩，地質年代の示準化石や脊椎動物，柱状図，3年は空気中の水蒸気量，寒冷前線，季節と気圧配置であった。

来年度の予想と対策

実験・観察を扱った問題を中心に，基礎的理解力と並んで，後半の大問4題では，複数の実験や観察について考察しながら教科書の発展応用問題を解くといった総合的な問題解決能力を試す出題が予想される。グラフや作図，化学反応式など自ら発想して解答を得るなど，探究の過程重視と思われる。

教科書を丁寧に復習し，基礎的な用語は正しく理解し押さえておこう。日頃の授業では，仮説，目的，方法，結果，考察等の探究の過程を意識して，実験や観察に積極的に参加しよう。実験装置は図を描き，実験・観察結果は図や表，グラフ化など分かり易く表現し，記録しよう。考察は結果に基づいて自分で文章を書く習慣を身につけよう。資料から情報を読み取る学習においても，身近に発生している現象と重ねあわせて考察し，生じた疑問をさらに調べるといった自ら学ぶ姿勢を身につけたい。

⇨学習のポイント

- 教科書の「実験・観察すべて」が基礎・基本。用語，図表，応用発展，資料がすべてテスト範囲。
- 過去問題を多く解き，応用問題にも挑戦しよう。日常生活や社会にかかわる探究活動も大切!!

年度別出題内容の分析表　理科

※★印は大問の中心となった単元／　　は出題範囲縮小の影響がみられた内容

分野	学年	出題内容	27年	28年	29年	30年	2019年	2020年	2021年	2022年	2023年	2024年
第一分野	第1学年	身のまわりの物質とその性質	○	○	○			★			○	
		気体の発生とその性質	○	○	○	○	○	○		○	○	
		水溶液		○		○	○	○		○	○	★
		状態変化	○	○	○		○	○		○		
		力のはたらき(2力のつり合いを含む)		○			○		○	○		
		光と音	○	○	○	○	○	○	○	○	○	○
	第2学年	物質の成り立ち	○	○	★	○	○	○	○	○	○	○
		化学変化，酸化と還元，発熱・吸熱反応	○	○	○	○	○	○		○		○
		化学変化と物質の質量	★				★		★			○
		電流(電力，熱量，静電気，放電，放射線を含む)	○	★	○	○	○	★	○	○	★	○
		電流と磁界			○	★	○		★			
	第3学年	水溶液とイオン，原子の成り立ちとイオン	○		○	○		○	○	○	★	○
		酸・アルカリとイオン，中和と塩	○	★	○		○		○	○		
		化学変化と電池，金属イオン				★				★		
		力のつり合いと合成・分解(水圧，浮力を含む)		○	○					○	○	○
		力と物体の運動(慣性の法則を含む)	○		★	○	○		○	★	○	★
		力学的エネルギー，仕事とエネルギー	★		○	○	★	○		○		○
		エネルギーとその変換，エネルギー資源		○		○		○				
第二分野	第1学年	生物の観察と分類のしかた										
		植物の特徴と分類	○							○		
		動物の特徴と分類	○		○			○	○			○
		身近な地形や地層，岩石の観察	○		○	○		○		○		○
		火山活動と火成岩		○	○	○		○		○	○	
		地震と地球内部のはたらき		○			★		○			
		地層の重なりと過去の様子	★		○	★	○			★		○
	第2学年	生物と細胞(顕微鏡観察のしかたを含む)										○
		植物の体のつくりとはたらき	★	○		★	○		★	○	○	★
		動物の体のつくりとはたらき	○	○	★	○	○	★	○	○	★	○
		気象要素の観測，大気圧と圧力	○		○				○		★	○
		天気の変化	○	○	★	○	○	○	★	○	○	
		日本の気象							○			
	第3学年	生物の成長と生殖		○		○		○		○	○	
		遺伝の規則性と遺伝子		★	○		★		○	★		
		生物の種類の多様性と進化			○					○		
		天体の動きと地球の自転・公転		○			○		○		○	★
		太陽系と恒星，月や金星の運動と見え方	○	★	○	○		★		○		
		自然界のつり合い		○		○	○				○	○
自然の環境調査と環境保全，自然災害							○	○				
科学技術の発展，様々な物質とその利用					○	○		○	○			
探究の過程を重視した出題			○	○	○	○	○	○	○	○	○	○

— 東京都公立高校 —

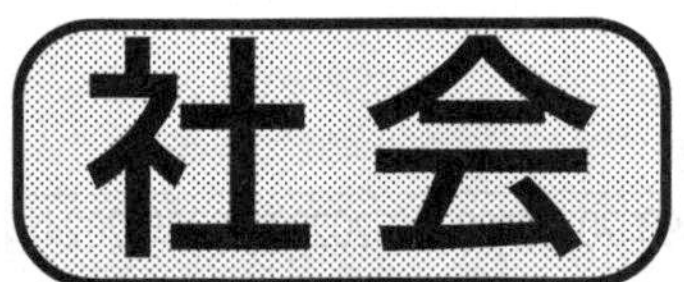

出題傾向の分析と合格への対策

出題傾向とその内容

〈最新年度の出題状況〉

本年度の出題数は，例年同様，大問6題，小問20題である。解答形式は，マークシートの記号選択式が17題で，記述問題は各分野1題ずつ計3題であった。大問は，日本地理1題，世界地理1題，歴史2題，公民1題，地理分野・歴史分野・公民分野の各出題で構成された大問が1題である。基礎・基本の定着と，資料を読みとり，考察する力を試す総合的な問題が出題の中心となっている。

地理的分野では，略地図を中心に，表・グラフといった統計資料を用いて，諸地域の特色・産業・貿易・気候・人々のくらしなどが問われている。歴史的分野では，説明文・略年表などをもとに，日本の歴史が総合的に問われている。公民的分野では，基本的人権・財政・国際問題等の中から基礎的な知識が問われている。

〈出題傾向〉

全体として，3分野について基礎的な知識をみるとともに，資料を活用して社会的事象を考察し，適切に表現する能力をみる出題である。

地理的分野では，地形図・略地図・表・グラフ・雨温図などを読みとらせることで，知識の活用が行えるかを確認している。出題の形式がやや複雑なので，応用力を重要視していると言えるだろう。

歴史的分野では，テーマ別の通史という形で出題することにより，歴史の流れを理解しているかを確認している。即ち，歴史全体を大きくつかむ力を重要視していると言えるだろう。

公民的分野では，現代の日本の状況をきちんと分析する力を重要視していると言えるだろう。

なお，問題の大部分がマークシートでの解答となっていることに留意して，練習を重ねておこう。

来年度の予想と対策

来年度も，形式・内容ともに，大きな変化はないものと思われる。したがって，対策としては，まず，教科書を十分に読んで基礎力をつけることが必要である。基礎をしっかり固めて，入試過去問題集のとりくみをくり返せば，高得点も不可能ではない。

具体的には，地理では，地図帳や資料集を活用し，地図や統計，各種資料などを読み取る力を養う必要がある。歴史では，各時代のキーワードとなる語句を整理し，政治・外交・社会・文化などの特色や流れを総合的につかむようにしよう。その際，世界史の流れと関連づけて把握すると，理解が深まるであろう。公民では，当然知っておくべき知識を簡潔に整理すると同時に，新聞やテレビのニュースなどで世の中の動きにも目を向ける必要があると言えるだろう。

なお，例年出題されている記述問題の対策として，複数の資料からそれぞれ読みとれることを記した上で，文章にまとめる練習を十分にしておきたい。

⇨学習のポイント

- 地理では，地形図や各種の地図に慣れ，世界各国・日本各地の特徴をつかもう！
- 歴史では，略年表に慣れて，時代の流れをつかもう！　また世界史も視野に置こう！
- 公民では，政治・経済の基礎を幅広く理解し，地方自治・国際社会等の問題にも目を配ろう！

年度別出題内容の分析表 社会

※　　　は出題範囲縮小の影響がみられた内容

分野	区分	出題内容	27年	28年	29年	30年	2019年	2020年	2021年	2022年	2023年	2024年
地理的分野	日本	地形図の見方	○	○	○	○	○	○	○	○	○	○
		日本の国土・地形・気候	○			○			○	○		○
		人口・都市	○	○	○		○	○	○		○	
		農林水産業	○	○		○	○		○		○	○
		工業	○	○			○	○	○	○	○	○
		交通・通信						○	○	○	○	○
		資源・エネルギー			○							
		貿易			○						○	
	世界	人々のくらし・宗教									○	○
		地形・気候	○	○	○	○	○	○	○	○	○	○
		人口・都市		○				○	○	○	○	
		産業	○	○	○	○	○	○	○	○	○	○
		交通・貿易	○		○	○	○	○	○	○		○
		資源・エネルギー										
	地理総合				○		○	○				
歴史的分野	日本史―時代別	旧石器時代から弥生時代	○	○								
		古墳時代から平安時代	○	○	○	○	○	○	○	○	○	○
		鎌倉・室町時代	○	○		○	○	○	○	○	○	○
		安土桃山・江戸時代	○	○	○	○	○	○	○	○	○	○
		明治時代から現代	○	○	○	○	○	○	○	○	○	○
	日本史―テーマ別	政治・法律	○	○	○	○	○	○	○	○	○	○
		経済・社会・技術	○	○	○	○	○	○	○	○	○	○
		文化・宗教・教育	○	○	○	○	○	○	○	○	○	○
		外交	○	○			○					○
	世界史	政治・社会・経済史					○	○	○	○	○	○
		文化史				○						
		世界史総合										
	歴史総合											
公民的分野		憲法・基本的人権		○	○	○	○			○	○	○
		国の政治の仕組み・裁判		○	○		○	○	○	○		○
		民主主義										○
		地方自治	○			○			○			
		国民生活・社会保障		○			○					
		経済一般	○	○	○	○	○	○	○	○	○	
		財政・消費生活	○	○	○	○	○	○	○	○	○	○
		公害・環境問題		○		○					○	
		国際社会との関わり	○		○	○	○	○			○	○
時事問題												
その他												

— 東京都公立高校 —

2024年度　合否の鍵はこの問題だ!!

都立立川高等学校

数　学　③〔問1〕，④〔問2〕

③〔問1〕

発展的内容として，角の二等分線定理を知っていればその証明法から△ACEがAC＝AEになることに気付く。この角の二等分線定理から，AB：AC＝BD＝CDもわかる。

④〔問2〕

線 ℓ の最短の長さを求めるには，展開図にして端点を直線で結べばよい。この考え方は受験生には必須なので覚えておこう。

英語 ②

②の次の③は②に比べて英文の量が多いため，②を効率的に進めて③に取り組む時間を十分に確保したい。以下に②を構成する読解問題と英作文の対策をまとめる。

読解問題では，長文の英文を読み切る力と文章の流れを把握する力が必要である。文法を意識して英文の意味を正確に理解することも重要である。これには，他の学校の過去の入試問題などの長文読解問題を繰り返し解くことが役立つだろう。また，インターネットのニュースサイトなどで提供されているジュニア向けの英語学習コンテンツを活用することも有益だ。英作文への対策としては，まず正確な文法で正しい英文を書けるようにすることが大切である。学習した英文法を復習し，その後でまとまった英文を書く練習を行うことが効果的だろう。最近の傾向では，英作文は40-50語で自分の意見を述べる形式が出題されていることから，その準備もしておくと良いだろう。例えば，解答文では最初に1文で意見を述べ，その理由を3-4文で説明するといった解答形式を，あらかじめ作ってしまうことも効果的である。

これらの対策を自分なりに取り入れ，継続的に学習することで，英語の長文読解問題や英作文に対する対策を進めることができるだろう。

国語 ④〔問5〕

会話文を通して，文章A・Bの内容がそれぞれ理解できているかを問うている。Xは「現実の物理現象を考察して法則を導きだす実験物理学の手法に似ている」とはどういう意味なのか，Yは文章Aの説明を通して社会言語学を説明した場合，どのように表現することができるのか，である。まずXは，社会言語学とはどのような学問なのかについて，文章Bの中でしっかり理解しておくことが大切だ。その内容を踏まえて，実験物理学の手法の説明部分に落とし込んでいく作業を行おう。

また文章Aの中で重要なポイントは，「記号機能」という考えと「記号」という考えをそれぞれ分けて説明できるかにある。混乱するようであれば，必要と思われる箇所に線を引き，空いた場所にそれぞれの意味を書いて整理しておくとよい。三十五字以上五十字以内，と範囲がそれほど広くないので，端的に内容をまとめるために必ず(下書き用)の原稿用紙は使うこと。(下書き用)は広めにとってあるので，前半はメモ代わりに，後半で論理立てた文章にして，推敲する事を薦める。作文の流れとしては，文章Bの内容をまとめ，その社会言語学の研究方法と「記号機能」，「記号」という概念がどの点で組み合わせられるのかを述べよう。また学問の内容を述べる文章となるので，作文の末尾には「学問」もしくは「研究」など学術を表す言葉を必ず入れる。

大切なことはメモしておこうネ！

スピーキングテスト

★★★★★★★★★★★★★★★★★★★★★★★★★★★★★★★★★★★

練　習　問　題

練習問題

スピーキングテスト（ESAT−J）は，
PartA，PartB，PartC，PartDの
4つのパートに分かれています。

【PartA】
英文を声に出して読むパートです。
2問の出題が予想されます。

【PartB】
図，表，イラストなどの与えられた情報をもとに
質問に答える問題と，あなたから問いかける問題です。
5問の出題が予想されます。

【PartC】
4コマイラストについて，ストーリーを英語で話す問題です。
1問の出題が予想されます。

【PartD】
質問に対して，自分の考えと理由を英語で述べる問題です。
1問の出題が予想されます。

本書では，各パート1問ずつの練習問題を収録しています。
アプリではさらに多くの練習ができます。
詳しくは巻頭「収録内容」ページの下部QRコードから
アクセスしてご確認ください。

(2)　スピーキングテスト　練習問題　　　　**東京都**

東京都中学校英語スピーキングテスト(ＥＳＡＴ－Ｊ)について

東京都立高等学校入学者選抜では，東京都中学校英語スピーキングテスト(ＥＳＡＴ－Ｊ)の結果を令和5年度入学者選抜(令和4年度実施)から活用しました。

1　実施方法について

中学校英語スピーキングテストのために用意されたタブレットとヘッドセット(マイク付きヘッドフォン)を使います。

タブレット(タブレットのサイズ　幅197.97×奥行119.82×高さ8.95mm　重さ約320g)

・バックアップのための音声が録音されます。
・録音の状況を、「見て」確認できます。
・画面上で文字の大きさを選択できます。
・指示文にはルビが付いています。
・問題のイラストを白黒で見やすいように表示します。

ヘッドセット(装着時にマイクは左側にきます。)

・耳をしっかり覆い、集中できるように設計されています。

2　問題の構成と評価の観点について

Part	出題形式	出題数	評価の観点		
			コミュニケーション達成度	言語使用	音声
A	英文を読み上げる	2			○
B	質問を聞いて応答する／意図を伝える	5	○		
C	ストーリーを英語で話す	1	○	○	○
D	自分の意見を述べる	1	○	○	○

3　令和６年度の実施ついて(予定)

実施日　令和６年１１月２４日(日)　予備日：令和６年１２月１５日(日)

<スピーキングテスト　練習問題>

【Part A】

聞いている人に，意味や内容が伝わるように，英文を声に出して読んでください。はじめに準備時間が30秒あります。録音開始の音が鳴ってから解答を始めてください。解答時間は30秒です。

英語部員のあなたは，他の部員に向けて，祖母の家に遊びに行った思い出について短いスピーチをすることになりました。次の英文を声に出して読んでください。
(準備時間30秒／解答時間30秒)

I have a grandmother in Aomori. Last fall, my family and I stayed at her house for two days. She has a large apple field there. My grandmother made an apple cake for us. It looked interesting for me to make it, so I helped her then. The cake was delicious.

【Part B】

画面上の情報を見て，英語で話してください。準備時間は10秒です。録音開始の音が鳴ってから解答を始めてください。解答時間は10秒です。

あなたは地域のお祭りに友だちと一緒に参加しようとしていて，そのチラシを見ながら，友だちと話しています。友だちからの質問に対して，画面上のチラシをもとに，英語で答えてください。
(準備時間10秒／解答時間10秒)

Question: What time should you get to the hall if you want to join the City Festival?

City Festival

Date : May 3　　Place : City Hall　　Time : From 1:00 p.m.

◆You need to come to the hall 15 minutes before the starting time.

(4)　スピーキングテスト　練習問題　　　　　　**東京都**

【Part C】

これから画面に表示される１コマめから４コマめのすべてのイラストについて，ストーリーを英語で話してください。はじめに準備時間が30秒あります。録音開始の音が鳴ってから解答を始めてください。解答時間は40秒です。

あなたは，昨日あなたに起こった出来事を留学生の友だちに話すことになりました。イラストに登場する人物になったつもりで，相手に伝わるように英語で話してください。
(準備時間30秒／解答時間40秒)

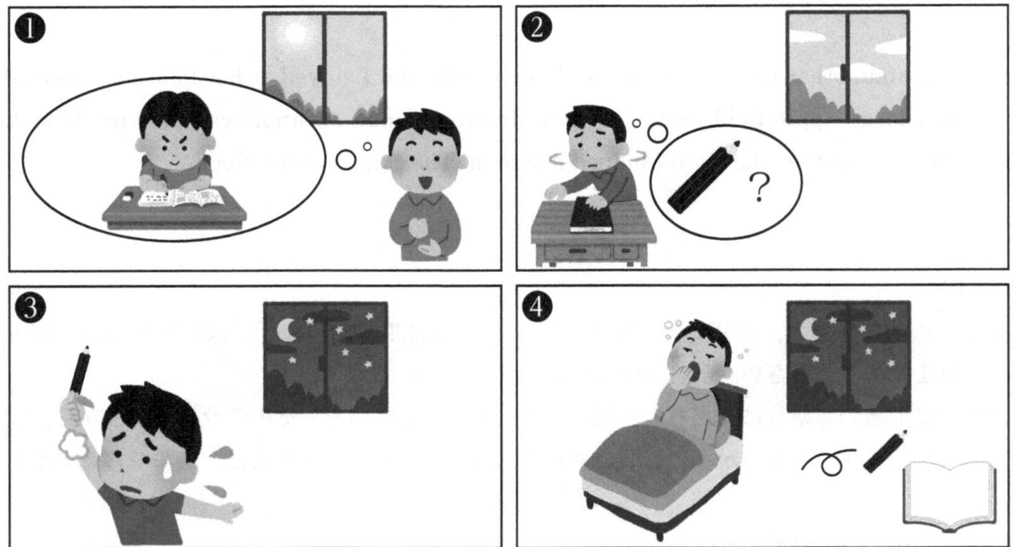

【Part D】

質問に対して，自分の考えとそう考える理由を英語で述べる問題です。はじめに準備時間が１分あります。解答時間は40秒です。録音開始の音が鳴ってから解答を始めてください。

あなたは友人と高校入学後の学校生活について話をしています。次の質問について自分の考えを述べ，その理由を説明してください。
(準備時間１分／解答時間40秒)

Question: Do you want to join a club in high school? Answer the question and explain why you think so.

スピーキングテスト　練習問題

解答例と解説

＜解答例＞

【Part A】 解説参照

【Part B】 We should get to the hall at 12:45 pm.

【Part C】 One day, I decided to study. I needed my pencil, so I looked for it on the desk, but I couldn' t find it. It was night when I found it. I was tired and sleepy and went to bed.

【Part D】 I want to belong to a club. Playing baseball is very fun for me. Also, I want to make a lot of friends. This is my idea.

＜解説＞

【Part A】

≪問題文訳≫

私には青森に祖母がいます。この間の秋，家族と私で2日間彼女の家に泊まりました。彼女はそこに大きなリンゴ農園を持っています。祖母は私たちにリンゴケーキを作ってくれました。それを作るのが私には面白そうに見えたので彼女を手伝いました。ケーキは美味しかったです。

≪解説≫

発音は概ね正しく，強勢，リズムや抑揚が，聞き手の理解の支障とならないことを目指そう。言葉や言い回しを考えたり，言い直したりするために，間(ま)を取っても良いが，発話中の間は，不自然に長くならないようにする。

全体を通して発音の誤りが生じていたり，抑揚がほとんどなかったり，言いよどみが多かったり，聞き手が話についていくのが難しいほど沈黙が長かったりすると減点となるので注意する。

【Part B】

≪図の訳≫

都市祭り

日時：5月3日　　場所：シティホール　　時間：午後 1:00 から

◆開始時刻の 15 分前までにホールへ来る必要があります。

≪質問文訳≫

もし，都市祭りに参加したいのであれば，あなたは何時にそのホールへ着くべきですか？

≪解答例訳≫

私たちは午後12時45分にはホールに着くべきです。

≪解説≫

設問の問いかけに対して適切な内容を答えるようにしよう。

時間は午後1：00からとあり，下部に「開始時刻の15分前までにホールへ来る必要があります。」と記載されている。よって，午後12時45分にはホールに着くべきと答える。

【Part C】

≪解答例訳≫

ある日，私は勉強をすることにしました。鉛筆が必要だったので，机の上を探したのですが，見つかりませんでした。見つけたとき，夜でした。私は疲れて眠くなり，ベッドに入りました。

≪解説≫

各コマのイラストから読み取れる事実を伝えるようにしよう。語彙や文構造，文法の使い方の誤りは減点となるので注意する。

【Part D】

≪質問文訳≫

あなたは高校で部活動に加入したいと思いますか？質問に答えて，なぜそう考えるのか説明してください。

≪解答例訳≫

私は部活動に加入したいです。私にとって野球をすることはとても楽しいです。また，私は多くの友達を作りたいです。これが私の考えです。

≪解説≫

自分の考えを伝え，それをサポートする理由を伝えよう。幅広い語彙・表現や文法を柔軟に使用して答えると良い。質問に対する答えになっていなかったり，理由が不明瞭であったりすると減点となるので注意する。

都立立川高等学校

2024年度

★★★★★★★★★★★★★★★★★★★★★★★

入　試　問　題

2024年度

●くわしい解説……33ページ

＜数学＞

時間　50分　　満点　100点

【注意】答えに根号が含まれるときは，**根号を付けたまま，分母に根号を含まない形で表しなさい。**
また，**根号の中を最も小さい自然数にしなさい。**

1　次の各問に答えよ。

〔問1〕　$x=\dfrac{\sqrt{3}+\sqrt{7}}{\sqrt{2}}$，$y=\dfrac{\sqrt{3}-\sqrt{7}}{\sqrt{2}}$のとき，$x^2+y^2-3xy$の値を求めよ。

〔問2〕　連立方程式$\begin{cases} 1-x=\dfrac{2}{3}y \\ \dfrac{2}{5}x=1-y \end{cases}$を解け。

〔問3〕　1から6までの目が出る大小1つずつのさいころを同時に1回投げる。

大きいさいころの出た目の数を十の位の数，小さいさいころの出た目の数を一の位の数とする2桁の整数をつくる。つくった整数を4で割った余りが，3である確率を求めよ。

ただし，大小2つのさいころはともに，1から6までのどの目が出ることも同様に確からしいものとする。

〔問4〕　図のように，線分ABと線分CDがあり，互いに交わっている。

解答欄に示した図をもとにして，線分CD上にあり∠APB＝45°となる点Pを，定規とコンパスを用いて作図し，点Pの位置を示す文字Pも書け。

ただし，作図に用いた線は消さないでおくこと。

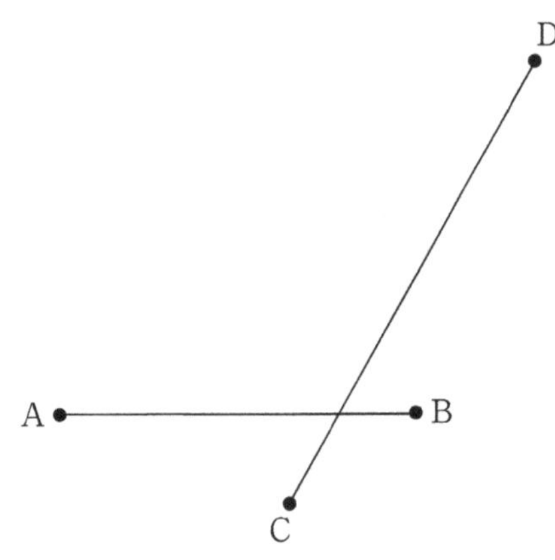

2　右の**図1**で，点Oは原点，曲線ℓは$y=ax^2\ (a>0)$のグラフ，点Aは曲線ℓ上にあり，x座標が2の点，直線mは点Aを通る$y=bx+c\ (b\neq 0)$のグラフを表している。

直線mとx軸との交点をBとする。

原点から点(1，0)までの距離，および原点から点(0，1)までの距離をそれぞれ1cmとして，次の各問に答えよ。

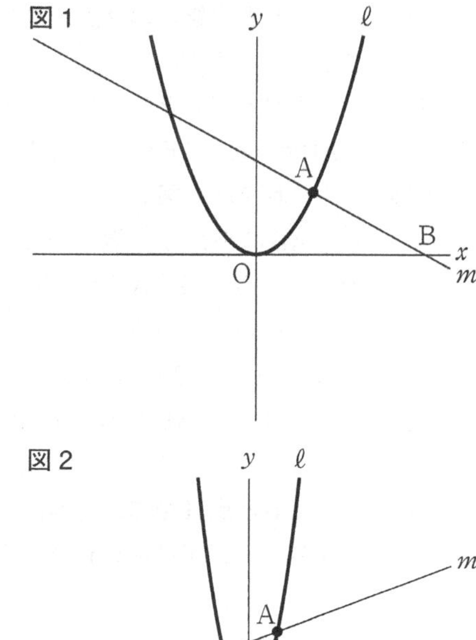

〔問1〕　$b=-\frac{1}{4}$，$c=9$のとき，aの値を求めよ。

〔問2〕　右の**図2**は，**図1**において，x軸上にあり点Aとx座標が等しい点をCとし，点Aと点C，点Aと点Oをそれぞれ結んだ場合を表している。

点Bのx座標が負の数，3AC＝BC，△OABの面積が28cm^{2}のとき，a，b，cの値をそれぞれ求めよ。

ただし，答えだけでなく，答えを求める過程が分かるように，途中の式や計算なども書け。

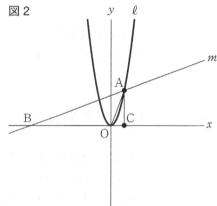

〔問3〕　右の**図3**は，**図2**において，点Bのx座標が点Cのx座標より大きいとき，直線mとy軸との交点をDとした場合を表している。

$a=\frac{3}{2}$，△OABの面積と△OADの面積の比が4：1のとき，△OABをy軸の周りに1回転させてできる立体の体積をScm^3，△OADをy軸の周りに1回転させてできる立体の体積をTcm^{3}とする。

SとTの比を最も簡単な整数の比で表せ。

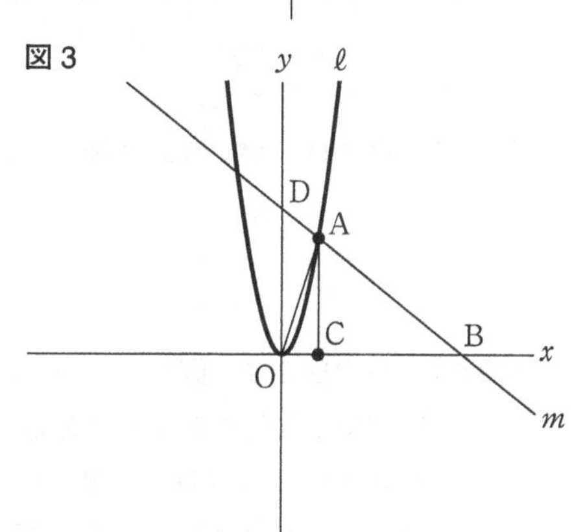

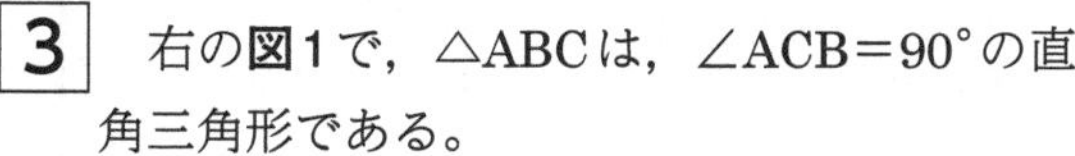

3　右の**図1**で，△ABCは，∠ACB＝90°の直角三角形である。

∠BACの二等分線を引き，辺BCとの交点をDとする。

辺ABをAの方向に延ばした直線上にある点をEとする。

∠CAEの二等分線を引き，辺BCをCの

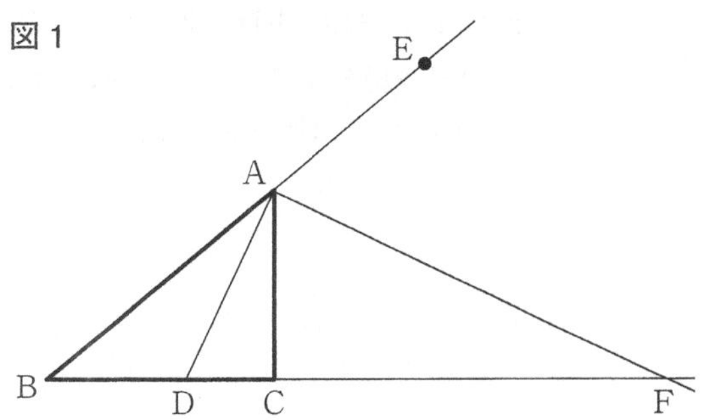

方向に延ばした直線との交点をFとする。

次の各問に答えよ。

〔問1〕 頂点Cと点Eを結んだ場合を考える。

AB＝5cm，AE＝3cm，AD//ECのとき，線分CDの長さは何cmか。

〔問2〕 右の**図2**は，**図1**において，点Dを通り辺ABに平行な直線を引き，辺ACとの交点をG，線分AFとの交点をHとした場合を表している。

次の(1)，(2)に答えよ。

(1) △ADH∽△AFDであることを証明せよ。

(2) 頂点Bと点Hを結んだ場合を考える。

AG＝3cm，CG＝2cmのとき，△BDHの面積は何cm^2か。

図2

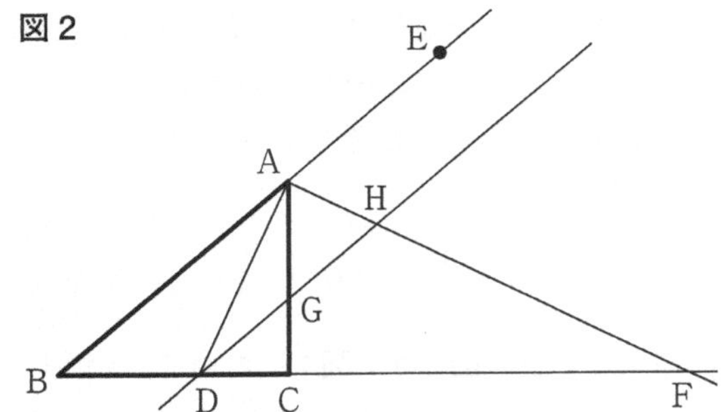

4 右の**図1**で，立体ABCD－EFGHは1辺の長さが6cmの立方体である。

四角形ABCDを含む平面に関して頂点Eと反対側にあり，OA＝OB＝OC＝OD＝6cmとなる点をOとし，頂点Aと点O，頂点Bと点O，頂点Cと点O，頂点Dと点Oをそれぞれ結ぶ。

次の各問に答えよ。

〔問1〕 立体O－ABCDの体積は何cm^3か。

図1

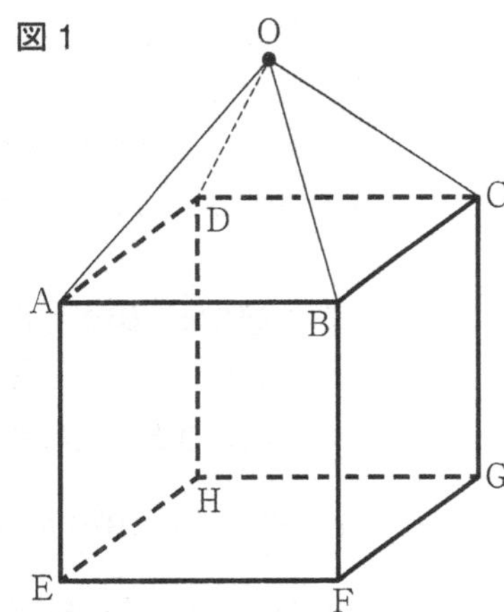

〔問2〕 右の**図2**は，**図1**において，辺AB上にある点をP，線分OB上にある点をQ，線分OC上にある点をRとし，頂点Dと点R，頂点Eと点P，点Pと点Q，点Qと点Rをそれぞれ結んだ場合を表している。

EP＋PQ＋QR＋RD＝ℓ cmとする。

ℓの値が最も小さくなるとき，線分APの長さと線分BPの長さの比を求めよ。

図2

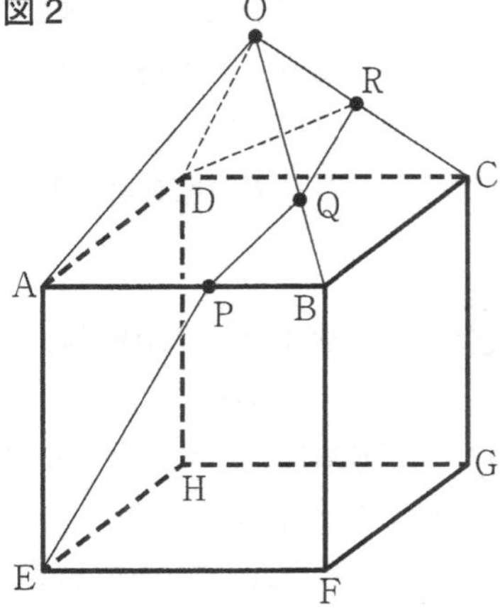

〔問３〕　右の**図３**は，**図１**において，辺AB上にある点をS，辺CD上にある点をT，線分OA上にある点をUとした場合を表している。

頂点Dと頂点E，頂点Dと点U，頂点Eと点S，頂点Eと点T，点Sと点T，点Sと点U，点Tと点Uをそれぞれ結んだ場合を考える。

BS＝$x$cmとする。

CT＝2BS，AU＝$\sqrt{2}$BS，立体U－ASTDの体積と立体E－ASTDの体積の和が立体ABCD－EFGHの体積の$\frac{2}{9}$倍のとき，xの値を求めよ。

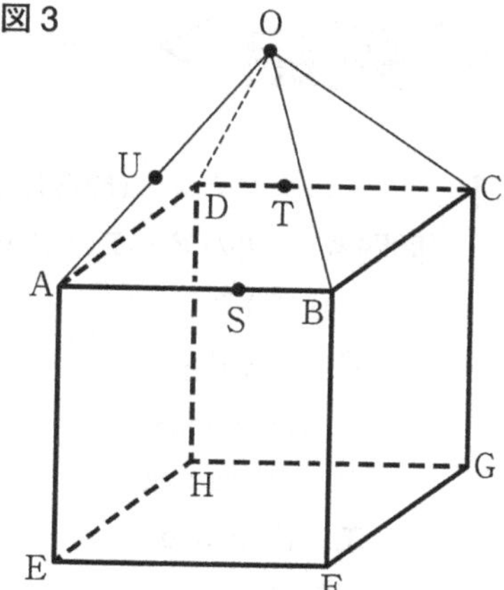

ただし，答えだけでなく，答えを求める過程が分かるように，途中の式や計算なども書け。

＜英語＞　時間　50分　　満点　100点

1　リスニングテスト(**放送**による**指示**に従って答えなさい。)

〔**問題A**〕　次の**ア**～**エ**の中から適するものをそれぞれ**一つずつ**選びなさい。

＜対話文１＞

ア　One dog.

イ　Two dogs.

ウ　Three dogs.

エ　Four dogs.

＜対話文２＞

ア　Tomatoes.

イ　Onions.

ウ　Cheese.

エ　Juice.

＜対話文３＞

ア　At two.

イ　At one thirty.

ウ　At twelve.

エ　At one.

〔**問題B**〕　＜Question 1＞では，下の**ア**～**エ**の中から適するものを**一つ**選びなさい。
＜Question 2＞では，質問に対する答えを英語で書きなさい。

＜Question 1＞

ア　Two months old.

イ　One week old.

ウ　Eleven months old.

エ　One year old.

＜Question 2＞

(15秒程度，答えを書く時間があります。)

2　次の対話の文章を読んで，あとの各問に答えなさい。
(＊印の付いている単語・語句には，本文のあとに〔**注**〕がある。)

Kakeru, Aiko and Brian are first-year students at Nishiki High School. Brian is a student from New Zealand. They are classmates and are walking to school in the morning.

Kakeru　：Good morning, Aiko. Hey, what are you holding in your hand?

Aiko　：Good morning, Kakeru. This is a stone. I picked it up in my garden yesterday, but something strange happened this morning.

Brian　：Oh, what is strange?

Aiko　: Most parts of this stone look black, but there are a few red parts in it. When I saw it yesterday, the red parts were seen more clearly. I'm wondering why the color looks different today.

Kakeru　: That's really strange. What is different between "yesterday" and "today"?

Aiko　: Um.... I remember it was raining yesterday, but the sun is shining today.

Brian　: Let me think. Did the weather work to change the color?

Kakeru　: I don't know for sure. (1)<u>Why don't you ask Ms. Iida, our science teacher, about this strange stone?</u>

Aiko　: Yes, I think it's a good idea. Let's show it to her!

After arriving at school, they are talking with Ms. Iida in the science room before classes.

Ms. Iida　: So, you have come here to ask about this stone and want to know what it is and why the color looked [(2)-a], right?

Aiko　: Yes, Ms. Iida, we really want to know that.

Ms. Iida　: Let me see. It's very difficult for even a science teacher to tell exactly what this stone is. But I think it may be a kind of *mudstone. It was not hard in the seas or lakes. After it appeared on the ground, it slowly turned into a hard rock.

Aiko　: I understand. I'm glad to know that. Thank you very much. I remember we learned about stones and rocks in your class. I have been interested in them since I took your class.

Kakeru　: Your class is my favorite, too. It's very interesting and you encouraged us to learn more about stones and rocks. Do you keep studying about them, Ms. Iida?

Ms. Iida　: Of course! So, I became a science teacher.

Brian　: You really love stones and rocks.

Ms. Iida　: Yes, I really do! By the way, do you know how many kinds of stones and rocks are in the world?

Kakeru　: [(3)-a]

Ms. Iida　: People say that there are about 5,000 kinds of them.

Brian　: Oh, so many!

Ms. Iida　: Several *jewels change their colors in the rain, but in this case the red parts in this stone looked brighter because it was wet.

Aiko　: I see. Actually, the color of this stone didn't change. I just saw the red color inside it more clearly when it got wet, right?

Ms. Iida　: That's [(2)-b], Aiko. In fact, this is not a *chemical change.

Kakeru　: Thank you for teaching us, but why are you so interested in stones and rocks, Ms. Iida?

Ms. Iida　: Because they tell the history of the earth.

Brian　: What? I don't understand. Do you mean they can tell us about it?

Ms. Iida　: Yes, that's right. They were created deep inside the earth. When we watch them carefully, we can see how the earth was *formed and how it is now changing.

Aiko : I see. Stones and rocks give us a chance to know about it.

Ms. Iida : You're right. So, we can say (4)they are like "presents" from the earth. And it also gives us a surprise gift! Shall we go to the *riverside next Sunday? I'm sure there are many kinds of stones and rocks and we can find another gift there, too.

Next Sunday, Ms. Iida and the three students are by the riverside. Kakeru and Aiko are picking up stones and rocks there, but Brian is watching something alone.

Ms. Iida : You can see a lot of presents from the earth here!

Aiko : Yes. There are many kinds of them! Hey, Brian, what are you looking at? You look [(2)-c].

Brian : Well, I'm watching a narrow space between rocks. Look here. Hot *steam is *blowing from the ground.

Kakeru : Ms. Iida, what is this? Why is it blowing out of the ground?

Ms. Iida : [(3)-b] What is this place famous for?

Kakeru : I'm not sure. Famous for what..., anybody?

Brian : I know the answer! It's a hot spring! This area is known for its hot springs.

Ms. Iida : Exactly. I want to show you this one. Do you remember I told you there is another gift from the earth on the riverside? That's it!

Brian : [(3)-c] Another gift from the earth is geothermal energy!

Ms. Iida : Perfect. This energy is another gift from the earth.

Kakeru : Wait. What is geothermal energy like? Why is it a gift? I have never heard of such difficult words.

Brian : Let me explain a little. My country has been using geothermal energy. "Geo" means earth and "thermal" means *heat, so geothermal energy is heat held deep inside the earth, and it is *generated from the *magma.

Aiko : I see. So, do you mean (5)【 ① the ground ② out of ③ by ④ coming ⑤ the heat ⑥ the steam ⑦ generated ⑧ of ⑨ is 】 the magma?

Brian : That's right, Aiko.

Ms. Iida : All of you know that we, humans, don't have enough energy, so geothermal energy can help us.

Brian : And Japan is very [(2)-d] because it has a large amount of geothermal energy under the ground.

Kakeru : I see. Now I understand Japan has more geothermal energy than other countries.

Ms. Iida : [(6)-a]

Kakeru : [(6)-b]

Brian : [(6)-c]

Aiko : [(6)-d]

Brian : Yes! In the future, I want to do something useful for my country through many experiences in Japan.

Aiko : I see, so you know many things about geothermal energy.

Brian : If we had more *natural resources in New Zealand, we could use more geothermal energy and find a key to solve energy *shortage problems.

Ms. Iida : Geothermal energy is a gift from our planet to produce electricity in the future. This is one of the biggest *advantages. All of you know about that.

Brian : I have also studied about another advantage.

Kakeru : What is it?

Brian : Geothermal energy is *sustainable because the heat is *continuously produced in the earth.

Aiko : Oh, it's quite different from *solar energy. It depends on the weather or the time. For example, electricity from solar energy is not generated during the night.

Ms. Iida : That's right. Can you show us other advantages, Brian?

Brian : Yes. You can say that geothermal energy is also eco-friendly for keeping the amount of CO_2 small. Geothermal energy produces less air pollution than *fossil fuels' energy.

Aiko : [(3)-d] If people use more geothermal energy instead of fossil fuels' energy, they may be able to solve such an environmental problem in the future.

Ms. Iida : I hope so, but there are also some *disadvantages.

Kakeru : Oh, disadvantages, too?

Ms. Iida : Let's see. A lot of time and money will be needed to build one geothermal energy power *plant. We need to *dig holes until we can find something generated from the magma like hot water or steam.

Brian : I know that. I hear building one plant may take about 10 years. It is also very difficult to find a right spot.

Aiko : Oh. It will probably be a hard work, but [(7)].

Kakeru : You're right. All of us can now learn more about geothermal energy.

Ms. Iida : Geothermal energy has both advantages and disadvantages, but we need to think about the energy shortage problems and try to solve them for the future.

Kakeru : Yes, I will study more.

Aiko : Thank you for teaching us, Ms. Iida.

Kakeru : Thank you very much, Ms. Iida. By the way, Brian said hot springs are famous around here. Let's go there next time!

〔注〕
mudstone　泥岩（でいがん）　jewel　宝石　chemical change　化学変化
form　形成する　riverside　川岸　steam　蒸気
blow　(風などが)吹く　heat　熱　generate　発生させる
magma　マグマ　natural resources　天然資源　shortage　不足
advantage　有利な点　sustainable　持続可能な　continuously　継続的に
solar energy　太陽エネルギー　fossil fuel　化石燃料　disadvantage　不利な点
plant　工場　dig　掘る

〔問１〕 (1)Why don't you ask Ms. Iida, our science teacher, about this strange stone? とあるが，このようにKakeruが言った理由を最もよく表しているものは，次の中ではどれか。

ア　Kakeru wants to ask Ms. Iida what the weather will be like.

イ　Kakeru wants to ask Ms. Iida why this stone has changed its color.

ウ　Kakeru wants to know when the color of this stone changed from red to black.

エ　Kakeru wants to know about the stone Ms. Iida was talking about in her class.

〔問２〕 (2)-a ～ (2)-d の中に，それぞれ次の**A～H**のどれを入れるのがよいか。その組み合わせとして最も適切なものは，下の**ア～カ**の中ではどれか。

A　special　　B　wrong　　C　true　　D　boring

E　lucky　　F　strange　　G　different　　H　serious

	(2)-a	(2)-b	(2)-c	(2)-d
ア	A	B	D	H
イ	A	B	H	F
ウ	F	G	B	E
エ	F	G	E	D
オ	G	C	A	D
カ	G	C	H	E

〔問３〕 (3)-a ～ (3)-d の中に，それぞれ次の**A～D**のどれを入れるのがよいか。その組み合わせとして最も適切なものは，下の**ア～カ**の中ではどれか。

A　I can see what you mean.

B　I have no idea.

C　Sounds great.

D　You know where we are.

	(3)-a	(3)-b	(3)-c	(3)-d
ア	A	B	D	C
イ	A	D	C	B
ウ	B	A	C	D
エ	B	D	A	C
オ	D	A	C	B
カ	D	C	B	A

〔問４〕 (4)they are like "presents" from the earth とあるが，その内容を次のように書き表すとすれば，［　　　］の中にどのような英語を入れるのがよいか。本文中の**連続する５語**で答えなさい。

Stones and rocks have important information. They show when the earth was created or what it was like. You may be able to even see how it is now changing. That means ［　　　］ is written inside of them.

〔問５〕 (5)【① the ground ② out of ③ by ④ coming ⑤ the heat ⑥ the steam ⑦ generated ⑧ of ⑨ is】

について，本文の流れに合うように，【　　　　】内の単語・語句を正しく並べかえるとき【　　　　】内で**1番目**と**4番目**と**7番目**にくるものの組み合わせとして最も適切なものは，次の**ア～カ**の中ではどれか。

	1番目	4番目	7番目
ア	①	③	②
イ	①	⑤	③
ウ	⑤	①	②
エ	⑤	⑥	③
オ	⑥	①	③
カ	⑥	⑤	②

〔問6〕 (6)-a ～ (6)-d の中に，それぞれ次の**A～D**のどれを入れるのがよいか。その組み合わせとして最も適切なものは，下の**ア～カ**の中ではどれか。

A　Are there any other countries like that?
B　I hear you have been studying about hot springs and geothermal energy.
C　You know, hot springs in New Zealand are also famous like Japan.
D　You're right. Many hot springs in Japan show we can use it in Japan.

	(6)-a	(6)-b	(6)-c	(6)-d
ア	A	C	B	D
イ	A	C	D	B
ウ	B	A	C	D
エ	C	D	B	A
オ	D	A	C	B
カ	D	B	C	A

〔問7〕 本文の流れに合うように， (7) に英語を入れるとき，最も適切なものは，次の中ではどれか。

ア　we have to solve energy shortage problems without geothermal energy
イ　we need to spend 10 years finding natural resources from the ground
ウ　we should study about geothermal energy and find better ways to use it
エ　we must improve geothermal energy plants by using solar energy

〔問8〕 本文の内容に合う英文の組み合わせとして最も適切なものは，次のページの**ア～シ**の中ではどれか。

① Brian knew the stone looked different because of the temperature.
② According to Ms. Iida, it was very easy for science teachers to answer what the stone was.
③ The color of the stone didn't actually turn red when it got wet.
④ When Kakeru saw the hot steam between rocks, he didn't understand it right away.
⑤ The gifts Ms. Iida wanted to show most were stones and rocks.

⑥ Brian hoped to help New Zealand through the experiences he had in Japan.

⑦ According to Aiko, solar energy could generate electricity all day.

⑧ Ms. Iida explained geothermal energy power plants would be built immediately.

ア	① ⑦	イ	② ⑥	ウ	③ ⑤
エ	④ ⑧	オ	① ② ⑧	カ	② ④ ⑤
キ	③ ④ ⑥	ク	④ ⑦ ⑧	ケ	① ② ⑤ ⑦
コ	① ③ ④ ⑧	サ	② ③ ⑥ ⑦	シ	④ ⑤ ⑥ ⑧

〔問９〕 次の質問に対する答えを，理由を含めて**40語以上50語以内の英語**で述べなさい。ただし，geothermal energy, solar energyに関するものを答えに使用しないこと。「,」「.」「!」「?」などは，語数に含めない。これらの符号は，解答用紙の下線部と下線部の間に入れなさい。

What kind of eco-friendly product do you recommend to people and why?

3 次の文章を読んで，あとの各問に答えなさい。
（＊印の付いている単語・語句には，本文のあとに〔注〕がある。）

Hello, this is *Nishiki High School News*. Every month, we interview some students in our high school and tell their stories to you. Today, it is a nice day in April. I'm here in the classroom of the first-year students. This is Takashi. He has just come back from an island called Tachijima this March. This time, I want to ask him to talk about his experience, how he spent a year on Tachijima. Let's listen to his story.

Hi, my name is Takashi Yamano. I'm fifteen years old. My family of four — my parents, my little sister Koharu, and I — lived on Tachijima for a year from April 2022 to March 2023. About a year and a half ago, my parents told Koharu and me that we were moving to a new place. At first, I couldn't believe that, but soon I found out they were serious. Our family had to move to an island, Tachijima, because of my father's business. It was hard for me to tell my friends that I was leaving. I wanted to graduate from my junior high school with my friends. I told my mother that Koharu also had good friends in her elementary school, so we were not very positive about moving to Tachijima. My mother understood my feelings but she said, "Tachijima is said to be a good place to live on and there is a lot of nature. Your father and I were born in a small village which had a lot of nature. We had a good time there and a lot of wonderful memories when we were children. I want you and Koharu to grow up in such a place and enjoy your life." (1)<u>While I was feeling lonely about living away from my hometown,</u> our life on Tachijima started.

On Tachijima, there is only one junior high school and it has about sixty students. Every September a big local event is held at the school and it is well known to local people. It is (2)<u>a traditional local dancing event</u> which has a long history on Tachijima. On the event day, all the junior high school students perform the traditional local dancing to wish for people's health and happiness. They have a strong *passion for it. In April, a meeting was held at school to choose a captain. My homeroom teacher recommended me to be the captain of our performance. The teacher wanted me to make new friends and *get used to school life on the island. Before I came to Tachijima, I was the type of person who hid behind others. When I was asked to be the captain, I didn't want to accept it. However, after talking with my classmates, I decided to become the captain.

In May, the junior high school students began gathering at a local community center three days a week after school to practice their dancing. *To my surprise, no one *complained that they needed to take part in the dancing practices instead of their club activities. [　　(3)　　]

I usually came home feeling lonely. One day, I was given some advice by Mr. Okada, a performance *instructor. He has been teaching Tachijima's traditional local dancing for more than twenty years. He explained a little about the history and the people of Tachijima. The number of people who come to live on Tachijima has been increasing recently. On the other hand, some of them *are not familiar with its culture and traditions. He looked straight at me and said to me, "Takashi, you are the captain this year. I know you are [　(4)-a　] to this place and there are a lot of things you are not familiar with, but I hope you will be able to bring new ideas to us. We will put your new ideas together with ours and create something wonderful." These words always pushed me forward when I was in trouble. After that day, I could be positive about everything. I visited the local history museum and learned about the history of this area to know more about the traditional local performances. On a hill with a view of the ocean, just outside the school, I was taught the meaning of the steps and movements of our dancing by my classmates. During the summer vacation, we practiced until night and walked home while we were talking about our performance along the *starlit road. We discussed what we needed and checked it with Mr. Okada again and again. Before going to Tachijima, I didn't realize the sky was so beautiful, especially at night. I would never forget the beautiful night sky with so many stars. On this island without the [　(5)　] of the city, I felt the *warmth of nature and the people around me.

One night when I came home, Koharu showed me a small *shellfish. She said, "Today's dinner is *tokobushi* and local fish dishes. *Tokobushi* is a kind of shellfish and it looks like a small *abalone. Come here, come to the kitchen!" In the kitchen, my father was cooking. He explained, "*Islanders often eat *tokobushi*. but it is not common for us. I received them from our neighbors." While he was talking to me, he *fried the local fish. The smell made me hungry. He continued, "When you go to the sea, there are many kinds of fish and shellfish that you cannot see in your hometown. Our neighbors would like to go fishing with you if you want." It was my first time to eat them and they were very delicious. I never went fishing before, but I became interested in it. Then I realized that (6)【① for ② which ③ are ④ for local people ⑤ are common ⑥ things ⑦ not common】us. Like *tokobushi*, the dance was well known to the local people, but I wondered, "Are its meanings known to everyone?" Days were passing. I spent every day practicing for our performances with friends. I could have a good time because I was able to find a lot of special things on the island. This *moved on to Koharu, and she began practicing the dance with me at home.

The big day arrived. It was a beautiful sunny day and the sea was very bright. Many people visited our junior high school. Families, young children and elderly people from all over the island gathered and waited for the event to begin. The lights in the gym were turned off and it made the audience silent. When the *spotlight was on me, I got nervous. In the opening speech of the event, I said, "Through my practices, I have not only touched on the importance of this traditional local event, but also felt the people's passion for dancing. We added two [(4)-b] steps and movements to the first part of the performance. Look at the poster near the stage. That was my idea. It shows what these steps and movements mean. When we learned more about the dancing, we could understand more about this island. I think it is better for more people to experience our dancing together. Please try to move your body with us." When Koharu was trying to learn my dancing, I realized that (7)<u>this traditional dancing would bring many people together</u>. At the same time, I felt it should be known to more people. When I shared my idea with Mr. Okada, he *gladly accepted it. My friends also agreed with me and suggested the simple dancing movements. I was happy to see some people who were dancing with us. The performance event on that day ended with many [(4)-c] *cheers.

Before moving to Tachijima, I was only thinking of myself, but on the island, many people tried to help me. I was trusted as the captain of our performance. I was able to learn about its culture and traditions. I made more friends there. I enjoyed fishing in the sea and it became one of my hobbies. I will do something for the people on the island and make them happy. (8)<u>Tachijima has become a second home to me</u> and a place I want to return to someday. During my stay on Tachijima, I learned it is necessary for us to keep an [(4)-d] mind. We have to welcome new experiences as they are. I have become more *confident through these experiences on Tachijima.

〔注〕 passion 熱意
complain 不満を言う
starlit 星明かりの
abalone アワビ
move on to ～ ～へ移る
cheers 声援
get used to ～ ～に慣れる
instructor 師匠
warmth 暖かさ
islander 島民
spotlight スポットライト
confident 自信に満ちた
to one's surprise 驚いたことには
be familiar with ～ ～をよく知っている
shellfish 貝
fry ～ ～を揚げる
gladly 快く

〔問1〕 (1)<u>While I was feeling lonely about living away from my hometown</u>, とあるが，このようにTakashiが感じた理由の一つとして最もよく表しているものは，次の中ではどれか。

ア Takashi couldn't spend his school life with friends m his hometown.

イ Takashi didn't think that moving to Tachijima was true.

ウ　Takashi didn't get any information about Tachijima from anybody.
エ　Takashi was shocked to find out Koharu wanted to move to Tachijima.

〔問2〕 (2)a traditional local dancing eventとあるが，本文の内容と**一致しないもの**は，次の中ではどれか。

ア　It is held once a year and its dancing is for people's health and happiness.
イ　The local people on Tachijima know it well and it has a long history.
ウ　All the junior high school students on Tachijima practice dancing for it after school.
エ　Only the junior high school students on Tachijima are able to take part in it.

〔問3〕 (3) の中には次の**A～D**が入る。本文の流れに合うように正しく並べかえたとき，その組み合わせとして最も適切なものは，下の**ア～エ**の中ではどれか。

A　However, I could not change my mind soon, even after I realized their feelings.
B　I was also surprised everyone was excited to make the event successful.
C　My classmates practiced hard and their passion for it encouraged me a lot.
D　Though I was the captain, I had no idea what to do for it first.

ア　B → A → C → D
イ　B → D → C → A
ウ　D → A → B → C
エ　D → A → C → B

〔問4〕 (4)-a ～ (4)-d の中に，それぞれ次の**A～G**のどれを入れるのがよいか。その組み合わせとして最も適切なものは，下の**ア～カ**の中ではどれか。

A　strange　　B　simple　　C　easy　　D　open
E　new　　F　warm　　G　attractive

	(4)-a	(4)-b	(4)-c	(4)-d
ア	A	C	E	G
イ	A	E	G	C
ウ	E	B	F	D
エ	E	C	B	G
オ	G	B	E	D
カ	G	E	F	C

〔問5〕 本文の流れに合うように， (5) に本文中で使われている**英語1語**を補いなさい。

〔問6〕 (6)【① for ② which ③ are ④ for local people ⑤ are common ⑥ things ⑦ not common】について，本文の流れに合うように，【　　　】内の単語・語句を正しく並べかえるとき，【　　　】内で**2番目**と**4番目**と**6番目**にくるものの組み合わせとして最も適切なものは，次の**ア～カ**の中ではどれか。

	2番目	4番目	6番目
ア	②	④	⑦
イ	③	④	⑤
ウ	③	⑦	⑤

エ	④	⑤	⑦
オ	⑤	②	⑦
カ	⑥	②	⑤

〔問7〕 (7)this traditional dancing would bring many people together とあるが， Takashiが伝えたいこととして最も適切なものは，次の中ではどれか。

ア When we learned the meanings of the dancing, many people also got interested in its traditions.

イ When we practiced its dancing more and more, it became easier for more people to dance.

ウ If we performed its dancing with many people, it would help them to feel closer to each other.

エ If we told the tradition of the dancing to Koharu, a lot of local people would be happier.

〔問8〕 (8)Tachijima has become a second home to me とあるが，このように Takashi が感じた理由を最もよく表しているものは，次の中ではどれか。

ア Takashi felt sorry for the local people because he had to leave Tachijima.

イ Takashi would like to go back to Tachijima soon to help the local people.

ウ Takashi was satisfied with his experiences he had three years ago.

エ Takashi was looking forward to doing something for the local people.

〔問9〕 本文の内容に合う英文の組み合わせとして最も適切なものは，次のページの**ア**～**シ**の中ではどれか。

① Takashi was told to move to Tachijima at the beginning of the second year of his junior high school.

② Takashi's parents were born and grew up in a small village on Tachijima and they enjoyed nature.

③ Takashi was recommended to be the captain of the performance, but he didn't want to do it at first.

④ After Takashi talked with Mr. Okada, Mr. Okada's words gave him courage and he became positive.

⑤ Takashi had a few experiences to eat tokobushi before he lived on Tachijima.

⑥ Takashi decided to make the poster of the dancing because he wanted many people to dance together.

⑦ When Takashi talked about his idea to Mr. Okada, Mr. Okada welcomed it without any worry.

⑧ Many islanders helped Takashi during his stay on Tachijima, but he was always thinking of himself.

ア	①　③	イ	②　④	ウ	③　⑧
エ	⑦　⑧	オ	①　③　⑥	カ	②　④　⑦
キ	③　⑤　⑥	ク	④　⑥　⑧	ケ	①　②　④　⑥
コ	②　④　⑥　⑦	サ	③　④　⑥　⑦	シ	④　⑤　⑦　⑧

〔問10〕 次の英文は，Takashiが，Tachijimaに住むMr. Okadaに宛てたEメールの一部である。（　①　）～（　④　）の中に英語を入れるとき，最も適切なものを下の**ア**～**ク**の中からそれぞれ**一つずつ**選びなさい。ただし，同じものは二度使えません。

Dear Mr. Okada,
How have you been? I hope you are doing well. It has been only a few months since I left Tachijima and I miss you all. I became a high school student and I'm fine. At my high school, everyone has to do research for something and give a presentation. I decided to study about the local (　①　) I joined last year. I chose this topic because I had a good experience there. I became the captain and it made me (　②　). I realized it was important for more people to know its culture and (　③　). Now I am making a poster again for my presentation on the research day. Though it was not a long stay on Tachijima, the experiences I got there were (　④　) to me. I would like to visit the island again. I'm looking forward to the day!

ア	practice	**イ**	similar	**ウ**	convenient	**エ**	precious
オ	food	**カ**	confident	**キ**	traditions	**ク**	performance

を、国民全体へ啓蒙するために印象深い短い語を多用しているということ。

ウ　漢詩Aが、自身の子の将来を心配し、風景描写等を交えてやさしく学ぶことの必要性を説明する作品であるのに対し、漢詩B、Cは、どちらも学ぶことによって得られる将来の功績を直接的に不特定多数に対して啓蒙する形で表現されているということ。

エ　漢詩Aが、読書にふさわしい季節を挙げることによって、自身の子を学びへ促し、その態度を賞賛した作品であるのに対し、漢詩B、Cは、学問の意義だけを啓蒙することに重きをおき、平易で直接的な表現を用いて簡潔に述べられているものだということ。

ア　韓愈の詩の「燈火稍可親」をもとにして、人々が秋の夜に読書をするようになったことから「読書の秋」という言葉が広がったという考えは、「読書」のもつ意義の一面しか反映していないから。

イ　「読書の秋」は、韓愈の詩ではなく、日常で義務として必要に迫られて読む書を再度心ゆくまで味わうことで自身を成長させるという佐々木の「読書」に関する考えをもとにしたものであるから。

ウ　「読書の秋」の「読書」は、佐々木が「読書の秋来たる」で述べた、生活を変化させ拡張させるという近代読書論に立脚したものであり、韓愈の詩で述べられている内容とは大きなずれがあるから。

エ　「読書の秋」とは、「図書館週間」が秋に実施されることによって使われ始めた表現であり、「読書」とは自分の好きな本を好きなように読むものであるという考えと大きな隔たりがあるから。

〔問3〕(3)たしかに「燈火稍可親」は、それはそれとして日本ではなじみの句であった。とあるが、筆者が「なじみの句」と考えるのはなぜか。その理由として最も適当なものは、次のうちではどれか。

ア　中国の元時代に刊行された由緒正しい漢詩文の入門書の冒頭に掲載されており、明治時代まで日本でも広く使用されたから。

イ　中国で広く読まれていた漢詩文の入門書を模して刊行された漢詩集の冒頭に掲載され、室町時代以後、多くの人の目に触れたから。

ウ　漢詩の基本的技能を学ぶための入門書の冒頭に暗誦教材として掲載され、日本人にとって近代以前からなじみがあったから。

エ　室町時代に日本に伝来して、明治に至るまでの長い間、漢詩文の入門書として広く用いられた本の冒頭に掲載されていたから。

〔問4〕論じられとあるが、この「られ」と同じ意味で使われているものを、次の各文の――を付けたもののうちから一つ選べ。

ア　校長先生と私たち生徒の力で看板が立てられた。

イ　校長先生が卒業式で生徒への祝辞を述べられる。

ウ　校長先生のお話には生徒への期待が感じられる。

エ　校長先生から昇降口の前で声をかけられる。

〔問5〕漢詩Aと漢詩B、Cとの違いをどのようなものだと筆者は考えているか。その説明として最も適当なものは、次のうちではどれか。

ア　漢詩Aが、学ぶことの必要性を風景描写や心情表現を交えてえん曲的に述べた、作品の由緒も確認できる作品であるのに対し、漢詩B、Cは、「勧学」の成果や姿勢を啓蒙に重きをおいて述べた、権威ある諸家によって書かれたかも不明なものだということ。

イ　漢詩Aが、書物によって教養ある人間となることの重要性を家族相手に口語調で表現されている作品であるのに対し、漢詩B、Cは、知識の獲得が立身出世につながるということせん材料に乏しい。

ともあれ、「勧学文」とともに流布したことで、「符読書城南」は広く読まれた。その詩の最後に添えられた秋の季節感は、ちょうど「勧学文」全体の結びとしても機能し、人々の心に印象づけられた。やがて世は移り、読書が立身出世とは別に多くの人に享受される時代を迎える。

（齋藤希史「漢文ノート――文学のありかを探る」（一部改変）による）

〔注〕城南―中国の唐の時代の都、長安の南の意。
『詩』邶風「柏舟」―中国最古の詩集「詩経」の邶風篇にある「汎たる彼の柏舟」で始まる漢詩のこと。
韓愈―中国の唐の時代の文章家、詩人。韓昌黎とも呼ばれた。
耽読―夢中になって本を読みふけること。
疲らす―疲れさせる。
感ぜしめる―感じさせる。
訓導―旧制小学校の教員の呼び名。
人口に膾炙する―広く世間の人々の話題となる。
『古文真宝』―中国の先秦時代から宋の時代までの詩文の選集。
南宋―中国の王朝の一つ。
黄堅―中国の北宋時代の書家、詩人、文学者。
明―中国の王朝の一つ。
将来―ここでは、持ってくるという意味。
五山版―鎌倉末期から室町末期に京都・鎌倉の五山の僧を中心に作られた木版本の総称。
和刻本―中国や朝鮮の書物を日本で再製作したもの。
真宗および仁宗―どちらも中国の北宋の時代の皇帝。
司馬光―中国の北宋時代の政治家、学者。
柳永―中国の北宋時代の詩人。
王安石―中国の北宋時代の詩人。
白居易―中国の唐の時代の詩人。
朱熹―中国の南宋時代の儒学者。
「符読書城南」―韓愈の詩。本文冒頭の「時秋積雨霽」はこの詩の一節。
古活字―江戸時代に本活字または銅活字を使って印刷、刊行された書物。
鍾―中国の春秋戦国時代の容量の単位。
粟―アワなどの穀物。
良媒―結婚を取り持つのにすぐれた人。
陽貨―中国の春秋戦国時代の政治家。
仕官―役人になること。
季氏―中国の春秋戦国時代の政治家。
是誰之過歟―「これは誰の過ちですか」という意味。これは『論語』季氏篇第十六にある漢文の一節。
顰みに倣えば――ここでは、他人にみならえばという意味。

〔問1〕(1)両立しがたいところとあるが、この語句に対応する語句を、Aの漢詩の中からそのまま抜き出して書け。

〔問2〕(2)「読書の秋」というフレーズから受ける印象とはだいぶ異なる。とあるが、筆者がこのように考えるのはなぜか。その理由として最も適当なものは、次のうちではどれか。

男児欲遂平生志　六経勤向窓前読

家を富ますに良田を買うを用いず、書中自ら千*鍾の*粟有り。居を安んずるに高堂を架するを用いず。書中 自ら黄金の屋有り。門を出ずるに人の随う無きを恨む莫れ、書中 車馬多きこと簇るが如し。妻を娶るに*良媒無きを恨む莫れ、書中 女有り顔 玉の如し。男児 平生の志を遂げんと欲せば、六経 勤めて窓前に向いて読め。

訓読だけでも意味はとれるほど、語彙も内容も形式も平俗である。勉強さえすれば何でも手に入る。そういうことだ。

その後に続く諸家の「勧学文」も、多少の工夫はあるにせよ、勉強しなさいというトーンが変わるわけではなく、さして興を覚えるものでもないのだが、朱熹の「勧学文」はいささか身につまされるところがある。

C　勿謂今日不学而有来日　勿謂今年不学而有来年
日月逝矣　歳不我延
嗚呼老矣　是誰之愆

謂う勿れ 今日 学ばずとも而も来日有りと、謂う勿れ 今年 学ばずとも而も来年有りと。日月逝けり、歳我と延びず。嗚呼老いたり、是れ誰が愆ちぞや。

「日月逝矣、歳不我延」は、『論語』*陽貨篇冒頭で陽貨が孔子に*仕官を勧めて「日月逝矣、歳不我与（日月逝けり、歳 我と与にせず）」と言ったことを用いている。「延」としたのは「年」「愆」と韻にするため。ちなみに「是誰之愆」も『論語』*季氏篇に「*是誰之過歟」の句があるのを思わせる。それにしても、こんな文章が壁に貼ってあったりするとかえって気が滅入りそうだ。

こうした「勧学文」に比べれば、「符読書城南」は格調をそなえた古詩で、「時秋積雨霽」からの結びも見事だ。というよりも、真宗以下の「勧学文」が、いかに啓蒙とはいえ、諸家の名にふさわしいものとは思えないのである。また、白居易にしても王安石にしても朱熹にしても、古くからそれぞれの詩文集が編まれているのに、これらの作は録されていない。

真宗の「勧学」については大木康氏がくわしく論じられていて、「おそらく、もともとどこかの誰かが作った作が、南宋の終わりごろ、真宗皇帝の作とされたということだったのではなかろうか」とし、さらに「「宋真宗」と「勧学文」との結びつきには、あるいはこの『古文真宝』が深く関わっているのではないか」とも推測されている。*顰みに倣えば、真宗以外の「勧学文」もまた「どこかの誰か」が作ったもので、権威づけのために諸家の名が用いられたとしてよいのかもしれない。一方で、韓愈の「符読書城南」は、まぎれもなく韓愈がその子のために作った詩で、他の「勧学文」とは一線を画している。どういう経緯でこれが「勧学文」に置かれることになったのか、あるいはこの八篇がどのようにしてひとまとまりのものとなったのか、事は『古文真宝』の成り立ちにもかかわって探索を試みたいところだが、いかん読書の好時季が来た。何か心ゆくまで*耽読し得る書が欲しいものである。平生義務と思ひ必要に迫られて読む書は、人を*疲らすのみである。読まなければ務が務まらない様に*感ぜしめる書は、実に心を束縛するものである。

著者は「蒼髯」というペンネームを名乗っているが、じつは当時東京高等師範学校附属小学校*訓導だった佐々木秀一。のちに鶴見俊輔が『思い出袋』で小学校時代の校長先生としてなつかしく回想しているその人なのだった。書き出しから思わずうなずきながら読んでしまう「読書の秋来たる」は、時節の随想でも立身のための学問のすすめでもなく、堂々たる近代読書論である。韓愈の詩が出てこないのも、「読書は生活を拡張して、之を広くし之を長くする。読書は生活を変化して之を多方面にし之を多趣味にする」という著者の主張からすれば、当然のことかもしれない。佐々木の唱える「読書」は韓愈の「読書」とはすでに異なっている。

この文章のタイトルが「読書の秋来たる」となったのは（ちなみに雑誌の表紙では「読書の秋」となっている）、おそらくそれほど強い意図があったわけではなく、反対に、用例としてはまた別に求めることができるかもしれない。ただ、*人口に膾炙するということになると、やはり大正から昭和にかけてと考えられる。秋の読書週間の宣伝とも無縁とは言えまい。制度としての裏付けを得られれば、ことばの流通は飛躍的に加速する。そのとき、近代以前からの「燈火親しむべし」また「秋燈」という秋の読書のイメージが重なって用いられたのであろう。(3)たしかに「燈火稍可親」は、それはそれとして日本ではなじみの句であった。

なぜ「燈火稍可親」がなじみの句だったのかについては、明確な理由がある。*『古文真宝』の前集巻頭に並べられている「勧学文」に収められているからだ。『古文真宝』は*南宋末ごろに編纂された古詩古文のアンソロジー（前集が詩、後集が文）で、いまに伝わるものでは*元の刊本が古い。編者は*黄堅とされているが、詳しいことはわからない。つまりそれほど由緒正しい本というわけではないのだが、元から*明にいたる時代に流布し、日本にも室町期に*将来され、*五山版をはじめとして多くの*和刻本が明治に及ぶまで出版された。漢詩文の入門書としてよく用いられたのである。朝鮮半島でも版本が多い。

「勧学文」は、その巻頭に掲げられた特別なまとまりである。*宋の真宗および仁宗、*司馬光、*柳永、*王安石、*白居易、*朱熹の「勧学文」（「勧学」「勧学歌」と称する篇もある）および韓愈の*「符読書城南」の八篇から構成されるが、「文」という題がついていても、その多くは韻を踏む。つまり暗誦のための標語に近いもので、この八篇が独立して扱われることもあり、古くは*慶長二年（一五九七）に*後陽成天皇の命によって、最新の試みであった古活字で印行されてもいる。

たとえば真宗の「勧学」。

B

富家不用買良田　書中自有千鍾粟
安居不用架高堂　書中自有黄金屋
出門莫恨無人随　書中車馬多如簇
娶妻莫恨無良媒　書中有女顔如玉

豈不旦夕念　為爾惜居諸
恩義有相奪　作詩勧躊躇

時秋にして積雨霽れ、新涼郊墟に入る。燈火稍親しむ可く、簡編巻舒す可し。豈に旦夕念わざらんや、爾が為に居諸を惜しむ。恩義相い奪うこと有り、詩を作りて躊躇を勧ます。

時節は秋となり長雨も晴れ、新しい涼気が郊外の村にやってきた。夜のともしびとともに過ごす時間も増え、書物を繙くのにもふさわしい。学問のことは朝晩思わないはずはあるまいが、月日はすぐに経ってしまうことをおまえのために惜しむのだ。情愛と道義は(1)両立しがたいところがあるから、ぐずぐずしがちなおまえを詩によって励ますことにしよう。

「郊墟」は郊外の村、つまりこの「城南*」の地を指す。「居諸」は日月のこと、『詩*』邶風「柏舟」にもとづく。「恩義有相奪」の句からは、厳しくしなければいけないのについつい甘やかしてしまう親の情が浮かび上がるようで、なかば脅すような例を連ねてきたのも、息子の行く末を心配してのことと察せられる。この八句なら、こちらも心穏やかに読める。

*韓愈の詩は、大きく言えば学問のすすめであり、身近に引きつけて言えば、ちゃんと勉強しないと立派な大人になれませんよ、ということであった。(2)「読書の秋」というフレーズから受ける印象とはだいぶ異なる。それは「読書」という語のもつ意味合いが違っていることともかかわるはずなのだけれども、その話より前に、そもそも「読書の秋」が韓愈の詩に由来するのかどうか、ちょっと気になる。

調べてみると、国会図書館の「レファレンス協同データベース」に、「「読書の秋」とよく言われるが、その由来について知りたい」という恰好の事例が掲載されていた。読めばやはり韓愈の詩が挙げられているが、「ここから秋が読書にふさわしい季節として、「秋燈」や「燈火親しむ」といった表現が使われるようになった。これが「読書の秋」の由来のひとつと思われる」ということで、「燈火稍可親」→秋は読書にふさわしい季節→「読書の秋」のように、間に一つはさまっている感じだ。用例からみても、「読書の秋」が近代以降に登場した言い回しであることは、ほぼ疑いない。「由来」という語をどのような意味で使うかにもよるが、韓愈の詩に由来すると簡単に言えないことはたしかである。

さらに、「読書週間が秋に実施されるため、「読書の秋」が定着したのではないか」という調査もなされていて、それによれば読書週間が「図書館週間」として始まったのが一九二三年十一月、ただしなぜこの時期になったかは不明、また「読書の秋」というフレーズはこれより先、一九一八年の新聞記事に見えるとのこと。

人任せですませては韓昌黎先生に怒られそうなので、自分でも明治大正期の文献を少し当たってみたところ、東京高等師範学校附属小学校内に設置された初等教育研究会の編集にかかる雑誌に「読書の秋来たる」という文章が二回にわたって掲載されていた。一九一一年十月および十一月発行の号である。書き出しはこんなふうだ。

　になるね。じゃあまず、二重傍線部中の言葉を丁寧にみていこう。

生徒ア：「現実の物理現象を考察」っていうのは、「実際の現象の観察や実験や分析を通して、法則を生みだしたり変更したりするということ」かな。

生徒イ：「法則」という言葉には「理論」と同じような意味合いがあるから、すごくいいと思う。二重傍線部の順番通りに言えてるね。

生徒ウ：じゃあ、この二重傍線部のところを言語学的に言うと、文章Bの表にある X に注目するということか。

生徒ア：そうだね。説明に必要な要素が分かってきたよ。

生徒イ：次に文章Aについて考えてみよう。「記号」と「記号機能」の関係性のパターンを二つ挙げていたね。

生徒ウ：そうだったね。二重傍線部の「現実の物理現象」と「法則」が、それぞれAの文章の「記号」と「記号機能」のどちらに当たるのかが分かれば、関係性も見えてくるね。

生徒ア：二重傍線部の「法則を導きだす」は、表にある X について観察や分析の結果として分かるものを指すことになるから、この場合の関係性は…。何とか書けそうだね。ちょっと書いてみよう。

（しばらくして）

生徒ア：できた。「現実のいろいろな物理現象を観察や実験を通して、理論や法則を生みだすのと同じように、社会言語学は、 Y ということ」って書いたけど、どうかな。

生徒イ：なるほど、これなら「似ています」というのも納得だね。先生にも聞いてみよう。先生、お願いします。

先　生：はい。非常によく書けています。「現実の物理現象」「法則」がAの文章の「記号」と「記号機能」のどちらに当たるかに着目して書いたところが特にすばらしいと思います。

〔問6〕　文章A、Bについて述べたものとして最も適切なものを、次のうちから選べ。

ア　文章Aは最初と最後の段落で筆者の意見を繰り返すことで主張を強調しているが、文章Bは最後の段落で全体を簡単にまとめている。

イ　文章Bは、文章Aで説明されている事項を前提として話を進めることで、自身の主張が伝わりやすいように工夫して構成されている。

ウ　文章A、Bともに、専門用語の機能や筆者自身の主張などを分かりやすく示すために、対比関係を用いて文章を構成して説明している。

エ　文章A、Bともに、具体例を最初に提示したところから抽象的な内容を提示することで、一般の読者が理解しやすいようにしている。

5　次の文章を読んで、あとの各問に答えよ。（＊印の付いている言葉には、本文のあとに〔注〕がある。）

A　時秋積雨霽　新涼入郊墟
　　燈火稍可親　簡編可巻舒

イ　知覚できる記号表現と、記号の意味を示す記号内容との間に明確な対応関係があるという考えを暗に示しているから。

ウ　記号表現を知覚することができてはじめて、記号の意味という記号内容が認知されるという考えを暗に示しているから。

エ　対象を知覚できるという記号表現の側面が、記号内容の意味との対応関係を作るという考えを暗に示しているから。

〔問3〕(3)「記号表現」と「記号内容」のいずれかが不確定である場合には、事情は異なってくる。とあるが、どのように異なるとAの筆者は考えているか。それを、次の［　］のように説明するとき、［　］に当てはまる表現を、**四十五字以上六十字以内**で書け。

> Aの筆者は、「記号表現」と「記号内容」のどちらかが不確定の場合、通常の「記号」によるやり取りとは異なり、［　］と考えている。

〔問4〕(4)現実の言語の多様性はひとまずカッコに入れておき、言葉の種類がない理想的な状態のなかで言葉の研究を進めるわけです。とあるが、Bの筆者が「理論言語学」は「理想的な状態のなかで言語の研究を進める」と述べるのはなぜか。その説明として最も適切なものを、次のうちから選べ。

ア　言語の運用の仕方や差違によってではなく、自ら知識や構造を普遍化して正しい文を作る人間の言語能力を分析の対象とするから。

イ　言語の運用の仕方や差違によってではなく、共通する構造や規則に従って適切な文を作る人間の言語能力を分析の対象とするから。

ウ　言語間の差違を排除し、発話された個別な文を状況に応じて適切に理解していくという人間の言語能力を分析の対象とするから。

エ　言語間の差違を排除し、頭のなかの知識や構造を変化させながら適切な文を生みだす人間の言語能力を分析の対象とするから。

〔問5〕次の会話は、文章A、Bを読んだ後の国語の授業の様子である。先生と生徒の会話の中の［X］、［Y］にそれぞれ当てはまる表現を、［X］は文章B中の表のア～エのうちから適切なものを選び、［Y］は**三十五字以上五十字以内**で書け。

先　生：Bの文章の二重傍線部現実の物理現象を考察して法則を導きだす実験物理学の手法に似ていますについて、グループで考えてみます。二重傍線部とはどういうことかを、Aの文章の「記号」「記号機能」という言葉を使って説明してみましょう。各グループで答えができたら、私に声をかけて答えを聞かせてください。では始めましょう。

生徒ア：二重傍線部の直前に「これ」とあるから、まずは指示内容を明らかにしてみよう。

生徒イ：ええっと、一つ前の文の「社会言語学」のことを指しているんじゃないかな。

生徒ウ：そうすると、二重傍線部は一つ前の文の言い換えということ通する構造や規則など、言語の普遍的な側面を重視するのにたいし、社会言語学は社会のなかの言葉を問題にし、発話として表れた言葉の差違という、言語の個別的な側面に注目するということです。

その違いがわかるように表に整理すると、つぎのようになります。

	理論言語学	社会言語学
関心の所在	言葉の普遍性・共通性	言葉の個別性・差異性
言葉の在処(ありか)	ア　頭のなかにある	イ　社会のなかにある
分析の対象	ウ　言葉の能力	エ　言葉の使用
分析の観点	構造と規則	種類と選択
分析の方法	演繹的・内省的	帰納的・記述的

なお、バリエーションと似た使われ方をされるものにコード(code)があります。記号や暗号として訳される、あのコードです。

社会言語学を理解するうえでは、バリエーションもコードもほぼ同じと考えて問題ないでしょう。ただ、バリエーションは言葉の種類を問題にするのにたいし、コードは記号の一貫性を問題にします。バリエーションでは個々の表現の違いに注意が向き、コードでは言語体系そのものの違いに光が当たるわけです。

(石黒圭「日本語は「空気」が決める　社会言語学入門」(一部改変)による)

〔注〕モールス信号 ―「トン(・)」と「ツー(―)」という符号の組み合わせで文字を表す信号。
アイデンティティー ― ここでは、ある共同体に所属しているという意識のこと。
内省 ― 自分の考えや行動を深くかえりみえること。

〔問1〕(1)このように、「記号表現」と「記号内容」が論理的に相互依存の関係にあるということは十分明らかであろう。とあるが、「論理的に相互依存の関係にある」とはどのような意味であるとAの筆者は考えているか。その説明として最も適切なものを、次のうちから選べ。

ア　記号の意味と記号表現が対になって初めて、多くの人に共有されて機能するようになることが担保されると考えられるということ。

イ　記号は記号表現に応じて具体的な意味を与えられることによって機能が確立し、主体的な判断が担保されると考えられるということ。

ウ　記号の持つ意味と記号表現を結びつけることによって、主体的な解釈の対象として機能するようになると考えられるということ。

エ　記号は記号表現に先立って意味を与えられることで初めて、その記号全体の代表として機能するようになると考えられるということ。

〔問2〕(2)例えば英語のsenseが〈感覚〉と〈意味〉という二つの語義を併せ持っているのは、たいへん示唆的である。とあるが、なぜ「示唆的である」とAの筆者は考えているか。その説明として最も適切なものを、次のうちから選べ。

ア　知覚の対象である記号表現は、記号の意味という記号内容によって認知され得るという考えを暗に示しているから。

4　次のA、Bの文章を読んで、あとの各問に答えよ。（*印の付いている言葉には、本文のあとに〔注〕がある。）

A

※問題に使用された作品の著作権者が二次使用の許可を出していないため、問題を掲載しておりません。

（出典：池上嘉彦「記号論への招待」（一部改変）による）

B

*アイデンティティによって支えられた言語共同体というグループでは、共通した特徴を持つ言葉が使われています。そうした言葉の種類は、言語バリエーション（linguistic variation）と呼ばれます。

社会言語学の大きな目的の一つは、バリエーションを正確に記述することです。

じつは、言語学がすべてバリエーションに関心があるわけではありません。むしろ、関心のない分野のほうが多いくらいです。

たとえば、理論言語学（theoretical linguistics）の第一人者チョムスキーは、均質な言語共同体（homogeneous speech community）を仮定します。(4)現実の言語の多様性はひとまずカッコに入れておき、言葉の種類がない理想的な状態のなかで言葉の研究を進めるわけです。

なぜそうした方法を採るかというと、チョムスキーは、頭のなかにある知識や構造を使って適切な文を生みだす人間の言語能力（linguistic competence）に関心があったからです。素朴に言うと、チョムスキーにとっては、なぜ人間は、言葉の違いを超えて正しい文を作れるのか、という問いが重要なのです。

そうした立場に立つと、運用上の誤りや個人差は、考察を進めるうえで雑音になってしまいます。だから、そうしたことが起こらない理想状態を仮定するわけです。

チョムスキーのこうした姿勢は、理論物理学者が理想気体や摩擦のない平面を仮想するのと似ています。ですから、理論言語学者は、理想状態のなかで立てたモデルが現実にどのくらい当てはまるかという演繹的な手法を採ることになります。

一方、社会言語学は、頭のなかにある理想の文を生みだす言語能力ではなく、誤りや個人差も含む実際の発話を生みだす言語運用（linguistic performance）に関心があります。社会言語学者が言語能力に関心を持つ場合もありますが、それは状況を超えて普遍的に発揮される言語能力ではなく、あくまで特定の社会的状況に合わせて個別的に発揮されるコミュニケーション能力（communicative competence）です。

ですから、社会言語学では、社会のなかで、話し手と聞き手とのあいだで実際に使われた発話をまず問題にします。これは、現実の物理現象を考察して法則を導きだす実験物理学の手法に似ています。研究者が頭のなかで作った文を*内省で検討する理論言語学とはその点で対照的です。

こうした立場の違いは、どちらがよい、どちらが悪いと言えるものではありません。どちらの立場も、言葉の性質の一面を的確にとらえているからです。

大切なことは、理論言語学が頭のなかの言葉を問題にし、言語に共

エ　芦原さんが来たことによって、「私」を拒絶するかのような態度をとる朋子との間に漂った窮屈な雰囲気が和らいだから。

〔問3〕(3)面白い。とあるが、このように「私」が思ったのはなぜか。その理由として最も適切なものを、次のうちから選べ。

ア　現在の楽器は、長い年月を重ねて作られた完成形だと思っていたが、今後もまだ発展の余地があることが分かり、自分の固定観念が取り払われ、楽器のさらなる可能性を感じることができたから。

イ　現在の楽器は、アフリカで育つ素材で作られる改良の余地のないものだと分かったが、安全性と商業上の要請を満たすことができれば、日本における楽器作りの青写真を描けると気づいたから。

ウ　現在の楽器は、様々な素材を試し改良を重ねられた完成形だと思っていたが、原産地特有の気候に深く関係してできあがったことを知り、日本でも新しい取り組みや改良ができると気づいたから。

エ　現在の楽器は、プロの奏者の意見を取り入れ完成したと思っていたが、制作者が奏者の意見を尊重していないため音色が安定しないことを知り、改良によって音色が一律になると分かったから。

〔問4〕朋子さんとあるが、この文章から読み取れる朋子の人物像の説明として最も適切なものを、次のうちから選べ。

ア　楽器制作へのこだわりが強く、努力を惜しまないが、自身の領域に入ってこられるのを絶対に許さない人物。

イ　楽器制作ではなく彫刻作りに集中したいが、本音を言い出せず、楽器作りに対して不信感を抱いている人物。

ウ　無愛想で、淡々と仕事をしているように見えるものの、実はひたむきに楽器づくりに取り組んでいる人物。

エ　自分の信じた方法で楽器を完成させたいのに、芦原さんのオルガンづくりに振り回され、困惑している人物。

〔問5〕この本文中に使用されている表現の説明として**適切でないもの**を、次のうちから選べ。

ア　「私」と芦原さんの関係性を分かりやすく示すために、「私」と話をする芦原さんの言葉遣いに「お待たせしました。」「これが、オルガンの本管です。」のような丁寧な言葉を多用している。

イ　音色に対して鋭敏な感覚をもつ「私」の人物像を深めるために、「ただ、シャコシャコという音が、さっきまでよりも微妙に鈍くなっている」などかすかな音の差に反応する描写を加えている。

ウ　登場人物の困惑や期待といった感情を視覚的にも描き出すために、「ええと……グラナディラ、ですよね。」「どんな音がするのか……楽しみです。」など、「……」という記号を用いている。

エ　芦原さんのオルガン職人としての誇りやこだわり、神経質な一面を丁寧に表現するために、「高さ五メートル程度の、小さいオルガンです。」というような具体的な数字を各所で用いている。

「＊和琴などに使われる、とても軽い木です。桐を木管パイプに使うことは、まずありません。材木屋に相談したら、奥瀬見でいい桐材が取れるのだと教えてくれました。どんな音がするのか……楽しみです。」

芦原さんは、どこか＊恍惚とした様子で言う。その音を聴いてみたいと、私も思った。

「朋子。一本、作ってみよう。」

朋子がぴたりと手を止め、芦原さんを軽く睨むように見た。

「まだ、削ってる途中だけど。」

「それはあとでいい。桐材の板が何枚かあるから、一本組み立てて音を見てみよう。陽菜さんにも、その過程を知ってもらいたい。」

「やりかけの作業を、中断したくない。」

「申し訳ないね。さあ、早く。」

こういうことには慣れているのか、朋子はため息をつき、こちらを見ようともせずに一階に下りていった。苛立った様子に肝が冷えたが、芦原さんは何も動じていない。私たちが微妙な緊張関係にあることにも、気づいていないようだ。

「いま作っているオルガンは、高さ五メートル程度の、小さいオルガンです。」嬉しそうに、説明をはじめる。

（逸木裕「風を彩る怪物」による）

〔注〕木管―ここではオルガンの音を出すために必要な木製の部品を指す。
響板―楽器の音を大きくする共鳴板。
トップ板―ギターの表面の板。
トラヴェルソ―フルートの前身である横笛。
バロックオケ―十七世紀初頭から十八世紀半ばまでにヨーロッパを中心に栄えたバロック音楽を演奏するオーケストラ。
和琴―日本の弦楽器。
恍惚―物事に心を奪われて、うっとりすること。

〔問1〕(1)彼女の周囲だけ、空気が冷たい感じがした。とあるが、「私」がそのように感じたのはなぜか。その理由として最も適切なものを、次のうちから選べ。

ア　一心不乱にカンナをすべらせる朋子の姿に、他者を寄せ付けないような威圧感を感じ、尊大だと思ったから。

イ　ひとり集中してカンナがけをする朋子の姿に、長期間の鍛錬による洗練されたものを感じ、圧倒されたから。

ウ　黙々とカンナをすべらせる朋子の姿が、フルートの練習を続ける自分自身と重なり、身が引き締まったから。

エ　孤独にカンナがけをする朋子の姿が、一階のにぎやかさとの対比で浮き彫りになり、さびしく見えたから。

〔問2〕(2)気まずい空気が攪拌されたことに、私はほっと息をつく。とあるが、「私」はなぜ「ほっと息をつ」いたのか。その理由として最も適切なものを、次のうちから選べ。

ア　芦原さんが声をかけたことによって、「私」を一方的に無視し続ける朋子と二人きりで向き合う必要がなくなったから。

イ　芦原さんが声をかけたことによって、朋子が望む距離感をうまく作り出せず反発し合っている状況が止められたから。

ウ　芦原さんが来たことによって、朋子を非難する「私」の発言でぎくしゃくしてしまった場がうやむやになったから。

ぼんやりしたことを言ってしまったのを、芦原さんはすぐに聞き咎めてくる。
「この前お渡しした*トラヴェルソは、楓でできています。いまはフルートに楓はあまり使われませんが……これは、音が悪いからでしょうか？」
「判りません。楽器職人が長年試行錯誤してみて、グラナディラのほうがいいということを発見したんじゃないんですか。」
「でも、ファゴットは、いまでもほとんどが楓で作られています。なぜファゴットにはグラナディラが使われないのか。そもそも、オーボエやクラリネットでも、グラナディラが使われだしたのはごく最近で、バロック時代は梨や楓などを使っていました。オーボエは黒い楽器が多いですが、*バロックオケを観に行くと、赤や焦げ茶の楽器で吹いてますよね。」
「より優秀な木材が出てきて、古いものは駆逐された——わけではないんですか。」
「と、言われますけど、僕はそれは、怪しいと思ってます。」
　蘆原さんの目が、一瞬、鋭く光った。
「グラナディラは、アフリカの熱帯に生えている木です。これが西欧の楽器に使われるようになったのは、十九世紀から二十世紀の植民地政策に大きく影響を受けています。アフリカから木材を調達できるようになったので、グラナディラが幅広く使われるようになったのです。」
「でも、楽器に向いてる木だったんですよね。」
「比重が大きく硬いので、向いているとは言われます。ただ、それがどこまできちんと研究されたものなのかは怪しいと思ってます。というのも、楽器は綺麗に鳴りきるまでには時間がかかります。オルガンでも、ポテンシャルをすべて解放するまで数年は鳴らし続けなければいけない。一方、プロの奏者は日々の仕事をこなさなければなりませんから、新しい素材の楽器を渡して、毎日仕事に使ってもらうことなんてできません。当然、広く使われているグラナディラが選ばれるようになる。結果的に市場には、同じ素材の楽器が出回るのです。」
「なるほど。」
「楽器に何の素材が使われるのかは、慣習と、安全策と、商業上の要請から決まります。我々人類は、あらゆる木材の検証を充分にできているわけではない。本当に優れた木管の材料を、まだ発見できていないかもしれません。」
　(3)——面白い。
　いままでなんとなく、楽器は改良に改良を重ねられていまの最終形になったのだと思っていた。でも蘆原さんの話を聞いていると、まだ楽器は発展途上で、様々な可能性を切り落としてしまっているように思える。
「オルガンなら、できます。」
　芦原さんは、不敵な笑みを浮かべた。
「オルガンはどの楽器も、必ず受注生産の一点ものです。木管楽器と違い、同じモデルを大量生産するタイプのビジネスではないので、創造できる余地が広い。新しい素材を研究開発していくのも、オルガンビルダーの役割だと思っています。例えばあれは——桐です。」
　カンナをかけている朋子を指差して、言う。

朋子さんはそれだけを言って、再び木材にカンナをかけはじめた。ただ、シャコシャコという音が、さっきまでよりも微妙に鈍くなっている。その音程の変化に、私は彼女の心の揺れを感じた。

「朋子さん。私のこと、知ってたんですね。」

彼女は、私の言葉を待っている。

「コンクール、見にきてくれたんですよね。姉から聞きました。フルート、お好きなんですか？」

「いや、まあ……。」

「カフェにある彫刻、朋子さんが作ったんですね。可愛くて好きです。私、ああいうの作れないんで、憧れます。朋子さんは。」

「朋子でいいよ。」

朋子さんは、困ったように頭をかいた。

「私たち、タメだから。亜季さんから聞いてない？　敬語、やめて。なんか、痒い。」

「あ、うん……判った。」

「コンクールは、たまたま都心のほうに用事があって、ついでに寄っただけだから。フルートのことは、よく判らない。ごめん。」

朋子さんは突き放すように言って、再びカンナをかけはじめる。棘のある口調に、私は驚くよりも不思議な気持ちになった。

私が何か、しただろうか？　会ってからふたりで話すのは、初めてだ。彼女の怒りを買うようなことを言ってしまったとは思えない。なぜこんな態度を、取られなければいけないのか。

「お待たせしました。」

芦原さんが階段を上ってくる。(2)気まずい空気が攪拌されたことに、私はほっと息をつく。

彼の手には、細長い箱が握られていた。

「これが、パイプオルガンの木管です。」

六十センチほどの長さの、直方体の箱だった。空気を吹き込む部分と、空気が出ていく歌口が開いていて、中は空洞のようだ。素材が違うだけで、構造は金属のパイプと同じに見える。

「奥瀬見は江戸時代から炭産業が盛んで、色々な木があります。森の中を歩くと、かつてあった炭焼き窯の跡がたくさんあるのです。」

芦原さんが木管を吹くと、素朴で可愛らしい音が鳴った。リコーダーの音に似ているが、オルガンの木管は重心が低く、どっしりとした安定感がある。

「ナラの木管です。オルガンは大量に木材を使うので、制作する場所の近くで採れる木材を使います。イタリアでは糸杉がよく使われますし、スプルースというマツ科の植物を使うことも多いです。スプルースは、ピアノの＊響板とか、ギターの＊トップ板などにも使われますね。」

「朋子さ……朋子、が削っているのも、ナラですか。」

「ナラだと思いますか。」

その質問を待っていたというように、芦原さんは不敵に微笑んだ。

「木製フルートは、なんで作られているのか、ご存じですか。」

「ええと……グラナディラ、ですよね。」

「正解。クラリネットやオーボエなどでも、グラナディラを使います。ではなぜグラナディラを使うか、判りますか。」

「音がいいんじゃないですか。」

「音がいい、とは？」

〈国語〉

時間　五〇分　満点　一〇〇点

【注意】 答えは**特別の指示**のあるもののほかは、各問の**ア・イ・ウ・エ**のうちから、最も適切なものをそれぞれ**一つずつ**選んで、その記号を書きなさい。また、答えに字数制限がある場合には、**、や。や「などもそれぞれ一字と数えなさい。**

1 次の各文の――を付けた漢字の読みがなを書け。

(1) 情報源を秘匿する。

(2) 満月が霧に潤む。

(3) 才媛と呼ばれた先輩に憧れる。

(4) 曖昧な表現をする。

(5) 多岐亡羊の感があって目標が定まらない。

2 次の各文の――を付けたかたかなの部分に当たる漢字を楷書で書け。

(1) フクワジュツを習い始めた。

(2) 思考のメイキュウから抜け出す。

(3) ニガい経験から学びを得た。

(4) 調理の仕上げにバイニクを用いる。

(5) 選挙結果はゲバヒョウの通りだった。

3 次の文章を読んで、あとの各問に答えよ。（*印の付いている言葉には、本文のあとに〔注〕がある。）

プロのフルート奏者を目指す陽菜(はるな)は、東京郊外の奥瀬見(おくせみ)町でカフェを営む姉の亜季(あき)の家に、夏の間滞在している。姉の家の近くには、世界的オルガン作家の芦原(あしはら)と、彼の娘の朋子(ともこ)が営むオルガン工房がある。工房では、町の人々の力を借りて、新しいオルガンを作るというプロジェクトが始まっていた。

二階に上ると、シャコ、シャコという擦過音(さっかおん)が聞こえてきた。

ひとり、(1)朋子さんがいた。作業机に向かい、材木をカンナで削っている。彼女の周囲だけ、空気が冷たい感じがした。

一階でワイワイと作業している人たちとは、明らかに温度が違う。体幹がぶれずに、カンナが均一の力と速度で木材の上を走っている。薄く削られた木屑(きくず)が、心地よい音とともに空中に舞う。一切の無駄が削(そ)ぎ落とされた、機能美すら感じさせる所作。

綺麗(きれい)だ、と思った。十二年間、毎日フルートの練習を続けていた私には判(わか)る。朋子さんはこの作業を、数え切れないほど繰り返しやってきている。

「少しここで待っていてください。倉庫から、*木管を持ってきます。」

「え、あ、ちょっと……。」

芦原さんは聞かずに、一階へ下りていってしまう。

擦過音が、止(や)んだ。

朋子さんが手を止めて、私のほうを見ていた。

「こんにちは。」

「……うん。」

私は仕方なく笑顔を作って、手を振った。

2024 年 度

解 答 と 解 説

《2024年度の配点は解答欄に掲載してあります。》

＜数学解答＞

[1] 〔問1〕 16　〔問2〕 $x=\frac{5}{11}$, $y=\frac{9}{11}$　〔問3〕 $\frac{1}{4}$
〔問4〕 右図

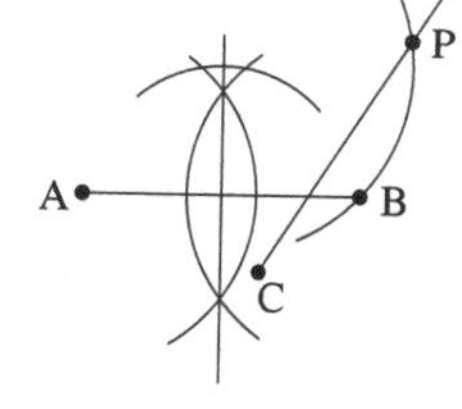

[2] 〔問1〕 $\frac{17}{8}$　〔問2〕 $a=\frac{7}{6}$, $b=\frac{1}{3}$, $c=4$
〔問3〕 S：T＝24：1

[3] 〔問1〕 $\frac{3}{2}$(cm)　〔問2〕 (1) 解説参照　(2) $3\sqrt{5}$(cm²)

[4] 〔問1〕 $36\sqrt{2}$(cm³)　〔問2〕 AP：BP＝1：$\sqrt{3}$
〔問3〕 2

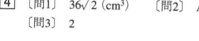

○配点○

[1] 〔問4〕 7点　他　各6点×3　[2] 〔問2〕 11点　他　各7点×2
[3] 〔問2〕(1) 11点　他　各7点×2　[4] 〔問3〕 11点　他　各7点×2　計100点

＜数学解説＞

[1] （平方根の計算，連立方程式，確率，作図）

基本 〔問1〕 $x^2+y^2-3xy=(x-y)^2-xy$だから，$\left\{\left(\frac{\sqrt{3}+\sqrt{7}}{\sqrt{2}}\right)-\left(\frac{\sqrt{3}-\sqrt{7}}{\sqrt{2}}\right)\right\}^2-\frac{\sqrt{3}+\sqrt{7}}{\sqrt{2}}\times\frac{\sqrt{3}-\sqrt{7}}{\sqrt{2}}=\left(\frac{2\sqrt{7}}{\sqrt{2}}\right)^2-\left(-\frac{4}{2}\right)=14-(-2)=16$

基本 〔問2〕 連立方程式$\begin{cases}x+\frac{2}{3}y=1\cdots① \\ \frac{2}{5}x+y=1\cdots②\end{cases}$　①×$\frac{3}{2}$－②より，$\frac{11}{10}x=\frac{1}{2}$，$x=\frac{5}{11}$　②に代入し，$\frac{2}{5}\times\frac{5}{11}+y=1$，$y=\frac{9}{11}$

基本 〔問3〕 11，15，23，31，35，43，51，55，63の9個で，大小2つのさいころの目の出かたは6×6通りあるから，$\frac{9}{6\times6}=\frac{1}{4}$

重要 〔問4〕 （着眼点）線分ABを弦とし中心角が90°の円をかく　中心角と円周角の関係から，示す点Pはこの円周上にあるから，これと線分CDの交点である。

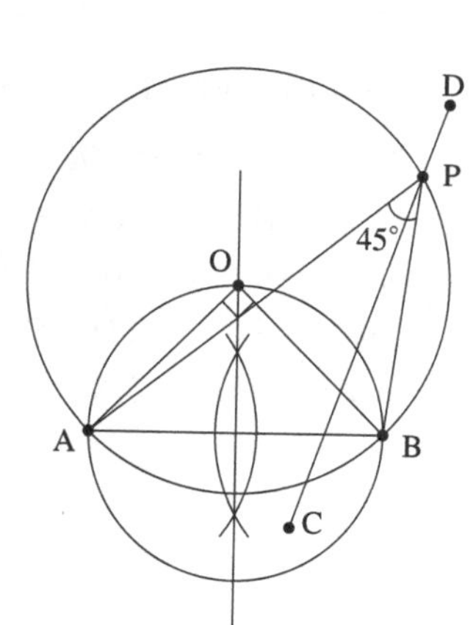

2（放物線と直線の式，三角形の面積を利用した直線や放物線の式，面積比や線分比，回転体の体積）

基本　〔問1〕 点Aのx座標は2であり，直線$y=-\frac{1}{4}x+9$上の点だから，$y=\left(-\frac{1}{4}\right)\times2+9=\frac{17}{2}$となり，$A\left(2,\ \frac{17}{2}\right)$ 点Aは曲線$y=ax^2$上の点であるから，$\frac{17}{2}=a\times2^2$，$a=\frac{17}{8}$

重要　〔問2〕（途中の式や計算）（例） 点Aの座標は$(2,\ 4a)$である。 3AC＝BC，AC＝$4a$より，BC＝$12a$となる。 また，点Cのx座標が2であるから，OB＝$12a-2$となる。 よって，△OAB＝$\frac{1}{2}\times4a\times(12a-2)=24a^2-4a$ 一方で，△OABの面積が28cm^2であるから，$24a^2-4a=28$ 整理して，$6a^2-a-7=0$ これを解いて，$a=\frac{-(-1)\pm\sqrt{(-1)^2-4\times6\times(-7)}}{2\times6}=\frac{1\pm\sqrt{169}}{12}=\frac{1\pm13}{12}=\frac{7}{6}$，$-1$ $a>0$より，$a=\frac{7}{6}$ よって，点Aの座標は$\left(2,\ \frac{14}{3}\right)$，点Bの座標は$(-12,\ 0)$となる。 直線$m$はこの2点を通るから，$\frac{14}{3}=2b+c$，$0=-12b+c$ これを解いて，$b=\frac{1}{3}$，$c=4$ したがって，$a=\frac{7}{6}$，$b=\frac{1}{3}$，$c=4$

重要　〔問3〕 点Aは曲線$y=\frac{3}{2}x^2$上の点だから，$y=\frac{3}{2}\times2^2=6$，よってA(2，6) △OABと△OADは線分AOが共通だから，面積比と線分比の関係より，△OAD：△OAB＝AD：AB＝1：4 点Dのy座標をdとすれば，$(d-6):(6-0)=1:4$が成り立ち，$4(d-6)=6$，$d=\frac{15}{2}$ よって，$D\left(0,\ \frac{15}{2}\right)$ 直線mは2点D，Aを通るから$y=-\frac{3}{4}x+\frac{15}{2}$ これよりB(10，0) $S+T=\frac{1}{3}\times10^2\pi\times\frac{15}{2}=250\pi$，$T=\frac{1}{3}\times2^2\pi\times\frac{15}{2}=10\pi$，これより$S=250\pi-10\pi=240\pi$ $S:T=240\pi:10\pi=24:1$

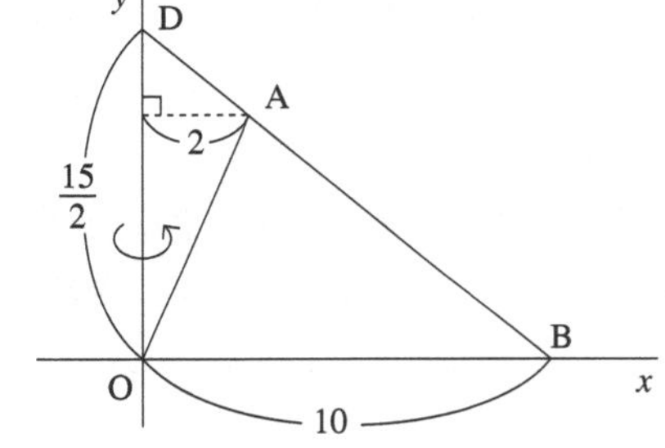

3（三平方の定理，平行線と線分比，三角形の相似の証明，中点連結定理）

重要　〔問1〕 AD∥ECより，平行線の同位角は等しく∠BAD＝∠AEC また平行線の錯角は等しく，∠DAC＝∠ACE ∠BACの二等分線なので∠BAD＝∠DAC 以上より△ACEにおいて∠ACE＝∠AECだから，AC＝AE＝3 ∠ACB＝90°だから，△ABCにおいて三平方の定理より，$BC=\sqrt{AB^2-AC^2}=\sqrt{5^2-3^2}=4$ 平行線と比の定理より，

CB：CD＝EB：EA＝8：3 $CD=CB\times\frac{3}{8}=4\times\frac{3}{8}=\frac{3}{2}$(cm)

〔問2〕（1）（証明）（例） △ADHと△AFDにおいて，共通な角より，∠DAH＝∠FAD…① ∠BAD＝∠CAD＝a，∠CAF＝∠EAF＝bとおくと，∠BAC＋∠CAE＝180°より，$2a+2b=180°$ よって，$a+b=90°$…② AB∥HDより，平行線の錯角は等しいから，∠ADH＝∠BAD＝a…③ ∠ACF＝90°だから，∠AFD＝90°－∠CAF＝90°－b＝a（②により）…④ よって，③，④より，∠ADH＝∠AFD…⑤ したがって，①，⑤より，2組の角がそれぞれ等しいから，△ADH∽△AFD

やや難　(2)　$\angle DAC=\angle ADH=a$だから，$\triangle ADG$は$DG=AG=3$の二等辺三角形…⑥　$\angle GCD=90°$だから，$\triangle GDC$において三平方の定理より，$DC=\sqrt{GD^2-GC^2}=\sqrt{3^2-2^2}=\sqrt{5}$　平行線と比の定理より，$BD:DC=AG:GC=3:2$，$BD=DC\times\frac{3}{2}=\sqrt{5}\times\frac{3}{2}=\frac{3\sqrt{5}}{2}$　また，$\angle AHD=90°-\angle ADH=90°-a=b=\angle CAF$　つまり$\triangle AGH$は$AG=HG$だから，これと⑥より，$DG=GH$…⑦　点Hから直線BFへ垂線HIを引けば，⑦と$GC /\!/ HI$から中点連結定理より，$HI=2GC=2\times2=4$

$\triangle BDH=\frac{1}{2}\times BD\times HI=\frac{1}{2}\times\frac{3\sqrt{5}}{2}\times4=3\sqrt{5}\ (cm^2)$

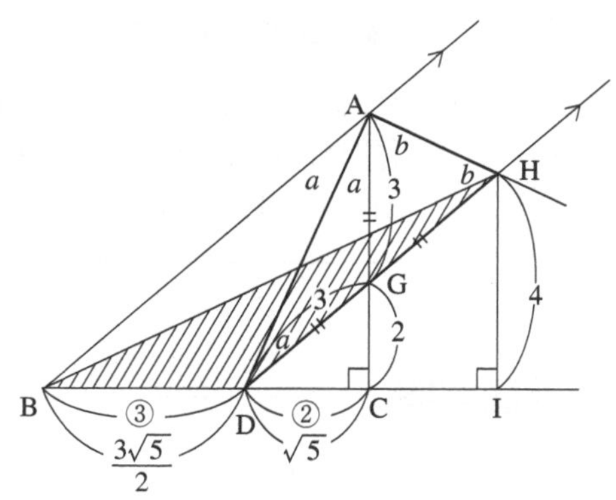

4　(三角すいの体積，三平方の定理，展開図上の最短距離)

基本　〔問1〕　底面ABCDは正方形で，$\triangle ABC$で三平方の定理より$AC=6\sqrt{2}$　対角線の交点をIとすれば，$AI=\frac{1}{2}AC=3\sqrt{2}$　$OI\perp$面ABCDだから，$\triangle OAI$で三平方の定理より$OI=3\sqrt{2}$　$\frac{1}{3}\times6\times6\times3\sqrt{2}=36\sqrt{2}\ (cm^3)$

やや難　〔問2〕　線ℓの長さが最短のとき展開図は右図のようになる　四角形AEFBは1辺が6の正方形，$\triangle OAB$，$\triangle OBC$，$\triangle OCD$は1辺が6の正三角形　1辺が6の正三角形の1つの頂点から対辺へ引く垂線の長さは，$6\times\frac{\sqrt{3}}{2}=3\sqrt{3}$　$\triangle APE\backsim\triangle BPD$であり，$AP:BP=AE:BD=6:3\sqrt{3}\times2=1:\sqrt{3}$

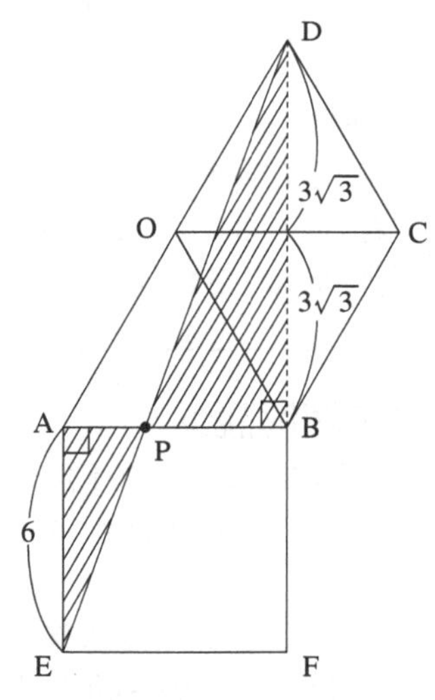

やや難　〔問3〕　(途中の式や計算)(例)　線分BSの長さは$x$cmであるから，線分ASの長さは$(6-x)$cm，線分DTの長さは$(6-2x)$cmとなる。

よって，四角形ASTDの面積は，$\{(6-2x)+(6-x)\}\times6\times\frac{1}{2}=(12-3x)\times6\times\frac{1}{2}=36-9x\ (cm^2)$となる。　また，四角形ABCDの対角線ACの長さは，$6\times\sqrt{2}=6\sqrt{2}$ (cm)となる。　また，このとき線分AUの長さは$\sqrt{2}x$cmである。$\triangle AOC$は3辺の長さの比から$\angle AOC=90°$の直角二等辺三角形であるから，$\angle OAC=45°$となる。　点Uから辺ACに下ろした垂線と線分ACとの交点をKとすると，$\triangle AUK$も直角二等辺三角形となり，$\triangle AUK$の3辺の長さの比より，線分UKの長さは，$\sqrt{2}x\times\frac{1}{\sqrt{2}}=x$ (cm)となる。　以上のことから，立体U－ASTDの体積と立体E－ASTDの体積は，それぞれ，$(36-9x)\times x\times\frac{1}{3}=3x(4-x)\ (cm^3)$　　$(36-9x)\times6\times\frac{1}{3}=18(4-x)\ (cm^3)$　この体積の和が立体ABCD－EFGHの体積の$\frac{2}{9}$倍となるから，$3x(4-x)+18(4-x)=6^3\times\frac{2}{9}$　これを解くと，$(x-2)(x+4)=0$となるから，$x=2$，-4となる。

ここで，$0<x<3$であるから，問題に適するのは，$x=2$のみ。

★ワンポイントアドバイス★

1〔問4〕は円の中心角と円周角の関係を使おう。2〔問3〕はSの求め方を工夫しよう。3〔問2〕(2)は(1)の証明で利用した角の大きさを活かして，DG＝GHに気づこう。4〔問3〕では，底面積や高さをxを使い表そう。

<英語解答>

1　〔問題A〕　<対話文1>　イ　　<対話文2>　ウ　　<対話文3>　エ
〔問題B〕　<Question 1>　ア　　<Question 2>　(例)To give it a name.

2　〔問1〕　イ　〔問2〕　カ　〔問3〕　エ　〔問4〕　the history of the earth
〔問5〕　オ　〔問6〕　オ　〔問7〕　ウ　〔問8〕　キ
〔問9〕　I recommend more people to use bicycles. Bicycles are good for the environment because they do not produce CO_2. If we ride bicycles instead of driving cars to go somewhere, the amount of CO_2 can be decreased. Using bicycles can keep the air clean and reduce air pollution.

3　〔問1〕　ア　〔問2〕　エ　〔問3〕　イ　〔問4〕　ウ　〔問5〕　lights
〔問6〕　ア　〔問7〕　ウ　〔問8〕　エ　〔問9〕　サ　〔問10〕　①　ク
②　カ　③　キ　④　エ

○配点○
1　各4点×5
2　問9　8点　　他　各4点×8
3　問10　各1点×4　　他　各4点×9　　計100点

<英語解説>

1　(リスニングテスト)
放送台本の和訳は，2024年度都立共通問題38ページに掲載。

2　(会話問題：内容吟味，要旨把握，語句補充・選択，語句整序，単語・熟語・慣用句，自由・条件英作文，間接疑問，現在完了，関係代名詞，受動態，形容詞・副詞，現在・過去・未来と進行形，助動詞，比較)

カケル，アイコ，そしてブライアンはニシキ高校の1年生です。ブライアンはニュージーランド出身の生徒です。彼らはクラスメートで，朝，学校へ歩いています。

カケル：　おはよう，アイコ。ねえ，手に持ってるのは何？
アイコ：　おはよう，カケル。これは石よ。昨日，うちの庭でこれを拾ったけど，今朝変なことがあったの。
ブライアン：　ああ，何が変なの？
アイコ：　この石のほとんどの部分が黒く見えるけど，その中に少しだけ赤い部分があるの。昨日それを見たときには，赤い部分がもっとはっきりと見えた。今日はなぜ色が違うのかな。

カケル：　それは本当に変だね。「昨日」と「今日」で何が違うのかな？

アイコ：　うーん…　昨日は雨だったと覚えているけど，今日は太陽が輝いてる。

ブライアン：　そうだね。天気が色を変える作用をしたのかな？

カケル：　確かなことは分からない。(1)私たちの科学のイイダ先生に，この変な石について聞いてみようか？

アイコ：　そうだね，それがいいアイデアだと思う。先生にそれを見せに行こう！

学校に着いた後，彼らは授業の前に科学室でイイダ先生と話しています。

イイダ先生：　それで，この石について聞くためにここに来たのですね，それが何か，そしてなぜ色が(2)-a 違って 見えたのか知りたいのですね？

アイコ：　はい，イイダ先生，私たちはそれが本当に知りたいのです。

イイダ先生：　ちょっと見せてください。科学の教師であっても，正確にこの石が何なのかを言うことは難しいですね。でも，おそらくそれは泥岩の一種だと思います。それは海や湖では硬くありません。地面に現れた後，徐々に固い岩に変わりました。

アイコ：　わかりました。それを知ってよかったです。ありがとうございます。イイダ先生の授業で，私たちは石や岩石について学んだことを覚えています。先生の授業を受けて以来，私はそれらに興味を持っています。

カケル：　先生の授業は私も好きです。とても面白くて，先生は私たちに石や岩石についてもっと学ぶように促してくれました。イイダ先生，それらについての研究を続けていますか？

イイダ先生：　もちろんです！だから，私は科学の教師になりました。

ブライアン：　先生は本当に石や岩石が大好きなんですね。

イイダ先生：　そう，とても好きです！ところで，世界には何種類の石や岩があるのか知っていますか？

カケル：　(3)-a まったくわかりません。

イイダ先生：　それらは約 5,000 種類があると言われています。

ブライアン：　ああ，とてもたくさんですね！

イイダ先生：　いくつかの宝石は雨でそれらの色を変えます，しかしこの場合，この石の赤い部分がより明るく見えたのは，それがぬれていたからです。

アイコ：　わかりました。実際，この石の色は変わっていなかったのですね。そこがぬれたときに，その中の赤い色がよりはっきりと見えただけですね？

イイダ先生：　それが(2)-b 真実 です，アイコ。実際，これは化学変化ではありません。

カケル：　私たちに教えてくれてありがとうございます，でも，なぜ岩や石にそれほど興味があるのですか，イイダ先生？

イイダ先生：　それらが地球の歴史を語ってくれるからです。

ブライアン：　何ですか？　私は理解できません。石や岩石が歴史を私たちに伝えることができるという意味ですか？

イイダ先生：　そう，その通りです。それらは地球の奥深くで作られました。私たちがそれらを注意深く観察すると，地球がどのように形成され，今どのように変化しているかを見ることができます。

アイコ：　わかりました。石や岩石はそれについて知る機会を私たちに与えてくれています。

イイダ先生：　その通りです。だから，私たちは(4)それらは地球からの「プレゼント」のようなものと言えます。それに，驚きのプレゼントも，私たちにくれます！次の日曜日に川岸に行きませんか？　そこにはたくさんの種類の石や岩石があり，そこでもう一つ別の贈り物も見つけることができるはずです。

次の日曜日，イイダ先生と3人の生徒が川岸のそばにいます。カケルとアイコはそこで石や岩を拾っていますが，ブライアンは一人で何かを見ています。

イイダ先生：　みなさんは，ここで地球からのたくさんのプレゼントを見ることができます！

アイコ：　はい。たくさんの種類があります！ねえ，ブライアン，何見てるの？　(2)-c［真剣］そうね。

ブライアン：　そう，岩の間の狭い場所を見てるんだ。ここを見て。地面から熱い蒸気が吹き出ている。

カケル：　イイダ先生，これは何ですか？　なぜ地面から吹き出ているのですか？

イイダ先生：　(3)-b［あなたたちは私たちがどこにいるか知っていますね。］この場所は何で有名ですか？

カケル：　よくわかりません。何で有名なのか…，誰か？

ブライアン：　答えを知っています！温泉です！この地域は温泉で知られています。

イイダ先生：　その通り。私はみなさんにこれを見せたかったのです。私がみなさんに，川岸には地球からのもう一つ別の贈り物があると言ったことを覚えていますか？　それなのです！

ブライアン：　(3)-c［先生がおっしゃったことを見ることができます。］もう一つの地球からの贈り物は地熱エネルギーです！

イイダ先生：　まさにその通りです。このエネルギーが地球からのもう一つの贈り物なのです。

カケル：　ちょっと待って。地熱エネルギーとはどのようなものですか？　なぜそれは贈り物なのですか？　私はそのような難しい言葉を，今までに聞いたことがありません。

ブライアン：　少し説明させてください。私の国では地熱エネルギーを利用しています。「Geo」は地球を意味し，「thermal」は熱を意味するので，地熱エネルギーは地球の深い内部にたまった熱で，マグマから生成されます。

アイコ：　わかりました，だから，【地面から出る蒸気はマグマの熱によって生成される】という意味ですね？

ブライアン：　その通り，アイコ。

イイダ先生：　皆さんご存じのように，私たち人間は十分なエネルギーを持っていません，だから，地熱エネルギーは私たちに役立ちます。

ブライアン：　そして，日本はとても(2)-d［幸運］です，なぜなら，地下に大量の地熱エネルギーがあるからです。

カケル：　そうですか。日本は他の国よりも地熱エネルギーをたくさん持っていることが，今わかりました。

イイダ先生：　(6)-a［その通りです。日本にある多くの温泉は，私たちが日本でそれを利用できることを示しています。］

カケル：　(6)-b［どこか別のそのような国がありますか？］

ブライアン：　(6)-c［ええと，ニュージーランドの温泉も日本のように有名です。］

アイコ：　(6)-d［あなたは温泉と地熱エネルギーについて勉強してきたと聞いています。］

ブライアン：　そうです！将来，日本での多くの経験を通じて，自分の国に何か役立つことをしたいです。

アイコ：　わかりました。だから，地熱エネルギーについて，たくさんのことを知っているのですね。

ブライアン：　もし，ニュージーランドにもっと天然資源があれば，私たちは地熱エネルギーをもっと利用し，エネルギー不足の問題を解くための鍵を見つけることができるのに。

イイダ先生：　地熱エネルギーは，将来電力を生産するための，私たちの惑星からの贈り物です。これは最大の有利な点の一つです。皆さんもそれについて知っていますね。

ブライアン：　私はもう一つ別の有利な点についても勉強しました。

カケル：　それは何ですか？

ブライアン：　地熱エネルギーは持続可能です，なぜなら，地球の中で熱が継続的に生産されているからです。

アイコ：　ああ，太陽エネルギーとはとても違いますね。それは天気や時間に依存します。たとえば，夜間には，太陽エネルギーからの電気は生成されません。

イイダ先生：　その通りです。他の有利な点を私たちに示してくれますか，ブライアン？

ブライアン：　はい。地熱エネルギーはCO_2の量を少なく保つため，環境にやさしいとも言えます。地熱エネルギーは化石燃料のエネルギーよりも少ない大気汚染を生み出します。

アイコ：　(3)-d すばらしいですね。もし人々が化石燃料のエネルギーの代わりに地熱エネルギーをもっと使えば，将来的にそのような環境問題を解決できるかもしれません。

イイダ先生：　そう願いますが，それらにもいくつかの不利な点があります。

カケル：　ああ，不利な点も？

イイダ先生：　それでは見てみましょう。一つの地熱エネルギー発電工場を建設するために，多くの時間とお金が必要とされます。温水や蒸気のようなマグマから生成された何かを見つけられるまで，穴を掘る必要があります。

ブライアン：　それは知っています。一つの工場を建設するのに約10年かかるだろうと聞いています。また，適切な場所を見つけることも非常に難しいです。

アイコ：　ああ。それはおそらく大変な仕事でしょうけれども，(7) 地熱エネルギーについてもっと研究して，それを使うより良い方法を見つけるべきですね。

カケル：　その通り。私たちみんなは今，地熱エネルギーについてもっと学ぶことができます。

イイダ先生：　地熱エネルギーには有利な点と不利な点の両方がありますが，私たちはエネルギー不足問題について考え，将来のためにそれらを解決しようと努力する必要があります。

カケル：　はい，もっと勉強します。

アイコ：　私たちに教えてくれて，ありがとうございます，イイダ先生。

カケル：　本当にありがとうございます，イイダ先生。ところで，ブライアンがこの辺りでは温泉が有名だと言ってました。次回はそこに行きましょう！

〔問1〕　ア カケルは，イイダ先生に天気がどのようになるか聞きたい。　イ カケルは，イイダ先生になぜこの石の色が変わってしまったのか聞きたい。(○)　ウ カケルは，この石の色が赤から黒に変わったのは，いつだったのか知りたい。　エ カケルは，イイダ先生が授業で話していた石について知りたい。　問題の会話文の最初のパラグラフ第5番目のカケルの発話 That's really strange～には，「なぜ昨日と今日で色が違うのか？」と疑問を持っていて，これをイイダ先生に聞きに行くと考えられるので，選択肢イの内容が適当。選択肢イの this stone has changed its color は現在完了の形で「変わった」という結果を表している。また，選択肢エの the stone Ms. Iida was talking about の stone と Ms. の間には関係代名詞 which が省略されていて「イイダ先生が話していた石」という意味になる。

〔問2〕 A　特別な　B　間違った　C　真実(2-b)　D　退屈な　E　幸運な(2-d)　F　奇妙な　G　違った(2-a)　H　真剣な(2-c)　各選択肢の単語の意味と空欄の文などを理解し，文脈に合う適当な単語を空欄に入れたい。

〔問3〕 A　私はあなたがおっしゃったことを見ることができる。(3-c)　B　私はまったくわかりません。(3-a)　C　すばらしい。(3-d)　D　あなたは私たちがどこにいるか知っている。(3-b)　各選択肢の文の意味と空欄の前後の文などを理解し，文脈に合った適当な文を空欄に入れたい。選択肢 D の where we are は間接疑問の形で，疑問詞のあとは＜主語＋動詞＞の語順になる。

〔問4〕 (問題文と正答訳)石や岩石には重要な情報があります。それらは，地球がいつ創られたのか，またはそれはどのようだったかを示しています。現在のどのように変化しているのかを，見ることさえもできるかもしれません。つまり，それらの中に地球の歴史が書かれていることを意味します。　問題文は，下線部の文がある問題の会話文第2段落の第18文のイイダ先生の発話 Yes, that's right.～「石や岩石は地球の奥深くで作られたので，注意深く観察すると，地球がどのように形成され，今どのように変化しているかを見ることができる」の内容を書き表している。これは同段落第16文 Because they tell～「それらが地球の歴史を語ってくれる」に説明を加えている形になっているので，空欄にはこの文から the history of the earthを入れて「石や岩石の中には地球の歴史が書かれている」とすると，問題本文と問4の問題文の分脈に沿う。問題の空欄の文 is written は受け身の形で「書かれた」という意味になる。

基本 〔問5〕 (正答文)So, do you mean【⑥the steam ④coming ②out of ①the ground ⑨is ⑦generated ③by ⑤the heat ⑧of】the magma?(だから，【地面から出る蒸気はマグマの熱によって生成される】という意味ですね？)　まず，by があるので「～によって…」と考え過去分詞形の動詞を合わせ is generated by という受け身にする。次に ～coming out of…「…から出てくる～」として，coming以下が～部分の名詞を説明する形容詞のはたらきと考える。これらを手がかりに，下線部前後の文脈に合わせて他の単語を並べ換える。

〔問6〕 A　どこか別のそのような国がありますか？(6-b)　B　あなたは温泉と地熱エネルギーについて勉強してきたと聞いています。(6-d)　C　ええと，ニュージーランドの温泉も日本のように有名です。(6-c)　D　その通りです。日本にある多くの温泉は，私たちが日本でそれを利用できることを示しています。(6-a)　各選択肢の文の意味と空欄前後の文などを理解し，文脈に合った適当な順番で文を 並べたい。選択肢Bの you have been studying は現在完了の継続用法で「(過去から勉強をしてきて今でも)勉強を続けている」という意味になる。

〔問7〕 ア　私たちは，地熱エネルギーなしでエネルギー不足の問題を解決しなければなりません。　イ　私たちは，地中から天然資源を見つけるのに，10年を費やす必要があります。　ウ　私たちは，地熱エネルギーについて学び，それを利用するより良い方法を見つけるべきです。(○)　エ　私たちは，太陽エネルギーを利用することで地熱エネルギー発電所を改善する必要があります。　各選択肢の文の意味と空欄の文などを理解し，文脈に合った適当な文を空欄に入れたい。選択肢エのusing は動名詞のはたらきあり，using solar energy は「太陽エネルギーを利用すること」という意味になる。

〔問8〕 ①　ブライアンは，温度のために石が違って見えることを知りました。　②　イイダ先生によれば，科学の先生たちにとってその石が何であるかを答えることは，非常に簡単です。　③　石がぬれたとき，実際には石の色が赤に変わりませんでした。(○)　④　カケルが岩の間の温かい蒸気を見たとき，すぐにはそれを理解できませんでした。(○)　⑤　イイダ先生が一番見せたかった贈り物は石や岩石でした。　⑥　ブライアンは，彼が日本で得た経験を通じて，ニュージーランドを助けたいと思っていました。(○)　⑦　アイコによれば，太陽エネルギーは一日中電気を生成できました。　⑧　イイダ先生は，地熱エネルギー発電所がすぐに建設されるだろうと説明しました。　問題の会話文の第2段落第12番目のイイダ先生の発話 Several jewels change～には，「この石の赤い部分が明るく見えたのは，そこがぬれていたから」と言っているので選択肢③が適当。また，問題の会話文の第3段落第4番目のカケルの発話 Ms. Iida, what～では，岩の間から出る蒸気をみて「これはなんですか？」とイイダ先生に聞いているので，選択肢④が適当。さらに，問題の会話文の第3段落第22番目のブライアンの発話 Yes! In the～には，「将来，日本での多くの経験を通じて，自分の国に何か役立つことをしたい」とあるので，選択肢⑥が適当。選択肢②の文にある to answer は to 不定詞の名詞用法で「答えること」という意味になる。

〔問9〕（質問文訳）どのような種類の環境にやさしい製品を，あなたは人々へおすすめしますか，それはなぜですか？（解答例訳）私は，より多くの人に自転車を利用することをおすすめします。自転車は環境に良いです，なぜなら，二酸化炭素を作り出さないからです。もし，私たちは車を運転する代わりに自転車に乗ってどこかへ行けば，二酸化炭素の量を減らすことができます。自転車を利用することで空気をきれいに保ち，大気汚染を減らすことができます。　設問にある条件と質問文で問われていることに注意して，解答の英文を作る。解答例の最後の文 keep the air clean は keep A B（A を B にしておく）の形で，ここでは A=the air　B=clean で「空気をきれいにしておく」という意味になる。

3　**（長文読解：語句補充・選択，内容吟味，要旨把握，文整序，語句整序，助動詞，動名詞，受動態，不定詞，比較，関係代名詞，接続詞，仮定法，分詞・動名詞，形容詞・副詞，前置詞）**

こんにちは，こちらはニシキ高校ニュースです。毎月，私たちは何人かの私たちの高校の生徒にインタビューをして，彼らの話をみなさんにお伝えします。今日は，4月のとてもすてきな日です。私は一年生の教室にいます。こちらはタカシです。彼はちょうどこの3月にタチジマと言われる島から戻ってきました。今回は，彼がどのようにタチジマで一年を過ごしたのか，彼の経験について話をするようにお願いしたいです。彼の話を聞きましょう。

こんにちは，私の名前はヤマノタカシです。15歳です。両親，妹のコハル，そして私の4人の家族で，2022年4月から2023年3月まで1年間，タチジマに住んでいました。1年半ほど前，両親がコハルと私に，私たちは新しい場所に引っ越すと告げました。最初は信じられませんでしたが，すぐに両親が本気なのだと分かりました。私の父の仕事の都合で，私たちの家族は，タチジマという島へ引っ越さなければなりませんでした。友達に私がいなくなることを伝えるのはつらかったです。私は友達と一緒に中学校を卒業したかったのです。私は母に，コハルにも彼女の小学校で良い友達がいると伝えたので，私たちはタチジマに引っ越すことについてあまり前向きではありませんでした。母は私の気持ちを理解してくれましたが，母は「タチジマは住むには良い場所と言われていて，自然がたくさんあります。あなたの父と私は自然が多くある小さな村で生まれました。私たちは子供の時にそこで楽しい時間を過ごし，多くの素晴らしい思い出を得ました。私はあなたとコハルがそのような場所で育ち，生活を楽しんでほしいのです」と言いました。(1)私は地元を離れて暮らすことに寂しさを感じていましたが，私たちのタチジマでの生活が始まりました。

タチジマには中学校が一つしかなく，約60人の生徒がいます。毎年9月に，学校で大きな地元のイベントが開催され，それは地元の人々によく知られています。それはタチジマで長い歴史を持つ(2)伝統的な地元の踊りのイベントです。イベントの日には，中学校の生徒全員が，人々の健康と幸福を願って，その地元の伝統的な踊りを行います。彼らはそれに対して強い熱意を持っています。4月に，キャプテンを選ぶために，学校でミーティングが開かれました。私の担任の先生が，私たちの踊りのキャプテンになるように私を推薦しました。先生は新しい友達を作り，島での学校生活に慣れることを，私に望んでいました。タチジマに来る前は，私は他の人の後ろに隠れるタイプの人間でした。キャプテンになるように言われた時，私はそれを受けたくはありませんでした。しかし，クラスメートと話した後，私はキャプテンになることを決めました。

5月，中学校の生徒たちは，踊りを練習するために，週に3日間放課後に地域コミュニティセンターに集まり始めました。驚いたことには，クラブ活動の代わりに踊りの練習に参加する必要があるという不満は，誰も言いませんでした。私はまた，みんながイベントを成功させようとワクワクしていることに驚きました。私はキャプテンでしたが，最初は何をすべきかわかりませんでした。クラスメートは一生懸命練習し，それに対する彼らの熱意が私をとても励ましてくれました。しかし，彼らの気持ちがわかった後でも，私はすぐに考えを変えることができませんでした。私はたいてい寂しい気持ちで家に帰りました。ある日，私は踊りの師匠のオカダさんから，いくつかアドバイスをもらいました。彼は 20 年よりも長くタチジマの伝統的な地元の踊りを教えています。彼はタチジマの歴史や人々について，少し説明してくれました。最近，タチジマに住むために来る人々の数が増えています。一方で，その文化や伝統をよく知らない人もいます。彼は私を真っすぐ見つめて，「タカシ，あなたは今年のキャプテンです。あなたはこの場所に(4)-a不慣れで，そしてなじみのないことがたくさんあることは知っています，けれども私たちへ新しいアイデアを持ち込むことができるといいですね。私たちはあなたの新しいアイデアを私たちのものと組み合わせて，なにか素晴らしいものを作りだします」と私に言いました。これらの言葉は，私が困難にあるときに，いつも私を前に押し出してくれました。その日の後，私はすべてのことに前向きになることができました。伝統的な地元の踊りについてもっと知るために，私は地元の歴史博物館を訪れてこの地域の歴史について学びました。学校のすぐ外にある海の景色の丘で，私はクラスメートから踊りの足の運びや動作の意味を教わりました。夏休み中，私たちは夜まで練習し，星明りの道に沿い，私たちの踊りについて話しながら家へ歩きました。私たちは何が必要かを話し合い，それをオカダさんに何度も確認しました。タチジマに行く前，空がこれほど美しいとは，私は気が付きませんでした，特に夜は。とても多くの星がある美しい夜空を，私は決して忘れません。町の(5)明りのないこの島では，私は周りの自然と人々の温かさを感じました。

ある晩に私が家に帰ると，コハルが小さな貝を見せてくれました。彼女は，「今日の夕食は，トコブシと地元の魚料理よ。トコブシは貝の一種で，小さなアワビのように見えるの。こっちに来て，台所に来て！」と言いました。台所では，父が料理をしていました。彼は，「島民はよくトコブシを食べるけど，私たちにはなじみがないね。これらはご近所からいただいた」と説明しました。父は私と話している間に，地元の魚を揚げました。その匂いは私のおなかを空かせました。父は，「海に行くと，あなたの地元の町では見られない多くの種類の魚や貝がいます。もしそうしたいならば，近所の人たちはあなたと一緒に釣りに行ってくれますよ」と言いました。私はそれらを初めて食べましたが，とてもおいしかった。私は以前に釣りに行ったことがありませんでした，けれどもそれに興味を持つようになりました。それから，【地元の人々にとって普通のものが，】私たち【にとっては普通ではないこと】に気が付きました。トコブシのように，踊りは地元の人々によく知られていましたが，「その意味はみんなに知られているのかな？」と思いました。日々が過ぎました。私は友達と一緒に，踊りのために，毎日を練習に費やしました。私は島で多くの特別なことを見つけることができたので，楽しい時間を過ごせました。これがコハルへ移り，彼女も家で私と一緒に踊りの練習を始めました。

大切な日がやってきました。美しく晴れた日で，海はとても明るかったです。多くの人々が私たちの中学校を訪れました。島中から家族，子どもたち，そして年配の人々が集まり，イベントの始まるのを待ちました。体育館の明かりが消え，それが見に来た人々を静まらせました。私にスポットライトが当たると，私は緊張しました。イベントのオープニングスピーチで，私は「私の練習を通して，この伝統的な地元のイベントの大切さに触れるだけでなく，踊りに対する人々の熱意も感じました。私たちは踊りの最初の部分に二つの(4)-b簡単な足の運びと動作を加えました。ステージ近くのポスターを見てください。それは私のアイデアでした。ポスターは，これらの足の運びと動作が何を意味するかを示しています。踊りについてさらに学んだ時，私たちはこの島についてより良く理解できました。私は，より多くの人々に，一緒に私たちの踊りを体験してもらう方がいいと思います。私たちと一緒に体を動かしてみてください」と言いました。コハルが私の踊りを学ぼうとしているとき，私は(7)この伝統的な踊りが多くの人々を一緒にするだろうと気づきました。同時に，より多くの人々に知ってもらうべきだと感じました。私のアイデアをオカダさんと共有したとき，彼は快く受け入れてくれました。友だちも私に同意し，そして友だちは簡単な踊りの動作を提案しました。私は，私たちと一緒に踊ってくれる何人かの人々を見てうれしかった。その日の踊りのイベントは，たくさんの(4)-c暖かい声援とともに終わりました。

タチジマに引っ越す前は，私は自分のことしか考えていませんでしたが，島ではたくさんの人々が私を助けようとしてくれました。私たちの踊りのキャプテンとして，私は信頼されました。私はその文化や伝統について学ぶことができました。そこでより多くの友達を作ることができました。海で釣りを楽しみ，そしてそれは私の趣味の一つになりました。私は島の人々のために何かをして，彼らを幸せにするつもりです。(8)タチジマは私にとって第二の故郷になり，いつの日か戻りたい場所です。タチジマで過ごす間，私たちには(4)-d広い心を持ち続けることが必要であることを学びました。私たちは彼らのように新しい経験を歓迎しなければなりません。私はこのタチジマでのこれらの経験を通じて，より自信に満ちるようになりました。

〔問1〕　ア　タカシは，彼の故郷で友達と学校生活を送ることができませんでした。(○)　イ　タカシは，タチジマに引っ越すことが本当だとは思いませんでした。　ウ　タカシは，タチジマに関する情報を誰からも得ませんでした。　エ　タカシは，コハルがタチジマに引っ越したいと思っていることを知って驚きました。　下線部の文は，タカシがタチジマへ行く前の感情になる。その感情は，下線部の文のある第2段落第8文 I wanted to graduate～「私は友達と一緒に中学校を卒業したかった」からだと考えられるので，選択肢アが適当。選択肢イの moving は move の ing 形で動名詞のはたらきがあり「引っ越すこと，移動すること」という意味になる。

〔問2〕　ア　それは毎年一度行われ，その踊りは人々の健康と幸福のためです。　イ　タチジマの地元の人々はそれをよく知っており，それは長い歴史があります。　ウ　タチジマのすべての中学生は，放課後にそれのための踊りを練習します。　エ　タチジマの中学生だけがそれに参加できます。(○)　問題本文第3段落第2文 Every September a～には「毎年9月に，学校で大きな地元の(踊りの)イベントが開催される」とあり，また第3段落第4文 On the event～には「(踊りは)人々の健康と幸福を願って行う」とあるので，これらの内容は選択肢アにあたる。また，第3段落第2文には「地元の人々によく知られている」とあり，次の文 It is a～には「(踊りは)長い歴史を持つ」とあるので，これらは選択肢イにあたる。さらに，第3段落第4文 On the event～には「イベントの日には中学校の生徒全員が踊る」とあり，第4段落最初の文 In May, the～には「5月に，(その)中学校の生徒たちは，踊りを練習するために，コミュニティセンターに集まった」とあり，その次の文 To my surprise～には「一人も文句を言わずに練習に参加した」とあるので，選択肢ウの内容にあたる。したがって，問題本文で述べられていないのは選択肢エになる。選択肢アの once a year は「一年に一度」という意味になる。

〔問3〕 A しかし，彼らの気持ちがわかった後でも，私はすぐに考えを変えることができませんでした。　B 私はまた，みんながイベントを成功させようとワクワクしていることに驚きました。　C クラスメートは一生懸命練習し，それに対する彼らの熱意が私をとても励ましてくれました。　D 私はキャプテンでしたが，最初はそのために何をすべきかわかりませんでした。　問題の各文と問題本文の空欄(3)の前後の文を検討し，適当な文の流れを作りたい。正答では空欄の直前の文 To my surprise～「不平がないことに驚いた」に続けて,「さらに驚いた」→「キャプテンだけれども何をすればいいのかわからなかった」→「クラスメートの情熱に励まされた」→「しかし，考えを変えることができなかった」という流れにしている。選択肢 D の what to do は「何をするべきか」という意味になる。

〔問4〕 A　不思議な　B　簡単な(4-b)　C　容易な　D　開けた(4-d)　E　新たな・不慣れな(4-a)　F　暖かな(4-c)　G　魅力的な　各選択肢の単語の意味と問題本文の空欄の文などを理解し，文脈に合った適当な単語を空欄に入れたい。空欄 4-d の open mind とは「偏見のない，開かれたこころ，広いこころ」などの意味がある。

〔問5〕 空欄(5)の前の文 I would never～では「とても多くの星がある美しい夜空を決して忘れない」とあるので，この次に来る空欄の文では，without the lights of the city(町の明りがない島)を正答としている。lights は問題本文第6段落第5文 The lights in～に使われている。

〔問6〕 (正答文)Then I realized that【⑥things ②which ⑤are common ④for local people ③are ⑦not common ①for】us.(それから，【地元の人々にとって普通のものが,】私たちに【とっては普通ではないこと】に気づきました。)　下線部の単語には common と not common があるので,「一方では普通，他方では普通ではない」という意味の文だと考えられる。which は疑問詞ではなく関係代名詞とすると，先行詞(名詞，ものを表す)は things になる。また，下線部の文の前の部分では,「タチジマに来る前には見たことがない魚や貝がある」と環境の違いを話題にしている文脈があり，これらを手掛かりに単語を適当に並べ換えたい。

〔問7〕 ア　私たちが踊りの意味を学んだとき，多くの人々もまたその伝統に興味を持ちました。　イ　私たちが踊りをさらに練習した時，より多くの人々にとって踊ることがさらに容易になりました。　ウ　もし私たちがその踊りを多くの人々と行うならば，彼らがお互いにより親しく感じるために役立つでしょう。(○)　エ　もし私たちが踊りの伝統をコハルに伝えるならば，多くの地元の人々がより幸せになるでしょう。　下線部の意味は「この伝統的な踊りが多くの人々を一緒にするだろう」であり,「一緒に踊ることで一体感を得られる」という意味だと考えられることから，選択肢ではウの内容が適当。選択肢アの got interested in～は「～に興味を持つ」という意味になる。

〔問8〕 ア　タカシはタチジマを離れなければならないので，地元の人々に対して申し訳ないと感じました。　イ　タカシは，地元の人々を助けるために，すぐにタチジマに戻りたい。　ウ　タカシは，3年前に経験したことに満足しました。　エ　タカシは，地元の人々のために何かすることを楽しみにしていました。(○)　下線部のある文には「タチジマは私にとって第二の故郷，いつか(タチジマへ)戻りたい」とある。これは，下線部の文の前の文 I will do～「島の人々のために何かをして，彼らを幸せにする」という感情からきていると考えられるので，選択肢エが適当。選択肢ウの experiences he had three years agoの experiences と he の間には関係代名詞 which が省略されていて，which～が experiences を説明し「3年前に彼がした経験」という意味になる。

〔問9〕 ①　タカシは中学校2年生の初めに，タチジマへ引っ越すように告げられました。　②　タカシの両親は，タチジマの小さな村で生まれ育ち，自然を楽しみました。　③　タカシは踊りのキャプテンになるよう勧められましたが，最初はそれをやりたくありませんでした。(〇)　④　タカシはオカダさんと話した後，オカダさんの言葉が彼に勇気を与え，前向きになりました。(〇)　⑤　タカシはタチジマに住む前に，トコブシを食べた数回の経験がありました。　⑥　タカシは多くの人々に一緒に踊ってほしかったため，踊りのポスターを作ると決めました。(〇)　⑦　タカシが自分のアイデアをオカダさんに話したとき，オカダさんは何の心配もなくそれを歓迎しました。(〇)　⑧　タカシはタチジマでの滞在中，多くの島民に助けられましたが，彼は常に自分自身のことを考えていました。　問題本文第3段落第10文 When I was～には，「キャプテンになるように言われた時，それを受けたくなかった」とあるので，選択肢③が適当。同様に第4段落第14文 These words aways～には，「これらの言葉(オカダさんのアドバイス)は，私が困難に直面しているときにいつも私を前に押し出してくれた」とあるので，選択肢④が適当。また，第6段落第7文 In the opening～にあるタカシのスピーチには，「ポスターはタカシのアイデアで，それは足の動きと動作の意味を示している。タカシは，より多くの人々に一緒に私たちの踊りを体験してもらいたい」言っているので，選択肢⑥が適当。さらに，同じく第6段落第10文 When I shared～には，「タカシのアイデアをオカダさんと共有したとき，彼は快く受け入れた」とあるので，選択肢⑦が適当。選択肢④の gave him courage は give A B(AにBを与える)の形で，ここでは A=him B= courage なので「彼に勇気を与えた」という意味になる。

〔問10〕 ア　練習する　イ　似ている　ウ　便利な　エ　貴重な(④)　オ　食べ物　カ　自信がある(②)　キ　伝統(③)　ク パフォーマンス，踊り(①)　(問題文と正答訳)オカダさんへ／いかがお過ごしですか？　お元気でいらっしゃると思います。私がタチジマを離れてほんの数カ月しかたっていませんが，みなさんが恋しいです。私は高校生になり，元気です。私の高校では，全員が何かを研究してプレゼンテーションをしなければなりません。私は去年参加した地元の①(ク踊り)について研究することに決めました。そこですてきな経験をしたので，このテーマを選びました。私はキャプテンになり，それが私に②(カ自信)を持たせました。より多くの人々にとって，その文化や③(キ伝統)を知ることは重要だと気づきました。今，研究の日のプレゼンテーションのために，再びポスターを作っています。タチジマでは長い滞在ではありませんでしたが，そこで得た経験は私にとって④(エ貴重な)ものです。また島を訪れたいです。その日を楽しみにしています！　各選択肢の単語の意味と問題本文の文脈から，問題文の文脈に合った適当な単語を空欄に入れたい。

★ワンポイントアドバイス★

多くの設問が，単なる文法事項ではなく，問題本文の理解度を問う形式になっている。英文を正確に理解するためには文法の知識が不可欠であり，受験の準備の早い段階で文法事項の全般を再確認しておこう。

＜国語解答＞

1 (1) ひとく (2) うる(む) (3) さいえん (4) あいまい
(5) たきぼうよう

2 (1) 腹話術 (2) 迷宮 (3) 苦(い) (4) 梅肉 (5) 下馬評

3 (問1) イ (問2) エ (問3) ア (問4) ウ (問5) エ

4 (問1) ア (問2) ウ
(問3) (例) 「記号」を受け取った側が発信者の意図を理解することができなかったり，そもそも「記号」として認識できなかったりする
(問4) イ
(問5) X エ
(問5) Y (例) 現実の社会で使われている記号機能を分析し，記号の意味の個別性や差異性といった法則を明らかにする学問
(問6) ウ

5 (問1) 相奪 (問2) ウ (問3) エ (問4) イ (問5) ア

○配点○
1 各2点×5 2 各2点×5 3 各4点×5
4 問3・問5Y 各10点×2 他 各4点×5 5 各4点×5 計100点

＜国語解説＞

1 (漢字の読み)

(1) 「秘匿」とは，秘密にして隠しておくこと。 (2) 「潤む」とは，湿りけを帯びる。また，水分を帯びて，曇ったようになる。 (3) 「才媛」とは，高い教養・才能のある女性。 (4) 「曖昧」とは，態度や物事がはっきりしないこと。また，怪しくて疑わしいこと。 (5) 「多岐亡羊」とは，学問をする者が枝葉末節にとらわれると，本質を見失うこと。また，学問の道が多方面に分かれすぎると真理を求めにくくなること。

2 (漢字の書き取り)

(1) 「腹話術」とは，口を動かさずに唇を少し開けた状態で音声を出し，人形が喋ったり音を出したりしているように見えたり聞こえたりさせる技能。 (2) 「迷宮」とは，一般的には部屋や通路が入り組んだ迷路のような建築物や構造物のこと。 (3) 「苦い」とは，不快で，つらくてくるしいこと。 (4) 「梅肉」とは，梅干しの種子を取り除いた果肉。 (5) 「下馬評」とは，第三者が興味本位にするうわさや批評。

3 (小説文－大意・要旨，心情，内容吟味・文脈把握)

基本 〔問1〕 「一階で」から始まる段落に，「ワイワイと作業している人たちとは，明らかに温度が違う。体幹がぶれずに，カンナが均一の力と速度で木材の上を走っている。薄く削られた木屑が，心地よい音とともに空中に舞う。一切の無駄が削ぎ落とされた，機能美すら感じさせる所作」と，陽菜が朋子の作業の様子を描写している。陽菜は十年以上，毎日，フルートの練習を行っており，その陽菜をもってして，朋子の作業は賛美されたものであるから，かなりの手練れといえる。

基本 〔問2〕 傍線部の「攪拌」とはかき回すこと，かきまぜること。陽菜は朋子と会話をしていたが，

朋子は作業の邪魔だと言わんばかりに会話を打ち切ろうとする。それに対して，陽菜は「私が何か，しただろうか？会ってからふたりで話すのは，初めてだ。彼女の怒りを買うようなことを言ってしまったとは思えない。なぜこんな態度を，取られなければいけないのか」と朋子に対して不穏な感情を抱いている最中，芦原が来てくれたことで多少和らいだと思い，ほっと息をついたのである。

基本　〔問3〕　木製フルートにグラナディラを使うことについて，陽菜は音がいいからと思っていた。しかし，芦原は「楽器に何の素材が使われるのかは，慣習と，安全策と，商業上の要請から決まります。我々人類は，あらゆる木材の検証を充分にできているわけではない。本当に優れた木管の材料をまだ発見できていないかもしれない」と陽菜とは別の意見を唱えた。それに感化された陽菜は，「まだ楽器は発展途上で，様々な可能性を切り落としてしまっているように思える」と意見を換え，楽器がまだまだ進化する可能性があると感じている。

基本　〔問4〕　問2のように，陽菜との会話を楽しむわけでもなく，ただ作業に没頭する反面，途中で芦原から言われたことに対し，「やりかけの作業を，中断したくない」と中途半端な仕事を嫌がる様子も見られる。

やや難　〔問5〕　木製フルートにグラナディラを使うことについて，陽菜の意見に対し，詳細な説明をする場面が文章内では見られるが，オルガンについては高さと大きさの説明を加えた所で終えているため，この説明からは芦原の神経質な面を読み取ることはできない。

4　**（論説文－大意・要旨，内容吟味，文脈把握，脱文・脱語補充）**

基本　〔問1〕「このいずれの」から始まる段落に，オウムの真似を例にあげて，記号を発しただけで「記号内容」がないならば，人間と同じ「記号表現」ということはできず，また「記号内容」があっても「記号表現」がないならば，「記号」もしくは「記号内容」とはいえないとしている。よって，「人間の主体的な解釈によって『モノ』が『記号』化するという過程の場合でも，ある意味(「記号内容」)が読みとられて初めて，そのものは『記号表現』に化している」とある通り，意味と表現は対で初めて機能するものであるとしている。

基本　〔問2〕「このことは」から始まる段落に，「記号の二つの側面のうち，『記号表現』の方がわれわれにとって何らかの形で知覚できる対象であるのに対して，『記号内容』の方は必ずしもそうではないということによるのであろう。記号表現の方はすぐ『目につく』記号の側面であるから，それは容易に『記号』そのものの存在と結びつき，『目につかない』記号内容の存在を暗示する」とあり，「記号表現」を知覚することで，「記号内容」，意味を理解することができるとしている部分に着目する。

やや難　〔問3〕　筆者の言う，「『推論』型コミュニケーション」においては，「記号表現」と「記号内容」は対で理解すべきものである。しかし，「『記号内容』らしいものだけがあって『記号表現』を伴わない場合，それを『記号』として受けとるなどということは想像し難い」とあるように，「記号表現」もしくは「記号内容」を十分に理解できていないと，そもそも「記号」自体を受け取ることが難しいと筆者は主張している。

基本　〔問4〕「なぜ」から始まる段落以降に，チョムスキーの理論言語学について，「頭のなかにある知識や構造を使って適切な文を生み出す人間の言語能力(linguistic competence)に関心があった」「なぜ，人間は，言葉の違いを超えて正しい文を作れるのか，という問いが重要」「運用上の誤りや個人差は，考察を進めるうえで雑音」「そうしたことが起こらない理想状態を過程」と，その特徴を述べている。

やや難　〔問5〕　X　二重傍線部を含めた文の主旨は，「社会言語学は，実験物理学の手法に似ている」ところにある。よって，ウかエが適当。また，実験物理学では「現実の物理現象を考察して法則を導きだす」のに対し，社会言語学は「一方」から始まる段落に，「誤りや個人差も含む実際の発話を生みだす言語運用(linguistic performance)に関心があります」とあり，言語を元とした話す行為そのものに重きを置いている。　Y 「大切なことは」から始まる段落に，「社会言語学は社会のなかの言葉を問題にし，発話として表れた言葉の差違という，言語の個別的な側面に注目する」とあり，各言葉の「個別的な側面」，つまりそれぞれの機能的部分を取り上げることある。またその「個別的な側面」から導き出された，全体の法則(理論)を明らかにするものであるとしている。

やや難　〔問6〕 文章Aでは，コードに基づくコミュニケーションと，「推論」型のコミュニケーションの二つを挙げ，「記号」と「記号概念」の関係性について説明している。また文章Bでは，理論言語学と社会言語学の性質の違いを説明することで，社会言語学とはどのような学問であるのかを明確にしようとしている。

5　(論説文，漢文一大意・要旨，文脈把握，用法)

基本　〔問1〕「時節は」から始まる段落に，Aの漢文の解説がなされている。その中，四文目に傍線部が引かれているので,「恩義有相奪　作詩勧躊躇」に該当する。「恩義」は,「情愛と道義」であるので,「両立しがたい」は「相奪」に相当する。

基本　〔問2〕 初等教育委員会の雑誌に掲載された蒼髯(佐々木秀一)の文章を挙げた後,「『読書の秋来る』は，時節の随想でも立身のための学問のすすめでもなく，堂々たる近代読書論である。(中略)佐々木の唱える『読書』は韓愈の『読書』とはすでに異なっている」と述べ，佐々木秀一と韓愈の言う「読書」の意味の違いを示している。

基本　〔問3〕 傍線部の後「なぜ」から始まる段落に,「燈火稍可親」という句は,「『古文真宝』の前集巻頭に述べられている『勧学文』に収められて」おり,『古文真宝』は「元から明にいたる時代に流布し，日本にも室町期に将来され，五山版をはじめとして多くの和刻本が明治に及ぶまで出版された。漢詩文の入門書としてよく用いられた」とある。つまり，何百年もの間，日本において漢詩文の入門書として『古文真宝』は使用されたのである。

重要　〔問4〕「られ」には受け身・可能・自発・尊敬の意味があるが,「大木康氏がくわしく論じられ」と主語は「大木康氏」なので，尊敬の意味にあたる。選択肢の中，尊敬の意味で用いているのは「校長先生」を主語としたイの「述べられる」である。

やや難　〔問5〕「韓愈の詩は」から始まる段落に,「大きく言えば学問のすすめであり，身近に引きつけて言えば，ちゃんと勉強しないと立派な大人になれませんよ，ということ」と漢詩Aについて表現している。また，その内容を「秋の長雨」や「夜のともしび」という情景や「ぐずぐずしがちなおまえを詩によって励ますことにしよう」と心情を交えた韓愈の詩である。対して，漢詩B・Cについて,「こうした」から始まる段落に,「いかに啓蒙とはいえ，諸家の名にふさわしいもとは思えない」と評している。さらに次の段落に，大木康氏の論を挙げた後,「顰に倣えば，真宗以外の『勧学文』もまた『どこかの誰か』が作ったもので，権威づけのために諸家の名が用いられたとしてよいのかもしれない」と評している。

★ワンポイントアドバイス★

三題の長文ともに，本文内容が問われている問題が出題されているので，それぞれの筆者の主張を的確に読み取れる練習をしておこう。また，短文作成では筆者の意見を端的にまとめられるように，何度も練習問題に取り組んでおこう。

都立立川高等学校

2023年度

★★★★★★★★★★★★★★★★★★★★★★★★

入　試　問　題

●くわしい解説……35ページ

＜数学＞

時間50分　満点100点

【注意】答えに根号が含まれるときは，**根号を付けたまま，分母に根号を含まない形で表しなさい。**
また，**根号の中を最も小さい自然数にしなさい。**

1　次の各問に答えよ。

〔問1〕　$\dfrac{(\sqrt{11}-\sqrt{3})(\sqrt{6}+\sqrt{22})}{2\sqrt{2}}+\dfrac{(\sqrt{6}-3\sqrt{2})^2}{3}$ の値を求めよ。

〔問2〕　連立方程式 $\begin{cases} 14x+3y=17.5 \\ 3x+2y=\dfrac{69}{7} \end{cases}$ を解け。

〔問3〕　xについての2次方程式$(x-2)^2=7(x-2)+30$を解け。

〔問4〕　1，3，5，7，8の数字を1つずつ書いた5枚のカード[1]，[3]，[5]，[7]，[8]が袋の中に入っている。

この袋の中からカードを1枚取り出してそのカードに書いてある数字を十の位の数とし，この袋の中に残った4枚のカードから1枚取り出してそのカードに書いてある数字を一の位の数として，2桁の整数をつくるとき，つくった2桁の整数が3の倍数になる確率を求めよ。

ただし，どのカードが取り出されることも同様に確からしいものとする。

〔問5〕　下の図は，円と円周上にある点Aを表している。

解答欄に示した図をもとにして，点Aにおける円の接線を，定規とコンパスを用いて作図せよ。

ただし，作図に用いた線は消さないでおくこと。

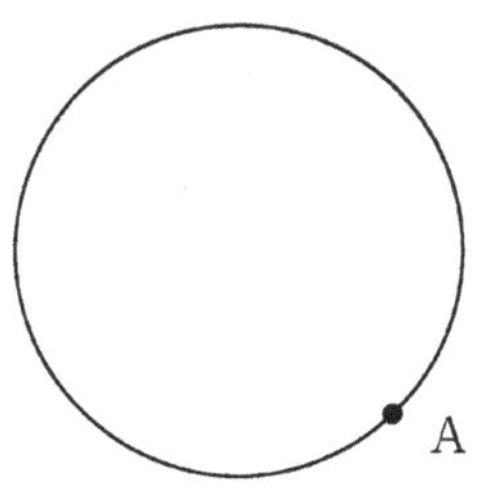

2　右の**図1**で，点Oは原点，曲線ℓは$y=ax^2$ $(a>0)$，曲線mは$y=bx^2$ $(b<0)$のグラフを表している。

曲線ℓ上にある点をA，曲線m上にある点をBとする。

原点から点(1，0)までの距離，および原点から点(0，1)までの距離をそれぞれ1cmとして，次の各問に答えよ。

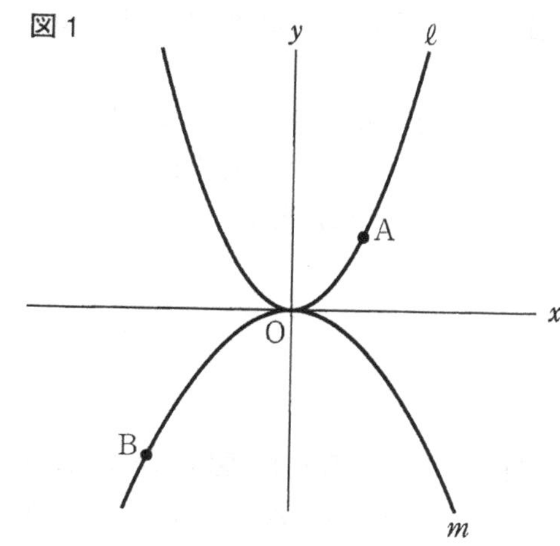

〔問1〕　**図1**において，$a=2$，$b=-\frac{3}{2}$，点Aのx座標を2，点Bのx座標を-1としたとき，2点A，Bを通る直線の式を求めよ。

〔問2〕　**図1**において，$a=\frac{1}{4}$，点Aのx座標を4，点Bのx座標を1とし，点Oと点A，点Oと点B，点Aと点Bをそれぞれ結んだ場合を考える。

△OABが二等辺三角形となるとき，bの値を求めよ。

ただし，OB＝ABの場合は除く。

また，答えだけでなく，答えを求める過程が分かるように，途中の式や計算なども書け。

〔問3〕　右の**図2**は，**図1**において，$a=2$，$b=-3$で，点A，点Bのx座標がともに2のとき，点Aと点Bを結んだ場合を表している。

線分ABを点Oを中心として反時計回りに360°回転移動させたとき，線分ABが通ってできる図形の面積は何cm^2か。

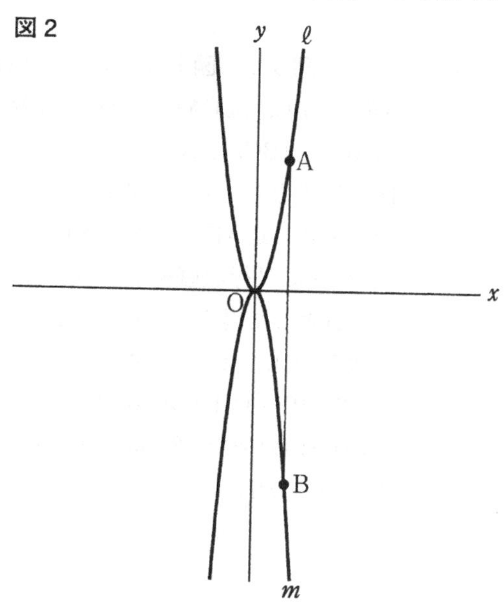

3　右の**図1**で，△ABCは，1辺の長さが$2a$cmの正三角形である。

△ABCの内部にあり，△ABCの辺上になく，頂点にも一致しない点をPとする。

次の各問に答えよ。

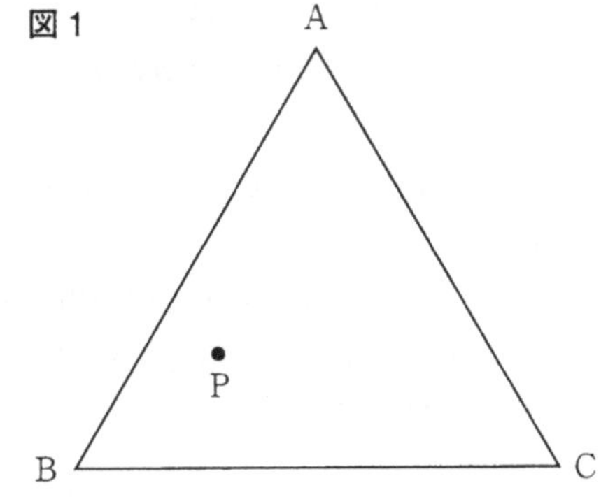

〔問1〕　右の**図2**は，**図1**において，点Pを中心とする円が△ABCの3つの辺に接する場合を表している。

このとき，▨で示された図形の面積は何cm^{2}か。aを用いて表せ。

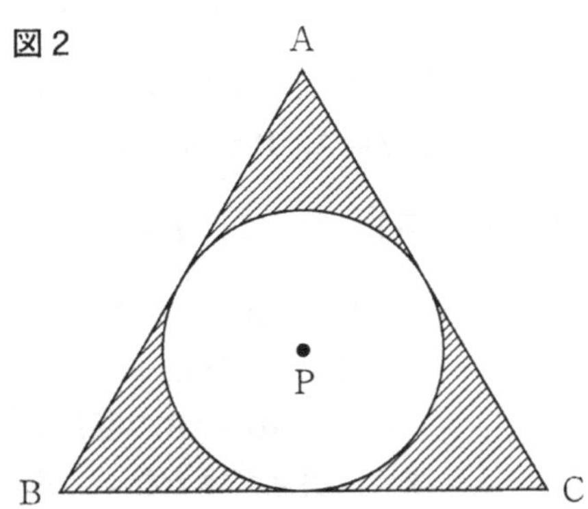

〔問2〕　右の**図3**は，**図1**において，点Pから辺AB，辺BC，辺CAにそれぞれ垂線を引き，辺AB，辺BC，辺CAとの交点をそれぞれD，E，Fとし，点Pを通り辺BCに平行な直線を引き，辺ABとの交点をG，点Gを通り線分PFに平行な直線を引き，辺ACとの交点をHとした場合を表している。

次の(1)，(2)に答えよ。

(1)　DP+PF=GHであることを証明せよ。

(2)　PD+PE+PF=ℓ cmとするとき，ℓをaを用いて表せ。

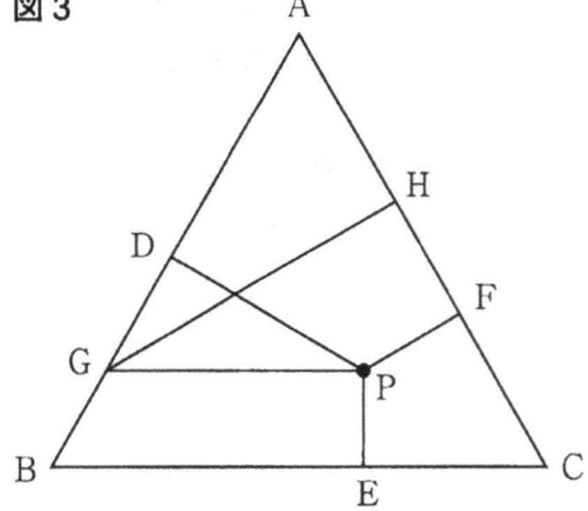

4　右の**図1**に示した立体O-ABCDは，底面ABCDが1辺の長さ$a$cmの正方形で，OA＝OB＝OC＝OD，高さが$b$cmの正四角すいである。

次の各問に答えよ。

〔問1〕　**図1**において，$a=4$，$b=3$のとき，辺OCの長さは何cmか。

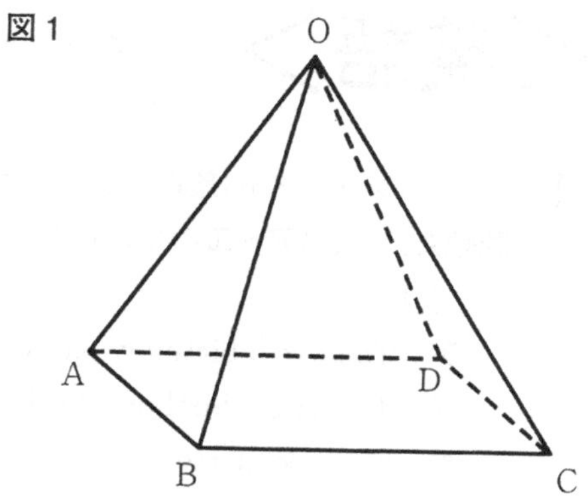

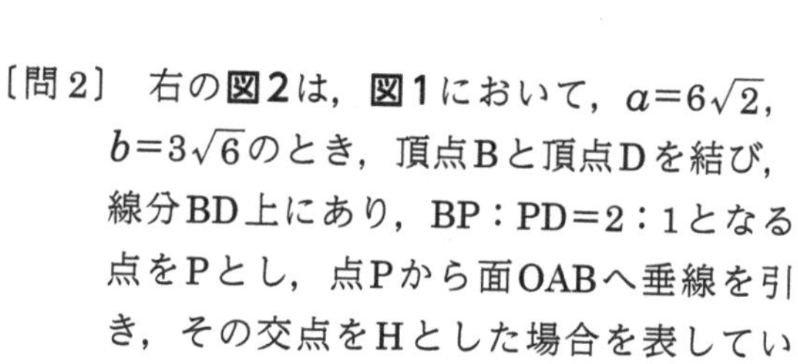

〔問2〕　右の**図2**は，**図1**において，$a=6\sqrt{2}$，$b=3\sqrt{6}$のとき，頂点Bと頂点Dを結び，線分BD上にあり，BP：PD＝2：1となる点をPとし，点Pから面OABへ垂線を引き，その交点をHとした場合を表している。

頂点Oと点P，頂点Aと点Pをそれぞれ結んだ場合を考える。

線分PHの長さは$2\sqrt{6}$cmである。

次の(1)，(2)に答えよ。

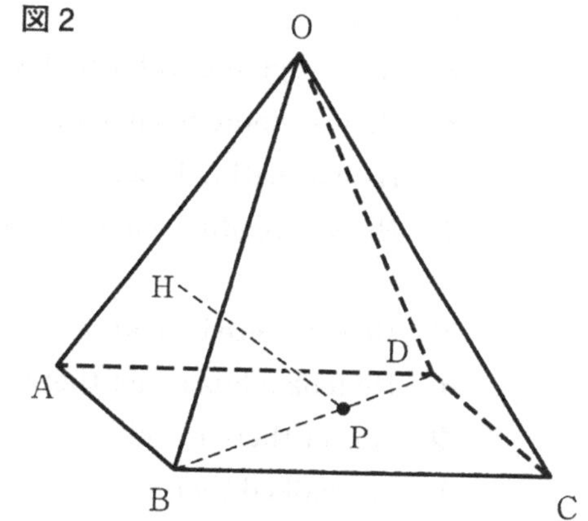

(1)　**図2**において，線分PHの長さが$2\sqrt{6}$cmとなることを説明せよ。

ただし，説明の過程が分かるように，途中の式や計算なども書け。

(2)　**図2**において，頂点Oと点Hを結んでできる線分OHの長さは何cmか。

＜英語＞

時間　50分　　満点　100点

1　リスニングテスト(**放送**による**指示**に従って答えなさい。)

〔**問題A**〕　次の**ア**～**エ**の中から適するものをそれぞれ**一つずつ**選びなさい。

＜対話文1＞

ア　To have a birthday party.
イ　To write a birthday card for her.
ウ　To make some tea.
エ　To bring a cake.

＜対話文2＞

ア　He was giving water to flowers.
イ　He was doing his homework.
ウ　He was eating lunch.
エ　He was reading some history books.

＜対話文3＞

ア　He got there by train.
イ　He took a bus to get there.
ウ　He got there by bike.
エ　He walked there.

〔**問題B**〕　＜Question 1＞では，下の**ア**～**エ**の中から適するものを**一つ**選びなさい。
＜Question 2＞では，質問に対する答えを英語で書きなさい。

＜Question 1＞

ア　Studying English.
イ　Students' smiles.
ウ　Sports festivals.
エ　Students' songs.

＜Question 2＞

(15秒程度，答えを書く時間があります。)

2　次の対話の文章を読んで，あとの各問に答えなさい。
(＊印の付いている単語・語句には，本文のあとに〔**注**〕がある。)

Emi and Julia are high school students. Julia is a student from Brazil. They are going to give a presentation in English about vegan food they are interested in. They like talking with Mr. Gray, their English teacher. They come to him to talk about the topic.

Emi　: Julia and I went to a supermarket yesterday. We found a display of colorful *donuts for vegans. We know vegans are a kind of *vegetarians, but we cannot tell the difference between vegans and vegetarians.

Julia : (1)<u>We need some help from you because we are not sure what to talk about with vegan food in our presentation.</u>

Emi : We hear you know a lot about vegetarians, Mr. Gray. Could you tell us about vegans?

Mr. Gray : Sure. Vegetarians only stop eating meat, but vegans never eat any animal products, including eggs and milk.

Emi : Really? I think eggs and milk are necessary for us to make donuts.

Mr. Gray : Vegan donuts have *plant-based *ingredients such as *soybeans instead. How did you like the donuts?

Julia : They were delicious, but they are about four *times more expensive than the ones we usually buy. I wonder how many people want to buy such expensive food.

Mr. Gray : The price may be higher, but these days more and more people want to have vegan food.

Emi : Why do vegans choose to eat plant-based food?

Mr. Gray : That's a good question. Some put animals' life first. Others want to protect the environment. So, I usually have plant-based meals.

Emi : Great.

Julia : You don't eat meat anymore, right?

Mr. Gray : Well, not exactly. I try to stop eating meat as often as possible, but I can't.

Julia : Why not?

Mr. Gray : Just because I am sometimes invited to dinner or parties. I'm afraid people around me may feel bad if I don't eat food served there.

Julia : You don't want to hurt others' feelings.

Emi : I think you are kind to your friends, Mr. Gray.

Julia : You don't want to hurt animals either, right?

Mr. Gray : That's right.

Emi : I love animals too.

Mr. Gray : I feel the same way, but I think [　(2)　] Do you know raising cows needs a lot of land?

Julia : Right. I was shocked that in my country they cut down the largest number of trees in their *tropical rainforests during the month of January in 2022.

Emi : They were planning to build large farms for cows, right?

Julia : Yes, a study with *satellite data showed that about 430 km^2 of the forests disappeared in just one month.

Emi : [　(3)-a　] Can you guess how large it was, Mr. Gray?

Mr. Gray : It was bigger than 10,000 baseball stadiums.

Emi : Really?

Julia : If we used the land for growing vegetables instead, we could produce more food.

Mr. Gray : You can also explain like this. You need 10 kg of soybeans to produce 1 kg of beef.

If you stopped raising cows, you could get more soybeans for people.

Emi : It reminds me of "virtual water" we learned about during social studies class in junior high school. Julia, do you know how much water is necessary to produce 1 kg of beef from abroad?

Julia : Hmm... 2,000 *liters.

Emi : Ten times larger than the amount.

Mr. Gray : You can take a bath for about 100 days with clean water every day.

Julia : That's surprising because we can never see the real water hidden in the product.

Emi : (4)So, that is called virtual water.

Julia : I see. We should try to save *natural resources by doing small things in our daily lives.

Mr. Gray : [(3)-b]

Emi : Thank you for giving us useful hints for our presentation, Mr. Gray.

One Sunday, Julia visits Emi's house. Emi and Julia talk about vegan food to Emi's father Koji and her brother Jiro.

Koji : Now I'll prepare lunch for you.

Emi : I want to have some vegan dish, Dad.

Jiro : Are you really happy with only vegetables? We need *protein for our health. I don't understand how we can get enough protein without eating meat.

Emi : However, eating too much meat is not so good for our health.

Jiro : Come on, Emi. Everyone knows that, but I'm afraid you don't know much about good points of meat.

Emi : [(3)-c] We can get enough *nourishment from vegetables.

Jiro : No, you cannot get *vitamin B_{12} from them.

Emi : What will happen without it?

Jiro : You'll get tired faster and won't feel very well.

Julia : Vegetables don't have any vitamin B_{12} in them, right?

Jiro : Only a little bit. So, you need to make a special menu to get enough vitamin B_{12}. Do you want to spend your precious time planning what to eat every day?

Julia : You may be right, and it sounds like waste of time.

Emi : You can take *supplements.

Jiro : [(5)-a]

Julia : [(5)-b]

Emi : [(5)-c]

Jiro : [(5)-d]

Julia : Is that so?

Jiro : Your favorite *marshmallows, too, Emi. Can you give them up?

Koji enters the room with lunch.

Koji : It's time for lunch.
Jiro : Hmm.... The smell makes me hungry.
Julia : It looks good. Is this spaghetti with meat *sauce?
Jiro : Yes, it is one of his favorite dishes to cook.
Koji : Please enjoy it while it is hot.

After they enjoy lunch, they start to talk about food again.

Julia : I really like this sauce.
Koji : Thanks, I'm glad you like it.
Emi : Thank you for making the healthy dish, Dad. I realized it was a vegan food.
Julia : Really? Why do you call this dish "meat sauce"?
Emi : Guess what ingredient he used for meat, Julia.
Julia : Well, *tofu*?
Emi : It's close.
Julia : Actually, it was not as soft as *tofu*.
Koji : Why don't you give her a hint, Jiro?
Jiro : OK, Dad, I hear some fast-food restaurants in the U.S. have been selling hamburgers made from this plant instead of meat since 2021.
Koji : An article in the newspaper says they are designed to taste like real meat.
Julia : Are they popular in my country?
Jiro : Yeah, your country produces them a lot, but our country gets most of them from overseas. Japanese people began to eat them a long time ago.
Julia : Soybeans, right?
Jiro : Yes. Dad's meat sauce has not only the taste but also the *texture like real meat.
Koji : Hey, everybody, (6)【 ① a secret ingredient　② as　③ added to　④ don't　⑤ I　⑥ the meat sauce　⑦ from　⑧ made　⑨ one more thing　⑩ forget 】soybeans.
Jiro : I know what it is. I like pork cooked with it. Julia, do you know what is a key ingredient in Japanese cooking?
Emi : It's often used in traditional Japanese soup.
Julia : I understand. I learned about miso in home economics class. It is made from *fermented soybeans. I am a big fan of Japanese food such as *natto, miso* soup, soy sauce, and so on. [(7)]
Jiro : Thanks to you, I realized again our food culture is unique.
Julia : I'm glad to hear that. Anyway, why are there so many fermented foods in Japan?
Jiro : Japan is so hot and *humid in summer that we have developed a wide variety of fermented foods.
Julia : I see.

Emi ：We can keep them for a long time.

Jiro ：Julia, people living in some temples in the Kamakura period didn't eat any meat. They developed some vegetarian dishes that tasted like it. You can still have them now.

Julia ：That's good news. I was able to learn a lot about traditional Japanese food culture from you.

Emi ：We also tried modern Western vegan dishes such as the donuts this week.

Julia ：I've got so curious about Japanese fermented food made from soybeans. I've finally found the topic we really want to talk about.

Jiro ：Remember to solve the problem of Vitamin B_{12} for the presentation. I hope you can answer any question there.

Emi ：Why don't we go to the city library to get more information about food now?

Julia ：It sounds like a good idea, but I want to have some dessert first.

Emi ：Really?

Julia ：Let's go there after having some sweets.

Emi ：[(3)-d]

〔注〕 donut ドーナッツ　vegetarian 菜食者　plant-based 植物由来の　ingredient 食材
soybean 大豆　～times ～倍　tropical rainforest 熱帯雨林　satellite 人工衛星
liter リットル　natural resources 天然資源　protein タンパク質　nourishment 栄養
vitamin ビタミン　supplement サプリメント　marshmallow マシュマロ　sauce ソース
texture 食感　ferment 発酵させる　humid 湿気のある

〔問１〕 (1)<u>We need some help from you because we are not sure what to talk about with vegan food in our presentation.</u> とあるが，その内容を次のように書き表すとすれば，[　　] の中にどのような英語を入れるのがよいか。本文中の**連続する８語**で答えなさい。

We'd like you to give us some advice. We hope to tell our audience [　　] in our presentation about vegan food.

〔問２〕 本文の流れに合うように，[(2)] に英語を入れるとき，最も適切なものは，次の中ではどれか。

ア it is necessary to find out someday how land is used.
イ it is important to protect the environment for cows.
ウ we should think the environment is the most important.
エ we need to solve environmental problems only for forests.

〔問３〕 [(3)-a] ～ [(3)-d] の中に，それぞれ次の**A～D**のどれを入れるのがよいか。その組み合わせとして最も適切なものは，下の**ア～カ**の中ではどれか。

A You can say that again.
B Sounds nice.
C It's hard to imagine.
D Don't worry.

	(3)-a	(3)-b	(3)-c	(3)-d
ア	A	C	B	D
イ	A	C	D	B
ウ	A	D	B	C
エ	C	A	D	B
オ	C	B	A	D
カ	C	D	A	B

〔問4〕 (4)So, that is called virtual water.とあるが，このときEmiが説明している内容として，最も適切なものは，次の中ではどれか。

ア　You don't know how much energy you need to produce water.

イ　You cannot find how much water is used in making products.

ウ　The amount of water in products isn't well known to some people.

エ　The amount of water products need isn't so large that it cannot be seen.

〔問5〕 (5)-a ～ (5)-d の中に，それぞれ次の**A**～**D**のどれを入れるのがよいか。その組み合わせとして，最も適切なものは，下の**ア**～**カ**の中ではどれか。

A　Then I'll put them in my bag with some sweets.

B　Some candies have some animal protein in them.

C　You always need to take them with you anywhere.

D　Maybe, you sometimes forget them when you go out.

	(5)-a	(5)-b	(5)-c	(5)-d
ア	B	A	C	D
イ	B	C	D	A
ウ	C	B	A	D
エ	C	D	A	B
オ	D	A	C	B
カ	D	C	B	A

〔問6〕 (6)【 ① a secret ingredient　② as　③ added to　④ don't　⑤ I　⑥ the meat sauce　⑦ from　⑧ made　⑨ one more thing　⑩ forget 】について，本文の流れに合うように，【　　　　】内の単語・語句を正しく並べかえるとき，【　　　　】内で**2番目**と**6番目**と**9番目**にくるものの組み合わせとして，最も適切なものは，次の**ア**～**カ**の中ではどれか。

	2番目	6番目	9番目
ア	③	①	④
イ	③	⑩	⑧
ウ	④	①	⑥
エ	④	⑦	②
オ	⑩	②	⑨
カ	⑩	⑥	⑧

〔問7〕 本文の流れに合うように，[(7)]に英語を入れるとき，最も適切なものは，次の中ではどれか。

ア You should be proud of the Japanese vegan food.
イ You can use soybeans grown in Japan all the time.
ウ You can enjoy eating soybeans produced in Brazil.
エ You can easily get them because they are so cheap.

〔問8〕 本文の内容に合う英文の組み合わせとして，最も適切なものは，下のア～シの中ではどれか。

① Emi and Julia become so interested in vegan food that they come to Mr. Gray to talk about them.
② According to Mr. Gray, people who eat only green vegetables are called vegans, not vegetarians.
③ Mr. Gray says it is difficult to have vegan food all the time, especially when he eats with others.
④ Julia agrees with Jiro about vitamin B_{12} before she hears the conversation between Jiro and Emi.
⑤ Emi's father Koji cooks healthy dish for lunch, though Emi doesn't ask him to make vegan food.
⑥ Emi and Jiro don't know what the meat sauce is made from until Koji tells them about the ingredients.
⑦ Jiro says the climate of Japan with hot and humid summer is good for making fermented food.
⑧ Julia gets so interested in fermented Japanese food that she decides to go to the library alone.

ア	① ④	イ	② ⑤	ウ	③ ⑦
エ	⑥ ⑧	オ	① ② ④	カ	① ③ ⑤
キ	① ③ ⑦	ク	④ ⑤ ⑥	ケ	⑤ ⑦ ⑧
コ	① ④ ⑥ ⑦	サ	② ③ ⑦ ⑧	シ	⑤ ⑥ ⑦ ⑧

〔問9〕 下の質問に対する答えを，理由を含めて**40語以上50語以内の英語**で述べなさい。ただし，本文で挙げられた soybeans を答えに使用しないこと。「，」「．」「！」「？」などは，語数に含めない。これらの符号は，解答用紙の下線部と下線部の間に入れなさい。

What plant would you grow for people if you were a farmer and why?

3 次の文章を読んで，あとの各問に答えなさい。
（＊印の付いている単語・語句には，本文のあとに〔**注**〕がある。）

Let me introduce myself. My name is Miku. When it is written in *kanji*, it means "the beautiful sky." My grandfather gave me this name. He often says to me, "Everyone has their special *scenery in their memory." He continues, "Still now, I can clearly see a large rice field in my mind. Green rice *seedlings were just planted out there. Then I suddenly found that beautiful scenery. The clear blue sky and white Tateyama Mountains were *reflected on the water in the rice field. It was so beautiful that I always remember the scenery when May comes, the*rice-planting season. So I named you Miku when you were born in May." I love my name and of course I love Grandfather. He was the oldest son of a *farming family in Toyama. He was thought to *take over his father's farm, but he left his hometown when he entered a university in Tokyo and then he got a job at a *trading company. While he was working for the trading company, he visited various foreign countries. His younger, brother, Uncle Kenji and his son *are engaged in farming now. I hear there were a lot of discussions about Grandfather's decision among his family when he told them he would work for the trading company, but he doesn't talk much about it. I sometimes imagine the scenery Grandfather saw when he was a child and I want to find my own special scenery someday. "Grandpa, I am looking for it now. (1)<u>Please remember my promise,</u>" I always talk to Grandfather in my mind.

I am a first-year student in a university in Sendai learning about farming. After graduating from university, I want to go to a foreign country as a member of an *overseas volunteer organization and help people there with farming. I would like to tell you why I am learning about farming and want to work overseas as a volunteer in the future.

I had my first farming [(2)] when I was a third-year student in junior high school. I went on a school trip to Iwate with my classmates in May. It was not a school trip you can imagine. We were going to stay on a farm for two days and help with rice planting there. Two of my classmates and I stayed at Mr. and Mrs. Takagi's house. They had a large rice field and grew many kinds of vegetables. On the second day, we went out to their rice field. Mr. Takagi had a rice-planting machine, but he told us to plant rice seedlings by hand. "This will be a wonderful experience to you, I think," he said. We went into the rice field *timidly. The water in the rice field was a little cold, but the *mud in the rice field felt very soft and [(3)-a]. We started to plant rice seedlings one by one. Mr. Takagi kindly gave us advice and Mrs. Takagi continued saying, "That's it!" or "Oh, you're very [(3)-b] at it!" When we finished planting all the seedlings, we felt really [(3)-c]. The rice field looked very beautiful with green rice seedlings and the blue sky was reflected on the water in it. I thought growing something to eat with our own hands was really [(3)-d] and I started to get interested in farming at that time.

Just after I entered high school, I joined two club activities – the *biology club and the English club because biology and English were my favorite subjects. Our high school gave us a lot of interesting science programs and I often joined them. One day, we had another special program for the first-year students. Some people who graduated from our school visited us to give a special lesson and talk about their jobs. There, I met Ms. Miyake, one of the members of an overseas volunteer organization. She worked as a *public health nurse in *Senegal, a country in West Africa and took a short trip home from the country at that time. She was a cheerful young woman and talked to us about her days in the country. She usually visited several small villages, checked the people's *physical conditions and taught young mothers how to take care of their babies. After the lesson, she asked us, "Are there any questions?" I was encouraged by her smile and asked her, "How do you communicate with the local people? Can you speak the language spoken in that country perfectly?" She smiled at me and answered,"(4)Not really. I sometimes have difficulty communicating with the local people in their language. But I can use gestures and even draw some pictures on the ground if necessary. We can communicate with each other in such ways. I really enjoy working with them and I'm very proud of my job." I thought she gave me a chance to think seriously about my own future. At that time I was able to see my future goal clearly. I thought, "I have been interested in visiting various foreign countries since I was a little girl, because Grandpa often tells me about his experiences in foreign countries. I will go to a foreign country and share with local people my *knowledge of farming I will *gain at university. (5)This is my goal in the future."

When I was in the second year of high school, I told my family about my decision – to learn about farming at university and work as a member of an overseas volunteer organization helping people with farming. In November, the students in the second year had to decide what subjects they would study in the third year. At the dinner table, I told my family – my parents, Grandparents, and my younger sister – about my plan. They looked a little surprised to hear that and said nothing for a while. Then Grandfather finally said, "In your life, you are the *leading role. You can do anything you like, Miku." The other family members agreed with him. After dinner, I said to Grandfather, "Thank you for pushing me *toward my dream, Grandpa." Then he said something strange, "Thank you, too! [(6)] " I didn't know why he said so at that time.

Before entering the university, I was really busy preparing for my new life in Sendai. Grandfather also often went out, so we didn't see each other at home. A day before I moved there, I finally found time to talk with him. He said to me, "I have something to tell you, Miku. Grandma and I will move to Toyama in April and start farming there. Uncle Kenji will let us use part of his rice fields and vegetable fields." I was really surprised to hear that. He continued, "I have been thinking about this since I left the trading company. My father wanted me to take over his farm, but I really wanted to see the world with my own eyes. I visited various foreign countries on business and saw a lot of beautiful scenery there. But (7)【 ① my ② beautiful ③ no ④ was ⑤ the scenery ⑥ in ⑦ more ⑧ other scenery ⑨ memory ⑩ than 】– the clear blue sky and white Tateyama Mountains reflected on the water in the rice field. I always remember the scenery and my good old days in the small town. I couldn't decide to start something new at my age. But when you clearly told us about your goal in the future, I felt I was encouraged to realize my own dream. I won't give up if I fail – I thought so while I was listening to your decision. Your grandmother agreed with my idea immediately, because she has loved taking care of flowers and plants since she was a little girl." He said so and laughed happily. I said to him, "Grandpa, in your life, you are the leading role. You can do anything you like!" He laughed and said, "Miku, they were the words I told you before!"

When I left for Sendai, in the morning, I said to Grandfather, "I will find my own special scenery someday, Grandpa. I promise I will tell you about it. Wait for the day, right?" Grandfather just *nodded at me. We looked at each other smiling.

I have not found my own special scenery yet, but I believe that I will be able to find it someday. For that day, I will live an active life at university.

〔注〕 scenery　風景　　seedling　苗　　reflect 映す
rice-planting　田植え　　arming family　農家　　take over ～　～を継ぐ
trading company　商社　　be engaged in ～　～に従事している
overseas volunteer organization　海外ボランティア団体　　timidly おずおずと
mud　泥　　biology　生物学　　public health nurse　保健師
Senegal　セネガル　　physical condition　体調　　knowledge　知識
gain　得る　　leading role　主役　　toward ～　～の方へ
nod　うなずく

〔問１〕 (1)<u>Please remember my promise,</u> とあるが，この発言の意味として，最も適切なものは，次の中ではどれか。

ア　If I find the thing I want to learn about in the future, I will write to you about it.
イ　If I go to a foreign country and live there in the future, I will invite you to the place.
ウ　If I find another country I want to visit in the future, I will let you know its name.
エ　If I find my own special scenery like yours in the future, I will tell you about it.

〔問２〕 本文の流れに合うように，［(2)］に本文中で使われている**英語１語**を補いなさい。

〔問３〕 ［(3)-a］～［(3)-d］の中に，それぞれ次のＡ～Ｇのどれを入れるのがよいか。その組み合わせとして，最も適切なものは，下の**ア**～**カ**の中ではどれか。

Ａ　boring　　Ｂ　comfortable　　Ｃ　disappointed　　Ｄ　good
Ｅ　important　　Ｆ　nice　　Ｇ　satisfied

	(3)-a	(3)-b	(3)-c	(3)-d
ア	B	D	G	E
イ	B	F	D	A
ウ	D	B	A	G
エ	D	B	F	G
オ	F	C	G	B
カ	F	D	B	C

〔問4〕 (4)Not really. とあるが，この発言の意味として，最も適切なものは，次の中ではどれか。

ア You don't have to learn or speak the language the local people use.

イ You don't have to understand what the local people are talking about.

ウ You don't have to speak the local people's language very well.

エ You don't have to talk with the local people about anything.

〔問5〕 (5)This is my goal in the future. とあるが，その内容を説明した次の文の（ ① ），（ ② ）に，本文中で使われている**英語を1語ずつ**補いなさい。

In the future I will go（ ① ）and work with the local people as a volunteer worker of（ ② ）.

〔問6〕 本文の流れに合うように，［　(6)　］に英語を入れるとき，最も適切なものは，次の中ではどれか。

ア You have also encouraged me to go to various foreign countries, Miku.

イ You have also reminded me of my dream I've had for a long time, Miku.

ウ You have also told us clearly what you really want to do in the future, Miku.

エ You have also kindly thought of your family members' feelings, Miku.

〔問7〕 (7)【① my ② beautiful ③ no ④ was ⑤the scenery ⑥ in ⑦ more ⑧ other scenery ⑨ memory ⑩ than】について，本文の流れに合うように，【　　】内の単語・語句を正しく並べかえるとき，【　　】内で**2番目**と**5番目**と**9番目**にくるものの組み合わせとして，最も適切なものは，次の**ア～カ**の中ではどれか。

	2番目	5番目	9番目
ア	①	③	⑩
イ	①	④	⑩
ウ	④	②	⑥
エ	⑥	④	③
オ	⑧	②	①
カ	⑨	⑧	⑩

〔問8〕 本文の内容に合う英文の組み合わせとして，最も適切なものは，下の**ア～シ**の中ではどれか。

① Grandfather really liked the beautiful white mountains reflected on the water in the rice field, so he chose the name "Miku."

② Grandfather wanted to take over his father's farm, but his father wanted him to see the world with his own eyes.

③ After many discussions among his family in Toyama, Grandfather finally left his hometown for Tokyo.

④ Mr. Takagi taught Miku and her two classmates how to use his rice-planting machine during their stay in Iwate.

⑤ Miku got interested in going to foreign countries as a volunteer worker after she listened to Ms. Miyake's special lesson.

⑥ Ms. Miyake worked at Miku's high school as a school nurse before she went to an African country as a volunteer worker.

⑦ After Miku told her family members about her future goal, no one agreed with her plan and finally she gave it up.

⑧ Grandfather took courage from Miku's decision and he also decided to start something new with his wife in his hometown.

ア	①　③	イ	②　⑤	ウ	③　⑧
エ	⑥　⑦	オ	①　②　⑥	カ	③　⑤　⑧
キ	④　⑤　⑦	ク	⑤　⑥　⑧	ケ	①　②　⑤　⑥
コ	①　③　⑤　⑦	サ	③　④　⑤　⑥	シ	④　⑤　⑥　⑧

〔問9〕 以下の英文は，Mikuの祖父が，仙台に住むMikuに書いたEメールである。(　①　)～(　④　)に入る最も適切な**英語1語をそれぞれ本文中から抜き出して**答えなさい。

> Dear Miku,
> How have you been? Grandma and I are doing very well here in Toyama. We have just started growing some vegetables, and we have already (　①　) rice seedlings. At the end of this September, I will send you the rice we are growing now. Please (　②　) eating it. Now the rice field looks really beautiful, especially on sunny day – the blue sky and white Tateyama Mountains reflected on the water in the rice field. That's my own special scenery. By the way, have you found your special scenery yet? If not, don't worry! I am sure you'll find it someday. In the future, when you go to a foreign country as a volunteer worker with enough (　③　) you've learned about farming, you will have a wonderful time in the country. I believe that you will feel very (　④　) of your work there. Look forward to the day and study hard now!
> Take care,

ウ　花にあこがれている精神状態であるにも関わらず、西行は満開の桜の情景を雲に見立てて技巧的に詠みあげているから。

エ　花の美しさだけを表現するために、西行は歌に用いる言葉を吟味して満開の桜の情景を比喩的に詠みあげているから。

〔問5〕　和歌A～Dについて、筆者の考えを説明したものとして最も適切なものは、次のうちではどれか。

ア　Aの和歌は、雲を満開の桜に見立てることで、開花前のはやる気持ちを抑えている様子を表現したものである。

イ　Bの和歌は、魂が身から離れていく様子を受けて、徐々に桜の花に心を奪われていく状態を表現したものである。

ウ　Cの和歌は、吉野山の奥深くで咲いているはずの桜の下へ案内してほしいという心情を表現したものである。

エ　Dの和歌は、毎年異なる道を進むことで、吉野山のまだ見ぬ桜を探したいという強い意志を表現したものである。

指顧―距離が近いこと。
芭蕉―松尾芭蕉のこと。
俊成―藤原俊成のこと。平安時代後期から鎌倉時代初期の歌人。
家集―西行の歌集、『山家集』のこと。

〔問1〕(1)高野山に結庵して以降の西行は間違いなく、そういう願望をふくらませていたのである。とあるが、「願望をふくらませていた」ことについての説明として最も適当なものは、次のうちではどれか。

ア　西行は、吉野山の桜の樹の下に未練がましい気持ちを残してきたので、今年からは定住していつまでも見ていたいということ。

イ　西行は、再び吉野山に逗留することで、自身の来訪を待っている桜の樹の期待に応えたいという思いに満ちあふれているということ。

ウ　西行は、樹の下に残してきた桜花への思いに駆られ、再び吉野山で花にふけりたいという気持ちが強くなっているということ。

エ　西行は、吉野山の桜に長年執着しており、今年も開花の瞬間を誰よりも早く見たいという感情を抑えることができないということ。

〔問2〕献上している。とあるが、これと**同じ働きをしていないもの**を、次の各文の――を付けたもののうちから一つ選べ。

ア　社長が取引先にお電話する。

イ　受付係がお客さんの注文を承る。

ウ　校長先生がスーツをお召しになる。

エ　得意先に呼ばれて急いで参上する。

〔問3〕(2)歌の表情にそれを怪しむ飄逸さまでみえるところが面白い。とあるが、筆者はどのような点を「面白い」と考えているのか。その説明として最も適当なものは、次のうちではどれか。

ア　山桜のもとへさまよい出ていった心が、花の散った後には必ずもどって来てほしいと一心に願う気持ちを詠んでいる点。

イ　わが身から離れた心はもどって来ないのではないかと疑っており、さまよい出ていく心のゆくえを案じる様を詠んでいる点。

ウ　桜が散っても心がさまよい出ていくのは、どこかに散らない桜が待っているのではないかと期待する心を詠んでいる点。

エ　桜が散るとともに肉体から離れた心はもどって来るべきだとしながらも、止めどなくさまよい出ていく状態を詠んでいる点。

〔問4〕(3)俊成の加判にうなずかされる。とあるが、筆者が「うなずかされる」と述べたのはなぜか。その理由として最も適当なものは、次のうちではどれか。

ア　花の美しさだけを表現するのは難しいが、西行は自らの主観を交えず見たままの満開の桜を印象的に詠みあげているから。

イ　日本人の気質そのものとみなされる桜を、西行は独自の表現や評価を加えて満開の桜を象徴的に詠みあげているから。

る。この神社の境内を出て山腹を回りつめたところに西行庵が現存する。結構はわずか二畳台目の茶室程度。茅葺きの粗末な草屋だが、*芭蕉が『野ざらし紀行』の旅で立ち寄り『笈の小文』でもふれているので、修復保存されてきたのであろう。後年にわたって吉野山には幾つかの草屋を営んだかもしれない西行だが、最初に寝起きをしたのはここではなかっただろうか。

D　吉野山こぞの枝折りの道かへてまだ見ぬかたの花をたづねむ

芭蕉は『笈の小文』の旅で吉野山中に三日間の逗留をしたといい、そのとき脳裡にうかべているのがこの歌である。西行自身にも愛着のふかい一首であったとみえて、『御裳濯河歌合』に採っている。「枝折り」は、道しるべ。昨年の枝折りを、「すがたこころともにをかし」と*俊成は加判した。

往日の奥千本のあたりは、雑木の枝を折って目じるしを作っておかないことには道を見失う、深い茂みであったのだろう。――昨年、目じるしを残して分け入った道を変えて、今年もまた、未だ見ていない方面の花を尋ねよう――。「道かへてまた」「まだ見ぬかたの」と、重ね読みに節をもとめて意趣のふかさを味わいたい。

空に出でていづくともなく尋ぬれば雲とは花の見ゆるなりけり

花にあくがれている精神状態は他のことにたいしてうわの空。西行はそんな意趣で草屋をあとに山中をあてどなく歩きまわった。遠目に雲と見えるのが、すべて桜の花であった。

おしなべて花のさかりになりにけり山の端ごとにかかる白雲

この歌も『御裳濯河歌合』に採られており、俊成は「うるはしく長たかくみゆ」と加判した。「たけ」とは品位・格調であり、和歌にいう「長たかし」は、当時の最大級の誉めことばであった。

前首同様、歌詞のなかに場所を特定する句が見当らないが、*家集における配列の位置からみて、吉野山であるのは明らかである。

桜は日本人の心馳せそのものの花とみなされるほどだから、もろもろの感情をおさえて、花の美しさをのみ修辞するのはむずかしい。そのような意味で、悠揚として迫らず、これほど捨象的に、満目の花をみずみずしく詠みあげた歌は、他に類をみないといえようか。(3)俊成の加判にうなずかされる。

谷の間も峰のつづきも吉野やま花ゆゑ踏まぬいはねあらじを

桜の花があるゆえに、西行はこの二年間で、吉野の全山に足跡をしるしたのであろう。

（松本章男「西行　その歌その生涯」による）

〔注〕百首歌 ― 百首の和歌を集めたもの。
吉野山 ― 奈良県中部に位置し、古来より桜の名所とされる山。
西行 ― 平安時代後期に活躍した歌人。僧。
証左 ― 証拠。あかし。
落慶 ― 神社・仏殿などの新築または修繕の工事が落成した喜び。
往日 ― 過ぎ去った日。昔。
和泉式部 ― 平安時代中期の歌人。
草屋 ― 草葺きの粗末な家。

た。そんなふうにのんびり構えてはいられない。「雲をはかりに」は、雲を目当てに。この歌の趣意は、花は未だしであっても、峰にかかる白雲を花と見立てようというところにある。山に分け入って開花を待とう。そう言っていると思える。西行は今年こそという機会をつかんで、逸る感情を抑えることができなかったのであろう。

B　吉野山こずゑの花を見し日より心は身にも添はずなりにき

ついに吉野山に登って山中に宿をとった。待つほどに花は咲いてくれた。しかし、満目の梢の花を見たその日から、西行は花に心を奪われて、このように、われを忘れた精神状態に陥ってしまった。

心に意識が生じる。わたしたちは心の作用で意識の内容を把握することはできるが、色も形もない意識そのものを把握することはできない。そのような意味合いから、西行はつねに「心」の語をひろくもちいて、「魂」という語の使用を避けているきらいがある。

たとえば、*和泉式部に、《もの思へば沢の蛍もわが身よりあくがれ出づる魂かとぞ見る》という作が知られている。「あくがれ出づる」の意は、さまよい出てゆく。西行歌の「心は身にも添はずなりにき」は、桜の花に魅了された魂がこの身を離れて花の林のなかへさまよい出てしまった、と言っているに等しい。

あくがるる心はさてもやまざくら散りなんのちや身にかへるべき

この歌は「心はさても止まず、山桜」と、折返して読ませるところが趣向。――心はわが肉体からさまよい出るのを依然として止めない。山ざくらが散ったあとは、この身にもどって来てくれるであろうか。もどって来るべきである――。次々と魂がわが身から遊離してゆく感覚があったのだと思う。心というものにはいったいどれほどの容量があるのか。(2)歌の表情にそれを怪しむ飄逸さまでみえるところが面白い。

ときはなる花もやあると吉野山おくなく入りてなほ尋ねみむ

外山の花はあらかた散ってしまった。「おくなく」に、臆なく、奥なく、両意を汲む。気後れすることなく山の奥まで花をたずねよう。これより奥に花はないというところまで辿ってみたい。――奥山には散ることを知らない花が待っていてくれるのではないか――。山中に長逗留をして花の精のとりことなっている西行は、ふと思ったのであろうか。

*

翌年も春が来て、西行はふたたび吉野山をめざした。前年は夜の身を行者宿などに寄せたのではなかったか。このたびは自分用の*草屋をあらかじめ作らせておいたのではないかと思う。

C　山人よ吉野の奥のしるべせよ花もたづねむまた思ひあり

通説はこの歌の「しるべ」の意を道案内とする。さらに「思ひ」が遁世の欲求とみなされている。その解釈ではしかし、花に心を奪われてきた経過といささか乖離を生ずるといえはしまいか。私はむしろ「しるべ」に拠りどころといった意を汲みたい。またまた魂があくがれ出てゆく思いがあるので、山人に草屋の用意を頼んでいるのではないかと、この歌にそういう感触を味わってきた。

吉野の最奥、青根ヶ峰を*指顧にする「奥千本」に金峰神社がしずま

5　次の文章を読んで、あとの各問に答えよ。（*印の付いている言葉には、本文のあとに〔注〕がある。）

吉野やま花の散りにし木のもとにとめし心はわれを待つらん

初期の習作「*百首歌」中にこの一首がみえる。肉体から魂なるものが離れ出て、愛する相手・執着する対象などのもとに止まることがあると考える思想があった。それを肯定する発想でこの一首は詠まれている。――*吉野山の桜樹の下に心を分け残してきた。春になった今、その心が来てほしいとわたしを待っているのではないだろうか――。若き*西行が思っている。

桜の花の季節だけは吉野山に移って逗留したい。(1)高野山に結庵して以降の西行は間違いなく、そういう願望をふくらませていたのである。

仁平二年（一一五二）十月、高野山では兼海が八角二層の仏堂を建立、大日如来像を安置して鳥羽法皇に献上している。旧来の金剛峯寺方・大伝法院方、双方の確執がいちおうは決着した、これは*証左ともみなせる。西行もこの仏堂の*落慶に法皇の覚えをえたことであったろう。

仁平二年といえば西行三十五歳。高野山でももっとも平穏な日々を西行がおくることができたのは、おそらくこの年の前後であった。吉野桜詠を通観して私がうける心証だが、西行には二年つづけて春の吉野山にこもりきり、桜の花に心を尽くした日々がある。仁平二年前後の春が、その時期ではなかったろうか。本章は、その二年間に詠まれたであろうと私がみなしてきた数首を味わっていただく。

＊

まずこの一首は「春立つ日詠みける」と詞書にいう。

なにとなく春になりぬと聞く日より心にかかるみ吉野の山

「なにとなく」の語が掛かっているのは下句。――今日は節気の立春だが、吉野山の桜はいつ咲きはじめることであろうか――。来る年ごと、立春だよと聞いた日から、なにとなく、つまり、はっきり意識するわけではないが、そのことが気にかかってきたと、この歌は言っている。

A　吉野やま雲をはかりに尋ね入りて心にかけし花を見るかな

*往日の歌人は峰の花霞を麓から遠望して消えぬ雪かと見あやまっ

生徒**イ**：次は文章**B**について考えてみようか。

生徒**ウ**：二重傍線部は、文章**B**の筆者の考え方が端的に示されているね。

生徒**ア**：さっき出てきた「イメージ」や「想像力」と、「主観」や「経験」というのは何か共通点がありそうだね。

生徒**イ**：そうすると、**B**の文章の筆者は**A**の文章で述べる「ことばは思考の衣装である」に近いのかな。「主観」っていうのは他の人にどのように思われたいか考えることって感じがするし。

生徒**ア**：いやいや、違うよ。**B**の文章の筆者の述べる「主観」や「経験」は、レポートを書こうとした根本の理由みたいなことだよ。だから、「ことばは思考の肉体である」の方が近いよ。

生徒**イ**：なるほど、言われてみればそうだね。

生徒**ウ**：今までの話で、何とかできそうだね。**B**の文章の筆者の考えは**A**の文章で述べる「ことばは思考の肉体である」の方が近い理由を書いてみよう。

（しばらくして）

生徒**ウ**：できた。「［Y］」って書いたけど、どうかな。

生徒**ア**：なるほど、それが理由か。先生にも聞いてみよう。先生、ちょっといいですか。

先　生：はい。非常によく書けています。**B**の文章で述べられている「文章の書き方」に着目して書いたところが特にすばらしいと思います。

〔問６〕　文章**A**、**B**について述べたものとして最も適切なものを、次のうちから選べ。

ア　文章**A**、**B**とも比喩表現を多用することで、抽象的でつかみどころのない考えを、哲学用語になじみのない一般の読者にも想像しやすくする効果をあげている。

イ　文章**A**、**B**ともに、特定の部分に傍点を付けることで、筆者がその言葉を本来の意味とは違う意味で使っていることを読者に分かりやすく伝える工夫をしている。

ウ　文章**A**では筆者以外の哲学者の主張をもとに、具体例をあげてその主張を補強して筆者の主張へと展開しているが、文章**B**は筆者の疑問から考察が展開されている。

エ　文章**A**は、「日常のことば」を説明するために「神話」と「科学」を対比させているが、文章**B**は対比関係を用いず、同一話題で「書き方」について説明している。

〔問５〕下書き用

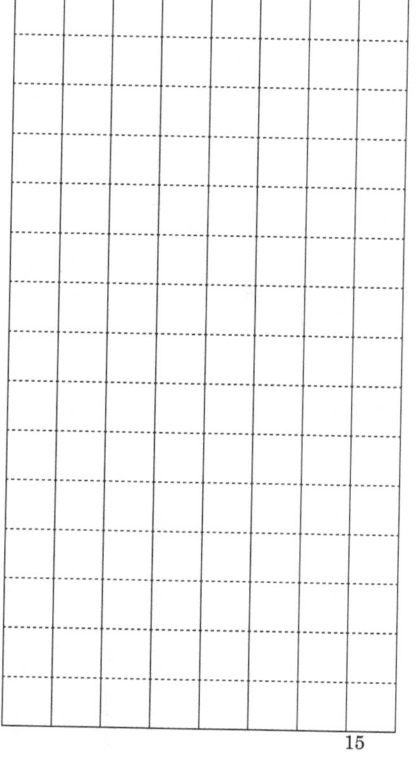

15

たにすぎないのである。とあるが、**A**の筆者が「逆に神話に投影したにすぎないのである」と述べたのはなぜか。その理由として最も適切なものを、次のうちから選べ。

ア　イメージよりも概念を、想像力よりも論理を働かせるほうが、あらゆる物事を正しく捉えられるから。

イ　世の中の物事を学問的に思考しようとすると、神話に関してもイメージや想像力を排除すべきだから。

ウ　神話は日常生活とは別に扱うべきであり、概念や論理優位の学問的思考を用いた方がよいと考えられるから。

エ　イメージや想像力を排除し、概念や論理を優先させて考えることこそが進歩だと考えてきたから。

〔問4〕(4)するとよく勉強している学生ほど、そういうことを書いていいんですか、と驚く。とあるが、**B**の筆者がこのように述べたのはなぜか。その理由として最も適切なものを、次のうちから選べ。

ア　勉強熱心な学生ほど、様々な情報を自分で得て、レポートや論文は客観的に記述するべきだという書き方を学んでいるから。

イ　勉強熱心な学生ほど、学問的に考察するためには、自身の経験を一般化して書くべきだということを理解しているから。

ウ　勉強熱心な学生ほど、論理的・客観的に考えようとする傾向があり、主観的な経験を記述することにためらいがあるから。

エ　勉強熱心な学生ほど、高校までの学習に忠実であり、レポートや論文は客観的に記述するという書き方を教わっているから。

〔問5〕次の会話は、文章**A**、**B**を読んだ後の国語の授業の様子である。先生と生徒の会話の中の［X］、［Y］にはそれぞれあてはまる表現を、［X］は文章**A**の語句を用いて**六十字以上七十五字以内**で書け。［Y］は**百字以上百五十字以内**で書け。なお、［Y］は二文以上になっても構わない。

先　生：**B**の文章の筆者は**A**の文章で述べる「ことばは思考の肉体である」と「ことばは思考の衣装である」という二つの考え方のうち、どちらの考え方に近いかを考え、理由を書くという課題を行います。グループで話し合って考えた上で、各自、解答を仕上げてみましょう。まず、「ことばは思考の肉体である」「ことばは思考の衣装である」という部分を解釈しましょう。次に文章**B**の筆者が主張しようとしていることを解釈しましょう。その上で課題に取り組むと論理的な答えが導き出せますよ。では始めましょう。

生徒**ア**：私たちのグループではまず、「ことばは思考の肉体である」「ことばは思考の衣装である」という部分の解釈からやってみようか。「ことばは思考の肉体である」とはどういうことかな。

生徒**イ**：ひとまず書いてみようか。

（しばらくして）

生徒**ウ**：できたよ。［X］と書いたけど、どうかな。

生徒**ア**：とてもよいと思う。「イメージ」とか「想像力」が、やはりポイントになりそうだね。

好みを書き散らかせばよい、と言っているのではない。段落の行頭は一字下げる、「です・ます」調ではなく「である」調で書く、引用文献の出典情報を統一的な仕方で明確に記す、一定のアウトラインに沿った論述を行う、最終的には一般的な論点を提示するかたちにもっていく、等々、一定の型に嵌(は)まった文章を書く訓練を積むことはとても大事だ。これは言うまでもない。

しかし、短いレポートはともかくとして、卒業論文の執筆などは単なる練習ではなく、同時に本番でもある。本来なら、最後まで型通りのお約束や借り物の表現に振り回されるのではなく、自分自身で書いたと言えるもの——自分自身の言葉や思考だと言えるもの——を目指して試行錯誤されるべきものだ。(そして、その試行錯誤には、吟味の結果として型通りの表現を意識的に選び取るということも含まれる。)

規格化された形式や表現を押しつける杓子定規(しゃくしじょうぎ)な「作法」は、ときに害悪となる。何も考えずにかたちだけそれっぽい文章をこしらえることよりも、自分で納得のいく、しっくりくる言葉を吟味することの方がよほど大事だ。少なくとも私は、学生たちの主観にも経験にも、そして表現にも、大いに関心がある。

(古田徹也「いつもの言葉を哲学する」による)

〔注〕ヴィトゲンシュタイン——オーストリアの哲学者。
軀(からだ)——からだ。身体。
誤謬(ごびゅう)——あやまり。まちがい。
趨勢(すうせい)——物事の進み向かう様子。動向。なりゆき。

〔問1〕(1)この考え方は、ことばは思考の衣装であるとする考え方に明らかにかかわりつつ、対立している。とあるが、「ことばは思考の衣装である」とはどのような意味であるとAの筆者は考えているか。その説明として最も適切なものを、次のうちから選べ。

ア　日常的に使用していることばは、論理よりも感情を優先しているため、論理的思考を行う上で問題が多いという意味。

イ　イメージを重視する日常のことばは、論理的な思考をする上では必要ないものであり、使用するべきではないという意味。

ウ　日常のことばは、論理的厳密さを欠いたものであり、論理的思考そのものを見えにくくしてしまうものだという意味。

エ　日常のことばは、論理的思考を根底で支えている言語と衝突する関係にあり、考え方を曲解する原因になるという意味。

〔問2〕(2)私たちはなめらかな氷の上に迷いこんでいる。とあるが、この部分においてAの筆者が述べようとしていることの説明として最も適切なものを、次のうちから選べ。

ア　論理的言語による思考では、論理的厳密さを求めるがゆえにかえって感覚が鈍くなることがあるということ。

イ　論理的言語においては、イメージと想像力が排除されており、考えの糸口をつかめないことがあるということ。

ウ　論理的言語を使用した時点でイメージや想像力は排除され、かえって飛躍した思考となり伝わらないということ。

エ　論理的言語は、イメージや想像力を排除するために、日常のことばを使用しないようにしているということ。

〔問3〕(3)しかし、その場合実は、私たちは科学そのものの思考の枠組あるいは価値観から神話を見、その価値観を逆に神話に投影しに進歩と考えられてきた。たしかに科学の立場に立って或る限られた範囲内で考えるならば、それは進歩としてとらえることもできるだろう。(3)しかし、その場合実は、私たちは科学そのものの思考の枠組あるいは価値観から神話を見、その価値観を逆に神話に投影したにすぎないのである。

神話から科学への移り行きは、むしろ、ことばのうちで結びついていたイメージと概念、想像力と論理のバランスがイメージの優位から概念の優位へ、想像力の優位から論理の優位へと移っていったこととしてこそとらえられるべきであろう。一般的な知の*趨勢として神話的思考から科学的思考というかたちでとらえられる移行は、哲学の知のなかでは、イメージからイメージ＝概念へ、そしてさらに概念へというかたちでとらえなおされる。

（中村雄二郎「哲学の現在」による）

B

学部生の書く哲学・倫理学の論文は、まず何らかの問いを立て、それに対する答え（および、その答えの根拠）を探究する、という手順を踏むのが一般的だ。このとき、読む側からすると、なぜそれを問うのかという大本のポイントが摑めない場合がある。その問いに客観的な重要性があるかどうかが明確でなかったり、逆に、あまりにメジャーな問いであるがゆえに、それをなぜ今こうしたかたちで問うのかが分からない、といった具合だ。

そうした場合、論文指導の最初にまずこの点を学生に尋ねると、学生本人のこれまでの経験が問いの基層にあるケースが多い。たとえば、高校時代にかくかくのことに悩んだとか、アルバイト中にしかじかの場面に遭遇したといった経験だ。それを聞いて腑に落ち、論述の内容に入り込めるようになったとき、私は学生に対して、論文の冒頭において当該の経験に——書ける範囲で、あるいは、より一般化したかたちで——触れつつ、問いを自然に導くかたちにしてはどうか、と提案することもある。（さらに、そこからその問いの客観的な重要性を示す論述が必要な場合もあれば、問いが明確に示されれば、それだけで十分に重要性が分かる場合もある。それもケースバイケースだ。）

(4)すると、よく勉強している学生ほど、そういうことを書いていいんですか、と驚く。なぜ書いてはいけないと思うのかと聞き返すと、いわゆる「論文・レポートの書き方」本やネット上のアドバイスによくそう書いてあるのだという。レポートは高校までの作文や読書感想文とは違いますから、個人的な経験に基づいて議論してはいけません。はじめからおわりまで、客観性ないし一般性のある論述を心掛けましょう、と。

確かに、たとえば物理学や数学の論文であれば、個人的な経験から議論を起こしていくことはありえないだろう。しかし繰り返すように、すべての論文がそうあるべきと決まっているわけではない。分野やテーマによっては、具体的な事例を起点としたり、具体的な事を積み重ねたりするかたちで、一般的な結論へと向かっていく、という論述はいくらでもありうる。あらゆるケースで個人的な経験や動機の記述は不要であるとか不適切であるなどということはないのだ。

これは、個々人がそれぞれ完全に自由なスタイルで、自分の印象やでつくられてはいない。しかし、それは、ことばが単なる衣装であるためではなく、実はことばが思考を受肉させ、それに具体的なかたちを与える肉体だからである。思考を現前化させるものだからである。もっとも彼も、「日常言語は人間という有機体の一部であって、それに劣らず複雑である」といっている。

　彼が日常のことばを厳密さを欠いたものとして退けたのは、それに対して無感覚であったからではなく、むしろ鋭い感覚と意識とをもっていたからである。だからこそ、後年になって彼は「論理学の透明な純粋性といったものは、私にとっては現実のことばの考察から生じたものではなく、一つの要求だった」とみずから述懐し、論理的言語への要求と現実のことばとの衝突に耐えられなくなって、日常のことばに立ちかえることにもなる。こういっている。(2)私たちはなめらかな氷の上に迷いこんでいる。そこには摩擦がないから、すべての条件が或る意味では理想的なのだが、まさにそのために私たちは滑って先へ進むことができない。私たちは歩くことを欲している。だからそのために摩擦が必要なのだ。ざらざらした大地へ立ち帰れ、と。ここに摩擦といわれ、ざらざらした大地といわれていることが、思考の肉体としてのことばに大きくつながっていることは明らかであろう。つまり、思考の肉体としての日常のことばへの着地を自分に命じたものだったのである。

　ことばが思考の着物ではなくて、思考の肉体であるとは、私たちが思い、考える場合に概念と論理だけによるのではなく、イメージと想像力にもよるのだ、ということである。思考ということを日常生活の場面に引きもどしてかえりみるならば、これはあたりまえのことと見なされよう。たとえば、久しく会っていない友人に手紙を出したが、さっぱり返事がこない。遠く離れていても電話がかけられないわけではないが、わざわざ電話をするのもおおげさだし、また返事をくれないのは相手になにかそれなりの事情があるのではないか、いいたくないことがあるのではないか、などと考えて電話をかける気にもなれず、宙ぶらりんの落ちつかない気持で返信がくるのを待ち、相手のことや家族のことについて、私たちはいろいろと推理し、想像する。このまえ会ったときにはあんなに元気だったし、仕事も家庭も順調にいっていたようだから、ただ忙しくて返事をくれないのかも知れない。忙しさにとりまぎれているだけかも知れない。いや、それならいいのだが、もしかするとなにか自分のことを怒っているのではなかろうか。なにも恨まれることはないつもりだが、あの男はひがみっぽいところがあるし……、それともひょっとすると日本にいないのかな、等々といった具合にである。

　このように、日常生活のなかでは、思い考えるとは、ああでもないこうでもないと推理し、想像することである。ところがひとたび理論的で学問的な思考をする段になると、私たちは一般に、少なくとも多くの場合に、イメージや想像力をできるだけ排除しようとしてきた。それというのも、イメージや想像力が感覚に根ざし、私たちを欺くもの、*誤謬へと導くものと考えられてきたからである。概念や論理の厳密さをそこなうものともっぱら思われてきたからである。イメージよりも概念を、想像力よりも論理を強化していくこの方向は、端的には神話(あるいは空想)から科学へ、というかたちで示される。そして、このような移り行きは、一般に科学の立場からは、なんの疑いもなし効果。

ウ　意図的に会話の流れや雰囲気にそぐわない発言をする航太がこの場面にいることで、一人の登場人物が話し続けることを防ぐ効果。

エ　航太の素朴な発言、感想や想像によって、Bの句の技巧的工夫や世界観を、俳句になじみのない読者にも自然な形で提示する効果。

〔問6〕この本文中に使用されている表現の説明として最も適切なものは、次のうちではどれか。

ア　会話文中における「……」は、発言と発言の間に時間的な間隔があることだけを表現している。

イ　登場人物の心の内を表現している部分については全て「――」を用いて、会話文と区別している。

ウ　会話文中に「、」を効果的に使用して発言の言い回しを明確にすることで、心情を表現しようとしている。

エ　会話文中に「!」や「?」を使うことによって、登場人物の発言に直接表れない心情を表現している。

4

次のA、Bの文章を読んで、あとの各問に答えよ。（＊印の付いている言葉には、本文のあとに〔注〕がある。）

A

ことばは哲学の知を現前化させ現在化させるために不可欠のものであり、思考の肉体である。(1)この考え方は、ことばは思考の衣装であるとする考え方に明らかにかかわりつつ、対立している。ことばは思考の衣装である、とは、精緻で厳密な論理によって普遍的に思考することをめざす論理分析の立場から、一人の代表者（＊ヴィトゲンシュタイン）によってうち出された主張である。この論理分析の立場というのは、専門用語や学問用語を生み出したのと同じく知の精緻化や厳密化という土壌の上に、論理的な言語批判としてあらわれてきたものだ。言語についてのつよい関心と鋭い洞察力をもつこの現代のすぐれた哲学者は、はじめには、急進的な論理分析の立場に立って、「すべての哲学は〈言語批判〉である」と断定した。この断定は「およそ語られうるものは、明らかに語られるものである。そして、論じえぬものについては沈黙しなくてはならない」という決然とした覚悟をもった考え方を背景とし、日常のことばを私たちの思考を欺くものとみなす考え方の前提の上に立っている。そして、このようなものとしてとらえられたことばによる思考に対しての批判と、ことば（日常言語）からの解放にもとづく思考の明晰化を以て、哲学の役割とみなしている。「哲学の目的は、思考を論理的に明晰化することである」といわれるゆえんである。

さて、この見地から、思考（思想）とは意味をもった命題にほかならないが、ことばは思考をありのままで示すものではない、といわれるのである。すなわち、ことばは思考を変装させる。それゆえ、着物の外形から着物をきせられた思考の形を推定することはできない。それというのも、着物の外形は＊軀の形を他人に知らせるという目的ではなく、別のことを目的としてつくられているからである、と。このように、論理分析の立場では、ことばは、軀である思考の単なる衣装であると考えている。たしかにことばは、軀の形を他人に知らせる目的次のうちから一つ選べ。

ア Aの短歌で表現された良いことと悪いことが混在する気持ちを、「また」という並列性を含む言葉で表現しようとする思い。

イ Aの短歌で表現された世界観を維持しつつ俳句として成り立たせるために、年末を表す「日記買ふ」を用いようとする思い。

ウ Aの短歌で使われた「愛しき」という言葉を、次の年も継続していこうという前向きな行為で表現しようとする思い。

エ Aの短歌で三度使われた「日々」という言葉に含まれる葛藤した時間を大切に思う気持ちと反復性を表現しようとする思い。

〔問3〕(2)男二人の呆然（ぼうぜん）とした声が、またそろう。とあるが、この表現から読み取れる二人の様子として最も適切なものは、次のうちではどれか。

ア 和彦も航太も、卒業記念の歳時記を全く活用していないことにばつの悪さを感じながらも、見事な修辞に二人同時に感嘆の声が出た。

イ 河野女史の俳句の説明に少しでも反論しようと食い下がっていた和彦と航太だったが、完璧な論理を示され納得し、歓声をあげた。

ウ 和彦の指摘への河野女史の返答は和彦と航太には理解しかねたが、その理由を聞くうちに高度な修辞に同時に気付き、驚嘆の声をあげた。

エ 河野女史の説明に納得しきれない二人であったが、他の例を用いながら説明されることで句が理解できることに気付き、感動の声が出た。

〔問4〕(3)航太は感心する。とあるが、「航太」が「感心」したのはなぜか。その理由として最も適切なものは、次のうちではどれか。

ア 俳句甲子園参加のメンバーから離脱しようとする部員たちの気持ちを、河野女史自身の俳句でつなぎとめて鼓舞することができたから。

イ 河野女史が、詠み直した自身の俳句で、意図的に距離を取ろうとしていた来島京の心をほぐし、メンバーに引き入れることができたから。

ウ 他の部員が俳句甲子園参加のためのメンバー集めで四苦八苦している中、河野女史自身の俳句の力だけで半ば強引に説得できたから。

エ 実力者で周囲に配慮ができないと思っていた河野女史が、他者への配慮を込めた俳句で、そこにいる人たちの気持ちをまとめ上げたから。

〔問5〕航太という人物がこの文章にもたらしている効果の説明として最も適切なものは、次のうちではどれか。

ア 航太の俳句に関する的確な質問を足掛かりにして、Bの句の説明に関する発言を、押し付けがましくなく読者に伝えられる効果。

イ 周りに目を配る航太の気付きによって、来島京の感情を細やかに描き出し、彼女の持ちが正確に読者に伝わるようにするまた日記買ふ。

たったその七音に、自分の過去、これからの未来、どっちも受け入れる思いと、年の瀬の空気や新しい年への期待、それをみんな盛り込むのか。

さっきの、日記を買い込んだ河野女史の姿が、今度は首にマフラーを巻きつけている。去年見た、ピンクのチェック。あ、コートも着ている。ベージュのダッフルコート。弾んだ足取りで店を出た河野女史のやわらかい髪が、そのフードの上で揺れている。傾いた冬の日、風は冷たそうだ。来年はどんなことがあるだろう……。

そこで航太は我に返った。

——やばい、ここまで勝手に想像をふくらませたら、完全に妄想じゃないか。

航太に自分の姿をありありと映像化されていたのも知らず、河野女史は来島京しか見ていない。

「どう？　来島さん。俳句をやってみてくれないかな？」

赤い目のままで、来島京がうなずいた。即座に、河野女史がその肩をぽんとたたく。

「じゃ、あとで俳句甲子園の説明プリント、持ってくるからね。」

「はい。」

顔を上げた来島京は、表情がやわらかくなっている気がした。

——ふうん。

(3)航太は感心する。

——河野女史、結構リーダーシップがあるのかもしれない。

ヤマアラシみたいに警戒心むき出しだった女の子を*懐柔(かいじゅう)できたのだから。

そして、俳句甲子園のメンバーを一人確保できたわけだ。

（森谷明子「南風(みなみ)吹く」による）

〔注〕女史—学問や地位のある女性を敬って使う敬称。
恵一(けいいち)—航太の友人。
懐柔(かいじゅう)—巧みに味方に引き入れること。

〔問1〕(1)河野女史は、もう一枚の紙に手をかけると、大きく一呼吸して、それからさっと表向きにした。とあるが、「河野女史」が「大きく一呼吸し」たのはなぜか。その理由として最も適切なものは、次のうちではどれか。

ア 来島京が作った短歌を俳句に書き換えることで、京自身が気付いていなかった本心に気付かせることができるか不安を感じたため。

イ 来島京が作った短歌を書き換えた自分の俳句で、俳句のもつ力や可能性を京に納得させるための説明をする覚悟を決めたため。

ウ 来島京が作った短歌を書き換えた自分の俳句が、京自身が表現しきれなかった世界観を膨らませられた喜びを落ち着かせたため。

エ 来島京が作った短歌を書き換えた俳句のできばえに興奮して言葉数が多くなったことを京に指摘され、気をもんだため。

〔問2〕 **B**の俳句を作る際に、「河野女史」が「また日記買ふ」に込めた思いはどのようなものか。その説明として**適当でないもの**を、

「日記を書くのは、自分の過去を大切にするから。愛しく思うから。たとえそれが楽しいだけの毎日じゃなくても、つらいと泣いた日々でも。きっとこれからだってそういう日々は続く、でもそれも全部自分のものだと受け止めよう。そのために、私はまた日記を買う。私が一番工夫したのは『また』の二音。この言葉で過去の行動を肯定しているからこそ未来にも繰り返す、それを表現したつもり。これが俳句の表し方。来島さん、俳句の技法は短歌とは違う。でも、俳句で自分の感情や思いを表せないということは、絶対に、ない。」

来島京の反応を窺（うかが）った航太は、あわてた。彼女の目が赤いのだ。

「だ、大丈夫?」

来島京は顔をそむける。航太は彼女が目をこするのを見ないようにした。一方、のほほんとした姿勢をくずさない男が一人いる。

「あのう、ちょっと質問いいですか?　河野先輩。」

「はい、斎君、何?」

「河野先輩の説明、すごく面白かったんだけど、ちょっと気になったんです。俳句って、基本、季語を入れなければいけないんですよね?」

航太は内心あっと叫んだ。そうだ、すっかり忘れていたが、そのとおりだ。昨日恵一（＊けいいち）も言っていたじゃないか。

「それと来島さんの歌は、最後の『年終はる』で、一年を振り返っての感慨だということを表してますよね?　そこんとこも触れられてない気がするんだけど、いいんですか?」

斎和彦の質問に、河野女史は落ち着いて答える。

「そうよね。そこもちょっと苦心した。実は、歳時記を結構ひっくり返して調べたんだ。」

「歳時記なんて持ってるんだ、河野女史。」

航太が口を挟むと、たしなめられた。

「当たり前。昨日もこの部室を出たあと、すぐにお世話になった。」

「ああ、昨日見ていた辞書みたいなの、あれ、歳時記なんだ。」

「小市と話していると脱力するよ。私たち、五木（いつき）中学校卒業の時に、全員卒業記念品として学校からもらったでしょ。斎君たちもそうだったんじゃない?」

河野女史がそう言って二年生二人の顔を交互に見ると、斎和彦が穏やかに答えた。

「そうでしたかね……。ところで河野先輩、さっきのぼくの質問ですけど。」

三人の目がまた自分に集まったのを見て、河野女史は改めて説明を再開した。

「実は、『日記買ふ』が季語。」

「へ?」

叫んだのは、たぶん男二人だ。

「季語って草や花の名前とか、自然のものじゃないのか?」

「いや、入学式とかクリスマスとかも季語だったはずですよ。」

言い合う横で、河野女史が、我が意を得たりという顔でにっこりする。

「そう。それで、日記を買うのは、普通……。」

(2)男二人の呆然（ぼうぜん）とした声が、またそろう。

「年末か!」

すごい。航太は今度こそ感心した。

「来島さん、この歌で間違いない?」
来島京は、またうなずいた。
「昨日も言ったけど、この歌を選ばせてもらったのは、私が、すごく好きだから。迷うことも泣くことも立ちすくんで動けなくなることも、みんな無駄じゃない、そういう日々ばっかりだったけど、それでもその一年がいとおしい。なんだか、この歌を読んで涙が出そうになったよ。それで……。」
「早くしてもらっていいですか。」
河野女史の熱弁を、来島京は表情のない声でそうさえぎった。
「あ、ごめん。この期に及んで、くどくど言ってちゃいけなかった。」
(1)河野女史は、もう一枚の紙に手をかけると、大きく一呼吸して、それからさっと表向きにした。
真っ白な紙に、たった一行。
意味をわかろうと意識するまでもなく、すべての文字が航太の目に飛び込んでくる。

B 迷ふ泣く立ちすくむまた日記買ふ

その文字が耳の中で響く。二回三回、こだまする。
「来島さん。私、短歌と同じ心を俳句で詠むことができると昨日言った。でもそれは、ただ言葉を削ることじゃない。来島さんの歌、自分が悩んでもがいていた時間を本当に大事に思っている。その思いを噛みしめていることが、『日々』という言葉を繰り返すことで伝わってくる。でも、そういうリフレインは、俳句ではあんまり使えない。何と言っても、俳句は短いから。」
「だったら……。」
思わずというふうに来島京が言いかけて、それからやめた。河野女史があとを引き取った。
「だったら、やっぱり俳句は短歌の代わりにはなれないんじゃないかって?」
「そ、そうです。」
河野女史は大きくうなずいた。
「そう。厳密に言ったら、そうかもしれない。だからね、この言葉を使った。」
「あ!『日記』?」
航太はそこで思わず叫んでしまい、ほかの三人の視線を浴びて体を縮めた。
「悪い、つい……。」
「ううん、そういうことなんだ、小市。」
河野女史の声が熱を帯びてきた。
「それから、『愛しき』という言葉。悩んだ日々も動けない日々も、愛しい。その気持ちはよくわかるけど、でも俳句では、『愛しい』とか、そういう感情を直接出す言葉はあまり使わない。だからと言ってそういう思いを詠めないわけではない。日々がいとおしい、そう歌う代わりに、その思いは日記を書くという行為に込めることができると考える。」
航太の脳裏に、買い込んだばかりのかわいらしい日記帳を抱きしめて毅然と歩く河野女史の姿が、浮かんだ。

〈国語〉

時間　五〇分　満点　一〇〇点

【注意】　答えは**特別の指示**のあるもののほかは、各問の**ア・イ・ウ・エ**のうちから、最も適切なものをそれぞれ**一つずつ**選んで、その記号を書きなさい。また、答えに字数制限がある場合には、**、や。や「　などもそれぞれ一字と数えなさい。**

1　次の各文の――を付けた漢字の読みがなを書け。

(1)　博物館で動物の剝製を見る。

(2)　討論会は苛烈を極めた。

(3)　文集の装丁に趣向を凝らす。

(4)　季節では春が殊に好きだ。

(5)　行事の成功のために東奔西走した。

2　次の各文の――を付けたかたかなの部分に当たる漢字を楷書で書け。

(1)　国内クッシの観光地を訪れる。

(2)　リンリツする都心のビルに圧倒された。

(3)　実験でキハツセイの高い液体を扱う。

(4)　生徒会長の演説を、生徒たちはナりを潜めて聞き入った。

(5)　物事は即決せず、サンシコウコウした方がいい場合もある。

3　次の文章を読んで、あとの各問に答えよ。(＊印の付いている言葉には、本文のあとに〔注〕がある。)

小市航太は高校三年生である。偶然、同学年の河野が、創作俳句を競う「俳句甲子園」出場を目指していることを知る。航太は河野にメンバー集めの手伝いをさせられるが、難航していた。二年生の斎和彦の紹介で、短歌をたしなむ、二年生の来島京を勧誘するが、京は俳句を「不完全なもの」と言い、誘いを断っていた。

翌日の放課後。文芸部の部室には四人が集まった。

航太と河野女史。机を挟んで来島京、その横には斎和彦もいた。

「すみません、ぼくも、結末まで見せてもらってもいいですか。面白そうなんで。」

「どうぞどうぞ。おれもやじうまだから。」

航太は気軽に答えてから、あわててつけ足した。「あ、来島さんがそれでいいんなら。」

来島京は、硬い顔のまま無言でうなずく。

河野女史が二枚の紙を取り出して、裏向きのまま机に並べた。

「本当は手書きのほうがいいのかもしれないけど、私、字が下手なので。悪筆を見せたらかえって来島さんの歌のよさが損なわれそうなので、ワープロ打ちしてプリントアウトしてきた。」

河野女史はそう言うと、まず一枚を表に返して、来島京の前に滑らせた。

A　迷ふ日々涙して立ちすくむ日々
　すべて愛しき日々年終はる

MEMO

大切なことはメモしておこうネ！

T.G

2023 年 度

解 答 と 解 説

《2023年度の配点は解答欄に掲載してあります。》

＜数学解答＞

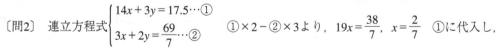

1　〔問1〕　$12-4\sqrt{3}$　〔問2〕　$x=\frac{2}{7}$, $y=\frac{9}{2}$

〔問3〕　-1, 12　〔問4〕　$\frac{2}{5}$　〔問5〕　右図

2　〔問1〕　$y=\frac{19}{6}x+\frac{5}{3}$　〔問2〕　$b=4-\sqrt{23}$, $-\sqrt{31}$

〔問3〕　144π (cm^2)

3　〔問1〕　$\left(\sqrt{3}a^2-\frac{\pi}{3}a^2\right)$(cm^2)　〔問2〕　(1)　解説参照

(2)　$\ell=\sqrt{3}a$

4　〔問1〕　$\sqrt{17}$(cm)　〔問2〕　(1)　解説参照　(2)　$\sqrt{34}$(cm)

○配点○

1　各5点×5　2　〔問2〕　11点　他　各7点×2

3　〔問2〕(1)　11点　他　各7点×2

4　〔問2〕(1)　11点　他　各7点×2　計100点

＜数学解説＞

1　(平方根の計算，連立方程式，二次方程式，確率，作図)

〔問1〕　$\frac{(\sqrt{11}-\sqrt{3})(\sqrt{3}+\sqrt{11})}{2}+\frac{\{\sqrt{6}(1-\sqrt{3})\}^2}{3}=\frac{(\sqrt{11})^2-(\sqrt{3})^2}{2}+\frac{6(1-\sqrt{3})^2}{3}=4+2(4-2\sqrt{3})=12-4\sqrt{3}$

基本　〔問2〕　連立方程式$\begin{cases}14x+3y=17.5\cdots① \\ 3x+2y=\frac{69}{7}\cdots②\end{cases}$　①×2−②×3より，$19x=\frac{38}{7}$，$x=\frac{2}{7}$　①に代入し，$14\times\frac{2}{7}+3y=\frac{35}{2}$，$y=\frac{9}{2}$

〔問3〕　$x-2=A$とおけば，$A^2=7A+30$，$A^2-7A-30=0$，$(A+3)(A-10)=0$，$A=-3$，10　$x-2=-3$のとき，$x=-1$，$x-2=10$のとき，$x=12$

〔問4〕　3の倍数になるのは，15，18，51，57，75，78，81，87の8個で，取り出し方は全部で5×4種類あるから，$\frac{8}{5\times4}=\frac{2}{5}$

〔問5〕　(着眼点)点Aと円の中心を通る直線を引き，点Aを通りこの直線と垂直に交わる直線を引く

2　(放物線と直線の式，三平方の定理を利用した線分の長さ，図形の回転移動と面積)

基本　〔問1〕　点Aは曲線$y=2x^2$上の点でx座標は2だから，y座標は$y=2\times2^2=8$，よってA(2, 8)　点Bは曲

線$y=-\frac{3}{2}x^2$上の点でx座標は-1だから，y座標は$y=-\frac{3}{2}\times(-1)^2=-\frac{3}{2}$，よってB$\left(-1,\ -\frac{3}{2}\right)$

直線ABの傾きは$\frac{8-\left(-\frac{3}{2}\right)}{2-(-1)}=\frac{19}{6}$　直線ABの式を$y=\frac{19}{6}x+k$とおき，点Aを通ることから，$8=\frac{19}{6}\times2+k$，$k=\frac{5}{3}$　直線ABの式は$y=\frac{19}{6}x+\frac{5}{3}$

重要　〔問2〕（途中の式や計算）(例)　点Aの座標は(4，4)，点Bの座標は(1，b)である。$OA^2=32$，$OB^2=b^2+1$，$AB^2=(4-1)^2+(4-b)^2=b^2-8b+25$　[1]OA＝ABのとき，$OA^2=AB^2$だから，$32=b^2-8b+25$，$b^2-8b-7=0$，$b=\frac{-(-8)\pm\sqrt{(-8)^2-4\times1\times(-7)}}{2\times1}=\frac{8\pm\sqrt{92}}{2}=\frac{8\pm2\sqrt{23}}{2}=4\pm\sqrt{23}$，$b<0$より，$b=4-\sqrt{23}$　[2]OA＝OBのとき，$OA^2=OB^2$だから，$32=b^2+1$，$b^2=31$，$b=\pm\sqrt{31}$，$b<0$より，$b=-\sqrt{31}$　[1][2]より，$b=4-\sqrt{23}$，$-\sqrt{31}$

やや難　〔問3〕　点Aの座標は(2，8)，点Bの座標は(2，-12)
線分ABとx軸との交点をCとするとC(2，0)　線分AB上の点で，点Oと最も近いのはC，最も遠いのはBである。そこで求める図形は右図の斜線部分のように，点Oを中心としOBを半径とする円から，OCを半径とする円を除いたものである。$OB^2=148$，$OC^2=4$だから，$\pi\times OB^2-\pi\times OC^2=148\pi-4\pi=144\pi$ (cm²)

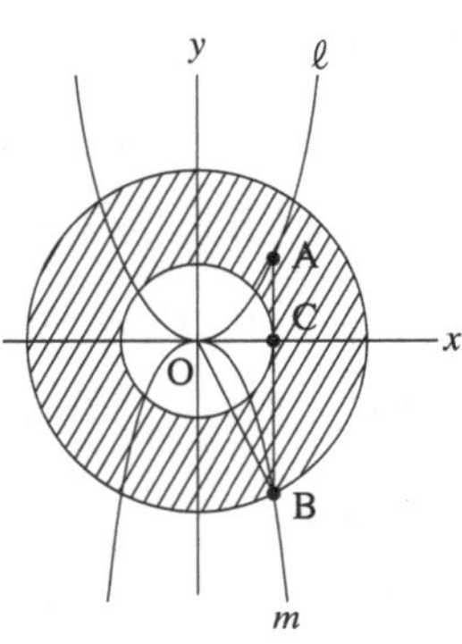

3　(正三角形の辺に接する円，直角三角形と特別角，直角三角形の合同を利用した証明)

重要　〔問1〕　∠BAP＝∠CAPで，APの延長と辺BCとの交点をQとすると，△ABQ≡△ACQだから点Qは辺BCの中点にある。また，これより∠PQB＝90°であるから，点Qは円と辺BCとの接点　∠ABC＝60°だから，$AQ=\sqrt{3}BQ=\sqrt{3}\times\frac{1}{2}BC=\sqrt{3}\times\frac{1}{2}\times2a=\sqrt{3}a$　また$\angle PBQ=60°\times\frac{1}{2}=30°$だから，$PQ=\frac{1}{\sqrt{3}}BQ=\frac{1}{\sqrt{3}}\times a=\frac{a}{\sqrt{3}}$　これらより斜線で示された図形の面積は，$\frac{1}{2}\times BC\times AQ-PQ^2\times\pi=\frac{1}{2}\times2a\times\sqrt{3}a-\left(\frac{a}{\sqrt{3}}\right)^2\times\pi=\left(\sqrt{3}a^2-\frac{\pi}{3}a^2\right)$ (cm²)

〔問2〕　(1)(証明)(例)点Pを通り線分GHに垂直な直線を引き，線分GHとの交点をI，辺BCとの交点をJとする。△DGPと△IPGにおいて，GP//BCより，平行線の同位角は等しいので，∠DGP＝∠ABC＝60°…①，∠IPG＝∠IJB…②，GH//PF，∠PFC＝90°より，∠GHC＝90°　また，∠GIP＝90°だから，同位角が等しいため，IJ//ACである。平行線の同位角は等しいから，∠ACB＝∠IJB…③　②，③から，∠IPG＝∠ACB＝60°…④　①，④より，∠DGP＝∠IPG…⑤，∠GDP＝∠PIG＝90°…⑥，GPは共通…⑦　⑤，⑥，⑦より，△DGPと△IPGは直角三角形の斜辺と1つの鋭角がそれぞれ等しいため，△DGP≡△IPG　よって，DP＝IG…⑧　また，四角形IPFHは4つの角が等しいため，長方形である。よってPF＝IH…⑨　⑧，⑨より，DP＋PF＝IG＋IH＝GHである。
(2)　(1)よりDP＋PF＝GHだから，ℓ＝PD＋PE＋PF＝(PD＋PF)＋PE＝GH＋PE　点Gから辺BCへ垂線を引き，辺BCとの交点をKとすれば，四角形GKEPは長方形だからPE＝GK　ここで$GH=\frac{\sqrt{3}}{2}GA$，$GK=\frac{\sqrt{3}}{2}GB$だから，$\ell=GH+PE=GH+GK=\frac{\sqrt{3}}{2}GA+\frac{\sqrt{3}}{2}GB=\frac{\sqrt{3}}{2}(GA+GB)=\frac{\sqrt{3}}{2}AB=\frac{\sqrt{3}}{2}\times2a=\sqrt{3}a$

4 (三平方の定理，三角すいや四角すいの体積)

基本 〔問1〕 底面ABCDは正方形で，対角線の交点をIとすれば，$OI=b=3$　また，$CI=\frac{1}{2}CA=\frac{1}{2}\times\sqrt{2}a=\frac{1}{2}\times\sqrt{2}\times4=2\sqrt{2}$　$OC=\sqrt{OI^2+IC^2}=\sqrt{3^2+(2\sqrt{2})^2}=\sqrt{17}$(cm)

〔問2〕 (1)(途中の式や計算)(例)　△PABの面積は，△DABの面積の$\frac{2}{3}$倍であり，△DABの面積は，正方形ABCDの面積の$\frac{1}{2}$倍であるから，△PABの面積は，正方形ABCDの面積の$\frac{1}{3}$倍である。よって，三角すいO-ABPの体積は，四角すいO-ABCDの体積の$\frac{1}{3}$倍であるので，$\frac{1}{3}\times(6\sqrt{2})^2\times3\sqrt{6}\times\frac{1}{3}=24\sqrt{6}$(cm^3)　次に，△OABの面積を求める。ABの中点をMとすると，$BM=3\sqrt{2}$　頂点Oから正方形ABCDに垂線を引き，その交点をEとすると，四角形ABCDは正方形だから，$ME=BM$である　$OM^2=ME^2+OE^2=(3\sqrt{2})^2+(3\sqrt{6})^2=72$，$OM=6\sqrt{2}$　$\triangle OAB=\frac{1}{2}\times6\sqrt{2}\times6\sqrt{2}=36$　三角すいO-ABPの体積は，$\frac{1}{3}\times\triangle OAB\times PH$なので，$\frac{1}{3}\times36\times PH=24\sqrt{6}$　よって，$PH=2\sqrt{6}$(cm)

やや難 (2)　$PE=PB-EB=\frac{2}{3}BD-\frac{1}{2}BD=\frac{1}{6}BD=\frac{1}{6}\times\sqrt{2}AB=\frac{1}{6}\times\sqrt{2}a=\frac{1}{6}\times\sqrt{2}\times6\sqrt{2}=2$　直角三角形OEPで三平方の定理より，$OP^2=OE^2+EP^2=(3\sqrt{6})^2+2^2=58$　ここで面OAB⊥PHだから，直角三角形OHPで三平方の定理より，$OH=\sqrt{OP^2-PH^2}=\sqrt{58-(2\sqrt{6})^2}=\sqrt{34}$(cm)

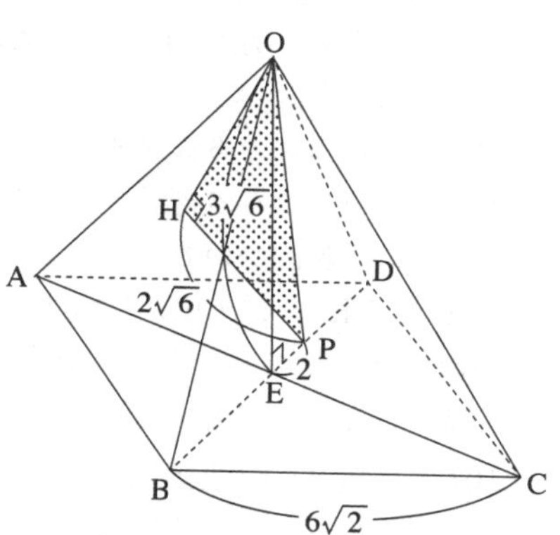

★ワンポイントアドバイス★

2〔問2〕では，三平方の定理から辺の長さを表そう。〔問3〕では，線分を動かしながら通過する範囲を予測しよう。4〔問2〕(1)では，体積を利用して，線分の長さを求められるようにしよう。

＜英語解答＞

1 〔問題A〕 ＜対話文1＞ ア　＜対話文2＞ エ　＜対話文3＞ ウ
〔問題B〕 ＜Question 1＞ イ　＜Question 2＞ (例) To visit other countries.

2 〔問1〕 the topic we really want to talk about　〔問2〕 ウ　〔問3〕 エ
〔問4〕 イ　〔問5〕 エ　〔問6〕 カ　〔問7〕 ア　〔問8〕 キ
〔問9〕 (例) I'd like to grow tea trees for people. First, having green tea is very popular among many Japanese people because it tastes and smells good. Second, it is good for their health. Finally, if I could ferment my tea leaves, I could produce

and enjoy my original black tea.

3 〔問1〕 エ 〔問2〕 experience 〔問3〕 ア 〔問4〕 ウ
〔問5〕 ① overseas ② farming 〔問6〕 イ 〔問7〕 オ 〔問8〕 カ
〔問9〕 ① planted ② enjoy ③ knowledge ④ proud

○配点○
1 各4点×5
2 〔問9〕 8点 他 各4点×8
3 〔問5〕・〔問9〕 各2点×6 他 各4点×7 計100点

＜英語解説＞

1 （リスニングテスト）

放送台本の和訳は，2023年度都立共通問題36ページに掲載。

2 （会話文問題：語句補充・記述・選択，文挿入・選択，内容吟味，文整序，語句整序，要旨把握，条件英作文，関係代名詞，不定詞，間接疑問文，助動詞，接続詞，分詞，前置詞ほか）

（全訳）（第1場面）*エミとジュリアは高校生だ。ジュリアはブラジル出身の生徒である。彼女たちは，自分たちが興味のあるヴィーガンフードについて，英語でプレゼンテーションをする予定だ。彼女たちは，自分たちの英語の先生であるグレイ先生と話すことが好きだ。彼女たちは彼のところへ行き，その話題について話す。*

エミ（以下E）：ジュリアと私は昨日，スーパーマーケットに行きました。私たちはヴィーガンのためのカラフルなドーナッツが陳列されているのを見つけました。私たちはヴィーガンが菜食者の一種であることは知っていますが，ヴィーガンと菜食者の違いが分かりません。／ジュリア（以下Ju）：(1)私たちのプレゼンテーションで，ヴィーガンフードについて何を話すべきか分からないので，私たちにはあなたの助けが必要なんです。／E：グレイ先生は菜食者のことをよくご存じだと聞いています。ヴィーガンについて私たちに教えていただけませんか？／グレイ先生（以下G）：もちろんです。菜食者は肉を食べないだけですが，ヴィーガンは卵や牛乳を含む動物性食品を一切食べません。／E：本当ですか？　ドーナッツを作るのに，卵や牛乳は必要だと思うのですが。／G：ヴィーガンのドーナッツは，代わりに大豆のような植物由来の食材を使用しています。ドーナッツはいかがでしたか？／Ju：それらはおいしかったですが，私たちがいつも買っているものよりも4倍くらい高いです。どうしたら多くの人がこんな高い食べ物を買いたがるのでしょう。／G：値段は高いかもしれませんが，最近はより多くの人がヴィーガンフードを食べたがっているんですよ。／E：なぜヴィーガンは植物由来の食べ物を食べることを選ぶのですか？／G：それはいい質問です。動物の命を第一に考える人もいます。環境を守りたいという人もいます。だから，私は普段から植物由来の食事をしています。／E：すごいですね。／Ju：先生はもう肉は食べないんですよね？／G：ええと，正確には違いますね。できるだけ肉を食べるのをやめるようにしているのですが，できないのです。／Ju：どうしてできないのですか？／G：ただ単に私が夕食やパーティーにときどき招待されるからです。そこで提供された料理を私が食べなかったら，私の周りの人が嫌な気持ちになるんじゃないかと思うんです。／Ju：他の人の気持ちを傷つけたくないんですね。／E：グレイ先生はお友達に優しいと思います。／Ju：先生は動物も傷つけたくないんですよね？／G：その通りです。／E：私も動物は大好きです。／G：私も同感ですが，(2)私たちは環境が一番大事だと考えるべきであると私は思います。牛の飼育には多くの土地が必要なことをあなたたちは知っていますか？／Ju：はい。私の国で，2022年1月の1か月の間で，人々が熱帯雨林の木を最も多く伐採したことに衝撃を受けました。／E：彼らは牛のための広い農場を作る予定だったのよね？／Ju：うん，人工衛星データの調査が，たった1か月で約430平方キロメートルの森林が消滅してしまったことを示したのよ。／E：(3)-a C想像もつかないわね。グレイ先生，どれくらいの広さだったか想像できますか？／G：野球場1万個分よりも大きいですね。／E：本当ですか？／Ju：もし代わりに私たちがその土地を野菜の栽培のために使えば，より多くの食料を生産することができます。／G：あなたたちはこのように説明することもできますよ。1キログラムの牛肉を生産するためには，10キログラムの大豆が必要です。牛の飼育をやめれば，人々のためにより多くの大豆が得られます。／E：中学校の社会科の授業で習った「ヴァーチャルウォーター」を思い出します。ジュリア，外国産の牛肉1キログラムを生産するためにどのくらいの量の水が必要か分かる？／Ju：そうね… 2,000リットルくらいかしら。／E：その量よりも10倍必要よ。／G：あなたたちが毎日きれいな水で100日くらいお風呂に入れますよ。／Ju：製品に隠された実際の水を見ることはできないので，それは驚きです。／E：(4)だから，それがヴァーチャルウォーターと呼ばれているのよ。／Ju：なるほど。私たちは日常生活で小さなことをすることで天然資源を節約するように努めるべきね。／G：(3)-b A全くその通りですね。／M：グレイ先生，私たちのプレゼンテーションに役立つヒントをいただき，ありがとうございました。

(第2場面)*ある日曜日，ジュリアがエミの家を訪れる。エミとジュリアは，エミの父親であるコウジと兄のジロウと，ヴィーガンフードについて話す。*

コウジ(以下K)：それじゃあ，君たちのためにお昼ご飯の準備をするね。／E：パパ，ヴィーガン料理が食べたいんだけど。／ジロウ(以下Ji)：野菜だけで本当にうれしいの？　僕たちは健康のためにタンパク質が必要だよ。肉を食べずにどうやって十分なタンパク質を摂取できるかなんて理解できないよ。／E：でも，肉の食べ過ぎは健康にあまりよくないわよ。／Ji：おいおい，エミ。そんなことは誰でも知っていることだけど，肉のいいところをあまり知らないんじゃないかと思うんだ。／E：(3)-c D心配ないわ。私たちは野菜から十分な栄養を摂ることができるのよ。／Ji：いやいや，野菜からはビタミンB12は摂れないぞ。／E：それがないと何が起きるの？／Ji：疲れるのも早くなるし，気分もあまりよくならないよ。／Ju：野菜にはビタミンB12は入っていないんでしょう？／Ji：ほんの少ししかないよ。だから，十分なビタミンB12を摂取するためには，特別なメニューを作る必要があるんだ。毎日，何を食べるべきかと計画することに自分の貴重な時間を使いたいかい？／Ju：あなたは多分正しいし，時間の無駄に聞こえますね。／E：サプリメントが摂れるわよ。／Ji：(5)-a C君はどこに行くにもそれらをいつも持って行く必要があるよ。／Ju：(5)-b Dもしかしたら，あなたは外出するときにそれらを忘れてしまうことがあるかもしれないわよ。／E：(5)-c Aそれじゃあ，甘いものと一緒にそれらを私のかばんの中に入れておくわ。／Ji：(5)-d Bそれらの中に動物性タンパク質を含んでいるキャンディーもあるよ。／Ju：そうなんですか？／Ji：君のお気に入りのマシュマロもそうだよ，エミ。それらをあきらめることができるかい？

(第3場面)*コウジが昼食を持って部屋に入る。*

K：昼食の時間だよ。／Ji：ああ… この匂いはお腹が空くなあ。／Ju：おいしそうですね。このスパゲッティはミートソースを使っているのですか？／Ji：そうだね，それはお父さんのお気に入りの料理の1つだよ。／K：温かいうちにそれを楽しんでね。

(第4場面)*彼らは昼食を楽しんだ後，再びヴィーガンフードについて話し始める。*

Ju：私はこのソースがとても好きです。／K：ありがとう，気に入ってもらえてうれしいよ。／E：パパ，健康的なお料理を作ってくれてありがとう。私はこれがヴィーガンフードだと気付いたわ。／Ju：本当に？　どうしてこの料理を「ミートソース」と呼ぶの？／E：彼が肉に使った食材が何か想像してみて，ジュリア。／Ju：えーと，豆腐？／E：近いわ。／Ju：実は，豆腐ほど柔らかくはなかったわ。／K：ジロウ，彼女にヒントを出してあげたらどうだい？／Ji：いいよ，パパ。アメリカの一部のファーストフード店で，2021年から肉の代わりにこの植物を使ったハンバーガーを売っているそうだよ。／K：新聞の記事によると，それらは本物の肉のような味に仕上げられているそうだよ。／Ju：それらは私の国で一般的なものですか？／Ji：そうだね，君の国ではそれらをたくさん生産しているけど，僕たちの国ではそれらのほとんどを海外から仕入れている。日本人がそれらを食べ始めたのは，ずいぶん前だね。／Ju：大豆，ですよね？／Ji：そうだよ。パパのミートソースは，味だけでなく，食感も本物の肉のようなんだ。／K：おいおい，みんな，大豆(6)から作られた秘密の食材として，私がミートソースに加えたもう1つのものを忘れないで。／Ji：僕はそれが何か知っているよ。僕はそれを使った豚肉料理が好きなんだ。ジュリア，日本料理で鍵となる食材が何か知っているかな？／E：それは日本の伝統的なスープによく使われているわよ。／Ju：わかった。私は家庭科の授業で味噌について学んだわ。それは発酵させられた大豆からできているの。私は納豆，味噌汁，醤油などのような日本食の大ファンなのよ。(7)みなさんは日本のヴィーガンフードを誇るべきです。／Ji：君のおかげで，僕たちの食文化は独特だと再認識したよ。／Ju：私はそれを聞いてうれしいです。ところで，なぜ日本はこんなに発酵食品が多いのですか？／Ji：日本は夏がとても暑くて湿気があるので，幅広くさまざまな発酵食品が発達したんだ。／Ju：なるほど。／E：私たちはそれらを長い間保存できるわ。／Ji：ジュリア，鎌倉時代に一部のお寺に住んでいた人々は肉を食べなかったんだ。彼らはそれのような味のする菜食者の料理を開発した。君は今でもそれらを食べることができるよ。／Ju：それはいい知らせです。伝統的な日本の食文化について，あなたからたくさん学ぶことができました。／E：私たちは今週，ドーナツのような近代西洋のヴィーガン料理も試したわね。／Ju：私は大豆から作られる日本の発酵食品にとても興味を持ったわ。私たちが本当に話したい話題がやっと見つかったわね。／Ji：プレゼンテーションに向けてビタミンB12の問題を解決することを忘れないでね。僕は君たちがそこでどんな質問にも答えられることを願っているよ。／E：食べ物についてもっと情報を得るために今から市立図書館に行くのはどう？／Ju：それはいい考えに聞こえるけれど，先にデザートを食べたいわ。／E：本当？／Ju：甘いものを食べてからそこに行きましょう。／E：(3)-d B いいわね。

重要　〔問1〕　ジュリア：「(1)私たちのプレゼンテーションで，ヴィーガンフードについて何を話すべきかわからないので，私達にはあなたの助けが必要なんです」<what to +動詞の原形>「何を～するべきか」→「私たちはあなたに，私たちに助言をしていただきたいのです。私たちはヴィーガンフードに関して，プレゼンテーションで本当に話したい話題を観衆に伝えることを望んでいます」<would like + 人 + to + 動詞の原形>「(人)に～していただきたい」←<want + 人 + to + 動詞の原形>「(人)に～してほしい」よりも丁寧な表現。　第4場面の最後から3番目のジュリアの発言中の the topic we really want to talk about を参照。← topic と we の間には，目的格の関係代名詞が省略されており，後置修飾(接触節)の文になっている。

重要　〔問2〕　ジュリア：「先生は動物も傷つけたくないんですよね？」／グレイ先生：「その通りです」／エミ：「私も動物は大好きです」／グレイ先生：「私も同感ですが，［(2)］と私は思います。牛の飼育には多くの土地が必要なことをあなたたちは知っていますか？」／ジュリア：「はい。私の国で，2022年1月の1か月の間で，人々が熱帯雨林の木を最も多く伐採したことに衝撃を受けました」／(略)／ジュリア：「もし代わりに私たちがその土地を野菜の栽培のために使えば，より多くの食料を生産することができます」／グレイ先生：「あなたたちはこのように説明することもできますよ。1キログラムの牛肉を生産するためには，10キログラムの大豆が必要です。牛の飼育をやめれば，人々のためにより多くの大豆が得られます」 空所以降に続く内容から，グレイ先生は牛の飼育のために土地を使うことに疑問を投げかけていたり，牛の飼育に土地を使うよりも，多くの大豆を得るために土地を使うべきだと考えていたりしていることなどから，ウ「私たちは環境が一番大事だと考えるべきである」が適切。the most important「一番大事な，一番大切な」<the + 最上級>「一番〜な」(最上級の文) 以下の残りの選択肢の内容は，いずれもグレイ先生の考え方とは異なるので不適となる。 ア 「土地がどのように使われているかをいつか究明することが必要である」(×)<It is[It's] ... to + 動詞の原形〜>「〜することは…である」how land is used ←間接疑問文なので，<疑問詞 + 主語 + 動詞>の語順になっている。イ 「牛のために環境を守ることが重要である」(×) エ 「森のためだけに環境問題を解決する必要がある」(×)

基本 〔問3〕 (3)-a ジュリア：「うん，人工衛星データの調査が，たった1カ月で約430平方キロメートルの森林が消滅してしまったことを示したのよ」／エミ：「 (3)-a グレイ先生，どれくらいの広さだったか想像できますか？」／グレイ先生：「野球場1万個分よりも大きいですね」／エミ：「本当ですか？」 直前のジュリアの発言を聞いたエミだったが，約430平方キロメートルの森林がどれくらい広いか分からずに，グレイ先生に尋ねている場面。よって，[C]It's hard to imagine.「想像もつかないわね」が入る。<It is[It's] ... to + 動詞の原形〜>「〜することは…である」 (3)-b ジュリア：「なるほど。私たちは日常生活で小さなことをすることで天然資源を節約するように努めるべきね」／グレイ先生：「 (3)-b 」 これまでの内容から，グレイ先生は環境を大切にするべきだという考えを持っていると分かるので，直前のジュリアの「天然資源を節約するように努めるべき」という環境に配慮した発言に対して，[A]You can say that again.「全くその通りですね」と言ったと考えられる。You can say that again. には「もう一度言ってください」という意味だけでなく，相手の発言に対して「全くその通りです」と同意する意味もあることを押さえておきたい。 (3)-c エミ：「でも，肉の食べ過ぎは健康にあまりよくないわよ」／ジロウ：「おいおい，エミ。そんなことは誰でも知っていることだけど，肉のいいところをあまり知らないんじゃないかと思うんだ」／エミ：「 (3)-c 私たちは野菜から十分な栄養を摂ることができるのよ」 エミが肉を食べようとしないことに対して，兄のジロウが妹のエミの栄養不足を心配している場面だが，エミは野菜から十分に栄養が摂れると思っていたので，兄の発言に対して，[D]Don't worry.「心配しないで」と言ったと考えられる。 (3)-d エミ：「食べ物についてもっと情報を得るために今から市立図書館に行くのはどう？」／ジュリア：「それはいい考えに聞こえるけれど，先にデザートを食べたいわ」／エミ：「本当？」／ジュリア：「甘いものを食べてからそこに行きましょう」／エミ：「 (3)-d 」 空所の直前でジュリアが，デザート(甘いもの)を食べてから図書館へ行こうと提案し，その提案に対してエミが賛成した場面である。よって，[B]Sounds nice.「いいですね」が入る。<sound + 形容詞>「〜に聞こえる」

やや難 〔問4〕 エミ：「中学校の社会科の授業で習った『ヴァーチャルウォーター』を思い出します。ジュリア，外国産の牛肉1キログラムを生産するためにどのくらいの量の水が必要か分かる？」／ジュリア：「そうね… 2,000リットルくらいかしら」／エミ：「その量よりも10倍必要よ」／グレイ先生：「あなたたちが毎日きれいな水で100日くらいお風呂に入れますよ」／ジュリア：「製品に隠された実際の水を見ることはできないので，それは驚きです」／エミ：「(4)だから，それがヴァーチャルウォーターと呼ばれているのよ」 下線部の直前までの内容は，外国産の牛肉1キログラムを生産するために必要な水の量に関する話題で，その水の量を見ることはできないという内容である。よって，イ「製品を作るのにどれだけの量の水が使われているのか分からない」が適切。 以下の残りの選択肢の内容は，ここでエミが説明している内容としては不適。 ア「水を生産するのにどれだけの量のエネルギーが必要なのか分からない」(×)how much energy you need～ ←間接疑問文なので，<疑問詞 + 主語 + 動詞>の語順になっている。 ウ「製品中の水の量は，一部の人にはよく知られていない」(×)be known to ～「～に知られている」 エ「製品が必要とする水の量は，目に見えないほど多くはない」(×)<not so ... that ～>「～するほど…ではない」

基本 〔問5〕 エミ：「サプリメントが摂れるわよ」／ジロウ：「(5)-a C君はどこに行くにもそれらをいつも持って行く必要があるよ」／ジュリア：「(5)-b Dもしかしたら，あなたは外出するときにそれらを忘れてしまうことがあるかもしれないわよ」／エミ：「(5)-c Aそれじゃあ，甘いものと一緒にそれらを私のかばんの中に入れておくわ」／ジロウ：「(5)-d Bそれらの中に動物性タンパク質を含んでいるキャンディーもあるよ」／ジュリア：「そうなんですか？」／ジロウ：「君のお気に入りのマシュマロもそうだよ，エミ。それらをあきらめることができるかい？」

重要 〔問6〕 (Hey, everybody,)don't forget one more thing I added to the meat sauce as a secret ingredient made from(soybeans.)「(おいおい，みんな，大豆)から作られた秘密の食材として，私がミートソースに加えたもう1つのものを忘れないで(。)」 <Don't + 動詞の原形～.>「～してはいけません」(否定[禁止]の命令文) one more thing I added to the meat sauce「私がミートソースに加えたもう1つのもの」← thing と I の間には，目的格の関係代名詞が省略されており，後置修飾(接触節)の文になっている。 前置詞のas ～「～として」 a secret ingredient made from soybeans「大豆から作られた秘密の食材」←<過去分詞 + 語句>(made from soybeans)が，「～された…」という意味で，直前の名詞(a secret ingredient)を修飾している。(過去分詞の形容詞的用法)

重要 〔問7〕 ジロウ：「そうだね，君(＝ジュリア)の国ではそれら(＝大豆)をたくさん生産しているけど，僕たちの国ではそれらのほとんどを海外から仕入れている。日本人がそれらを食べ始めたのは，ずいぶん前だね」／(略)／ジュリア：「わかった。私は家庭科の授業で味噌について学んだわ。それは発酵させられた大豆からできているの。私は納豆，味噌汁，醤油などのような日本食の大ファンなのよ。 (7) 」／ジロウ：「君のおかげで，僕たちの食文化は独特だと再認識したよ」 空所の直前でジュリアが，納豆，味噌汁，醤油などのような日本食の大ファンだと言って褒めていることがヒントになる。よって，ア「みなさんは日本のヴィーガンフードを誇るべきです」が適切。be proud of ～「～を誇りに思う」 イ「みなさんは日本で生産された大豆をいつも使うことができる」(×)第4場面の半ばで，ジロウが「僕たちの国(＝日本)ではそれら(＝大豆)のほとんどを海外から仕入れている」と言っている。よって，「日本で生産された大豆をいつも使うことができる」わけではない。 ウ「みなさんはブラジル産の大豆を楽しく食べることができる」(×)空所の直前でジュリアが，納豆，味噌汁，醤油などのような日本食の大ファンだと言っているので，その直後の発言としては不適。 エ「それらは安いから，みなさんは簡単に手に入れることができる」(×)空所の前後を通じて，大豆の値段に関することは話されていない。

やや難 〔問8〕 ①「エミとジュリアはヴィーガンフードにとても興味を持ったので，それらについて話すためにグレイ先生のところに来ている」(○)第1場面の冒頭文の内容と一致。<so ... that ～>「とても…なので～」 ②「グレイ先生によると，青野菜だけを食べる人は菜食者ではなく，ヴィーガンと呼ばれる」(×)第1場面のグレイ先生の1・2番目の発言を参照。グレイ先生はヴィーガンについて，卵や牛乳を含む動物性食品を一切食べないが，代わりに大豆のような植物由来の食材を食べると説明しており，「青野菜だけを食べる人」がヴィーガンであるという説明はしていない。people who eat only green vegetables「青野菜だけを食べる人」←<who + 動詞～>の部分が，人を表す名詞 people を後ろから修飾している。(主格の関係代名詞 who) ③「グレイ先生は，いつもヴィーガンフードを食べるのは，特に彼が他の人と食事をするときは，難しいと言っている」(○)第1場面のグレイ先生の5・6番目の発言内容と一致。<It is[It's] ... to + 動詞の原形〜>「〜することは…である」　④「ジュリアは，ジロウとエミの会話を聞く前に，ビタミンB12についてジロウに同意している」(×)第2場面のジュリアの2番目の発言を参照。ジュリアが，ビタミンB12についてジロウに同意したのは，彼女がジロウとエミの会話を聞いた「後」である。before は接続詞。<before + 主語 + 動詞〜>「〜する前に」between A and B「AとBの間」　⑤「エミの父親であるコウジは，昼食に健康的な料理を作るが，エミは彼にヴィーガン料理を作るように頼んでいない」(×)第2場面のエミの1番目の発言を参照。エミは父親に，ヴィーガン料理が食べたいと伝えている。<ask + 人 + to + 動詞の原形>「(人)に〜するように頼む」　⑥「エミとジロウは，コウジが彼女たちに食材について教えるまで，ミートソースが何からできているのか分からなかった」(×)第4場面の前半を参照。エミとジロウは，彼女たちの父親が料理したミートソースが何からできているのかについては知っており，そのことを知らなかったのはジュリアである。接続詞の until 〜「〜するまで」　⑦「ジロウは，夏に高温多湿になる日本の気候が発酵食品を作るのに適していると言っている」(○)第2場面の半ばで，ジロウが「日本は夏がとても暑くて湿気があるので，幅広くさまざまな発酵食品が発達した」と言っており，この発言内容と一致。be good for 〜ing「〜するのによい」→「〜するのに適している」⑧「ジュリアは日本の発酵食品にとても興味を持ったので，一人で図書館に行く決心をする」(×)第4場面の後半のエミとジュリアの最後の会話を参照。彼女たちは，デザート(甘いもの)を食べてから市立図書館へ行くと分かる。

やや難　〔問9〕（質問文訳)「もしあなたが農家だったら，人々のためにどんな植物を育てるだろうか？　そしてそれはなぜか？」設問の条件に従って，上記の質問文への答えを，理由を含めて40語以上50語以内の英語にまとめる問題。(解答例訳)「私は人々のためにお茶の木を育てたい。第1に，緑茶を飲むことは，味と香りが良いので，多くの日本人の間でとても人気がある。第2に，健康にも良い。最後に，茶葉を発酵させることができれば，オリジナルの紅茶を生産して楽しむことができる」　<What would you do if you were 〜?[＝If you were 〜, what would you do?]>「もしも〜だったら，あなたはどうする？」　現実には起こり得ない，もしくは起こる可能性が低いことを「もしも〜だったら…」と仮定して述べる表現。(仮定法過去の文)　質問文は，What の部分が，What plant「どんな植物を」という<What + 名詞>の形になり，doの部分がgrow for people「人々のために〜を育てる」という形になり，より具体的なことを尋ねる文になっている。

3　**(長文読解問題・物語文：内容吟味，語句補充・記述・選択，語句解釈，文挿入，語句整序，要旨把握，接続詞，関係代名詞，助動詞，名詞，形容詞，副詞，現在完了，比較級，動名詞ほか)**

(全訳)　①自己紹介をさせてください。私の名前は美空です。漢字で書くと，それは「美しい空」を意味します。祖父がこの名前を私にくれました。彼はよく私に，「誰にでも思い出の中に特別な風景があるんだよ」と言います。彼は，「今でも，私の心の中に，広い田んぼがはっきりと見えるよ。緑の稲の苗がちょうどそこに植えられているんだ。そして，私は突然にあの美しい風景を見つけたんだ。澄んだ青空と白い立山が田んぼの水面に映っていた。それは美し過ぎて，5月の田植えの季節になると，私はいつもその風景を思い出すよ。だから，君が5月に生まれたとき，私は君を美空と名付けたんだ」と続けました。私は自分の名前が大好きで，もちろん祖父のことも大好きです。彼は富山の農家の長男でした。彼は父の農家を継ぐと思われていましたが，東京の大学に入学したときに故郷を去り，それから商社に就職しました。彼は商社で働きながら，さまざまな外国を訪れました。今は弟のケンジおじさんと彼の息子が農業に従事しています。祖父が商社で働くことを家族に伝えたとき，家族の間で祖父の決断に関して多くの議論があったらしいですが，祖父はそれに関してはあまり語りません。私はときどき，祖父が子供のときに見た風景を想像して，いつか自分だけの特別な風景を見つけたいと思っています。「おじいちゃん，私は今それを探しているんだよ。(1)私の約束を覚えておいてね」と，私はいつも心の中で祖父に語りかけます。

②私は仙台の大学で農業について学んでいる1年生です。大学を卒業したら，海外ボランティア団体の一員として外国に行き，現地の人たちの農作業を手伝いたいです。なぜ私が農業を学び，将来は海外ボランティアとして働きたいのかについて，みなさんにお話したいと思います。

③私の初めての農業(2)体験は，中学3年生のときでした。5月にクラスメイトと岩手に修学旅行で行きました。それはみなさんが想像できるような修学旅行ではありませんでした。私たちは農家に2日間滞在し，そこで田植えの手伝いをする予定でした。クラスメイト2人と私は，高木さんご夫妻の家に泊まりました。彼らは大きな田んぼを持っていて，たくさんの種類の野菜も育てていました。2日目，私たちは彼らの田んぼへ行きました。高木さんは田植え機を持っていましたが，彼は私たちに稲の苗を手で植えるように言いました。「これは君たちにとって楽しい体験になると思うよ」と彼は言いました。私たちはおずおずと田んぼに入りました。田んぼの水は少し冷たかったですが，田んぼの泥はとても柔らかくて(3)-a B心地よく感じました。私たちは稲の苗を一本ずつ植え始めました。高木さんは親切に私たちにアドバイスをくれ，高木夫人は,「それでいいわよ！」や「あら，あなたはとても(3)-b D上手ね！」と言い続けてくれました。すべての苗を植え終わったとき，私たちは本当に(3)-c G満足した気持ちになりました。田んぼは緑の稲の苗でとても美しく見え，青空が田んぼの水面に映し出されました。私は自分たちの手で食べものを作ることは本当に(3)-d E大切だと思い，そのときから農業に興味を持ち始めました。

④高校に入学してすぐ，私は2つの部活 － 生物学クラブと英語クラブに入部しました。生物学と英語は私のお気に入りの教科だったからです。私たちの高校では興味深い科学プログラムがたくさんあり，私はよくそれらに参加しました。ある日，1年生のための特別プログラムがありました。私たちの学校を卒業した人たちが，特別講義を行うため，そして彼らの仕事について話すために，私たちの所を訪れました。そこで私は，海外ボランティア団体の一員である三宅さんと出会いました。彼女は西アフリカの一国，セネガルで保健師として働いていて，そのときは短期間の帰省をしていました。彼女は元気な若い女性で，セネガルでの日々について私たちに話してくれました。彼女は普段，いくつかの小さな村を訪れ，人々の体調を確認したり，若いお母さんたちに赤ちゃんの世話の仕方を教えたりしていました。講義が終わると，彼女は私たちに，「何か質問はありますか？」と尋ねました。私は彼女の笑顔に励まされ，彼女に，「現地の人とはどのようにコミュニケーションを取っているのですか？　その国で使われている言葉を完璧に話せますか？」と尋ねました。彼女は私に微笑みながら，「(4)そうでもないですね。現地の人と彼らの言葉でコミュニケーションを取ることは，ときどき難しいです。でも，私はジェスチャーを使うことができますし，必要ならば地面にいくつかの絵を描くこともできます。私たちはそのような方法でお互いにコミュニケーションを取ることができます。私は彼らと一緒に仕事をすることが本当に楽しく，私の仕事を大変誇りに思っています」と答えました。自分の将来について真剣に考える機会を，彼女が私に与えてくれたと思いました。そのとき，自分の将来の目標がはっきり見えました。私は，「おじいちゃんが外国での経験について私によく話をしてくれるから，私が小さい頃からいろんな外国を訪問することに興味があったんだ。私は外国に行って，大学で得るであろう農業の知識を現地の人と共有する。(5)これが私の将来の目標なんだ」と思いました。

⑤私が高校2年生のとき，私は自分の決意を家族に伝えました。 － 大学で農業を学び，農業で

人々を助けている海外ボランティア団体の一員として働くことです。11月に，2年生は自分たちが3年生で何の教科を学ぶのかを決めなければなりませんでした。夕食の席で，私は家族－両親，祖父母，そして妹－に自分の計画を話しました。彼らはそれを聞いて少し驚いたように見えて，しばらくの間何も言いませんでした。そして最終的には祖父が，「君の人生では，君が主役なんだよ。自分が好きなことは何でもできるんだ，美空」と言ってくれました。他の家族も彼に同意しました。夕食後，私は祖父に，「私の夢の方へ私を後押ししてくれてありがとう，おじいちゃん」と言いました。すると彼は，「こちらこそ，ありがとう！ (6)私が長い間抱いていた夢を私に思い出させてくれたね，美空」と奇妙なことを言いました。私はそのとき，彼がなぜそう言ったのか分かりませんでした。

⑥大学に入学する前，私は仙台での新生活の準備で本当に忙しかったです。祖父も外出することが多かったので，私たちはお互いに家で顔を合わせることがありませんでした。私が引っ越す前日，私はようやく彼と話す時間ができました。彼は私に，「君に伝えたいことがあるんだ，美空。おばあちゃんと私は4月に富山に引っ越して，そこで農業を始めるつもりだよ。ケンジおじさんが彼の田んぼと野菜の畑の一部を私たちに使わせてくれるんだ」と言いました。私はそれを聞いて本当に驚きました。彼は，「私は商社を辞めてからずっと考えていたんだ。父は私に農場を継いでほしがっていたけど，私は自分の目で世界を見たいと強く思った。私は仕事でいろいろな外国を訪れて，そこでたくさんの美しい風景を見た。しかし，(7)私の記憶の中にある風景ほど美しい風景はなかった。－田んぼの水面に映された澄んだ青空と白い立山。私はいつもその風景と，小さな町での古き良き日々を思い出すんだ。私の年齢で何か新しいことを始めることは，なかなか決断できなかった。でも君が将来の目標を私たちに明確に語ってくれたとき，私自身の夢を実現するように勇気づけられた気がしたよ。もし失敗してもあきらめない－君の決意を聞きながらそう思った。おばあちゃんは，小さい頃から花や植物の世話をするのが大好きだったから，私の考えにすぐに賛成してくれたよ」と続けました。彼はそう言って，嬉しそうに笑いました。私は彼に，「おじいちゃん，あなたの人生は，あなたが主役なんだよ。自分が好きなことは何でもできるんだよ！」と言いました。彼は笑って，「美空，それは私が前に君に言った言葉じゃないか！」と言いました。

⑦仙台に向かう朝，私は祖父に，「私はいつか自分自身の特別な風景を見つけるよ，おじいちゃん。それについて話すことを約束するわ。その日を待っていてね？」と言いました。祖父はただ私にうなずきました。私たちは微笑みながらお互いを見ました。

⑧私はまだ自分自身の特別な風景を見つけていませんが，いつかそれを見つけることができると信じています。その日のために，私は大学で活動的な生活を過ごすつもりです。

基本

〔問1〕　下線部(1)は，美空が心の中で，祖父に対して述べた発言で，「私の約束を覚えておいてね」という意味なので，「私の約束」が何を指すか考える。第7段落1・2文で，美空が祖父に，いつか自分自身の特別な風景を見つけて，それについて話すことを約束すると述べているので，これが「私の約束」の内容だと分かる。よって，エ「もし私が将来あなたのような自分の特別な風景を見つけたら，それについてあなたに話します」が適切。like ～「～のような」 以下の残りの選択肢の内容は，いずれも「私の約束」の内容とは異なり，本文に記載なしのため不適となる。ア「もし私が将来学びたいことを見つけたら，それについてあなたに手紙を書きます」(×)the thing I want to learn about「私が将来学びたいこと」← thing と I の間には，目的格の関係代名詞が省略されており，後置修飾(接触節)の文になっている。　イ「もし私が将来外国に行ってそこに住むなら，私はあなたをその場所に招待します」(×)invite ～ to ...「～を…に招待する」　ウ「もし私が将来行きたい他の国を見つけたら，その名前をあなたに知らせます」(×)another country I want to visit「私が将来行きたい他の国」← country と I の間には，目的格の関係代名詞が省略されており，後置修飾(接触節)の文になっている。

基本 〔問2〕 (2)「私の初めての農業(2)体験は，中学3年生のときでした」下線部を含む文の後で，修学旅行先の岩手で農業を体験したことが述べられているので，この内容から判断する。experience「体験，経験」

基本 〔問3〕 (3)-a「田んぼの水は少し冷たかったですが，田んぼの泥はとても柔らかくて(3)-aB心地よく感じました」空所の直前に and があり，その前に soft「柔らかい」があることもヒントになる。B のcomfortable「心地よい」を入れると，文意に合う。　(3)-b「高木夫人は，『それでいいわよ！』や『あら，あなたはとても(3)-bD上手ね！』と言い続けてくれました」美空とクラスメイトが，田んぼで稲の苗を植えていたときに，彼女たちを高木夫人が褒めた場面。D の good を入れると，「あなたは，それ(＝稲の苗を植えること)がとても上手ですね」という意味になり，前後の文意と合う。be good at ～「～が得意[上手]である」　(3)-c「すべての苗を植え終わったとき，私たちは本当に(3)-cG満足した気持ちになりました」美空とクラスメイトが，すべての苗を植えるという農作業をやり終えた後で，彼女たちがどのように感じたかを考える。空所の後に続く1文からも，彼女たちは達成感に満ちていたと推測できるので，G の satisfied「満足した」が適切。　(3)-d「私は自分たちの手で食べものを作ることは本当に(3)-dE大切だと思い，そのときから農業に興味を持ち始めました」空所の後で，「そのときから農業に興味を持ち始めた」と述べられているので，空所には前向きな意味の語が入ると推測する。E のimportant「大切な，重要な」を入れると，文意に合う。

重要 〔問4〕 下線部(4)の「そうでもないですね」は，美空の質問に対する三宅さんの回答である。三宅さんは，セネガルで保健師として働き，海外ボランティア団体の一員でもある女性で，美空は三宅さんに，「現地の人とはどのようにコミュニケーションを取っているのですか？」と「その国で使われている言葉を完璧に話せますか？」という2つの質問をした。これらの質問に対して三宅さんは，「そうでもない」と答えた上で，「現地の人と彼らの言葉でコミュニケーションを取ることは，ときどき難しい」と続けている。一方で，必要であれば，ジェスチャーを通じて現地の人とコミュニケーションを取ることや，現地の人と仕事をすることがとても楽しく，誇りに思っていると述べていることから，三宅さんの回答は，「現地の人の言葉を完璧に話すことができなくても大丈夫であるが，ジェスチャーなどを通じてコミュニケーションを取る必要がある場合もある」という意図だと分かり，この内容を言い換えている選択肢である，ウ「あなたは，地元の人たちの言葉を上手に話す必要はありません」が適切。三宅さんの回答は，地元の人たちの言葉を完璧に[上手に]話すことができなくてもよいという意味であって，現地の人と話す必要はないという意味ではなく，現地の人のことを理解する必要はないという意味でもないので，以下の残りの選択肢の内容は，いずれも不適となる。　ア「あなたは，現地の人が使っている言葉を学んだり，話したりする必要はありません」(×)　イ「あなたは，現地の人が話していることを理解する必要はありません」(×)～ understand what the local people are talking about. ←間接疑問文なので，＜疑問詞 + 主語 + 動詞＞の語順になっている。　エ「あなたは，現地の人と何も話す必要はありません」(×)

重要 〔問5〕 下線部(5)This is my goal in the future. は，美空が心の中で思ったことで，「これが私の将来の目標なんだ」という意味なので，この This が何を指すか考える。指示語の this は，直前の内容を指すことが多い。下線部(5)の This も，直前の「外国に行って，大学で得るであろう農業の知識を現地の人と共有する」ことを指している。「外国に行って」の部分を go overseas と表現し，「農業の知識を現地の人と共有する」の部分を work with the local people as a volunteer worker of farming と表現して補い，英文を完成させる。「将来私は海外へ行き，農業のボランティア労働者として現地の人と一緒に働く」go overseas「海外[外国]に[へ]行く」

やや難　〔問6〕 空所の直前で，美空の祖父が「ありがとう」と言っているが，空所の直後で，美空は祖父がなぜそう言ったのか分からなかったと書かれているので，美空の祖父がお礼を言った理由を考える。空所の直前や直後の流れだけでは判断できないが，読み進めていくと，次の第6段落後半の祖父の発言の中に，「私の年齢で何か新しいことを始めることは，なかなか決断できなかった。でも君が将来の目標を私たちに明確に語ってくれたとき，私自身の夢を実現するように勇気づけられた気がしたよ」と述べている部分がある。この内容から，空所の直前で美空の祖父がお礼を言ったのは，美空が自分の決心を家族に伝えたことによって，彼女の祖父も自分の夢を叶える決心をすることができたからだと分かる。よって，この内容を言い換えている選択肢である，イ「君は私が長い間抱いていた夢を私に思い出させてもくれたね，美空」が適切。<remind ＋ 人 ＋ of ＋ ～>「(人)に～を思い出させる」 以下の残りの選択肢の内容は，いずれも美空の祖父がお礼を言った理由とは異なるため不適となる。　ア「君は私にいろいろな外国に行くように励ましてもくれたね，美空」(×)<encourage ＋ 人 ＋ to ＋ 動詞の原形>「(人)に～するように励ます」　ウ「君は自分が将来本当にやりたいことも私たちにはっきりと言ってくれたね，美空」(×) what you really want to do ←間接疑問文なので，<疑問詞 ＋ 主語 ＋ 動詞>の語順になっている。　エ「君は親切にも家族の気持ちのことも考えてくれたんだね，美空」(×)

重要　〔問7〕 (But) no other scenery was more beautiful than the scenery in my memory (－ the clear ～) 「私の記憶の中にある風景ほど美しい風景はなかった」<No other ＋ 単数名詞 ＋ is ＋ 比較級 ＋ than ～>「～ほど…な－はない」

やや難　〔問8〕 ①「祖父は田んぼの水面に映された美しい白い山々が大好きだったので，彼は『美空』という名前を選んだ」(×)第1段落前半から半ばにかけて，美空の名前の由来について述べられている。美空の祖父は，田んぼの水面に映された澄んだ青「空」と白い立山を「美」しい風景だと思い，「美空」と名付けたと分かる。祖父は白い立山のことも美しいと述べているが，「美空」という名前の直接的な由来ではない。the beautiful white mountains reflected on the water in the rice field「田んぼの水面に映された美しい白い山々」←<過去分詞 ＋ 語句>(reflected から field まで)が，「～された…」という意味で，直前の名詞(the beautiful white mountains)を修飾している。(過去分詞の形容詞的用法)　②「祖父は自分の父親の農場を継ぎたかったが，彼の父親は彼に自分の目で世界を見てほしいと思った」(×)第6段落半ばの祖父の発言「父は私に農場を継いでほしがっていたけど，私は自分の目で世界を見たいと強く思った」を参照。本文とは反対の内容である。<want ＋ 人 ＋ to ＋ 動詞の原形>「(人)に～してほしい」　③「富山の家族の間で何度も話し合った後，祖父は最終的に故郷を離れ東京へ向かった」(○)第1段落半ばから後半における「祖父は東京の大学に入学したときに故郷を去り，それから商社に就職した」と「祖父が商社で働くことを家族に伝えたとき，家族の間で祖父の決断に関して多くの議論があった」の部分に一致。leave ～ for …「～を去って…へ向かう」　④「高木さんは，美空と2人のクラスメイトに，彼女たちの岩手での滞在中に，田植え機の使い方を教えた」(×)<how to ＋ 動詞の原形>「～する方法」 第3段落の半ばに，高木さんは田植え機を所有していたが，美空と2人のクラスメイトに稲の苗を手で植えるように言ったと書かれている。<tell ＋ 人 ＋ to ＋ 動詞の原形>「(人)に～するように言う」　⑤「三宅さんの特別講義を聞いた後，美空はボランティアの労働者として外国に行くことに興味を持った」(○)第4段落後半における「自分の将来について真剣に考える機会を，彼女(＝三宅さん)が私に与えてくれた」と「そのとき，自分の将来の目標がはっきり見えた」という美空の発言と一致。美空の将来の目標は，外国に行って，大学で得るであろう農業の知識を現地の人と共有することである。get interested in ～「～に興味を持つ」

⑥「三宅さんは，ボランティアとしてアフリカの国へ行く前に，美空の高校で養護教諭として働いた」(×)第4段落前半に，三宅さんはセネガルで保健師として働いていると述べられているが，美空の高校で養護教諭として働いたという記述は本文になし。　⑦「美空が家族に将来の目標を話した後，誰も彼女の計画に賛成せず，彼女は結局それをあきらめた」(×)第5段落半ばから後半にかけて，美空が家族に自分の将来の計画を話した後，最初に祖父が賛成し，その後で他の家族も同意したと述べられている。　⑧「祖父は美空の決断から勇気をもらい，妻とともに故郷で新しいことを始める決心をした」(○)第6段落の前半で，祖父は4月に妻と富山に引っ越して農業を始めることを美空に伝えている。続けて，同段落後半で，祖父は「君(＝美空)が将来の目標を私たちに明確に語ってくれたとき，私自身の夢を実現するように勇気づけられた気がした」と述べており，これらの内容に一致。decide to ～「～することに決める，～する決心をする」

重要　〔問9〕 (全訳)「美空へ，／元気でしたか？　おばあちゃんと私は，ここ富山で元気に過ごしています。私たちは野菜の栽培を始めたばかりですが，すでに稲の苗①を植えました。この9月の終わりには，私たちが今育てているお米を送ります。それを食べるの②を楽しんでください。田んぼは今，特に晴れた日には本当にきれいです。－青い空と白い立山が田んぼの水面に映し出されます。それが私だけの特別な風景です。ところで，あなたは自分の特別な風景をもう見つけましたか？　もしまだでも，心配しないで！　きっといつかそれが見つかると思います。将来，農業について学んだ十分な③知識を持って，ボランティアとして外国に行ったとき，あなたはその国で素晴らしい時間を過ごすでしょう。そこでは，自分の仕事を大変④誇りに感じるだろうと信じています。その日を楽しみに，今は勉強に励んでください！／お元気で，」　①空所の直後が rice seedlings「稲の苗」であり，続く文に「私たちが今育てているお米を送ります」と書かれていることがヒントになる。空所を含む文は現在完了形の文なので，plant「～を植える」の過去分詞形 planted を本文から抜き出して入れると文意に合う。<have[has] + already + 動詞の過去分詞形 ～ .>「すでに[もう]～しました[したところです]」(現在完了形の文[完了用法])　②空所を含む文の it は，直前の文の the rice we are growing now「私たちが今育てているお米」を指す。よって，enjoy を入れて「それ(＝私たちが今育てているお米)を食べるのを楽しんで」とすると流れに合う。空所の直後の動詞が～ing 形になっていることもヒントになる。<enjoy + 動詞の～ing 形>「～することを楽しむ，～して楽しむ」　③空所を含む文と類似する内容が，第4段落の最後から2文目に書かれている。よって，この文から knowledge を抜き出して入れると文意に合う。　④Eメールの文脈と，空所直後の of をヒントに proud を導き出したい。be proud of ～「～を誇りに思う」　<feel + 形容詞>「～に[と]感じる」→ feel proud of ～「～を誇りに感じる」

★ワンポイントアドバイス★

2・3で出題された語句整序問題を扱う。頭の中で一気に一文を組み立てようとはせずに，選択肢の語句を見比べて，熟語や構文として「ペア」になる組み合わせがないかを検討し，少しずつ組み立てるようにしよう。

<国語解答>

1 (1) はくせい (2) かれつ (3) そうてい (4) こと(に)
(5) とうほんせいそう
2 (1) 屈指 (2) 林立 (3) 揮発性 (4) 鳴り (5) 三思後行
3 〔問1〕 イ 〔問2〕 ア 〔問3〕 ウ 〔問4〕 イ 〔問5〕 エ 〔問6〕 ウ
4 〔問1〕 ウ 〔問2〕 イ 〔問3〕 エ 〔問4〕 ア
〔問5〕 X (例) イメージや想像力を掻き立てる日常的なことばは，思考の核となり思考を集約・現前化・認識させるという意味で，私たちの思考そのものであるということ。
Y (例) 文章Bでは，レポートや論文などを書く際に，文章の形式や表現に束縛されすぎてしまうと文章執筆者自身の思考や言葉をうまく表現できないことがあると考えられている。つまり，言葉は思考そのものを表すべきだと考えているとも言え，文章Aのことばが思考そのものを表す「ことばは思考の肉体である」に近いと言えるから。
〔問6〕 ウ
5 〔問1〕 ウ 〔問2〕 ウ 〔問3〕 エ 〔問4〕 ア 〔問5〕 エ

○配点○
1 各2点×5　2 各2点×5　3 各4点×6
4 問5 各8点×2 他 各4点×5　5 各4点×5　計100点

<国語解説>

1 (漢字の読み)

(1) 「剥製」とは，学術研究・展示，鑑賞を目的とした動物標本作製技術の一種。 (2) 「苛烈を極める」とは，厳しく激しいこと。 (3) 「装丁」とは，本を綴じて表紙などをつける作業のこと。 (4) 「殊に」とは，とりわけ，なお，その上，加えてという意味。 (5) 「東奔西走」とは，あちこち忙しく走り周ること。

2 (漢字の書き取り)

(1) 「屈指」とは，多くの中で，特に数え上げるに値するほど優れていること。 (2) 「林立」とは，林のように，たくさんのものが並び立つこと。 (3) 「揮発性」とは，液体が，常温で気体となって発散する性質があること。 (4) 「鳴りを潜める」とは，物音を立てないで静かにする，活動を止めてじっとしているという意味。 (5) 「三思後行」とは，物事を行う時，熟慮した後，初めて実行すること。

3 (小説文ー心情，内容吟味，文脈把握)

基本 〔問1〕 傍線部の「大きく一呼吸」とは，平常心や冷静さを取り戻す，また気持ちを切り換えたりする際に使われる言葉である。「俳句甲子園」に出場するために，来島京を文芸部へ勧誘するも，俳句が「不完全なもの」と言われてしまった。そうでない事を証明するために，表に書いた自分(河野)の俳句を来島に見せて，説明しようとしている様子を読み取る。

〔問2〕 Aの短歌で表された悲喜交々の日々を，Bでは「また」という言葉で「過去の行動を肯定しているからこそ未来にも繰り返す」としている。つまり，気持ちの並列ではなく，気持ち全体を肯定した上で，日記を買うという行動を繰り返す際の「また」となるので，アは不適当。

やや難　〔問3〕　河野が作った俳句には季語がない，と斎は指摘した。その返答として河野は，「日記買ふ」が季語である事を伝えると，「へ？」と斎，小市は声をあげて戸惑った。しかし，日記を買うのは年末なので，季語は冬になると想定できた事で，今度は二人同時に驚いている。

やや難　〔問4〕　初め，文芸部の部室にやって来た来島は，硬い顔のまま先輩からの言葉に無言で頷いたり，また河野の言葉を表情のない声で遮ったりと，取り付く島もない様子だった。しかし，河野に俳句の可能性を示されたことに感動し，表情を和らげた来島は，俳句甲子園の出場へ前向きになったのである。それは，傍線部の後の「ヤマアラシみたいに警戒心むき出しだった女の子を懐柔できた」という言葉からも伺える。

やや難　〔問5〕「おれもやじうまだから」という言葉や，俳句には季語が必要であることをつい先日まで恵一に言われるまで知らなかったり，また河野が歳時記を持っていることや作った俳句の意図を理解して素直に感心したりと，小市が俳句に対して初心者であることによって，読者が抵抗なく俳句を受け入れるようにしている。加えて，俳句の主体を河野に置き換えることにより，その世界観を分かりやすく表現している。

重要　〔問6〕　会話文に「すみません,」「あ,」「そ,」「悪い,」「ううん，そういうことなんだ,」「だ，大丈夫」「はい,」と読点を使うことで，登場人物の心情を細かく表そうとしている。

4　(論説文－大意，内容吟味，文脈把握，脱文補充，作文(課題))

基本　〔問1〕「ことばは」から始まる段落に，ヴィトゲンシュタインの主張を挙げて，「日常のことばを私たちの思考を欺くものとみなす考え方」とし，また「彼が」から始まる段落に「日常のことばを厳密さを欠いたものとして退けた」として，ことばは思考をありのまま示すものではないと述べている。

〔問2〕「ことばが」から始まる段落に，「思考の肉体であるとは，私たちが思い，考える場合に概念と論理だけによるのではなく，イメージと想像力にもよるのだ，ということ」と思考にはイメージと想像力が必要であるとしている。一方で，「このように」から始まる段落に，「理論的で学問的な思考をする段になると，私たちは一般に，少なくとも多くの場合に，イメージや想像力をできるだけ排除しようとしてきた」とあり，それによって思考に支障が出ているとする。

〔問3〕「このように」から始まる段落に，「イメージよりも概念を，想像力よりも論理を強化していくこの方向は，端的には神話(あるいは空想)から科学へ，というかたちで示される。そして，このような移り行きは，一般に科学の立場からは，なんの疑いもなしに進歩と考えられてきた」とあり，概念や論理を重視することを進歩ととらえてきたとしている。

重要　〔問4〕「すると」から始まる段落に，「論文・レポートの書き方」本やインターネットのアドバイスで，個人的な経験で議論してはならず，客観的・一般性のある論述をするよう指示されていることが書かれていると指摘している。

やや難　〔問5〕　X　文章の冒頭に「ことばは哲学の知を現前化させ現在化させるために不可欠のもの」とし，また「ことばが」から始まる段落に，「思考の肉体であるとは，私たちが思い，考える場合に概念と論理だけによるのではなく，イメージと想像力にもよるのだ，ということ」とある内容から，「ことばは思考の肉体」という意味を制限字数内にまとめる。　Y　「しかし」から始まる段落に，「型通りのお約束や借り物の表現に振り回されるのではなく，自分自身で書いたといえるもの－自分自身の言葉や思考だと言えるもの－を目指して試行されるべきもの」と述べ，筆者は論文やレポートを書く際，言葉に自分の思考を載せるのであれば，決まった形式や表現を押しつけることを良しとはしていないことを読み取る。

やや難　〔問6〕　文章Aではヴィトゲンシュタインの主張を元に，筆者の主張を述べている。文章Bでは学部生の論文で筆者が疑問に思うことを出発点として，主観・客観の在り方について自身の主張を説明している。

5 （論説文ー内容吟味，文脈把握，用法，和歌(短歌)）

基本 〔問1〕 西行は二年間，春の吉野山に籠もって桜の花に心を尽くしていたこと，また当時の思想として，魂が愛する者や執着する対象の元に留まることがあると考えていたことから，西行は春の吉野山に咲く桜に置いてきた魂が，私を呼んでいるのでもう一度，花を見たいという思いを歌に詠んでいる。

重要 〔問2〕「献上している」とは，主君や貴人に物を差し上げるという意味の謙譲語。 ウ「お召になる」は，食べる・飲む・着るなど何かを身に受け入れる行為を表す尊敬語。

〔問3〕「この歌は」から始まる段落に，「心はわが肉体からさまよい出るのを依然として止めない。山ざくらが散ったあとは，この身にもどって来てくれるであろうか。もどって来るべきである」と歌の説明をした後，「次々と魂がわが身から遊離してゆく感覚があったのだと思う」と筆者の感想を交えて述べている。

〔問4〕「桜は」から始まる段落に，桜に対して感情をおさえ，その美しさのみを説明することは難しいが，西行は客観的に見たままの桜を歌に詠んでいるとしている。

やや難 〔問5〕「往日の」から始まる段落に，「昨年，目じるしを残して分け入った道を変えて，今年もまた，未だ見ていない方面の花を尋ねよう」とDの短歌の意味を説明し，まだ見ぬ新しい桜を求める意思が表れているとしている。

★ワンポイントアドバイス★

三題の長文ともに，本文内容が問われている問題が出題されているので，それぞれの筆者の主張を的確に読み取る練習をしておこう。また，短文作成では筆者の意見を端的にまとめられるように，何度も練習問題に取り組んでおこう。

大切なことはメモしておこうネ！

都立立川高等学校

2022年度

★★★★★★★★★★★★★★★★★★★★★★

入　試　問　題

●くわしい解説……39ページ

＜数学＞

時間50分　満点100点

【注意】 答えに根号が含まれるときは，根号を付けたまま，分母に根号を含まない形で表しなさい。
また，根号の中は最も小さい自然数にしなさい。

1 次の各問に答えよ。

〔問1〕 $x=\dfrac{1}{\sqrt{2}}$，$y=\dfrac{1+\sqrt{2}}{4}$ のとき，$x^2-4xy+4y^2-4y+1$ の値を求めよ。

〔問2〕 連立方程式 $\begin{cases} 5x+3y=12 \\ \dfrac{11}{2}x+\dfrac{3}{4}y=4.7 \end{cases}$ を解け。

〔問3〕 x についての2次方程式 $x^2+5ax+84=0$ の2つの解がともに整数となるような整数 a の値は何個あるか。

〔問4〕 1から6までの目が出るさいころを2回投げる。
1回目に出た目の数を a，2回目に出た目の数を b とするとき，$337(a+b)$ が2022の約数となる確率を求めよ。
ただし，さいころは，1から6までのどの目が出ることも同様に確からしいものとする。

〔問5〕 右の図で，△ABCは∠A＝56°，∠C＝70°の鋭角三角形である。
解答欄に示した図をもとにして，辺AC上にあり，∠BDC＝80°となる点Dを，定規とコンパスを用いて作図によって求め，点Dの位置を示す文字Dも書け。
ただし，作図に用いた線は消さないでおくこと。

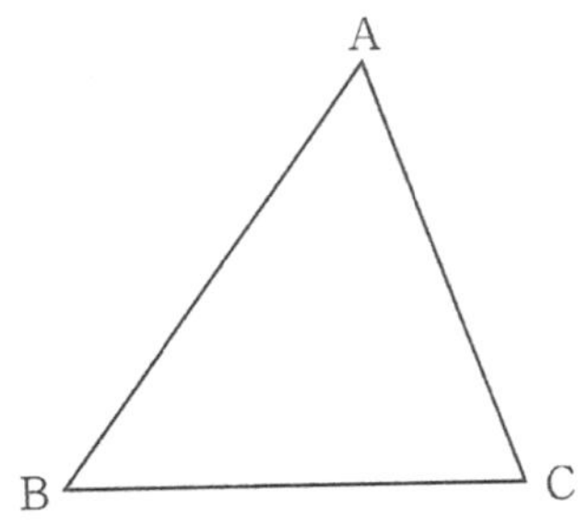

2　右の図1で，点Oは原点，曲線fは$y=ax^2$（$a>0$）のグラフを表している。

2点A，Bはともに曲線f上にあり，x座標はそれぞれ2，s（$s<0$）である。

原点から点（1，0）までの距離，および原点から点（0，1）までの距離をそれぞれ1cmとして，次の各問に答えよ。

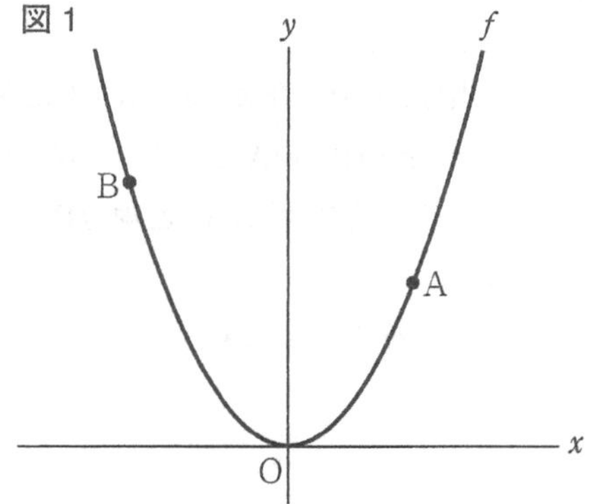

〔問1〕　図1において，$a=\frac{1}{2}$，$s=-3$のとき，2点A，Bを通る直線の式を求めよ。

〔問2〕　右の図2は，図1において，$a=\frac{1}{4}$，$s=-\frac{8}{3}$のとき，点Cを$\left(1,\ \frac{1}{2}\right)$，曲線$f$上にあり，$x$座標が$t$（$t>2$）である点をDとし，点Aと点B，点Aと点C，点Aと点D，点Bと点C，点Cと点Dをそれぞれ結んだ場合を表している。

△ABCの面積と△ADCの面積が等しくなるとき，tの値を求めよ。

ただし，答えだけでなく，答えを求める過程が分かるように，途中の式や計算なども書け。

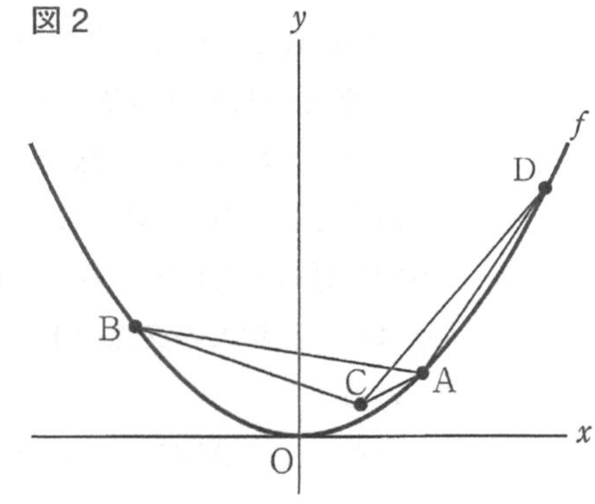

〔問3〕　図1において，$s=-1$のとき，点Oと点A，点Oと点B，点Aと点Bをそれぞれ結んだ場合を考える。

∠AOB＝90°となるときのaの値をp，∠OBA＝90°となるときのaの値をqとし，aの値がpからqまで増加するとき，点Aが動く距離は何cmか。

3 右の図1で，異なる3点A，B，Cは同一円周上にある。

点Dは点Bを含まない $\overset{\frown}{AC}$ 上にある。

点Aと点B，点Aと点C，点Bと点D，点Cと点Dをそれぞれ結び，線分ACと線分BDとの交点をEとする。

次の各問に答えよ。

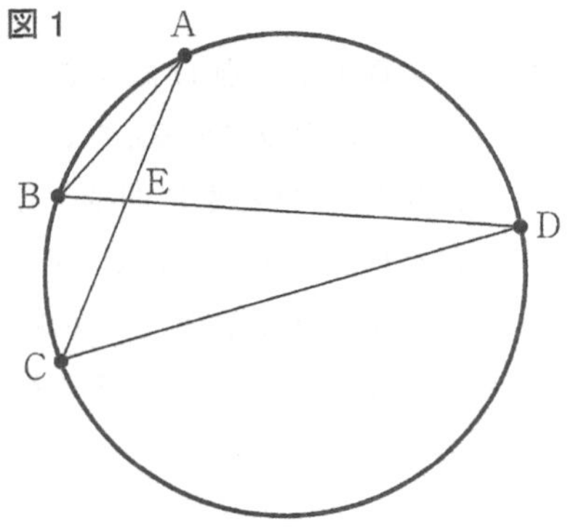

〔問1〕 図1において，AB＝3cm，BE＝1cm，CD＝7cm，AE＝ECのとき，線分DEの長さは何cmか。

〔問2〕 右の図2は，図1において，線分ACと線分BDが垂直に交わるとき，点Bと点C，点Aと点Dをそれぞれ結び，点Eを通り線分ADに垂直な直線を引き，線分AD，線分BCとの交点をそれぞれF，Gとし，線分ABをAの方向に延ばした直線と線分CDをDの方向に延ばした直線との交点をHとした場合を表している。

ただし，∠ABC，∠BCDはともに鋭角であるものとする。

次の（1），(2）に答えよ。

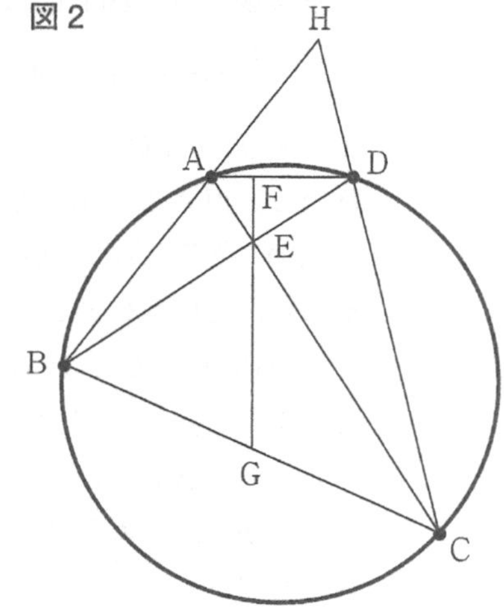

(1) 点Gは線分BCの中点であることを証明せよ。

(2) ∠EGC＝120°，AD：BC＝1：3のとき，△BCEの面積は△ADEの面積の何倍か。
また，△ADHの面積は△ADEの面積の何倍か。

4 右の図1に示した立体ABCD－EFGHは，AB＝AE＝4cm，AD＝$6\sqrt{2}$cmの直方体である。

辺FG上の点をPとする。

頂点Aと点Pを結ぶ。

線分APの中点をOとし，点Oと頂点B，点Oと頂点E，点Oと頂点Fをそれぞれ結ぶ。

次の各問に答えよ。

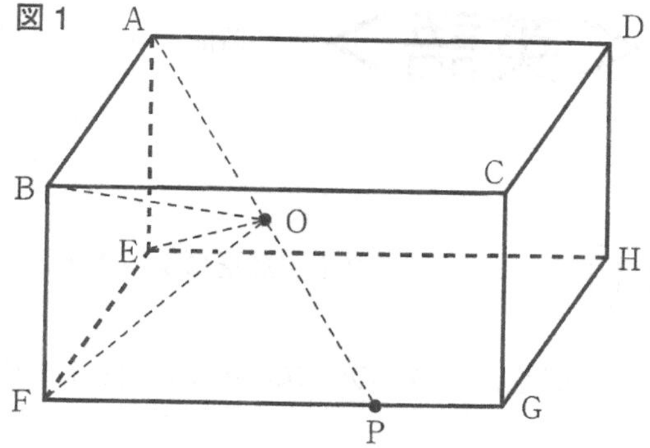

〔問1〕 図1において，点Oと頂点Gを結んだ場合を考える。
FP＝$4\sqrt{2}$cmのとき，線分OGの長さは何cmか。

〔問2〕 右の図2は，図1において，点Pが頂点Gに一致するとき，辺AE，辺BF，辺CG，辺DH上にあり，AI＝BJ＝CK＝DL＝$x$cm（$0 < x < 2$）となる点をそれぞれI，J，K，L，この4点を含む平面と線分OA，線分OBとの交点をそれぞれQ，Rとし，点Iと点Q，点Jと点R，点Qと点Rをそれぞれ結んだ場合を表している。

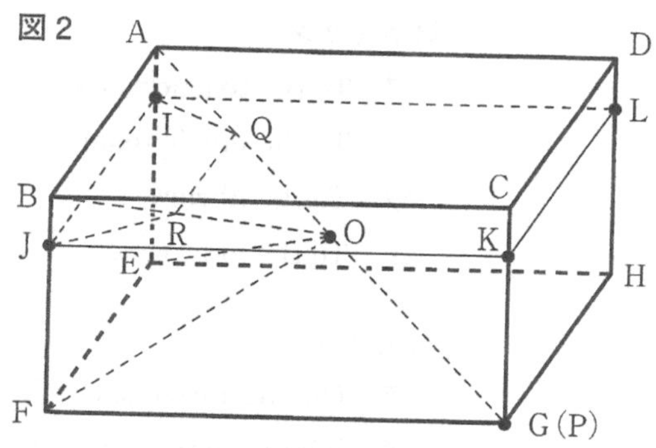

線分QRをQの方向に延ばした直線と，線分ILとの交点をSとした場合を考える。

次の(1)，(2)に答えよ。

(1) 線分ISの長さは何cmか，xを用いて表せ。

(2) x＝1のとき，立体AIQ－BJRの体積は何cm^{3}か。

ただし，答えだけでなく，答えを求める過程が分かるように，途中の式や計算なども書け。

＜英語＞

時間　50分　　満点　100点

※リスニングテストの音声は弊社HPにアクセスの上，音声データをダウンロードしてご利用ください。

1 リスニングテスト（放送による指示に従って答えなさい。）

〔問題A〕 次のア～エの中から適するものをそれぞれ一つずつ選びなさい。

＜対話文1＞
- ア This afternoon.
- イ This morning.
- ウ Tomorrow morning.
- エ This evening.

＜対話文2＞
- ア To the teacher's room.
- イ To the music room.
- ウ To the library.
- エ To the art room.

＜対話文3＞
- ア One hundred years old.
- イ Ninety-nine years old.
- ウ Seventy-two years old.
- エ Sixty years old.

〔問題B〕 < Question1 >では，下のア～エの中から適するものを一つ選びなさい。
< Question2 >では，質問に対する答えを英語で書きなさい。

< Question1 >
- ア Walking.
- イ Swimming.
- ウ Basketball.
- エ Skiing.

< Question2 >

（15秒程度，答えを書く時間があります。）

2 次の対話の文章を読んで，あとの各問に答えなさい。
（＊印の付いている単語・語句には，本文のあとに〔注〕がある。）

*One hot summer day Zack, Ryuji, and Nami are talking in Nami's home. Ryuji and Nami are Japanese high school students. Zack is a student from Canada. They begin to talk about the green *leaves that cover the windows in her living room.*

Zack : I like the view from the windows. Those leaves are beautiful.
Ryuji : That's good, right?
Nami : Thanks. Did you find another good point about them?
Ryuji : Thanks to them, this room doesn't get a lot of light from the sun. It's not too hot here.
Zack : Do you know how the leaves keep the room cool?
Nami : Yes, I want to show you how. Let's open the windows and touch the leaves.
Ryuji : [(1)-a]
Zack : They are not hot. Why not?
Ryuji : Maybe water *evaporates from the leaves.
Zack : We don't find water anywhere. How do you know?
Nami : OK, I will show you. Cover the leaves with a plastic bag.

15 minutes later, they look at the bag which covers a few leaves.

Ryuji : There is some water inside.
Nami : [(2)]
Ryuji : The water goes out of the holes into the air.
Zack : How many holes are there in one leaf?
Nami : There are about 10,000 holes in 1cm^2 of it.
Zack : That's a lot. There are probably many things I don't know. I'd like to know more about the plant. Is this bitter melon?
Nami : That's right. It is called *goya* in Japanese.
Zack : Tell me more about bitter melons called *goya*.
Ryuji : OK, look at the flowers. They have two kinds of flowers. What's the difference between them?
Zack : I'm not sure.
Nami : Look at the thick part just under this flower. What does it look like?
Zack : A baby bitter melon.

Nami : Yes, the ones with little bitter melons are *female flowers.

Zack : Good to know. Thanks, but I have a question. You know, many plants have only one kind of flower. Why does the *goya* plant have two kinds of flowers?

Ryuji : It needs to have more types of its *offspring.

Nami : Right, a *goya* flower needs *pollen from different *goya* plants. If living things bring the pollen to the flowers, it will have different kinds of offspring.

Zack : Why does it need to have different kinds of offspring?

Nami : If a disease spreads, some will get sick, but others won't.

Zack : It will have more chances to survive in difficult environments, right?

Nami : Yes, plants are trying to prepare to survive in the natural world.

Ryuji : Look at the flowers more carefully. Which do you find more, the *male flowers or the female, Zack?

Zack : More male flowers.

Nami : Yes, and that shows this *goya* plant is still young. It is growing its leaves. We see the opening of the female flowers later. They need to wait until it can grow [(3)-a] to produce more vegetables.

Zack : Hey, take a look at the one behind this *goya* plant. That one has bigger flowers, different shape of leaves, and a small vegetable like a ball. What is that?

Ryuji : It looks like a *pumpkin to me. Why has it grown among these *goya* plants?

Nami : [(1)-b] I'll ask my dad to explain the reason. He knows a lot about plants.

The three students are in Nami's garden. They see some plastic cards on the ground. The plants' names are written on them. A small pumpkin is growing among the goya plants. Nami's father, Takeo, has come out and begun to talk to them about plants.

Nami : Dad, did you know there was a pumpkin growing among the *goyas*?

Takeo : Yes. May I ask you a few questions about it?

Ryuji : Sure.

Takeo : OK, do you think Japanese farmers grow tomatoes from seeds?

Ryuji : No, they don't do that anymore.

Takeo : What do they use instead?

Ryuji : *Seedlings.

Takeo : Why did they stop growing tomatoes from their seeds?

Zack : It took a long time to grow them.

Takeo : Yes, that's true.

Nami : Dad, I remember we bought seedlings of *goya*, not seeds.

Takeo : Right, but you didn't know they were made of not only *goya* plants but also pumpkins. The pumpkins were added to the lower part of these *goya* plants. They were *grafted seedlings.

Nami : All the grafted seedlings are made in the same way, right? Why was there a pumpkin among the *goya* plants?

Takeo : Actually, when a grafted seedling of *goya* is sold, its pumpkin's *buds are usually taken away. I guess this time they were still left there. These things sometimes happen.

Nami : (4)<u>I finally understand.</u>

Zack : Just a minute. I'm not sure how the two plants can become one.

Ryuji : That's a good question. It is possible to join two plants into one if they are in the same *family.

Zack : Now I understand. It is fun to learn something new.

Takeo : I'm glad to hear that. One more question. Why is it necessary to add the pumpkin plant to the *goya* plant?

Zack : It grows faster, right?

Takeo : Yes. Anything else?

Ryuji : I hear the *roots of *goya* are not good for growing in the same place every year, but the pumpkins' roots are different.

Takeo : How different?

Ryuji : Growing *goya* plants in the same place every year increases chances of *damage from *pests. [(5)]

Takeo : Well done. The pumpkins' roots are stronger. Humans have used grafted seedlings like this for over 2,000 years.

Zack : 2,000 years?

Takeo : I'm sure it will be useful for a lot of people in the future.

Nami : Dad, our science teacher said the number of people would be about 10 billion around the world in 2050.

Ryuji : We should find more ways to produce a lot of food for these people, before it's too late.

Zack : If we need [(3)-b] plants, how about introducing *GM crops?

Nami : I have never heard of them before. What are those?

Zack : Scientists have changed the plants with new technology. There are many good points about GM crops.

Nami : Tell us about them.

Zack : GM potatoes keep pests away.

Nami : Sounds good, but how can they do that?

Zack : They have something bad to pests.

Nami : What is it?

Zack : Scientists have discovered something *toxic to pests in the *soil and have used it to change the type of potatoes.

Nami : Oh, I don't think that's a good way. It never happens in the natural world.

Zack : Of course not, but they always taste better, grow [(3)-c], and are kept fresh for a longer period of time.

Takeo : People say about 270 million people in developing countries can be saved by GM crops.

Ryuji : They are so strong that farmers can grow them in difficult environments such as dry land and poor soil.

Zack : GM crops are not influenced at all by *herbicides farmers have used in their fields.

Nami : I'm afraid they can change the natural environment.

Zack : You have a point. I think (6)【 ① the food problem ② solve ③ is ④ best ⑤ producing ⑥ ways ⑦ the ⑧ to ⑨ GM crops ⑩ of ⑪ one 】, but we should decide how to use them under good rules.

Takeo : I understand what you said, but at the same time, we have another problem to solve. What will happen if one of them has a new disease?

Ryuji : Something dangerous will happen if we grow only one GM crop.

Zack : We should grow more kinds of GM crops, right?

Nami : [(7)-a]

Zack : [(7)-b]

Ryuji : [(7)-c]

Nami : [(7)-d]

Takeo : Nami, don't give up. We still have some hope for our future. I just found surprising news on the Internet yesterday.

Nami : What was the news about?

Takeo : Japanese scientists created a grafted seedling with different families for the first time.

Zack : Sounds great. What kind of grafted seedlings?

Takeo : They have joined a tomato, a *tobacco-plant, and a *chrysanthemum into one grafted seedling.

Zack : Three kinds of plants become one, right?

Takeo : Yes, the chrysanthemum and the tomato are from different families, but the tobacco-plant can work like a bridge between them. The chrysanthemum can be used in the [(3)-d] part.

Ryuji : Wow! That's new to me. Chrysanthemum's roots are so strong that farmers can grow them in more places.

Zack : [(1)-c]

Takeo : Yes, but we have more things to do. That grafted seedling hasn't produced many tomatoes yet.

Ryuji : [(1)-d]

Takeo : However, the scientists have created more than 30 grafted seedlings with seven kinds of tobacco-plants.

Zack : Hmm.... Each of the technologies has its own good and bad points.

Ryuji : We need to take one step at a time.

Nami : Well, let's study after lunch. Those green *goyas* look so delicious that I want to cook them together with tofu, eggs, pork and other vegetables.

Zack : That makes me hungry, too.

Takeo : Why don't you try to eat them, Zack?

Zack : Sure, I'd love to.

Nami : OK. Let's pick some.

〔注〕
leaf　葉
offspring　子孫
pumpkin　かぼちゃ
bud　芽
damage　害
evaporate　蒸発する
pollen　花粉
seedling　苗
family　科
pest　害虫
female flower　雌花
male flower　雄花
grafted seedling　接ぎ木苗（つぎきなえ）
root　根
GM (Genetically Modified) crop　遺伝子組み換え作物
toxic　毒性のある
soil　土壌
herbicide　除草剤
tobacco-plant　ナス科タバコ属の植物
chrysanthemum　菊

〔問1〕 (1)-a ～ (1)-d の中に，それぞれ次のA～Dのどれを入れるのがよいか。その組み合わせとして最も適切なものは，下のア～カの中ではどれか。

A That's too bad.
B I have no idea.
C That's great.
D How do they feel?

	(1)-a	(1)-b	(1)-c	(1)-d
ア	B	A	C	D
イ	B	C	D	A
ウ	C	A	D	B
エ	C	B	A	D
オ	D	B	C	A
カ	D	C	A	B

〔問2〕 本文の流れに合うように， (2) に英語を入れるとき，最も適切なものは，次の中ではどれか。

ア A few small holes are like open windows for the water to evaporate to the sky.
イ The water runs so fast in many small holes in the leaves that people can't see it.
ウ There are many small holes in the leaves people can't see with their own eyes.
エ The leaves have few small holes to keep cool with the water evaporating from them.

〔問3〕 (3)-a ～ (3)-d の中に，それぞれ次のA～Dのどれを入れるのがよいか。その組み合わせとして最も適切なものは，下のア～カの中ではどれか。

A bigger　B stronger　C faster　D lower

	(3)-a	(3)-b	(3)-c	(3)-d
ア	A	B	C	D
イ	A	C	D	B
ウ	B	A	D	C
エ	B	D	C	A
オ	C	A	B	D
カ	C	D	B	A

〔問4〕(4)I finally understand. とあるが，このとき Nami が理解している内容として最も適切なものは，次の中ではどれか。

ア　Grafted seedlings of *goya* have their own ways to produce their seeds.

イ　Grafted seedlings of *goya* are not sold in the same condition in some cases.

ウ　Grafted seedlings of *goya* need more than two kinds of plants when they grow.

エ　Grafted seedlings of *goya* are not grown at all in the different conditions.

〔問5〕 本文の流れに合うように，［(5)］に英語を入れるとき，最も適切なものは，次の中ではどれか。

ア　They can discover which *goya* plants are produced.

イ　They can easily guess why *goya* plants grow.

ウ　They count how many *goya* plants are produced.

エ　They remember where *goya* plants grow.

〔問6〕(6)【① the food problem ② solve ③ is ④ best ⑤ producing ⑥ ways ⑦ the ⑧ to ⑨ GM crops ⑩ of ⑪ one】について，本文の流れに合うように，【　　】内の単語・語句を正しく並べかえるとき，【　　】内で1番目と5番目と9番目にくるものの組み合わせとして最も適切なものは，次のア～カの中ではどれか。

	1番目	5番目	9番目
ア	①	⑩	⑧
イ	⑤	⑥	⑪
ウ	⑤	⑩	③
エ	⑨	⑩	⑧
オ	⑪	③	①
カ	⑪	⑥	③

〔問7〕 ［(7)-a］～［(7)-d］の中に，それぞれ次のA～Dのどれを入れるのがよいか。その組み合わせとして最も適切なものは，次のページのア～カの中ではどれか。

A　Then we can grow more vegetables with grafted seedlings instead.

B　I don’t know what to do with the food problem anymore.

C　Well, I’m afraid the natural environment will be more damaged.

D　Well, you have brought us back to the same problem.

	(7)-a	(7)-b	(7)-c	(7)-d
ア	B	C	A	D
イ	B	D	A	C
ウ	C	A	D	B
エ	C	D	B	A
オ	D	A	C	B
カ	D	C	B	A

〔問8〕 本文の内容に合う英文の組み合わせとして最も適切なものは，下のア～シの中ではどれか。

① There is only one strong point about the green leaves covering the windows in Nami's house.

② If there are fewer male flowers, some plants like *goya* can survive in difficult environments.

③ The female flowers of the *goya* plant bloom earlier than the male ones to produce more offspring.

④ Nami understands why the pumpkin is growing among the *goya* plants before Takeo tells her about it.

⑤ Zack says that it is easy to grow GM crops but it is hard for them to survive in any place.

⑥ Nami is worried that there will be some environmental problems because of GM crops.

⑦ Ryuji has never heard about the new grafted seedling before Takeo tells him about it.

⑧ Zack has realized that both grafted seedlings and GM crops have some problems to solve.

ア	①②	イ	③⑦	ウ	④⑧
エ	⑥⑧	オ	①⑦⑧	カ	②⑤⑥
キ	④⑤⑥	ク	⑥⑦⑧	ケ	①⑤⑦⑧
コ	②⑤⑦⑧	サ	③④⑤⑥	シ	④⑥⑦⑧

〔問9〕 次の質問に対する答えを，理由を含めて40語以上50語以内の英語で述べなさい。ただし，本文で挙げられたgrafted seedlings, GM cropsを答えに使用しないこと。「,」「.」「!」「?」などは，語数に含めない。これらの符号は，解答用紙の下線部と下線部の間に入れなさい。

How do you solve the food problem for people in need?

3 次の文章を読んで，あとの各問に答えなさい。
（＊印の付いている単語・語句には，本文のあとに〔注〕がある。）

My name is Rei, and I am a high school student at Nishiki High School. I would like to tell you a little about myself. I like Math and Science. I am at this school because I can study many different science subjects. I like thinking about every small thing carefully. I decided to choose a topic for *Themed Research. (1)<u>I had the confidence to do it all by myself.</u>

In Themed Research, all the students choose one topic they are interested in and spend one year for their study. I began studying *solar power generation efficiency. Nishiki High School has produced solar power since 2000 and has collected *solar radiation efficiency data, so I became interested in collecting new data and *looking into it. I planned to take the data every day during lunch time. Right after the fourth period finished, I went up to the *rooftop, checked the number the solar power *machine showed, and wrote it down. I also checked the weather and the temperature of the day. I enjoyed this lunch time activity very much because I could do it by myself.

I continued going up and collecting data for a year, and finally I wrote a Themed Research report and made a presentation in class. I thought my study was a success, and I was very glad about it. However, one of the science teachers said, "I am very *impressed that you have done this great study all by yourself, but you don't have enough data because there are *missing data on holidays." I asked myself, "Holidays?" The teacher added, "(2)<u>You need one more step, and you can jump over the fence.</u>" I didn't know what she was talking about. She continued, "You'll have to find ways of getting the perfect data." I was shocked to find that my study was not perfect. I felt [(3)-a] and I could not think of anything. That was my first year at high school.

When I became a second year student at high school, I chose the same topic for my Themed Research. I had to find the ways to solve the problem [(3)-b] from the last year, but I had no idea how to solve it. Days were just passing. One day in our science class, the teacher said to us, "There will be a summer program held in the U.S. You can visit several universities and *laboratories. You can see the world's top studies there." At first I was not at all interested in going to the U.S. But suddenly I became interested in it because I learned we could visit *California Institute of Technology (Caltech) and *Jet Propulsion Laboratory (JPL). I read a comic book which showed students of Caltech and studies done at the university. In Caltech, students can study the latest *space engineering, and I always *dreamed of going there someday. I also knew the latest rocket would be built at JPL. I read a story in a magazine a few days ago. (4)【① what ② the ③ like ④ was ⑤ space engineering ⑥ I ⑦ to ⑧ latest ⑨ really wanted ⑩ see】 and how the rocket would be built, so I decided to join the program.

I was [(3)-c] to take the first step in the university I dreamed of. The first thing I saw was blackboards put outside. Why were there blackboards outside? You may wonder what I am talking about. Actually, there were a lot of blackboards all around Caltech. While we were walking together around the university, we saw many people who were talking in front of the blackboards. Some of them were writing numbers or drawing pictures on them. I was wondering what these people were doing with the blackboards.

After we visited Caltech, we *moved on to JPL. We took a tour to look around the laboratory, and we were surprised to find out that our tour guide graduated from Nishiki High School. He came to the U.S. after he graduated from a Japanese university, and studied for a *doctoral course in Caltech. He was now working at JPL as a researcher. During the tour, I was surprised to see the [(3)-d] scene I saw in Caltech. People were talking in front of blackboards. A lot of blackboards were in the laboratory, too!

One of the Nishiki students asked him, "Why are there a lot of blackboards in the university and in the laboratory?" [(5)] He answered that those blackboards were there to share their ideas and opinions. If they came up with new ideas, they could write or draw them on the blackboards. Then other people could see them and add their opinions to them. Sometimes they started talking in front of the blackboards. I was shocked that they were sharing their ideas and talking about them with others. I was not going to talk about my idea with other people. He continued to say that sharing was the biggest step for science study. I was more shocked at the answer because I did not understand why sharing was needed for science study. I was sure that I could do it alone. I did everything by myself for my Themed Research. He said, "If you share your idea with someone, you can get more ideas, and then your idea will become a better one. Great ideas in the past became real plans or projects which have changed the world." He said at the end that you could not do any study all by yourself. After the tour, we went to the cafeteria to have lunch. At the cafeteria, many people were eating lunch and talking in front of the blackboards. Some numbers or designs were on them. I remembered that I always spent the lunch time by myself on the rooftop collecting data. I realized my lunch time at high school was really different from theirs.

After I came back from the U.S., I often remembered those blackboards and the people talking about their opinions and sharing them in front of the blackboards. One day I decided to write my idea about the Themed Research and (6)<u>the problem</u> I had to solve on one of the blackboards in the classroom. I did it, after everybody left the classroom. I did not know *whether my classmates would get interested in my study, add some ideas to mine, or even give some advice. The next day when I came into the classroom, two classmates were talking about my idea in front of the blackboard. Soon after they saw me, they asked me about my plan and the problem I had. They listened to me *much more carefully and said that they wanted to help me. One of them said that he could make a computer program which can collect data by itself, and he also said that we could solve the problem. The other student said she could build a hard case to protect the new machine we would make. We started to write a lot of new ideas on my old plan and had much time to talk about them. Until then, I did not know it was really exciting to talk about the ideas or plans with other people. This is how my second year Themed Research started, and this time three of us worked together. After two classmates joined in the study, it became a great success. (7)<u>And now I understand what the words of the researcher really mean.</u>

〔注〕 Themed Research　課題研究
solar power generation efficiency　太陽光発電の効率
solar radiation efficiency data　太陽放射効率のデータ
look into ～　～を調査する　　rooftop　屋上　　machine　機械
impress　感動させる　　missing　足りない　　laboratory　研究所
California Institute of Technology (Caltech)　カリフォルニア工科大学
Jet Propulsion Laboratory (JPL)　ジェット推進研究所
space engineering　宇宙工学　　dream of ～　～を夢見る
move on to ～　～へ移動する　　doctoral course　博士課程
whether ～　～かどうか　　much　はるかに

〔問1〕(1)<u>I had the confidence to do it all by myself.</u> とあるが，その内容を次のように書き表すとすれば，［　　　］の中にどのような英語を入れるのがよいか。下線部(1)を除く本文中で使われている連続する3語で答えなさい。

I ［　　　］ I could do all the research without any help.

〔問2〕(2)You need one more step, and you can jump over the fence. とあるが，この発言の意味として，最も適切なものは，次の中ではどれか。

ア If you find out what a missing part is in your study, you can make a better presentation.

イ If you have enough courage to jump over the fence, you can collect much more data.

ウ With a little more effort, you will be able to make your Themed Research greater than now.

エ With one step at a time, you can keep collecting data to finish your Themed Research.

〔問3〕 (3)-a ～ (3)-d にそれぞれ以下の語を入れるとき，最も適切な組み合わせは，下のア～カの中ではどれか。

A excited　B enough　C lost　D same
E wrong　F new　G left

	(3)-a	(3)-b	(3)-c	(3)-d
ア	A	B	C	D
イ	A	E	G	F
ウ	C	E	A	F
エ	C	G	A	D
オ	E	F	D	B
カ	E	G	C	B

〔問4〕(4)【① what ② the ③ like ④ was ⑤ space engineering ⑥ I ⑦ to ⑧ latest ⑨ really wanted ⑩ see】について，本文の流れに合うように，【　　】内の単語・語句を正しく並べかえるとき，【　　】内で3番目と5番目と10番目にくるものの組み合わせとして最も適切なものは，次のア～クの中ではどれか。なお，文頭にくる語も小文字で示してある。

	3番目	5番目	10番目
ア	②	⑦	③
イ	②	⑩	⑧
ウ	③	①	⑨
エ	③	⑧	⑩
オ	⑤	⑨	①
カ	⑦	①	③
キ	⑦	④	⑤
ク	⑨	②	①

〔問5〕 本文の流れに合うように，[(5)]に英語を入れるとき，最も適切なものは，次の中ではどれか。

ア　I was glad because I also wanted to know the answer.
イ　I was excited to find there were so many blackboards.
ウ　I was disappointed because I already knew the answer.
エ　I was sad I didn't understand the words on the boards.

〔問6〕 (6)the problem とあるが，その内容を説明した次の文の（　）に，本文中で使われている連続する２語を補いなさい。

She could not find a way of getting information (　　)(　　).

〔問7〕 (7)And now I understand what the words of the researcher really mean. とあるが，このようにReiが理解した理由として最も適切なものは，次の中ではどれか。

ア　After she collected the data for her first Themed Research, her study became a big success.
イ　After her classmates found something wrong in her research report, she got a positive result.
ウ　After her classmates joined her, she realized working together meant a lot for science study.
エ　After she visited Caltech and JPL that summer, she got the confidence to work all by herself.

〔問8〕 本文の内容に合う英文の組み合わせとして最も適切なものは，下のア～シの中ではどれか。

① Rei decided to collect solar radiation efficiency data because there was no information about it.

② Rei checked both the amount of solar power generation and the weather conditions of the day, before the fifth class.

③ Rei was so shocked with her teacher's comment that she decided to change the topic for the second year research.

④ Rei decided to join the summer program in the U.S. because she wanted to find the solution to collect the perfect data.

⑤ Rei was very surprised to find that the tour guide came to the U.S. to work at JPL after his doctoral course in a Japanese university.

⑥ Rei was not happy about the researcher's answer, but she quickly understood the true meaning of his words.

⑦ Rei remembered her lunch time on the rooftop at high school when she saw people's activity at JPL cafeteria.

⑧ Rei had no idea whether her classmates would be interested in her research, but actually, a few were.

ア	①②	イ	③⑥	ウ	④⑦
エ	⑤⑧	オ	②⑤⑦	カ	②⑦⑧
キ	③④⑧	ク	④⑤⑥	ケ	①③④⑦
コ	②③⑤⑥	サ	②⑤⑦⑧	シ	③④⑦⑧

〔問9〕 以下の英文は，Reiが高校卒業後，恩師に宛てた手紙の一部である。（　①　）～（　④　）に入る最も適切な英語１語をそれぞれ本文中から抜き出して答えなさい。

Dear Ms.Kato,

It has been two years since I came to the U.S. I have been studying space engineering here at Caltech with a lot of classmates who came from many different countries. We sometimes have difficulties in understanding each other because we all have different cultures and different （　①　） of thinking. We often talk about our ideas using numbers or pictures on （　②　） after school just as I saw in Caltech and JPL that summer. Our original ideas have become much （　③　） plans after we talk to each other. I still remember when I went up to the rooftop and collected data by myself. I also remember what I did with my classmates when we were in the （　④　） grade of high school. Those days taught me it is very exciting to work with other people. Now I know doing things and thinking deeply by myself is one important step for science, but at the same time, sharing things with others brings us a bigger progress.

るものとなっている。

〔問3〕 までとあるが、これと同じ意味・用法のものを、次の各文の――を付けた「まで」のうちから一つ選べ。

ア 傘を忘れたから、雨がやむまで待った。
イ 宿題を終え、部屋の片付けまでやった。
ウ 今日は急いでいるので、話はここまでだ。
エ 不明な点がある方は、係の者までお伝えください。

〔問4〕 (3)まして「実景実情」を説いたとされる景樹にふさわしくないようにも思われる。とあるが、Ⅱの歌に対する筆者の評価を説明したものとして最も適切なのは、次のうちではどれか。

ア 主体の所在を言葉の緊密な連携に内包させることによって、実感を排除した作者の理想を描き得ている。
イ 悲しみとは関連の薄い言葉を連携させることによって、来るべき新年への喜びを無自覚的に想起させ得ている。
ウ 年末の風景描写を中心に据えながらも巧みに言葉を連携させることによって、風景と心情を融合し得ている。
エ 霰の降る情景に年末の悲しさを技巧的に集約させることによって、風景そのものをより鮮明に表現し得ている。

〔問5〕 本文中の「しらべ」の説明として適当でないものを次のうちから一つ選べ。

ア 余韻のある表現に触れることによって、読者自身が和歌の創り出す世界に居合わせるような感覚。
イ 言葉の響き合いにより、言葉そのもののもつ意味を越える領域にまで主体が没入するような感覚。
ウ 言葉が生み出す景色の内部に主体が包みこまれ、実感として歌を味わっていくような感覚。
エ 言葉の意味だけを味わうのではなく、音韻やリズムを通して主体が和歌世界に共鳴するような感覚。

〔注〕景樹――江戸時代の歌人である香川景樹のこと。
桂園一枝――江戸時代に成立した、香川景樹自選による歌集。
上下句――五、七、五、七、七の五句で構成される和歌の五、七、五を上句といい、後半の七、七を下句という。ここでは上句と下句を合わせて上下句と表現している。
「うづみ火の」――うづみ火の外に心はなけれども向かへば見ゆる白鳥の山（桂園一枝・四三〇）
（埋み火（囲炉裏の灰に埋めた炭火）に心奪われていたが、ふと見ると、白鳥の山に向かい合っていた）
『講義』――『桂園一枝講義』のこと。『桂園一枝』について香川景樹自身が行った講釈を聞き書きした書物。
根白高萱――水によって根元が白くなった背の高い草。
凡河内躬恒――平安時代の歌人。
緒――糸や紐などの細長いもの。また、長く続くもの。
白玉――白色の美しい玉。真珠の古名。
縁語――意味の上で関連のある語を二つ以上用いて表現効果を高める和歌の技法。
窪田空穂――歌人。国文学者。
収斂――ひろがっているものを一点に集結すること。

〔問1〕(1)歌はことわるものにあらず、しらぶるものなりとあるが、ここでいう「歌はことわるものにあらず」の説明として最も適切なのは、次のうちではどれか。

ア　歌は抽象的に解釈したり創作したりするものではないということ。

イ　歌は論理的に理解したり表現したりするものではないということ。

ウ　歌は読者の介入を拒否したり固辞したりするものではないということ。

エ　歌は作者の存在をぼかしたり消したりするものではないということ。

〔問2〕(2)のちに景樹はこれをこう改作した。とあるが、改作後のⅠの歌について筆者が本文中で説明したものとして最も適切なのは、次のうちではどれか。

ア　三句以下にゆとりをもたせることで余情を生み出し、読者が作者の体験した風景をなぞるように経験できるものとなっている。

イ　初二句で白い霙を提示したうえで三句以下に松の葉の緑を登場させることで、読者の視点の誘導に成功した表現となっている。

ウ　初二句で謎めいた状況を述べて読者の興味を引きつける構造となっており、情景と読者を結び付けようとするものとなっている。

エ　三句以下に名詞が少なくなっており、松に焦点を絞った作者の視線から和歌の世界を読者に想像させ

『万葉集』の三四九七番歌に見える「根白高萱」という語句を導入している。『講義』によれば、当初第五句は「涼しかりけり」であったという。それでもよいのだが、「ものを」と言葉を残した、つまり余韻を持たせたと述べている。根白高萱を吹く風の音だけでも涼しいのに、風が立てた波までが寄せてきていっそう涼しい、ということらしい。聴覚・視覚・皮膚感覚を動員しつつ、夏の中に見いだされた秋へと主体を浸透させていく、そのために「ものを」と余韻のある終え方をしているということなのだろう。川岸の根白高萱という特異な素材に刺激された主体が、やがて季節の奥へと溶け込んでいくのである。おそらく景樹が高く評価していた*凡河内躬恒の歌、

　住の江の松を秋風吹くからに声うちそふる沖つ白波　（古今集・賀・三六〇）

（住の江の松を秋風が吹くやいなや、声を揃えて寄せてくる沖の白波よ）

と同様の歌境を求めたのだろうと想像される。

彼はこのように言葉を練り上げ、多層的に連携するような工夫を行い、しかもそれを自負するところがあった。

Ⅱ　歳暮

年の*緒も限りなればや*白玉の霰乱れて物ぞ悲しき　（桂園一枝・四三九）

（一年という緒も限界を迎えようとしているからか、白玉のごとき霰が乱れ降り、心乱れて悲しい）

「大人自得の歌」（先生が満足している歌）だったという証言が残されている。「緒」が貫くのが「白玉」であり、その緒が絶えれば、「霰」の降るように散り「乱れ」、心「乱れ」て悲しい。普通にいっても、かなりうるさいくらいの*縁語*仕立てである。(3)まして「実景実情」を説いたとされる景樹にふさわしくないようにも思われる。*窪田空穂は「この歌には、彼としては第一になくてはならない実物実情の見るべきものがない」と手厳しく評している。だがむしろ、こういう縁語を駆使するような表現に彼の本領の一端があったと考えるべきだろう。霰の乱れ降る情景が核心にあることが見逃せない。歳末に悲しみを催されているだけではなく、歳暮と悲しみの間に、霰乱れる風景が抜き差しならない結節点となっていて、そこへと事柄と心情が集約される構造となっている。心情表現にすべてが*収斂するのではないのである。言葉の連動が無意識の領域を作り上げ、そこに理想が託される。ここでも、主体は言葉の表す景に溶け込んでいくといってよいだろう。言葉の緊密なつながりに、作者が連動していくのである。主体が景に溶け込んでいくよう言葉を構えていくという点で、実感・実情の歌も、雅調の歌も、けっして別物ではないのである。

（渡部泰明「和歌史　なぜ千年を越えて続いたか」による）

れる。おや、という発見が語られる。読者にとっては謎が示されるといってもよい。下句では、その理由が示される。たんなる冬の初めの時雨かと思っていたが、雪まじりの霙だったのだなあ、と。「夕」の語からは、ほの暗い中で浮かび上がった白さであったことも察せられる。ただし、この下句は名詞が連続していて、少し窮屈である。原因を駆け足で解き明かした、という説明感が出てしまう。謎めいた状況を発見し、やがてその訳に気づく、という言葉の運びは、実際の意識の流れに即しているわけだから、むしろ実感・実景を表現せよという景樹の主張に適合しているともいえそうである。しかし、事はそう単純ではない。窮屈な言葉の配置が、かえって人間の思考回路をなぞっている印象をもたらしかねない。意識的な人の仕業を浮き出させてしまうのである。

最初に詠んだ「たえだえに」は、まず上句で風景が描写さ

一方「しぐるるは」と改訂してどうなったか。まず初二句で判断の結果が語られる。そうして三句以下で、その判断を導いた状況が描写される。原作の上下を転倒させたわけだが、たんに強調するためだけの倒置法ではない。第三句以下がずいぶんゆったりしてきていて、霙だと思った理由を示しただけではなくなる。もっと膨らみが出てくる。夕闇の中、白さを浮かび上がらせる松の木の前にたたずむ作者を感じさせるのである。のみならず、松は天候を含めその場の時空を焦点化した存在に他ならないから、作者の前に広がる風景をもじわりと想像させていく。つまり読み手は、まず初二句の謎めいた推定におやと思い、その疑問に促されて松の木の存在へと導かれるが、それが知的な了解で終わらずに、眼前の広がりのある風景に出会って受け止められ、風景が広がるとともにそこに溶け込んでいく感覚を味わうことになる。

この溶け込むような感覚が、「しらべ」の核心にあるのだと思う。溶け込むとは、対象と主体が密接に連動することと言い換えることができる。言語芸術である和歌に即していえば、我と言葉とが同調し連動する感覚といえるだろう。「しらべ」とは本来音楽の調子のことである。音楽を聴いていて、あるいは演奏したり唄ったりしていて、音調が身体と同調し連動してくる、あの感覚を比喩的に転用しているのだろう。

言葉と主体が連動し、溶け込むような感覚を示す和歌は、景樹の和歌に数多く見られる。「うづみ火の」*(四三〇)などはその典型である。埋み火のぬくもりを感じ取っているからこそ、雪景色の白鳥の山の冴えた白さが際立つのだが、洗われたような気分とともにやがてその距離は消えゆき、白鳥の山に吸い込まれていく。景樹の代表作などとされるのも、理由のないことではない。このような「しらべ」につながる連動の感覚を、景樹自身が自負していたと思われる『講義』*でも取り上げられた歌で確かめてみよう。

風前夏草
川岸の根白高萱*風吹けば波さへ寄せて涼しきものを
(桂園一枝・一八三)
(川岸の根の白い高萱に風が吹くと、波までが寄せて涼しいというのだからなあ)

ア　文章Aでは「ベルグソン」、文章Bでは「山岸俊男」というように、他者の意見や論考、文章を参考にしたり引用したりして、自身の論の土台や補強としている。

イ　文章Bは文章Aの考えを論の基軸に据えながら、「安心」「信頼」という二項対立を提示した上で、他者との付き合い方や評価の仕方を提案している。

ウ　文章Bにおける「山岸俊男」の引用は、文章Aにおける「シェクスピア」の例のように、筆者の意見の反証として論を構成する役割を果たしている。

エ　文章Aでは、空白の行を作ることで意味段落が変わったことを明確に示しているが、文章Bも同様に空白の行によって意味段落を明示しようとしている。

オ　文章Aでは、はじめに筆者の結論を述べた上で本文を展開し、末尾でもう一度結論を言い直す形式で論を進めているが、文章Bも同様の文構造を用いている。

5　次の文章を読んで、あとの各問に答えよ。（*印の付いている言葉には、本文のあとに〔注〕がある。）

*景樹（かげき）は「しらべ」を重んじた。「(1)歌はことわるものにあらず、しらぶるものなり」という発言をしきりと繰り返している。

「しらべ」には、「祈り」「境界」「演技」「連動する言葉」という要素がすべて含まれている。

たえだえに松の葉白くなりにけりこの夕時雨（ゆふしぐれ）みぞれなるらし

霙（みぞれ）の題で詠（よ）んだ歌である。とぎれとぎれに松の葉が白くなった。ああそれはこの夕方の時雨が、霙だったからなのだなあ、と気づいたというのである。(2)のちに景樹はこれをこう改作した。

Ⅰ　しぐるるはみぞれなるらしこの夕べ松の葉白くなりにけるかな　（*桂園一枝（けいえんいっし）・四〇三）

（時雨かと思ったが、霙だったらしい。この夕暮れの中、松の葉が白くなったよ）

そしてこちらを『桂園一枝』に収めている。そして自ら一首を「雅調」だと自負している。*上下句をひっくり返して少し手を入れたくらいにも見えるが、二首はどう違うだろうか。

部分はそれを考える上でヒントになります。よく考えてみてください。話し合って文章A、Bを整理した上で、各班で解答を書いてみましょう。時間になったら発表してもらいます。

生徒ア：まず、二重傍線部の意味について考えてみようよ。

生徒イ：そうだね。「消極的な意味での可能」というのはどう説明できるかな。

生徒ウ：「X」という程度の意味しか持たない『可能』というのはどうかな。

生徒エ：いいね。じゃあ「積極的な意味」は「消極的な意味での可能」と対比させればよいから…。

生徒ア：「Y」といった意味を無意識に付加している『可能』といえるかな。

生徒エ：なるほど。そうすると二重傍線部は「世間一般の人は、本来は X という程度の意味しか持たない『可能』という言葉に、Y といった意味を無意識に付加しているということ。」といえるね。

生徒ア：文章Aの筆者はどちらを重視しているか、注意しないといけないね。

生徒イ：「不確実性」という言葉で説明するとどうなるかな。「不確実性」という言葉をちゃんと理解するところからはじめた方がよさそうだね。

生徒ウ：文章Bには「『不確実性』に開かれているか、閉じているか」とあるよ。これって、さっきの「可能性」の対比の構造に似ている気がするな。

生徒ア：そろそろ時間だから、それぞれで答えを書いてみようよ。

（しばらくして）

生徒ウ：それぞれが書いたものを発表してみよう。

生徒ア：私は「可能性とは、自分の想定外のことが起こるかも知れないという『不確実性』を否定した上で、将来の考えられる姿を指し示す言葉である。」と書いたよ。

生徒イ：私は「可能性とは、常に自分の想定外のことが起こるかも知れないという『不確実性』を受け入れて、未来において多くの選択肢や状態があり得ることを指し示す言葉である。」と書いたよ。

生徒ウ：私は「可能性とは、想定外のことが起こりうるかも知れないという『不確実性』をふまえて、これから起こるべき出来事をできるだけたくさん想定した上でその中から未来について言及しようとする言葉である。」と書いたよ。

生徒エ：みんなすごいな。私はまだ書けていないよ。でも最も適切に、Aの筆者が考える「可能性」という言葉をBの文章で使われている「不確実性」という言葉を使って説明できているのは Z さんだと思う。先生にも聞いてみよう。

先　生：どれどれ。みんなよく話し合って考えましたね。中でも Z さんの答えがいいですね。

〔問6〕　文章A、Bについて述べたものとして最も適切なものを、次のア～オから選べ。

なったことにより、その形を特定することが困難だと考えているから。

イ　現代芸術というものは日々変化し続けるものであり、総論的に捉えることのできるものではないと考えているから。

ウ　現代の芸術は膨大な過去の蓄積を踏まえて評価されるものだが、その全てを把握することはできないと考えているから。

エ　様々に形を変えて多様に存在している現代芸術を、小さな差異に注目して評価するのは難しいと考えているから。

〔問2〕(2)鏡の前に立った人が、鏡の中の自分の姿を見て、鏡の後(うしろ)に行けば、あの姿に触(さわ)われると考えている様なものである。とあるが、この部分においてAの筆者が述べようとしていることの説明として最も適切なものを、次のうちから選べ。

ア　予測不可能な未来とは違い過去は固定されたものだということ。

イ　未来予測は現在を過去に投影した上で行うのがよいということ。

ウ　物質的に閉ざされた現実から解放されることはないということ。

エ　明日の姿を現在や過去から推測することはできないということ。

〔問3〕(3)社会心理学が専門の山岸俊男(やまぎしとしお)は、信頼と安心はまったく別のものだと論じています。とあるが、ここでの「信頼」を具体的に示した例として最も適切なものを、次のうちから選べ。

ア　必要なものだけを買ってくるように、買い物リストを渡す。

イ　友達との約束に遅れないように、十分前に集合場所に着いた。

ウ　チーム力向上のために、監督が練習メニューを選手自身に考えさせる。

エ　旅行に行く前に、インターネット等を使い綿密な下調べと計画をする。

〔問4〕(4)「ここから先は人を信じよう」という判断をしたほうが、合理的であるということができますとあるが、Bの筆者がこのように述べたのはなぜか。八十字以上、百字以内で説明しなさい。

〔問5〕次の会話は、文章A、Bを読んだ後の国語の授業の様子である。先生と生徒の会話の中の［X］、［Y］にはそれぞれあてはまる表現を文章Aの語句を用いて、［X］は十字以上、十五字以内で、［Y］は十字以上、二十字以内で書け。また［Z］には生徒を示すア、イ、ウのいずれかを書け。

先　生：Aの文章で、筆者が考える「可能性」という言葉をBの文章で使われている「不確実性」という言葉を使って説明してみましょう。なお、文章Aの二重傍線部のんなふうに語っています。

> 信頼は、社会的不確実性が存在しているにもかかわらず、相手の（自分に対する感情までも含めた意味での）人間性のゆえに、相手が自分に対してひどい行動はとらないだろうと考えることです。これに対して安心は、そもそもそのような社会的不確実性が存在していないと感じることを意味します。

安心は、相手が想定外の行動をとる可能性を意識していない状態です。要するに、相手の行動が自分のコントロール下に置かれていると感じている。

それに対して、信頼とは、相手が想定外の行動をとるかもしれないこと、それによって自分が不利益を被るかもしれないことを前提としています。つまり「社会的不確実性」が存在する。にもかかわらず、それでもなお、相手はひどい行動をとらないだろうと信じること。これが信頼です。

つまり信頼するとき、人は相手の自律性を尊重し、支配するのではなくゆだねているのです。これがないと、ついつい自分の価値観を押しつけてしまい、結果的に相手のためにならない、というすれ違いが起こる。相手の力を信じることは、利他にとって絶対的に必要なことです。

私が出産直後に数字*ばかり気にしてしまい、うまく授乳できなかったのも、赤ん坊の力を信じられていなかったからです。

もちろん、安心の追求は重要です。問題は、安心の追求には終わりがないことです。一〇〇%の安心はありえない。

信頼はリスクを意識しているのに大丈夫だと思う点で、不合理な感情だと思われるかもしれません。しかし、この安心の終わりのなさを考えるならば、むしろ、(4)「ここから先は人を信じよう」という判断をしたほうが、合理的であるということができます。

（伊藤亜紗「「うつわ」的利他——ケアの現場から」による）

〔注〕炯眼——ものごとの本質を見抜いたり将来を見通したりする力が優れている様。
前大戦——ここでは、第一次世界大戦をさしている。
ベルグソン——フランスの哲学者。
シェクスピア——イギリスの劇作家、詩人。
ハムレット——シェクスピアの戯曲。
ベクトル——物事の向かう方向と勢いのこと。
数字——ここでは、筆者が出産直後に産院から示された授乳量の目安の数値をさしている。

〔問1〕(1)現代人が現代芸術を、正しく批評したり評価したりする事は、実に難かしい、殆ど不可能な業である。とあるが、Aの筆者が「殆ど不可能な業である」と述べたのはなぜか。その理由として最も適切なものを、次のうちから選べ。

ア　芸術というものが広く一般的に普及されるように

能性の形で自ら現れ、それが、現実のハムレットを創り出す、と言う事は、定義上、その精神とはシェクスピア自身に他ならぬではないか。シェクスピアの先駆者が、感ずるところを、考える処を、ことごとく、シェクスピアは、やがて感じ考えるであろう、などと言わなくても、シェクスピアという男が生れたとだけ言って置けば、すむ事である。

　可能性とは、過去に映った現在の幻影である。現実のものが次々に新しく現れて来るにつれて、その映像を、人々は任意の過去のうちに常に映し出してみる。だからこそ現実は、常に可能であったという事になる。私達は明日はやがて今日になる事を知っているし、可能性の幻影は、休みなく現れているから、明日になれば過去になる現在のうちに、明日の姿は、はっきりと掴み難いにせよ、既に含まれている、などと暢気な事を言っている。(2)鏡の前に立った人が、鏡の中の自分の姿を見て、鏡の後に行けば、あの姿に触れると考えている様なものである。物質界の閉ざされたシステムのうちでは、予見は可能だ。という事は、可能性という言葉の濫用が不可能だという事と同じ意味だ。併し、人生に於ては、先ず新しい事態が生じたからこそ、事態は可能であったであろうと考えられる。事態が、可能であったものになり始めるまさにその瞬間に、事態はいつも可能であったのだ。可能性は決して現実に先行出来ぬ。一ったん現実が現れれば、現実に恐らく先行したであろうと言えるだけのものに過ぎぬ。ひと昔前には、明日の文学はどうなるかという議論が盛んだった。今日では、文学という言葉が文化という言葉に変ったが、可能性という言葉の濫用には、一向変りはない様である。論者は、知らず識らずのうちに易しい道を選ぶ。ベルグソン流に考えれば、可能性となる現実の文化を感ぜず、現実の文化となる可能性を知性の眼で追うのである。そして、論者は、いろいろと論じた揚句、日本の新しい独自の文化の誕生が望ましいと言う立派な結論に達したりしているが、実は、そういうものこそ、論者の一番考えない、殆ど恐れているものではないかとさえ思われる。何故かというと、新しく生れて来る文化は、生れて来る人間の様に、独自な性質のものであるより他はないし、独自な文化は、人間の様に生れて来るより他はないのであるが、論者の好むところは、文化の誕生より、寧ろ文化的プログラムの実現、文化的予定計画の達成と呼ぶべきものであろうし、新しい独自な文化というものも言葉の綾に過ぎず、実は、文化の新旧も、独自な文化も、模倣の文化も、一般に文化というものを構成している要素の組合せ如何によって現れると考えるのが、論者の理想であろうから。

（小林秀雄「感想」による）

B

(3)社会心理学が専門の山岸俊男は、信頼と安心はまったく別のものだと論じています。どちらも似た言葉のように思えますが、ある一点において、ふたつはまったく逆のベクトル*を向いているのです。

　その一点とは「不確実性」に開かれているか、閉じているか。山岸は『安心社会から信頼社会へ』のなかで、その違いをこ

4

次のA、Bの文章を読んで、あとの各問に答えよ（*印の付いている言葉には、本文のあとに〔注〕がある。）

A

文化を談ずる声は、ジャアナリズムに充満しているが、文化というものは、もう過去のものとなり、歴史の裡に編入されないと、その形がはっきりしないのだから不思議である。私達は、文化の抜け殻しか、はっきり意識出来ない。これは、文化という言葉が流行しようとしまいと変りのない事実らしい。現代文化という言葉は、直ぐ捕えられるが、刻々に変り育ち、歴史の上に深くその痕跡を刻するに至らない現代文化の実態の方は、*炯眼な批評家にも、深く隠れたものであろう。芸術という定義し難いものも亦同じである。(1)現代人が現代芸術を、正しく批評したり評価したりする事は、実に難かしい、殆ど不可能な業である。仕方がないから、私達は、めいめいに言いきかせている、――例えば、私が自らを批評し、評価し、そして、もし誤らなければ、私に何が創り出せよう、と。

*前大戦の頃、フランスの文化が非常に混乱して、新聞や雑誌で、将来の文化とか芸術とかが、どうなるかという問題が、盛んに論じられた時、或る雑誌記者が、*ベルグソンを訪ねて、これからの文学はどうなるか、について意見を求めた。自分には皆目わからない、とベルグソンは言った。記者は、重ねて、少くとも、可能な或る方向というものは考えられるだろう、貴君も考え事では専門家である、細部の予見は不可能でも、全体的な見通しぐらいは、持っているだろう、例えば、明日の優れた演劇として、どういう演劇を考えているか、と訊ねると、ベルグソンは、それがわかっていれば、自分で書くだろう、と答えた。この話は、ベルグソン自身が、後年のエッセイの中に書いている話で、そう答えた時の、記者のあきれ返った様な顔附きが未だ忘れられないと書いている。ベルグソンの考えによれば、世人は可能という事について根本から誤った考えを持っていて、それが為に、可能性という言葉を濫用する事になると言う。戸を閉めていれば、誰も這入って来られない。だからと言って、戸を開ければ、誰が這入って来るか予言出来るとは言えまい。併し、世人は可能性について、そんなでたらめばかり言っているのである。或る物が実現する為に、越え難い障碍はなかった、という意味なら、その或る物は、実現する以前に、実現可能だったと言える。わかり切った事だ。実現の不可能ではないものは実現可能と呼ぶべきではないか。つまり、実現が不可能ではないという事が、実現の為の条件なのだから、この場合、可能という言葉は、空しい言葉ではない。ところが、世人は、そういうはっきりした消極的な意味での可能という言葉に、知らず識らずのうちに、積極的な意味を持たせて了うのである。障碍の欠除を意味する可能性なら、確かに、それは現実性に先立つが、例えば、*シェクスピアのハムレットは、書かれる前は、観念の形で、可能性としてあったと言うなら馬鹿々々しい事になるだろう。シェクスピアのハムレットが、或る精神の裡に可

ウ　穂高の言葉を否定することで、遠ざけようとしていたスポーツクライミングへの思いがふいに露呈したことを認めたくない気持ち。

エ　穂高の言葉を否定しようとしているにもかかわらず、自分の意図が伝わらないことに失望し、どのように理解させるべきか迷う気持ち。

〔問5〕(5)いつの間にか整理され、淀(よど)みが取れ、澄んでいくとあるが、この表現から読み取れる岳の様子として最も適切なのは、次のうちではどれか。

ア　全ての音が自身と適度な距離がある山の静けさの中で山を登るという身体的な運動を行ううちに、自然と考えが整い、自分の心の奥底にある本心と向き合っている様子。

イ　自身を優しく包み込む山の静寂の中で心地よい孤独を感じながら、一定のリズムで山を登り続けるうちに、自分の無意識の部分を進んで理解しはじめようとしている様子。

ウ　他者の存在を感じられる程度の音のみが聞こえる山の静けさと、山を登るというリズムのある身体的動作を感じているうちに、自分の考えや本心を受け入れようとする様子。

エ　自分は一人ではないが誰も干渉することもないという心地よさのある山の静けさの中で黙々と山を登るうちに、心が自然と洗われていき、本当の自分を認識しようと思える様子。

〔問6〕本文に用いられている表現について説明したものとして最も適切なのは、次のうちではどれか。

ア　[A]穂高がべらべらと話しかけてくるのか　[C]ごろごろとした岩が転がる道というような、状況や情景についての詳しい描写によって、登場人物の心情が具体的に表現されている。

イ　[B]「杉の木、あれがモミの木、あっちは多分、アカガシ。」というように、樹木の名の一部をカタカナで表記することにより、穂高がその樹木の名前に対して自信をもてないことが表現されている。

ウ　[D]なんで俺を登山部に誘うんですか。[G]うるさい、もう辞めたんだからいいだろ。など、カギ括弧を用いずに岳の心情を表した部分は、岳の視点に寄り添いながら物語が語られていることが表現されている。

エ　[E]体力を消費した挙げ句に手を滑らせて落下――[F]「……そんなつもりはないんですけど。」というように、「――」「……」という記号の使用により、視覚的に会話の間が表現されている。

のに意識を向けられるくらいに気持ちの余裕が生まれてきた様子。

〔問2〕 (2)思いがけず質問に答えてしまうとあるが、それはなぜか。その説明として最も適切なのは、次のうちではどれか。

ア　登山部に入るまいと意地でも穂高を無視していた岳だが、以前のめり込んだスポーツクライミングについての話を穂高がしてきたことで、穂高に対する岳の関心が高まってきたから。

イ　穂高からスポーツクライミングについて聞かれたことに加え、高校のときのスポーツクライミングの感覚と登山の感覚が重なったことで、頑なになっていた岳の気持ちが不意に緩んだから。

ウ　岳は穂高に対して登山部に熱心に誘う理由を問うことができないという不満を感じていたが、登山の楽しさに気付かされたことで誠実に穂高に向き合いたいと感じるようになったから。

エ　岳は登山部の穂高がスポーツクライミングに興味をもったことに驚きを感じたが、登山をすることで徐々に思い出したスポーツクライミングの楽しさを穂高と共有したくなったから。

〔問3〕 (3)にやりと、岳を煽るように微笑む。とあるが、この表現から読み取れる穂高の様子として最も適切なのは、次のうちではどれか。

ア　スポーツクライミングを話題にすることで、ようやく岳の心を開かせて話をすることができそうだと手応えを感じ、岳の言葉をさらに引き出そうとする様子。

イ　岳がスポーツクライミングの話をする様子について言及することで、これまで岳に相手にしてもらえずに、つらく思っていた気持ちを発散させようとする様子。

ウ　スポーツクライミングの話を懸命にする岳を見たことで、スポーツクライミングだけではなく、登山の魅力にも早く気が付いてほしいとじれったく思っている様子。

エ　スポーツクライミングの話題から岳の話を引き出せたことで、距離が縮まったと思い、より岳の懐に飛び込むためにあえて岳の言葉を詰まらせようとする様子。

〔問4〕 (4)「そうかなあ。」と笑いながら首を傾げる穂高に、違うとたたみ掛けたくなる。とあるが、この表現から読み取れる岳の気持ちとして最も適切なのは、次のうちではどれか。

ア　穂高の質問に対して丁寧に答えてきたにもかかわらず、それを誤って認識されてしまったことが残念で、不快に思う気持ち。

イ　スポーツクライミングについて二の句が継げないほど穂高に一方的に語ったことを申し訳なく思い、その場を取り繕おうと必死な気持ち。

「気づいていなかったの？」

F「……そんなつもりはないんですけど。」

「そう？国方の勧誘を頑なに断ってるのが嘘みたいに饒舌に話すなあ、って思いながら聞いてたんだけど。」

「穂高先輩がいろいろ聞いてくるからでしょう。」

「穂高先輩じゃなくて穂高さんでいいのに。」

「穂高先輩がいろいろ聞いてくるからです。」

ムキになっているのが自分でもわかる。(4)「そうかなあ。」と笑いながら首を傾げる穂高に、違うとたたみ掛けたくなる。

けれど、言葉を重ねれば重ねるほど、きっと穂高の指摘を肯定してしまうことになるのだ。

Gうるさい、もう辞めたんだからいいだろ。胸の奥で勝手に過去を懐かしんでしまう自分を非難しながら、岳は両足を動かした。

山の中は静かだ。前後を歩く登山客の話し声や足音、衣擦れの音、木々の枝葉が風に蠢く音や野鳥の声はもちろんするが、すべてが自分から少し離れたところにあって、岳の思考や感情を侵食してこない。穂高が話しかけてこない限り、岳は独りになれた。心地のいい、とても透明感のある孤独だった。

岩肌を足先で踏みしめ、急坂を登る。足の動きに合わせて岳の頭や胸の中が掻き回される。記憶や自問自答の渦で最初こそ混沌としているのに、(5)いつの間にか整理され、淀みが取れ、澄んでいく。

それは、腹の底から湧き水のように勝手に流れ出る筑波岳の心根と、対峙するということでもあった。

（額賀澪「風は山から吹いている」による）

〔注〕東屋——屋根と柱だけの建物。

たまたま飛んできた帽子——国方から勧誘を受けているときに飛んできた帽子を届けたことがきっかけで、岳は梓川穂高と知り合う。

ホールド——スポーツクライミングの用語で人工の壁に取り付けてある突起物。

〔問1〕(1)十分ほど歩くと、何故か視界が開けた。とあるが、この表現から読み取れる岳の様子として最も適切なのは、次のうちではどれか。

ア　山に登り始めて標高が高くなってきたからか、見晴らしのよい景色のすばらしさに改めて気が付いた様子。

イ　次第に穂高との会話のやりとりが生まれはじめたからか、彼の言う通りに周囲のものに目を向け始めようとする様子。

ウ　初登山への緊張がほぐれてきたのか、穂高の指摘する木や鳥の鳴き声を探そうとするゆとりが出てきた様子。

エ　身体が山を登ることに慣れてきたのか、周囲のもあまりに唐突で、角張った岩に置いた右足のバランスを崩しそうになる。咄嗟に近くにあった巨石に手をかけた。

　爪先で岩の角を摑むように踏ん張り、体を前へ前へ進める。その感覚がスポーツクライミングに似ていて、(2)思いがけず質問に答えてしまう。

「中学まではバスケをやってたんです。高校入って、物珍しくて始めました。」

「俺、あんまりスポーツに詳しくないんだけど、スポーツクライミングって、登るスピードを競うものなの？」

「ウォールっていう人工の壁を、*ホールドを手がかりに登るのがスポーツクライミングですけど、実はその中でも種目が三つに分かれてるんですよ。タイムを競うスピード。課題をいくつクリアできたかを競うボルダリング。どれだけ高く登れたかを競うリード。俺はリードが得意でしたね。」

　話しながら岩の道を登ったせいか、どんどん息が上がってきた。胸の奥が、針で刺されたみたいに痛んでくる。

　だが、不思議と息苦しくはない。森の中だからだろうか。気温もバスを降りたときよりずっと涼しく、一度に体内に取り込める空気の量が多い気がした。

「でもさ、登った高さを競うってことは、リードが三種目の中で一番危険なんじゃないの？」

「ちゃんと命綱をつけますよ。ウォールにはホールドと一緒に命綱を引っかけるポイントがついてて、登ってはロープを引っかけ、登っては引っかけを繰り返すんです。」

　十メートル以上登って落ちても、ロープがきちんと確保支点と呼ばれるポイントに引っかかっているから、下まで真っ逆さまということはない。

「じゃあ、手を滑らせて落ちたら、ロープ一本で宙づり？なかなかスリリングなスポーツだね。」

　穂高が一際大きな岩を慎重に跨ぐ。体が上下するのに合わせて、彼の声が上擦る。

「日常生活では絶対に生身で登ることがない高さを這い上がる種目がリードです。筋力や柔軟性や持久力はもちろん大事ですけど、ホールドが作り出すルートは一種類じゃないんで、最短ルートや難易度の低いルートを選ぶ嗅覚とか視野の広さとか戦略とか、できるだけ少ないパワーで自分の体重を移動させたり持ち上げたりするテクニックとか、いろんなものが勝負を分けるんです。」

　ただ闇雲に上を目指して登るのではない。どのホールドをどちらの手で摑むか。どのホールドに足をかけるか。そこからどのホールドに手を伸ばすか。一瞬の判断が勝負を決める。

　気持ちがはやってとてつもなく難易度の高いルートに入り込んでしまい、E体力を消費した挙げ句に手を滑らせて落下――なんて負け方を何度もしてきた。そのたび、クライミング部のコーチに「焦っちゃったな。」と肩を叩かれた。

「楽しそうに話すんだね。」

　やっと岩場を抜けただろうかというところで、穂高が再び振り返った。

(3)にやりと、岳を煽るように微笑む。

正直、面食らった。

ずなのに、意外と筋力や体力は衰えているみたいだ。

「ジョギングとかと一緒で、体が慣れてない最初の十分、十五分はちょっとしんどいんだよ。」

振り返らず、歩みも止めず、穂高が言う。息が上がっているのを見透かされ、「そうですか。」と短く返した。

「もうちょっとしたら楽になってペースが摑(つか)めるよ。」

彼の言う通りだった。(1)十分ほど歩くと、何故(なぜ)か視界が開けた。ずっと見えていたはずの背の高い木々の輪郭が妙にはっきりして、色が濃くなって、遠くまで見渡せる。何という名前の鳥だろうか、野鳥の鳴き声まで鮮明に聞こえた。

B「杉の木、あれがモミの木、あっちは多分、アカガシ。」

前を歩く穂高が振り返り、踊るような足取りで周囲の木々を指さす。ゆっくり説明してくれたのに、目で追いきれない。それほど視界の中の情報量が多い。

しばらく歩くと、登山道が分岐していた。「白雲橋コース」と書かれた看板に沿って、木の根と石が折り重なった急勾配を上って行く。

「なんか見えた。」

穂高が前方を指さす。大量の石がうずたかく積まれた*東屋(あずまや)が開けた場所に建っていた。少し前を歩いている登山客のグループが写真を撮っている。「白蛇弁天(しろへびべんてん)」と看板があった。山になった石の上には小さな祠(ほこら)が二つ築かれている。

「ここで白蛇を見ると金運が上がるんだってさ。」

穂高が由緒(ゆいしょ)書きの説明を読み上げてくれた。前にいた登山客は面白半分に白蛇の姿を探していたが、後ろから別のグループが登ってきたので、岳達(たち)は先へ進むことにした。

再び森の中に入るが、白蛇弁天を境に明らかに道が険しくなった。歩きやすかった階段は、Cごろごろとした岩が転がる道に姿を変えた。足を取られまいと視線が下に集中し、息が苦しくなる。

これでは余計に疲れてしまう気がした。意識して顔を上げると、苔生(こけむ)した巨木の幹に沿って、狐色(きつねいろ)のキノコが点々と顔を出していた。その下に、まるで地中から火が噴き出したみたいな真っ赤なキノコも生えている。

息を合わせたように同じタイミングで、そのキノコを穂高も見ていた。

「これの名前はわかんないや。」

ははっと笑って、再び歩き出す。えらく楽しそうだ。普段、一人で登山するときもこうなのだろうか。もしくは、半ば無理矢理連れてきた後輩が一緒にいることが、そんなに愉快なのか。

不可解だった。*たまたま飛んできた帽子を拾っただけの新入生を、この人はどうしてこんなにも登山仲間にしたいのだろう。新入生なんてたくさんいて、その中には岳よりずっと登山に興味を持つ学生がいるはずなのに。

Dなんで俺を登山部に誘うんですか。深い呼吸の合間(あいま)に問いかけそうになる。聞いたら最後もう逃げられない気がして、慌てて飲み込んだ。

「君はさ、どうしてスポーツクライミングをやってたの。」

またもこちらの心を覗(のぞ)き見たみたいに、穂高が聞いてくる。

〈国語〉

時間五〇分　満点一〇〇点

【注意】　答えは特別の指示のあるもののほかは、各問のア・イ・ウ・エのうちから、最も適切なものをそれぞれ一つずつ選んで、その記号を書きなさい。また、答えに字数制限がある場合には、、や。や「　などもそれぞれ一字と数えなさい。

1

次の各文の――を付けた漢字の読みがなを書け。

(1)　この方法ではうまくいかない虞がある。

(2)　この建物は平成二年の定礎だ。

(3)　彼は三十キログラムほどの斤量の米をかついだ。

(4)　柔和な顔の銅像を鑑賞する。

(5)　味一辺倒ではなく、見た目にもこだわった料理を提供する。

2

次の各文の――を付けたかたかなの部分に当たる漢字を楷書で書け。

(1)　長い下積みの後、ついに作家としてトウカクを現した。

(2)　面白そうな新刊が書店に並んでいるのを見てショクシが動く。

(3)　音楽の授業で童謡のリンショウをする。

(4)　校長先生のクンワを聞く。

(5)　恩師の教えを、キンカギョクジョウとして守り続けている。

3

次の文章を読んで、あとの各問に答えよ。（＊印の付いている言葉には、本文のあとに〔注〕がある。）

高校時代にスポーツクライミング全国大会に出場した筑波岳は、大学入学後、三年の国方晃からクライミング部に、三年の梓川穂高から登山部に入部するよう勧誘を受けていた。岳は両者の勧誘を固辞していたが、穂高は一度筑波山に登ったら、登山部への勧誘を諦めるという。穂高の勧誘から逃れるため、岳は登山に行くことにした。

草木が生い茂る細い道を、他の登山客の背中を追いかける形で進む。数十メートルで鬱蒼とした山道に入った。頭上を木々が覆い、足下では金色の粉が飛び散ったように木漏れ日が躍っている。

初心者向けの山と言っても、登山道がアスファルトで綺麗に整備されているわけではなかった。昔ながらの石と土の階段を、笹に腕をくすぐられながら上った。

A穂高がべらべらと話しかけてくるのかと思ったが、意外と静かに岳を先導する形で歩いていく。それはそれで、初登山の反応を背中越しに窺われているみたいだった。

微かに息が上がってきた。というより、体温が上がった。序盤からなかなかの急坂が続いていたから、喉を通り抜ける息が徐々に太くなる。

高校のクライミング部を引退したのは昨年の九月。半年以上、激しい運動はしてこなかった。体型は変わっていないは

MEMO

大切なことはメモしておこうネ！

T.G

2022 年 度

解　答　と　解　説

《2022年度の配点は解答欄に掲載してあります。》

＜数学解答＞

1　〔問1〕 $\frac{1}{4}-\sqrt{2}$　〔問2〕 $x=\frac{2}{5}$, $y=\frac{10}{3}$　〔問3〕 6個

〔問4〕 $\frac{2}{9}$　〔問5〕 右図

2　〔問1〕 $y=-\frac{1}{2}x+3$　〔問2〕 $t=\frac{14}{3}$　〔問3〕 $4-2\sqrt{2}$ (cm)

3　〔問1〕 $\frac{49}{9}$ (cm)　〔問2〕 (1) 解説参照

(2) △BCEの面積9(倍), △ADHの面積$\frac{5+2\sqrt{3}}{4}$(倍)

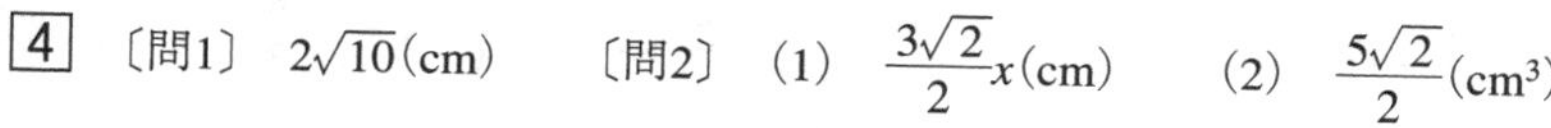

4　〔問1〕 $2\sqrt{10}$ (cm)　〔問2〕 (1) $\frac{3\sqrt{2}}{2}x$ (cm)　(2) $\frac{5\sqrt{2}}{2}$ (cm^3)

○配点○

1　各5点×5　2　〔問2〕 11点　他　各7点×2

3　〔問2〕(1) 11点　他　各7点×2(〔問2〕(2)は完答)

4　〔問2〕(2) 11点　他　各7点×2　計100点

＜数学解説＞

1　(式の値, 連立方程式, 二次方程式の整数解, 確率, 約数, 作図)

〔問1〕 $x^2-4xy+4y^2-4y+1=(x-2y)^2-4y+1$　$x=\frac{1}{\sqrt{2}}$, $y=\frac{1+\sqrt{2}}{4}$を代入し, $\left(\frac{1}{\sqrt{2}}-2\times\frac{1+\sqrt{2}}{4}\right)^2-4\times\frac{1+\sqrt{2}}{4}+1=\left(\frac{\sqrt{2}}{2}-\frac{1+\sqrt{2}}{2}\right)^2-(1+\sqrt{2})+1=\left(-\frac{1}{2}\right)^2-1-\sqrt{2}+1=\frac{1}{4}-\sqrt{2}$

〔問2〕 連立方程式$\begin{cases}5x+3y=12\cdots① \\ \frac{11}{2}x+\frac{3}{4}y=4.7\cdots②\end{cases}$　①－②×4より, $5x-22x=12-18.8$, $-17x=-6.8$, $x=\frac{2}{5}$

①に代入し, $5\times\frac{2}{5}+3y=12$, $2+3y=12$, $3y=10$, $y=\frac{10}{3}$

〔問3〕 二次方程式の2つの整数解をp, q($p<q$)とすると, $(x-p)(x-q)=0$, $x^2-(p+q)x+pq=0$　$x^2+5ax+84=0$を比較すれば$pq=84$, $p+q$の絶対値は5の倍数だから, $(p, q)=(1, 84)$, $(-84, -1)$, $(4, 21)$, $(-21, -4)$, $(6, 14)$, $(-14, -6)$　このときのaの値は順に$a=17$, -17, 5, -5, 4, -4　整数という条件をすべて満たすので6個

〔問4〕 $2022=2\times3\times337$だから, 2022の約数は1, 2, 3, 2×3, 337, 2×337, 3×337, $2\times3\times337$　これより$337(a+b)=2\times337$のとき$a+b=2$　$337(a+b)=3\times337$のとき$a+b=3$　$337(a+b)=2\times3\times337$のとき$a+b=6$　よって$(a, b)=(1, 1)$, $(1, 2)$, $(2, 1)$, $(1, 5)$, $(2, 4)$, $(3, 3)$, $(4, 2)$, $(5, 1)$だから$\frac{8}{36}=\frac{2}{9}$

〔問5〕（着眼点）∠C＝70°だから∠DBC＝30°となる点Dをとる。

2（放物線と直線の式，等しい面積，図形と関数・グラフ）

基本　〔問1〕 点A，Bは$y=\frac{1}{2}x^2$上の点でそれぞれのx座標は2，−3だから，それぞれのy座標は，$y=\frac{1}{2}\times2^2=2$，$y=\frac{1}{2}\times(-3)^2=\frac{9}{2}$　これよりA(2，2)，B$\left(-3,\ \frac{9}{2}\right)$　直線ABの傾きは$\frac{\frac{9}{2}-2}{-3-2}=-\frac{1}{2}$　直線ABの式を$y=-\frac{1}{2}x+b$とおくと，点Aを通るから，$2=-\frac{1}{2}\times2+b$，$b=3$　直線ABの式は$y=-\frac{1}{2}x+3$

〔問2〕（途中の式や計算など）（例）2点B，Dを通る直線が2点C，Aを通る直線と平行になるとき，線分CAを底辺としたときの△ABCの高さと△ADCの高さが「等しくなるから，△ABCの面積と△ADCの面積が等しくなる。　2点C，Aを通る直線をℓとする。　直線ℓと点Bを通りy軸に平行な直線との交点をE，直線ℓと点Dを通りy軸に平行な直線との交点をFとする。　点Bと点E，点Eと点F，点Fと点D，点Dと点Bを結んでできる四角形BEFDはBE//DF，BD//EFが成り立つから平行四辺形になる。　よってBE＝DF…①が成り立つ。　ここで，$a=\frac{1}{4}$，$s=-\frac{8}{3}$　より，曲線fの式は$y=\frac{1}{4}x^2$，点A(2，1)，点B$\left(-\frac{8}{3},\ \frac{16}{9}\right)$，点$c\left(1,\ \frac{1}{2}\right)$，点D$\left(t,\ \frac{1}{4}t^2\right)$となる。　2点A(2，1)，点$c\left(1,\ \frac{1}{2}\right)$を通る直線の式は，$y=\frac{1}{2}x$ゆえ点E$\left(-\frac{8}{3},\ -\frac{4}{3}\right)$と表される。　よって，①より$\frac{16}{9}-\left(-\frac{4}{3}\right)=\frac{1}{4}t^2-\frac{1}{2}t$が成り立つ。これを整理して$9t^2-18t-112=0$　解の公式より$t=\frac{18\pm\sqrt{18^2-4\times9\times(-112)}}{2\times9}=\frac{14}{3}$，$-\frac{8}{3}$　$t>22$ゆえ$t=\frac{14}{3}$

やや難　〔問3〕 ∠AOB＝90°のとき$y=px^2$だから，A(2，$4p$)，B(−1，p)　ここで右図のように直角三角形BIOとAHOを作れば，∠OBI＝90°−∠BOI＝∠AOH，これと∠BIO＝∠AHO＝90°から，2組の角の大きさがそれぞれ等しいことを利用して△BIO∽△OHA　対応する辺の比をとればBI：OH＝IO：HA，$p:2=1:4p$，$4p^2=2$，$p>0$より$p=\frac{\sqrt{2}}{2}$　また∠OBA＝90°のとき$y=qx^2$だから，A(2，$4q$)，B(−1，q)　右図のように直角三角形BIOとAJBを作れば，同様にして△BIO∽△AJB　対応する辺の比をとれば，BI：AJ＝IO：JB，$q:3=1:3q$，$3q^2=3$，$q>0$より$q=1$　aの値がpからqまで増加するとき点Aのx座標は変わらないから，点Aはy軸と平行に動く。そこでy座標に着目すれば動く長さは，$4q-4p=4(q-p)$だから，$4\times\left(1-\frac{\sqrt{2}}{2}\right)=4-2\sqrt{2}$ (cm)

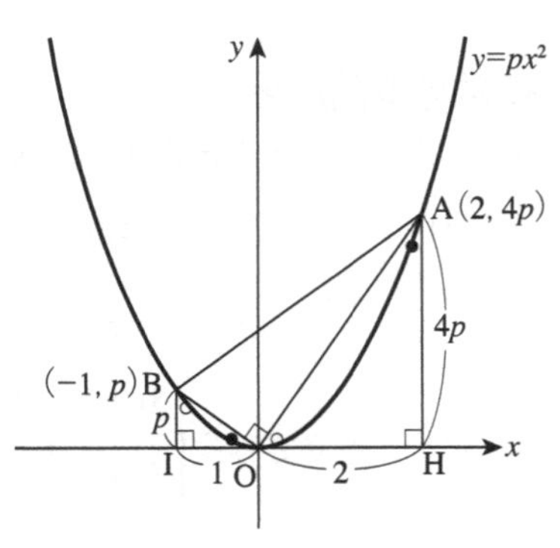

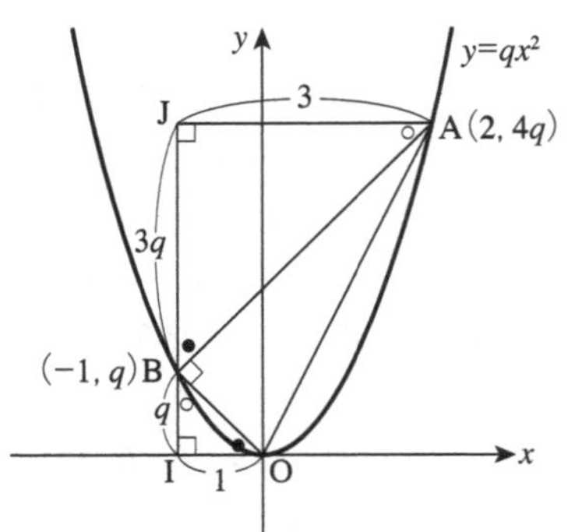

3 （円と相似，相似を利用する証明，直角三角形の特別角，相似と面積の比）

〔問1〕 $\overset{\frown}{BC}$に対する円周角は等しいから∠BAC＝∠BDC，$\overset{\frown}{AD}$に対する円周角は等しいから∠ABD＝∠ACD　以上より2組の角の大きさがそれぞれ等しいから△ABE∽△DCE　相似な図形の対応する辺の比は等しいからAB：DC＝BE：CE，3：7＝1：CE，3CE＝7，CE＝$\frac{7}{3}$　同様に，AB：DC＝AE：DE　AE＝EC＝$\frac{7}{3}$より，3：7＝$\frac{7}{3}$：DE，3DE＝$\frac{49}{3}$，DE＝$\frac{49}{9}$(cm)

重要　〔問2〕 (1) （証明）（例）△ADEとAEDFにおいて，仮定よりAC⊥BD，AD⊥EFだから，∠AED＝∠EFD＝90°…①　また，∠Dは共通…②　①，②より2組の角がそれぞれ等しいから，△ADE∽△EDFとわかる。　よって，対応する角の大きさは等しいから，∠DAE＝∠DEF…③　また，対頂角は等しいから，∠DEF＝∠GEB…③　また，対頂角は等しいから，∠DEF＝∠GEB…④　$\overset{\frown}{CD}$に対する円周角は等しいから，∠DAC(∠DAE)＝∠DBC…⑤　③，④，⑤より∠GBE＝∠GEBとなる。よって，△GBEはGE＝GBの二等辺三角形である。…⑥　同様にして，△GCEはGE＝GCの二等辺三角形である。…⑦　⑥，⑦より，GB＝GCだから，GはBCの中点であることがわかる。

やや難　(2) △EGCにおいて，∠EGC＝120°と△GCEはGE＝GCの二等辺三角形であることより∠GCE＝(180－120)÷2＝30°　△BECにおいて，∠CEB＝90°だから∠EBC＝90－30＝60°　また△AEDと△BECにおいて，対頂角は等しく∠AED＝∠BED，これと∠DAC＝∠DBCより，2組の角の大きさが等しいから，△AED∽△BEC　AD＝$2a$とすれば，直角三角形の特別角を利用して AE＝a，DE＝$\sqrt{3}a$　またAD：BC＝1：3だからBC＝$6a$，EB＝$3a$，EC＝$3\sqrt{3}a$　これより△AED＝$\frac{1}{2}\times a\times\sqrt{3}a=\frac{\sqrt{3}}{2}a^2$，△BCD＝$\frac{1}{2}\times 3a\times 3\sqrt{3}a=\frac{9\sqrt{3}}{2}a^2$　よって$\frac{\triangle BCE}{\triangle ADE}=\frac{9\sqrt{3}}{2}a^2\div\frac{\sqrt{3}}{2}a^2=$ 9(倍)　△HDAにおいて，∠EDC＋∠ECD＝90°だから，∠EDC＝90°－∠ECD…⑧　∠HDA＝180°－(∠ADE＋∠EDC)＝180°－(30°＋∠EDC)＝150°－∠EDC　⑧より，∠HDA＝150°－(90°－∠ECD)＝60°＋∠ECD…⑨　△HBCにおいて，$\overset{\frown}{AD}$に対する円周角は等しいから∠ACD＝∠ABD　よって，∠HBC＝∠EBC＋∠ABD＝60°＋∠ABD＝60°＋∠ACD…⑩　以上⑨⑩より∠HDA＝∠HBC，これと∠Hは共通だから，2組の角の大きさが等しいから，△HDA∽△HBC　辺ADと辺CBは対応する辺でAD：CB＝1：3なので，相似な図形の面積の比は相似比の2乗だから，△HDA：△HBC＝$AD^2：CB^2=1^2：3^2$＝1：9　これより△HDA：四角形ABCD＝1：8　四角形ABCD＝$\frac{1}{2}\times(a+3\sqrt{3}a)\times(\sqrt{3}a+3a)=(5\sqrt{3}+6)a^2$だから，△HDA＝四角形ABCD×$\frac{1}{8}=(5\sqrt{3}+6)a^2\times\frac{1}{8}=\frac{(5\sqrt{3}+6)}{8}a^2$　よって，$\frac{\triangle ADH}{\triangle ADE}=\frac{(5\sqrt{3}+6)}{8}a^2\div\frac{\sqrt{3}}{2}a^2=\frac{(5\sqrt{3}+6)a^2}{4\sqrt{3}a^2}=\frac{5+2\sqrt{3}}{4}$(倍)

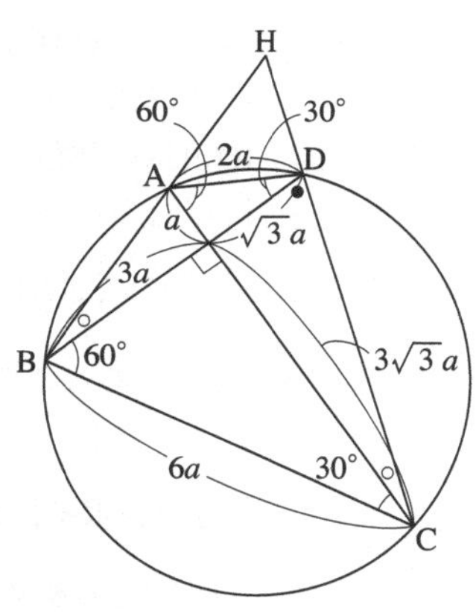

4 （中点連結定理，三平方定理，相似，立体の体積）

基本　〔問1〕 線分APは平面AFGD上にあるから点Oもこの平面上の点である　点Oを通りADと平行な直線と線分AF，DGの交点をそれぞれT，Uとすると，AO＝OPから，中点連結定理より点Tは線分AFの中点　また△AFPで，TO＝$\frac{1}{2}$FP＝$\frac{1}{2}\times 4\sqrt{2}=2\sqrt{2}$　よってOU＝TU－TO＝$6\sqrt{2}-2\sqrt{2}$＝

$4\sqrt{2}$　また点Uも線分DGの中点だから，$UG=\frac{1}{2}DG$　△DCGで三平方の定理より，$DG=\sqrt{DC^2+CG^2}=\sqrt{4^2+4^2}=4\sqrt{2}$ なので，$UG=\frac{1}{2}DG=\frac{1}{2}\times4\sqrt{2}=2\sqrt{2}$　△OUGで三平方の定理より，$OG=\sqrt{OU^2+UG^2}=\sqrt{(4\sqrt{2})^2+(2\sqrt{2})^2}=2\sqrt{10}$(cm)

やや難　〔問2〕（1）　線分AGは平面ABGHに含まれるから点Oもこの平面上にある　すると点Q，Rは平面ABGH上の点であり，また平面IJKL上の点でもあるから，直線QRは平面ABGHと平面IJKLの交線で，線分JKとの交点を右図のようにVとする　IL//EHから△AEHで三角形の比の定理より，IS：EH＝AI：AE，IS：$6\sqrt{2}=x$：4，4IS＝$6\sqrt{2}x$，$IS=\frac{3\sqrt{2}}{2}x$(cm)

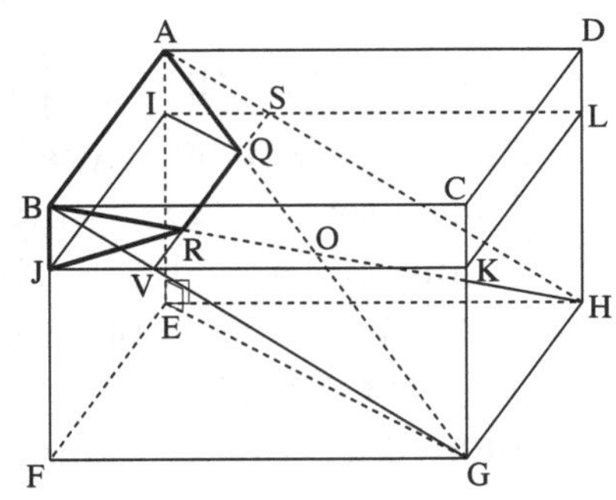

（2）　線分QRを延長して，線分JKと交わる点をTとする。$x=1$のとき，（1）より，$IS=\frac{3\sqrt{2}}{2}$(cm)となり，AS：AH＝IS：EH＝$\frac{3\sqrt{2}}{2}$：$6\sqrt{2}$＝1：4となる。△AQSと△AGH(△APH)において，辺QSと辺GH(辺PH)が平行であるから，△AQS∽△AGHとわかり，その相似比は1：4となる。　GHの長さは4cmであるから，QSの長さは1cmである。求める立体AIQ-BJRの体積は，三角柱AIS-BJTの体積から，三角すいA-IQSの体積と三角すいB-JRTの体積を引いたものである。図の対称性より，三角すいA-IQSの体積と三角すいB-JRTの体積は，どちらも$\frac{1}{2}\times1\times\frac{3}{2}\sqrt{2}\times1\times\frac{1}{3}=\frac{\sqrt{2}}{4}$cm³となる。　また，三角柱AIS-BJTの体積は，$\frac{1}{2}\times1\times\frac{3}{2}\sqrt{2}\times4=3\sqrt{2}$cm³である。よって，求める立体AIQ-BJRの体積は，$3\sqrt{2}-2\times\frac{\sqrt{2}}{4}=\frac{5\sqrt{2}}{2}$cm³となる。

★ワンポイントアドバイス★

1〔問3〕の整数問題や〔問4〕の確率では，書き出して確かめるとよい。2〔問2〕の等積変形は必須の手法。4〔問1〕〔問2〕では，与えられた線分を含む平面がイメージできるかが鍵となる。

<英語解答>

1　〔問題A〕　<対話文1>　ア　　<対話文2>　ウ　　<対話文3>　イ
〔問題B〕　<Question 1>　エ　　<Question 2>　(例)They are interesting.

2　〔問1〕　オ　〔問2〕　ウ　〔問3〕　ア　〔問4〕　イ　〔問5〕　エ
〔問6〕　カ　〔問7〕　ウ　〔問8〕　ク
〔問9〕　(解答例)First, we should give the food we don't need to people in need because we throw away a lot of food that is still good. Second, we need to learn how to grow crops in our country, because it is important to eat local food grown by local people.

3　〔問1〕　was sure that　〔問2〕　ウ　〔問3〕　エ　〔問4〕　カ　〔問5〕　ア
〔問6〕　on holidays　〔問7〕　ウ　〔問8〕　カ

〔問9〕 ① ways　② blackboards　③ better　④ second

○配点○

1 各4点×5

2 〔問9〕 8点　他　各4点×8

3 〔問9〕 各2点×4　他　各4点×8　計100点

＜英語解説＞

1 (リスニングテスト)

放送台本の和訳は，2022年度都立共通問題36ページに掲載。

2 (会話文問題：文挿入・選択，語句補充・選択，内容吟味，語句整序，文整序，要旨把握，条件英作文，比較級，接続詞，不定詞，動名詞，関係代名詞，分詞，現在完了ほか)

(全訳)(第1場面)*ある暑い夏の日，ザック，リュウジ，ナミが，ナミの家で話している。リュウジとナミは日本の高校生である。ザックはカナダからの学生である。彼らは，彼女のリビングルームの窓を覆っている緑色の葉について話し始める。*

ザック(以下Z)：僕はこの窓からの景色が好きだな。あれらの葉はきれいだね。／リュウジ(以下R)：あれはいいよね？／ナミ(以下N)：ありがとう。それらについて他のいい点は見つかったかしら？／R：それらのおかげで，この部屋は太陽から多くの光が届かないね。ここはあまり暑くないよ。／Z：きみは葉がどのようにして部屋を涼しく保っているか知っている？／N：うん，私があなたたちにどうなっているか示したいわ。窓を開けて葉を触ってみましょう。／R：(1)-a D それらはどのように感じる？／Z：それらは暑くないね。どうして暑くないの？／R：たぶん葉から水が蒸発しているんだよ。／Z：どこにも水は見当たらないよ。きみはどうやって分かるの？／N：いいわ，私があなたに見せるわ。葉をビニール袋で覆ってみて。

(第2場面)*15分後，彼らは数枚の葉を覆っているビニール袋を見る。*

R：内部にいくらかの水があるね。／N：(2)葉には，人間が自分自身の目で見ることができない小さな穴がたくさんあるの。／R：水がその穴から空気中に出てくるんだね。／Z：一枚の葉に何個の穴があるのかな？／N：それの1平方センチメートル中に約1万個の穴があるの。／Z：それは多いね。たぶん僕が知らないことがたくさんあるだろうね。僕は植物についてもっと知りたいな。これはニガウリ？／N：その通りよ。それは日本語でゴーヤと呼ばれているわ。／Z：ゴーヤと呼ばれるニガウリについて僕にもっと教えてよ。／R：分かった，この花を見て。それらには2種類の花がある。それらの間の違いは何？／Z：分からないな。／N：この花のちょうど下の厚い部分を見て。それは何のように見える？／Z：ニガウリの赤ちゃんだね。／N：そうね，小さなニガウリと一緒になっているものが雌花なのよ。／Z：知れてよかったよ。ありがとう，でも僕は1つ質問があるんだ。多くの植物は1種類の花しかないよね。どうしてゴーヤは2種類の花があるのかな？／R：それにはより多くの種類の子孫が必要なんだ。／N：その通りよ，ゴーヤの花は異なるゴーヤからの花粉が必要なの。生き物が花粉を花に持ち込んだら，それは異なる種類の子孫を持つことになるわ。／Z：どうして異なる種類の子孫を持つ必要があるの？／N：もし病気が広がったら，一部は病気になってしまうけど，他のものはならないわ。／Z：異なる環境で生き残るためのより多くの機会を持つようになるよね。／N：うん，植物は自然界で生き残るための挑戦をしているのよ。／R：花をもっと注意深く見て。雄花と雌花のうち，きみはどちらがより多く見つかるかな，ザック？／Z：雄花のほうが多いね。／N：そうね，そのことはこのゴーヤがまだ若いことを示しているのよ。それはそれの葉を育てているの。私たちは後で雌花の開花を見ることになるわ。もっと多くの野菜を生産するために，それらはそれが(3)-a A より大きく育つまで待つ必要があるの。／Z：ねえ，このゴーヤの後ろのものを見てよ。あれには，より大きい花，異なる種類の葉，そしてボールのような小さな野菜があるよ。あれは何？／R：それは僕にはかぼちゃのように見えるな。どうしてそれがこれらのゴーヤの間で育てられているのかな？／N：(1)-b B 分からないわ。私がパパに理由を説明してくれるように頼むわね。彼は植物についてたくさん知っているの。

(第3場面)*3人の生徒がナミの庭にいる。彼らは地面にある数枚のプラスチック製のカードを見ている。植物の名前がそれらに書かれている。小さなかぼちゃがゴーヤの間で育っている。ナミの父親，タケオが出て来て，植物について話し始める。*

N：パパ，ゴーヤの間で成長しているかぼちゃがあることを知っていたの？／T：うん。それについてきみたちに何個か質問をしてもいいかな？／R：もちろんです。／T：よし，きみたちは日本の農家の人たちが種からトマトを育てていると思う？／R：いいえ，彼らはもうそれをしていません。／T：彼らは代わりに何を使っているかな？／R：苗です。／T：どうして彼らは種からトマトを育てるのを止めてしまったのかな？／Z：それらを育てるのに長い時間が掛かります。／T：うん，それは正しいよ。／N：パパ，私たちが種じゃなくて，ゴーヤの苗を買ったことを私は覚えているわ。／T：そうだね，でもそれらがゴーヤだけでなく，かぼちゃからもできていたことをきみは知らなかったんだ。そのかぼちゃは，これらのゴーヤのより低い部分に付け加えられたんだ。それらは接ぎ木苗だったんだよ。／N：全部の接ぎ木苗は同じようにできているんでしょう？どうしてゴーヤの間にかぼちゃがあったの？／T：実は，ゴーヤの接ぎ木苗が売られるとき，それのかぼちゃの芽はふつう摘み取られるんだ。今回はそれらがまだそこに残されていたんじゃないかな。これらのことは，ときどき起きるんだ。／N：(4)私はやっと分かったわ。／Z：ちょっと待って。僕はどうやって2つの植物が1つになることができるのかよく分からないよ。／R：それはいい質問だね。2つの植物を1つに接合させることは可能なんだよ。もしそれらが同じ科ならね。／Z：今僕は理解したよ。何か新しいことを学ぶのは楽しいね。／T：私はそれを聞けてうれしいな。もう1つ質問。どうしてかぼちゃをゴーヤに加える必要があるのかな？／Z：より早く成長するからですよね？／T：そう。何か他には？／R：ゴーヤの根は，毎年同じ場所で育てるのには向かないけれど，かぼちゃの根は違うそうですね。／T：どう違うのかな？／R：毎年同じ場所で育つゴーヤは，害虫からの害の機会が増えてしまいます。(5)それらはどこでゴーヤが育つかを覚えているのです。／T：よくできました。かぼちゃの根はより強くなっているよ。人間は，このような接ぎ木苗を2,000年以上もの間使ってきたんだ。／Z：2,000年？／T：きっとそれは将来，多くの人たちにとって役立つだろうね。／N：パパ，私たちの理科の先生が，2050年には人々の数が世界中で約100億人になるだろうと言っていたの。／R：手遅れになる前に，僕たちはこれらの人々のためにたくさんの食べ物を生産する方法をもっと見つけるべきだね。／Z：僕たちが(3)-b B より強い植物を必要とするならば，遺伝子組み換え作物を導入するのはどうかな？／N：私は一度もそれらについて聞いたことがないわ。それらは何なの？／Z：科学者たちが新しい科学技術を使って植物を変化させたんだ。遺伝子組み換え作物については，多くのよい点があるんだ。／N：それらについて私たちに教えて。／Z：遺伝子組み換えのジャガイモは，害虫を寄せ付けないんだよ。／N：いいことのように聞こえるけど，それらはどうやってそれをすることができるの？／Z：それらは害虫にとって悪いものを持っているんだ。／N：それは何？／Z：土壌の中で害虫にとって毒性のあるものを科学者たちが発見して，ジャガイモの種類を変えるためにそれを使ったんだ。／N：えっ，私はそれはいい方法だと思わないわ。それは自然界で一度も起きてないのよ。／Z：もちろん起きてないけど，それらは常に味がよりよく，(3)-c Cより早く育ち，より長い期間で新鮮さが保たれるんだ。／T：発展途上国の約2億7千万の人々が，遺伝子組み換え作物によって救われるらしいね。／R：それらはとても強いから，乾燥した土地や貧弱な土壌のような難しい環境でも，農家の人たちがそれらを育てることができるんだね。／Z：遺伝子組み換え作物は，農家の人たちが自分たちの畑で使ってきた除草剤による影響を全く受けないんだ。／N：それらが自然の環境を変えてしまうことが私は怖いわ。／Z：確かにそうだね。(6)食べ物の問題を解決するための一番よい方法のひとつは，遺伝子組み換え作物を生産することだと僕は思うけれど，僕たちはよい規則の下で，それらを使う方法を決めるべきだね。／T：私はきみが言ったことは理解できるけれど，同時に，私たちには解決すべき別の問題があるんだ。それらの内のひとつが，新しい病気を持っていたら何が起きるだろう？／R：もし僕たちがひとつの遺伝子組み換え作物だけを育てたら，何か危険なことが起きるでしょう。／Z：僕たちはより多くの種類の遺伝子組み換え作物を作るべきですね？／N：(7)-a Cええと，私は自然の環境がより多くの害を受けてしまうことが怖いわ。／Z：(7)-b Aそれなら僕たちは接ぎ木苗を使って，もっと多くの野菜を育てることができるよ。／R：(7)-c Dうーん，きみは同じ問題を僕たちに持ち出してきているよ。／N：(7)-d B私は食べ物の問題について何をするべきかこれ以上分からないわ。／T：ナミ，諦めないで。私たちはまだ，自分たちの将来にいくらかの希望があるよ。私はちょうど昨日，インターネットで驚くべきニュースを見つけたんだ。／N：そのニュースは何についてだったの？／T：日本の科学者たちが，異なる科で接ぎ木苗を初めて作ったんだよ。／Z：すごいですね。何の種類の接ぎ木苗なのですか？／T：彼らは，トマト，ナス科タバコ属の植物，そして菊を，ひとつの接ぎ木苗に接合したんだ。／Z：3種類の植物がひとつになったんですね？／T：そう，菊とトマトは異なる科だけれど，ナス科タバコ属の植物は，それらの間の橋のように働くことができるんだ。菊は(3)-d Dより低い部分に使われるんだよ。／R：うわあ！　それは知りませんでした。菊の根はとても強いので，農家の人たちがそれらをより多くの場所で育てることができるのですね。／Z：(1)-c Cそれはすごいですね。／T：うん，でも私たちは，より多くのするべきことがある。あの接ぎ木苗は，まだ多くのトマトを生産していないんだ。／R：(1)-d Aそれはお気の毒です。／T：しかし，科学者たちは7種類のナス科タバコ属の植物を使って，30以上の接ぎ木苗を作り出したんだ。／Z：うーん……。それぞれの科学技術が，良い点と悪い点を持っているのですね。／R：僕たちは一歩ずつ進む必要があるね。／N：そうね，お昼ご飯の後に勉強しましょう。あれらの緑色のゴーヤはおいしそうに見えるから，私はそれらを豆腐，卵，豚肉，そしてその他の野菜と一緒に料理したいわ。／Z：それは僕も空腹にさせるね。／T：それらを食べてみたらどうかな，ザック？／Z：もちろん，食べたいです。／N：分かったわ。いくつか採りましょう。

基本
〔問1〕 (1)-a　ナミ：「窓を開けて葉を触ってみましょう」／リュウジ：「 (1)-a 」／ザック：「それらは暑くないね。どうして暑くないの？」 ナミが葉を触ってみようという提案をして，葉を触っているザックに，リュウジが感想をたずねている場面。よって，DHow do they feel?「それらはどのように感じますか？」が入る。代名詞のtheyは，これまでに出てきた複数名詞を指す。ここではthe leaves「葉」を指し，直後のtheyも同様なので，このtheyがヒントになる。 (1)-b　リュウジ：「どうしてそれがこれらのゴーヤの間で育てられているのかな？」／ナミ：「 (1)-b 　私がパパに理由を説明してくれるように頼むわね」 リュウジの質問に対して，ナミは答えられなかったので，父親に理由を説明してくれるように頼むと言っている場面。よって，BI have no idea.「分かりません」が入る。<ask + 人 + to + 動詞の原形>「(人)に～するように頼む」 (1)-c　タケオ：「菊とトマトは異なる科だけれど，ナス科タバコ属の植物は，それらの間の橋のように働くことができるんだ。菊はより低い部分に使われるんだよ」リュウジ：

「うわあ！　それは知りませんでした。菊の根はとても強いので，農家の人たちがそれらをより多くの場所で育てることができるのですね」／ザック：「(1)-c」　ザックが，直前のタケオさんとリュウジのナス科タバコ属の植物やトマト，そして菊の役割の話を聞いて感心し，[C]That's great.「それはすごいですね」と言ったと分かる。代名詞のthatは，これまでに出てきた内容を指す。　(1)-d　タケオ：「あの接ぎ木苗は，まだ多くのトマトを生産していないんだ」／リュウジ：「(1)-d」　リュウジが，直前のタケオさんの発言(＝接ぎ木苗が多くのトマトを生産していない)を聞いて，[A]That's too bad.「それはお気の毒です」と言っている場面。That's too bad.は，相手が直前に言った悲しい(よくない)発言に対しての応答なので，(1)-d以外の場所には入らない。<have[has] not + 動詞の過去分詞形 ～ yet.>「まだ～していません」(現在完了形の否定文)

重要　〔問2〕(第2場面：数枚の葉をビニール袋で覆って，15分後にそれらの葉をみんなで確認している場面)リュウジ：「内部にいくらかの水があるね」／ナミ：「(2)」／リュウジ：「水がその穴から空気中に出てくるんだね」／ザック：「一枚の葉に何個の穴があるのかな？」／ナミ：「それの1平方センチメートル中に約1万個の穴があるの」　空所の直後で，葉から水が蒸発するための穴についての話をしており，その穴の数は非常に多いと分かるので，ウ「葉には，人間が自分自身の目で見ることができない小さな穴がたくさんある」が適切。many small holes in the leaves people can't see with their own eyes ← leavesとpeopleの間には，目的格の関係代名詞が省略されており，後置修飾(接触節)の文になっている。　ア「数個の小さい穴は，空気中に蒸発する水のために開いている窓のようである」(×)空所の直後の会話内容から，葉の穴の数は，非常に多いと分かるので不適。a few「少しの」　イ「葉の中の多くの小さな穴を水がとても速く流れているので，人間はそれを見ることができない」(×)葉から蒸発した水についての話をしているが，葉の中を流れている水の速度についての話はしていないので不適。<so ～ that + 人 + can't …>「とても～なので(人)は…できない」　エ「葉には，穴から蒸発している水を使って涼しく保つための小さな穴はほとんどない」(×)空所の直後の会話内容から，葉の穴の数は，非常に多いと分かるので不適。fewは，後ろに数えられる名詞を置き，「ほとんど～ない」という意味になる。a fewとの混同に注意する。the water evaporating from them ← <現在分詞 + 語句>(evaporating from them)が，直前の名詞the waterを「～している…」という意味で，後ろから修飾している。(現在分詞の後置修飾)

基本　〔問3〕(3)-a　リュウジ：「花をもっと注意深く見て。雄花と雌花のうち，きみはどちらがより多く見つかるかな，ザック？」／ザック：「雄花のほうが多いね」／ナミ：「そのことはこのゴーヤがまだ若いことを示しているのよ。それ(＝*goya* plant)はそれの葉を育てているの。私たちは後で雌花の開花を見ることになるわ。もっと多くの野菜を生産するために，それら(＝the female flowers)はそれ(＝*goya* plant)が(3)-a<u>より大きく</u>[A][<u>bigger</u>]育つまで待つ必要があるの」　ナミたちが話をしている時点で，ナミのゴーヤは雌花より雄花のほうが多く，(ゴーヤの実がなる)雌花がまだ開花していないと分かる。よって，biggerを入れて，「多くの野菜を生産するために，雌花はゴーヤがより大きく育つまで待つ必要がある」とすると意味が通る。　(3)-b　リュウジ：「手遅れになる前に，僕たちはこれらの人々のためにたくさんの食べ物を生産する方法をもっと見つけるべきだね」／ザック：「僕たちが(3)-b<u>より強い</u>[B][<u>stronger</u>]植物を必要とするならば，遺伝子組み換え作物を導入するのはどうかな？」／ナミ：「私は一度もそれらについて聞いたことがないわ。それらは何なの？」／ザック：「科学者たちが新しい科学技術を使って植物を変化させたんだ。遺伝子組み換え作物については，多くのよい点があるんだ」／ナミ：「それらについて私たちに教えて」／ザック：「遺伝子組み換えのジャガイモは，害虫を寄せ付けないんだよ」 ザックの「遺伝子組み換えのジャガイモは，害虫を寄せ付けない」という発言から，ザックは，遺伝子組み換え作物が，従来の作物より強いことを述べたかったのだと分かる。よって，strongerが入る。　(3)-c　ザック：「それらは常に味がよりよく，(3)-cより早くC[faster]育ち，より長い期間で新鮮さが保たれるんだ」／タケオ：「発展途上国の約2億7千万の人々が，遺伝子組み換え作物によって救われるらしいね」 ザックが，遺伝子組み換え作物のよい点について述べている場面。空所の前後の内容から判断する。　(3)-d　タケオ：「菊とトマトは異なる科だけれど，ナス科タバコ属の植物は，それらの間の橋のように働くことができるんだ。菊は(3)-dより低いD[lower]部分に使われるんだよ」／リュウジ：「うわあ！　それは知りませんでした。菊の根はとても強いので，農家の人たちがそれらをより多くの場所で育てることができるのですね」 菊，トマト，ナス科タバコ属の植物の3種類の植物をひとつの接ぎ木苗に接合した話が続いている。その3種のうち，菊の役割について述べられている。タケオさんの発言の直後のリュウジの発言中の「菊の根はとても強い」の部分がヒントになる。

やや難　〔問4〕 ナミ：「全部の接ぎ木苗は同じようにできているんでしょう？　どうしてゴーヤの間にかぼちゃがあったの？」／タケオ：「実は，ゴーヤの接ぎ木苗が売られるとき，それのかぼちゃの芽はふつう摘み取られるんだ。今回はそれらがまだそこに残されていたんじゃないかな。これらのことは，ときどき起きるんだ」／ナミ：「(4)私はやっと分かったわ」 直前のタケオさんの発言から，ゴーヤの接ぎ木苗が売られるとき，それのかぼちゃの芽はふつう摘み取られるが，ナミが今育てているゴーヤは，かぼちゃの芽が残されたままだったと分かる。よって，イ「ゴーヤの接ぎ木苗は，ある場合には，同じ状態で売られない」が適切。in some cases「ある場合には」以下の残りの選択肢の内容は，いずれも本文中に記載なしのため不適となる。ア「ゴーヤの接ぎ木苗は，それらの種を生産するための独自の方法を持っている」(×)to produce「生産するために」← 不定詞の目的「～するために」を表す副詞的用法　ウ「ゴーヤの接ぎ木苗は，それらが成長するときに2種類以上の植物が必要だ」(×)　エ「ゴーヤの接ぎ木苗は，異なる状態では全く育てられない」(×)<not ～ at all>「全く～ない」

重要　〔問5〕 リュウジ：「ゴーヤの根は，毎年同じ場所で育てるのには向かないけれど，かぼちゃの根は違うそうですね」／タケオ：「どう違うのかな？」／リュウジ：「毎年同じ場所で育つゴーヤは，害虫からの害の機会が増えてしまいます。(5)」 ゴーヤを育てる場所について話されていることと，リュウジの「ゴーヤの根は，毎年同じ場所で育てるのには向かない」，「毎年同じ場所で育つゴーヤは，害虫からの害の機会が増える」という発言から，エ「それら(＝害虫)はどこでゴーヤが育つかを覚えている」が適切。They remember where *goya* plants grow.　疑問詞で始まる疑問文が他の文に組み込まれると，<疑問詞 ＋ 主語 ＋ 動詞>の語順になる。(間接疑問文)以下の残りの選択肢の内容は，いずれも本文中に記載なしのため不適となる。ア「それらはどのゴーヤが生産されるか発見できる」(×)　イ「それらはなぜゴーヤが成長するのかを簡単に推測できる」(×)　ウ「それらは何本のゴーヤが生産されるか数える」(×)

重要　〔問6〕 (I think) one of the best ways to solve the food problem is producing GM crops(, but ～)「食べ物の問題を解決するための一番よい方法のひとつは，遺伝子組み換え作物を生産すること(だと僕は思うけれど，)」 <I think (that)～>「私は～だと思う」。問題ではthatが省略された形で出題されている。このthatは接続詞なので，後には<主語 ＋ 動詞>が続く。<one of the ＋ 最上級 ＋ 複数名詞>「最も～な…のひとつ」。to solveは不定詞の形容詞的用法で，「～するための」という意味で直前の名詞を修飾している。英文の構造は，<I think ＋ 主語 ＋ 動詞>になるが，one of the best ways to solve the food problemがthinkに続く長い主語になっている。よって，後には動詞が続く。残りの語句ではbe動詞のisが該当し，isが動詞になる。残りのproducing GM cropsは，「～すること」という意味の動名詞句で，isの補語となり，one of the best ways to solve the food problem＝producing GM cropsという関係になっている。

やや難　〔問7〕 ザック：「僕たちはより多くの種類の遺伝子組み換え作物を作るべきですね？」／ナミ：「(7)-a C ええと，私は自然の環境がより多くの害を受けてしまうことが怖いわ。」／ザック：「(7)-b A それなら僕たちは接ぎ木苗を使って，もっと多くの野菜を育てることができるよ」／リュウジ：「(7)-c D うーん，きみは同じ問題を僕たちに持ち出してきているよ」／ナミ：「(7)-d B 私は食べ物の問題について何をするべきかこれ以上分からないわ」／タケオ：「ナミ，諦めないで。私たちはまた，自分たちの将来にいくらかの希望があるよ」

重要　〔問8〕 ①「ナミの家の窓を覆っている緑色の葉について，たったひとつだけ強い点がある」(×)第1場面の冒頭で，ザックとリュウジが，それぞれ葉のいい点を述べており，「たったひとつだけ」ではないので不適。the green leaves covering the windows in Nami's house「ナミの家の窓を覆っている緑色の葉」<現在分詞 + 語句>(coveringからhouseまで)が，「～している…」という意味で，直前の名詞(the green leaves)を修飾している。(現在分詞の形容詞的用法)　②「もし雄花が少なくなったら，ゴーヤのようないくつかの植物は異なる環境でも生き残ることができる」(×)第2場面の半ばで，植物が異なる環境で生き残ることについて話されているが，「雄花が少なくなったら異なる環境で生き残ることができる」などとは述べられていないので不可。③「ゴーヤの雌花は，より多くの子孫を作るために雄花よりも早く花を咲かせる」(×)第2場面の半ばで，植物が子孫を作ることについて話されているが，「多くの子孫を作るために，雌花が雄花よりも早く花を咲かせる」などとは述べられていないので不可。　④「ナミは，なぜゴーヤの間でかぼちゃが育っているかについて，タケオさんがそれについて彼女に伝える前から理解していた」(×)第2場面の最後で，リュウジがナミに，かぼちゃがゴーヤの間で育てられている理由を尋ねているが，ナミはその質問に対して，分からないと回答し，第3場面の前半で父親のタケオさんに尋ねた後で，ようやくその理由を理解したと分かるので不可。Nami understands why the pumpkin is growing ～ ← 間接疑問文なので，<疑問詞 + 主語 + 動詞>の語順になっている。beforeは接続詞。<before + 主語 + 動詞～>「～する前に」　⑤「ザックは，遺伝子組み換え作物を育てるのは簡単だが，それらにとってあらゆる場所で生き残ることは大変だと言っている」(×)第3場面の半ばで，遺伝子組み換え作物について話されているが，「それら(＝遺伝子組み換え作物)はとても強いから，乾燥した土地や貧弱な土壌のような難しい環境でも，農家の人たちがそれらを育てることができる」というリュウジの発言から，「あらゆる場所で生き残ることは大変だ」とは言えないので不適。<It is … for + A + to + 動詞の原形～>「(A)にとって～することは…である」　⑥「ナミは，遺伝子組み換え作物が原因で，いくつかの環境問題が起きることを心配している」(○)第3場面の半ばで，ナミが遺伝子組み換え作物について，自然の環境を変えてしまったり，自然の環境がより多くの害を受けてしまったりする可能性について不安視した発言をしているので適切。because of ～「～のせいで，～が原因で」　⑦「リュウジは，新しい接ぎ木苗について，タケオさんがそれについて彼に伝える前は一度も聞いたことがない」(○)第3場面の後半でタケオさんが，トマト，ナス科タバコ属の植物，そして菊がひとつになった接ぎ木苗のことについて話しており，リュウジが「それは知りませんでした」と発言していることから，タケオさんがその新しい接ぎ木苗のことについて話す前までは，それについて聞いていなかったと分かるので適切。<have[has] + never + 動詞の過去分詞形～>「一度も～したことがない」　⑧「ザックは，接ぎ木苗も遺伝子組み換え作物も解決するべきいくつかの問題があることに気付いた」(○)第3場面の後半でザックが，「それぞれの科学技術が，良い点と悪い点を持っている」と発言していることから適切。both A and B「AもBも(両方とも)」

〔問9〕（質問文訳）「困っている人々のために，あなたはどのように食料問題を解決するか？」設問の条件に従って，上記の質問文への答えを，理由を含めて40語以上50語以内の英語にまとめる問題。（解答例訳）「第一に，私たちはまだ大丈夫なたくさんの食べ物を捨てているので，自分たちが必要としない食べ物を困っている人たちにあげるべきである。第二に，私たちは自国で作物の育て方を学ぶべきである。なぜなら地方の人々によって育てられた地方の食べ物を食べることは大切だからだ。<give + 物 + to + 人>「(人)に(物)をあげる」 the food we don't need「私たちが必要としない食べ物」← foodとweの間には，目的格の関係代名詞が省略されており，後置修飾(接触節)の文になっている。 <how to + 動詞の原形～>「～する方法」 <It is … to + 動詞の原形～>「～することは…である」 local food grown by local people「地方の人々によって育てられた地方の食べ物」← <過去分詞 + 語句>(grown by local people)が，「～された…」という意味で，直前の名詞(local food)を修飾している。(過去分詞の形容詞的用法)

3 **(長文読解問題・物語文：内容吟味，語句補充・選択・記述，語句整序，文挿入，語句解釈，要旨把握，分詞，不定詞，間接疑問文，前置詞，動名詞，比較級，現在完了ほか)**

（全訳） ①私の名前はレイで，ニシキ高校の高校生だ。私は自分自身について皆さんに少し伝えたい。私は数学と理科が好きだ。私がこの学校にいるのは，多くの異なる理科の教科について勉強できるからだ。私はあらゆる小さな物事について注意深く考えることが好きだ。私は課題研究のためにひとつのテーマを選ぶことにした。(1)<u>私は自力でそれをすべてやる自信があった。</u>

②課題研究では，すべての生徒が興味のあるひとつのテーマを選び，自分たちの研究のために1年を費やす。私は太陽光発電の効率について研究し始めた。ニシキ高校は2000年から太陽光を生産し，太陽放射効率のデータを集めていたので，私は新しいデータを集めることと，それを調査することに興味を持った。私は昼食の間に毎日，データを取ることを計画した。4時間目の直後，私は屋上まで上がって，太陽光の機械が示した数字を確認して，それを書き留めた。私はまた，その日の天候と気温も確認した。私はこの昼食の時間の活動をとても楽しんだ。なぜならそれを自力でできていたからだ。

③私は1年間，上がってデータを集め続けて，ついに私は課題研究のレポートを書き，クラスでプレゼンテーションをした。私の研究は上出来だと私は思い，私はそれについてとてもうれしかった。しかし，理科の先生のひとりが，「あなたが自力でこの素晴らしい研究をすべて行ったことにとても感動していますが，あなたは十分なデータがありませんね。なぜなら休日の足りないデータがあるからです」と言った。私は「休日？」と自問した。その先生は，「(2)<u>あなたはもう一歩必要ね。そうすればあなたは柵を飛び越えることができるわ</u>」と付け加えた。私は彼女が言っていることがわからなかった。私の研究が完璧ではないことが分かって，私はショックを受けた。私は(3)-a C<u>途方に暮れ</u>て，何も考えることができなかった。それが高校での私の最初の年だった。

④私が高校2年生になったとき，私は自分の課題研究に同じテーマを選んだ。私は去年から(3)-b G<u>残された</u>問題を解決するための方法を見つけなければならなかったが，それの解決の仕方が分からなかった。日々がただ単に過ぎていた。ある日の理科の授業で，先生が私たちに，「アメリカで開催されるサマープログラムがあります。みなさんはいくつかの大学と研究所を訪れることができます。そこで世界で一番の研究を見ることができますよ」と言った。最初私はアメリカへ行くことに全く興味はなかった。でも突然私はそれに興味を持った。なぜならカリフォルニア工科大学とジェット推進研究所を訪れることができると知ったからだ。私はカリフォルニア工科大学の学生とその大学で行われた研究が出てくる漫画を読んだ。カリフォルニア工科大学では，学生は最新の宇宙工学について研究することができ，私はいつかそこへ行くことをいつも夢見ていた。私は最新

のロケットがジェット推進研究所で組み立てられるだろうということも知っていた。(4)最新の宇宙工学がどのようなものなのか，そしてロケットがどのようにして組み立てられるのかを私は本気で見たかったので，私はそのプログラムに参加する決心をした。

⑤私は自分が夢見た大学での最初の一歩を踏み出すことに(3)-c[A]興奮した。私が最初に見たものは，外に置かれた黒板だった。なぜ外に黒板があったのか？　みなさんは私が何を言っているのか不思議に思うかもしれない。実は，カリフォルニア工科大学のあらゆる周辺にはたくさんの黒板がある。私たちが大学の周りを一緒に歩いていた間に，黒板の前で話をしている多くの人を見かけた。彼らの一部は，それらに数字を書いたり，絵を描いたりしていた。これらの人たちが黒板で何をしていたのか私は不思議に思った。

⑥私たちはカリフォルニア工科大学を訪れた後，ジェット推進研究所へ移動した。私たちは研究所を見て回るツアーに参加して，ツアーガイドさんがニシキ高校を卒業したことが分かって私たちは驚いた。彼は日本の大学を卒業した後でアメリカへ来て，カリフォルニア工科大学の博士課程で勉強した。彼は今，研究者としてジェット推進研究所で働いていた。ツアーの間，私がカリフォルニア工科大学で見た(3)-d[D]同じ場面を見て驚いた。人々は黒板の前で話していた。たくさんの黒板が研究所にもあったのだ！

⑦ニシキの生徒のひとりが彼に，「大学と研究所にたくさんの黒板があるのはなぜですか？」と尋ねた。(5)私もその答えを知りたかったので私は嬉しかった。あれらの黒板は彼らの考えや意見を共有するためにそこにあると彼は答えた。もし彼らが新しい考えを思いついたら，それらを黒板に書いたり描いたりすることができた。それに他の人がそれらを見たり，それらに自分の意見を付け加えたりすることができた。ときどき彼らは黒板の前で話し始めた。彼らが考えを共有して，他の人とそれらについて話していたことに私は衝撃を受けた。私は他の人と自分の考えについて話す予定はなかった。彼は続けて，共有することは科学の研究のため最大のステップだと言った。私はその回答にもっと衝撃を受けた。なぜなら共有することがなぜ科学の研究のために求められるのか理解できなかったからだ。私はひとりでそれをできると確信していたのだ。私は自分の課題研究のために自力ですべてのことをやった。彼は，「きみが自分の考えをだれかと共有したら，きみはもっと考えを得られるし，それからきみの考えはもっとよいものになるだろう。過去の偉大な考えは，世界を変えた本物の計画や事業になったんだよ」と言った。彼は最後に，きみは自力ではすべてのいかなる研究をすることはできないよと言った。ツアーの後，私たちは昼食を食べるためにカフェテリアへ行った。カフェテリアでは，たくさんの人が昼食を食べて，黒板の前で話していた。いくつかの数字やデザインがそれらにあった。私はデータを集めている屋上で，いつも自力で昼食の時間を過ごしたことを思い出した。高校での私の昼食の時間が，彼らのものとは本当に異なることに私は気付いた。

⑧アメリカから戻ってきた後，私はしばしばあれらの黒板と，自分たちの意見について話したり，黒板の前でそれらを共有したりしている人たちのことを思い出した。ある日私は，課題研究と私が解決するべき(6)問題についての自分の考えを教室の黒板のひとつに書くことに決めた。みんなが教室を去った後，私はそれをやった。私のクラスメイトが私の研究に興味を持ち，私のものにいくつかの考えを付け足してくれたり，あるいはいくつかの助言をくれたりするかさえ私は分からなかった。翌日に私が教室に入ったとき，2人のクラスメイトが黒板の前で私の考えについて話をしていた。彼らが私を見た後すぐに，私の計画と私が抱えている問題について彼らは私に尋ねた。彼らは私の話をよりはるかに注意深く聞き，彼らは私を手伝いたいと言ってくれた。彼らの内のひとりが，それ自体でデータを集めることができるコンピュータプログラムを作ることができると言い，彼はまた問題も解決できると言った。もうひとりの生徒は，私たちが作る新しい機械を保護す

るためのハードケースを組み立てることができると言った。私たちは，私の古い考えの上にたくさんの新しい考えを書き始めて，それらについて話すために多くの時間を使った。そのときまで私は，他の人と考えや計画について話すことが本当に興奮させるものだということを知らなかったのだ。このようにして私の2年生の課題研究が始まり，今回，私たち3人は一緒に研究した。2人のクラスメイトが研究に参加した後，それは大成功を収めた。(7)そして今では，私はその研究者の言葉が本当に何を意味するか理解した。

基本　〔問1〕　下線部(1)は，「私は自力でそれ(＝課題研究)をすべてやる自信があった」という意味。have confidence「自信がある」by oneself「独力で，自力で，ひとりだけで」レイはアメリカへ行く前までは，課題研究は自力でできるものだと信じ込んでいた。設問文は，「私はいかなる助けもなしですべての研究ができた」という意味なので，[　　]には，下線部(1)中の「自信があった」と類似する表現が入ると分かる。本文中から類似する連続する3語を探すと，第7段落半ばのwas sure that「～だと確信していた」が適切だと分かる。be sure that～「～だと確信している」

やや難　〔問2〕　下線部(2)は，ある理科の先生の発言で，「あなたはもう一歩必要である。そうすればあなたは柵を飛び越えることができる」という意味。下線部の直前では，その先生はレイの研究について褒めつつも，休日のデータが足りないという指摘をしている。よって，先生の言う「もう一歩」とは「休日のデータを集めること」だと推測できる。また，下線部の直後では，レイが自分の研究が完璧ではないことが分かって悲しんでいる。よって，先生の言う「柵を飛び越えることができる」とは「研究が完璧になる」あるいは「研究が完璧に近づく」ことだと推測できる。よって選択肢の中では,「休日のデータを集めること」を「もう少しの努力」と言い換えていて,「研究が完璧になる[研究が完璧に近づく]」を「あなたの課題研究を今よりもより素晴らしいものにさせることができる」と言い換えているウが適切。ウ「もう少しの努力があれば，あなたは自分の課題研究を今よりもより素晴らしいものにさせることができるだろう」with～「(もし)～があれば」 be able to～「～できる」 <make + A + B>「AをB(の状態)にする」 以下の残りの選択肢の内容は，いずれも先生の発言した意図とは異なるため不適となる。　ア「もしあなたが自分の研究で足りない部分が何か分かれば，あなたはよりよいプレゼンテーションができる」(×)　イ「もしあなたに柵を飛び越えるための勇気があれば，はるかに多くのデータを集めることができる」(×)　エ「一歩ずつ進めることで，あなたは課題研究を終わらせるためのデータを集め続けることができる」(×)one step at a time「一歩ずつ」 keep ～ing「～し続ける」

基本　〔問3〕　(3)-a「私の研究が完璧ではないことが分かって，私はショックを受けた。私は(1)-a C途方に暮れて，何も考えることができなかった」レイは自分の課題研究は完璧だと思っていたが，ある理科の先生から不十分だと指摘されて悲しんでいる場面。feltはfeelの過去形。feel lost「途方に暮れる」よって，Cのlost「失った，途方に暮れた」が適切。　(3)-b「私は去年から(3)-b G残された問題を解決するための方法を見つけなければならなかったが，それの解決の仕方が分からなかった」第4段落は，1年生から2年生に進級した直後について書かれている。レイは，1年生のときに理科の先生から指摘された問題を解決できずにそのままの状態にしていたと分かる。the problem left from the last year「去年から残された問題」← <過去分詞 + 語句>(left from the last year)が,「～された…」という意味で，直前の名詞(the problem)を修飾している。(過去分詞の形容詞的用法)leaveには「～を残す」という意味があり，これを「残された」という意味になる過去分詞にして空所に入れることで自然な意味になる。よって，Gのleft「残された」が適切。　(3)-c「私は自分が夢見た大学での最初の一歩を踏み出すことに(3)-c A興奮した」空所の後で，「夢見た大学での最初の一歩を踏み出す」という表現があるので，空所には前向きな意味の語が入ると推測する。excited「興奮した，ワクワクした」を入れると，文意に合う。be excited to ～「～することに興奮[ワクワク]する」よって，Aのexcitedが適切。　(3)-d「ツアーの間，私がカリフォルニア工科大学で見た(3)-dD同じ場面を見て驚いた。人々は黒板の前で話していた。たくさんの黒板が研究所にもあったのだ！」空所を含む文に続く文もヒントになる。「たくさんの黒板があった」,「人々が黒板の前で話していた」という場面は，カリフォルニア工科大学で見た場面と「同じ」だと分かる。よって，Dのsame「同じ」が適切。be surprised to ～「～して驚く」 the same scene I saw in Caltech「私がカリフォルニア工科大学で見た同じ場面」← sceneとIの間には，目的格の関係代名詞が省略されており，後置修飾(接触節)の文になっている。

重要　〔問4〕 I really wanted to see what the latest space engineering was like (and how～) <What is A like?>「Aはどのような人(もの)か？」what the latest space engineering was ← 間接疑問文なので，<疑問詞 + 主語 + 動詞>の語順になっている。

重要　〔問5〕 空所の直前では，ニシキ高校の生徒のひとりが，ガイドの研究者の男性に，「大学と研究所にたくさんの黒板があるのはなぜですか？」と質問しており，空所の直後では，その男性が,「あれらの黒板は，考えや意見を共有するためにある」と回答しているので，これらの前後の流れに合うものを検討すると，ア「私もその答えを知りたかったので私は嬉しかった」が話の流れに合う。つまりレイは，質問をした生徒と同じ疑問を持っていて，別の生徒が代わりに質問をしてくれて喜んでいる場面。以下の残りの選択肢の内容は，いずれも空所の前後の流れに合わないため不適となる。イ「私はそんなにたくさんの黒板があることに気付いて興奮した」 ウ「私はすでにその答えを知っていたのでがっかりした」研究者の男性の回答を聞くまで，大学と研究所に黒板がたくさんある理由と，その黒板で人々が何をしているのかについて知らなかったと分かる。(第5段落最終文) エ「私は黒板の言葉を理解できなかったので悲しかった」

重要　〔問6〕 下線部の「私が解決するべき問題」は，第4段落2文で言及されている問題「私は去年から残された問題を解決するための方法を見つけなければならなかったが，それの解決の仕方が分からなかった」のことを指す。この問題とは，第3段落で理科の先生から指摘されたthere are missing data on holidays「休日の足りないデータがある」ことである。よって，この部分からon holidaysを補い，She could not find a way of getting information on holidays.「彼女は休日に情報を得る方法を見つけることができない」という英文を完成させる。a way of ～ing「～する方法」

やや難　〔問7〕 下線部は，「そして今では，私はその研究者の言葉が本当に何を意味するか理解した」という意味。「その研究者の言葉」とは，第7段落の半ばから後半にかけて研究者の男性が言った「共有することは科学の研究のため最大のステップだ」,「きみが自分の考えをだれかと共有したら，きみはもっと考えを得られるし，それからきみの考えはもっとよいものになるだろう」,「きみは自力ではすべてのいかなる研究をすることはできない」のように，科学の研究のためには意見を共有することが大切で，ひとりでやりきることはできないという内容を指している。そしてアメリカから帰国したレイは，2人のクラスメイトと一緒に研究を始めて，他の人と考えや計画について話すことの大切さを理解し，その後で大成功を収めたと書かれている。よって，ウ「彼女のクラスメイトが彼女に加わった後，一緒に研究することは，科学の研究のために沢山の意味があることに気付いた」ことが，レイが研究者の言葉を理解した理由として適切。以下の残りの選択肢の内容は，いずれもレイが研究者の言葉を理解した理由としては不適切。ア「彼女は自分の最初の課題研究のためにデータを集めた後，彼女の研究は大成功を収めた」(×)そもそもレイの最初の[1年目の]研究は，理科の先生から不十分という指摘があり，大成功を収めたとは言えない。

(第3段落半ば)　イ「彼女のクラスメイトが彼女の研究レポートの間違っているところを見つけた後，彼女はよい結果を得た」(×)レイの古い考えの上にたくさんの新しい考えを書き始めたという記載はあるが，レイのクラスメイトが彼女の研究レポートの間違っているところを見つけたという記載は本文にない(最終段落半ば)　エ「彼女がカリフォルニア工科大学とジェット推進研究所を夏に訪れた後，彼女は全部自力で研究するための自信を得た」(×)レイは研究を自力ですることをやめて，クラスメイトと協力するようになった。(最終段落半ばから後半)

重要 〔問8〕 ①「レイは太陽放射効率のデータを集めることに決めた。なぜならそれについての情報がなかったからだ」(×)ニシキ高校が太陽放射効率のデータを集めていると書かれている。(第2段落3文)decide to～「～することに決める，～する決心をする」 ②「レイは5時間目の前に，太陽光発電の総量もその日の天候の状況も確認した」(○)第2段落5・6文に一致。both A and B「AもBも(両方とも)」 ③「レイは彼女の先生のコメントにとてもショックを受けたので，彼女は2年生の研究テーマを変えることに決めた」(×)レイは2年生でも，1年生のときと同じテーマを選んでいる。(第4段落1文)＜so ～ that …＞「とても～なので…」 ④「レイは完璧なデータを集めるための解決策を見つけたかったので，アメリカでのサマープログラムに参加することに決めた」(×)レイがアメリカでのサマープログラムに興味を持った理由は，カリフォルニア工科大学とジェット推進研究所を訪れることができると知ったからだと書かれている。(第4段落半ば) ⑤「そのツアーガイドが日本の大学の博士課程の後で，ジェット推進研究所で働くためにアメリカへ来たことが分かってレイはとても驚いた」(×)ガイドの男性は，日本の大学を卒業後，カリフォルニア工科大学の博士課程で勉強して，研究者になった。(第6段落3・4文)be surprised to ～「～して驚く」 ⑥「レイはその研究者の回答に喜ばなかったが，彼女はすぐに彼の言葉の本当の意味を理解した」(×)レイが研究者の回答を聞いたとき，彼女は「共有することがなぜ科学の研究のために求められるのか理解できなかった」と述べているので，研究者の回答を聞いてすぐに彼の言葉の本当の意味を理解したとは言えない。(第7段落半ば)quickly「すぐに」 ⑦「レイがジェット推進研究所のカフェテリアでの人々の活動を見たとき，彼女は高校の屋上での自分の昼食の時間を思い出した」(○)第7段落最後の4文に一致。 ⑧「レイはクラスメイトが彼女の研究に興味を持ってくれるかどうか分からなかったが，実際は，数人が興味を持った」(○)最終段落4文以降に一致。be interested in ～「～に興味を持っている」

 〔問9〕 (全訳)「親愛なるカトウ先生／私がアメリカに来て2年になります。私はここカリフォルニア工科大学で，たくさんの異なる国から来た多くのクラスメイトたちと，宇宙工学をずっと研究しています。私たちは全員が異なる文化と異なる考え①方を持っているので，ときどきお互いを理解することが難しいです。あの夏に私がカリフォルニア工科大学とジェット推進研究所で見たのと全く同じように，私たちは放課後にしばしば，②黒板上の数字と絵を使って自分たちの考えについて話します。私たちがお互いに話した後，私たちの独創的な考えがはるかに③よりよい計画になっています。私は今でも屋根に上がって自力でデータを集めたときを思い出します。私はまた，私たちが高校④2年生のときに，私がクラスメイトとしたことも思い出します。あれらの日々は，他の人と研究することがとてもワクワクさせるものだということを私に教えてくれました。今私は，物事を行ったり，ひとりで深く考えたりすることが，科学のためのひとつの大切な一歩だと知っていますが，同時に，他人と物事を共有することが，私たちにより大きな進展をもたらしてくれることも知っています」 ①直後のof thinkingもヒントになる。a way of ～ing「～する方法」のwayを複数形にして，「異なる考え方」(different ways of thinking)とする。②直後の「あの夏に私がカリフォルニア工科大学とジェット推進研究所で見たのと全く同じように」の部分もヒントになる。レイがそれらの場所で見たのは，「黒板(blackboards)上の数字と絵」

だったと分かる。　③第7段落半ばや，第8段落を通じて，考えや計画は話し合ったり共有したりすることでよりよくなるという内容が書かれている。<become + 形容詞>「～になる」better「よりよい」← 形容詞goodの比較級　④レイがクラスメイトと一緒に研究をしたのは，彼女たちが2年生（in the second grade）のときである。

★ワンポイントアドバイス★

2と3で出題された文挿入問題を扱う。本文中の空所に入る適切な英文を選択する問題だが，挿入する英文に代名詞や指示語が含まれている場合は，それらが本文中の何を指しているかを意識して解くことが大切である。

＜国語解答＞

1　(1)　おそれ　(2)　ていそ　(3)　きんりょう　(4)　にゅうわ
(5)　いっぺんとう

2　(1)　頭角　(2)　食指　(3)　輪唱　(4)　訓話　(5)　金科玉条

3　〔問1〕　エ　〔問2〕　イ　〔問3〕　ア　〔問4〕　ウ　〔問5〕　ア　〔問6〕　ウ

4　〔問1〕　イ　〔問2〕　エ　〔問3〕　ウ
〔問4〕　（例）　自身の価値観や予測を貫き通す完全な安心はそもそも存在し得ないので，リスクを認知しつつも許容するという一見矛盾した感情をはらむ「信じる」という行為の方が，人間関係を構築する上で現実的対応といえるから。
〔問5〕　X　（例）　実現が出来ないわけではない
Y　（例）　将来どのようなことがあり得るか予見する　　Z　イ　〔問6〕　ア

5　〔問1〕　イ　〔問2〕　ア　〔問3〕　イ　〔問4〕　ウ　〔問5〕　エ

○配点○

1　各2点×5　2　各2点×5　3　各4点×6
4　問4　9点　問5　X　3点　他　各4点×6　5　各4点×5　計100点

＜国語解説＞

1　（漢字の読み）

(1)「虞」とはおそれること，悪いことが起こるのではないかという心配。　(2)「定礎」とは，土台石をすえて建物の工事を始めること。　(3)「斤量」とは，はかりめや目方。　(4)「柔和」とは，やさしくおだやかなさま。とげとげしい所のない，ものやわらかな態度・様子。　(5)「一辺倒」とは，ある一方だけに傾倒すること。

2　（漢字の書き取り）

(1)「頭角を現す」とは大勢の中で，ひときわ目立ち始めることのたとえ。　(2)「食指が動く」とは何かをしたい，手に入れたいという欲望が起こることのたとえ。　(3)「輪唱」とは，同じ旋律を一定の間隔でずらし，追いかけるようにして歌う合唱。　(4)「訓話」とはよい行いをするように教え諭す話。　(5)「金科玉条」とは，この上なく大切にして従うべき決まり。

3 (小説ー大意・要旨，情景・心情，内容吟味，文脈把握)

基本 〔問1〕「視界が開けた」とは，ここではそれまでよりはっきり見られるようになったことを表す。なぜはっきり見られるようになったかというと，穂高の言う通り，体が慣れていない最初の十分，十五分はしんどかったが，経過するとペースが掴めたからである。

基本 〔問2〕「思いがけず」とは故意ではなく，偶発的にということである。登山中に高校でスポーツクライミングをしていたことを考えていたらちょうどそのことを聞かれ，また聞かれたタイミングが登山とスポーツクライミングの感覚の類似性を体感している時であったので，思わず答えてしまったのである。

やや難 〔問3〕「煽るように」とは，ここでは感情を駆り立てる・かき乱すの意味が妥当。スポーツクライミングの内容を岳に話させて，ますますスポーツクライミングに対する岳の思いを引き出せようとしている様子を読み取る。

やや難 〔問4〕 穂高が自らスポーツクライミングのことを話していると主張するのに対し，穂高先輩が聞いてくるから話しているだけとムキになって反論する岳の対比がある。その後，言葉を重ねれば重ねるほどスポーツクライミングに対する自身の思いを，穂高に対して肯定していることに岳は気づいたのである。

やや難 〔問5〕 傍線部でいう「淀み」とは，記憶や自問自答の渦によって混沌としている状態を表し，その状態が整理され澄んでいくのである。その澄んでいく原因は，山の中の静けさにある。

重要 〔問6〕 傍線部DやEの内容は岳が声を出して発している内容ではなく，自身の中で思っている感情を言葉に表しているのである。スポーツクライミングと登山の間で揺れている岳の気持ちを，小説全体の中から汲み取る。

4 (説明文ー大意・要旨，内容吟味，文脈把握，脱語補充，作文(課題))

基本 〔問1〕「文化を談ずる声」から始まる段落に，現代文化を談じようとした時点で，それは過去のものであり，歴史の中に組み入れない限り，その形ははっきりしないとある。その理由は刻々に変化するものであり，どれだけ能力のある批評家にとっても，隠れたものだからである。

重要 〔問2〕「可能性とは」から始まる段落に，「明日になれば過去になる現在のうちに，明日の姿は，はっきりと摑み難いにせよ，既に含まれている」とある内容を喩えたものである。「鏡の前に立った人」が現在の自分であるとするならば，「鏡の中の自分の姿」は明日の自分を表す。いくら掴もうと思っても掴むことはできない。また掴めないせよ，明日はこのようになるだろうと思っていたところで，刻々に変化するのだから，必ずしもそのようになるとは限らないのである。

基本 〔問3〕「それに対して」から始まる段落に，「相手はひどい行動をとらないだろうと信じること」を信頼と述べている。また次の段落に，他人を信頼する時，人はその人に「ゆだね」ようとする。よってウの内容は監督が選手に対して，ひどいことはしないだろうと「信じ」，練習メニューを組むよう選手に「ゆだね」ているのである。

重要 〔問4〕「安心は」から始まる段落に，「相手が想定外の行動をとる可能性を意識してない状態」を安心といい，つまり「相手の行動が自分のコントロール下に置かれていると感じている」状態を表すと述べている。しかし100％相手の行動をコントロール下に置くことはできない。ただ「信頼」は相手に「ゆだねる」ことでもあるので，リスクがないかと言えばそうではない。しかしその不確実性こそが，人間社会では道理にかなっているとしている。

やや難 〔問5〕 X 「可能性とは」から始まる段落に，作者は可能性について「過去に映った現在の幻影」としている。また「現実のものが次々に新しく現れて来るにつれて，その映像を，人々は任意の過去のうちに常に映し出し」，それによって「現実は，常に可能であった」と述べている。可能性を現実として常に可能であったとするのを「積極的な意味」の可能と論じるならば，「消極的な意味」は現実として可能でなくもない，ということである。　Y　将来を予見することによって，可能性でしかないことが可能であったと意識的変化が生ずるとしている。　Z「可能性とは」から始まる段落に，「可能性は過去に映った現在の幻影」にしかすぎないものであり，それに対して全て可能であったということなく，「文化の新旧も，独自な文化も，模倣の分かも，一般に文化というものを構成している要素の組み合わせ如何によって現れる」と文化を再例して述べているようにどんなことでも起こりうると認識することが肝要であるとする。よって，[Z]には「『不確実性』を受け入れて，未来において多くの選択肢や状態があり得ることを指し示す」としているイがあてはまる。

やや難　〔問6〕 Aはベルグソンの内容，Bは山岸俊雄の内容を引用して，各作者の論を増補するものとしている。

5　(説明文ー大意・要旨，内容吟味，文脈把握，用法)

基本　〔問1〕「ことわる」を漢字に直せば，「理る」となる。その意味は，物事の筋道をはっきりさせること，是非を判断することである。歌は，内容を論立てて説明したり，判断するためのものではないということである。

重要　〔問2〕「一方『しぐるるは』」から始まる段落に，改作したことによって第三句以下がゆったりしてきて，膨らみが出ているとある。また「作者の前に広がる風景」を読み手に想像させることにより，「眼前の広がりのある風景に出会って受け止められ，風景が広がるとともにそこに溶け込んでいく感覚を味わうこと」ができるとある。

基本　〔問3〕「まで」は副助詞として名詞，活用語の連体形，一部の助詞などに付く用法がある。その中で本文の意味は，風の音だけでなく風が立てた波まで寄せてきて涼しいということなので，動作・事柄の及ぶ程度を表している。同義な選択肢は，宿題だけではなく片付けまで行ったというイが正解。

重要　〔問4〕「『大人自得の歌』」から始まる段落に，「歳暮と悲しみの間に，霰乱れる風景が抜き差しならない結節点となっていて，そこへと事柄と心情が集約される構造」と作者は評している。また言葉のつながりによって，主体が言葉の景に溶け込んでいくと述べている。

やや難　〔問5〕 音韻とは，音色や漢字の表す一音節の頭初の子音とそれを除いた後の部分のこと。「この溶け込むような感覚」から始まる段落に，「『しらべ』とは本来音楽の調子のこと」とあるように，作者も本来の「しらべ」の意味は理解している。しかし作者は，景樹の歌に従来の「しらべ」の意味ではなく，言葉と連動して，詠んだ風景を読み手に感じ取らせることにより，その風景に溶け込んでいくような感覚が味わえるものを「しらべ」と述べている。

★ワンポイントアドバイス★

三題の長文全てで，本文の内容を問う問題が出題されているので，それぞれの筆者の主張を的確に読み取る練習をしておこう。また，短文作成では筆者の意見を端的にまとめられるように，何度も練習問題に取り組んでおこう。

都立立川高等学校

2021年度

★★★★★★★★★★★★★★★★★★★★★★★

入 試 問 題

2021
年
度

●くわしい解説……41ページ

＜数学＞

時間50分　満点100点

【注意】答えに根号が含(ふく)まれるときは，根号を付けたまま，分母に根号を含まない形で表しなさい。また，根号の中は最も小さい自然数にしなさい。

1 次の各問に答えよ。

〔問1〕 $\dfrac{5(\sqrt{5}+\sqrt{2})(\sqrt{15}-\sqrt{6})}{\sqrt{3}}+\dfrac{(\sqrt{3}+\sqrt{7})^2}{2}$ を計算せよ。

〔問2〕 連立方程式 $\begin{cases}\dfrac{7}{8}x+1.5y=1\\ \dfrac{2x-5y}{3}=12\end{cases}$ を解け。

〔問3〕 x についての2次方程式 $x^2+24x+p=0$ を解くと，1つの解はもう1つの解の3倍となった。p の値を求めよ。

〔問4〕 1から6までの目が出るさいころをAとBの2人が同時に投げて，それぞれの出た目の数を得点とし，10回の合計点が大きい方を勝者とするゲームがある。

ただし，2人が同じ目を出した場合は，それまでの合計点が2人とも0点になるとする。

下の表はAとBの2人がさいころを9回ずつ投げた結果である。

	1回	2回	3回	4回	5回	6回	7回	8回	9回	10回
A	1	3	2	4	5	6	3	5	2	
B	5	5	3	3	4	6	2	4	3	

AとBの2人がそれぞれ10回目にさいころを投げたとき，Aが勝者となる確率を求めよ。

ただし，さいころは，1から6までのどの目が出ることも同様に確からしいとする。

〔問5〕 右の図のように，線分ABを直径とする半円がある。

解答欄(かいとうらん)に示した図をもとにして，$\overset{\frown}{AB}$ 上に $\overset{\frown}{AC}:\overset{\frown}{CB}=5:1$ となる点Cを，定規とコンパスを用いて作図によって求め，点Cの位置を示す文字Cも書け。

ただし，作図に用いた線は消さないでおくこと。

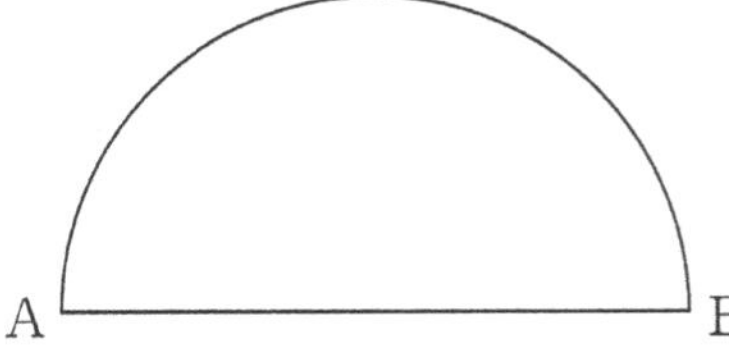

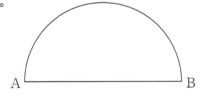

2　右の図1で，点Oは原点，曲線ℓは$y=ax^2$ $(a<0)$，曲線mは$y=\dfrac{36}{x}$ $(x<0)$のグラフを表している。

曲線ℓと曲線mとの交点をAとする。

次の各問に答えよ。

図1

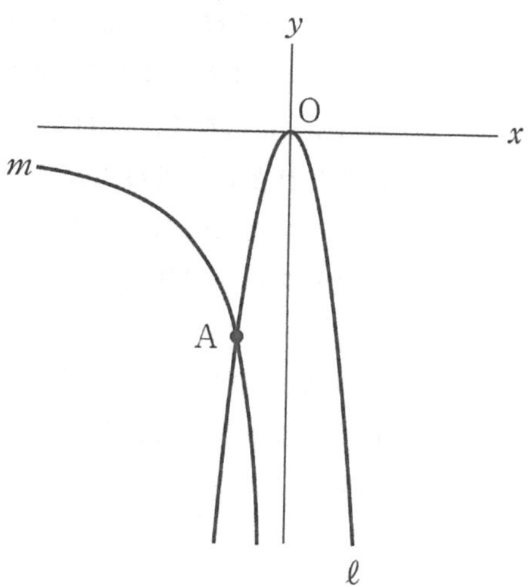

〔問1〕　点Aのx座標が-3のとき，aの値を求めよ。

〔問2〕　右の図2は，図1において，点Aのx座標を-4，y軸を対称(たいしょう)の軸として点Aと線対称な点をB，y軸上にある点をCとし，点Oと点A，点Oと点B，点Aと点C，点Bと点Cをそれぞれ結んだ四角形OACBがひし形となる場合を表している。

2点B，Cを通る直線と曲線ℓとの交点のうち，点Bと異なる点をDとした場合を考える。

点Dの座標を求めよ。

ただし，答えだけでなく，答えを求める過程が分かるように，途中の式や計算なども書け。

図2

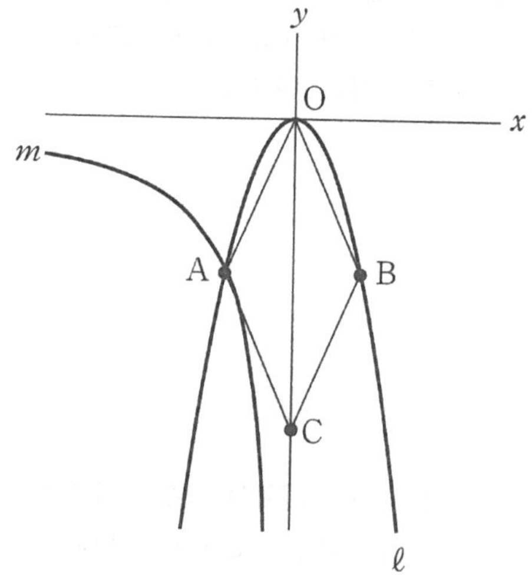

〔問3〕　右の**図3**は，**図1**において点Aのx座標とy座標が等しいとき，曲線m上にあり，x座標が-12である点をE，曲線ℓ上にあり，2点A，Eを通る直線AE上にはなく，点Oにも一致（いっち）しない点をPとし，点Oと点A，点Oと点E，点Aと点E，点Aと点P，点Eと点Pをそれぞれ結んだ場合を表している。

△OAEの面積と△AEPの面積が等しくなるときの点Pのx座標を全て求めよ。

図3

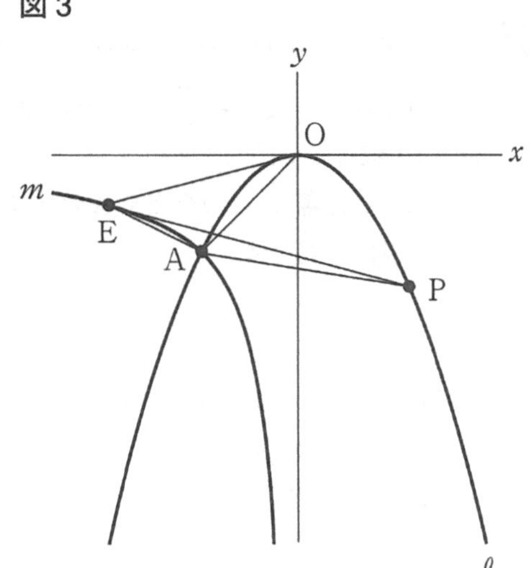

3　右の**図1**で，△ABCはAB＝2cmで，3つの頂点が全て同じ円周上にある正三角形である。

次の各問に答えよ。

図1

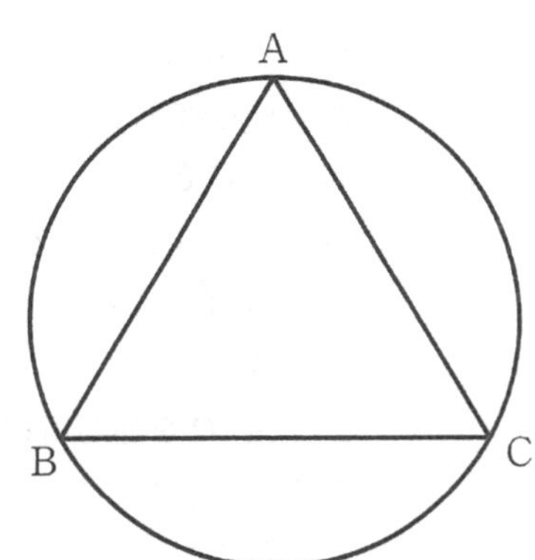

〔問1〕　右の**図2**は，**図1**において，頂点Aから辺BCに引いた垂線と辺BCとの交点をDとし，頂点B，頂点Cからそれぞれ線分ADに平行に引いた直線と円との交点のうち，頂点B，頂点Cと異なる点をそれぞれE，Fとし，点Eと点Fを結んだ線分EFと線分ADとの交点をGとした場合を表している。

AD $=\sqrt{3}$cmのとき，線分AGの長さは何cmか。

図2

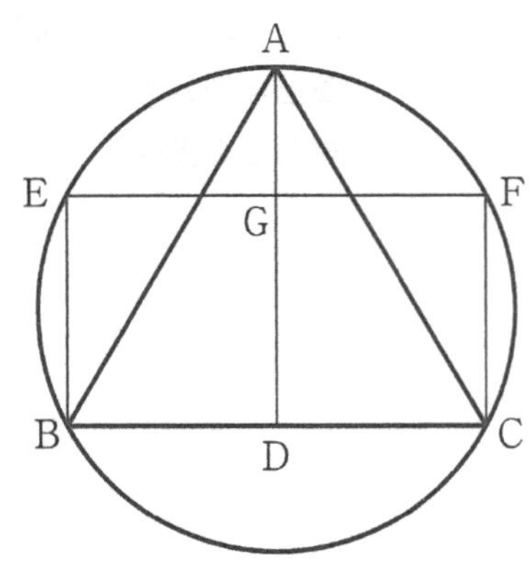

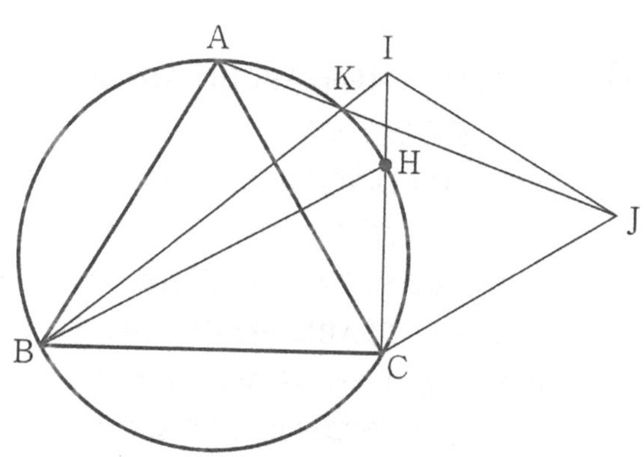

図3

〔問2〕　右の図3は，図1において，頂点Bを含まない$\overset{\frown}{AC}$上にあり，頂点A，頂点Cのいずれにも一致しない点をHとし，頂点Cと点Hを結んだ線分CHをHの方向に延ばした直線上にある点をIとし，円の外部にあり，CI＝CJ＝IJとなるような点をJとし，頂点Aと点Jを結んだ線分AJと，頂点Bと点Iを結んだ線分BIとの交点をKとし，頂点Bと点H，頂点Cと点J，点Iと点Jをそれぞれ結んだ場合を表している。

ただし，線分CIの長さは辺CAの長さより短いものとする。

次の(1)，(2)に答えよ。

(1)　△ACJ≡△BCIであることを示し，4点A，B，C，Kは1つの円周上にあることを証明せよ。

(2)　∠ABK＝18°，∠HBC＝28°であるとき，∠AJIの大きさは何度か。

4 右の図1で，四角形ABCDはAB＝104cm，AD＝156cmの長方形である。

四角形ABCDの内部に，辺ADに平行で辺ADと長さが等しい線分を，となり合う辺と線分，となり合う線分と線分のそれぞれの間隔（かんかく）が8cmになるように12本引き，辺ABに平行で辺ABと長さが等しい線分を，となり合う辺と線分，となり合う線分と線分のそれぞれの間隔が6cmになるように25本引く。

次の各問に答えよ。

図1

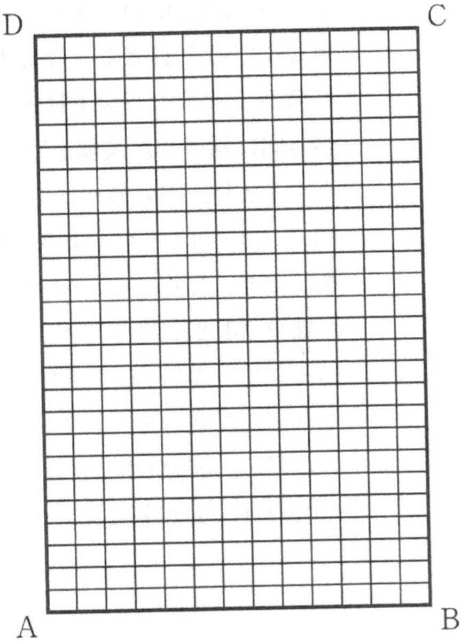

〔問1〕　図1において，頂点Aと頂点Cを結んだ場合を考える。

線分ACが，辺ADに平行な線分または辺ABに平行な線分と交わるときにできる交点は何個あるか。

ただし，辺ADに平行な線分と辺ABに平行な線分の交点および頂点A，頂点Cは除くものとする。

〔問2〕　右の図2は，図1において，辺ADに平行な線分と辺ABに平行な線分との交点のうちの1つをPとし，点Pを通り辺ADに平行に引いた線分と辺ABとの交点をQ，点Pを通り辺ABに平行に引いた線分と辺ADとの交点をRとした場合を表している。

ただし，点Pは辺AB上にも辺AD上にもないものとする。

四角形AQPRにおいて，PR＝2PQとなるもののうち，面積が最大になる場合の面積は何cm^2か。

図2

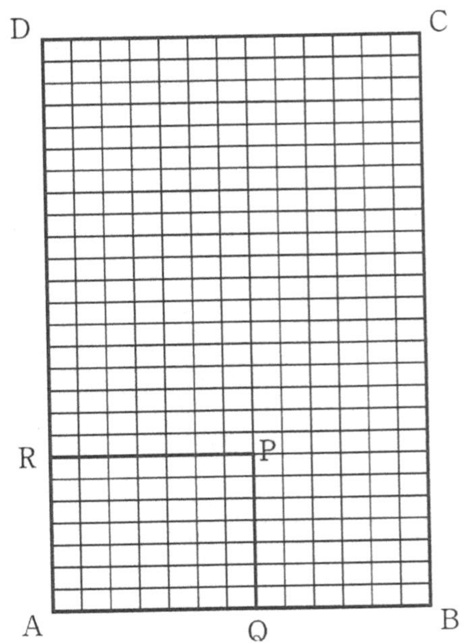

〔問3〕　底面が縦 6cm，横 8cmの長方形で，高さが 9cmの直方体のブロックを十分な数だけ用意し，(1)，(2)の手順に従って直方体 S，直方体 Tを作る場合を考える。

(1)　ブロックの底面を**図1**の直線でできたマスに合わせて置き，ブロック同士の側面がぴったり重なるように隙間(すきま)なく並べて，底面が四角形 ABCDの内部に収まるような高さが 9 cmの直方体 Sを作る。

(2)　(1)で作った直方体 Sを何個も作り，直方体 Sの高さを変えずに隙間なく 2段，3段，4段，……と何段か縦に積み上げて直方体 Tを作る。

この直方体 Tが立方体になるとき，使われるブロックは全部で何個か。

ただし，答えだけでなく，答えを求める過程が分かるように，途中の式や計算なども書け。

<英語>

時間 50分 満点 100点

※リスニングテストの音声は弊社HPにアクセスの上，
音声データをダウンロードしてご利用ください。

1 リスニングテスト（放送による指示に従って答えなさい。）

［問題A］ 次のア～エの中から適するものをそれぞれ一つずつ選びなさい。

<対話文1>

ア On the highest floor of a building.
イ At a temple.
ウ At their school.
エ On the seventh floor of a building.

<対話文2>

ア To see Mr.Smith.
イ To return a dictionary.
ウ To borrow a book.
エ To help Taro.

<対話文3>

ア At eleven fifteen.
イ At eleven twenty.
ウ At eleven thirty.
エ At eleven fifty-five.

［問題B］ < Question1 >では，下のア～エの中から適するものを一つ選びなさい。
< Question2 >では，質問に対する答えを英語で書きなさい。

< Question1 >

ア For six years.　　イ For three years.
ウ For two years.　　エ For one year.

< Question2 >

（15秒程度，答えを書く時間があります。）

2 次の対話の文章を読んで，あとの各問に答えなさい。
（＊印の付いている単語・語句には，本文のあとに〔注〕がある。）

*Rika, Kento and Mick are classmates at Seimei High School in Tokyo. Mick is a student from the United States. They are members of the *biology club. At the beginning of their summer vacation, they are talking about a plan for their science presentation. Their presentation is held in early September. Rika asks them a question in the biology club house.*

Rika : Guess what sea *creature I want to talk about at the science presentation.
Kento : What kind of creature?
Rika : Well, its head looks like an umbrella.
Mick : An umbrella?
Rika : It has no *brain and most of the body is made of water.
Kento : Ah, it's a *jellyfish! But why did you pick it?
Rika : A few years ago, I went swimming in the sea with my family. I saw some white jellyfish there. They were swimming very slowly. Since then, I have been interested in jellyfish.
Kento : I see. Do you know why they swim slowly?
Rika : I'm not sure.
Kento : They never swim against the *current. They swim with the current.
Rika : [(1)-a]
Mick : Kento knows well about jellyfish, and Rika is interested in it. How about making a science presentation about jellyfish?
Rika : Good idea. I have wanted to have a chance to study about jellyfish.
Kento : Hmm… I don't think they are exciting for the science presentation.
Mick : (2) Well, let's ask Mr.Naka, our biology teacher, about jellyfish. He is going to give us a lesson about sea creatures today. He will come back here soon from his trip to the sea. I hope he can give us some good advice.

The three students are sitting around Mr.Naka in the club house. He shows his students several living things. He has caught them in the sea. At the end of his lesson, he tells them to look at a bottle of water in his hand and turns off the lights.

Rika : Wow! Something is *glowing in the bottle.
Mick : How beautiful! They look like stars in the night sky.

Mr.Naka : Does anyone know what is glowing in the bottle?

Kento : I think there are *sea fireflies glowing in the bottle.

Mr.Naka : That's right. The sea fireflies are *emitting light. There are a lot of sea fireflies in the sea.

Rika : Mr.Naka, several sea fireflies have stopped glowing. Why?

Mr.Naka : [(1)-b] Does anyone know how they emit their light again?

Kento : I do. Just shake the bottle.

Mr.Naka : Great job, Kento. Will you shake it?

Kento : Sure. Look, the sea fireflies are beginning to glow again.

Rika : Mr.Naka?

Mr.Naka : Yes, Rika.

Rika : How did the sea fireflies start to glow again?

Mr.Naka : The sea fireflies emitted two kinds of *substances into the sea water - a *luminescent material and an *enzyme. Does anyone know what happened with these two?

Kento : A *chemical reaction happened. So, the sea fireflies began to glow again.

Mr.Naka : That's correct.

Rika : Mmm.... I don't understand why the chemical reaction happened. Please tell me a little more about it.

Mr.Naka : [(3)]

Mick : I'll try it. Imagine that there is an onion. If you don't do anything to the onion, it doesn't produce anything. Then what happens to you soon after you *chop the onion into pieces?

Rika : Tears come from my eyes.

Mick : What is happening in the onion then?

Rika : A chemical reaction happens when it is chopped into pieces.

Mick : That means [(4)]. One is a *raw material and the other is a special substance. The raw material and the special substance will have a chemical reaction, and it will *stimulate your eyes. So, tears come from your eyes.

Rika : The raw material doesn't meet the special substance in the onion before I chop it, right?

Mick : That's right. Why (5)【① really different ② does ③ change ④ something ⑤ into ⑥ the raw material ⑦ the special substance】? You've already known it.

Rika : Ah, it's the chemical reaction. The chemical reaction happened with the help of the special substance, enzyme!

Mr.Naka : Yes, the enzyme is a special *protein. The enzyme never changes itself through the chemical reaction, while the raw material becomes something quite different. Are there any other questions?

Mick : Yes, today Rika talked to Kento and me about jellyfish. Are there any jellyfish glowing like the sea fireflies?

Mr.Naka : Yes, several kinds of jellyfish can glow.

Mick : I wonder where we can see such a kind of jellyfish.

Mr.Naka : Why don't you visit the science museum in our town next week? There will be an event about jellyfish. They have a guide for students.

Rika : [(1)-c] Let's go there.

Rika, Mick and Kento visit the science museum in their town. A museum guide explains to them about jellyfish. Her name is Saki.

Saki : What kind of jellyfish would you like to see first?

Rika : We hear that some jellyfish can glow. We can't wait to see them.

Saki : Sure, they are just around the corner.

Mick : Wow, these jellyfish are glowing.

Saki : They are called *crystal jellyfish.

Rika : Beautiful green light.... I wonder how they emit it.

Saki : Would you read the sign here?

Rika : The sign says they can glow with *ultraviolet rays.

Saki : They have a special substance to emit light with ultraviolet rays.

Rika : What is the name of the special substance?

Saki : It is called *Green Fluorescent Protein. We call it GFP.

Kento : Is it a special kind of protein?

Saki : Yes.

Kento : What is [(6)-a] about GFP?

Saki : It has a luminescent material and an enzyme in [(6)-b] place. The crystal jellyfish don't have to get the enzyme from [(6)-c] place when they glow.

Kento : Does that mean they don't produce light like sea fireflies?

Saki : That's right. The sea fireflies have the luminescent material and the enzyme in [(6)-d] places of their body, so these substances need to meet before they glow.

Kento : The crystal jellyfish can emit light more easily than the sea fireflies, right?

Saki : Yes, that's correct. Scientists today know a great way to use GFP.

Mick : How do they use it?

Saki : They use it to find how proteins are moving in the body.

Mick : Does that mean GFP in the crystal jellyfish is used in other creatures?

Saki : Yes, the scientists add it to another creature's proteins and follow the proteins with GFP in the body. Why can the scientists see them clearly?

Rika : The proteins with GFP glow in the body.

Saki : That's true. The scientists in the past didn't get much information about proteins, especially about their movements in the body until GFP was discovered. It is used as one of the most important tools in science and technology.

Kento : Saki, I want to check what we have learned from you. May I ask my friends a question?

Saki : Sure.

Kento : What do the scientists need when they follow the proteins with GFP?

Saki : Oh, that's a good question.

Mick : Let' see. Is it a special protein?

Kento : [(7)-a]

Rika : [(7)-b]

Kento : [(7)-c]

Rika : [(7)-d]

Kento : That's right.

Saki : I'm happy to hear that. You remember what I told you about the crystal jellyfish. Do you know that a Japanese scientist was the first man to discover GFP in the crystal jellyfish? He received the Nobel Prize for his performance.

Rika : Oh, really? Thank you for giving us useful information, Saki.

Saki has gone. They are watching the crystal jellyfish for a while.

Kento : These jellyfish are amazing. I want to show how the Japanese scientist found the special substance at the school festival.

Mick : I hope we can catch a jellyfish for the science presentation.

Rika : [(1)-d]

Mick : Listen, how about showing their pictures or videos?

Rika : Sounds good.

Mick : Let's see every jellyfish here with our own eyes first and then make our plan.

〔注〕 biology 生物　creature 生き物　brain 脳(のう)　jellyfish くらげ
current 水流　glow 光る　sea firefly ウミホタル　emit 出す
substance 物質　luminescent material 蛍光物質　enzyme 酵素(こうそ)
chemical reaction 化学反応　chop 細かく切る　raw material 原料
stimulate 刺激する　protein タンパク質　crystal jellyfish オワンクラゲ
ultraviolet rays 紫外線　Green Fluorescent Protein 緑色蛍光タンパク質

〔問1〕 [(1)-a] ～ [(1)-d] の中に，それぞれ次のA～Dのどれを入れるのがよいか。その組み合わせが最も適切なものは，下のア～カの中ではどれか。

A　That sounds interesting.
B　Are you kidding?
C　That's new to me.
D　That is a good question.

	(1)-a	(1)-b	(1)-c	(1)-d
ア	A	B	D	C
イ	A	D	B	C
ウ	C	A	D	B
エ	C	D	A	B
オ	D	B	C	A
カ	D	C	B	A

〔問2〕 (2)Well, let's ask Mr.Naka, our biology teacher, about jellyfish. とあるが，このときMickが考えている内容として最も適切なものは，次の中ではどれか。

ア　I don't want to talk to Kento about the science presentation because he thinks jellyfish are so boring.
イ　Kento will join us after Mr.Naka's lesson because Mr.Naka will ask him to do that.
ウ　I'd like to share our information about jellyfish with Mr.Naka and learn something new about jellyfish from him.
エ　We need good advice from Mr.Naka to change our plan for the science presentation.

〔問3〕 本文の流れに合うように，[(3)] に英語を入れるとき，最も適切なものは，次の中ではどれか。

ア　Who can explain the chemical reaction with an easier example?
イ　Will you explain what happens in the body of glowing jellyfish?
ウ　What kind of vegetables do you imagine in addition to sea fireflies?
エ　Will you explain to Rika about a chemical reaction at the presentation?

〔問4〕　本文の流れに合うように，［ (4) ］に英語を入れるとき，最も適切なものは，次の中ではどれか。

ア　before you chop the onion, one of the two substances changes into a different one
イ　before you chop the onion, there are two different substances in it
ウ　soon after you chop the onion, it makes two quite new substances
エ　when you chop the onion, two substances in it become different ones

〔問5〕　(5)【① really different　② does　③ change　④ something　⑤ into　⑥ the raw material　⑦ the special substance】について，本文の流れに合うように，【　　　】内の単語・語句を正しく並べかえるとき，【　　　】内で2番目と4番目と6番目にくるものの組み合わせとして最も適切なものは，次のア～カの中ではどれか。

	2番目	4番目	6番目
ア	④	⑤	③
イ	④	⑤	⑥
ウ	⑥	②	③
エ	⑥	③	①
オ	⑦	⑥	①
カ	⑦	⑥	④

〔問6〕　［ (6)-a ］～［ (6)-d ］の中に，それぞれ次のA～Dのどれを入れるのがよいか。その組み合わせとして最も適切なものは，下のア～カの中ではどれか。

A　another　　B　different　　C　special　　D　the same

	(6)-a	(6)-b	(6)-c	(6)-d
ア	A	C	B	D
イ	A	D	B	C
ウ	B	A	D	C
エ	B	D	C	A

オ	C	A	D	B
カ	C	D	A	B

〔問7〕 (7)-a ～ (7)-d の中に，それぞれ次のA～Dのどれを入れるのがよいか。その組み合わせとして最も適切なものは，下のア～カの中ではどれか。

A　Of course not.

B　No, it isn't.... They usually come from the sun.

C　Oh, I see.... Ultraviolet rays.

D　People cannot see them in their daily life, right?

	(7)-a	(7)-b	(7)-c	(7)-d
ア	A	C	D	B
イ	A	D	C	B
ウ	B	C	A	D
エ	B	D	A	C
オ	D	A	B	C
カ	D	B	C	A

〔問8〕 本文の内容に合う英文の組み合わせとして最も適切なものは，下のア～シの中ではどれか。

① Mick and Kento decided what to do for the science presentation before they met Rika in the club house at their school in early August.

② Kento knew about jellyfish so well that Rika and Mick were impressed by his quick answers to their questions and deep love of jellyfish.

③ Only Rika realized why several sea fireflies in the bottle didn't have enough energy to produce light.

④ At first Rika didn't understand the chemical reaction well, but Kento carefully taught her about it with another example later.

⑤ When the three students visited the science museum, the crystal jellyfish were glowing there because of the ultraviolet rays.

⑥ Kento found the two sea creatures had different ways to produce light after Saki's talk about them.

⑦ Saki said GFP was among the best tools in scientists' study of proteins, but it was not often used in science and technology before.

⑧ Mick thought it would be good to see all the jellyfish in the science museum and later think about their presentation plan.

ア	①②	イ	①⑥	ウ	②④
エ	③⑥	オ	①③⑥	カ	②④⑧
キ	④⑦⑧	ク	⑤⑥⑧	ケ	③④⑤⑦
コ	③④⑦⑧	サ	④⑤⑥⑦	シ	④⑤⑥⑧

〔問9〕 下の質問について，あなたの考えや意見を，40語以上50語以内の英語で述べなさい。「,」「.」「!」「?」などは，語数に含めません。これらの符号は，解答用紙の下線部と下線部の間に入れなさい。

What is the most useful animal for people and why?

3 次の文章を読んで，あとの各問に答えなさい。
（＊印の付いている単語・語句には，本文のあとに〔注〕がある。）

I am going to teach math at a junior high school in Tokyo this April. I will also take care of the girls' basketball club there. Of course, I am looking forward to meeting my students and spending time with them. But I sometimes get [(1)-a]. I say to myself, "Will the students get interested in my math class? Can I become a good basketball coach and give the club members a lot of useful advice?" When I start to worry about these things, I always look at one picture. I put it in the *photo stand on my desk. In the picture, two girls having the same face are smiling. One girl is me, Ayumi, and the other is my *twin sister, Haruka. The picture was taken when we entered high school. Haruka lives in London now, and she is one of the dancers of a *ballet company in London. She often sends me emails and tells me about her life in London and her ballet performances. She lives in the city alone and often goes to many foreign countries with other dancers. She always gives me the courage to start something [(1)-b]. I say to her in the picture, "OK, Haruka. I'll do my best like you."

We went to different high schools. Just after the school year started, I joined the basketball club. Haruka didn't join any club because she went to a ballet school every day. She started to take ballet lessons when she was four years old, and she really loved ballet dancing. When we came back home, we talked about each other's school life. Though Haruka didn't join any club at school, she enjoyed studying with her friends and taking part in school events. We shared each other's experience. I always said to myself, "I have the best friend at home all the time." I believed so at that time.

Three months passed after we entered high school. One day in July, just before the summer vacation, when Haruka came back home from the ballet school, she looked

[(1)-c]. She said to me, "Ayumi, I have something [(1)-d] to tell you." "What is it?" I asked her. She started to talk to me. "I had an *audition for a ballet school in the U.K. It was held in Tokyo in March. I *applied for a *scholarship after I passed the audition. Today one of my teachers at the ballet school gave me great news. I won the scholarship! I can go to the U.K. in September, Ayumi. I will become a ballet dancer in London!" I was so surprised at the news that I could not say anything. I just looked at Haruka's face. I said to myself, "Why? Why are you going to leave me? I know we will live in different places someday. (2)<u>But not now, not now, Haruka.</u> It is too soon!"

That night, after dinner, I asked Mom and Dad, "Did you know Haruka had the audition and passed it?" Dad answered in quiet voice, "Of course we did." Then I said, "You didn't tell me about that. Why?" Haruka answered my question. "Sorry, Ayumi. I didn't tell you about it because I didn't have much *confidence in passing the audition and winning the scholarship. Also I wanted to surprise you! I thought you would be glad about the news, so…" "You can take ballet lessons here in Japan and continue to enjoy your school life, too." I said. Haruka said clearly, "I've decided to go to the U.K. to realize my dream. I want to get into the world of *competition and become a ballet dancer in London." "It's called an *impossible dream, Haruka," I said without thinking. Haruka looked a little sad and said to me. "We have always supported each other. Why are you saying such a thing?" "I worry about you, Haruka," I answered. Haruka said quietly, "No. You worry about only [(3)]." Then Dad said, "OK, you two, stop talking about it. It is time to go to bed."

During the summer vacation, we were busy every day. Haruka began to prepare for her life in the U.K. and went to the ballet school. I went to school and played basketball. Both of us wanted to talk about the matter, but we didn't. I knew Haruka very well. When she decided to do something, she would do it. She had a strong *will. I didn't think I could change her decision. I wanted to give her encouraging words, but something in my heart stopped me.

One day in August, our grandfather visited us from Okayama. His old friends gathered in Tokyo once a year, so he came to stay with us to meet them. He taught Japanese at a high school in Okayama until he was sixty years old. He studied the *Japanese classics. Haruka and I really loved him. We (4)<u>【① him ② often ③ about ④ gave ⑤ respected ⑥ also ⑦ us ⑧ good advice ⑨ he ⑩ some ⑪ because】</u> our school life. Soon after he came to our house, Haruka told him about her decision. He looked surprised, but he said that he would support her idea. A day before he returned home, Grandpa and I went for a walk in the park near our house. It was a cool day for the time of the year, so we enjoyed walking there. I suddenly wanted to talk with him about Haruka's decision. I said, "Grandpa, I don't think Haruka should go to the ballet school in the U.K. now. She wants to get into the world of competition and improve her skill of ballet dancing. But she can also make her skill better here. I really worry about her." He looked at me with kind eyes and said, "Well, Ayumi, do you know *Tsurezuregusa* written by *Yoshida Kenko*?" I was a little surprised at his question. I answered, "Yes. I have read some *chapters of the book at school. It was a very famous *collection of essays written in the Kamakura period, right?" Grandpa said, "That's right. The book was written a long time ago, but there is a lot of useful advice for our life in it. I think Chapter 150 has good advice especially for people like Haruka." He *recited the chapter and then started to explain it easily.

A person trying to learn art often says, "I've just started to learn art, so I'm practicing hard alone. When I've become good at it, I can show many people a great performance." However, such a person will never learn any art. If a *beginner learns art among *experts and makes every effort to become good at it, the person will finally be a *top-ranking expert in the art.

I listened to Grandpa carefully. I thought *competing with other students in a foreign country would be very hard for Haruka, but she really wanted to do so. I said to myself, "[(5)] It's her will. Maybe now is the time for us to go our [(6)] ways." Then Grandpa said to me, "Ayumi, will you take me to Haruka's ballet school? I want to see her dance." "OK, Grandpa. I think she is still practicing at the school." I said and we went there. In the large lesson room, Haruka was dancing alone. She was practicing the same part again and again, but she couldn't do it well. Finally, she fell down and hit the floor with her hand. She looked a little angry with herself. Grandpa and I looked at her quietly at the door. I said to Grandpa in a small voice, "[(7)]" "Yes, she really does," he answered. We just looked at her and didn't talk to her.

In September, the day came. At the *departure gate, Haruka smiled at me and said, "Thank you, Ayumi, and I'm very sorry." I asked her, "What are you sorry for?" She answered, "I didn't tell you about the audition before I had it. I was afraid that you would stop me. I didn't want to give up my dream." I said, "You don't have to say sorry. Don't worry about that." Then my parents and I said goodbye to her. When she entered the gate, I said to her in a loud voice, "Haruka, have confidence in your skill of dancing and realize your dream!" Haruka looked at me and gave me a big smile. After she left, Mom held me in her arms, and Dad said to me, "You are such a *considerate sister, Ayumi. We really love both of you!" I tried to say thank you, but tears stopped me. I said to myself, "Haruka, I'll work hard to find my goal through my school life."

—I am going to be a teacher this spring.

〔注〕 photo stand 写真立て twin 双子の
ballet company バレエ団 audition オーディション
apply for ～ ～に応募する scholarship 奨学金 confidence 自信
competition 競争 impossible dream 見果てぬ夢 will 意志
Japanese classics 日本の古典 chapter （書物などの）段
collection of essays 随筆集 recite 暗唱する beginner 初心者
expert 熟練者 top-ranking 一流の compete 競う
departure gate 搭乗ゲート considerate 思いやりのある

〔問1〕 (1)-a ～ (1)-d にそれぞれ以下の語を入れるとき，最も適切な組み合わせは，下のア～カの中ではどれか。

A excited B quiet C nervous D angry E new
F important G good

	(1)-a	(1)-b	(1)-c	(1)-d
ア	A	B	D	G
イ	A	D	G	B
ウ	B	A	C	E
エ	B	G	F	A
オ	C	E	A	F
カ	C	F	E	D

〔問2〕 (2)But not now, not now, Haruka. とあるが，このようにAyumiが思った理由を最もよく表しているものは，次の中ではどれか。

ア Ayumi thought that Haruka was telling her a lie about the scholarship to a ballet school in London.

イ　Ayumi thought that she and Haruka should support each other and spend a lot of time together.

ウ　Ayumi thought that it was difficult for Haruka to enter a foreign ballet school with her dancing skill.

エ　Ayumi thought that Haruka had to study hard as a high school student and give up her dream.

〔問3〕 本文の流れに合うように，[(3)] に英語１語を補いなさい。

〔問4〕 (4)【① him ② often ③ about ④ gave ⑤ respected ⑥ also ⑦ us ⑧ good advice ⑨ he ⑩ some ⑪ because】について，本文の流れに合うように，【　　】内の単語・語句を正しく並べかえるとき，【　　】内で１番目と６番目と10番目にくるものの組み合わせとして最も適切なものは，次のア～クの中ではどれか。

	１番目	６番目	10番目
ア	②	④	③
イ	②	⑤	⑨
ウ	④	③	⑥
エ	④	⑩	⑦
オ	⑤	⑥	①
カ	⑤	⑧	④
キ	⑥	②	⑧
ク	⑥	⑦	⑪

〔問5〕 本文の流れに合うように，[(5)] に英語を入れるとき，最も適切なものは，次の中ではどれか。

ア　How can I talk to her?

イ　How can I encourage her?

ウ　How can I stop her?

エ　How can I say sorry to her?

〔問6〕 本文の流れに合うように，[(6)] に英語１語を本文中から抜き出して補いなさい。

〔問7〕 本文の流れに合うように，[(7)] に英語を入れるとき，最も適切なものは，次の中ではどれか。

ア　Haruka really feels sad, Grandpa.

イ Haruka really gets angry, Grandpa.

ウ Haruka really dances very well, Grandpa.

エ Haruka really loves dancing, Grandpa.

〔問8〕 本文の内容に合う英文の組み合わせとして最も適切なものは，下のア～シの中ではどれか。

① Ayumi is Haruka's younger sister and she is going to be a math teacher at a high school this April.

② Haruka lives alone in a foreign country now and often tells Ayumi about her life by email.

③ Ayumi and Haruka joined the same basketball team and Haruka also went to a ballet school every day.

④ Ayumi was really shocked to hear that Haruka would go to a ballet school in London in September.

⑤ Their parents didn't know that Haruka had an audition to enter a ballet school in London.

⑥ With the help of their grandfather, Ayumi understood why Haruka decided to enter the world of competition.

⑦ Haruka didn't tell Ayumi about the audition because she didn't want to make Ayumi very sad.

⑧ After Haruka left for London, Ayumi decided to go there and see her ballet performance.

ア	①②	イ	③⑥	ウ	④⑦
エ	⑤⑧	オ	①⑤⑧	カ	②④⑥
キ	③④⑧	ク	④⑤⑦	ケ	①③④⑦
コ	②③⑤⑥	サ	③⑤⑥⑧	シ	④⑤⑦⑧

〔問9〕 以下の英文は, ロンドンへ行った直後のHarukaに送ったAyumiのEメールである。
（ ① ）～（ ④ ）に入る最も適切な英語1語をそれぞれ本文中から抜き出して答えなさい。

Dear Haruka.
How's your school life in London? I hope you are doing well. When Grandpa visited us, I told him about you. I didn't want you to go to London because I really worried about you. I thought that you could (①) to go to your ballet school and improve your skill here in Japan. Grandpa told me about one essay from a famous collection of essays written in the Kamakura period. It was about a person learning art as a (②). I think he gave me a useful piece of (③). Then we visited your ballet school. You were practicing very hard, so we didn't talk to you. Haruka, when I heard your news for the first time, I didn't say, "I'm (④) to hear that!" I am really sorry for that. Now I want to say this. I believe you'll be a great ballet dancer in the future. Take care!
Love,
Ayumi

家への対抗勢力として政治的な問題解決を目指す立場。

めしく思っている。

エ　国司としての仕事に力を尽くしながらも、折に触れて宮中での詩宴を思い出し、都を遠く離れた任地にいることを嘆いている。

〔問2〕 (2)讃岐守としての自分を「（　）」と、あくまで旅先にいると表現している とあるが、（　）に当てはまる最も適切な漢字一字を、本文中からそのまま抜き出して書け。

〔問3〕 (3)「釣魚人」を詠んだ作 とあるが、その説明として**適当でないもの**を次のうちから一つ選べ。

ア　苦しむ人民の様子を描いた作品として、史料的な価値が評価されている。

イ　漢詩の伝統を受け継いで、俗事にまどわされない人物として釣人を描いている。

ウ　道真が赴任後に讃岐の地で実際に見た釣人の様子を、詩の中に表現している。

エ　十首連作のうちの一首で、四字の韻字と第一句目が他の詩と共通している。

〔問4〕 (4)その表現に律令語（法律用語）を用いていることも特徴である。とあるが、「寒早十首」の詩にそのような特徴が生じた理由について、筆者はどのように述べているか。その説明として最も適切なものは、次のうちではどれか。

ア　道真は、地方官として赴任したことを不満に思いつつも、国守としての立場で漢詩を詠んでいるから。

イ　道真は、国司の仕事を具体的に表現することで、観念的な漢詩の詠み方を否定しようとしているから。

ウ　道真は、都に戻ることを早く許されたいと願うゆえに、職務に忠実に励む姿勢を詩で示しているから。

エ　道真は、宮中の行事を思うことが習慣化していて、都に生まれた貴族としての立場を重視しているから。

〔問5〕 (5)道真はそれに対して、宮廷詩宴で献詩を行う詩臣を標榜していた。とあるが、「詩臣」という語は、ここではどのような立場を表す語として用いられているか。その説明として最も適切なものは、次のうちではどれか。

ア　詩作によって積極的に情報を発信することで、都で漢詩人が広く重用されるべきだと訴える立場。

イ　政治的な問題を詩によって表現することで、漢詩の専門家としての存在意義を示そうとする立場。

ウ　地方の人民の苦しみを詩に詠むことで、自分が信望の厚い国守であることを都に誇示しようとする立場。

エ　道徳的な政治のあり方を詩で提唱することで、儒み、国司の職を詠む。このような作は讃岐から都へ戻ると激減する。というよりも、在地の人民の苦しみを詠む作品は見当たらなくなる。

　これはどのように考えるべきか。国守としての立場ではなく、問民苦使（地方行政を監察する官）の立場で詠んだという見解もあるが、詩人無用論に関わると考えられる。＊儒家から発せられたそれは、漢詩や漢詩人など政治に無用だという批判であった。(5)道真はそれに対して、宮廷詩宴で献詩を行う詩臣を標榜していた。

　讃岐で人民の苦しみや国司の職務を詠むのは、地方政治の問題・課題を漢詩を用いて表明し、告発することになろう。まさしく政治に有用な詩作を試みたのである。詩人無用論への＊反駁だと考えられる。

　こうして讃岐一年目は暮れていく。大晦日に詠んだ「旅亭の除夜」では、「苦だ思う　洛下の新年の事を。再び家門に到るのだ　一夢の中で」と、都の新年を思い、夢の中で都の自邸に帰っている。讃岐守として、讃岐の人々を思いつつも、やはり都の、我が家を思うのである。

（滝川幸司「菅原道真」による）

〔注〕

晋の潘岳――中国の王朝である西晋の文人の名。「秋興賦」は潘岳の詩の名称。

重陽宴――陰暦九月九日（重陽の日）の節句に皇居で行われた観菊の宴。

文章生試――平安時代の役人の養成機関の試験。

菊酒――重陽の節句に飲む、菊の花を浸した、または浮かべた酒。

禁中――皇居の中。

偶吟――ふと心に浮かんだことを詩歌に詠むこと。

紫宸殿――平安京の皇居の建物の一つ。

讃岐の州民――道真が国守として治めていた讃岐の地の人々のこと。

課役――人民に課せられた税や労役のこと。

屈原「漁父」――古代中国の詩人屈原の作として伝わる文章。

儒家――孔子に始まる中国古来の政治・道徳の学である儒学を修めた者。

反駁――他人の意見や批判に反対して論じ返すこと。

〔問1〕(1)今年独対海辺雲の句に込められた道真の心情を、筆者はどのように考えているか。その説明として最も適切なものは、次のうちではどれか。

ア　大切な家族を都に残して、たった一人で異郷に赴き、慣れない仕事をしなければならないことに嫌気がさしている。

イ　新たな土地での業務に追われてしまい、酒宴さえも開くことのできない境遇におかれた身の上にやりきれなさを感じている。

ウ　都から遠く離れたさびしい土地で、誰にも理解されないままたった一人で年老いていく我が身をうら

「寒早十首」の連作は、国守の立場から讃岐*の州民を描いている。

本作は、法制史学者の瀧川政次郎が、「寒気の来るのをいち早く感ずる」「貧窮人の患苦が綿々と述べられ」「人民が課*役の重圧にあえいでいる」ことを詠んでいる「文学史上の重要史料であるのみならず、また法制史上の重要史料でもある」と評した作品でもある。

すべての詩の韻字に「人・身・貧・頻」の四字を用いている。四字は「人の身は貧しきこと頻である」の意で、これを韻字とした五言律詩の一〇首連作である。

取り上げられるのは「走還人」（租税の負担から逃れるため戸籍の地から離れたけれども悔いて帰ってきた人）「浪来人」（税から逃れるために浮浪逃散した人）「薬圃人」（薬園で諸々の薬を学ぶ人）「駅亭人」（駅伝輸送の労働に従事する人）「賃船人」（船に雇われて働く人）「釣魚人」「売塩人」「採樵人」（きこり）と、まさしく「課役にあえ」ぐ「人民」を詠んでいる。

「寒早」とは、寒気が早く来ること。詩の第一句目はすべて「何人に寒気が早いのだ」という問いで、それに「寒は早い〇〇人に」と答えて始まる。(3)「釣魚人」を詠んだ作を見てみよう。

何人寒気早　何人に寒気が早いのだ。
寒早釣魚人　寒は早い魚を釣る人に。
陸地無生産　陸地に生産はなく、
孤舟独老身　孤舟に独り身を老いていく。
裊糸常恐絶　糸を裊めて〔糸が〕絶えるのではと常に恐れ、
投餌不支貧　餌を投げて〔魚を釣っても〕貧を支えられない。
売欲充租税　〔魚を〕売って租税に充てようとして、
風天用意頻　風はどうだ天はどうだと用意〔気にかけること〕頻である。

讃岐の釣人を詠じた作である。道真は都時代にも釣人を漢詩に詠み込んだことはあった。ただし、それまでの作は、直接釣人を見て詠んだのではなく、中国戦国時代の屈原*「漁父」以来長く詠み続けられた、俗世間から離れて俗事にまどわされない釣人像を踏まえた、いわば観念化された存在であった。その点、寒早十首の釣魚人は、讃岐で実際に見、そのうえで表現されていると考えられる。

これまでの道真には、宮廷詩宴での献詩、友人との贈答詩、景物に寄せた風物詩などはあっても、このような階層の人々に焦点を当てた作品は見えない。これは、道真に限らず他の漢詩人でも同様である。

寒早十首は、このように在地の人々の苦しみを描いた作として注目される。(4)その表現に律令語（法律用語）を用いていることも特徴である。最初の「走還人」の「走還」などがそうで、都時代の作品にもいくつか見えるものの、寒早十首を含め讃岐時代に格段に増える。

道真は讃岐赴任を愁えながら、このように讃岐の人民を詠讃岐を指し、讃岐での愁いが二毛を生じさせたと考えているのである。

九月九日、宮中では*重陽宴が行われる日である。この日、道真は国府で小さな酒宴を開いた。そのときに詠んだ詩が残る。秋になっても旅先にあるかのような思い（「客思」）が入り乱れ、重陽になると一層その思いは募る、という心情の表現から始まるが、詩の後半は以下の通りである。

停盃且論輸租法　盃を停めて且く論ずるのだ輸租の法を。
走筆唯書弁訴文　筆を走らせて唯書くのだ弁訴の文を。
十八登科初侍宴　十八で［*文章生試に］登科［合格］して初めて宴に侍った。
(1)今年独対海辺雲　しかし今年は独り海辺の雲に対うだけだ。

「輸租」とは、徴税のこと。「弁訴」とは、訴訟を処理すること。

重陽宴では*菊酒を飲み詩を詠むのだが、讃岐では国司としての業務を議論し書類を執筆する。讃岐守として業務に邁進するかのような姿だが、この詩の冒頭は、地方に来て「客思」入り乱れる心情を描いており、本来なら宮廷詩宴で菊酒を飲み漢詩を詠むはずが、それができない。重陽の日であるだけに、都での詩宴が想起され、守という立場への愁いが表出する。

翌年正月二〇日にも漢詩を詠んでいるが、題辞に「*禁中内宴の日である」と自注を付しているのも、先の作同様、宮廷詩宴を想起してである。

このように讃岐で宮廷詩宴や宮中行事を想起する作は、讃岐赴任後半にも見える。「九日*偶吟」では、以下のように詠む。

客中三見菊花開　客の中三たび菊花が開くのを見るが、
只有重陽毎度来　只重陽の日が度毎来ることが有る。
今日低頭思昔日　今日頭を低れて昔日を思う。
紫宸殿下賜恩盃　*紫宸殿下で恩盃を賜ったことを。

讃岐に赴任して三年が経ち三度目の重陽の日を迎えた、それでも昔日、重陽宴に参加したこと、重陽宴が開かれる紫宸殿で天皇から盃を賜ったことを思い出すのである。

さらに「正月十六日宮妓の踏歌を憶う」は、宮中での「踏歌」（足を踏みならして歌う舞踏）を思う詩だが、その末尾に「佳辰公宴の日に属る毎に、空空しく客衣の襟を［涙で］湿して損うのだ」と、都の天皇主催の宴を思い出すたびに涙を落とすのである。

(2)讃岐守としての自分を「（　　）」と、あくまで旅先にいると表現しているのも、道真の心情を表していよう。道真は讃岐守在任中、都を、そこでの行事、特に宮廷詩宴を思い出す旅人として自分を描いていた。

B

讃岐赴任に不満を持っていた道真だが、この年冬に詠んだがった。

④ 先生に「個性を大切にしなさい。」と言われて、「私らしいとはどういうことだろう。」と、友達と話し合いながら帰った。

⑤ 会社の上司と一緒に、その月の売り上げ額から翌月の利益を予測した。

⑥ 創立一二〇周年を機会に、学校に制服は必要かということを、生徒会役員で議論した。

⑦ 友人と一緒に数学の問題に取り組んだら、難しい問題を解くことができた。

⑧ 高校卒業後の進路を決定するにあたって、「自分にとってよりよい人生とはどのようなものなのか」ということを家族と話し合った。

ア ① ② ④ ⑥
イ ① ② ⑤ ⑧
ウ ② ③ ⑤ ⑦
エ ① ③ ④ ⑥ ⑦
オ ② ③ ④ ⑥ ⑧
カ ③ ④ ⑥ ⑦ ⑧

〔問6〕 本文の内容について述べたものとして最も適切なものを、次のうちから選べ。

ア 自然科学の研究方法が普及したことで、大学の授業で哲学を専門的に学ぶことができるようになった。

イ 小学校低学年の子どもは抽象的なことには関心を示さないものの、哲学的なテーマについては高度な次元で議論する能力を持っている。

ウ 社会をよくするには、他者とともに真理を追求し、共同の世界を作り出していく知が求められている。

エ 対話という活動は、個人の推論や論理、認識からなる複合的能力であるため、哲学研究の中心テーマであり続けた。

5

次の文章A・Bは、平安時代の貴族菅原道真が、四十二歳で地方官として讃岐（今の香川県に当たる地域の国名）に赴任したことについて書かれたものである。これらの文章を読んで、あとの各問に答えよ。（＊印の付いている言葉には、本文のあとに〔注〕がある。）

A

赴任初年度、三〇日ほど雨が降らなかったが、金光明寺で行われた仁王百講会（百の高座を設けて僧百人に『仁王経』を講じさせる法会）のおかげか雨が降った。道真はそれを祝して詩を詠んでいる。

秋に入り、道真は二毛（白髪）を発見した。＊晋の潘岳は三二歳で二毛を見たというが（潘岳「秋興賦」）、自分は潘岳より一〇年老いて見た。なぜ初めて見る羽目になったかといえば、「海壖」（海の畔）に臥すためだという。「海壖」とは

＊隘路に踏み込んでしまったのではないだろうか。とあるが、「哲学という学問の役割を考えたときには、入ってはならない隘路に踏み込んでしまったのではないだろうか」と筆者が述べたのはなぜか。八〇字以上、一〇〇字以内で説明せよ。

〔問3〕(3)対話は全体性を復元する協同作業である。とあるが、それはなぜか。その理由として最も適切なものを、次のうちから選べ。

ア　対話は独立した一人一人の人間の差異を均質的なものに統合し、共通の価値観を生み出す働きをするから。

イ　同じテーマについて論じ合う対話という営みによって、異なる立場の人々が結びつけられることになるから。

ウ　異なる考えを持った者同士が対話することによって、規範と秩序が生まれ、社会に対する人々の信頼が高まるから。

エ　専門家と一般人とが課題を共有し対話することで、専門家による啓蒙が進み、社会全体の知性が向上するから。

〔問4〕～～～部A哲学カフェ、B子どもの哲学、C哲学プラクティスの話題は、本文の展開においてどのような役割をしているか。最も適切なものを、次のうちから選べ。

ア　哲学カフェから探求型の共同学習の方法が生まれたように、新たな教育のあり方が他にも存在することを示す根拠となっている。

イ　できるだけ若いうちに哲学対話を経験することが人生において重要であるという一般論を挿入し、問題提起につなげている。

ウ　哲学対話が重要視されている今日の状況を、科学の価値という観点から比較して分析し、論述方針の転換を図っている。

エ　哲学対話の重要性に対する理解が、日本でも一般の人々の間に浸透してきているということの具体例となっている。

〔問5〕＝＝＝部哲学的なテーマとあるが、次に挙げる①～⑧のうち、「哲学的なテーマ」について考える事例の組み合わせとして最も適切なものはどれか。本文の論旨をふまえて、次のア～カから選べ。

①　夏休みの自由研究で「ダムはどのような構造か」ということについて調べ、学年集会で発表していくつかの質問に答えた。

②　地域の住民同士で「街の暮らしやすさとは何か」ということについて論じ合った。

③　学校で「学ぶことにどのような価値があるのか」という話し合いをしたら様々な意見が出て盛り上

C哲学プラクティスとは、「おもに対話という方法をもちいながら、哲学的なテーマについて共同で探求する実践的な活動」として定義されるが、国際的にはすでに数十年の活動の実績がある。日本国内でも、数年前に、全国規模の実践者の連絡会が組織され、哲学プラクティスに関連する事項を研究する学会も設立された。マスコミでもしばしば取り上げられるようになり、教育用のテレビ番組もシリーズ化された。中等教育でも関心を持つ学校が増え、探求型の授業に取り入れられている。

哲学対話に関心を持つ人は、さまざまな世代に渡っているが、とりわけ、若い世代や、子育てをしている世代に多い。かれらは、自分たちと自分たちの子どもの世代が直面している分断の問題には、これまでとは大きく異なった構想で取り組まねばならないこと、そしてそのために市民的な連帯を深めなければならないことに気がついている。若い親世代は、自分たちが受けたものとは異なった、思考やコミュニケーション、探究活動に重きをおいた教育が必要であることをよく理解している。哲学対話が求めているのは、他者とともに真理を追求し、他者とともに人間の世界を組み直していくことである。科学は、世界の事実については知識を提供してくれても、価値や意味に関しては沈黙する。そうではなく、哲学対話では、他者とともに共同の世界を作り出していく知が求められている。

対話による共同的な真理探求は、アカデミズムを超えて、市民が自主的に発展させている知的な活動である。哲学と対話とは切っても切り離せない関係にあるにもかかわらず、対話をテーマとした哲学書は多くはない。実は心理学や認知科学においても、臨床的な分野以外では、対話を扱う研究は多くはない。また思考についても、哲学においては推論や論理、認識をテーマにした研究はあっても、思考という人間の活動そのものをテーマとした哲学書は、意外にもあまり見当たらない。それは思考という活動が、単純に個人の中の推論的な能力だけで成り立っているのではなく、他者との対話や共同作業を通じて発揮される本来、複合的な能力だからである。

（河野哲也「人は語り続けるとき、考えていない」による）

〔注〕　精緻化――細かく緻密になっていくこと。
　　　隘路――狭くて通りにくい道。物事を進める上でさまたげとなるもの。
　　　爾来――それ以来。

〔問1〕　(1)一八世紀の啓蒙主義の時代の哲学と、一九世紀以降の現在までの講壇化した哲学の大きな違いは二つあるように思われる。とあるが、一八世紀までの哲学と一九世紀以降の哲学の違いについて、八〇字以上、一〇〇字以内で説明せよ。

〔問2〕　(2)これは学問としては*精緻化を意味するが、哲学という学問の役割を考えたときには、入ってはならないせる必要がある。あらゆる現代の知の中に対話を組み込み、社会の分断と人間と自然の分断を克服しなければならない。こうした根本に交流を有した知こそが、真の意味での教養と呼ばれることになるだろう。

しかし一般の人々はすでに対話の重要性について気がつき始めている。

A哲学カフェは、一九九〇年代初頭のフランスで生まれた。カフェに市民があつまり、哲学的なテーマについて自由に論じ合う集会である。

重要な決定には、権威に一方的に依存するのではなく、一般市民が関与しなければならない。政治的自律性を求める気運の中で、哲学的な対話が希求された。哲学カフェは政治的な意思決定のためだけに行われるのではない。それ以前に、自分たちが直面している問題を根本まで掘り下げ、自分たちがどのような価値観からこの問題に相対しているのかをまず理解するための活動である。哲学カフェはまたたくまに全国に広がり、現在では数え切れないほどのカフェが自主的に運営されている。

時期を同じくして、学校や課外活動で、子ども同士が哲学的なテーマについて話し合う「子どもの哲学」と呼ばれる新しい教育が、日本のさまざまな場所で行われるようになった。とりわけ、小さな子どもを持つ親たちは、あいも変わらぬ記憶中心の学校教育に失望し、考え、議論する力を自分の子どもには持ってほしいと考えている。対話することが思考を刺激することを、子どもの親たちは直観的に知っている。哲学など抽象的なことには関心を示さないと言われていた小学校の低学年の子どもでも、「生きるとは何か」「賢いとは何か」「心はどこにあるのか」「普通とは何か」「時間に終わりはあるのか」などといったまさしく哲学的なテーマについて関心を持ち、大人とそれほど変わらない次元の議論を展開する。

B子どもの哲学とは、子どもに哲学の知識を教えることではまったくない。子ども同士で哲学的なテーマについて対話しあい、教員や親といった大人も子どもと一緒に真理を探求するのである。

子どもの哲学の歴史は、哲学カフェよりも長い。子どもを対象とした対話型の教育が試みられたのは、一九二〇年代におけるヘルマン・ノールやレオナルト・ネルゾンといった哲学者の活動に遡ることができ、アメリカの哲学者であるマシュー・リップマンは、七〇年代初頭に「探求の共同体」という対話的な共同学習の方法を作り出し、子どもの教育に着手した。*爾来、いくつもの国際学会が組織され、世界各国で実践がなされている。

哲学カフェやサイエンス・カフェ、子どもの哲学、地域の問題を根本的に論じる対話、企業での哲学的な対話、対話による人生相談（哲学コンサルティング）、これらの活動をまとめて「哲学プラクティス」と呼ぶことがある。哲学的なテーマについて自由に論じる活動は、「哲学対話」と呼ばれるようになった。

学者の著作を読むのに事前の知識はいらない。これに対して、一九世紀以降の哲学は、専門化し、それを理解するのには長い専門知識の集積を要求するようになった。二〇世紀の二つの現代哲学の潮流、分析哲学と現象学も同じである。それぞれの潮流の専門用語は特殊な意味を帯び、哲学者の間でもそれを共有できなくなっている。互いに互いの理論的前提が受け入れられずに、学派によって没交渉となる時代が続いた。(2)これは学問としては*精緻化を意味するが、哲学という学問の役割を考えたときには、入ってはならない*隘路に踏み込んでしまったのではないだろうか。

もうひとつの違いは対話的な側面の消失である。古代哲学の対話篇についてはいうまでもないだろう。一八世紀までの近代哲学は、対話を内容としている著作がじつに多い。著名な哲学者の著作集の多くに、「対話」あるいは往復の「書簡」と題された作品が含まれている。ルソー、ダランベール、ディドロ、ヴォルテール、ロック、バークリー、ヒューム、ゲーテ、ライプニッツなどをあげれば十分であろう。デカルトのエリザベト王女との書簡集は読み応えのある哲学的な対話である。しかし、一九世紀、とくに二〇世紀以降は、対話や書簡は、完成された哲学論文と比較して二次的で資料的な意味しか持たないと考えられるようになり、ましてや一般人との対話など大学の講義で行えばよい程度の扱いになってしまった。

これは、大学を中心とした近代的な知の編成に、哲学も飲み込まれたことを意味している。しかしこれにより、私たちは重大な、失うべきではない知的な営みを蔑ろにしてきたのではないだろうか。自然科学の実証主義的な研究手続きが定着するにつれて、真理は専門家だけによって見出され、一般の人にはただ教育されるだけのものになってしまった。理論を検証し反証するという科学的な過程のなかには非専門家が入り込む余地はなく、専門家同士の対話でさえ、せいぜい追試過程の一部となるだけである。知の専門化は、対話を無用のものとした。そうした専門知をバックにした政府や行政の振る舞いは、一般人に耳を貸さない問答無用のものとなっていくのは当然であろう。

復権させたいのは対話とそれによる思考である。(3)対話は全体性を復元する協同作業である。ここでいう全体性とは、各分野に分断される前の知の全体性であり、ただ専門性によってではなく、人間が人間としてつながる全体性である。社会の全体性ということで誤解をしてほしくないのは、それが画一性や均一性を意味しないことである。対話的な全体性とはむしろ個人の差異化を意味する。対話は、独立の存在の間でしか成り立たず、異なった考えの間でしか成り立たない。しかしそれらの独立の存在は、対話というひとつの事業に関与している。これが対話による人間の結びつきの特徴である。対話は、振る舞いを管理し、画一化することなく、人々を共通のテーマによって架橋し共同させる。

現代の岐路において、良い方向に私たちの人生と社会を向かわせるには、専門化による分断を、対話によって縫い合わ

〔問6〕 〜〜〜部A〜Dについて、その表現や内容を説明したものとして最も適切なものは、次のうちではどれか。

ア A メガネを鼻梁の先にずらした店主らしき男が、上目遣いで航樹をじろりと見た。には、店主を恐れて引け目を感じている航樹の気の弱い性格が表されている。

イ B かるく見ていたのだ。には、大きい本屋では難しい返品も小さい本屋なら気軽にできるはずだと考える航樹の心境が表されている。

ウ C 店主は注文書を受け取り、目を細めた。には、懐かしい本を見付けたことでうれしさを感じている店主の様子が表されている。

エ D 店主が一覧注文書の右上に、この店に割り振られたコード印である番線印を、今まさに押すところだったには、番線印を押す瞬間を航樹に見せようとする店主の思いやりが表されている。

4

次の文章を読んで、あとの各問に答えよ。（*印の付いている言葉には、本文のあとに〔注〕がある。）

哲学は、科学とは異なる知のあり方をしている。古代のアテネでソクラテスがソフィストの知識の妥当性を問い質したように、哲学は既存の知識の再検討を主な任務としている。それは、社会に存在している常識や知識や技術を、人間の根本的な価値に照らし合わせてあらためて検討することである。哲学は社会に既に存在している知識に対して、距離をとって判断する「メタ」の立場をとる。その意味で、哲学はもっとも素朴であると同時に、もっとも高次の視点から世界を捉える学問である。その際に哲学がとるべき視点は、いかなる専門家からでもない、いかなる職業や役割からでもない、ひとりの人間ないし市民からの視点である。哲学という学問がもっとも一般的であり、特定の分野に拘束されないという特徴はここから来ている。

しかしながら、一九世紀になって哲学が大学の一専門分野として講壇化されてからは、哲学は他の科学と同じく一種の専門科学であろうとしてきた。西洋という文脈で言えば、講壇化は、哲学の専門家を生み出し、彼らが哲学を市民に教育するというスタンスを生み出した。専門家であり教える側であるという大学人としての立場は、哲学者のアイデンティティにすらなっていった。

(1)一八世紀の啓蒙主義の時代の哲学と、一九世紀以降の現在までの講壇化した哲学の大きな違いは二つあるように思われる。ひとつは、後者が、専門用語を駆使するようになり、難解になり、それ以前の理論についての知識なくしては理解できなくなったことである。古代ギリシャの哲学でも、あるいは、啓蒙時代の哲学、たとえば、ルソーやロック、アダム・スミスでもいいが、平易な日常の言葉で書かれ、ある程度の教養のある人間ならばその内容を理解するのに前もっての知識はいらない。どの哲学者でもその根本的思想をきちんと把握するのは容易ではないとしても、一八世紀の啓蒙主義の哲める様子。

ウ　かつて読んだ本が並ぶ棚を見て、思い出に浸って感傷的な気分になり、これまでの自分の営業の方法では結果が出ないのも当たり前だと実感して反省する様子。

エ　実際の本棚を見て、マニュアルや書店の大きさなどの情報から形式や数字以上の意味を分析できていなかったと冷静に振り返り、緊張をほぐそうとしている様子。

〔問4〕(4)店主は「へっ。」と笑い、「無理することはねえよ。」と言いながら、そこで初めて名刺を渡してくれた。とあるが、この表現から読み取れる店主の様子として最も適切なものは、次のうちではどれか。

ア　航樹の別れ際の挨拶に対して、このような小さい店にわざわざ営業に来る必要はないとしながらも、航樹に好感を抱き、再会を期待する気持ちを表している様子。

イ　航樹の言葉を次の取引への意思とみなし、このような小さい店にわざわざ営業に来る必要はないと返しつつ、渡し忘れた名刺を出して、次の注文を約束する様子。

ウ　航樹の言葉を社交辞令と感じ、このような小さな店にはわざわざ営業に来る必要はないとして、わずかな注文しかできない罪悪感から話を切り上げようとする様子。

エ　航樹の新入社員のような元気な挨拶に対して、このような小さい店にまでわざわざ営業に来る必要はないとし、若い社員の苦労をねぎらおうと気をつかっている様子。

〔問5〕(5)航樹はわざと気持ちを声に出した。とあるが、この表現から読み取れる航樹の気持ちとして最も適切なものは、次のうちではどれか。

ア　航樹は本と読者の出合いを大切にする店主と巡り会った。本をいつくしむ気持ちを持ち続けていれば、今後も自分の人生に影響を与えるような本を見つけられるはずだと確信している。

イ　航樹はうまくいかない自分の仕事に対して不満を募らせている。しかし、困難を乗り越えてこそ一人前の社会人になれるのだと考えを改め、自分に気合いを入れることで覚悟し直している。

ウ　店主と会話が続いて営業がうまくいったことで、航樹は自信を取り戻した。本の注文を取れた喜びから仕事の意義を見出すことができ、早く次の本屋に向かおうと意欲に満ちあふれている。

エ　本は読者の人生を変える可能性をもつことを、かつて航樹は経験した。本と読者の出合いを支える自分の仕事に喜びと誇りを感じ、前向きに仕事に励もうと自分を奮い立たせようとしている。

面出し――本の表紙を見せて並べること。
取次（とりつぎ）――ここでは、出版社と書店をつなぐ取次会社のこと。

〔問1〕(1)店主の声が明らかにトーンダウンした。とあるが、それはなぜか。その説明として最も適切なものは、次のうちではどれか。

ア　冬風社が一度倒産しそうになったことを思い出して、売れ残った本を返品できなくなると感じ、不安に思ったから。

イ　以前取引（とりひき）があった冬風社には親しみを覚えたが、一方的に話し続ける航樹の態度を見て、不快感を隠せなかったから。

ウ　冬風社の本にいったん関心を示したものの、店に置いても売れない分野の本であるとわかり、興味をそがれたから。

エ　新しい分野に事業を広げようとする冬風社は、従来の伝統を軽視する会社になってしまったと思い、落胆（らくたん）したから。

〔問2〕(2)この日初めて会った、小さな本屋の店主の言葉は、思いがけず航樹の胸に畳みかけるように問いかけてきた。とあるが、この表現から読み取れる航樹の様子として最も適切なものは、次のうちではどれか。

ア　初対面の店主が語った内容と現在の自分の状況が予期せず重ね合わせられ、自分に対する疑問が次々とわき上がり、仕事への思いを見つめ直している様子。

イ　たまたま出会った店主の言葉が胸に響き、これまでの自分に対する反省の念が次々に生じ、自分が思っていた以上に営業は難しい仕事だと痛感している様子。

ウ　初対面の店主の話の意図が分からず、店主と自分の状況とを繰り返し重ね合わせることで、想像以上に苦労してきた店主を理解しようとしている様子。

エ　たまたま出会った店主の話を聞いて自分の生き方が何度も問い直され、店主と自分との役割を比べることで、店主の生き方を理想的に思い始めている様子。

〔問3〕(3)航樹は肩の力を抜いた。とあるが、この表現から読み取れる航樹の様子として最も適切なものは、次のうちではどれか。

ア　話題の単行本がない本棚を見て、新刊の本は欲しいと思う人が現れて自然と売れるのだと気が付き、自分が躍起になって頑張らなくてもよいのだと安心する様子。

イ　本棚を見て、その書店に合った本があるのだと思い至り、マニュアルや書店の大きさばかりを気にして営業の成果を上げようと力んでいた気持ちをゆるるはずだ。

客が去ったあと、「はいよ。」と店主の声がした。

レジの前にもどると、D店主が一覧注文書の右上に、この店に割り振られたコード印である番線印を、今まさに押すところだった。

「まあ、せっかく来てくれたんだ、おたくの本、またうちに置いてみっから。」

受け取った注文書の書名の欄に、「1」の文字を見つけた。

「ほんとうですか。」

航樹は思わず声をうわずらせ、頭を下げた。「ありがとうございます。」

「少なくてわるいけどな。」

「とんでもないです。」

「あんたら出版社の人間は、新刊シンカンって出るときだけ騒ぐけど、お客さんにとっちゃ、その日初めて手に取った本、その本こそが新刊なんだよ。」

静かな店内に、店主の声は心地よく響いた。

なるほど、そのとおりかもしれない。

「まあ、せっかく来たんだ。雨宿りでもしていきな。」

気がつけば、午後六時をまわっていた。これまで営業したなかで一番店に長居し、会話が続いた。店主は静かにスリップを数えながら、ときおり航樹が投げかける問いかけに答えてくれた。

「それじゃあ、またお伺いします。」

航樹は帰りしなに声をかけた。

(4)店主は「へっ。」と笑い、「無理することはねえよ。」と言いながら、そこで初めて名刺を渡してくれた。

表に出ると、思いがけず雨は上がっていた。

歩きながら、受け取った名刺をよく見ると、使われている紙は、自分が仕入れていた紙、スターエイジにちがいなかった。

懐かしい手触りを味わいながら、見つめる名刺。その名刺に印字された書店名の上には、こう記されている。

「人生を変える本との出合いのお手伝い」

人生を変える本との出合い。まさに自分が何度か経験したことでもある。

そんな本と読者との出合いを手伝うことが、今の自分の仕事でもあるのだ。

航樹はそのことがうれしく、そして誇らしかった。

「よしっ。」

(5)航樹はわざと気持ちを声に出した。

そして、まだ西の空が明るい、夏の夕暮れの道を駅へと急いだ。

もう一軒、いや二軒、これから書店をまわることに決めて――。

（はらだみずき「銀座の紙ひこうき」による）

〔注〕新社――経営状況が悪化した冬風社は、「冬風新社」という名で再起をかけて立て直しを図っている。

航樹は素直に首を横に振った。

たしかにそうだ。自分のなかには、委託なのに、返品できるのに、なぜ置いてくれないのだ、と思う安易な気持ちがどこかにあった。Bかるく見ていたのだ。

「うちみたいな店は、入ってくるかもわからない話題の新刊に期待するより、実際に売れた本を大事に売り続けるのさ。だからこの売上スリップは大切なんだ。この一枚の紙が、この店の売上を支えてくれてる。」

「紙が、ですか？」

「そうさ。このスリップが、紙がなくちゃならねえのよ。食ってくためには。」

店主は口元をわずかにゆるめた。「おれは本が好きで、勤め人をやめてこの商売をはじめた。好きとはいえ、やってみれば、なかなかむずかしい商売だ。ほんとは、売れる本か、気に入った本しか店には置きたかない。おたくらが毎日営業してるようなでかい書店には、でかい書店の役割ってもんがある。けどな、うちにはうちの役割があると思ってやってるのさ。つまりは、この一枚の紙みたいにな。」

(2)この日初めて会った、小さな本屋の店主の言葉は、思いがけず航樹の胸に畳みかけるように問いかけてきた。会社をやめた自分は、果たして自分の役割をしっかり意識しているのか。自分はなんのために、出版社に転職したのか。それは、もっと自分らしくありたかったからじゃないのか。好きでこの道を選んだのだ。営業であれ、もっと自分らしいやり方で、好きなようにやるべきじゃないのか。

航樹はカバンから、今度は既刊の一覧注文書を取り出した。

「失礼ですが、このなかにこの店で売っていただいた本はありますか？」

「ん？」

C店主は注文書を受け取り、目を細めた。「ああ、まだ絶版じゃないんだな、こいつらは。」

「店のなかを、拝見させてください。」

「好きにしな。」

店主が背中を向けたとき、かなり年配の女性客が濡れた傘を引きずるようにして店に入ってきた。

「届いとるかなあ？」

女性はいきなり店主に声をかけた。

「はいはい、松田様。届いてますよ。」

店主は急に十歳くらい若返ったような明るい声を出し、レジ横の棚から婦人雑誌を抜き取った。「いつもありがとうございます。」

航樹はレジの前を離れ、文芸書の棚の前に立った。棚には、今ベストセラーになっている話題の単行本の類いは見あたらない。*取次からの配本がないのか、すでに売れてしまったのか。しかし何冊か、航樹が過去に読んだ、思い出深い本が棚に差してある。こぢんまりとしているが、いい棚だな、と思えた。

(3)航樹は肩の力を抜いた。マニュアルばかりを頼りにするのも、書店を坪数で選ぶのも、考えものだ。自分の目でたしかめなければわからない、経験しなければわからないことがあ航樹はおそるおそる声をかけ、出版社名を名乗り、名刺を差し出し挨拶をした。

「うちの店に版元の営業が来るなんて、明日は雪になるんじゃねえか。」

A メガネを鼻梁の先にずらした店主らしき男が、上目遣いで航樹をじろりと見た。

冗談のつもりかもしれないが、航樹は笑う気になれず、

「失礼ですが、店長さんですか？」と尋ねた。

「店長さんもなにも、こんな小さな店、おれひとりでじゅうぶんだろ。」

「はあ。」

訪れたことを早くも後悔しはじめた航樹は、さっさと営業をすませようとカバンから新刊注文書を取り出した。

すると机に置いた航樹の名刺をにらんでいた五十代半ばくらいの店主が、「冬風社って、潰れたんじゃなかったっけ？」と嫌なことを言い出す。

「いえ、一時危なかった時期もありましたが、また新たにスタートを切りました。」

「へえー、それで*『新社』ってわけだな。」

店主はようやく売上スリップから手を離した。「昔はおたくにもスリップ送ったもんだけどな。」

「ということは、売ってもらってたってことですね。」

初めて聞く種類の反応に、航樹は頬をゆるめかけた。

「なにも返ってこなかったけどな。」

「すいません。うちは報奨金制度はやってないもので。」

航樹は耳の上を掻いた。

「で、今はどんな本出してるの？」

「来月の新刊は、理工書になります。新しいジャンルにもチャレンジしていく方針でして。」

「へっ、理工書？　冬風社が？」

(1)店主の声が明らかにトーンダウンした。

航樹はかまわず新刊の説明をはじめたが、「棚を見りゃあわかるだろうけど、うちは専門的な理工書は扱ってないんでね。それに返品できなくなると困るから。」と素っ気ない。

「返品は随時受けつけます。その心配はありません。」

「縁起でもないけど、おたくが倒産したらどうなるよ。」

「――それは。」

言葉に詰まると、「あんた、新入社員かい？」と言われた。

「いえ、この七月から中途採用で入りました。」

「へー、今月からかい。そりゃあ、てえへんだ。この蒸し暑いのにきっちりスーツなんか着込んでるから、てっきり新卒かと思っちまった。」

「まあ、似たようなもんです。」

航樹は自嘲気味に返した。

「あんたら出版社の営業は、本は委託だから心配いりませんっていつも言うらしいけど、こっちはこの狭い店で食っていかなきゃならない。一冊とは言え、*面出しならそれなりのスペースを占めるんだ。この限られたスペースで、年間いくら売らなきゃ食っていけないか、あんたにわかるかい？」

「いえ、わかりません。」

〈国語〉

時間五〇分　満点一〇〇点

【注意】答えは特別の指示のあるもののほかは、各問のア・イ・ウ・エのうちから、最も適切なものをそれぞれ一つずつ選んで、その記号を書きなさい。また、答えに字数制限がある場合には、、や。や「などもそれぞれ一字と数えなさい。

1

次の各文の――を付けた漢字の読みがなを書け。

(1) 彼は幼年より秀才の誉れが高い。

(2) 入念に準備をしてきたので、発表会の成功は必定だ。

(3) 自分が住んでいる町の沿革について調べる。

(4) 彼女は得心がいった様子でうなずいた。

(5) 二人は家賃を折半して暮らしている。

2

次の各文の――を付けたかたかなの部分に当たる漢字を楷書(かいしょ)で書け。

(1) どんなに頑張っても一日に三冊の本を読むのがセキの山だ。

(2) 孫に会ってソウゴウを崩(くず)す。

(3) 毎日続く夏の暑さにヘイコウする。

(4) 新しい美術館のラクセイ式に参加する。

(5) メイキョウシスイの心持ちで試合に挑む。

3

次の文章を読んで、あとの各問に答えよ。(*印の付いている言葉には、本文のあとに〔注〕がある。)

紙を専門に取り扱う会社を退職した神井航樹(かみいこうき)は、出版社に再就職し、営業部に配属された。本を書店に置いてもらうため、主要な書店をまわって営業をするもののうまくいかない。注文が取れないまま会社に戻ることをためらっていたとき、航樹は訪問書店のリストに載っていない小さな本屋の存在に気が付いた。いったん通り過ぎたが、思い直して店の前まで戻った。

開け放たれた狭い出入口(でいりぐち)からなかをのぞくと、店内はしんとして、客はだれもいない。広さはせいぜい二十坪(つぼ)くらい。奥のレジに年配の男がちんまりと座って、むずかしそうな顔をして売上(うりあげ)スリップをいじっている。

売上スリップとは、店売りの本のページのあいだに挟(はさ)み込まれている二つ折りのカードで、表面が補充(ほじゅう)注文伝票、裏面が売上カードになっている。本が売れた際にレジで店員が抜き取り、追加注文の際に使ったり、まとめて出版社に送ったりする。送付した売上カードの枚数によって報奨金(ほうしょうきん)を出す出版社もあるからだ。

「あのー。」

大切なことはメモしておこうネ！

T·G

2021 年 度

解 答 と 解 説

《2021年度の配点は解答欄に掲載してあります。》

＜数学解答＞

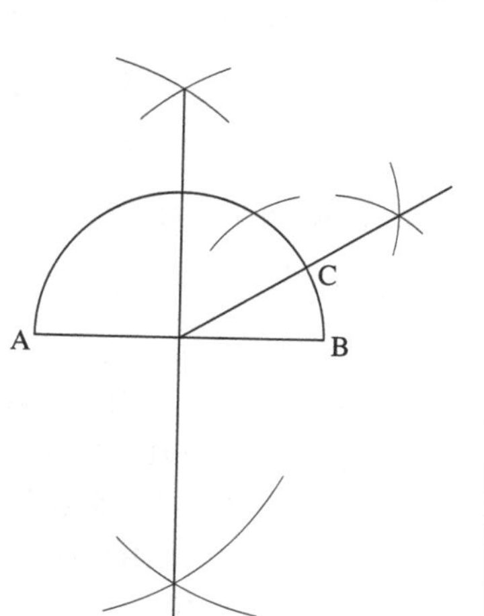

[1] 〔問1〕 $20+\sqrt{21}$ 〔問2〕 $x=8$, $y=-4$
〔問3〕 $p=108$ 〔問4〕 $\frac{5}{12}$ 〔問5〕 右図

[2] 〔問1〕 $a=-\frac{4}{3}$
〔問2〕 $(-8,\ -36)$(途中の式や計算は解説参照)
〔問3〕 $x=-9,\ 3,\ 12$

[3] 〔問1〕 $\frac{\sqrt{3}}{3}$cm 〔問2〕 (1) 解説参照 (2) 14度

[4] 〔問1〕 13個 〔問2〕 4608cm^2
〔問3〕 864個(途中の式や計算は解説参照)

[1] 各5点×5 [2] 〔問2〕 11点 他 各7点×2(〔問3〕完答)
[3] 〔問2〕(1) 11点 他 各7点×2 [4] 〔問3〕 11点 他 各7点×2 計100点

＜数学解説＞

[1] (数・式の計算，平方根，連立方程式，二次方程式の応用，確率，作図)

〔問1〕 分配法則を使って，$\frac{5(\sqrt{5}+\sqrt{2})(\sqrt{15}-\sqrt{6})}{\sqrt{3}}=\frac{5\{\sqrt{5}(\sqrt{15}-\sqrt{6})+\sqrt{2}(\sqrt{15}-\sqrt{6})\}}{\sqrt{3}}=\frac{5\times3\sqrt{3}}{\sqrt{3}}=15$ 乗法公式$(a+b)^2=a^2+2ab+b^2$より，$\frac{(\sqrt{3}+\sqrt{7})^2}{2}=\frac{(\sqrt{3})^2+2\times\sqrt{3}\times\sqrt{7}+(\sqrt{7})^2}{2}=\frac{10+2\sqrt{21}}{2}=5+\sqrt{21}$だから，$\frac{5(\sqrt{5}+\sqrt{2})(\sqrt{15}-\sqrt{6})}{\sqrt{3}}+\frac{(\sqrt{3}+\sqrt{7})^2}{2}=15+5+\sqrt{21}=20+\sqrt{21}$

〔問2〕 $\begin{cases}\frac{7}{8}x+1.5y=1\cdots① \\ \frac{2x-5y}{3}=12\cdots②\end{cases}$ とする。①の両辺に8をかけて，$7x+12y=8\cdots③$ ②の両辺に3をかけて，$2x-5y=36\cdots④$ ③×2−④×7より，$59y=-236$ $y=-4$ これを④に代入して，$2x-5\times(-4)=36$ $x=8$よって，連立方程式の解は，$x=8$，$y=-4$

〔問3〕 xについての2次方程式$x^2+24x+p=0\cdots①$ の1つの解がもう1つの解の3倍となったから，2つの解はs，$3s$と表すことができる。そして，①の左辺は$(x-s)(x-3s)$と因数分解でき，$x^2+24x+p=(x-s)(x-3s)\cdots②$ が成り立つ。②の右辺を展開して整理すると，$x^2+24x+p=x^2-$

$4sx+3s^2$　左辺と右辺を比べると，$24=-4s$…③　$p=3s^2$…④　③より，$s=-6$　これを④に代入して，$p=3\times(-6)^2=108$

〔問4〕　さいころをAとBの2人が同時に投げるとき，全ての目の出方は$6\times6=36$(通り)。9回目を投げ終わった時点での2人の得点は，6回目に2人が同じ目を出して，それまでの合計点が2人とも0点になったことを考慮すると，Aが$3+5+2=10$(点)，Bが$2+4+3=9$(点)である。これより，10回目にさいころを投げたとき，Aが勝者となるのは，Aの出た目の数がBの出た目の数より大きい場合であり，(Aの出た目の数，Bの出た目の数)＝(2，1)，(3，1)，(3，2)，(4，1)，(4，2)，(4，3)，(5，1)，(5，2)，(5，3)，(5，4)，(6，1)，(6，2)，(6，3)，(6，4)，(6，5)の15通り。よって，求める確率は$\frac{15}{36}=\frac{5}{12}$

〔問5〕　(着眼点)中心角の大きさは弧の長さに比例するから，線分ABの中点をOとすると，$\angle BOC=180°\times\frac{\overset{\frown}{CB}}{\overset{\frown}{AC}+\overset{\frown}{CB}}=180°\times\frac{1}{5+1}=30°$　よって，弧AB上に△OBDが正三角形となるような点Dをとるとき，∠BODの二等分線と円周との交点がCである。(作図手順)次の①～③の手順で作図する。①　点A，Bをそれぞれ中心として，交わるように半径の等しい円を描き，その交点を通る直線(線分ABの垂直二等分線)を引き，線分ABとの交点をOとする。　②　点Bを中心として，半径OBの円を描き，弧ABとの交点をDとする(△OBDは正三角形)。　③　点B，Dをそれぞれ中心として，交わるように半径の等しい円を描き，その交点と点Oを通る直線(∠BODの二等分線)を引き，弧BDとの交点をCとする。(ただし，解答用紙には点O，Dの表記は不要である。)

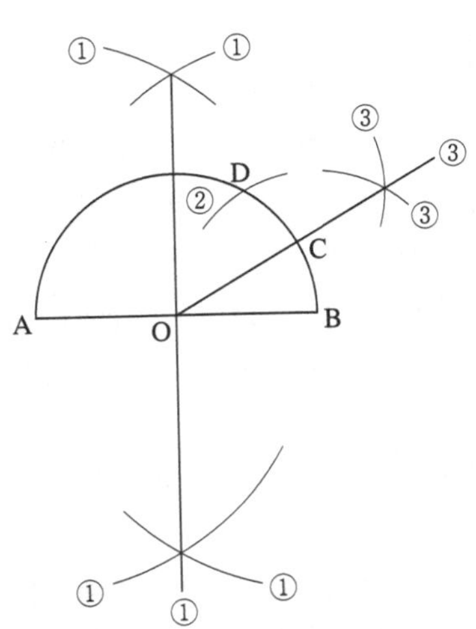

2　(図形と関数・グラフ)

基本　〔問1〕　点Aは曲線m上の点であるから　$y=\frac{36}{-3}=-12$　よって，点Aの座標は　$(-3,\ -12)$　点Aは曲線ℓ上の点でもあるから　$-12=a\times(-3)^2$　より　$a=-\frac{4}{3}$

〔問2〕　(途中の式や計算)(例)点Aは曲線m上の点であるから　$y=\frac{36}{-4}=-9$　よって，点Aの座標は　$(-4,\ -9)$　点Aは曲線ℓ上の点でもあるから　$-9=a\times(-4)^2$　より　$a=-\frac{9}{16}$　よって，曲線ℓの方程式は　$y=-\frac{9}{16}x^2$…①　また，点Aとy軸について対称移動した点がBであるから，点Bの座標は　$(4,\ -9)$　四角形OACBはひし形であるから，向かい合う対辺は平行である。よって，直線OAと直線BCの傾きは等しい。直線OAは，O$(0,\ 0)$とA$(-4,\ -9)$を通るから，直線OAの傾きは$\frac{0-(-9)}{0-(-4)}=\frac{9}{4}$　直線BCは，B$(4,\ -9)$を通り，傾きが$\frac{9}{4}$である。直線BCの切片をbとすると，$-9=4\times\frac{9}{4}+b$　となり，$b=-18$　よって，直線BCの式は，$y=\frac{9}{4}x-18$…②　ここで，点Dのx座標をtとおく。①と②の交点において，y座標に着目すると，$-\frac{9}{16}t^2=\frac{9}{4}t-18$　これを解くと，$(t+8)(t-4)=0$　より　$t=-8,\ 4$　求める点Dは点Bと異なるものであるから$t=-8$　よって，点Dのx座標は-8であるから，これを①に代入して　$y=-\frac{9}{16}\times(-8)^2=-36$

よって，点Dの座標は　$(-8,\ -36)$

やや難　〔問3〕　点Aは曲線m上の点であり，x座標とy座標が等しいから，x座標をsとおくと，$s=\dfrac{36}{s}$　$s^2=36$　点Aのx座標は負より，$s=-\sqrt{36}=-6$　よって，点Aの座標は$(-6,\ -6)$　点Eも曲線m上の点であるから$y=\dfrac{36}{-12}=-3$　よって，点Eの座標は$(-12,\ -3)$　点Aは曲線ℓ上の点でもあるから$-6=a\times(-6)^2$より，$a=-\dfrac{1}{6}$　よって，曲線ℓの方程式は$y=-\dfrac{1}{6}x^2$…①　直線AEは，A$(-6,\ -6)$，E$(-12,\ -3)$を通るから，直線AEの傾きは$\dfrac{-6-(-3)}{-6-(-12)}=-\dfrac{1}{2}$　直線AEは，A$(-6,\ -6)$を通り，傾きが$-\dfrac{1}{2}$だから，直線AEの切片をcとすると，$-6=-\dfrac{1}{2}\times(-6)+b$　$b=-9$　よって，直線AEの式は，$y=-\dfrac{1}{2}x-9$であり，直線AEとy軸との交点をFとすると，点Fの座標は$(0,\ -9)$である。y軸上で点Fより下にOF＝FGとなるような点Gをとると，点Gの座標は$(0,\ -18)$である。点Oを通り直線AEに平行な直線を直線hとすると，直線hの式は$y=-\dfrac{1}{2}x$…②　直線hと曲線ℓとの交点のうち，点Oと異なる点をHとすると，平行線と面積の関係より，△HAE＝△OAEである。また，点Gを通り直線AEに平行な直線を直線kとすると，直線kの式は$y=-\dfrac{1}{2}x-18$…③　直線kと曲線ℓとの交点のうち，x座標が負である点をI，正である点をJとすると，OF＝FGより直線AEと直線kの距離は，直線AEと直線hの距離と等しいから，平行線と面積の関係より，△IAE＝△JAE＝△OAEである。以上より，△OAEの面積と△AEPの面積が等しくなるのは，点Pが点H，点I，点Jの位置にあるときである。点Hのx座標は，①と②の連立方程式の解。①を②に代入して，$-\dfrac{1}{6}x^2=-\dfrac{1}{2}x$　これを解いて，$x=0,\ 3$　点Hのx座標は正より，点Hのx座標は3　同様にして，点I，点Jのx座標は，①と③の連立方程式の解。①を③に代入して，$-\dfrac{1}{6}x^2=-\dfrac{1}{2}x-18$　これを解いて，$x=-9,\ 12$　点I，点Jのx座標はそれぞれ$-9,\ 12$　以上より，点Pのx座標は，$x=-9,\ 3,\ 12$

3　(円の性質，線分の長さ，図形の証明，角度)

〔問1〕　正三角形ABCを，AB＝ACの二等辺三角形と見ると，二等辺三角形の頂角からの垂線は底辺を2等分するから，$BD=\dfrac{BC}{2}=1$(cm)　よって，△ABDの3辺の比は，AB：BD：AD＝2：1：$\sqrt{3}$　△ABDと△CEBで，仮定より，∠ADB＝90°…①　平行線の同位角は等しいから，∠CBE＝∠ADC＝90°…②　①，②より，∠ADB＝∠CBE…③　△ABCは正三角形だから，∠ABD＝60°…④　弧BCに対する円周角だから，∠BEC＝∠BAC＝60°　…⑤　④，⑤より，∠ABD＝∠CEB…⑥　③，⑥より，2組の角がそれぞれ等しいから，△ABD∽△CEB　よって，CE：EB：CB＝AB：BD：AD＝2：1：$\sqrt{3}$　$EB=CB\times\dfrac{1}{\sqrt{3}}=2\times\dfrac{1}{\sqrt{3}}=\dfrac{2}{3}\sqrt{3}$cm　問題図2は直線ADを対称の軸とする線対称な図形だから，$AG=AD-GD=AD-EB=\sqrt{3}-\dfrac{2}{3}\sqrt{3}=\dfrac{\sqrt{3}}{3}$(cm)

〔問2〕

重要　(1)　(証明)(例)△ABCと△CIJは正三角形であるから　∠BCA＝∠ICJ＝60°　∠ACJ＝∠ACI＋∠ICJ＝∠ACI＋60°　∠BCI＝∠ACI＋∠BCA＝∠ACI＋60°　よって，∠ACJ＝∠BCI…①　△ABCは正三角形であるから　AC＝BC…②　△CIJは正三角形であるから　CJ＝CI…③　①，②，③より　2組の辺とその間の角がそれぞれ等しいから　△ACJ≡△BCI　合同な三角形の対

応する角は等しいから　$\angle KAC = \angle KBC$　したがって円周角の定理の逆により　4点A，B，C，Kは同じ円周上にある。

やや難　(2)　4点K，C，J，Iについて，I，Jは直線KCの同じ側にあって，$\triangle ACJ \equiv \triangle BCI$より，$\angle AJC = \angle BIC$，つまり，$\angle KJC = \angle KIC$だから，円周角の定理の逆より，4点K，C，J，Iは同じ円周上にある。弧KHに対する円周角だから，$\angle KCH = \angle KBH = \angle ABC - \angle ABK - \angle HBC = 60° - 18° - 28° = 14°$　弧KIに対する円周角だから，$\angle AJI = \angle KJI = \angle KCI = \angle KCH = 14°$

4　(数の性質)

基本　〔問1〕　辺ADに平行な線分は12本あるから，線分ACが，辺ADに平行な線分と交わるときにできる交点の個数は12個…①　また，辺ABに平行な線分は25本あるから，線分ACが，辺ABに平行な線分と交わるときにできる交点の個数は25個…②　ここで，線分ACの傾きは$\frac{AD}{AB} = \frac{156}{104} = \frac{3}{2} = \frac{12}{8}$だから，線分ACは，点Aから右に1マス，上に2マスごとに，辺ADに平行な線分と辺ABに平行な線分の交点を通る。よって，$(104-8) \div 8 = 12$より，①の12個の交点のうち12個は辺ADに平行な線分と辺ABに平行な線分の交点を通り，$(156-6) \div 12 = 12$あまり6より，②の25個の交点のうち12個は辺ADに平行な線分と辺ABに平行な線分の交点を通るから，線分ABが，辺ADに平行な線分または辺ABに平行な線分と交わるときにできる交点は，$(12-12)+(25-12)=13$(個)ある。

〔問2〕　四角形AQPRの縦の長さが，四角形ABCDの縦の長さ156に等しくなった場合を考えると，四角形AQPRの横の長さは$156 \times 2 = 312$となり，四角形ABCDからはみ出してしまうから，四角形AQPRにおいて，$PR = 2PQ$となるもののうち，面積が最大になるのは，PRが最大になる場合である。PQは6の倍数である。これより，PRは，$PR = 2PQ$より$12(=2\times6)$の倍数であり，かつ8の倍数だから，12と8の公倍数，つまり12と8の最小公倍数である24の倍数である。このようなPRで最大になるのは，$PR = 24 \times 4 = 96$であり，このとき，$PQ = PR \div 2 = 96 \div 2 = 48$だから，四角形AQPRの面積が最大になる場合の面積は，$PQ \times PR = 48 \times 96 = 4608(cm^2)$である。

重要　〔問3〕　(途中の式や計算)(例)立方体を作るから底面が正方形である。横の長さは8の倍数，縦の長さは6の倍数だから，底面の1辺の長さは，6と8の公倍数になる。$AB = 104$，$AD = 156$で，底面が図1の四角形ABCDより大きくならないことから，1辺の長さは　24，48，72，96　のいずれかである。立方体の高さは9の倍数だから，立方体の1辺の長さは　72　だけである。よって，使われるブロックの個数は　横は，$72 \div 8$より　9個　縦は，$72 \div 6$より　12個　高さ　$72 \div 9$より　8個　だから　$9 \times 12 \times 8 = 864$(個)

★ワンポイントアドバイス★

2〔問3〕では，平行線と三角形の面積の関係に着目してみよう。4〔問3〕では，立方体の1辺の長さが，直方体の縦の長さと横の長さと高さの公倍数になることに気付くことがポイントである。

＜英語解答＞

1 〔問題A〕 ＜対話文1＞ ア　＜対話文2＞ エ　＜対話文3＞ ウ
〔問題B〕 ＜Question 1＞ イ　＜Question 2＞ To tell her about their school.

2 〔問1〕 エ　〔問2〕 ウ　〔問3〕 ア　〔問4〕 イ　〔問5〕 カ
〔問6〕 カ　〔問7〕 エ　〔問8〕 ク
〔問9〕 (解答例)Cows are the most useful animals for people. There are two reasons. First, milk is so good for people's health that many people drink it every day. Second, people can get a lot of energy from beef. There are a lot of restaurants serving beef. People need them the most.

3 〔問1〕 オ　〔問2〕 イ　〔問3〕 yourself　〔問4〕 キ　〔問5〕 ウ
〔問6〕 different　〔問7〕 エ　〔問8〕 カ
〔問9〕 ① continue　② beginner　③ advice　④ glad

○配点○

1 各4点×5
2 〔問9〕 8点　他 各4点×8
3 〔問9〕 各2点×4　他 各4点×8　計100点

＜英語解説＞

1 (リスニングテスト)
放送台本の和訳は，2021年度都立共通問題35ページに掲載。

2 **(会話文問題：文挿入・選択，語句解釈，内容吟味，語句整序，語句補充・選択，文整序，要旨把握，条件英作文，現在完了，間接疑問文，不定詞，動名詞，比較，助動詞，分詞，進行形，受動態)**

(全訳)(第1場面)*リカ，ケンタ，そしてミックは，東京のセイメイ高校の同級生だ。ミックはアメリカからの留学生である。彼らは生物部の部員だ。夏休みにはいって間もない頃，自らが行う理科の発表会の計画に関して，彼らは話をしている。彼らの発表は9月の初旬に実施される。生物部の部室で，リカが彼らにある質問をする。*

リカ(以下R)：私が理科の発表会で話してみたい海洋生物が何か分かるかしら。／ケンタ(以下K)：どのような種類の生物なのかな。／R：そうね，頭部が傘みたいなの。／ミック(以下M)：傘だって？／R：脳がなくて，体の大部分が水分で構成されているわ。／K：あっ，それはクラゲでしょう。でもなぜそれを選んだの？／R：数年前，私は家族と海へ泳ぎに行ったの。そこで白いクラゲを見かけたわ。それらはとてもゆったりと泳いでいた。それ以来，私はクラゲに興味を持ち続けているのよ。／K：なるほど。なぜクラゲはゆっくりと泳ぐか分かるかい？／R：はっきりとは分からないわ。／K：水流に逆らって泳ぐことは絶対ないからさ。水流に合わせて泳ぐよ。／R：(1)-a C知らなかったわ。／M：ケンタはクラゲのことに詳しくて，リカはクラゲに興味をもっているというわけだね。クラゲについて理科の発表をしてみてはどうだろうか。／R：良い考えだわ。私はずっとクラゲについて勉強する機会が巡ってくれば良いと考えていたので。／K：どうかなあ，クラゲじゃあ，科学の発表としては面白くないかもしれないね。／M：(2)そうだなあ，生物のナカ先生にクラゲについて尋ねてみようよ。今日，海洋生物について授業をしてくれることになっているよね。先生は海へ行っていて，まもなくここに戻って来るよ。先生なら僕らに良い助言を与えてくれるのではないかなあ。

（第2場面）*部室で3人の学生がナカ先生を囲んで座っている。ナカ先生は学生にいくつかの生物を提示する。彼はそれらを海で捕まえたのである。授業の最後に，彼は手にしている水の入った瓶の底を見るように学生に告げて，電灯を消す。*

R：うわ！　瓶の中で何かが光っているわ。／**M**：何て美しいのだろう。夜空の星のようですね。／ナカ先生（以下**N**）：誰か瓶の中で何が光っているかわかりますか。／**K**：瓶の中にはウミホタルがいて，光っているのではないでしょうか。／**N**：その通りです。ウミホタルが発光しているのです。海にはたくさんのウミホタルがいますね。／**R**：ナカ先生，ウミホタルの中に発光を止めてしまったものがいますね。なぜですか。／**N**：(1)-b [D]それは鋭い［良い］質問ですね。どうすれば再び発光するようになるか，わかる人はいますか。／**K**：ええ，わかります。瓶を振るだけで良い。／**N**：よくわかりましたね，ケント。振ってみて下さい。／**K**：はい。見て下さい，ウミホタルが再び光り始めています。／**R**：ナカ先生，ちょっといいですか。／**N**：何ですか，リカ。／**R**：どうしてウミホタルは再び光り始めたのですか。／**N**：ウミホタルは，海水に2種類の物質を放出したのです。つまり，蛍光物質と酵素です。これらの2つの物質がどうなったか分かる人はいますか。／**K**：化学反応が起きたのでは？　だから，ウミホタルは再び光り始めた。／**N**：その通りです。／**R**：えーと，なぜ化学反応が起きたのか私にはわかりません。もう少しこのことに関して話をしてもらって良いですか。／**N**：(3) [ア]より簡単な例を用いて，この化学反応を説明できる人はいますか。／**M**：僕が説明してみましょう。玉ねぎがあるとします。玉ねぎに手を加えなければ，何も分泌されませんね。では，玉ねぎを小片に切り刻んだら，何が起きますか。／**R**：目から涙が出ます。／**M**：その時，玉ねぎ内で，何が起きていますか。／**R**：玉ねぎを刻めば，化学反応が起きます。／**M**：それは(4) [イ]玉ねぎが刻まれる前に，2つの異なった物質がその中にあるということなのです。1つは素材で，もう1つは特別な物質です。素材と特別な物質が一緒に合わされば，化学反応が起こり，目を刺激します。だから，目から涙が出るのです。／**R**：刻む前だと，玉ねぎ内で，素材と特別な物質が一緒になっていないということですね。／**M**：その通りです。(5)特別物質が素材を全く異なったものに変えてしまうのは，なぜでしょうか。もうわかったでしょう。／**R**：あっ，それって，化学反応ですね。特別な物質である酵素の力を得て，化学反応が起きたのですね。／**N**：ええ，酵素は特別なタンパク質なのです。化学反応が起きても，酵素自体は決して変化しませんが，素材は全く異なったものに変質するのです。他に質問はありますか。／**M**：あります。今日，リカがケントと僕にクラゲについて話しました。ウミホタルのように光るクラゲはいますか。／**N**：ええ，何種類かのクラゲは発光することが可能です。／**M**：そのような種類のクラゲはどこで見ることができるのでしょうか。／**N**：来週，私たちの町の科学博物館を訪れてみてはいかがですか。クラゲに関する催しが開催されることになっています。学生のためのガイドもいます。／**R**：(1)-c [A]それはおもしろそうだわ。そこへ行きましょう。

（第3場面）*リカ，ミック，そして，ケントは，彼らが住む町の科学博物館を訪れる。博物館のガイドが彼らにクラゲについて説明をする。彼女の名前はサキ。*

サキ（以下**S**）：まず，どのような種類のクラゲを見たいですか。／**R**：クラゲの中には発光するものがいるそうですね。それらを見たくて待ちきれません。／**S**：もちろんです。ちょうど角を曲がったところにいます。／**M**：うわ，これらのクラゲは光っている。／**S**：オワンクラゲと呼ばれています。／**R**：美しい緑の光…どうやってこの光を出しているのかしら。／**S**：ここにある表示を読んでいただけますか。／**R**：表示には，紫外線により光を放つ，と書かれてあります。／**S**：紫外線で光を放つ特別な物質が備わっているのです。／**R**：特別な物質の名前は何ですか。／**S**：

緑色蛍光タンパク質という名称です。通常GFPと呼ばれています。／K：それは特別な種類のタンパク質ですか。／S：ええ。／K：GFPのどこが(6)-a C特別なのですか。／S：(6)-b D同じ場所に蛍光物質と酵素が存在しているのです。オワンクラゲは輝く際に，(6)-c Aもうひとつの場所から酵素を得る必要がありません。／K：オワンクラゲはウミホタルのようなやり方で発光しないということですか。／S：その通りです。ウミホタルの場合には，体の(6)-d B異なった箇所に蛍光物質と酵素があるので，輝く前に，これらの物質が一緒になる必要があるのです。／K：ウミホタルに比較すると，オワンクラゲはより簡単に発光することが可能ということですか？／S：ええ，おっしゃる通りです。現在，GFPの素晴らしい活用方が科学者により突き止められています。／M：どうやって活用されるのですか。／S：体中でどのようにタンパク質が動いているかを突き止めるために，GFPは用いられています。／M：それって，オワンクラゲのGFPが他の生物に使われているということですか。／S：ええ，科学者は，それを別の生物のタンパク質に加えて，体内でGFPの付着したタンパク質を追尾するのです。なぜ科学者にはそれがはっきりと見えるか，おわかりですか。／R：体内でGFPの付いたタンパク質が光るからだわ。／S；そうです。GFPが発見されるまでは，タンパク質，特に体内でのその動きについて，科学者たちは過去において十分な情報を持ち合わせていなかったのです。GFPは，科学技術において最も重要な道具のひとつとして用いられています。／K：サキさん，あなたから私たちが学んだことを確認したいのです。私の友人に質問をしてみても良いですか。／S：もちろんです。／K：GFPでタンパク質を追う際に，科学者には何が必要かな。／S：あっ，それは良い質問ですね。／M：えーと，それは特別なタンパク質かな。／K：(7)-a Bいや，違うなあ…それは通常太陽に由来するものだよ。／R：(7)-b D日常生活では見られないものかしら。／K：(7)-c Aもちろん，無理だね。／R：(7)-d Cあっ，わかったわ。紫外線ね。／K：その通り。／S：皆さんの話を聞いてうれしく思います。オワンクラゲについて皆さんにお伝えしたことを覚えていてくれたのですね。オワンクラゲ内のGFPを最初に発見したのは，日本人科学者であるということを知っていますか。彼はその業績でノーベル賞を受賞しました。／R：えっ，本当ですか。サキさん，役に立つ情報を教えてくださり，ありがとうございました。

(第4場面)*サキはその場を立ち去った。しばらくの間，彼らはオワンクラゲを見つめている。*

K：これらのクラゲはすごいね。日本人の科学者が，どのようにこの特別な物質を発見したかということを，学校[文化]祭で紹介したいと思う。／M：理科の発表に向けて，クラゲを捕まえることができないかなあ。／R：(1)-d B冗談でしょう。／M：いいかなあ，写真か，ビデオを示すのはどうかなあ。／R：それは良いわね。／M：まず，自分らの目でここにいるすべてのクラゲを見てから，僕らの計画を立てよう。

基本

〔問1〕 (1)-a ケント：「なぜクラゲはゆっくりと泳ぐのか分かる？」／リカ：「分からない」／ケント：「水流に逆らわず，水流に合わせて泳ぐから」／リカ：「(1)-a」 ケントの質問に答えられなかったわけなので，正解は，C That's new to me.「知らなかった[それは私にとって新たなことである]」。Do you know why they swim slowly？ (← Why do they swim slowly ?) 疑問文が他の文に組み込まれる(間接疑問文)と，<疑問詞 + 主語 + 動詞> の語順になるので注意。 (1)-b リカ：「ウミホタルの中には光るのを止めてしまったものがいる。なぜか」／ナカ先生：「(1)-b どうすれば再び発光するようになるか，わかる人はいるか」／ケント：「はい」 リカの質問を踏まえてナカ先生は質問しているので，正解は，DThat is a good question.「それは良い質問だ」。 have stopped ←<have[has]+ 過去分詞> 現在完了(完了・結果・経験・継続) <stop + 動名詞[原形 + -ing]>「～することを止める」 Does anyone know how they emit their light again？(← How do they emit ～ ?)下線部は間接疑問文(疑問文が他の文に組み込まれたもの)なので，<疑問詞 + 主語 + 動詞> の語順になっている。 (1)-c ナカ先生：「来週，我が町の科学博物館を訪れてみたらどうか。クラゲに関する催しが開催されることになっている。学生のためのガイドもいる」／R：「(1)-c そこへ行こう」 空所の後続のせりふより，リカはナカ先生の提案を気に入ったことがわかる。よって正解は，A That sounds interesting.「それはおもしろそうだ」。動詞のsound「(～のように)聞こえる，ようだ，らしい」 <Why don't you + 原形 ～ ?>「～してはどうか，しませんか」 (1)-d ミック：「理科の発表に向けて，クラゲを捕まえることができないかな」／リカ：「(1)-d」／ミック：「いいかなあ，写真か，ビデオを見せるのはどう？」 ミックはいったんクラゲを捕まえる提案をしたが，空所のリカの応答を踏まえて，修正案を再提示していることから考えること。正解は，BAre you kidding ?「冗談でしょう」。<How about ～ ?>「～はどうですか，についてどう思いますか」

基本 〔問2〕 下線部(2)の前で，ミックはクラゲを理科の発表の題材にすることを提案しており，リカはそれに同意して，ケントは「面白くないかもしれない」と懸念を示している。下線部(2)はミックの発言で，「そうだなあ，生物のナカ先生にクラゲについて尋ねてみよう」の意。直後で自身 I hope he can give us some good advice. とも述べていて，自分たちの発表に関連してナカ先生から有意義な助言を与えてもらえることを期待していることがうかがえる。よって，正解は，ウ「クラゲに関する自分たちの情報をナカ先生と共有して，彼からクラゲについて新たなことを学びたい」。<I'd like + 不定詞[to + 原形]>「～したい」 <How about + 名詞[動名詞(原形 + -ng)]>「～はどうですか，についてどう思いますか」他の選択肢は次の通り。ア「ケントはクラゲがとても退屈だと思っているので，私[ミック]は理科の発表についてケントには話しかけたくない」(×) ケントがクラゲを退屈に思っていることへの言及はあるが(not exciting = so boring)，下線部に関しては記載なし。また，ケントがクラゲを退屈だと思っていることが，ミックが先生に助言を求めるという動機・きっかけにはなりえないので，不可。<want + 不定詞[to + 原形]>「～したい」 イ「ナカ先生がケントに(発表に)加わることを依頼してくれるので，ナカ先生の授業後，ケントは自分たちと一緒に発表に加わるだろう」(×) 下線部は未記載であり，ミックがこの時点でこのようなことを想定しながら，下線部(2)の発言をしているとは考えづらい。 <ask + 人 + 不定詞[to + 原形]>「人に～することを要求する」 エ「理科の発表に対する自分たちの計画を変更するために，ナカ先生からの良い助言を必要とする」(×) 下線部の発表の内容変更という意図は読み取れない。to change「変更するために」← 不定詞[to + 原形]の目的「～するために」を表す副詞的用法

基本 〔問3〕 リカ：「なぜその化学反応が起きたのか私にはわからない。ウミホタルの発光についてもう少し説明して欲しい」→ ナカ先生：「(3)」 ナカ先生の空所(3)の発言を受けて，ミックは I'll try it.「僕がやってみよう」というせりふと共に，玉ねぎを例にして，化学反応について説明を試みていることから考えること。正解は，ア「より簡単な例を用いて，化学反応を説明できる人はいますか」。easier「より簡単な」← easyの比較級 more「より多い／より多く」← many／muchの比較級 I don't understand why the chemical reaction happened. ← Why did the chemical reaction happen ? 疑問文が他の文に組み込まれる(間接疑問文)と，<疑問詞 + 主語 + 動詞> の語順になるので注意。他の選択肢は以下の通り。イ「光っているクラゲの体に何が起きているか説明してもらえますか」(×) 何が起こっているかわからないリカに対する質問としてはおかしいし，空所(3)の直後にミックの説明が続いているので，不可。<Will you + 原形 ～ ?>「～しませんか／してくれませんか」 glowing jellyfish ← <現在分詞[原形 + -ing]+ 名詞>「～している名詞」 ウ「ウミホタルに加えて，どのような種類の野菜を想像しますか」(×) 空所(3)以降，玉ねぎを用いた説明が続くが，ここでいきなり野菜の話題に転

換されたわけではないので，不適。in addition to「～に加えて」 エ「発表で化学反応についてリカに説明していただけますか」(×)　この場での説明の要請であり，理科の発表の場ではない。事実，空所(3)直後にミックの説明が続いている。<Will you + 原形 ～ ?>「～しませんか／してくれませんか」

やや難　〔問4〕 ミック：「玉ねぎを刻んだら，どうなるか」→ リカ：「涙が出る」→ ミック「その時，玉ねぎでは何が起きているのか」→ リカ「化学反応が起きている」→ ミック「それは (4) を意味する。1つは素材で，もう1つは特別な物質。素材と特別な物質が一緒に合わされば，化学反応が起こり，目を刺激することになる。だから，目から涙が出る」以上の文脈より，正解は，イ「玉ねぎが刻まれる前に，2つの異なった物質がその中にあるということ」。<There + be動詞 + S + 場所>「Sが～［場所］にある」 is happening ← <be動詞 + 現在分詞[原形 + -ing]> 進行形「～しているところだ」 is chopped ← <be動詞 + 過去分詞> 受動態「～される」 他の選択肢は次の通りだが，文脈に合わない。ア「玉ねぎを刻む前に，2つの物質のうちの1つは異なったものに変化する」(×)　玉ねぎを刻む前に変化するわけではないので，不可。one = <a[an]+単数名詞>　前出の同種類のものを指す。 ウ「玉ねぎを刻んだ後すぐに，2つの全く新しい物質が生まれる」 ／エ「玉ねぎを刻むと，その中の2つの物質が共に異なったものになる」ウ・エは共に，下線箇所の記述では，空所(4)の後の「2つの物質が合わさって化学反応が起こる」という説明に矛盾する。 ones　前出の同種類のものを指す one の複数形。

重要　〔問5〕 (Why) does the special substance change the raw material into something really different (?)　change A into B「AをBにする」 something really different ← <-thing + 形容詞> になるので，注意。／really different ← <副詞 + 形容詞>

やや難　〔問6〕 ケント：「GFPは特別な種類のタンパク質か？」／サキ：「ええ」／ケント：「GFPのどこが(6)-a特別な C[special]のか？」／サキ：「(6)-b同じ D[the same]場所に蛍光物質と酵素が存在している。オワンクラゲは輝く際に，(6)-cもうひとつの A[another]場所から酵素を得る必要がない」／ケント：「ウミホタルのようなやり方でオワンクラゲは光を出さないということ？」／サキ：「その通り。ウミホタルは体の(6)-d異なった B[different]箇所に，蛍光物質と酵素があるので，輝く前に，これらの物質が一緒になる必要がある」 (6)-aは，GFPが特別なタンパク質であることが確認できたので，どう特別なのかをたずねる文にすれば，以降の説明にも自然につながる。(6)-b～(6)-dは，オワンクラゲは何もしないでも発光するが，ウミホタルが発光するには，中にウミホタルが入った海水の瓶を振らないと光らない，という特質から適語を考えること。

やや難　〔問7〕 ケント：「GFPでタンパク質を追跡する際に，科学者には何が必要だろうか」／サキ：「それは良い質問だわ」／ミック：「それは特別なタンパク質かなあ」／ケント：(7)-a B「いや，違うなあ…それは通常太陽に由来するものだよ」／リカ：(7)-b D「日常生活では見られないものかな」／ケント：(7)-c A「もちろん，無理だね」／リカ：(7)-d C「わかった。紫外線ね」

重要　〔問8〕 ①「8月の初旬に学校の部室でリカに会う前に，ミックとケントは理科の発表で何をするかを決めていた」(×)　第1場面の冒頭で，リカ自らが発表で扱いたい内容を切り出しているので，不可。<what + 不定詞>「何を～するか」 Guess what sea creature I want to talk ～ .(← What creature do I want to talk ～ ?) 疑問文が他の文に組み込まれる(間接疑問文)と，<疑問詞 + 主語 + 動詞>の語順になる。 ②「ケントはクラゲについてとてもよく知っているので，彼らの質問にケントが素早く答えたことと，彼のクラゲへの深い愛情に，リカとミックは感銘した」(×)　クラゲに深い興味を抱いているのはリカなので(第1場面リカの4番目のせりふ)，不一致。<so ～ that …>「とても～なので…」 <be動詞 + impressed>「感動[感銘]している」 go swimming「泳ぎに行く」 were swimming ← 進行形「～しているところだ」<be

動詞＋現在分詞[原形＋-ing]＞　have been interested in「～にずっと興味をもっている」← ＜have[has]＋過去分詞＞ 現在完了(完了・結果・継続・経験)　③「瓶の中のウミホタルの中には，光を出す十分なエネルギーを有していないものがいて，その理由を認識しているのは，リカだけだった」(×)　第2場面リカの2番目の発言で，ウミホタルが光らなくなった理由を尋ねているので，不適。Only Rika realized why several sea fireflies in the bottle didn't have ～ ← 疑問文が他の文に組み込まれる間接疑問文では，＜疑問詞＋主語＋動詞＞の語順になる。 ＜enough＋名詞＋不定詞[to＋原形]＞「～するには十分な名詞」 ＜stop＋動名詞[原形＋-ing]＞「～することを止める」 have stopped ← 現在完了(完了・結果・継続・経験)　④「当初，リカは化学反応を良く理解できなかったが，後にケントが別の例を示して，注意深く彼女にそのことに関して説明した」(×)　リカに化学反応について別の例を挙げて説明したのは，ミックである(第2段落2番目のせりふ以降)。　⑤「3人の学生が科学博物館を訪れたときに，オワンクラゲは紫外線により，光っていた」(○)　第3場面の冒頭(サキ3・5番目のせりふ／リカ3番目のせりふ)に一致。were glowing ← 過去進行形 ＜was[were]＋現在分詞[原形＋-ing]＞「～しているところだった」　⑥「サキが彼らと話をした後に，2匹の海洋生物の発色方法が異なっていることを，ケントは知った」(○)　第3段落の以下の発言と一致。ケント(3番目の発言)：「オワンクラゲは，ウミホタルのように光を生み出さないということですか」／サキ：「その通り。～」／ケント：「ウミホタルに比べて，オワンクラゲはもっと容易に発色できるということですね」／サキ：「そうです」ways to produce「～を生み出す方法」← ＜名詞＋不定詞[to＋原形]＞ 不定詞の形容詞的用法「～するための[するべき]名詞」 more easily「より簡単に」　⑦「タンパク質に関する科学者の研究において，GFPは最上の道具のひとつである，とサキは述べているが，以前，GFPは科学技術において頻繁に用いられていなかった」(×)　第3場面の13番目の発言で，その発見以来，GFPが活用されていることが読み取れる。＜not ～ until …＞「…まで～でない／…して初めて～である」　⑧「科学博物館のすべてのクラゲを見て，後に，彼らの発表計画について考えるのが良い，とミックは考えた」(○)　最後のミックのせりふに一致。＜It is＋形容詞＋不定詞[to＋原形]＞「～ [不定詞]するのは… [形容詞]である」 would ← will(未来を示す助動詞)の過去形。過去の時点での未来を表す。

やや難　〔問9〕(指示文訳)「人々にとって最も役に立つ動物は何か，その理由は何か」左記指示に従って，40語以上50語以内の英文にまとめる問題。(解答例訳)「牛は人々にとって最も役に立つ動物だ。2つの理由がある。まず，牛乳は人々の健康にとても良いので，多くの人々はそれを毎日飲んでいる。次に，牛肉から人々は多くのエネルギーを得ることができる。牛肉を提供するレストランは多く存在する。人々は牛を最も必要とする」the most useful「最も役立つ」← useful の最上級 most「最も多い／最も多く」many／much の最上級

3　**(長文読解問題・物語文：語句補充・選択・記述，語句解釈，内容吟味，語句整序，文挿入，要旨把握，接続詞，進行形，不定詞，前置詞，現在完了，助動詞，動名詞，受動態，間接疑問文)**

(全訳)　①この4月，私は東京の中学で数学を教えることになっている。加えて，そこの女子バスケットボール部の面倒をみる予定だ。もちろん，自分の生徒に会い，一緒に時を過ごすことを楽しみにしている。でも，時には(1)-aC心配でたまらなくなることがある。私は思う。「生徒は私の数学の授業に興味をもってくれるだろうか。私は良いバスケットボールのコーチとなり，多くの役に立つ助言を部員たちへ与えることができるだろうか」このようなことを心配し始めると，私はいつも1枚の写真を見ることにしている。私はその写真を机の写真立てに入れている。その写真では，同じ顔も持つ2人の少女が笑っている。1人の少女が私，アユミで，もう1人が，私の双子の姉[妹]，

ハルカだ。その写真は，私たちが高校に入学した際に撮影されたものである。ハルカは今ロンドンに住んでいて，ロンドンのバレー団のバレリーナの1人だ。彼女はよく私に電子メールを送ってくれて，ロンドンでの生活やバレーの公演について知らせてくれる。彼女はロンドンに1人で生活をしており，しばしば他のバレリーナたちと諸外国を訪問している。何か(1)-b E新しいことを始める勇気を，彼女はいつも私に与えてくれる。私は写真の彼女に向って呼びかける。「わかったわ，ハルカ。あなたのように最善を尽くすよ」

②私たちは別の高校へ通った。学校が開始して直後に，私はバスケットボール部に入部した。ハルカは毎日バレー教室に通っていたので，部活動には参加しなかった。彼女は4歳から，バレーの稽古を受け始め，彼女はバレーをすることが本当に好きだった。私たちは帰宅すると，互いの学校生活について話をした。ハルカは学校で部活動に参加しなかったが，友達と勉強をして，学校行事に参加することを楽しんでいた。私たちは互いの経験を分かち合った。私は常に自分に言い聞かせた。「私にはいつも自宅に最高の友人がいる」当時，私はそう信じていた。

③私たちが高校に入学して，3か月が経過した。7月のある日，夏休みが始まろうとする直前で，ハルカがバレー教室から自宅に戻った際に，彼女は(1)-c A興奮しているようだった。彼女は私に言った。「アユミ，あなたに話さなければならない(1)-d F重要なことがあるの」「何かしら」私は彼女に尋ねた。彼女は私に向かって語り始めた。「私はイギリスのバレー学校のオーディションを受けたの。3月に東京で実施されたわ。オーディションに合格した後に，奨学金に応募したの。今日，バレー教室の先生の1人が，私に素晴らしい知らせを告げてくれた。私は奨学金を勝ち取ったのよ！

アユミ，私は9月にイギリスに行くことができるようになったの。私はロンドンでバレリーナになるのよ！」私はその知らせにとても驚き，何も言うことができなかった。私はただハルカの顔を見つめるだけだった。私は思った。「なぜ？　なぜ，あなたは私を置いて行ってしまうの。いつかは違う場所で生活をすることはわかっているわ。(2)でも，今ではない，今じゃないでしょう，ハルカ。あまりにも急すぎる」

④その晩，食後に，私は母と父に尋ねた。「お父さんやお母さんは，ハルカがオーディションを受けて，合格したことを知っていたのかしら」父は静かな声で答えた。「もちろん，2人とも知っていたよ」その言葉を受けて，私は尋ねた。「2人共，そのことを私に話さなかった。なぜ？」ハルカが私の質問に答えた。「ごめんなさい，アユミ。私がそのことを言わなかったのは，オーディションに受かり，奨学金を獲得する自信がそれほどなかったからだわ。それに，あなたを驚かせたかったの。この知らせを聞いてあなたが喜んでくれるかと思っていた」「ここ日本で，バレーの稽古を受けて，学校生活を楽しみ続けることも可能でしょう」私は言った。ハルカははっきりとした口調で言った。「自分の夢を実現するために，イギリスへ行くことを決意したわ。競争の世界に身を投じて，ロンドンでバレリーナになりたいの」「ハルカ，それは不可能な夢だと言えるわ」私は何も考えずに発言してしまった。ハルカは少し悲しそうな表情を示して，私に言った。「私たちはこれまで互いを常に支え合ってきたわ。なぜあなたはそのようなことを言えるのかしら」「私はあなたのことを心配しているのよ，ハルカ」私は答えた。ハルカは静かに言った。「あなたは(3)自分自身のことのみを考えているだけね」その時，父が口をはさんだ。「もういいだろう，2人とも話すのを止めなさい。もう寝る時間だよ」

⑤夏休みの間，毎日私たちは忙しかった。ハルカはイギリスでの生活の準備を始めて，バレー教室へ通った。私は学校へ行き，バスケットボールをした。私たちは共に例の件について話をしたかったが，そのことに触れることはなかった。私はハルカのことをよく知っていた。彼女が何かをやると決めたら，何としてでもそのことを実行しようとする。彼女は強い意志の持ち主だった。私は彼女の決心を覆せるとは思っていなかった。私は彼女に励ましの言葉をかけたかったが，心の中の

ひっかかりが，私を押しとどめたのである。

⑥8月のある日，祖父が沖縄から私たちの元へやって来た。彼の旧友が年に1度東京に集結するということで，彼らに会う目的で，私たちの家に滞在しに来たのである。彼は60歳まで，沖縄の高校で国語を教えていた。彼は日本の古典を研究していた。ハルカと私は彼のことが大好きだった。(4)私たちは彼のことを尊敬もしていた。というのは，彼は私たちの学校生活に関して，しばしばためになる助言を与えてくれたからである。彼は私たちの家に来るとすぐに，ハルカは彼女の決意に関して彼に話をした。彼は驚いた表情だったが，彼女の考えを応援する，と述べた。彼が帰る前日に，祖父と私は歩いて家の近くの公園へ向かった。1年のその時期としては涼しい日だったので，私たちはそこへの散歩を楽しんだ。突如，私はハルカの決定について彼と話をしてみたくなった。私は言った。「おじいちゃん，今，ハルカはイギリスのバレー学校へ行くべきではない，と私は思っています。彼女は競争の世界に入り，バレーの舞踏の技術を上達させたいと考えています。でも，彼女はここで自身の技量を向上させることも可能です。私は本当に彼女のことが心配です」彼は優しい目で私を見て言った。「そうだなあ，アユミは吉田兼好が書いた徒然草を知っているかい」私は彼の質問にやや驚き，答えた。「はい。学校でその本のいくつかの段を読んだことがあります。鎌倉時代に書かれた非常に有名な随筆集ですよね」祖父は言った。「その通りだね。この本は大昔に書かれているが，その中には私たちの生活に役立つ多くの助言が含まれているよ。特にハルカのような人たちにとって，150段には役に立つ助言が含まれている，と思うなあ」彼はその段を暗唱して簡単に説明を始めた。

⑦芸術を学ぼうとする人は，しばしば次のような言葉を述べる。「私は芸術を学び始めたばかりなので，1人で懸命に練習をしている。上達した際には，素晴らしい演技を多くの人々に披露することができる」だが，そのような人は決して芸術を学ぶことはないだろう。もし初心者が熟練者に混ざって芸術を学び，それに精通しようとあらゆる努力を払ったら，ついにはその人はその芸術分野において，一流の熟練者になるだろう。

⑧私は祖父の言葉を注意深く聞いていた。外国で他の学生と競うことは，ハルカにとって非常に過酷なものになるだろう，と私は考えていたが，彼女はそうすること[外国で他の学生と競うこと]を心から望んでいたのだ。私は思った。「(5)ウどうやったら彼女を止めることができるだろうか(いや，不可能だ)。そうすること[イギリスで競争しながらバレーを習うこと]が彼女の意思なのだ。おそらく，今，私たちは(6)異なった道を歩む時となったのだ」その時，祖父は私に「アユミ，私をハルカのバレー教室へ連れて行ってくれないか。私は彼女が踊っているところを見てみたいのだ」と言った。「わかった，おじいちゃん。彼女は教室でまだ練習をしていると思うわ」と私は答えて，私たちはそこへ向かった。大きな稽古場で，ハルカは1人で踊っていた。彼女は同じ個所を何度も何度も練習していたが，上手くできなかった。ついには，彼女は倒れ込み，床を手でたたいた。彼女は自分自身にやや腹を立てているようだった。祖父と私は扉の所で彼女を静かに見ていた。私は小声で祖父に言った。「(7)エおじいちゃん，ハルカは本当に踊ることが好きなのね」「ああ，本当にそうだね」と彼は答えた。私たちは彼女を見ているだけで，彼女に話しかけることはなかった。

⑨9月にその日がやって来た。搭乗ゲートで，ハルカは私を見て，笑みを浮かべて，言った。「ありがとう，アユミ，そして，本当にごめんなさい」私は彼女に尋ねた。「何に対して謝っているのかしら」彼女は答えた。「オーディションを受ける前に，あなたに言わなかったことよ。あなたが私を止めるのではないかと恐れていたの。私の夢をあきらめたくなかった」私は言った。「謝る必要はないわ。そのことは心配しないでね」そして，私の両親と私は彼女にさよならを言った。彼女がゲートに入って行く際に，私は大きな声で彼女に声をかけた。「ハルカ，踊る自分の能力に自信

をもって，あなたの夢を実現してね！」ハルカは私を見て，顔中に笑みを浮かべた。彼女が出発すると，母は私を腕で抱きしめて，父が私に声をかけた。「アユミは本当に思いやりがある姉[妹]だね。私たちは2人とも本当に大好きさ」私はお礼を述べようとしたが，涙で言葉が出て来なかった。私は思った。「学校生活を通じて，私の目標を頑張って見つけるわね，ハルカ」

― この春，私は先生になる。

重要 〔問1〕 (1)-a「4月に東京の中学で数学を教えて，女子バスケットボール部の面倒をみることになっており，生徒に会ことを楽しみにしている。でも，時には (1)-a ことがある。生徒は私の数学の授業に興味をもってくれて，私は良いバスケットボールのコーチとなることができるだろうか」 空所前では，作者の希望が述べられており，逆説の接続詞butに導かれた空所を含む表現の後は，心配が記されていることから考えること。正解は，C「心配でたまらなくなる」(nervous)。<be動詞 + going + 不定詞>「しようとしている／つもりである」 am looking forward to(進行形)← <be動詞 + 現在分詞[原形 + -ing]>「～するところだ」／look forward to「～を楽しみにしている」 take care of「～の世話をする」 (1)-b ロンドンで生活をしているハルカの写真に関して記されている場面。「ハルカはが私に (1)-b ことをするための勇気を与えてくれる。私は写真の彼女に向って言う。『わかったよ，ハルカ。あなたのように最善を尽くすわ』」どのようなことをする際に，ハルカの存在が励ましになるかを考えること。正解は，E「新しい」(new)。the courage to start「～を始めるための勇気」← <名詞 + 不定詞[to + 原形]>「～するための[するべき]名詞」不定詞の形容詞的用法 <something + 形容詞>の語順に注意。 do one's best「最善を尽くす」 前置詞 like「～のように」 (1)-c／(1)-d 「ハルカがバレー教室から自宅に戻った際に，彼女は (1)-c いるようだった。彼女は私に言った。『アユミ，あなたに話さなければならない (1)-d ことがあるの』 空所(1)-c／(1)-dの後で，ハルカは，バレーのオーディションに合格して，奨学金を得て，ロンドンのバレー学校へ通うことになった，と報告していることから，適語を考えること。正解は，(1)-cは，A「興奮して」(excited)，(1)-d は，F「重要な」(important)。<look + 形容詞>「～のように見える」 something important to tell ← <something + 形容詞>／不定詞の形容詞的用法<名詞 + 不定詞[to + 原形]>「～するための[するべき]名詞」 他の選択肢は次の通り。B「静かな」(quiet) D「怒って」(angry) G「良い」(good)

基本 〔問2〕 下線部(2)の前後のアユミの独白文の意味は以下の通り。「なぜ彼女は私を置いて行ってしまうの。いつかは違う場所で生活をすることになるであろう，ということはわかっている。(2)でも，今ではない，今じゃないでしょう。あまりにも急すぎる」前述の文脈，あるいは，第4段落にハルカが "We have always supported each other." と言っていることから判断すること。正解は，イ「アユミとハルカは互いに支え合い，一緒に多くの時を過ごすべきだ，とアユミは考えた」。should「すべきである／きっと～だろう」 have supported「支え合ってきた」← <have[has]+ 過去分詞> 現在完了(完了・結果・継続・経験) each other「互いに」 <be動詞 + going + 不定詞[to + 原形]>「～しようとしている／するつもりだ」他の選択肢は次の通りだが，本文に記述がないか，不適切。ア「ロンドンのバレー学校への奨学金に関しては，ハルカが嘘をついている，とアユミは思った」(×) 記述なし。was telling ← <be動詞 + 現在分詞[原形 + -ing]>「～しているところだ」進行形 ウ「彼女の舞踏の技術では，外国のバレー学校に入るのは難しい，とアユミは思った」(×) 記述なし。<It is + 形容詞 + for + S + 不定詞[to + 原形]>「Sが～ [不定詞]するのは… [形容詞]である」 エ「ハルカは高校生として懸命に勉強して，彼女の夢をあきらめなければならない，とアユミは考えた」(×) 第4段落で，アユミはハルカに ～ here in Japan and you can continue to enjoy your school life「日本のここで学校生活を楽しみ続けることが可能」と言ったり，ハルカのロンドンへのバレー留学を It's called an impossible dream「不可能なユメ」と称したりしているが，「夢をあきらめろ」とまでは述べていない。had to do「～せねばならなかった」← <have[has]+ 不定詞[to + 原形]>「～しなければならない／に違いない」 give up「あきらめる」

やや難 〔問3〕 ロンドンへバレー留学することを明かしたハルカに対して，アユミはそのことを必ずしも好ましく感じていない，という背景や，以下の対話の文脈から，空所(3)に当てはまる適語を考えること。アユミ：「あなたのことが心配だ」／ハルカ：「いいえ，あなたは (3) のことだけを気にしている」正解は，yourself「あなた自身」。

重要 〔問4〕 (We) also respected him because he often gave us some good advice about (our school life.) often「しばしば」／also「もまた」… 頻度を表す副詞は，通常，be動詞の後，一般動詞の前に置かれる。 <give + A + B>「AにBを与える」

やや難 〔問5〕・〔問6〕 空所(5)・(6)を含む箇所の主旨は以下の通りである。「外国で他の学生と競うことは，ハルカにとって非常に困難なものになるだろうが，彼女はそうすることを心から望んでいた。 (5) 。そうすることが彼女の意思なのだ。おそらく，今，私たちは (6) 道を歩む時がやって来た」文脈より空所(5)には，ハルカのバレー留学の意思を尊重するような文言が当てはまることが予想される。正解は，ウ「どうやって彼女を止めることができるだろうか(いや，彼女を止めることは不可能だ)」。この選択肢ウのように，形は疑問文であるが，返事を求めているのではなくて，反語的に話者の考えを強めることがあるので，注意。competing with other students ～ would be ← <原形 + -ing>「～すること」動名詞　他の選択肢は次の通りだが，いずれも反語で意味をとらえても，後続文 It's her will. に意味上つながらない。ア「どうやって彼女に話しかけることができるか」 イ「どうやって彼女を励ますことができるか」 エ「どうやって彼女に謝ることができるか」 空所(6)を含む文は，ハルカのロンドン行きを It's her will.「彼女の意思」というせりふで容認し，アユミ自身は日本に残り，これまでの生活を続けることの意識の表れと解釈でき，「互いに異なった進路を進む」という文脈になるように適語を入れること。ちなみに different という語は，第3段落下線部(2)の直前の文(I know we will live in different places someday)に含まれている。live in different places = go our different ways

やや難 〔問7〕 空所(7)には，バレーの練習でハルカが何度も同じ箇所を繰り返し練習して，しまいには倒れ込んでしまい，床に手を強く打ち付けた様子を見て，アユミが祖父に述べたせりふが当てはまる。ハルカの真剣そのものの練習風景を目の当たりにして，口をついたせりふとしてふさわしい，エ「ハルカは本当に踊ることが好きなのね，おじいちゃん」が正解となる。loves dancing ← 動名詞[原形 + -ing]「～すること」他の選択肢は次の通りだが，ハルカの熱心にバレーの練習に取り組む様子から抱いた印象を表現したものとしては，どれもふさわしくない。ア「ハルカは本当に悲しんでいるのね，おじいちゃん」(×) 悲しんでいる，という記載はない。 イ「ハルカは本当に怒っているのね，おじいちゃん」She looked a little angry with herself. とあるが，この場合の angry with herself は，真に怒っているというよりも，上手く踊れないことに対するもどかしさであり，それが，怒っているように見えた[looked angry]ということなので，不適。 ウ「ハルカは本当にとても踊りが上手いのね」(×) 空所(7)のせりふの直前で，あるパートが上手く踊れずに，繰り返し練習している様を目撃しているので，ふさわしくない。

重要 〔問8〕 ①「アユミはハルカの妹で，この4月に高校[a high school]で数学の教師になることになっている」(×) 第1段落で，2人の関係は双子とだけ記されているのみで，姉妹関係は未記載であり，アユミが勤めることになっているのは，中学[a junior high school]である(第1段落1

文)。<be動詞 + going + 不定詞>「しようとしている，するつもりだ」 ②「現在ハルカは外国に1人で住んでいて，しばしばアユミに電子メールで彼女の生活を伝えている」(○)　第1段落12・13・14文に一致。　③「アユミとハルカは同じバスケットボール部に入部して，ハルカはまた毎日バレー教室へ通った」(×)　第2段落3文に Haruka didn't join any club と書かれている。<not ～ any>「全く～ない」 ④「9月にハルカがロンドンのバレー学校へ通うことを聞いて，アユミは衝撃を受けた」(○)　第3段落では，9月にロンドンのバレー学校へ行くことをハルカが告げる場面が描かれており，その時のアユミの反応は I was so surprised at the news that I could not say anything.（第3段落14文）と記されているので，一致している。<感情を表す言葉 + 不定詞[to + 原形]>「～［不定詞］が原因で感情がわきあがる」 <be動詞 + surprised at>「～に驚いている」 <so ～ that …>「とても～なので…」 ⑤「ロンドンのバレー学校に入るために，ハルカがオーディションを受けたことを彼女らの両親は知らなかった」(×)　両親はハルカがオーディションを受けたことを知っていた(第4段落1・2文)。　⑥「祖父の手助けにより，ハルカが競争の世界に入る決断を下した理由を，アユミは理解した」(○)　第6・7・8段落より，当初はハルカのロンドン行きに反対だったアユミが，彼女の祖父の話を通して，次第にハルカの気持ちが理解できるようになっていった過程が読み取れる。Ayumi understood why Haruka decided to enter the world of competition. (← Why did Haruka decide to ～ ?) 疑問文が他の文に組み込まれる(間接疑問文)と<疑問詞 + 主語 + 動詞>の語順になる。　⑦「ハルカがアユミにオーディションについて話をしなかったのは，アユミを悲しませたくなかったからである」(×)　ハルカがアユミにオーディションのことを秘密にしていたのは，事前に話すと止められると思ったからである(第9段落4・5文)。<be動詞 + afraid that>「～を恐れている」 would 過去の時点での未来(will の過去形)　⑧「ハルカがロンドンに向かった後に，アユミはそこへ行き，彼女のバレーの演技を見ることを決意した」(×)　記載なし。アユミが決意したのは，学校生活を通じて，自己の目標を見つけること。leave for「～へ向かってたつ」 <decide + 不定詞[to + 原形]>「～することを決意する」

〔問9〕 (全訳)「親愛なるハルカ／ロンドンでの生活はどう？　順調に暮らしていることでしょう。おじいちゃんが私たちを訪れた際に，私はハルカのことを彼に話したの。ハルカにロンドンへ行って欲しくなかったのは，本当にあなたのことが心配だったからよ。ハルカはここ日本でバレー教室へ行き ①続けて，技能を上達させることができると思ったの。おじいちゃんは，鎌倉時代に書かれたある有名な随筆集について話してくれたわ。それは ②初心者として，芸術を学んでいる人に関するものだったの。彼は私に役立つ ③助言を与えてくれた，と思っているわ。そして，私たちはハルカのバレー教室へ向かったわ。あなたは懸命に練習をしていたので，私たちは話しかけなかった。ハルカ，私が初めてあなたの知らせを聞いた時に，『(それを)聞いて ④うれしい』とは言わなかった。そのことは本当にごめんなさい。今，このことをあなたに言いたいわ。将来，ハルカが立派なバレリーナになることを信じている。体に気を付けて。／愛を込めて／アユミ」

①ハルカのロンドン行きの知らせを聞いて，アユミは第4段落で，You can take ballet lessons here in Japan and continue to enjoy your school life と述べていることから，考えること。

②吉田兼好の徒然草の一節は第7段落に抜粋されている。I've just started to learn art とあるので，答えとなる人物像は，初心者(beginner)である。<have[has]+ 過去分詞>(完了・結果・経験・継続)　③祖父がアユミにしたことを表す語句は，本文では直接言及されていないので，その内容から適語を考えること。ちなみに，advice は数えられない名詞で，some[a piece of／a bit of]advice という使い方をするので，それもヒントにすること。　④ハルカのロン

ドン行きの知らせを聞いて，アユミは喜びを表さなかったことから考えること。答えは，I'm glad to hear that! となる。<感情を表す語 + 不定詞[to + 原形]>「～［不定詞］してある感情がわきあがる」

★ワンポイントアドバイス★

双方の大問で出題された要旨把握問題を扱う。本文の内容に合った選択肢の正しい組み合わせを選ぶ形式での出題だが，内容が一致する文の数が選択肢によりばらつきがあるので注意。必ず本文の該当箇所を参照のうえ，真偽を確認すること。

＜国語解答＞

1　(1)　ほま　(2)　ひつじょう　(3)　えんかく　(4)　とくしん　(5)　せっぱん

2　(1)　関　(2)　相好　(3)　閉口　(4)　落成　(5)　明鏡止水

3　〔問1〕　ウ　〔問2〕　ア　〔問3〕　イ　〔問4〕　ア　〔問5〕　エ　〔問6〕　ウ

4　〔問1〕（例）　一八世紀までの哲学は，平易な言葉で書かれており，内容理解のための前提知識は不要で，対話的側面があった。一方，一九世紀以降の哲学は，専門知識の理解が必要な難解なものとなり，対話を無用とするようになった。

〔問2〕（例）　哲学が専門的学問として分野ごとに細分化されていくことは，社会に存在する常識や知識や技術を，市民の視点から人間の根本的な価値に照らし合わせて再検討するという哲学の役割から遠ざかることになるから。

〔問3〕　イ　〔問4〕　エ　〔問5〕　オ　〔問6〕　ウ

5　〔問1〕　エ　〔問2〕　客　〔問3〕　イ　〔問4〕　ア　〔問5〕　イ

○配点○

1　各2点×5　2　各2点×5　3　各4点×6

4　〔問1〕，〔問2〕　各8点×2　他　各5点×4　5　各4点×5　計100点

＜国語解説＞

1　（知識ー漢字の読み）

(1)「誉れ」は，誇りとするに足る事柄のこと。音読みは「ヨ」で，「名誉」「栄誉」などの熟語がある。(2)「必定」は，そうなると決まっていること。(3)「沿革」は，ある物事の今日に至るまでの歴史のこと。(4)「得心」は，納得すること。(5)「折半」は，金銭などを半分ずつに分けること。

2　（知識ー漢字の書き）

(1)「関」は，物事を遮り留めるもののこと。音読みは「カン」で，「関係」「関数」などの熟語がある。(2)「相好」は，表情のこと。「相好を崩す」という形でよく使われる。「相好を崩す」は，顔をほころばせて心から喜ぶこと。(3)「閉口」は，うんざりすること。(4)「落成」は，工事が完了して建築物などができあがること。(5)「明鏡止水」は，邪念がなく澄み切って落ち着いた心という意味の四字熟語である。

3　（小説ー心情，内容吟味）

〔問1〕　傍線部(1)の直後の店主のセリフ「棚を見りゃあわかるだろうけど～それに返品できなくな

ると困るから」から，トーンダウンした理由が読み取れる。エは，「冬風社は，従来の伝統を軽視する会社になってしまったと思い，落胆した」という記述が不適。「理工書は扱っておらず，返品できなくなると困る(売れそうになくて困る)」と思い，落胆(トーンダウン)したのである。

〔問2〕 傍線部(2)の直後の「会社をやめた自分は～好きなようにやるべきじゃないのか」という記述が，傍線部(2)の内容の詳しい説明になっている。

基本 〔問3〕 傍線部(3)の前後の記述に注目する。傍線部(3)の直前では，「航樹はレジの前を離れ～いい棚だな，と思えた」とあるように，その書店に合った本があるということに航樹は気づいた。そして，傍線部(3)の直後では，「マニュアルばかりを～経験しなければわからないことがあるはずだ」とあるように，マニュアルや書店の大きさばかりに気をとられていた自分を航樹は少し冷静になって思い返している。肩の力を抜く(力んでいた気持ちをゆるめる)ことで，航樹は自分のことを思い返せるようになったのである。

やや難 〔問4〕 店主が「へっ」と笑うに至った過程を整理する。自分の小さな店に営業に来てくれて，そして航樹の態度・姿勢から誠実さを感じ取り，最後の別れ際の「それじゃあ，またお伺いします」という挨拶が嬉しくて笑ったのである。ウは,「航樹の言葉を社交辞令と感じ」という記述が不適。社交辞令と感じたのであれば，名刺をわざわざ航樹に渡すことはないだろう。エは，「航樹の新入社員のような元気な挨拶」が不適。航樹は，「それじゃあ，またお伺いします」と店主に声をかけた程度であり，元気な挨拶であるとは言い難い。

〔問5〕 航樹が声に出したのは，「よしっ」という言葉である。これを声に出すに至った航樹の心情を捉える。すると，直前の「人生を変える本との出合い。～航樹はそのことがうれしく，そして誇らしかった」という記述から，航樹の心情が読み取れる。ウは，「本の注文を取れた喜びから仕事の意義を見出すことができ」という記述が不適。これは本文からは読み取れない。

重要 〔問6〕「目を細める」は，嬉しくて笑みを浮かべること。既刊の一覧注文書を手にして，懐かしい本を見つけ,「ああ，まだ絶版じゃないんだな，こいつらは」と店主は目を細めたのである。アは，波線部Aは航樹ではなく店主の様子を表している。イは，波線部Bは「委託なのに，返品できるのに，なぜ置いてくれないのだ」という航樹の安易な気持ちのことである。エは，「番線印を押す瞬間を航樹に見せようとする店主」という記述が不適。これは本文からは読み取れない。

4 (論説文ー大意・要旨，内容吟味，段落・文章構成，指示語の問題)

重要 〔問1〕 まずは,「大きな違いは二つあるように思われる」という記述に注目する。筆者は傍線部(1)以降で，「ひとつは，～」と「もうひとつの違いは～」というように，その大きな違いを二つ述べている。これを踏まえて，一八世紀までの哲学と一九世紀以降の哲学を対比して記述すればよい。

やや難 〔問2〕 本文中に，直接的に「～から(ため)」と理由を示す記述は見当たらない。よって，傍線部(2)を詳しく(分かりやすく)言い換える。イコール関係の内容(同値)も，理由として成立する。指示語「これ」は，「(一九世紀以降の)哲学が専門化し，それを理解するのには長い専門知識の集積を要求するようになったこと」を指し示す。「哲学という学問の役割」は，最初の段落で「哲学は既存の知識の再検討を主な任務としている。それは，社会に存在している常識や知識や技術を，人間の根本的な価値に照らし合わせてあらためて検討することである」と述べられている。「入ってはならない隘路に踏み込んでしまった」は，「本来の哲学という学問の役割から離れてしまった」ということである。これらのイコール関係の内容(同値)を踏まえて，解答を作成すればよい。

〔問3〕 傍線部(3)を含む段落で，「対話は，独立の存在の間でしか成り立たず～人々を共通のテーマによって架橋し共同させる」という記述があり，これが傍線部(3)の詳しい説明になっている。〔問2〕の記述問題と同様に，イコール関係の内容(同値)が理由になるパターンの問題である。

〔問4〕　筆者は，哲学カフェを糸口にして，その後の展開で，日本でも哲学対話の重要性についての理解が一般の人々の間にも浸透しつつあることを述べている。アは，「哲学カフェから探求型の共同学習の方法が生まれた」という記述が不適。イは，「問題提起につながっている」という記述が不適。特に問題提起はされていない。ウは，「科学の価値という観点から比較して分析」という記述が不適。

〔問5〕　まずは，「哲学的テーマ」とは何かを考える。哲学とは何かの説明は最初の段落で述べられているので，この内容を踏まえると，「哲学的テーマ」とは「(対話による)既存の知識の再検討を行うテーマ」と言い換えることができるだろう。これを踏まえて，適切な事例を選べばよい。

基本　〔問6〕「哲学対話に関心を持つ人は」で始まるの「哲学対話では，他者とともに共同の世界を作り出していく知が求められている」という記述と，直後の段落の「対話による共同的な真理探究は，アカデミズムを超えて，市民が自主的に発展させている知的な活動である」という記述を踏まえる。エは，「対話という活動は，個人の推論や論理，認識からなる複合的能力である」という記述が不適。

5　**(漢詩を含む論説文ー内容吟味，脱文・脱語補充)**

〔問1〕　重陽宴の日に詠んだ漢詩の後半の内容の解説は，「重陽宴では菊酒を飲み」で始まる段落で書かれている。

基本　〔問2〕「九月九日，宮中では」で始まる段落で，「秋になっても旅先にあるかのような思い「客思」が入り乱れ，重陽になると一層その思いは募る」という記述があるように，菅原道真は讃岐に赴任当初，「客」としての思いが入り乱れていた。そして，傍線部(2)の直前にあるように，それから三年経ってもなお，「佳辰公宴の日に属る毎に，空空しく客衣の襟を〔涙で〕湿して損なう」というように，都の天皇主催の宴を思い出すたびに「客」として涙を落とすのである。

やや難　〔問3〕「適当でないもの」を選ぶ。アは，「本作は，法制史学者の瀧川政次郎が」で始まる段落の内容と合致する。ウは，「讃岐の釣人を」で始まる段落の内容と合致する。エは，「すべての詩の韻字に」で始まる段落と「『寒早』とは」で始まる段落の内容と合致する。

〔問4〕　傍線部(4)の直後の段落の内容を捉える。「愁える」は，悲しむ(不満に思う)という意味。筆者は，「菅原道真は讃岐赴任を不満に思い悲しみながらも，国司の職の立場から，讃岐の人民のことを詠んでいる」と言いたいのである。

重要　〔問5〕　傍線部(5)の「それに対して」という語句に注目する。「それに対して」は，直前の内容との対比を表す語句である。漢詩や漢詩人などは政治には無用であるという批判があったが，それを反駁するために「詩臣」を標榜していたのである。「詩臣」についての詳しい説明は，傍線部(5)の直後の段落で述べられている。

★ワンポイントアドバイス★

制限時間に対して，文章量が多い。よって，日頃から速く正確に読む訓練を積むとともに，自分が一番力を発揮できる大問の解答順序を確立しておきたい。

都立立川高等学校

2020年度

★★★★★★★★★★★★★★★★★★★★★★★

入　試　問　題

●くわしい解説……41ページ

＜数学＞

時間50分　満点100点

【注意】 答えに根号が含まれるときは，根号を付けたまま，分母に根号を含まない形で表しなさい。
また，根号の中を最も小さい自然数にしなさい。

1 次の各問に答えよ。

〔問1〕 $x=\dfrac{\sqrt{5}+1}{\sqrt{2}}$，$y=\dfrac{\sqrt{5}-1}{\sqrt{2}}$ のとき，x^2-xy+y^2 の値を求めよ。

〔問2〕 連立方程式 $\begin{cases} \dfrac{x+2}{3}-\dfrac{y-1}{4}=-2 \\ 3x+4y=5 \end{cases}$ を解け。

〔問3〕 $\sqrt{2020n}$ が整数となるような9999以下の自然数 n の個数を求めよ。

〔問4〕 1から6までの目が出る大小1つずつのさいころを同時に1回投げる。
大きいさいころの出た目の数を a，小さいさいころの出た目の数を b とするとき，

$\dfrac{3b}{a}$ の値が整数となる確率を求めよ。

ただし，大小2つのさいころはともに，1から6までのどの目が出ることも同様に確からしいものとする。

〔問5〕 下の図のように2点A，Bと線分CDがある。
解答欄に示した図をもとにして，線分CD上に∠APB＝30°となる点Pを，定規とコンパスを用いて作図によって求め，点Pの位置を示す文字Pも書け。
ただし，作図に用いた線は消さないでおくこと。

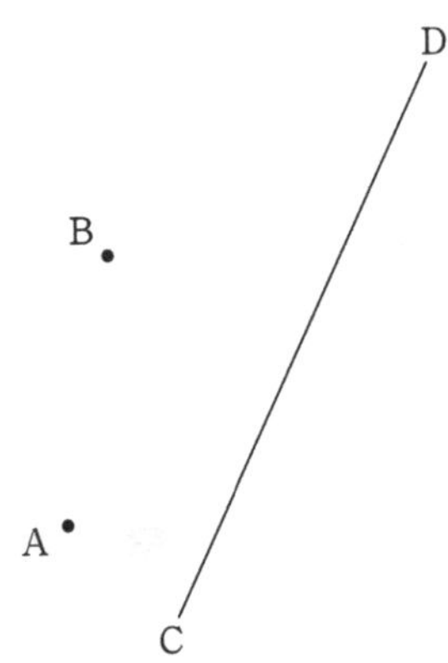

2　右の**図1**で，点Oは原点，四角形ABCDは正方形である。

頂点Aの座標を（8，5），頂点Bの座標を（4，8），頂点Dの座標を（5，1）とする。

原点から点（1，0）までの距離，および原点から点（0，1）までの距離をそれぞれ1cmとして，次の各問に答えよ。

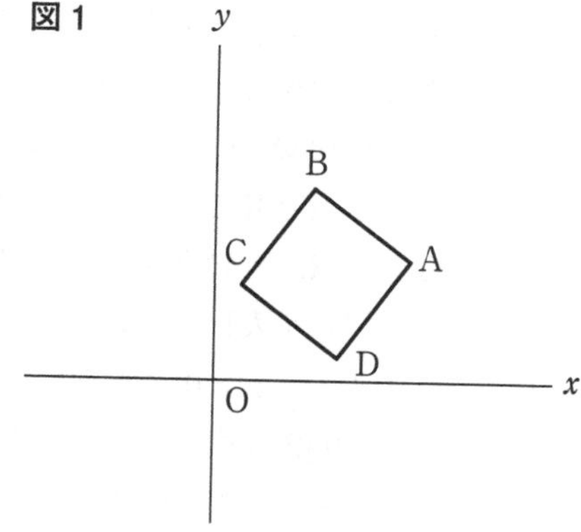

〔問1〕　2点A，Cを通る直線の式を求めよ。

〔問2〕　右の**図2**は，**図1**において，

四角形ABCDの対角線ACと対角線BDの交点と原点Oを通る直線を引き，辺AB，辺CDとの交点をそれぞれE，Fとした場合を表している。

台形AEFDの面積は何cm^2か。

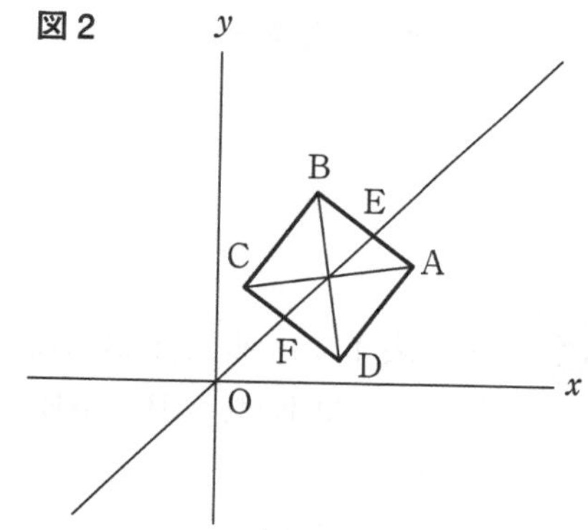

〔問3〕　右の**図3**は，**図1**において，

頂点Aを通る関数$y = ax^2$のグラフを曲線f，頂点Dを通る関数$y = bx^2$のグラフを曲線g，曲線f上の点をM，曲線g上の点をNとし，点Mと点Nのx座標が等しい場合を表している。

点Mと点Nのx座標をsとする。

点Mのy座標と点Nのy座標の差が$\frac{61}{9}$であるとき，sの値を求めよ。

ただし，$s > 0$とする。

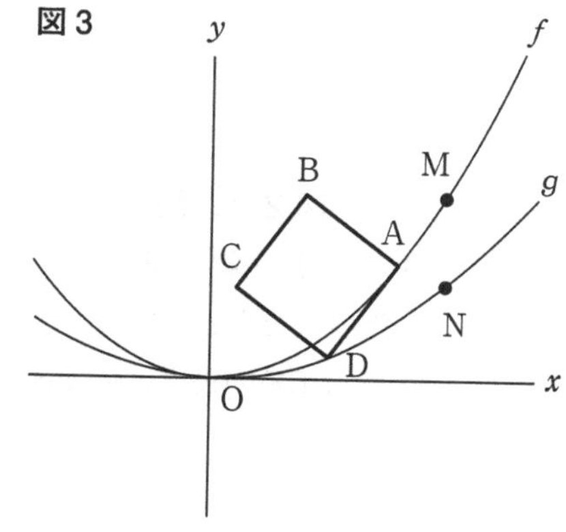

〔問4〕 右の**図4**は，**図1**において，頂点Bを通る関数 $y = cx^2$ のグラフを曲線 h とし，曲線 h 上にあり，x 座標が6である点をQ，y 軸上にあり，y 座標が t である点をRとし，頂点Bと点Q，点Qと点R，点Rと頂点Bをそれぞれ結んだ場合を表している。

ただし，$t > 0$ とする。

△BQRが直角三角形となるときの t の値をすべて求めよ。

ただし，答えだけでなく，答えを求める過程が分かるように途中の式や計算なども書け。

図4

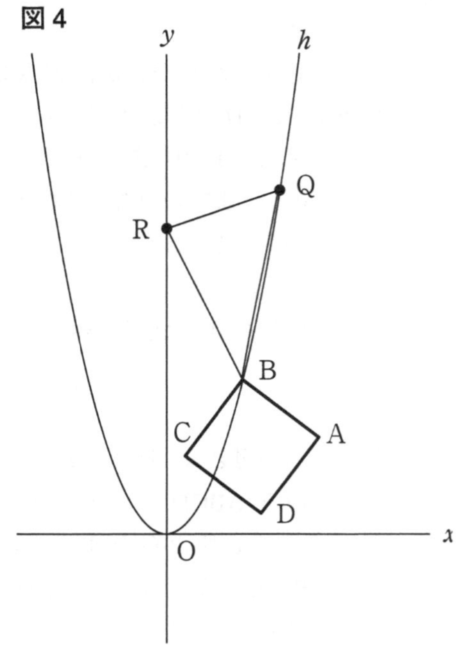

3

右の**図1**で，四角形BCDEは，1辺が2cmの正方形，△ABEは，AB = AE = $\sqrt{2}$ cmの直角二等辺三角形である。

頂点Aと頂点Cを結ぶ。

次の各問に答えよ。

図1

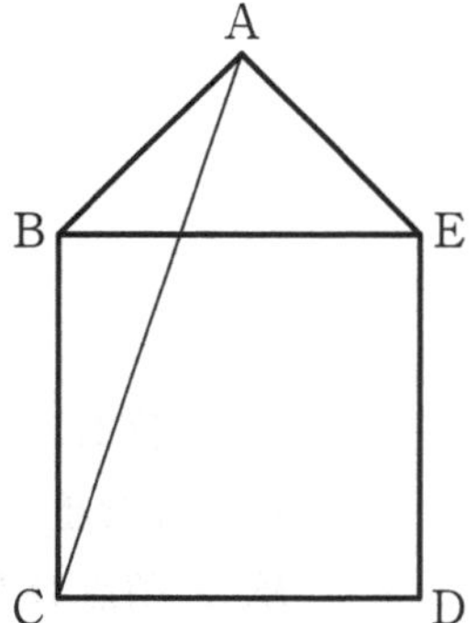

〔問1〕 右の**図2**は，**図1**において，頂点Bと頂点Dを結び，線分BDと線分ACの交点をFとした場合を表している。

線分BFの長さは何cmか。

図2

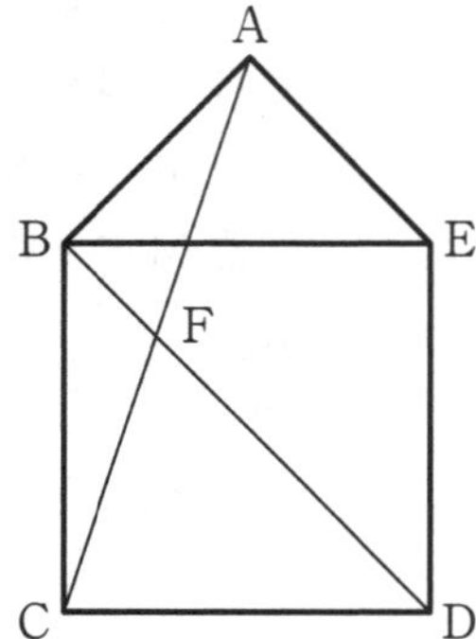

〔問2〕　右の**図3**は，**図1**において，3点A，C，Eを通る円をかき，線分BEをBの方向に延ばした直線と円との交点をGとして，頂点Aと点Gを結んだ場合を表している。

△ABC∽△GBAであることを証明せよ。

図3

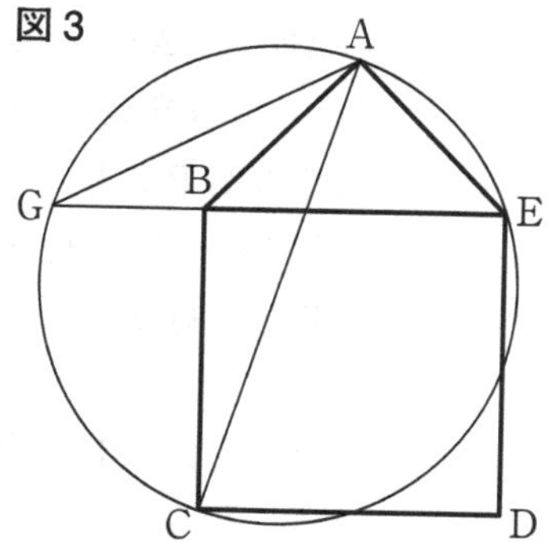

〔問3〕　右の**図4**は，**図3**において，辺EDと円の交点のうち，点Eと異なる点をHとし，円周と弦AG，円周と弦AE，円周と弦EHでそれぞれ囲まれた3つの部分に色をつけた場合を表している。

色をつけた3つの部分の面積の和は何cm^2か。

図4

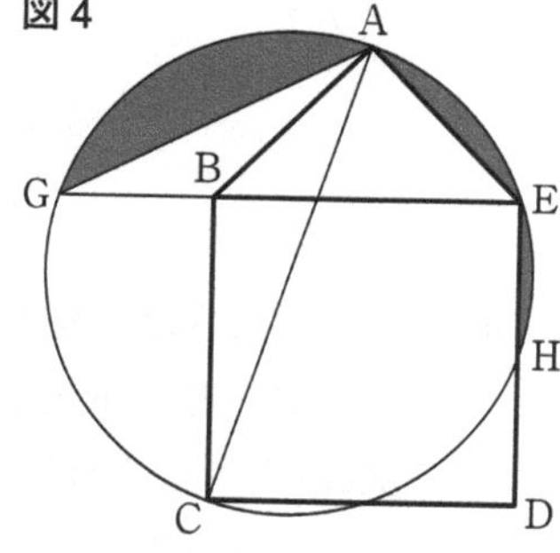

4

右の**図1**に示した立体ABCD－EFGHは，AB＝40cm，AD＝30cm，AE＝50cmの直方体である。

次の各問に答えよ。

図1

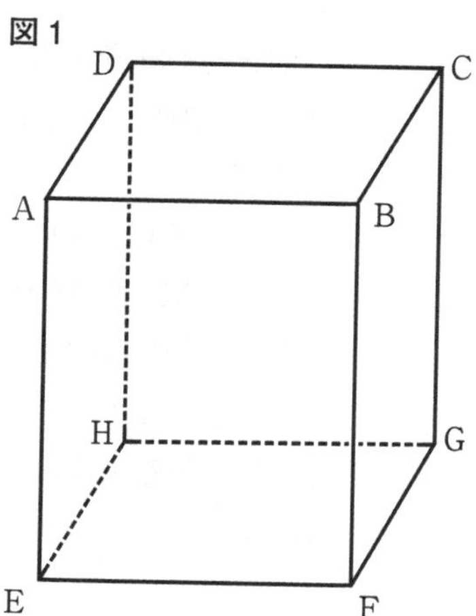

〔問1〕　**図1**において，頂点Dと頂点Fを結び，頂点Bから線分DFに引いた垂線と線分DFとの交点をIとする。

線分BIの長さは何cmか。

〔問2〕 右の図2は，図1において，

辺AE上にAJ＝25cmとなるように点Jをとり，点Jを通り，面ABCDに平行な平面上の点をPとし，辺AE上にAQ＝20cmとなるように点Qをとり，頂点Cと点P，点Pと点Qをそれぞれ結んだ場合を表している。

ただし，点Pは立体ABCD－EFGHの内部にある。

CP＋PQ＝ℓ cmとする。

ℓの値が最も小さくなる場合のℓの値を求めよ。

図2

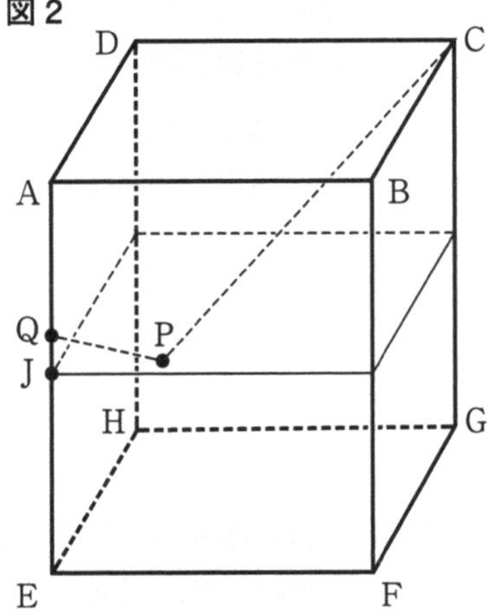

〔問3〕 右の図3は，図1において，

頂点Cと頂点Eを結び，辺AE上にAK＝30cmとなるように点Kをとり，点Kを通り，面ABCDに平行な平面と線分CEとの交点をLとし，辺AE上にAM＝15cmとなるように点Mをとり，点Mを通り，面ABCDに平行な平面と線分CEとの交点をNとし，点Mを通り，面ABCDに平行な平面と辺BFとの交点をRとした場合を表している。

点Rと点L，点Rと点M，点Rと点N，点Lと点M，点Mと点Nをそれぞれ結んでできる立体LMNRの体積は何cm^3か。

ただし，答えだけでなく，答えを求める過程が分かるように，途中の式や計算なども書け。

図3

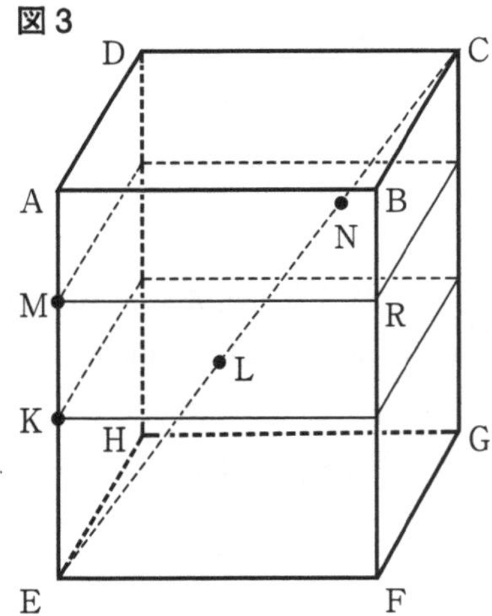

＜英語＞

時間　50分　満点　100点

※リスニングテストの音声は弊社HPにアクセスの上，
音声データをダウンロードしてご利用ください。

1 リスニングテスト（放送による指示に従って答えなさい。）

〔問題A〕 次のア～エの中から適するものをそれぞれ**一つずつ**選びなさい。

<対話文1>

ア Tomorrow.
イ Next Monday.
ウ Next Saturday.
エ Next Sunday.

<対話文2>

ア To call Ken later.
イ To leave a message.
ウ To do Bob's homework.
エ To bring his math notebook.

<対話文3>

ア Because David learned about *ukiyoe* pictures in an art class last weekend.
イ Because David said some museums in his country had *ukiyoe*.
ウ Because David didn't see *ukiyoe* in his country.
エ Because David went to the city art museum in Japan last weekend.

〔問題B〕<Question1>では，下のア～エの中から適するものを**一つ**選びなさい。
<Question2>では，質問に対する答えを英語で書きなさい。

<Question1>

ア In the gym.
イ In the library.
ウ In the lunch room.
エ In front of their school.

<Question2>

(15秒程度，答えを書く時間があります。)

2 次の対話の文章を読んで，あとの各問に答えよ。
（*印の付いている単語・語句には，本文のあとに〔注〕がある。）

*Mayu is a first-year high school student. Jane is a student from Australia. They are sixteen years old and are members of the science club. Yuta, Mayu's brother, is three years older than Mayu. He is studying science and technology at college. Mayu's grandfather is driving a car to take them to a *space museum.*

Mayu: Look at that white dome!

Jane: Wow! How big! I've really wanted to visit the museum. It's very famous for its *planetarium.

Mayu: The dome is called 'Space Egg.' We can see about 140,000,000 stars at the planetarium. The number is the largest in the world.

Yuta: That sounds exciting. I can't wait to watch a show!

They are now at the entrance hall of the museum on the first floor.

Mayu: Look at this list. We can see ticket *prices and show times.

<Ticket Prices>

TICKETS	ADULT	CHILD (4-17)	*SENIOR (over 60)
*ADMISSION	500 yen	200 yen	300 yen
ADMISSION & PLANETARIUM	1,000 yen	400 yen	600 yen
ONE-YEAR TICKET (including PLANETARIUM)	3,000 yen	1,200 yen	1,800 yen

<Show Times>

1	9:30 ～ 10:10	4	13:00 ～ 13:40
2	10:40 ～ 11:20	5	14:10 ～ 14:50
3	11:50 ～ 12:30	6	15:20 ～ 16:00

Grandpa: I can get cheaper tickets for many places. It's sometimes nice to be old.

Jane: You can speak English very wll, Mr....

Grandpa: You can call me Grandpa, Jane.

Jane: OK, Grandpa. Do you use English for your work?

Grandpa: Actually, I taught English at several junior high schools for forty years. Now, I teach small children how to make traditional Japanese toys as a volunteer. Anyway, (1) I'll pay for all of you.

Jane: Thank you very much.

Mayu: I have a one-year ticket, Grandpa. Mom and Dad gave me this ticket for my birthday. This is the first time to use it.

They go up to the second floor.

Jane: Look at the picture of the *solar system. The earth is really small.

Yuta: We're very lucky to live on the earth.

Mayu: What do you mean?

Yuta: The earth is the right *distance from the sun. If it's closer to the sun, it'll be too hot. And if it's *farther from the sun, it'll be too cold.

Grandpa: That's right. The sun helps us in many ways.

Mayu: We have solar *panels on our school building. [(2)-a]

Yuta: Do you know that solar panels are used in space, too? Several ideas for such solar panels are explained in this room.

Mayu: Many scientists have wanted to make new solar panels which they can carry into space easily. Some of them came up with ideas from Japanese *origami*. They thought of folding solar panels!

Grandpa: Is that true?

Yuta: Yes. In a science magazine, I read about an engineer in America. He studied at a Japanese high school when he was young. Then his host mother taught him how to fold a paper crane. He was *inspired by *origami*, and he's now making new solar panels.

Mayu: *Origami*-inspired technology is popular now. For example, special panels are used for the floors of the *Shinkansen*. They can *absorb shock. There are also *origami*-inspired cans, plastic bottles and....

Jane: Mayu, I have a map in my bag. My host mother bought it for me in Kyoto last week. Here it is. Are *origami* skills used in this map, too?

Mayu: Oh, yes! If you pull two corners of the map, you can spread it in one *motion. Why don't you try it, Yuta?

Yuta: Wow! [(3)]

Jane: It really is. You can also fold it back in one motion.

Grandpa: That's amazing! [(2)-b] Our tradition is treasure, so we should keep such treasure and give it to younger generations. Jane, can I borrow your map for a few days? I want to show it to my little students next Sunday.

Jane: Of course, Grandpa. I'm very interested in traditional Japanese culture. Can I join your class on Sunday?

Grandpa: Sure. My students will be happy if you join us.

After they look around for two hours, they are at the museum restaurant on the fifth floor.

Jane: It's already twelve thirty! I'm really hungry. Look! We can eat real space food here. Rice, bread, curry and *shrimp-gratin. Oh, we can eat even *takoyaki*!

Mayu: There are some sweets like *pudding and ice cream, too!

Grandpa: I didn't know there are so many kinds of space food. I'll try *'Space Ramen.'* Does it taste like real *ramen*?

Yuta: I'll try it, too, Grandpa. And *onigiri* and *takoyaki*.

Mayu: Oh, you'll eat a lot! Shall we share curry and shrimp-gratin, Jane?

Jane: Yes. Let's buy ice cream, too!

They are now having space food at a table.

Grandpa: It tastes good! I've just remembered a story about some Japanese high school students. They made one kind of space food.

Mayu: Oh, I've read the story in a newspaper, too. They are high school students in Fukui Prefecture, and their school has tried to make space food for more than ten years. I'm sure the students experienced *trial and error.

Yuta: I agree. To make space food, we have a lot of things to solve. First, space food should not *go bad easily. Second, it should be light. [(2)-c]

Grandpa: Astronauts cannot cook in a space ship because they don't take many tools for cooking into space.

Yuta: That's right. There's one more thing. Space food should keep astronauts healthy during the space travel.

Jane: I can say two more things. If space food smells strong, it'll be a problem because they can't open windows in a space ship. Also, it should not be influenced by *heat and shock!

Grandpa: I hear space food tasted bad about fifty years ago, but since then it has improved so much. I believe the most important thing for space food is to be delicious. The lives of astronauts in space are harder than on the earth. They (4)【 ア their lives　イ difficult　ウ makes　エ something　オ happier　カ need　キ that　ク during 】 activities in space.

Jane: I think so, too, Grandpa. Oh, no! We've talked too long. It's already one fifty!

Mayu: Don't worry, Jane. We'll be able to watch the next show. The entrance of the planetarium is just below this floor. Let's go!

They arrive at the entrance of the planetarium.

Jane: Look at the long line of people over there!

Yuta: The sign says that the next show is already full. We have to wait for the last show.

Mayu: All right. We should wait in a line here for thirty minutes before the last show starts. Until then, Jane and I will look around the museum shop on the first floor.

Grandpa: I want to have a cup of coffee at the cafeteria on the third floor.

Yuta: I'll go back to the second floor to see a short movie about *Hayabusa 2*.

Mayu: (5)See you then. Don't be late, everyone.

They come out of the planetarium after the show.

Jane: The show was great. I was so glad to see the *Southern Cross in the show. It's the symbol of Australia and you can see it in our national flag. What did you think of the show?

Mayu: Through the show, I felt that we're surrounded by so many stars. I want to study about them.

Yuta: Me, too. I've decided to study space technology. Space technology is not just for space *development. It has created many useful things which are now part of our daily lives like light *metals used for glasses or tennis rackets.

Grandpa: Today I've learned much about space, but there are still many things to see in this museum. So I'm thinking of [(6)]. OK, everyone. Let's go home. Grandma is preparing dinner for all of us!

〔注〕

space 宇宙	planetarium プラネタリウム
price 値段	senior 高齢者
admission 入館料	solar system 太陽系
distance 距離	farther far の比較級
panel パネル	inspire 着想を与える
absorb shock 衝撃を吸収する	motion 動作
shrimp-gratin エビグラタン	pudding プリン
trial and error 試行錯誤	go bad 腐る
heat and shock 熱と衝撃	Southern Cross 南十字星
development 開発	metal 金属

〔問1〕 (1)<u>I'll pay for all of you.</u> とあるが，次の英語の質問の答えとして最も適切なものは，下のうちではどれか。

How much did Grandpa pay when they entered the museum?

ア 1,400 yen イ 1,800 yen ウ 2,000 yen エ 2,400 yen

〔問2〕 [(2)-a] ～ [(2)-c] の中に，それぞれ次のＡ～Ｄのどれを入れるのがよいか。その組み合わせが最も適切なものは，下の**ア**～**カ**の中ではどれか。

Ａ I hear it's so expensive to carry things into space.
Ｂ We can save electricity and reduce CO_2 at the same time.
Ｃ We can see a lot of stars even on cloudy or rainy days.
Ｄ I'm impressed to know that these great ideas came from Japanese tradition.

	(2)-a	(2)-b	(2)-c
ア	B	A	D
イ	B	D	A
ウ	C	B	A
エ	C	D	B
オ	D	A	C
カ	D	C	B

〔問3〕 本文の流れに合うように，[(3)] に英語を入れるとき，最も適切なものは次の中ではどれか。

ア The folded map in your small bag is actually big when it's opened.
イ The beautiful map of Kyoto was made by your host mother.
ウ This map is so small that I can't open it in one motion.
エ This kind of map used to be a popular toy like a paper crane.

〔問4〕 (4)【ア their lives イ difficult ウ makes エ something オ happier カ need キ that ク during】について，本文の流れに合うように，【　　　】内の単語・語句を正しく並べかえるとき，【　　　】内で３番目と６番目にくるものの記号を答えなさい。

〔問5〕 (5)See you then. とあるが，次の質問に対する答えを完成させるとき，下の [(a)] に入る適切なものをグループＡから，[(b)] に入る適切なものをグループＢからそれぞれ選びなさい。

When and where will they meet?

They will meet at [(a)] p.m. at the entrance of the planetarium on the [(b)] floor.

グループＡ　ア 1:40　イ 2:30　ウ 2:50　エ 3:40　オ 4:50
グループＢ　ア second　イ third　ウ fourth　エ fifth　オ sixth

〔問6〕 本文の流れに合うように，[(6)] に英語を入れるとき，最も適切なものは次の中ではどれか。

ア taking you all to an art museum next time
イ buying some 'Space *Ramen*' for my little students
ウ making a map with *origami* skills in the next class
エ getting a one-year ticket for the museum

〔問7〕 本文の内容と合っているものを，次の**ア**〜**キ**の中から**二つ**選びなさい。

ア The space show at the planetarium is forty-five minutes long and is held five times in a day.
イ Before visiting the museum with Jane, Yuta and Grandpa, Mayu didn't use the one-year ticket given by her parents.
ウ When Yuta looked at the picture of the solar system, he said, "It'll be too hot to live on the earth if it is farther from the sun."
エ A science magazine says that an engineer in America learned how to fold a paper crane from his school friends in Japan.
オ At the museum restaurant, Mayu, Jane, Yuta and Grandpa all ate different kinds of space food.
カ Astronauts can take the food which smells strong into their space ships if it doesn't go bad easily.
キ There are many helpful things created by space technology not only for space development but also for our daily lives.

〔問8〕 次の文章は，Jane が家に帰ってからオーストラリアの家族に送ったEメールである。(a) ～ (d) に入る最も適切な**英語1語**をそれぞれ本文中から抜き出しなさい。

> Hi, Mom and Dad! How have you been? I am enjoying my life in Japan.
>
> Today I went to a space museum with Mayu, her brother Yuta, and her grandfather. I like Grandpa very much because he is kind. He works as a (a) and teaches children how to make traditional Japanese toys.
>
> The exhibition was wonderful. I was especially surprised that (b) inspired by *origami* is used for solar panels and many other things around us. Grandpa said that tradition is treasure. I think so, too.
>
> Also, we tried several kinds of space food at the restaurant. They tasted delicious! Space food has (c) a lot by trial and error for these fifty years. After lunch, we watched a show at the planetarium. I was happy to see the (d) of Australia, the Southern Cross.
>
> I am going to join Grandpa's class next Sunday. I will write to you soon. Take care!
>
> Lots of love,
>
> Jane

3 次の文章を読んで，あとの各問に答えなさい。
(*印の付いている単語・語句には，本文のあとに〔注〕がある。)

Takuto is a second-year high school student and is a member of the soccer club at his school. One day in October, he got a foreign picture postcard from one of his friends. The postcard was from *Kenya, Africa, and two little boys wearing *bright-colored T-shirts were smiling in the picture. There was a short message on the postcard. "I am in Kenya now, Takuto! I will go back to Japan next March. I want to see you then. I am looking forward to talking with you about our dreams! Do you remember? It's our *promise, right? Take care! From Satoshi" After he finished reading the postcard, Takuto said to himself, "I remember (1)<u>our promise</u> really well, Satoshi. But my dream.... What is my dream?"

The next day, after the practice of the soccer club, he left school with Keita. Keita was one of his teammates and his best friend. Takuto said, "Keita, do you have any plans for the future? For example, after ten years, what will you do? It's a difficult question for me. How about you?" Keita answered, "I can clearly see myself in the future." Takuto was surprised to hear that and said, "Really? Then what will you do after ten years?" Keita answered with a smile, "Well, I will make car *engines in a big car company in Japan. This has been my dream since I was five years old. So I want to study *mechanical engineering at university." Takuto was a little shocked to hear that. Takuto and Keita went to the [(2)] elementary school and the [(2)] junior high school. Now they are in the [(2)] high school and play soccer together. Takuto thought he knew Keita very well, but he didn't know anything about his dream. "Keita has already had plans for the future, but I have no idea about my future...." Takuto suddenly thought Keita looked older than him.

When Takuto got home, his mother said, "Takuto, there is an *article about someone you know very well in today's newspaper." Takuto wanted to read the article and soon found it in the newspaper. The article (3)【<u>ア people　イ who　ウ ten　エ taking　オ in　カ young Japanese　キ were　ク about　ケ part　コ was</u>】 volunteer work in ten different countries. Among the pictures, Takuto found a *familiar face. "Satoshi!" he cried. Satoshi was the oldest son of the Takagi family, the next-door neighbor of Takuto's family. Five years ago, when Takuto was twelve years old, Satoshi and his family moved to another city. The article said that Satoshi was working as an elementary school teacher in a small town in Kenya, Africa. He is teaching children English and sports there. In the interview, Satoshi said, "Kenya is a *multilingual country with sixty different languages. So, to *communicate with each other, people in Kenya use English as one of their *official languages. Being able to speak English means that people can get better jobs in *society. I really enjoy teaching my students English and playing sports with them. I will go back to my university next spring, and after I graduate, I want to work for an *organization that gives education to children in developing countries." When Takuto finished reading the article, he took out the postcard from Satoshi again.

Five years ago, one day in the spring vacation, Takuto and Satoshi went to the field along the Tama River to play soccer together for the last time. Though Satoshi was three years older than Takuto, they were good friends and were in a junior soccer team in the area. Satoshi decided to leave the team because he would move to another city the next Sunday and take an entrance examination for high school the next year. Along the *bank of the river, there were many cherry trees, and cherry blossoms were very beautiful. After they played soccer, they sat on the bank and drank cold tea. Satoshi said, "Takuto, let's play soccer again someday. I hope we will talk about our dreams then." Takuto was glad to hear that and said, "Yes! Let's meet again and talk about our dreams!" Satoshi answered with a smile, "OK! It's a promise!" Then they looked up at the cherry blossoms. The flowers were also looking at them *gently.

Takuto clearly remembered the promise and said to himself, "If I meet Satoshi now, [(4)]." He felt a little *anxious.

On the weekend Takuto's father came back home from Hokkaido. He works for a *construction company, and now he is in an office in Hokkaido and lives there alone. The next day, they went *cycling along the Tama River. They often went cycling together, and Takuto really liked the time he spent with his father. After they enjoyed cycling along the Tama River, they sat on the bank and started to eat lunch. After lunch, Takuto said, "Dad, do you remember Satoshi, the boy who lived next door?" His father answered, "Yes, I remember him very well. Both of you were in the junior soccer team." Takuto said, "Satoshi is now in Kenya, Africa, and is working as a volunteer teacher in an elementary school. He wants to work for children in developing countries in the future." His father looked a little surprised and said, "Really? He has a great dream!" Takuto didn't look at his father and started to talk about his real feelings. "My best friend Keita's dream is to make car engines. I didn't know about his dream at all. We have been good school friends since we were elementary school students. Both of them have clear goals. I'm trying hard to think of my future plans, but I haven't found the answer yet. I feel a little anxious, Dad. There are many subjects to study at school and I really like some of them. Of course, there are some subjects which are difficult for me, but I know all of them are necessary for my future. I also know I have to study every day, though I sometimes feel very tired from my club activities. But Dad, (5)what am I studying for? I am always busy in studying and playing soccer. I just go to and come back from school every day. I don't know what I am *heading for." His father was listening to Takuto without saying anything. After a few minutes, he started to talk. "Takuto, I don't think I can explain to you very well, but I want to tell you my opinion. You are studying now to live in society in the future and you are studying for yourself, the people you love and the people you will meet in the future. *Knowledge about many things will be one of the most important tools to protect you and those people. People who save others' lives or people who work for poor people in the world are great, of course, but I think everyone working in society helps someone else in their own ways. Remember this, Takuto." Now Takuto was looking at his father and listening to him carefully. His father kept talking. "Don't be anxious, Takuto. Though you can't find your dream for the future, it is very important to do things you have to do now. By spending each day with your family, friends and the people around you, you will be able to find your dream for the future." Takuto felt his *worry was getting smaller. He said, "Thank you, Dad. I'll do things I have to do every day and [(6)]." Then he gave his father a big smile.

When Takuto meets Satoshi again next spring, he is going to say to Satoshi, "I can't keep our promise under the cherry blossoms now, because I can't imagine where I will be and what I will do in the future. But I'm sure I will work hard in society for myself, my family and the people around me."

〔注〕
Kenya　ケニア
promise　約束
mechanical engineering　機械工学
familiar　よく知っている
communicate　意思を伝える
society　社会
bank　土手
anxious　不安な
cycling　サイクリング
knowledge　知識
bright-colored　鮮やかな色の
engine　エンジン
article　記事
multilingual country　多言語国家
official language　公用語
organization　団体
gently　優しく
construction company　建設会社
head for ～　～に向かっていく
worry　悩み

〔問1〕 (1)our promise とあるが，その内容を説明した次の文の（　）に，本文中で使われている**連続する2語**を補いなさい。

Takuto and Satoshi will meet again and tell（　）（　）about their dreams.

〔問2〕 本文の流れに合うように，(2) に**英語1語**を補いなさい。

〔問3〕 (3)【ア people　イ who　ウ ten　エ taking　オ in　カ young Japanese　キ were　ク about　ケ part　コ was】について，本文の流れに合うように，【　　】内の単語・語句を正しく並べかえるとき，【　　】内で**4番目と8番目**にくるものの記号を答えなさい。

〔問4〕 本文の流れに合うように，(4) に英語を入れるとき，最も適切なものは次の中ではどれか。

ア　I think we can enjoy talking about our dreams
イ　I think I can clearly explain about my dream
ウ　I don't think Satoshi can talk about his dream
エ　I don't think I can talk about my dream

〔問5〕 (5)what am I studying for? とあるが，このように Takuto が感じた理由を最もよく表しているものは次の中ではどれか。

ア Takuto doesn't know the reason for studying because all of the subjects he is studying are very difficult for him.

イ Takuto doesn't know the reason for studying because he is busy every day and he has not found his own dream for the future yet.

ウ Takuto doesn't know the reason for studying because he is not at all interested in any subjects he learns at school.

エ Takuto doesn't know the reason for studying because he always feels tired from soccer practice after school.

〔問6〕 本文の流れに合うように，[(6)] に英語を入れるとき，最も適切なものは次の中ではどれか。

ア stop worrying too much about my dream for the future

イ stop studying very hard to find my dream for the future

ウ start asking my friends about their dreams for the future

エ start thinking about my dream for the future very hard

〔問7〕 本文の内容と合っているものを，次のア～キの中から**二つ**選びなさい。

ア Takuto got a long letter from Satoshi one day, and in the letter Satoshi wrote about his daily life at university.

イ In Kenya, people don't need to learn English at school because they speak only one language.

ウ If someone living in Kenya is able to speak English, one of the official languages, he or she can get a better job in society.

エ When Takuto played soccer with Satoshi five years ago, he just said good-bye to Satoshi and didn't make any promise.

オ Takuto's father was really glad to know about his son's dream for the future and gave him a lot of advice about it.

カ Takuto's father believes that everyone can help someone else in their own ways by working in society every day.

キ Takuto isn't going to meet Satoshi next spring because he won't be able to talk with him about his dream for the future.

〔問8〕　次の文章は，TakutoがSatoshiと再会してから3年後に書いた手紙の一部である。与えられた書き出しに続けて**40語以上50語程度の英語**でTakutoが将来したいことと，その理由を書き，手紙を完成させなさい。ただし，自由に想像し，本文中で語られている将来の夢は使わないこと。「,」「.」「!」「?」などは語数に含めない。これらの符号は，解答用紙の下線部と下線部の間に入れなさい。

Dear Satoshi,

Three years ago, I didn't have any future plans. But I have found my dream for the future at last!

____

____

____

I'm looking forward to seeing you again!

Takuto

出して答えよ。

俊成は、（　　　　　　　　　　　　　　）。

〔問5〕 本文を通じて、筆者は『新古今』の歌人たちが連歌に熱中していった理由についてどのように述べているか。その理由として最も適切なものは、次のうちではどれか。

ア 『新古今』の時代には有名な和歌を変奏して新しい歌を次々と詠み出すことが流行し、このような新しい和歌の詠み方が季節や世界の変化を楽しみながら展開してゆく連歌の特徴に一致していたから。

イ 『新古今』の歌人たちは古典を変形して世界を詠み変えていく本歌取りという詠作法に親しんでいたので、前の世界を転じて句を詠みつなげていく面白さを連続的に楽しめる連歌に魅力を感じたから。

ウ 『新古今』の時代には平安時代の有名な古典作品を取り入れた和歌や文学が次々と生み出され、連歌も古典作品を取り入れて世界の広がりを生み出す新しい文学の形として広く歌人の支持を得たから。

エ 『新古今』の歌人たちは虚構の主体として和歌を詠む題詠という手法を追求していたので、ほかの人物になりきって想像力を働かせることで展開してゆく連歌の手法を容易に受け入れられたから。

エ　俊成の和歌の世界に定家が荒れ果てた里という新しい情景を加えた歌を詠み、また秋から冬へと季節を変えて歌に詠むというようにして、歌に詠まれる情景を転じて歌が生み出されていった。

〔問3〕 (3)連歌の世界も、ある情景から次の情景に移って、また次の情景に転じていくというシークエンスの世界です。とあるが、次のA～Fの連歌を本来の順番に並べ替えたとき、六句中で**四番目**になるのはどの句であるか。ア～エのうちから最も適切なものを選べ。なお、A～Fの句は室町時代の連歌師の、宗祇(そうぎ)、肖柏(しょうはく)、宗長(そうちょう)による連歌の一部で、この部分の始まりはAの句で、最後はFの句であるが、［　］内のB・C・D・Eの句は並べ替えてある。各句の後の《　》内は現代語訳である。

A　雲にけふ花散りはつる峰こえて
《花は散りはてて、峰には花の名残をとどめる雲がかかっている。今日は花の散りはてた峰を越えることだ。》

B　かりねの露の秋のあけぼの
《露の置く旅の仮寝(かりね)から目覚めると、秋の明け方の空には月が残っている。旅の友よ待ってくれ、この美しい月を眺めていこう。》

C　聞けばいまはの春のかりがね
《よく聞くと、花も散りはてた今こそ別れの時だということで、北国へ帰ろうとする雁(かり)の鳴く声が聞こえる。》

D　末野(すゑの)なる里ははるかに霧たちて
《露にぬれた仮寝から目覚めて遠く眺めやると、野末はるかに里が見え、その里のあたりには秋の霧が立ちこめている。》

E　おぼろけの月かは人も待てしばし
《並一通りではない美しさのおぼろ月だ。月見の人も、別れを告げる雁も、しばらく待ってくれ、ともに眺めようではないか。》

F　吹きくる風は衣うつ声
《吹いてくる風が、布をやわらげてつやを出すために衣を打つ砧(きぬた)の音を運んでくる。はるかかなたの里から。》

ア　Bの句　イ　Cの句　ウ　Dの句　エ　Eの句

〔問4〕 (4)役者的想像力あるいは演劇的想像力とあるが、藤原俊成は「夕されば」の歌において、この力をどのように働かせて詠んだといえるか。次の［　］のように説明するとき、（　）に当てはまる最も適切な箇所を本文中から**三十五字**で探し、はじめの**五字**を抜きの連歌のこと。
藤原定家、藤原家隆——鎌倉時代の歌人。
後鳥羽院——鎌倉時代の上皇。
『伊勢物語』——平安時代の物語。
深草——京都の地名。
うづら——キジ科の鳥。うずら。
藤原俊成——平安時代の歌人。
藤原良経——鎌倉時代の歌人。
『京極中納言相語』——鎌倉時代の歌論書。
業平——平安時代の歌人である在原業平のこと。

〔問1〕 (1)これはよくいわれることですが、『新古今』では本歌取りという技法が本格化してきます。とあるが、本歌取りについて、本文中では例を用いてどのように説明しているか。その説明として最も適切なものは、次のうちではどれか。

ア 『伊勢物語』の一二三段に登場する「女」は、作中で「男」が詠んだ和歌の一部を自身の歌に変形させて取り入れることで、「男」の翻意を促すような印象深い和歌を詠んでいる。

イ 藤原定家は、「雪をれの」の和歌に「深草」という地名を用いて『伊勢物語』の世界を想起させることで、自身が詠んだ「月ぞすむ」の歌との間に密接なつながりを生じさせている。

ウ 藤原俊成は、『伊勢物語』の一二三段を背景として和歌を詠むことで、「うづら鳴くなり」の「うづら」に鳥のうずらと物語に登場する女性を重ねて歌の世界に広がりを持たせている。

エ 藤原良経は、藤原定家の歌の「月だけがすむ里」という趣向を「うづらも住まぬ」という視点で冬の歌に詠み変えることで、人の心の変化を季節の変化に例えて深みを持たせている。

〔問2〕 (2)次の世代の人たちによって変奏されていきますとあるが、この「変奏」について筆者がどのように述べているかを説明したものとして最も適切なものは、次のうちではどれか。

ア 『伊勢物語』では深草の夫婦の関係に限定して歌が詠まれたが、定家の「月ぞすむ」の歌で一般化して歌の世界が広がり、さらに冬の歌で荒涼たる世界へと舞台を転換して歌が詠まれていった。

イ 俊成の和歌では心情を表す主観的な表現が用いられたが、定家の歌では「月ぞすむ」里、家隆の歌では「枯野」となった里の歌へと転じて、感情を抑えた客観的な表現へと歌が変化していった。

ウ 『伊勢物語』の世界を俊成が和歌に詠み、定家の歌で女がうずらに転生する趣向が加わり、そこに良経が「雪」という要素を加えたように、新しい要素が加わりながら歌が進化していった。

た深草の里は。〉

と、それぞれが、俊成の歌を変奏している様がうかがえます。

このように、『伊勢物語』の世界が俊成の世界に転じられて、その俊成の世界がまた定家や良経、家隆によって転じられ、さらに自分がつくる歌の中でも秋から冬へという転換を楽しむというか、そのように変奏していくことによって歌がどんどん紡ぎだされてくるという運動が『新古今』の時代に非常に流行る。そして『新古今』の和歌の重要な部分はこのような本歌取りによって世界の多重性というか、重層性みたいなものを映し出すことにあるのです。いずれにせよそこでは古典変形のシークエンス、連続が意識的に追求されています。

とすると、それはほとんど連歌の世界に近いことがわかります。

(3)連歌の世界も、ある情景から次の情景に移って、また次の情景に転じていくというシークエンスの世界です。それは一句、一句において前の世界を転じるという変形が起こってきているわけで、そういう前段階として本歌取りという和歌の古典変形のシークエンスを考えることができるのではないでしょうか。

もう一つ、これも重要なことですが、(4)役者的想像力あるいは演劇的想像力の問題があります。ある虚構の主体に自分が入り込んで、その主体となって和歌を詠む。題詠、題を与えられて詠んだりする場合はこういう手法がとられるのですが、そこのところが藤原定家などになると明らかに役者的な感覚として捉えられます。たとえば『＊京極中納言相語』の中で「恋の歌を詠むには……我が身をみな＊業平になして詠む」といったことを京極中納言、つまり藤原定家が発言している。恋の歌を詠むためには自分を在原業平の身に置き換えてというか、自分が在原業平そのものになって歌を詠むのだという、そういう方法がここで語られています。藤原定家の歌も多くは、ある人物になりきってしまうような想像力の中で詠まれるし、また、そういう想像力を働かせないと歌が詠めないということがじつはあるわけです。

自分がほかの主体に転位して、その転位した新たな虚構の主体になって、その身になって、その経験の中で歌を詠んだり解釈していくことがあるわけですが、そういう虚構の主体に自己を転位させてそこで想像力を働かせていくという、ある種の役者的な想像力が、本歌取りを支える想像力でもあるわけです。さきの『伊勢物語』の古典変形でいえば、女になったりうづらになったりして、世界を詠み変えていくのですから。そして、このような役者的想像力による古典変形の連続という和歌の詠作法をより集団的に、よりダイナミックに味わえる場が連歌の場なのです。

（松岡心平「中世芸能を読む」による）

〔注〕連歌――和歌の上句と下句とに相当する長句と短句を複数の人が詠んで連作する詩歌の形態。ここでは、長句と短句を交互に詠みつなげてゆく形態

がうれしいわ、みたいな歌を詠む。その歌が素晴らしいので、男はこの女から去ろうという気がなくなってしまったというのが『伊勢物語』です。

＊藤原俊成（ふじわらのとしなり）は、これを次のように変奏します。非常に有名な歌です。

夕されば野べの秋風身にしみてうづら鳴くなり深草の里

これは単純な叙景歌と読めますが、明らかに『伊勢物語』の一二三段を踏まえている。つまり、実際にこの男がいなくなってしまって、深草野となったあとうづらになった女性という設定の上でこの歌を詠んでいる。その面影を重ねることで面白くなる歌です。女が本当にうづらとなって鳴きながら深草野で男を待っているという情景の中で野辺の秋風が身にしみることだなあ、と詠嘆するわけです。これは非常にいい歌だし有名な歌でもありますが、『伊勢物語』をバックにしないと面白く味わえない。『伊勢物語』では男女とも人間のままだけれども、俊成は明らかに女性が輪廻転生（りんねてんしょう）してというか、うづらとなった姿を前提として歌をうたっている。

さらにその世界は、藤原定家や＊藤原良経（ふじわらのよしつね）や藤原家隆といった、(2)次の世代の人たちによって変奏されていきます。

たとえば俊成の息子の藤原定家の『拾遺愚草（しゅういぐそう）』八二九番の歌をみると、

月ぞすむ里はまことにあれにけりうづらの床をはらふ秋風

と、あります。うづらの床、寝床を秋風がはらっている。男と女が、人間たちが住んでいた風景はもうなくなってしまって、その里は荒れてしまっている。そして女が生まれ変わったうづらの床も秋風がはらうように吹きすぎていく、という歌です。俊成の場合は「うづら鳴くなり深草の里」なので、まだ草が茂っていて、そんなに荒れ果てた、荒涼とした風景ではないのだけれども、定家の歌では、月だけがすむ里、そして非常に荒れてしまった里という新しい情景が加わってきている。ですから俊成の世界からまた情景が少し転じられているのです。

さらにこれが冬の風景に転じられるというのが、次の三つです。藤原定家はそれをどのように転じたかというと、

雪をれの竹の下道あともなし荒れにしのちの深草の里

さきの自分の歌では、深草の里が荒れている、とうたったわけですが、今度は、その荒れたあとの深草の里、しかも秋から冬になってしまった深草の里で、そこには雪折れの竹の下道があともない、といった情景がうたわれます。前の情景がさらに展開されてくる。

それから藤原良経の『秋篠月清集』一三二一番の歌を見ると、

深草はうづらも住まぬ枯野（かれの）にてあとなき里をうづむ白雪（しらゆき）

〈深草は鶉（うずら）も住まなくなった枯野となり、鶉が住んでいた跡を埋めて降る白雪よ。〉

藤原家隆『玉吟集』二二四五番の歌では、

住み絶えぬうづらの床も荒れにけり枯野となれる深草の里

〈棲（す）み続けていた鶉の床も荒れてしまった、枯野となっ

5

次の文章を読んで、あとの各問に答えよ。なお、本文中に引用された和歌の後の〈　〉内は出題に際して付けた現代語訳（和歌文学大系『秋篠月清集／明恵上人歌集』、『玉吟集』による）である。

（＊印の付いている言葉には、本文のあとに〔注〕がある。）

これはよく知られていることですが、『新古今和歌集』歌壇の歌人たちが、『新古今』という非常に素晴らしい日本文学における金字塔を打ち立てたあと、集団的に＊連歌の世界にのめり込んでいくということが起きます。この場合の連歌は、宴が終わったあとの遊びのような感じで捉えられることが多くて、新古今歌人たちが和歌の世界から連歌の世界へ移っていくことの意味を本気で捉え直した人はあまりいないのではないかという気がしますが、これは単に＊藤原定家や＊藤原家隆や＊後鳥羽院といった『新古今』の中枢部分の歌人たちが連歌を遊びとしてだけ熱中していくといったような問題ではないと、私は思っております。

(1)これはよくいわれることですが、『新古今』では本歌取りという技法が本格化してきます。ある古典の有名な世界、あるいはかなり有名な和歌の一部分をかすめるようにしてとってきて、それに対して何か新しい世界を付け加えて、もとの世界とのダブルイメージの中で、新しい歌の世界が膨らんでいくという手法が本歌取りですが、具体的にその例をみてみましょう。

谷知子さんという研究者が「新古今歌人の〈消失〉を詠んだ歌群について――イメージの重層法の形成」という面白い論文を書いています。その中の一例ですが、最初は日本の古典中の古典『＊伊勢物語』の一二三段です。

むかし、男ありけり、＊深草に住みける女を、やうやう飽きがたにや思ひけん、かかる歌を詠みけり、

　年を経て住みこし里をいでていなば
　　いとど深草野となりなん

女、返し

　野とならば＊うづらとなりて鳴きをらん
　　かりにだにやは君はこざらむ

とよめりけるに、めでて「ゆかむ」と思ふ心なくなりにけり

深草に住んでいた女性と夫婦関係の男が、長年住んできたこの里を自分が出てしまったら、ここは深草野になってしまうだろうとうたったところ、女は、野となってしまったら、自分は今人間の女だけれども、生まれかわって鳥のうづらとなって深草野に鳴いているでしょう。「かりにだにやは君はこざらむ」の「かり」は「仮に」、つまり、もしもということ、狩猟の「狩り」が掛けられています。もしかして狩りぐらいだったらあなたはきてくれるかもしれない、そうするとあなたに会うことができる。人間の夫婦としての生活はだめになって、人間でなくなってうづらとなったあとでも、私はあなたを待っています。男のほうはまだ人間ですから、あなたが狩りぐらいできてくれて、自分をとってしまうことになるかもしれないけれども、それでもあなたに会うことの方

ウ　自由意志はそれ自体を根拠として成立するものであるので、自身の自由な意志ではなくなり、かつその意志は神と同義の存在になってしまうことになる。

エ　どのような意志でも無意識によって生じるのだから、自由と無意識の同義性が認められ、人間存在がその起源から継続的に自由であるということが証明される。

〔問3〕 (3)魂や精神という概念は生命とよく似ています。とあるが、どういうことか。**六十字以上、八十字以内**で説明せよ。

〔問4〕 (4)しかし、ここには飛躍がある。とあるが、「飛躍がある」と筆者が述べたのはなぜか。**八十字以上、百字以内**で説明せよ。

〔問5〕 (5)〈私〉とは社会心理現象であり、社会環境の中で脳が不断に繰り返す虚構生成プロセスです。とあるが、どういうことか。その説明として最も適切なものを、次のうちから選べ。

ア　〈私〉とは現象や脳の無意識過程に見えるものであるが、それは自分のイメージを投影した対象そのものを脳が〈私〉であると認識した所産であるということ。

イ　〈私〉とは実体としてどこかに存在すると断言しうるものではなく、脳が自身の帰属する社会に合わせて作り出す個性の総称であるということ。

ウ　〈私〉とは個別の身体にも広い社会にも実存するものではなく、脳が社会に照射された自己意識を〈私〉という存在であると認識するものであるということ。

エ　〈私〉とは社会的存在である人間が社会の中でも自己同一性を保つべく、社会の求める自己像にたがわぬように脳が半ば強制的に確立した存在であるということ。

〔問6〕 本文の表現・構成を説明したものとして最も適切なものを、次のうちから選べ。

ア　常体は事実や引用、論理的考察に用い、敬体は自身の考えの表明や読者への働きかけに用いて使い分けをしている。

イ　単純な二項対立によらずに意志に対する一般的な見方を否定し、科学的見地から意志の新たなあり方を提示している。

ウ　論理展開の順として、はじめに疑問や結論を述べた後、具体例を用いて説明しながら論を進める形をとっている。

エ　諸分野の学者の意見を参照しつつもそれらを否定する形で用いて、自己の考えの妥当性を強調している。

る場所は自己の身体や集団あるいは外部の存在と、状況に応じて変化する。ひいきの野球チームを応援したり、オリンピックで日本選手が活躍する姿に心躍らせる。あるいは勤務する会社のために睡眠時間を削り、努力する。我が子の幸せのために、喜んで親が自己を犠牲にする。これら対象にそのつど投影が起こり、そこに〈私〉が現れる。

〈私〉は脳でもなければ、イメージが投影される場所でもない。〈私〉はどこにもない。虹のある場所は客観的に同定できず、それを観る人間によって、どこかに感知されるにすぎない。それと似ています。〈私〉は実体的に捉えられない。(5)〈私〉とは社会心理現象であり、社会環境の中で脳が不断に繰り返す虚構生成プロセスです。

（小坂井敏晶「社会心理学講義」による）

〔注〕リベット——アメリカの生理学者、医師。
アポリア——ギリシア語で、行き詰まりの意。特に哲学においては、解決困難な問題の意。
デカルト——フランスの哲学者、数学者。
テーゼ——命題。

〔問1〕(1)しかし、この解釈は無理です。とあるが、「この解釈は無理です」と筆者が述べたのはなぜか。その理由として最も適切なものを、次のうちから選べ。

ア　意志が意識化されてからのわずか約〇・二秒間では、身体が運動を起こす前に生じうる行為を実行に移すかどうかを検閲し、判断を下す時間としてはとても十分ではないから。

イ　全ての意志が脳内での無意識過程から生じると証明しながら、同時にそれを却下しうる意志については脳とは独立した存在と見なすという、矛盾した考え方に基づいているから。

ウ　事前にある行為を行おうとする意志をもつことができれば、生じた行為は無意識過程から生じたものではなく、行為に先んじた意志によって生じたものであると言えるから。

エ　意識に上る意志が直接的に身体に干渉することを証明していないにもかかわらず、自由と責任の根拠が確固たるものであると証明するために、その存在を認めたにすぎないから。

〔問2〕(2)自由意志が存在するとしましょう。とあるが、この仮定に対する筆者の結論はどのようなものか。最も適切なものを、次のうちから選べ。

ア　自由意志自体の根拠をどこに求めようとも、そこから考えられる自由意志は自由たりえず、その結果として導かれた自由意志の存在が認められることはない。

イ　自由意志が外的要因の結果であることの是非を検討してみても、それは人間の身体反応の一部としか考えられず、自由という過程を経たものであるとは言えない。

は消え去る。出口を本気になって探さないから、実はそこに出口がないことを知らないだけなのです。

*デカルトの有名な **Cogito ergo sum**（我思う、ゆえに我あり）を取り上げましょう。私に今見えている景色は幻かも知れない。前方に見える散歩中の人々は私の幻覚のせいかも知れない。こう考えていくと、すべてが疑惑の対象になり、確実なものは何もないように思われる。しかしそれでも、このように疑っている事実だけは否定できない。今まさに考えている、この私の存在自体は疑いようがない。デカルトはこう立論しました。

> ［……］すべては偽であると私が考えている間も、そう考えている私自身は必然的に何者かでなければならないはずだ。このことに私はすぐ気づいた。そして「我思う、ゆえに我あり」という真理は、懐疑論者のどんな想定によっても揺るがぬほど、堅固な確信だと私は認めたのである。

痛みを感じるのは当人だけであり、他人の痛みは想像しかできません。歓喜に沸いたり、悲しみに沈んだりする時、そう感じる私がいると誰でも考える。デカルトの*テーゼも同じ論理構造です。(4)しかし、ここには飛躍がある。

ラテン語 **cogito** は動詞 **cogitare**（思う）の一人称単数形であり、**Ego cogito** の **ego**（我）が省略されている。英語ならば、**I think**、フランス語ならば、**Je pense** です。しかし、**cogito**（我思う）が成立するからと言って、そこに私という主体が存在するとは結論できない。「私が思う」という形で意識が産出される、あるいは「私の歯が痛い」「私は哀しい」という形で認識が成立するのは事実です。だからといって「思う私」「痛みを感ずる私」「哀しむ私」が実存することにはならない。**cogito** が可能ならば、「私が考えている」という状態が成立します。しかし、それはあくまでも **cogito**（我思う）という現象が成立するのであり、それを可能にする〈私〉が存在しているわけではない。**cogito** を **I think** や **je pense** と分けて表現すると、さらに錯覚しやすいのですが、成立するのは「**I think**」「**je pense**」であって、その現象から切り離された **I** や **je** ではない。

だから、ドイツの科学者ゲオルク・リヒテンベルクは **Es denkt** と言い、イギリスの哲学者バートランド・ラッセルが **It thinks in me** と表現し、フランスの精神分析学者ジャック・ラカンが、**Ça pense en moi**、つまり「私において、それが思う」と表現したのです。もちろん、この **es**、**it**、**ça** は実体として存在するのではなく、**Es regnet, It rains, Il pleut**（雨が降る）におけるような形式主語にすぎない。そうでなければ、**cogito** の無意識バージョンでしかなく、何の進展もありません。

〈私〉はどこにもない。不断の自己同一化によって今ここに生み出される現象、これが〈私〉の正体です。比喩的にこう言えるでしょうか。プロジェクタがイメージをスクリーンに投影する。プロジェクタは脳です。脳がイメージを投影す然生じるか、それ自身を原因とするかです。もし自由意志が偶然生ずるなら、やはりこれは自由意志でありえない。制御できない身体運動を、我々は自由意志の産物と呼びません。また、そのような意志は私と無関係ですから、私の意志ではありえない。

偶然でもなく、外因によるのでもない自由意志は、それ自身を原因として生ずるしかありません。しかし、そのような存在は神以外にない。ところで神によって私の意志が生ずるなら、それは私の自由意志ではない。それどころか、自由意志が自らを原因として生ずるなら、神が私の自由意志を生むのではなく、私の自由意志が、すなわち神という結論が導かれる。つまり私は神になってしまう。

自由意志の可能性を残そうとするリベットの解釈は奇妙な、ねじれた二元論をなす。行為とともに発生する意志の起源を脳信号に還元する一方で、却下指令が出されるメカニズムとしては、脳に生ずるいかなる準備過程とも独立な意志の存在を他方で要請するからです。このような解決法は論理的一貫性に欠けるだけでなく、もっと根本的な問題として、脳の機能と独立する意志の存在を認めることにつながります。

脳つまり身体が精神活動を生むのか、あるいは身体と独立する精神・魂が存在するのか。この問いは太古から繰り返されてきました。心身二元論を採るならば、身体が朽ちても精神は永遠に存在し続けるはずです。そうであれば何故、身体が生まれた時に同時に精神が生まれたのかもわからない。未来に向けて永遠に存在し続けるならば、世界が誕生した時から私の精神はずっと存在し続けたと考えるのが自然です。数十億年以上前から私の精神は存在し、これからも永久に存在し続けるという説は私にとって現実味がない。それに酒を飲んだりすると知的能力や感情に変化が現れますが、脳が精神を司(つかさど)るのでなければ、どうしてこのような変化が起きるのでしょうか。

(3)魂や精神という概念は生命とよく似ています。生命というモノが存在すると数十年前までは信じられていた。しかし現代の分子生物学は生命現象をＤＮＡ（デオキシリボ核酸）という無生命物質に還元しました。肉体とは別に存在する、見えも触りもできないモノとしての生命はもはや認められない。物質の物理・化学的プロセスの結果として生命現象は理解されるようになりました。

魂や精神も同じです。現在の脳科学は、脳が生み出す現象として精神活動を把握する。生命というモノがないのと同様に、魂とか精神とかいうモノはない。心理現象はモノではなく、プロセスであり、機能である。現代科学はこう考えます。

社会という拡散する方向に探し続けても、逆に、個人の身体という収斂(しゅうれん)する方向に探し続けても、主体というモノは見つからない。社会学者や社会心理学者の多くは主体の危うさを認めます。しかし、その論理を最後まで突き詰めずに、主体を保証する場所がどこかにあるだろうと高をくくっている。ちょうど砂漠に現れるオアシスの蜃気楼(しんきろう)のように、そこに着きさえすれば、飲み水があり、命拾いすると考えるようなものです。近づけば近づくほど、蜃気楼は遠のき、ついに観が詩的に表現されている。

4

次の文章を読んで、あとの各問に答えよ。（*印の付いている言葉には、本文のあとに〔注〕がある。）

行為が意志によってではなく、脳内に発する無意識信号によって作動すると認めると自由と責任の根拠を失う。それは重大事態です。そこで行動が生ずる直前にその生成プロセスを意志が却下する可能性を*リベットは主張します。「意志」が意識化されてから実際に行動が起きるまでに約〇・二秒の余裕がある。発現されようとする行動に対して、意志が途中却下する可能性がそこに残る。つまり行為は無意識のうちに開始されるが、実際に身体が運動を起こす前に意志が生じるので、当該の命令を意志が検閲し、信号の却下あるいは進行許可を判断する。リベットはこう考えました。

(1)しかし、この解釈は無理です。意志形成以前にすでに無意識の信号が発せられる事実を証明しながら、指令却下のメカニズムだけは意志が直接の引き金となり、その意志の発現以前に無意識過程が生じないとは主張できない。どんな意志も脳内の無意識過程によって生じ、行動と並列に出現するとリベットの研究は証明しています。意識に上る意志が直接に身体運動を命ずる可能性はない。他の意志と同様に、信号却下命令を下す意志も無意識信号に導かれ、結局、意志と行動の順序をめぐる由々しき問題は解決しない。

こんな反論もあるでしょう。好きな時に自由に手首を挙げるよう被験者に指示するならば、行為と「意志」とを生み出す信号が脳内で発せられる以前に、すでに行為に意志が先行し、結局、意志—脳内信号—行為という流れは揺らがない。しかし、この反論は実証的に斥けられます。手首を挙げる行為を前もって心の中で準備すると、それに対応する信号が確かに、その直前に脳に発生する。しかし、それは別の信号であり、当該行為とは関係ないのです。準備してもしなくても、行為と「意志」を生み出す無意識信号が発生する時点は変わらず、いずれの場合も「意志」は、実際に行為の生ずる約二〇〇ミリ秒前に意識化されます。前もって心の準備をしようとすまいと、実際に手首が動くための指令が出るタイミングは変わらない。

(2)自由意志が存在するとしましょう。するとそれはどこから由来するのかという疑問が湧く。（一）自由意志は他の原因によって生ずる、（二）自由意志は原因を持たず、偶然生ずる、（三）自由意志は他に原因を持たず、自らを原因として生ずるという三つの解釈が可能ですが、どれをとっても*アポリアに陥ります。

まず自由意志は外部要因によって決定されるか、されないかのどちらかです。外部要因によって生ずるならば、つまり過去に沈殿した記憶と新たな外部刺激とを材料として脳が出す演算結果によって意志が生ずるならば、自由意志ではありえない。単なる生理的メカニズムです。

次に、自由意志が外部の要因によって決定されない場合は、さらに二通りの可能性に分かれる。すなわち、自由意志は偶驚き、質問の意図をくもうとしている様子。

エ　田辺に悩みを打ち明けてしまった自分に驚いて恥ずかしさを紛らわそうとしていたが、田辺が誠実に質問をしてきたことに緊張し、必死に返答を考える様子。

〔問4〕 (4)返事ができなかった。とあるが、それはなぜか。その理由として最も適切なものは、次のうちではどれか。

ア　「子供騙し」という「私」の自評に対して、田辺がより具体性を伴った指摘をしたことで、自分で意識するよりもはるかに強烈に自分の絵の問題点が実感されたから。

イ　田辺から指摘を受けたことで、自分自身が作り上げてきた絵の世界が否定され、この後どのように絵に向き合っていけばよいのかわからなくなってしまったから。

ウ　ほとんど初対面の田辺から「私」の作品が「子供騙し」だと厳しい指摘をされたことで、自尊心が傷つけられ、おさえきれないほどの怒りを感じたから。

エ　田辺が「私」の絵の演出について指摘をしたことで、「私」が演出で絵を飾っているという、自身では思いもよらなかった課題を思い知らされたから。

〔問5〕 〜〜部A〜Dからわかる田辺の人物像として最も適切なものは、次のうちではどれか。

ア　A特に優しく見守るという様子も、世界の一部を切り取ろうと身構えている様子もない。は、世の中や周囲の人間に無関心な態度を装おうとする人物であることを表している。

イ　Bどこまで本当かわからない口調で言い、誇らしげに胸を張った。は、おどけて見せながらも自分の作品に対しては揺るがない自信をもっている人物であることを表している。

ウ　C悪びれる様子もなく、口調とは裏腹に特にすまながる様子もない。は、うわべだけを取り繕って適当にその場をやり過ごしていこうとする人物であることを表している。

エ　D辛辣な内容を語ったその後も、顔には一点の曇りも含みもない。は、ひょうひょうとしながらも「私」に対して自分の考えを率直に伝える人物であることを表している。

〔問6〕 本文の表現や内容について説明したものとして最も適切なものは、次のうちではどれか。

ア　会話文を多用してテンポよく場面が展開されることで、登場人物の内面より語り手の視点や次の展開に読者の興味が向くように表現されている。

イ　田辺と「私」のそれぞれの視点から語られることで、芸術に対する取り組み方や考え方についての両者の違いがわかりやすく表現されている。

ウ　「私」の視点から語られることで、田辺との会話を通して作品と自分自身に向かい合う「私」の気持ちの揺れ動くさまがありありと表現されている。

エ　二文節程度の短い文を多用する淡々とした語りが基調とされることで、芸術という本文のテーマにふさわしい世界

〔問1〕(1)私の認めたあの日の敗北感を、当人に否定して欲しくなかった。とあるが、「私」がそのように感じたのはなぜか。その説明として最も適切なものは、次のうちではどれか。

ア　田辺の作品より「私」の作品の方が教授の評価が低いことは明白であるので、田辺が気を遣って「私」の作品を褒めることが受け入れられず、その態度に困惑してしまったから。

イ　才能を感じさせる田辺が偽りのない様子で「私」の作品を褒めることで、「私」には作品制作の力に加えて芸術を判断する力もないことまで、浮き彫りにされてしまうように感じたから。

ウ　芸術を理解している田辺が熱心に「私」の作品を褒めることで、田辺の作品よりも「私」の作品の方がよいのだと、自分の作品に自信をもってしまいそうになるのを防ぎたかったから。

エ　田辺の作品と比較すると「私」の作品が劣っているのは明らかであり、実力を感じさせる田辺から「私」の作品の方がよいと褒められることは耐えがたく、いたたまれなかったから。

〔問2〕(2)愛想(あいそ)笑いを浮かべながら、自分で無意識につけてしまった「一応」が後から胸にこたえた。とあるが、このときの「私」の気持ちとして最も適切なものは、次のうちではどれか。

ア　田辺と同じ土俵にのることを恐れて、わざと逃げるような言い回しをしたことで、堂々と田辺に向き合おうとしなかった自分を恥じる気持ち。

イ　絵を描いていることを自信のなさから断言しきれず、笑顔でごまかしながら逃げ道を作ってしまった自分に気がついて、ふがいなく思う気持ち。

ウ　絵を描いていることについて、いい加減であいまいな返答をした自分に気づき、真剣に芸術作品に向き合っている田辺に対して申し訳なく思う気持ち。

エ　田辺が質問を返してきたことに驚いて深く考えもせずに返答してしまい、田辺の機嫌を損ねないように調子を合わせた自分に嫌悪感を抱き、後悔する気持ち。

〔問3〕(3)私の笑顔はそこで止まった。とあるが、この表現から読み取れる「私」の様子として最も適切なものは、次のうちではどれか。

ア　田辺に打ち明けた悩みはたいしたものではないと自分自身に言い聞かせようとしていたが、田辺が笑い返してこなかったことで、自身が抱える悩みの重大さに気がついた様子。

イ　自分の悩みは田辺に受け入れられることはないだろうと諦めの気持ちから笑っていたが、田辺の実直な様子に、悩みを打ち明けてもよいのではないかと期待している様子。

ウ　話を切り上げて深刻になりそうな雰囲気を和らげようとしていたが、田辺が真面目な様子で質問をしてきたことに

「あのさ、さっきの話。ごめん、気を悪くしないで聞いてくれると嬉しいんだけど。」
「何ですか?」
「うん。フィルムで実写するより、清水さんの描いた絵の演出が子供騙しな気がするって。さっき、そう言ってたでしょう。」
「はい。」
「あれ、申し訳ないけど、どの辺をさして子供騙しなのか、俺、わかるんだよね。」
　自分で言い出した言葉、持ち出した表現だったが、田辺の口から聞く「子供騙し」の響きは予想以上に重かった。田辺を見る。C悪びれる様子もなく、口調とは裏腹に特にすまながる様子もない。いっそ気持ちがいいほどだ。
　田辺の指が私の後ろ、斜め上を指差す。
「アレ。」
　後ろを振り返る。丸くて大きな球体の姿が見えた。クリーム色の給水タンク。
「あの絵の角度だと、絶対に視界に入るはずなんだよね。木の間から。」
「あ。」
「清水さんの世界観の中では邪魔だったんだろうなって、絵を見たときにすぐ気づいた。あの絵、すごくいいんだけど、画面の外で人が生きてる感じがしない。もちろん、そこが魅力の一つでもあるよ。それはわかるんだけど、生活感を憎むことは必ずしもプラスじゃない。向き合うことを拒絶した結果、現実とは完全に違う理想的な世界をただ提供することが清水さんの演出なんだとしたら、それは子供騙しだ。」
　田辺の使った「生活感を憎む」という言葉が、身体の深い場所に落ちた。(4)返事ができなかった。
　田辺は私の反応を見届け、またにっこり笑った。D辛辣な内容を語ったその後も、顔には一点の曇りも含みもない。
「ありがとう。」
　掠れた声でそれだけ言うのが精一杯だった。指先が震えてしまいそうで、両方の手に拳を握る。ショックでなかったと言ったら嘘になる。けれど、不快ではなかった。
「じゃあ、また。」
　田辺とすれ違うとき、一瞬、肩が触れそうなほど距離が近づいた。私の足はすくんだように動けなかった。田辺が階段の扉の向こうに消えてしまう前に、もう一度、今度はさっきよりも大きな声で彼に言った。
「ありがとう!」
　語尾が掠れたせいで、まるで泣き声のようになった。張り上げた声に、自分でドキリとする。けれど田辺は振り向かない。そのまま「うん。」と短く答え、扉の向こうに消えた。

（辻村深月「光待つ場所へ」による）

〔注〕鷹野（たかの）――「私」と田辺の共通の友人。
OHP――オーバーヘッドプロジェクターの略称。
メグミ――田辺の友人。

が本当に作業化してて、演出や色使いを考えれば考えるほど気持ちの――どういえばいいんだろう、絵を描くってことに対する哲学が追いつかなくなるんです。」

言葉にしながら、もうここまでで終わりにしなければ、と思う。田辺とは、今日ほとんど初めて話す。いきなり深い話をされれば、彼が困ることは目に見えている。

「いろいろ、迷ってて。」

そう言って、笑う。と、田辺の反応が予想していたよりずっと真剣なことに気づいた。

「あのさ、息抜きしてる?」

そう聞いた。(3)私の笑顔はそこで止まった。「え?」と彼に尋ね返す。

田辺は「息抜き。」と繰り返した。

「俺ね、ここがすごく好きなの。」

風が吹き、並木が一度に騒いだ。田辺の髪がざっと揺れる。耳のすぐ上あたりをかばうように押さえ、田辺が楽しそうに微笑んだ。

「晴れてあったかい日だと、平気で寝転んでるしね。結構来るんだけど、そしたらさ、こっから見えるものが毎回違うの。季節とか天気にもよるんだけど、そのときの気分によっても随分違う。」

頭上を飛行機が通った。コオーッと長い、空気の震える音がして私は空を見上げる。

「気分ですか。」

「落ち込んだ日の朝は、特に最高。」

Bどこまで本当かわからない口調で言い、誇らしげに胸を張った。

「気に入ってる場所だからあんまり教えないんだけど、清水さん、もし気に入ったんだったら来なよ。」

「いいんですか?」

「うん。この道、好きなんでしょ?」

田辺がフェンスの間から下を指差す。そのときだった。静かだった屋上に、急に一本調子の電子音のメロディーが響き渡った。この曲は知っている。記録的なヒットはしなかったが、二、三年前によく町で流れていた曲だ。

「はい。」

特に私に断りをいれるでもなく、田辺が携帯電話をズボンの後ろポケットから取り出す。

「ああ、*メグミ? どうした?」

電話の向こうから、相手の声が洩れてくる。不可抗力だった。向こうの声が聞こえてしまう。どうしたじゃないでしょう、遅刻だよ。そう聞こえて、私は田辺から離れた。彼が、相手に向けて笑う。私と話していたさっきよりも親しげに。

通話はすぐに終わった。携帯電話をしまいながら、田辺が何かのついでのように私に言った。

「清水さん来たときに、俺、ここで寝てるかもしれないけど、それさえ気にしないでくれるなら、また来てね。」

「ありがとう。」

「どういたしまして。あ、それと。」

田辺が唐突に言った。

バランスに緑色の混じり始めた桜並木は、完全ではなく、本当にありのままの姿で撮られていた。

化けの皮を剝がされたような気がしたのだ。私が演出で飾らなければならなかった世界は、そのままで充分価値のある道だったのだと。何かの補強を考えた時点で、私の負けは確定していた。

自分があの道の上に乗せた暖かな赤が、今はどこまでも恥ずかしい。あれは小手先だけの技術だ。

「田辺さんは、専門的に映像を勉強してるんですか？」

「まぁそんなとこ。詳しくは鷹野にでも聞いて。」

田辺が苦笑し、先を続けた。

「俺の友達で映像を専門に勉強してる奴(やつ)がいてね。あのフィルムはそいつにかなり手伝ってもらった。こういうアングルでこういうふうにっていう指示を俺が出して、カメラとかそういうのは全部任せた。素人(しろうと)じゃ、あんなふうに行かないだろうね。カメラのアングル安定させるだけで一苦労じゃないかな。」

田辺は言って、そのときのことでも思い出したのかクスクスと笑った。

「しかも人に頼んで撮ってもらってるっていうのに、注文だけは一人前にさせてもらった。ケチつけてリテイク、その繰り返し。俺だったら、あんなふうに言われたらキレてるな。」

「じゃあ、あれを撮ったのは。」

「うん、友達。俺はただの監督。撮ったやつにファミレスで奢(おご)っただけ。」

監督というのは、「ただの」とつけることができるような軽い役職ではない気がしたが、私はそうですかと頷いて、それきり黙った。

「清水さんは？　鷹野にちょっと聞いたけど、絵描いてるんだって？」

「はい、一応。」

(2)愛想(あいそ)笑いを浮かべながら、自分で無意識につけてしまった「一応」が後から胸にこたえた。一応。本当に、その通りだ。

田辺はへぇと興味深げに呟(つぶや)いて、フェンスに手をかけたまま私の目を見た。近くに立つと、彼の背が高いことに気づいた。

「今は何か描いてるの？」

「新年明けてすぐに、絵のコンクールがあるんです。画家の、柚木雅彦(ゆぎまさひこ)わかりますか？　彼が審査員になってる結構大きい賞で、それに向けて。」

「え、あれに出すの？」

思いのほか、大きい反応だった。そして、すぐに「そう。」と頷く。ちょっと間が空いた後で、落ち着いた声が「難しい？」と私に聞いた。

私はまた頷いた。

「すごく。」

「テーマとか題材、だいたいのことはもう決まってるんでしょ？」

「下絵まではどうにか。ただ、何だろう。絵を描くってこと

「この道。」
　顔を上げると、田辺颯也がすぐそばにいた。彼の目は、下の並木道を見ていた。見つめる私の視線に気づき、彼がこちらに顔を向ける。微かに笑った。
「前期にあった造形表現の授業でね、ここからこの景色を撮ったんだ。見てた？」
「……はい。最初の授業で。」
「そう。」
　田辺が言って、また視線をフェンスの下に戻した。A特に優しく見守るという様子も、世界の一部を切り取ろうと身構えている様子もない。
「手伝ってもらった友達には、あっちの理学部棟の方が建物が高いからそっちがいいって勧められたんだけど、このぐらい近くないと撮る意味もないかなって思って。手を伸ばせば下まで行けそうな距離ってのが、理想だったんだよ。」
　田辺が振り向き、いきなり真顔で私を見た。
「清水さんの絵、あの授業の三回目で紹介されたね。」
「はい。」
　頷くと、田辺は笑う。
「『はい』って……、敬語使わないでいいってば。俺、現役入学だから年もタメだよ。清水さん、＊鷹野と同級でしょ？」
「はい、あ。」
　言ってしまってから、気がついて声を止める。田辺はまた微かに笑ったが、それ以上は何も言わなかった。
　恥ずかしくて、少し気まずい。ごまかすように、私は続けた。
「うん。あの授業で紹介されました。＊ＯＨＰで拡大してもらって。」
「あれ、ここの道だよね。俺と同じ題材。」
　田辺は言った。
「気になってたんだ。うまいことももちろんだけど、ただの受講資格の課題にすごく本格的に描いてる人がいたってことにも驚いた。俺は――、面倒だし、逃げちゃったから。」
「逃げた？」
「いや。」
　田辺が軽く首を振り、それからまた私の顔を見た。
「とにかく、カメラ向けてただ映像取り込んでくのと違って、時間もかかってるだろうし、すげぇと思った。あの授業、俺のフィルムがやたら褒められて初回で提示されたけど、三回目で清水さんの絵が紹介されたとき、あの教授、何見てんだよって思った。断然、こっちだろって。」
「そんなことはないです。」
　私は首を振った。謙遜の意味で、今までいろんな場面で多用してきた言葉だが、今日のこれには嘘がない。(1)私の認めたあの日の敗北感を、当人に否定して欲しくなかった。
「敵わないって、思いました。……おかしな話ですけど、あのフィルムに比べたら、私の絵が完全な子供騙しだったことを思い知りました。」
　赤く色づく、春の小道。私の描いたそれは、一面の、完全なまでの桜の道だった。田辺のフィルムは葉桜だった。アン

＜国語＞

時間五〇分　満点一〇〇点

【注意】答えは、**特別の指示**のあるもののほかは、各問の**ア・イ・ウ・エ**のうちから、最も適切なものをそれぞれ**一つずつ**選んで、その記号を書きなさい。また、答えに字数制限がある場合には、**、や。や「などもそれぞれ一字と数えなさい。**

1

次の各文の―を付けた漢字の読みがなを書け。

(1) 畑に畝を立てて、苗を植える。
(2) 社内規則を遵守するよう呼びかける。
(3) 来月の学会に向けて盤石の備えをする。
(4) クラシック音楽の荘重な旋律に耳を傾ける。
(5) 外国からきた賓客の諸事万端の世話をする。

2

次の各文の―を付けたかたかなの部分に当たる漢字を楷書で書け。

(1) 先見のメイのある彼は、海洋汚染の問題にいち早く警鐘を鳴らしていた。
(2) 連絡が入り次第、タダちに現場に向かう。
(3) 物事を究める努力にはサイゲンがない。
(4) 社会科学のシザから人々の動きを考察の対象とする。
(5) 試合に勝ったことを報告する彼女はキショクマンメンだ。

3

次の文章を読んで、あとの各問に答えよ。（＊印の付いている言葉には、本文のあとに〔注〕がある。）

「私」（清水あやめ）は、大学に通うかたわら絵画教室にも通っているが、絵を描くことに必死になれず、周囲の大学生と同じような学生生活を送ることもできない自分に不安を感じる。その時、「私」と同じく「造形表現」の授業に出ていた田辺颯也が屋上から声をかけてきたので、「私」は彼のいる屋上に向かった。

屋上に続く扉を開ける。

息遣いが早い。屋上に昇るエレベーターを待つ間、さっきまで重かった足がまるで空気を踏んでいるような感覚に変わっていた。

田辺颯也は、正面のフェンスの前に立っていた。金網を右手で摑み、下を見ていた。閉まったドアとその横に立つ私を振り返り、微笑んだ。

「いらっしゃい。」

「……こんにちは。」

風が吹いていた。私の髪が流れる。田辺が一歩、横にずれた。その仕種に先導されるようにして、足が自然と前に出た。

「秋晴れっていいね。」

田辺が言った。

「さすがにそろそろ寒くなるけど。こんなに晴れてても、風があるだけで随分違うね。気持ちいいけど、気温は低い。」

間を持たすためでもなさそうに、彼はごく自然に天候の話をする。フェンスの前に立つと、今さっきまで自分が立っていた自動販売機が見えた。並木の葉が、驚くほど近かった。

MEMO

大切なことはメモしておこうネ！

T.G

2020 年 度

解 答 と 解 説

《2020年度の配点は解答欄に掲載してあります。》

＜数学解答＞

1 〔問1〕 4　〔問2〕 $x=-5$, $y=5$　〔問3〕 4個
〔問4〕 $\frac{5}{9}$　〔問5〕 右図

2 〔問1〕 $y=\frac{1}{7}x+\frac{27}{7}$　〔問2〕 $\frac{25}{2}\text{cm}^2$
〔問3〕 $s=\frac{40}{3}$
〔問4〕 $t=\frac{44}{5}$, 12, 14, $\frac{96}{5}$(途中の式や計算は解説参照)

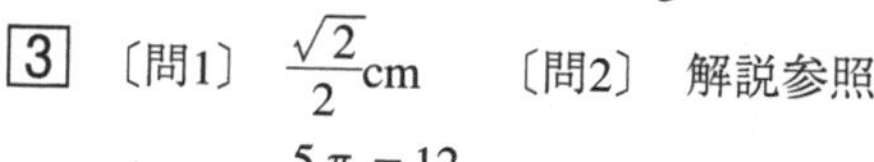

3 〔問1〕 $\frac{\sqrt{2}}{2}\text{cm}$　〔問2〕 解説参照

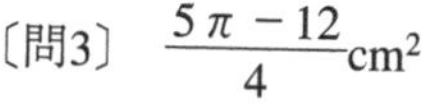

〔問3〕 $\frac{5\pi-12}{4}\text{cm}^2$

4 〔問1〕 $25\sqrt{2}\,\text{cm}$　〔問2〕 $\ell=10\sqrt{34}$
〔問3〕 2100cm^3(途中の式や計算は解説参照)

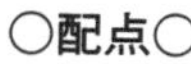

○配点○

1 各5点×5　2 〔問4〕 10点　他　各5点×3
3 〔問2〕 11点　他　各7点×2　4 〔問3〕 11点　他　各7点×2　計100点

＜数学解説＞

1 (数・式の計算，平方根，連立方程式，確率，統計・標本調査，作図)

〔問1〕 $x=\frac{\sqrt{5}+1}{\sqrt{2}}$，$y=\frac{\sqrt{5}-1}{\sqrt{2}}$のとき，$x-y=\frac{\sqrt{5}+1}{\sqrt{2}}-\frac{\sqrt{5}-1}{\sqrt{2}}=\frac{(\sqrt{5}+1)-(\sqrt{5}-1)}{\sqrt{2}}=\frac{\sqrt{5}+1-\sqrt{5}+1}{\sqrt{2}}=\frac{2}{\sqrt{2}}=\frac{2\times\sqrt{2}}{\sqrt{2}\times\sqrt{2}}=\frac{2\sqrt{2}}{2}=\sqrt{2}$，$xy=\frac{\sqrt{5}+1}{\sqrt{2}}\times\frac{\sqrt{5}-1}{\sqrt{2}}=\frac{(\sqrt{5}+1)(\sqrt{5}-1)}{\sqrt{2}\times\sqrt{2}}=\frac{(\sqrt{5})^2-1^2}{2}=\frac{5-1}{2}=2$だから，$x^2-xy+y^2=x^2-2xy+y^2+xy=(x-y)^2+xy=(\sqrt{2})^2+2=2+2=4$

〔問2〕 $\begin{cases}\frac{x+2}{3}-\frac{y-1}{4}=-2\cdots① \\ 3x=4y=5\cdots②\end{cases}$ とする。①の両辺に3と4の最小公倍数の12をかけて，
$4(x+2)-3(y-1)=-24$　整理して　$4x-3y=-35\cdots③$　②×4－③×3より，$25y=125$　$y=5$
これを②に代入して，$3x+4\times5=5$　$x=-5$　よって，連立方程式の解は，$x=-5$，$y=5$

〔問3〕 $\sqrt{2020n}$が整数となるのは，$\sqrt{2020n}=\sqrt{2^2\times5\times101\times n}=2\sqrt{5\times101\times n}$より，$n$が$5\times101\times$(自然数)^{2}の形になるとき。このような$n$のうち，9999以下であるのは，$5\times101\times$(自然数)$^2\leqq9999$より　(自然数)$^2\leqq\frac{9999}{5\times101}=19.8$　だから，小さい方から　$5\times101\times1^2=505$，$5\times101\times2^2=2020$，$5\times101\times3^2=4545$，$5\times101\times4^2=8080$　の4個。

〔問4〕 大小1つずつのさいころを同時に1回投げるとき，全ての目の出方は　$6\times6=36$通り。この

うち，大きいさいころの出た目の数をa，小さいさいころの出た目の数をbとするとき，$\frac{3b}{a}$の値が整数となる，つまり，分母のaが分子$3b$の6以下の約数となるのは，$b=1$のとき$3b=3$だから，$a=1$，3の2通り。$b=2$のとき$3b=6$だから，$a=1$，2，3，6の4通り。$b=3$のとき$3b=9$だから，$a=1$，3の2通り。$b=4$のとき$3b=12$だから，$a=1$，2，3，4，6の5通り。$b=5$のとき$3b=15$だから，$a=1$，3，5の3通り。$b=6$のとき$3b=18$だから，$a=1$，2，3，6の4通り。よって，求める確率は$\frac{2+4+2+5+3+4}{36}=\frac{5}{9}$

〔問5〕（着眼点） 2点A，Bを通る円の中心をO，円Oと線分CDの交点をPとするとき，∠AOB＝60°となるとき，弧ABに対する中心角と円周角の関係から，
$\angle APB=\frac{1}{2}\angle AOB=\frac{1}{2}\times 60°=30°$となる。
（作図手順）次の①～③の手順で作図する。
① 点Aを中心として，点Bを通る円を描く。 ② 点Bを中心として，点Aを通る円を描き，①で描いた円との交点をOとする。（△AOBは正三角形で∠AOB＝60°） ③ 点Oを中心として，点Aを通る円を描き，線分CDとの交点をPとする。（ただし，解答用紙には点Oの表記は不要である。）

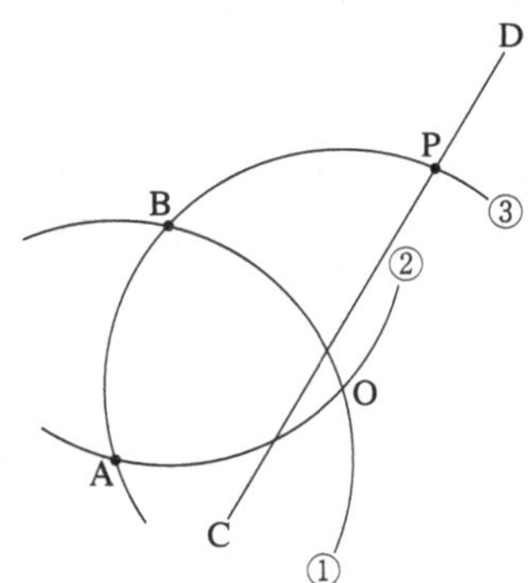

2 （図形と関数・グラフ）

〔問1〕 AD//BC，AD＝BCより，点Aと点Dのx座標の差は，点Bと点Cのx座標の差と等しく，点Aと点Dのy座標の差は，点Bと点Cのy座標の差と等しいから，点Cの座標をC$(s,\ t)$とすると，$\begin{cases}8-5=4-s\\5-1=8-t\end{cases}$より，C$(s,\ t)$＝C(1，4) よって，直線ACの傾きは $\frac{5-4}{8-1}=\frac{1}{7}$ 直線ACの式を$y=\frac{1}{7}x+b$ とおくと，点Cを通るから，$4=\frac{1}{7}\times 1+b$ $b=\frac{27}{7}$ 直線ACの式は $y=\frac{1}{7}x+\frac{27}{7}$

基本 〔問2〕 三平方の定理より，辺ABの長さ＝2点A，B間の距離＝$\sqrt{(8-4)^2+(5-8)^2}=\sqrt{16+9}=\sqrt{25}=$5cm よって，正方形ABCDの面積は$5\times5=25$cm^2 正方形の対角線の交点を通る直線は，その正方形の面積を2等分するから，（台形AEFDの面積）$=\frac{1}{2}$（正方形ABCDの面積）$=\frac{1}{2}\times25=\frac{25}{2}$cm^2

〔問3〕 $y=ax^2$は点A(8，5)を通るから，$5=a\times8^2=64a$ $a=\frac{5}{64}$ また，$y=bx^2$は点D(5，1)を通るから，$1=b\times5^2=25b$ $b=\frac{1}{25}$ 点Mは$y=\frac{5}{64}x^2$上にあるから，そのy座標は$y=\frac{5}{64}s^2$…① 点Nは$y=\frac{1}{25}x^2$上にあるから，そのy座標は$y=\frac{1}{25}s^2$…② 点Mのy座標と点Nのy座標の差が$\frac{61}{9}$であるとき，①，②より，$\frac{5}{64}s^2-\frac{1}{25}s^2=\frac{61}{9}$ $\frac{61}{1600}s^2=\frac{61}{9}$ $s^2=\frac{61}{9}\times\frac{1600}{61}=\frac{1600}{9}$ $s>0$より，$s=\sqrt{\frac{1600}{9}}=\frac{40}{3}$

やや難 〔問4〕（途中の式や計算）（例）$y=cx^2$のグラフは点Bを通るから $8=c\times4^2$ ゆえに，$c=\frac{1}{2}$ $y=\frac{1}{2}x^2$に$x=6$を代入すると $y=18$ ゆえに，Q(6，18) 点Bを通りx軸に平行な直線と，点Qを通りy軸に平行な直線の交点をEとするとき，△BQEは直角三角形になり，BE＝6－4＝2，QE＝18－8＝10だから，三平方の定理より $BQ^2=BE^2+QE^2=2^2+10^2=104$ 点Rを通りx軸に平行な直線と，点Qを通りy軸に平行な直線の交点をFとするとき，△QRFは直角三角形になり，RF＝6，QF＝18－tまたはQF＝t－18だから，$QF^2=(t-18)^2$ 三平方の定理より $QR^2=RF^2+QF^2=6^2+(t-18)^2=t^2-36t+360$ 点Bを通りx軸に平行な直線と，y軸との交点をGとするとき，△RBGは直

角三角形になり，BG＝4，RG＝$t-8$またはRG＝$8-t$だから，$RG^2=(t-8)^2$　三平方の定理より $RB^2=BG^2+RG^2=4^2+(t-8)^2=t^2-16t+80$　三平方の定理の逆より，△BQRが直角三角形となるのは次の3通りである。(ア)BQが斜辺のとき　$BQ^2=QR^2+RB^2$が成り立てばよいから　$104=(t^2-36t+360)+(t^2-16t+80)$　$t^2-26t+168=0$　$(t-12)(t-14)=0$　ゆえに$t=12$，14　(イ)QRが斜辺のとき　$QR^2=RB^2+BQ^2$が成り立てばよいから　$t^2-36t+360=(t^2-16t+80)+104$　ゆえに$t=\frac{44}{5}$　(ウ)RBが斜辺のとき　$RB^2=BQ^2+QR^2$が成り立てばよいから　$t^2-16t+80=104+(t^2-36t+360)$　ゆえに$t=\frac{96}{5}$　(ア)～(ウ)よりtの値は$t=\frac{44}{5}$，12，14，$\frac{96}{5}$

3　**(線分の長さ，相似の証明，面積)**

〔問1〕　正方形BCDEの対角線BD，ECの交点をOとする。△ABEと△BCEは直角二等辺三角形であるから，∠ABE＝∠BEC＝45°　よって，錯角が等しいから，AB//EC　また，△BCEの3辺の比は$1:1:\sqrt{2}$だから，$EC=BC\times\sqrt{2}=2\sqrt{2}$cm　AB//ECだから，平行線と線分の比についての定理より，$BF:FO=AB:CO=AB:\frac{EC}{2}=\sqrt{2}:\frac{2\sqrt{2}}{2}=1:1$　$BF=BO\times\frac{1}{1+1}=CO\times\frac{1}{2}=\sqrt{2}\times\frac{1}{2}=\frac{\sqrt{2}}{2}$cm

重要　〔問2〕（証明）（例）　頂点Cと頂点Eを結ぶ。△ABEと△BCEは直角二等辺三角形であるから　∠ABE＝∠BEC＝45°　よって，錯角が等しいから　AB//EC　△ABCと△GBAにおいて，AB//ECより平行線の錯角は等しいから，∠BAC＝∠ACE…①　弧AEに対する円周角より，∠ACE＝∠BGA…②　①，②より，∠BAC＝∠BGA…③　また，∠ABC＝90°＋45°＝135°　∠GBA＝180°－45°＝135°　よって，∠ABC＝∠GBA…④　③，④より，2組の角がそれぞれ等しいから，△ABC∽△GBA

やや難　〔問3〕　△ABC∽△GBAより，AB：GB＝BC：BAだから，$GB=\frac{AB\times BA}{BC}=\frac{\sqrt{2}\times\sqrt{2}}{2}=1$cm　∠AEC＝∠AEB＋∠BEC＝45°＋45°＝90°，∠GEH＝90°であり，直径に対する円周角は90°だから，線分AC，GHは円の直径である。△AECで三平方の定理を用いると，$AC=\sqrt{AE^2+EC^2}=\sqrt{(\sqrt{2})^2+(2\sqrt{2})^2}=\sqrt{10}$cm　点Aから線分GEへ垂線APを引くと，△ABPは直角二等辺三角形で，3辺の比は$1:1:\sqrt{2}$だから，$AP=\frac{AB}{\sqrt{2}}=\frac{\sqrt{2}}{\sqrt{2}}=1$cm　△GEHで三平方の定理を用いると，$EH=\sqrt{GH^2-GE^2}=\sqrt{AC^2-(GB+BE)^2}=\sqrt{(\sqrt{10})^2-(1+2)^2}=1$cm　以上より，求める面積は，線分GHを直径とする半円の面積から，△AGEと△GEHの面積を引いたものだから，$\pi\times\left(\frac{GH}{2}\right)^2\times\frac{1}{2}-\frac{1}{2}\times GE\times AP-\frac{1}{2}\times GE\times EH=\pi\times\left(\frac{\sqrt{10}}{2}\right)^2\times\frac{1}{2}-\frac{1}{2}\times3\times1-\frac{1}{2}\times3\times1=\frac{5\pi-12}{4}$cm²

4　**(空間図形，線分の長さ，線分和の最短の長さ，体積)**

基本　〔問1〕　△ABDで三平方の定理を用いると，$BD=\sqrt{AB^2+AD^2}=\sqrt{40+30^2}=50$cm　よって，△BDFはBD＝BF＝50cmの直角二等辺三角形だから，△IBFも直角二等辺三角形で，3辺の比は$1:1:\sqrt{2}$　これより，$BI=\frac{BF}{\sqrt{2}}=\frac{50}{\sqrt{2}}=25\sqrt{2}$cm

〔問2〕　右図のように面AEGCで考える。このとき，AC＝BD＝50cmである。点Jを通り，面ABCDに平行な平面と辺CGとの交点をJ'とする。また，線分JJ'に関して点Qと対称な点をQ'とする。このとき，ℓの値が最も小さくなるのは，線分CQ'上に点Pがある場合で，そのときのlの値は線分CQ'の長さに等しい。以上より，最も小さいℓの値は，△ACQ'で三平方の定理を用いて，$CQ'=\sqrt{AC^2+AQ'^2}=\sqrt{AC^2+(AJ+QJ)^2}=\sqrt{50^2+(25+5)^2}=10\sqrt{34}$cm

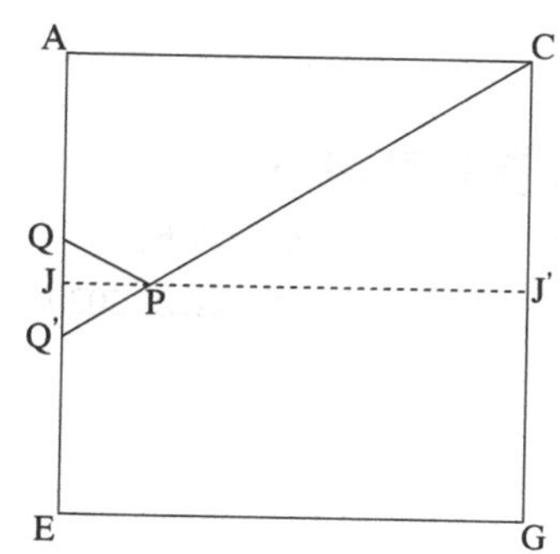

重要 〔問3〕（途中の式や計算）（例）線分ECを対角線とする四角形AEGCを考える。△ADCにおいて，$AC^2=AD^2+DC^2=30^2+40^2=2500$　AC＞0より，AC＝50　AE＝50　であるから，四角形AEGCは正方形となる。△AECは，AC＝50，AE＝50の直角二等辺三角形であるから，△MENも直角二等辺三角形であり，AM＝15であるから，MN＝ME＝AE－AM＝50－15＝35　点Mを通り底面に平行な平面と辺CGとの交点をSとすると，△MRSは，MR＝40，SR＝30，MS＝50の直角三角形である。よって，△MNRにおいて，辺MRを底辺とすると高さは，$SR\times\frac{MN}{MS}=30\times\frac{35}{50}=21$　MR＝40であるから，△MNRの面積は　$\frac{1}{2}\times40\times21=420$　よって，立体LMNRの体積は，△MNRを底面とすると高さが，MK＝AK－AM＝30－15＝15であるから　$\frac{1}{3}\times420\times15=2100$

★ワンポイントアドバイス★

2〔問4〕では，△BQRが直角三角形となるのは3通りあることに気付くことがポイントである。4〔問2〕では，面AEGC上でlの値が最も小さくなる場合を考えることがポイントである。

＜英語解答＞

1 〔問題A〕＜対話文1＞　ウ　＜対話文2＞　エ　＜対話文3＞　イ
〔問題B〕＜Question 1＞　ウ　＜Question 2＞　They should tell a teacher.

2 〔問1〕ウ　〔問2〕イ　〔問3〕ア　〔問4〕3番目　キ　6番目　オ
〔問5〕(a)　ウ　(b)　ウ　〔問6〕エ　〔問7〕イ　キ
〔問8〕(a)　volunteer　(b)　technology　(c)　improved　(d)　symbol

3 〔問1〕each other　〔問2〕same　〔問3〕4番目　カ　8番目　エ
〔問4〕エ　〔問5〕イ　〔問6〕ア　〔問7〕ウ　カ
〔問8〕解答例　I want to make different kinds of robots, because a lot of people in the world need help in their daily lives. So I am studying robot technology at university now. I hope one of my robots will help you and your family in the future.（46語）

○配点○

1 各4点×5　2 問1・問2・問3問・4問・問6・問7　各4点×7　他　各2点×6
3 問1・問2・問3・問4・問5・問6・問7　各4点×8　他　8点　計100点

＜英語解説＞

1（リスニングテスト）
放送台本の和訳は，2020年度都立共通問題37ページに掲載。

2　(会話文問題：語句解釈，内容吟味，文の挿入・選択，語句整序，語句補充・選択，要旨把握，比較，不定詞，助動詞，受動態，接続詞，分詞，関係代名詞，現在完了，前置詞)

(全訳)マユは高校1年生だ。ジェーンはオーストラリアからやって来た学生である。彼女らは16歳で，科学部の部員だ。マユの兄のユウタは，マユより3歳年長である。彼は大学で科学技術を学んでいる。マユの祖父が，彼らを宇宙博物館へ連れて行くために，車を運転している。

① マユ(以下M)：あの白いドームを見て下さい。／ジェーン(以下J)：わあ！　なんて大きいの！　私はこの博物館をずっと訪れたかったのです。プラネタリウムで非常に有名ですね。／M：ドームは'宇宙の卵'と呼ばれています。プラネタリウムでは1億4,000万個の星を見ることができます。その数は世界で最大です。／ユウタ(以下Y)：話しを聞いていると，わくわくします。ショーを見るのが待ちきれないです。

彼女らは，今，1階の博物館の入り口にいる。

② M：この表を見て下さい。チケットの値段とショーの時間がわかります。

＜チケットの値段＞

チケット	大人	子供(4－17)	高齢者(60以上)
入館料	500円	200円	300円
入館料＆プラネタリウム	1,000円	400円	600円
年間券(プラネタリウムを含む)	3,000円	1,200円	1,800円

＜ショーの時間＞

1	9:30 ～ 10:10	4	13:00 ～ 13:40
2	10;40 ～ 11:20	5	14:10 ～ 14:50
3	11:50 ～ 12:30	6	15:20 ～ 16:00

祖父(以下G)：私は多くの場所で安いチケットを手に入れることができます。年をとっていることが，時にはプラスに働きます。／J：英語がとてもお上手ですね，お名前は…／G：おじいさんと呼んで良いですよ，ジェーン。／J：わかりました。おじいさま。あなたは仕事で英語を使っているのですか。／G：実は，私は40年間，何校かの中学で英語を教えていました。現在は，ボランティアとして，小さな子供達に伝統的な日本のおもちゃの作り方を教えています。ともかく，(1) 君たち全ての分を私が払います。／J：どうもありがとうございます。／M：おじいちゃん，私は年間チケットを持っています。父と母が私の誕生日に，この券をくれたのです。この券を使うのは，今回が初めてです。

彼女らは2階へあがる。

③ J：太陽系の画像を見て下さい。地球はとても小さいですね。／Y：地球に住めて，僕らは非常に運が良いですね。／M：どういうことですか。／Y：地球は太陽から丁度良い距離にあります。もし太陽にもっと接近していたら，暑すぎてしまう。そして，太陽からより離れていたら，寒すぎてしまうでしょう。／G：その通りです。太陽により我々は色々な面で助けられています。／M：私達の学校には太陽光パネルが設置されています。(2)-a B同時に，電気を節約して，二酸化炭素を削減できます。／Y：太陽光パネルは，宇宙でも使われているということを，知っていますか。そのような太陽光パネルのいくつかの考え方が，この部屋で説明されています。／M：多くの科学者にとって，簡単に宇宙に運び込むことが出来る新しい太陽光パネルを作ることが，彼らの念願なのです。彼らの中には，日本の折り紙から発想を得た人達もいます。彼らは，太陽光パネルを折ることを思いついたのです。／G：それは本当ですか。／Y：はい。私は，アメリカ在住のある技師に関する記事を，科学雑誌で読みました。若かりし頃，彼は日本の高校で学びました。その

時に，彼のホストマザーが，彼に紙の鶴の折り方を教えたのです。彼は折り紙から着想を得て，今では，新しい太陽光パネルを製作しています。／M：現在，折り紙から創造的刺激を受けた技術は広まっています。例えば，特別のパネルが新幹線の床に用いられています。衝撃を吸収するのです。あるいは，折り紙に発想を得た缶，ペットボトル，そして…／J：まゆ，私はカバンに地図を持っています。先週，京都で，ホストマザーが私に買ってくれたものです。これです。この地図にも，折り紙の技能が用いられていますか。／M：あっ，用いられています。地図の2つの角を引っ張れば，1つの動作で広げることができます。ユウタ，試してみたらどうですか。／Y：わあ。(3)ア<u>あなたの小さなカバンの中で，折りたたまれた地図を広げてみると，実際は大きいですね</u>。／J：本当ですね。それに，1つの動作で元のように折りたたむことも出来ます。／G：びっくりしますね。(2)-bD<u>これらの素晴しい考えが，日本の伝統に由来しているということを知り，私は感動しています</u>。我々の伝統は宝なので，そのような宝物を保持して，若い世代に与えるべきなのです。ジェーン，あなたの地図を数日借りても良いですか。次の日曜日に，私の幼い生徒に示したいと思います。／J：もちろんです，おじいさま。私は日本文化にとても興味があります。日曜日にあなたの授業に参加しても良いですか。／G：もちろん。あなたが加われば，私の生徒達は喜ぶでしょう。

2時間，(館内を)見学した後に，彼女らは5階にある博物館付設のレストランにいる。

④　J：すでに12時30分です。とてもお腹がすきました。見て下さい。ここでは，本当の宇宙食が食べられます。米，パン，カレー，そして，エビグラタン。あっ，たこ焼きでさえ食べられます。／M：プリンやアイスクリームのようなデザートもありますね。／G：私は，こんなに多くの種類の宇宙食があることを知らなかったです。私は‘宇宙ラーメン’に挑戦してみようと思います。本当のラーメンのような味がするのでしょうか。／Y：おじいちゃん，私もそれを食べようと思います。それから，おにぎりとたこ焼きも。／M：あっ，たくさん食べますね。ジェーン，カレーとエビグラタンを一緒に分け合って食べませんか。／J：ええ。アイスクリームも買いましょう。

今，彼らは食卓で宇宙食を食べている。

⑤　G：美味しいですね。ある日本の高校生に関する話しをちょうど思い出しました。彼らは1種類の宇宙食を作ったのです。／M：あっ，その話ならば，私も新聞で読んだことがあります。彼女らは福井県の高校生で，彼女らの高校では10年以上宇宙食を作ろうとしてきました。きっと生徒達は，試行錯誤を経験したことでしょう。／Y：同感です。宇宙食を作るには，解決しなければならない多くの問題があります。まず，宇宙食はすぐに痛んではなりません。次に，軽い必要があります。(2)-cA<u>物品を宇宙に運び入れるには，非常に費用がかかるそうですね</u>。G：宇宙飛行士は宇宙船では調理が出来ません。多くの調理器具を宇宙に持って行かないからです。／Y：その通りです。もう1つあります。宇宙を旅する間に，宇宙食は，宇宙飛行士を健康に保つ必要があります。／J：あと2つ挙げることができます。もし宇宙食の匂いがきついと，宇宙船では窓を開けることができないので，問題となるでしょうね。それと，熱と衝撃の影響を受けないものでなければなりません。／G：およそ50年前には，宇宙食は美味しくなかったそうですが，それ以来，はるかに改良されてきています。宇宙食で最も重要なのは，美味しさではないでしょうか。宇宙での宇宙飛行士の生活は，地上よりも過酷です。(4)<u>宇宙での困難な活動を行う際に，生活をより快適にするものを，彼らは必要としているのです</u>。／J：おじいさま，私もそう思います。あっ，しまった！　私達は長時間話しすぎました。もう既に1時50分です。／M；ジェーン，心配しないで下さい。私達は次のショーを見ることが出来るでしょう。プラネタリウムの入り口は，この階の真下です。さあ，行きましょう。

彼らはプラネタリウムの入り口に到着する。

⑥　J：向こう側の長い人の列を見て下さい。／Y：次のショーが既に満席であることを，掲示が示しています。私達は，最終ショーを待たなければなりません。／M：いいわ。最後のショーが始まる前の30分間は，ここの列で待つべきですね。それまでは，ジェーンと私は1階にある博物館付設の店を見てまわろうと思います。／G：私は3階の喫茶室でコーヒーを一杯飲みたいです。／Y：私は，はやぶさ2号に関する短編映画を見るために，2階の戻ろうと思います。／M：(5)<u>それでは，その時に再びお会いましょう</u>。皆さん，遅れないようにして下さいね。

ショーの後に，彼らはプラネタリウムから出てくる。

⑦　J：ショーは素晴しかったですね。南十字星をショーで見ることができて，よかったです。南十字星はオーストラリアの象徴で，国旗にも表記されています。みなさんのショーの印象はいかがですか。／M：私達はとても多くの星に囲まれているということを，ショーを通じて実感しました。私は星について勉強したいと思います。／Y：私も同感です。私は宇宙技術を勉強することにしました。宇宙技術は，単に宇宙開発の用途だけのものではありません。それは私達の日常生活で当たり前となっている多くの便利なものを生み出してきました。例えば，眼鏡やテニスラケットに使われている軽量金属のようなものです。／G：今日は，宇宙について多くのことを学びましたが，この博物館にはまだ見るべきものが多くあります。従って，(6)<u>この博物館の年間チケットを私は手に入れよう</u>と思っています。さあ，みなさん。帰路につきましょう。おばちゃんが，私達みんなのために，夕食を準備しています。

＊以下の解説では，ト書き(せりふの間に状況を説明したもの)ごとに区切って，第1場面~第7場面という表記(全訳では①~⑦と表記)を用いている。

やや難　〔問1〕　下線部(1)は「私が君たち皆の分を支払う」の意。質問文は「博物館に入った際に，祖父はいくら払ったか」。冒頭のト書き1文~4文までで，マユとジェーンは16歳で，ユウタは19歳であることがわかる。祖父は，下線部(1)より2つ前のせりふで「多くの場所で安いチケットを入手できる。年をとるのは時には良いものだ」と述べていることから，高齢者料金の適応対象者であることが推測できる。マユは，下線部(1)の次のせりふから，年間チケット[a one-year ticket]を持っていることは，明らかである。さらに，当会話文の後半で，プラネタリウムも見学していることから，<入館料+プラネタリウム>双方を合算した費用を考えなければならない。以上より，合計は，400円(16歳のジェーン)+ 0円(年間チケットを有するマユ)+ 1,000円(19歳で大人のユウタ)+ 600円(高齢者割引利用者の祖父)= 2,000円が正解となる。pay for「~を支払う」 How much ~？ 値段を尋ねる表現　~ is three years older than ← <A + 動詞 + 差 + 比較級[規則変化：原形 + -er]+ than B>「AはBと比較して，○○だけより~」 cheaper ← cheap「安い」の比較級　<It is + 形容詞 + 不定詞[to + 原形]>「~[不定詞]するのは…[形容詞]だ」

基本　〔問2〕　空所［(2)-a］の直前の英文「マユ：私達の学校には太陽パネルが設置されている」につながるのは，太陽光パネルの効用について述べている，B「同時に，電気を節約して，二酸化炭素を削減できる」が当てはまる。can「できる」 save「救う／ためる／<u>節約する</u>」reduce「<u>減らす</u>／減る」 at the same time「同時に」　空所［(2)-b］空所の後で，「我々の<u>伝統</u>は宝なので，そのような宝を保全して，若い世代に伝えるべき」と，伝統について言及しているので，正解は，D「これらの偉大な考えが，日本の<u>伝統</u>に由来しているということを知って，感動した」。<人 + be動詞 + impressed>「(人が)感動している」 <感情を表す語句　+ 不定詞[to + 原形]>「~[不定詞]してある感情がわきあがる」 come from「~の出身だ／<u>に由来する</u>」 ~, so …「~，だから[それで]…」 should「<u>~すべきだ</u>／きっと~だろう」 ［(2)-c］　宇宙食を作る際に気をつけなければならないこととして，1)腐らない，2)軽い，という点を列挙している場面。空所には，直前の「軽くなければならない」理由に該当するA「物品を宇宙に運搬するには，非常に費用がかかる」が当てはまる。I hear「～だそうだ」 <It is + 形容詞 + 不定詞[to + 原形]>「～[不定詞]するには… [形容詞]である」 should「～すべきだ／きっと～だろう」 C「曇り，あるいは，雨でも，多くの星を見ることができる」a lot of「たくさんの」 even「(で)さえ／さらに／平らな／偶数の」

やや難 〔問3〕 折り紙の[折りたためる]技術が用いられている地図が，1つの動作で広げることができるので，マユにやってみるように勧められたユウタが，実際に試してみた場面。正解は，実際に地図を広げてみた時の印象に該当する，ぁ「あなたの小さなカバン中にある折りたたまれた地図は，広げてみると，実際は大きい」。the folded map「折られた地図」← 過去分詞の形容詞的用法<過去分詞 + 名詞>「～された名詞」it' s opened ← <be動詞 + 過去分詞>「～される」受動態 他の選択肢は次の通りだが，全て地図を開いてみた時の反応には該当しないので，不適。イ「京都の美しい地図は，あなたのホストマザーによって作られた」(×)was made by「～によって作られた」受動態 ウ「この地図はとても小さいので，1つの動作では開けない」(×)1つの動作で広げられる，と述べられているおり，空所のせりふ後に，相づちを打つせりふ[It really is !「本当に大きいのだね」]にもつながらない。so ～ that …「とても～なので…である」 エ「この種の地図は，紙の鶴と同様に，以前は人気のあるおもちゃだった」(×)前後が現在時制で目前の地図の話をしていて，この空所だけ過去のおもちゃに話が飛ぶのは不自然。used + 不定詞[to + 原形]「~するのが習慣だった，以前は~だった」

重要 〔問4〕 (They)need something that makes their lives happier during difficult(activities in space.)← <先行詞 + 主格の関係代名詞 that + 動詞>「～する[動詞]先行詞」 <make + O[名詞相当語句]+ C>「OをCの状態にする」 happier ← happy「幸福な／うれしい／楽しい」の比較級

やや難 〔問5〕 下線部(5)は「じゃあ，その時に再び会いましょう」の意。質問文は「いつどこで彼女らは会うことになるのか」。プラネタリウムで人々が長い列をなして並んでいるのを見て，マユが「最後のショーが始まる前30分に，ここの列で待つべき」と述べていることを参考にすること。表より，最終回のショーが始まるのは15:20なので，集合時間は，15:20の30分前である14：50[2:50]となる。第4場面で食事をとっているレストランは5階で(第4場面直前のト書き)，第5場面の最後で，マユは「プラレタリウムの入り口はこの階のちょうど真下」とレストランでの食後に発言している。従って，プラレタリウムの入り口は4階に位置することになる。正解は，「彼らは午後2:50に4階のプラネタリウムの入り口で会うことになる」。<have[has]+ 不定詞[to + 原形]>「～しなければならない／違いない」= should「～すべきである／きっと～だろう」 <the + 序数 + floor>「X階で」

基本 〔問6〕 「この博物館にはまだ見るべきものが多くあります。ですから，[(6)]を考えています」宇宙博物館を再訪したいという気持ちに合う選択肢を選ぶこと。正解は，エ「博物館の年間チケットを得ること」。I'm thinking of getting／taking／buying／making／getting「~することを考えている」~ ← <前置詞+ 動名詞[原形 + -ing]「～すること」> 前置詞の後ろに不定詞は不可。 他の選択肢は次の通り。ア「次回，あなた方みんなを美術館[an art museum]へ連れて行くこと」(×)／ウ「次の授業で折り紙の技術を用いて，地図を作ること」(×)「博物館に見所が多い」という直前のせりふにつながらない。 イ「'宇宙ラーメン' を幼い生徒に買うこと」(×)食事の場面から時が経過していており，空所箇所には，宇宙食やお土産の話しに関するせりふがそぐわない。

重要 〔問7〕 ア「プラレタリウムでの宇宙ショーは45分間の長さで，1日に5回開催される」(×)表には，上映時間は40分で，1日に6回開催と記されている。～ long「(もの・時間の長さが)～」 is held ← 受動態「be動詞 + 過去分詞」「～される」 X times「X回」 イ「ジェーン，ユウタ，そして，祖父と博物館に訪れる前に，マユは両親から与えられた年間チケットを使わなかった」(○)第2場面の2番目のマユのせりふに一致。before visiting「～を訪れる前に」← <前置詞 + 動名詞[原形 + -ing]> 前置詞の後に不定詞を持ってくることはできない。ticket given by「～に与えられた券」← <名詞 + 過去分詞 + 他の語句>「～された名詞」過去分詞の形容詞的用法 ウ「ユウタが太陽光パネルの画像を見た時に，『もし地球が太陽よりもっと遠ざかっていたら，地球に住むには暑すぎて住むことができないだろう』と彼は言った」(×)「地球が太陽にもっと近ければ暑すぎるし，地球が太陽からもっと離れていれば，寒すぎるであろう」と発言しているので(第3場面2番目のユウタのせりふ)，不適。closer ← close「近い」の比較級 ⇔ farther ← far「遠い」の比較級 <It + be動詞 + 形容詞 + 不定詞[to + 原形]>「~[不定詞]することは…[形容詞]である」 <too + 形容詞／副詞~ + 不定詞[to + 原形]>「～[形容詞／副詞]しすぎて，…[不定詞]できない」 エ「ある科学雑誌によると，アメリカの技師は，日本で彼の学校の友達から紙の鶴の折り方を学んだ」(×)彼のホストマザーから教わったのが，事実である。(第3場面4番目のユウタのせりふ)<how + 不定詞[to + 原形]>「～する方法／どのようにして～するか」 オ「博物館のレストランで，マユ，ジェーン，ユウタ，そして，祖父はみんな，異なった種類の宇宙食を食べた」(×)第4場面の最後から，祖父は宇宙ラーメン，ユウタは，宇宙ラーメン，おにぎり，タコ焼き，マユとジェーンはカレーとエビグラタンを分け合い，アイスクリームも食べた，ということがわかるので，不一致。 カ「もしすぐに腐らなければ，宇宙飛行士は，匂いのきつい食べ物を宇宙船に持ち込むことが可能である」(×)第5場面の最初のジェーンのせりふで，「宇宙食の匂いが強いと，それは問題になるだろう。船内で窓を開けることができないから」と述べているので，不可。the food which smells ← <先行詞(もの)+ 主格の関係代名詞 which + 動詞>「～[動詞]する先行詞」 キ「宇宙開発のためだけではなくて，我々の日常生活のために，宇宙技術により作り出された多くの便利なものが存在する」(○)第7場面のユウタの発言に一致。not just A「単なるAだけではない」<There + be動詞 + S + 場所>「Sは~[場所]にある[いる]」 things crated by「~によって作られたもの」← <名詞 + 過去分詞 + 他の語句>「~された名詞」過去分詞の形容詞的用法 not only A but also B「AばかりでなくてBもまた」 has created ← <have[has]+ 過去分詞> 現在完了(完了・継続・経験・結果) useful things which are ← <先行詞(もの)+ 主格の関係代名詞 which + 動詞>「～[動詞]する先行詞」 前置詞 like「～のように[な]」

〔問8〕 (全訳)こんにちは，ママとパパ。お元気ですか。私は日本での生活を楽しんでいます。／今日，私はマユ，彼女の兄のユウタ，そして，彼女の祖父と宇宙博物館へ行きました。優しいので，私はおじいさんがとても好きです。彼は aボランティアとして働いていて，伝統的な日本のおもちゃの作り方を子供達に教えています。／展示は素晴らしかったです。折り紙に着想を得た b技術が，我々の周囲にある太陽光パネルや多くの他のものに使われていることに，特に驚きました。おじいさんは，伝統は宝だと言っていました。私もそう思います。／そして，レストランでいくつかの種類の宇宙食を私達は食べてみました。それらは美味しかったです。ここ50年間で，試行錯誤を経て，宇宙食は大いに c進歩しました。昼食後，私達はプラネタリウムでショーを見ました。私は，オーストラリアの d象徴である南十字星を見て，とてもうれしかったです。／次の日曜日に，私はおじいさんの授業に参加する予定です。すぐに手紙を書きます。気をつけて下さい。／愛を込めて／ジェーン

(a) 第2場面の祖父の3番目のせりふ(I teach small children how to make traditional Japanese toys as a volunteer.)を参照のこと。<how + 不定詞[to + 原形]>「～する方法,

どうやって～するのか」　前置詞 as「～として」（ b ）第3場面最後から2番目のマユのせりふ(Origami-inspired technology is popular now.)を参照のこと。「技術」technology　（ c ）第5場面3番目の祖父のせりふを参照。has improved「進歩してきた」← 現在完了 <have[has] + 過去分詞>(完了・継続・経験・結果)　a lot = so much「非常に」 since then「それ以来」（ d ）第7場面最初のジェーンのせりふを参照。「象徴」symbol　<感情をあらわす語句 + 不定詞[to + 原形]>「～してある感情がわきあがる」

3 **(長文読解問題・物語文：語句解釈，語句補充・記述，語句整序，内容吟味・要旨把握，自由・条件英作文，現在完了，関係代名詞，進行形，接続詞，動名詞，受動態，前置詞，助動詞，比較，分詞，不定詞)**

(全訳)　タクトは高校2年生で，彼の学校のサッカー部の一員だ。10月のある日に，彼の友人の1人から外国の絵はがきをもらった。そのはがきはアフリカのケニアからのもので，写真には，鮮やかな色のTシャーツを着ている2人の幼い少年が笑っていた。はがきには短いメッセージが書かれていた。「タクト，僕は今ケニアにいます。今度の3月に日本に戻ります。その時には，君に会いたいと思っています。僕達の夢について，君と話すことを楽しみにしています。覚えていますか。僕達の約束でしたよね。体に気をつけて。サトシより」はがきを読み終えると，タクトは思った。「サトシ，(1)僕達の夢を僕はよく覚えているよ。でも，僕の夢は…　僕の夢は何なのだろう」

翌日，サッカー部の練習後に，彼はケイタと一緒に学校を後にした。ケイタはチームメイトの1人で，彼の親友だった。タクトは次のように尋ねた。「ケイタ，君は，将来に対して何か夢を持っているかい？　例えば，10年後に，君は何をしているだろうか。これは，僕にとっては(答えるのが)難しい質問となっているよ。君はどうかなあ」ケイタは答えた。「僕には，はっきりと将来の自分の姿が見えるよ」タクトはそれを聞いて驚いて，言った。「本当に？　それでは，10年後に君は何をしているの？」ケイタは笑みを浮かべて答えた。「そうだね，僕は，日本の大きな自動車会社で車のエンジンを作っているね。5歳の時からの僕の夢だよ。だから，大学では，機械工学を学びたいと僕は考えている」タクトはそれを聞いて，少し衝撃を受けた。タクトとケイタは(2)同じ小学校へ行き，(2)同じ中学に通った。現在，彼らは(2)同じ高校に在籍して，一緒にサッカーをしている。タクトはケイタのことを非常によく知っていると思っていたが，彼の夢に関しては何も知らなかった。「ケイタは既に将来に対する計画を持っているけれど，僕は将来に関しては，全く何も考えていない状態で…」タクトには，ケイタが自分よりも年長に急に思えてきた。

タクトは帰宅すると，彼の母が声を掛けてきた。「タクト，あなたがよく知っている人物に関する記事が，今日の新聞に掲載されていたわ」タクトはその記事を読みたくて，すぐに，新聞で該当する記事を見つけ出した。その記事は，異なった10カ国で，ボランティアの仕事(3)に参加している10名の日本人の若者に関するものだった。写真の中に顔なじみの人物を見つけた。「サトシだ！」彼は叫んだ。サトシはタカギ家の長男で，タクトの家族の隣人だった。5年前，タクトが12歳の時に，サトシと彼の家族は別の市に引っ越して行った。記事によると，サトシはアフリカ，ケニアにある小さな町で，小学校の先生として働いていた。彼はそこで，子供達に英語とスポーツを教えていた。インタビューでは，サトシは次のように語っていた。「ケニアでは異なった60言語が使用されており，多言語国家です。だから，互いに意志を伝えるために，ケニアの人々は，英語を公用語の1つとして使っています。英語を話すことができることは，社会でより良い仕事に就けることを意味します。生徒に英語を教えて，彼らとスポーツをすることを，私は本当に楽しく思います。翌春，自分の大学に戻り，卒業後には，発展途上国の子供達を教育する団体で働きたいと思っています」タクトはその記事を読み終えると，サトシからのはがきを再び取り出した。

5年前の春休みのある日に，最後に2人でサッカーをする目的で，タクトとサトシは多摩川沿いのグラウンドへ出かけていった。サトシはタクトより3歳年長だったが，彼らは仲が良くて，地域のジュニアサッカーチームに所属していた。翌日曜日に，別の市に引っ越しをすることになっていて，翌年，高校を受験するので，サトシはチームを辞める決意をしていた。川の土手沿いには多くの桜の木があり，桜の花がとても美しかった。サッカーをした後に，彼らは土手に座り，冷たいお茶を飲んだ。サトシは言った。「タクト，いつの日か，もう一度サッカーを一緒にしよう。その時には，互いの夢について語り合えると良いね」タムトはそれを聞きうれしくなり，次のように述べた。「そうですね。再会して，自分らの夢について語りましょう」サトシは笑顔で答えた。「わかった。約束だね」そして，彼らは桜の花を見上げた。花もまた彼らを優しく見つめていた。

タクトははっきりとその約束を記憶していて，思った。「もし今，サトシに会ったら，(4)自分の夢について話すことができるとは思わないなあ」彼は少し不安になった。

週末に，タクトの父が北海道から戻ってきた。彼は建設会社に勤めていて，現在，北海道の事務所にいて，そこで1人暮らしをしていた。翌日，彼らは多摩川沿いにサイクリングに出かけた。彼らはしばしば一緒にサイクリングに行き，タクトは父と過ごす時間がとても好きだった。多摩川沿いのサイクリングを楽しんだ後に，彼らは土手に座って，昼食を食べ始めた。昼食後，タクトは「おとうさん，隣に住んでいた少年，サトシのことを覚えていますか」と言った。彼の父は「ああ，彼のことをよく覚えているよ。君らは2人共，同じジュニアサッカーチームに所属していたね」と返答した。タクトは「今，サトシはアフリカのケニアにいて，小学校でボランティアの教員として働いています。彼は，将来，発展途上国で子供のために働きたいと願っています」と言った。彼の父は少し驚いた様子で，言った。「本当かい。彼は素晴しい夢をもっているのだね」タクトは彼の父を見ずに，自分の真の思いを語り始めた。「僕の1番の友人のケイタの夢は，車のエンジンを作ることです。僕は彼の夢について全く知りませんでした。僕らは小学校の児童だったころから，これまでずっと，学校における親友同士です。彼らは2人とも，明確な目標を持っています。僕は，自分の将来の計画について懸命に考えようとしていますが，まだ答えが見つかりません。おとうさん，僕は少し不安です。学校では，勉強する多くの科目がありますが，その中に本当に好きなものもあります。もちろん，僕にとって難しい教科もありますが，それらが全て自分の将来のために必要であることを，私は理解しています。クラブ活動によって，時には非常に疲れてしまうことがありますが，毎日勉強をしなければならないこともわかっています。でも，お父さん，(5)私は何のために勉強をしているのでしょうか。常に，僕は勉強とサッカーをするのに忙しいのです。僕はただ単に，毎日，学校との往復をしているだけです。どこに向かおうとしているのかわかりません」彼の父は何も言わずにタクトの話しを聞いていた。数分後，彼は話し始めた。「タクト，私は君に対して上手く説明できるとは思わないが，自分の意見を述べさせてもらうよ。将来，社会で生きるために君たちは勉強していて，自分のため，愛する人々のため，将来，遭遇する人々のために学習しているのだね。多くの物事に関する知識は，自分自身や今，述べたような人々を守るための最も重要な道具の1つになるだろう。他者の生命を救う人々や世界の貧しい人のために働く人々は，もちろん，偉大だと思うけれど，社会で働いている人々は皆，自分なりの方法で他の誰かを助けている，と私は考えている。タクト，このことを覚えておくように」その時に，タクトは彼の父を見つめて，彼の話に注意深く耳を傾けていた。彼の父は話し続けた。「タクト，心配する必要はない。将来への夢を君は見つけられないかもしれないが，今，しなければならないことをすることが，非常に重要となってくる。周囲の人々，友人，家族と毎日を過ごすことで，将来の自分の夢を見つけ出すことができるだろう」タクトは自身の悩みが薄れていくのを実感した。彼は「ありがとうございます，お父さん。毎日，しなければならないことをして，(6)将来に対する夢について，考えすぎるのは止めようと思います」と言った。そして，彼は父に対して大きな笑みを向けた。

翌春，タクトがサトシと再会する際には，彼はサトシに次のように言おうと考えている。「今は，桜の花の下で僕らの約束を果たすことはできません。将来，自分がどこにいて，何をしているかが，今は想像できないからです。でも，周囲の人々，自分の家族，自分自身のために，僕は社会において一生懸命働いているだろう，ということは確信しています」

やや難　〔問1〕 (1)「私達の約束」に関しては，第4段落後半で I hope we will talk about our dreams (サトシ)／Let's meet again and talk about our dreams !(タクト)，そして最後に It's a promise ! (サトシ)という会話が2者で取り交わされており，「再会して自分らの夢について話すこと」が彼らにとっての「約束」を指すことがわかる。一方，完成を求められている下線部(1)の説明文は Takuto and Satoshi will meet again and tell (　　) (　　) about their dreams.「タクトとサトシが再会して，彼らの夢に関して____に言う」である。<tell + 人 + about + もの>「(人)に(もの)に関して言う」より，空所には人に相当して，2語から成り立ち，文脈に適する，「互い」each other が正解となる。

基本　〔問2〕 空所(2)は，それぞれ「小学校」・「中学校」・「高校」にかかる形容詞である。第1段落1文で，タクトが高校2年生であること，第2段落2文で，ケイタとタクトは同級生であることがわかる。また，第6段落16文で，タクトはケイタとの関係は「小学校以来，ずっと互いに親友である」と述べられている。以上から，「同じ学校に通っている」という意味の same が当てはまることになる。ちなみに，同じ学校に通って11年目に該当するのなら，後続の「ケイタのことをよく知っていると思ったが，彼の夢に関しては知らなかった」(第2段落最後から3文目)という文にも自然につながることになる。　We have been good school friends since ~ ← <have[has]been … since ~> 現在完了の継続「~以来，ずっと…である」

重要　〔問3〕 (The article) was about ten young Japanese people who were taking part in (volunteer work in ten different countries.)　<S + be動詞 + about>「Sは~に関してである」　<先行詞(人)+ 主格の関係代名詞 who + 動詞>「~する先行詞」　<be動詞 + 現在分詞[原形 + -ing]>「~しているところだ」進行形　take part in「~に参加する」

やや難　〔問4〕 空所(4)を含む文意は「今，もしサトシに会えば，[(4)]」。第4段落から，タクトとタケシの間で「再会して互いの夢を語る」という約束がなされていることが確認できる。一方で，タクトは自分の将来の夢が定まっていないことも明白である。(第2段落4・5文と最後から2文 & 第6段落の父に相談している内容 I'm trying hard to think of my future plans, but I haven't found the answer yet.)以上より，正解は，エ「自分の夢について語ることができるとは思わない」。接続詞 if「もし~ならば／たとえ~でも／かどうか」 haven't found「まだ見つけていない」(現在完了否定形)　他の選択は次の通り。ア「自分らの夢について語ることを楽しむことができると思う」(×)／イ「自分の夢についてはっきりと説明することが出来ると思う」(×)タクトは将来について明確な計画を持ち合わせてないので(選択肢エの説明参照)，いずれも不適。　ウ「サトシが彼の夢について話すことが出来るとは思わない」(×)サトシに関する記事より，サトシには将来に対して，明確な考えをもっていること(第3段落最後から2文目)が明かであるので，不適。　enjoy + 動名詞[原形 + -ing]「~することを楽しむ」

やや難　〔問5〕 下線部(5)は「私は何のために勉強しているのか」の意。第6段落の下線部(5)に至るまでの箇所で，タクトは「将来の計画について考えているがまだわからない」，「勉強はしなければならないことはわかっているが，クラブで疲れてしまう」などと不安を述べている。以上より，下線部(5)の発言にふさわしい理由は，イ「毎日忙しくて，将来への自身の夢がまだ見つからないので，タクトは勉強をする理由がわからない」(○)。What ~ for ?「何のために~」 for studying

← <前置詞 + 動名詞[原形 + -ing]>前置詞の後ろに不定詞は不可。 has not[haven' t]found ~ yet「まだ~を見つけていない」← <have[has]+ not + 過去分詞> 現在完了の否定形 <one' s own + 名詞>「自分自身の~[名詞]」 tired「疲れて／飽きて」 ア「彼が勉強している科目はすべて彼にとって非常に難しいので，タクトは勉強をする理由がわからない」(×)下線部に関して誤り。第6段落では，難しい科目もある(there are some subjects which are difficult for me)と記されており，全ての科目が難しかったわけではない。<先行詞(もの)+ 主格の関係代名詞 which + 動詞>「~[動詞]する先行詞」 all of the subjects▼he is studying「彼が勉強している全ての教科」← 目的格の関係代名詞は省略可。<先行詞 +(目的格の関係代名詞)+ 主語 + 動詞> is studying ← <be動詞 + 現在分詞[原形 + -ing]> 進行形「~しているところだ」 ウ「彼は学校で学ぶいかなる教科にもまったく興味がないので，タクトは勉強する理由がわからない」(×)彼には好きな教科もあったので，不適(There are many subjects to study at school and I really like some of them.)(第6段落)。not ~ at all「全く~でない」 <人 + be動詞 + interested + in + もの>「(人)が(もの)に興味がある」 any subjects▼he learns ← 目的格の関係代名詞は省略可。<先行詞 +(目的格の関係代名詞)+ 主語 + 動詞> エ「放課後，サッカーの練習でいつも疲れてしまうので，タクトには勉強する理由がわからない」(×)疲労と勉強する理由が不明であることが結びつけられて記されていない。 tired「疲れて／飽きて」 after school「放課後」

やや難 〔問6〕 空所(6)を含む英文は「毎日，しなければならないことをして，[(6)]」の意。将来の夢が見つからないで悩むタクトに，「心配しないように[Don't be anxious ~](第6段落最後から7文目)，今できることをすることで[it is very important to do things you have to do](第6段落最後から6文目)，将来の夢はおのずと見つかる[you will be able to find your dream for the future](第6段落最後から5文目)」という主旨の助言を父はしている。直前の文が，Thank you, Dad. と述べていることから，タクトは父の助言に感謝して，それを受け入れようとしていることが推測される。従って，正解は，ア「将来に対する自分の夢について心配しすぎるのを止めようと思う」。do things▼I have to do「しなければならないことをする」← 目的格の関係代名詞は省略可。<先行詞 +(目的格の関係代名詞)+ 主語 + 動詞> <have[has]+ 不定詞[to + 原形]>「~しなければならない／に違いない」 Stop worrying. = Don't be anxious. <stop + 動名詞[原形 + -ing]>「することを止める」 too「~もまた／あまりにも~すぎる」<Don't + 原形 ~> 命令文の否定(禁止)「~してはいけない」 他の選択肢は次の通り。 イ「将来の夢を見つけるためにとても熱心に勉強をすることは止めようと思う」(×)「勉強をしすぎないように注意する」という趣旨の発言は，タクト，父の双方いずれからもナシ。 ウ「将来の夢に関して友達に尋ねることを始めようと思う」(×)既に，友人のケイタには尋ねているし，サトシの夢に関しても新聞記事を通してタクトは知っているので，不適。 エ「将来の夢について一生懸命考え始めようと思う」(×)タクトは，既に思い悩む程考えているので，不適。

重要 〔問7〕 ア「ある日，タクトはサトシから長い手紙を受け取り，その手紙で，サトシは大学での彼の日常生活に関して書いていた」(×)第1段落4文に「短いメッセージ」とあり，以降で記されているサトシの手紙の文面には，大学生活については言及されていない。one day「(過去の)ある日／(未来の)いつか」 イ「ケニアでは，1言語しか話していないので，学校で英語を勉強する必要はない」(×)第3段落10文に，ケニアは60言語を有する多言語国家と記されていて，以降，英語が公用語の1つで，英語が使えると良い条件の仕事に就ける，と書かれているので，不可。with「~といっしょに／で，を使って／を持って[身につけて]」 <be動詞 + able + 不定詞[to + 原形]>「~することができる」 better「より良い／より良く」← good／wellの比較級 ウ

「ケニアに住んでいる人が公用語の1つの英語を話すことができると，社会においてより良い仕事を得ることができる」(○)第3段落11・12文に一致。people living in「～に住んでいる人々」← ＜名詞 ＋ 現在分詞[原形 ＋ -ing]＋ 他の語句＞「～している名詞」現在分詞の形容詞的用法　better「より良い／より良く」← good／wellの比較級　不定詞[to ＋ 原形]の目的を表す副詞的用法「~するために」 each other「互い」 ＜be動詞 ＋ able ＋ 不定詞[to ＋ 原形]＞ = can「できる」 エ「5年前にタクトがサトシとサッカーをした時に，彼は単にさよならをサトシに言っただけで，約束はしなかった」(×)第4段落では，最後に2人でサッカーをした場面が描かれているが，2人は「再会と夢を語る約束」を交わしているので，不適。　オ「タクトの父は，自分の息子の夢について知り，とても喜び，それについて多くの助言を与えた」(×)第6段落では，タクトは夢がもてないことを悩んで，父親に相談している場面が描かれているので，不一致。＜感情を表す語句 ＋ 不定詞[to ＋ 原形]＞「～［不定詞］してある感情がわきあがる」 カ「毎日，社会で働くことで，自分らのやり方で他の誰かを助けることができる，とタクトの父は信じている」(○)第6段落でのタクトの父のせりふ(I think everyone working in society helps someone else in their own ways.)に一致。by working ← ＜前置詞 ＋ 動名詞[原形 ＋ -ing]＞　＜名詞 ＋ 現在分詞[原形 ＋ -ing]＋ 他の語句＞「～している名詞」現在分詞の形容詞的用法　キ「将来の夢に話すことができないので，翌春タクトはサトシに会わないだろう」(×)タクトはサトシに会わない，ということはどこにも記されていなくて，第7段落では，再会した時のことを想定して，サトシに伝える言葉を綴っている。＜be動詞 ＋ going ＋ 不定詞[to ＋ 原形]＞「～しようとしている／するつもりである」 won't be able to do = will not be able to do「～することができないだろう」← ＜be動詞 ＋ 不定詞[to ＋ 原形]＞「~できる」

やや難　〔問8〕（全訳） 親愛なるサトシ／3年前に，私は将来の計画を全く持ち合わせていませんでした。でも，ついに，将来に対する自分の夢を見つけました。／(解答例) 私は異なった種類のロボット作りたいと思っています。世界で多くの人々が，日常生活において援助を必要としているからです。だから，今，私は大学でロボット技術を勉強しています。私のロボットの中に，将来，あなた，ないしは，あなたの家族を助けるものがあることを願っています。／再び，あなたにお会いできることを楽しみにしています。／タクト　40語以上50語程度という語数制限はあるものの，「自分の夢」について英語で書く，自由英作文に近い形式での出題となっている。

★ワンポイントアドバイス★

大問2問5の下線部 See you then. に関して，いつ，どこで会うのかを答える問題。時間，場所共に，複数の要素を正しく組み合わせないと正答に至らない。時間は，会話文と表を組み合わせて，答えを探すことになるので注意。

＜国語解答＞

1 (1) うね　(2) じゅんしゅ　(3) ばんじゃく　(4) そうちょう
(5) ばんたん

2 (1) 明　(2) 直(ちに)　(3) 際限　(4) 視座　(5) 喜色満面

3 〔問1〕 エ　〔問2〕 イ　〔問3〕 ウ　〔問4〕 ア　〔問5〕 エ　〔問6〕 ウ

4 〔問1〕 イ　〔問2〕 ア　〔問3〕 (例) 生命が，物理的なモノとしての存在から科学的プロセスの現象と考えられるようになったのと同様に，魂や精神も現代では脳が生み出す心理現象と考えられているということ。(79字)
〔問4〕 (例) デカルトは「我思う」の成立をもって私という主体の存在を立証したが，意識としては「私が思う」という形で現れようとも，「私が思う」という現象にすぎず，私という主体の存在の証明にはならないから。(94字)
〔問5〕 ウ　〔問6〕 イ

5 〔問1〕 ウ　〔問2〕 エ　〔問3〕 ア　〔問4〕 深草野とな　〔問5〕 イ

○配点○

1 各2点×5　2 各2点×5　3 各4点×6
4 〔問3〕〔問4〕 各8点×2　他 各5点×4　5 各4点×5　計100点

＜国語解説＞

1 (知識ー漢字の読み書き)

(1) 「畝」は，作物を植えるために畑の土を細長く盛り上げたところ。 (2) 「遵守」は，法律や規則などをかたく守ること。 (3) 「盤石」は，堅固でゆるぎない状態。 (4) 「荘重」の「重」は「チョウ」と読む。 (5) 「万端」は，すべての事柄という意味である。

2 (知識ー漢字の読み書き)

(1) 「先見の明」は，将来を見通す力のこと。 (2) 「直ちに」は，すぐにという意味。 (3) 「際限」は「際限がない」のように打ち消しの言葉を伴って使われることが多い。 (4) 「視座」は，ある立場に立ったものの見方。 (5) 「喜色満面」は，うれしそうにする様子を表す四字熟語。

3 (小説—情景・心情，内容吟味)

重要 〔問1〕 傍線部(1)のあとの「敵わないって，思いました。」「私の負けは確定していた。」などの表現から,「私」が自分の作品が田辺の作品より明らかに劣っていたと考えていたことを読み取る。「今はどこまでも恥ずかしい」とあるように,「私」は田辺に褒められていたたまれなくなっているのである。このことを説明するエが正解。「教授の評価」ではなく，自分が認めた「敗北感」なので，アは誤り。「田辺が気を遣って」いる様子も，本文から読み取れない。イの「芸術を判断する力」は，ここでは問題になっていない。「私」が「自信」をもつ様子はないので，ウは不適切である。

〔問2〕 傍線部(2)直前の「一応」は,「自分の絵は大したものではない」という謙遜の言葉であると同時に,「それほど必死で描いているわけではないから，優れていなくてもしかたがない」という逃げ道を作る言葉でもある。「私」は，無意識に発した言葉で，絵にも気楽な学生生活にも没頭できない自分の姿を再認識し，自己嫌悪に陥っている。正解はイ。ここで問題になっているのは「私」と絵の関係なので，「田辺」との関係から「私」の気持ちを説明するア・ウ・エは不適切である。

基本 〔問3〕 傍線部(3)の「笑顔」は，深刻になりそうな話を終わりにするための笑顔である。「私」はそこで初めて田辺が「真剣」であることに気づき，とまどっているところに「息抜き」という意外なことを言われて，意図をはかりかねているのである。したがって，ウが正解となる。アの「悩みの重大さ」には気づいていたので，アは不適切。「私」は深刻な話をすれば田辺が困るだろうと思っており，イのような「期待」をしていないので誤り。エの「必死に返答を考える様子」は，本文から読み取れない。

やや難 〔問4〕 傍線部(4)の直前の「『生活感を憎む』という言葉」「身体の深い場所に落ちた」を「より具体性を伴った指摘」「強烈に自分の絵の問題点が実感された」と説明するアが正解である。「身体の深い場所に落ちた」は納得したことを示す表現であり，イの「どのように～わからなくなってしまった」ということではない。ウの「怒り」はないので，誤り。田辺の指摘は「私」が気づいていたことをより的確に表現したものなので，エは「思いもよらなかった」は不適切である。

〔問5〕 ア Aは田辺が対象と向き合う姿勢を描写したものであり，「装おうとする」ことを表したものではないので，不適切。 イ Bは屋上の説明をしている部分であり，作品に対する自信とは無関係なので，誤り。 ウ Cは，その場をやり過ごすつもりなら言わなかったことを言ったあとの田辺の様子を描写したものなので，不適切。 エ Dは，辛辣な言葉を率直に述べたあとも動じない田辺の人物像の説明として適当である。したがって，正解はエである。

〔問6〕 本文は，一貫して「私」の視点から語られ，田辺との会話と「私」の心情の変化が丁寧に描かれている。正解はウ。読者の興味が「登場人物の内面」に向くような表現なので，アは不適切。地の文に田辺の視点から語られている部分はないので，イは誤り。一文の長さは短めだが，「二文節程度」で「詩的」に表現されているとは言えないし，本文が「芸術」というテーマにふさわしい「世界観」を表現しているとは言えないので，エは不適切である。

4 （論説文―内容吟味，段落・文章構成）

基本 〔問1〕 傍線部(1)を含む段落によれば，「どんな意志も脳内の無意識過程によって生じ」るのだから，「指令却下のメカニズムだけ」が例外になることはあり得ない。これがリベットの解釈が「無理」である理由なので，イが適切である。アとエは，無意識過程の説明がないので誤り。ウは「どんな意志も脳内の無意識過程によって生じる」をふまえていないので，不適切である。

〔問2〕 筆者は傍線部(2)の仮定のあと，「自由意志の由来」として可能性があることを３つに分けて分析し，そのいずれも「アポリア」，すなわち行き詰まると結論づけている。自由意志の「根拠」に言及し「自由意志の存在が認められることはない」と結論づけるアが正解。イは自由意志の根拠を外的要因に限定した場合の説明であり，内容不十分。ウは「自由意志は～成立する」を自明としており，仮定に対する結論の説明になっていない。エの「自由と無意識の同義性」は，本文にない内容である。

重要 〔問3〕 傍線部(3)を含む段落とその次の段落に「モノとしての生命はもはや認められない」「物質の物理・化学的プロセスの結果として生命現象は理解されるようになりました」「魂や精神も同じです」「心理現象はモノではなく，プロセスであり，機能である。現代科学はこう考えます。」とある。この内容を制限字数内にまとめて書く。

やや難 〔問4〕 傍線部(4)の「ここ」はデカルトのテーゼを指す。デカルトの論理では，「我思う」という現象が事実であることが「我あり」という自己の存在の証拠となる。しかし，筆者は「我思う」

と「我あり」には飛躍があるとする。すなわち，「我思う」という認識は，「私が思う」という現象が成立することを表すものであり，「私という主体」がその現象から切り離されても存在することの証明にはならないというのである。この内容を制限字数内にまとめて書く。

〔問5〕　傍線部(5)を含む段落の前の段落に「〈私〉はどこにもない」「脳がイメージを投影する」「投影が起こり，そこに〈私〉が現れる」とある。このことを説明したウが正解。アは「〈私〉は脳でもなければ，イメージが投影される場所でもない」と矛盾する。イは「個性」が本文にない内容。エの「社会の求める自己像」「脳が半ば強制的に確立した」が本文にないので，不適切である。

〔問6〕　ア　本文は常体と敬体が混在しているが，ここに示された「使い分け」はされていないので不適切。イ　本文は，「意志」と「無意識」を二項対立として捉えていない。そして，「行為が意志によって作動する」という一般的な見方を否定して，科学的見地から「自由意志」は存在しないとしている。適切な説明である。　ウ　はじめに「疑問」や「結論」は述べていないので，誤り。　エ　リベットやデカルトの考え方は否定しているが，リヒテンベルク，ラッセル，ラカンの表現は否定していないので誤り。したがって，正解はイである。

5　**(古文を含む論説文―内容吟味，文脈把握)**

基本　〔問1〕　本歌取り」は，「有名な古典や和歌の一部分をとってきて，新しい世界を付け加え，もとの世界とのダブルイメージの中で，新しい歌の世界が膨らんでいくという手法」である。本文では，『伊勢物語』123段とその中の和歌を「本歌」とする俊成の和歌を紹介している。正解はウ。同じ場面で詠まれた歌の場合は「本歌取り」と言わないので，アは誤り。定家は『伊勢物語』の和歌を本歌取りしたのではなく，俊成の和歌を変奏したものなので，イの説明は不適切。良経の和歌は定家の和歌の変奏であり，「本歌取り」の説明になっていない。

〔問2〕「俊成の世界がまた定家や良経，家隆によって転じられ～歌がどんどん紡ぎ出されていく」ということを説明するエが正解。アは，俊成の存在を無視しているので不適切。イは，「主観的な表現」と「感情を抑えた客観的な表現」の対比が文脈と合わない。ウは，「転生する趣向」を定家のものとしているが，これは俊成の歌で加わったものなので，誤りである。

やや難　〔問3〕　連歌は，「五・七・五」「七・七」の句を交互に詠む。Aは「五・七・五」の句なので，次は「七・七」の句となる。B・Cのうち，晩春の光景を詠んだAに続くのは晩春を詠んだCである。続く「五・七・五」の句は，D・Eのうち，Cで登場した雁に「待てしばし」と呼びかけるEが適切である。ここで季節は秋に転じている。この後は「七・七」の句なのでBとなり，時間が「あけぼの」に転ずる。Bの「露」の連想から，「五・七・五」のDでは「霧」が読み込まれ，最後のFの「風」につながる。したがって，句の順序はA→C→E→B→D→Fで，６句中で４番目になるのはBの句である。

〔問4〕　俊成の和歌の直後の「深草野となったあとうづらになった女性という設定の上でこの歌を詠んでいる」のはじめの５字を抜き出して答える。「女性が輪廻転生してというか，うづらとなった姿を前提として歌をうたっている」(36字)は字数が条件と異なるので，「女性が輪廻」は誤りである。

重要　〔問5〕「本歌取り」と「連歌」の関係を正しく説明しているイが正解。連歌には滑稽を旨とするものも多く，アの「季節や世界の変化を楽しみながら展開してゆく」やウの「古典作品を取り入れて」は，すべての連歌にあてはまるものではないので不適切。『新古今』の歌人たちが連歌に熱中したのは「本歌取り」との類似性によるものであり，「題詠」との関連ではないし，ほかの人になりきることは「連歌の手法」とは言えないので，エは誤りである。

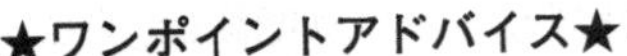

「抜き出し」は条件に注意。内容として正しく見えても，抜き出す字数が異なれば誤りである。また，前後の表現が示されている場合は，その表現とつながる形であるかどうかも確認する。

東京都公立高等学校

2024年度

★★★★★★★★★★★★★★★★★★★★★★★

共通問題（理科・社会）

2024年度

●くわしい解説……31ページ

＜理科＞　時間　50分　満点　100点

1　次の各問に答えよ。

〔問１〕　水素と酸素が結び付いて水ができるときの化学変化を表したモデルとして適切なのは，下の**ア**～**エ**のうちではどれか。

ただし，矢印の左側は化学変化前の水素と酸素のモデルを表し，矢印の右側は化学変化後の水のモデルをそれぞれ表すものとする。また，●は水素原子１個を，○は酸素原子１個を表すものとする。

ア　●●　＋　○　→　●○●

イ　●　●　＋　○　→　●○●

ウ　●　●　●　●　＋　○○　→　●○●　●○●

エ　●●　●●　＋　○○　→　●○●　●○●

〔問２〕　図１のように，発泡ポリスチレンのコップの中の水に電熱線を入れた。電熱線に６Ｖの電圧を加えたところ，1.5Aの電流が流れた。このときの電熱線の抵抗の大きさと，電熱線に６Ｖの電圧を加え５分間電流を流したときの電力量とを組み合わせたものとして適切なのは，次の表の**ア**～**エ**のうちではどれか。

図１

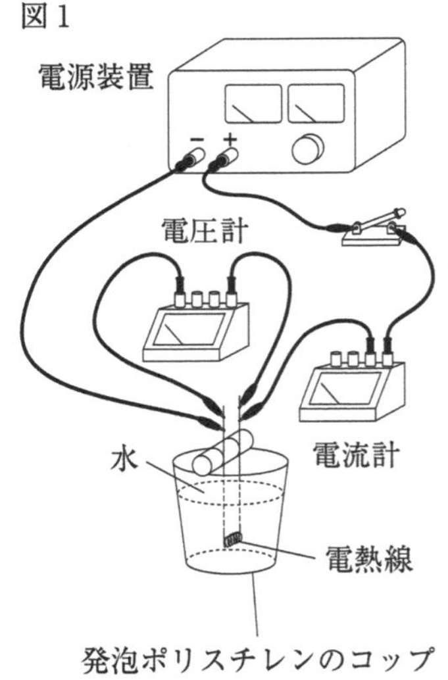

	電熱線の抵抗の大きさ〔Ω〕	電熱線に６Ｖの電圧を加え５分間電流を流したときの電力量〔J〕
ア	4	450
イ	4	2700
ウ	9	450
エ	9	2700

〔問３〕　次のＡ～Ｅの生物の仲間を，脊椎動物と無脊椎動物とに分類したものとして適切なのは，下の表の**ア**～**エ**のうちではどれか。

Ａ　昆虫類　　Ｂ　魚類　　Ｃ　両生類　　Ｄ　甲殻類　　Ｅ　鳥類

	脊椎動物	無脊椎動物
ア	Ａ，Ｃ，Ｄ	Ｂ，Ｅ
イ	Ａ，Ｄ	Ｂ，Ｃ，Ｅ
ウ	Ｂ，Ｃ，Ｅ	Ａ，Ｄ
エ	Ｂ，Ｅ	Ａ，Ｃ，Ｄ

〔問4〕 図2は，ヘリウム原子の構造を模式的に表したものである。原子核の性質と電子の性質について述べたものとして適切なのは，下のア～エのうちではどれか。

図2

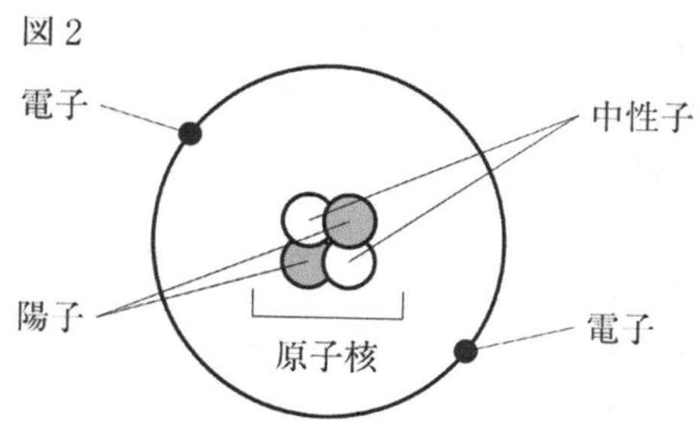

ア　原子核は，プラスの電気をもち，電子は，マイナスの電気をもつ。

イ　原子核は，マイナスの電気をもち，電子は，プラスの電気をもつ。

ウ　原子核と電子は，共にプラスの電気をもつ。

エ　原子核と電子は，共にマイナスの電気をもつ。

〔問5〕 表1は，ある日の午前9時の東京の気象観測の結果を記録したものである。また，表2は，風力と風速の関係を示した表の一部である。表1と表2から，表1の気象観測の結果を天気，風向，風力の記号で表したものとして適切なのは，下のア～エのうちではどれか。

表1

天気	風向	風速〔m/s〕
くもり	北東	3.0

表2

風力	風速〔m/s〕
0	0.3未満
1	0.3以上1.6未満
2	1.6以上3.4未満
3	3.4以上5.5未満
4	5.5以上8.0未満

ア　イ

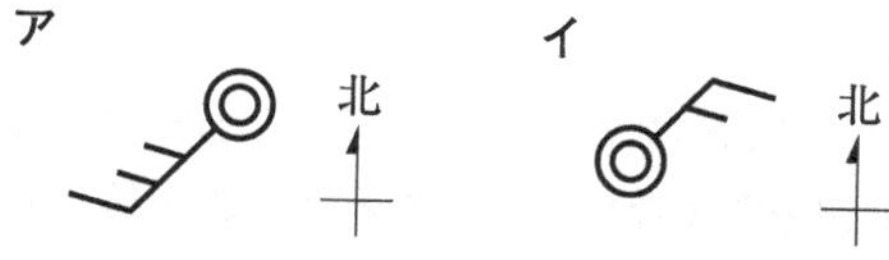

ウ

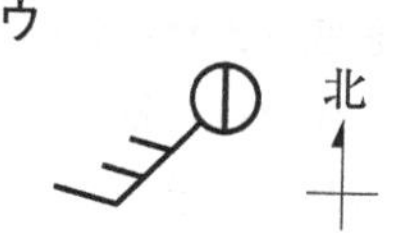

エ

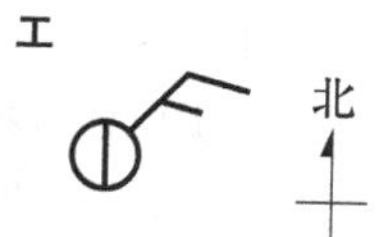

〔問6〕 ヒトのヘモグロビンの性質の説明として適切なのは，次のうちではどれか。

ア　ヒトのヘモグロビンは，血液中の白血球に含まれ，酸素の少ないところでは酸素と結び付き，酸素の多いところでは酸素をはなす性質がある。

イ　ヒトのヘモグロビンは，血液中の白血球に含まれ，酸素の多いところでは酸素と結び付き，酸素の少ないところでは酸素をはなす性質がある。

ウ　ヒトのヘモグロビンは，血液中の赤血球に含まれ，酸素の少ないところでは酸素と結び付き，酸素の多いところでは酸素をはなす性質がある。

エ　ヒトのヘモグロビンは，血液中の赤血球に含まれ，酸素の多いところでは酸素と結び付き，酸素の少ないところでは酸素をはなす性質がある。

2　生徒が，岩石に興味をもち，調べたことについて科学的に探究しようと考え，自由研究に取り組んだ。生徒が書いたレポートの一部を読み，次の各問に答えよ。

＜レポート１＞　身近な岩石に含まれる化石について

河原を歩いているときに様々な色や形の岩石があることに気付き，河原の岩石を観察したところ，貝の化石を見付けた。

身近な化石について興味をもち，調べたところ，建物に使われている石材に化石が含まれるものもあることを知った。そこで，化石が含まれているいくつかの石材を調べ，表１のようにまとめた。

表１

石材	含まれる化石
建物Ａの壁に使われている石材ａ	フズリナ
建物Ｂの壁に使われている石材ｂ	アンモナイト
建物Ｂの床に使われている石材ｃ	サンゴ

〔問１〕　**＜レポート１＞**から，化石について述べた次の文章の ① と ② にそれぞれ当てはまるものを組み合わせたものとして適切なのは，下の表の**ア**～**エ**のうちではどれか。

表１において，石材ａに含まれるフズリナの化石と石材ｂに含まれるアンモナイトの化石のうち，地質年代の古いものは ① である。また，石材ｃに含まれるサンゴの化石のように，その化石を含む地層が堆積した当時の環境を示す化石を ② という。

	①	②
ア	石材ａに含まれるフズリナの化石	示相化石
イ	石材ａに含まれるフズリナの化石	示準化石
ウ	石材ｂに含まれるアンモナイトの化石	示相化石
エ	石材ｂに含まれるアンモナイトの化石	示準化石

＜レポート２＞　金属を取り出せる岩石について

山を歩いているときに見付けた緑色の岩石について調べたところ，クジャク石というもので，この石から銅を得られることを知った。不純物を含まないクジャク石から銅を得る方法に興味をもち，具体的に調べたところ，クジャク石を加熱すると，酸化銅と二酸化炭素と水に分解され，得られた酸化銅に炭素の粉をよく混ぜ，加熱すると銅が得られることが分かった。

クジャク石に含まれる銅の割合を，実験と資料により確認することにした。

まず，不純物を含まない人工的に作られたクジャク石の粉0.20ｇを理科室で図１のように加熱し，完全に反応させ，0.13ｇの黒色の固体を得た。次に，銅の質量とその銅を加熱して得られる酸化銅の質量の関係を調べ，表２（次のページ）のような資料にまとめた。

図１

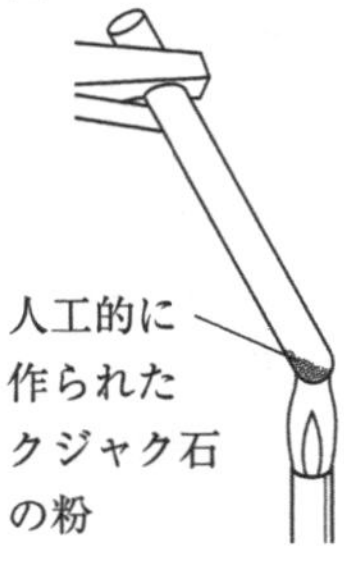

人工的に作られたクジャク石の粉

表2

銅の質量〔g〕	0.08	0.12	0.16	0.20	0.24	0.28
加熱して得られる酸化銅の質量〔g〕	0.10	0.15	0.20	0.25	0.30	0.35

〔問2〕 ＜レポート2＞から，人工的に作られたクジャク石の粉0.20gに含まれる銅の割合として適切なのは，次のうちではどれか。

ア 20%　**イ** 52%　**ウ** 65%　**エ** 80%

＜レポート3＞ 石英について

山を歩いているときに見付けた無色透明な部分を含む岩石について調べたところ，無色透明な部分が石英であり，ガラスの原料として広く使われていることを知った。

ガラスを通る光の性質に興味をもち，調べるために，空気中で図2のように方眼紙の上に置いた直方体のガラスに光源装置から光を当てる実験を行った。光は，物質の境界面Q及び境界面Rで折れ曲がり，方眼紙に引いた直線Lを通り過ぎた。光の道筋と直線Lとの交点を点Pとした。なお，図2は真上から見た図であり，光源装置から出ている矢印（ —►— ）は光の道筋と進む向きを示したものである。

図2

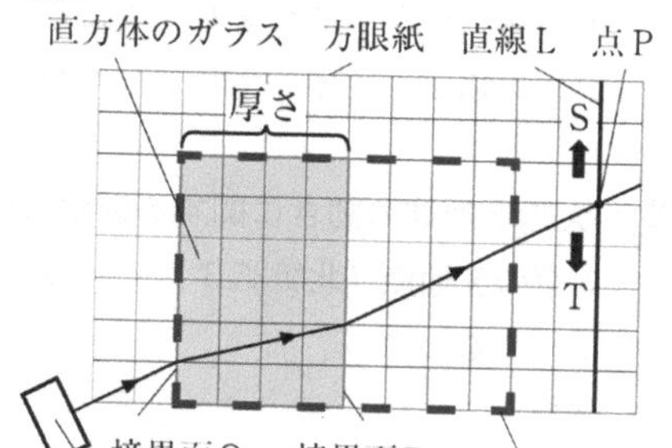

〔問3〕 ＜レポート3＞から，図2の境界面Qと境界面Rのうち光源装置から出た光が通過するとき入射角より屈折角が大きくなる境界面と，厚さを2倍にした直方体のガラスに入れ替えて同じ実験をしたときの直線L上の点Pの位置の変化について述べたものとを組み合わせたものとして適切なのは，下の表の**ア**～**エ**のうちではどれか。

ただし，入れ替えた直方体のガラスは，＜レポート3＞の直方体のガラスの厚さのみを変え，点線（▬ ▬）の枠に合わせて設置するものとする。

	光源装置から出た光が通過するとき入射角より屈折角が大きくなる境界面	厚さを2倍にした直方体のガラスに入れ替えて同じ実験をしたときの直線L上の点Pの位置の変化について述べたもの
ア	境界面Q	点Pの位置は，Sの方向にずれる。
イ	境界面R	点Pの位置は，Sの方向にずれる。
ウ	境界面Q	点Pの位置は，Tの方向にずれる。
エ	境界面R	点Pの位置は，Tの方向にずれる。

＜レポート4＞ 生物由来の岩石について

河原を歩いているときに見付けた岩石について調べたところ，その岩石は，海中の生物の死がいなどが堆積してできたチャートであることを知った。海中の生物について興味をもち，調べたところ，海中の生態系を構成する生物どうしは，食べたり食べられたりする関係でつながっていることが分かった。また，ある生態系を構成する生物どうしの数量的な関係は，図3のように，ピラミッドのような形で表すことができ，食べられる側の生物の数のほうが，食べる側の生物の数よりも多くなることも分かった。

図3

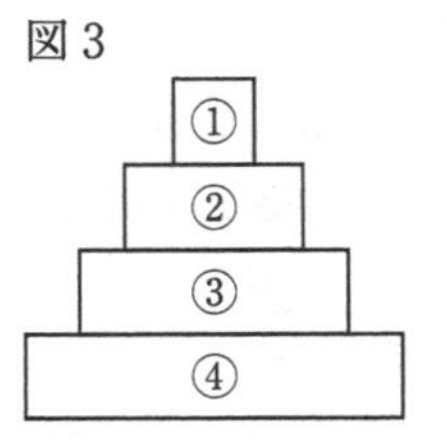

〔問4〕 生物どうしの数量的な関係を図3のように表すことができるモデル化した生態系Vについて，＜資料＞のことが分かっているとき，＜レポート4＞と＜資料＞から，生態系Vにおいて，図3の③に当てはまるものとして適切なのは，下の**ア**～**エ**のうちではどれか。

＜資料＞
生態系Vには，生物w，生物x，生物y，生物zがいる。生態系Vにおいて，生物wは生物xを食べ，生物xは生物yを食べ，生物yは生物zを食べる。

ただし，生態系Vにおいて，図3の①，②，③，④には，生物w，生物x，生物y，生物zのいずれかが，それぞれ別々に当てはまるものとする。

ア　生物w　　**イ**　生物x　　**ウ**　生物y　　**エ**　生物z

3　太陽と地球の動きに関する観察について，次の各問に答えよ。

東京のX地点（北緯35.6°）で，ある年の6月のある日に**＜観察1＞**を行ったところ，**＜結果1＞**のようになった。

＜観察1＞

(1) 図1のように，白い紙に，透明半球の縁と同じ大きさの円と，円の中心Oで垂直に交わる線分ACと線分BDをかいた。かいた円に合わせて透明半球をセロハンテープで白い紙に固定した。

図1

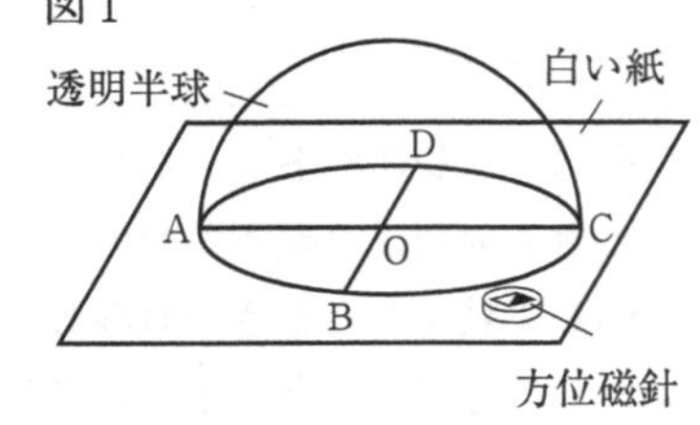

(2) N極が黒く塗られた方位磁針を用いて点Cが北の方角に一致するよう線分ACを南北方向に合わせ，透明半球を日当たりのよい水平な場所に固定した。

(3) 8時から16時までの間，2時間ごとに，油性ペンの先の影が円の中心Oと一致する透明半球上の位置に•印と観察した時刻を記録した。

(4) (3)で記録した•印を滑らかな線で結び，その線を透明半球の縁まで延ばして，東側で交わる点をE，西側で交わる点をFとした。

(5) (3)で2時間ごとに記録した透明半球上の•印の間隔をそれぞれ測定した。

＜結果1＞

(1) **＜観察1＞**の(3)と(4)の透明半球上の記録は図2のようになった。

(2) **＜観察1＞**の(5)では，2時間ごとに記録した透明半球上の•印の間隔はどれも5.2cmであった。

図2

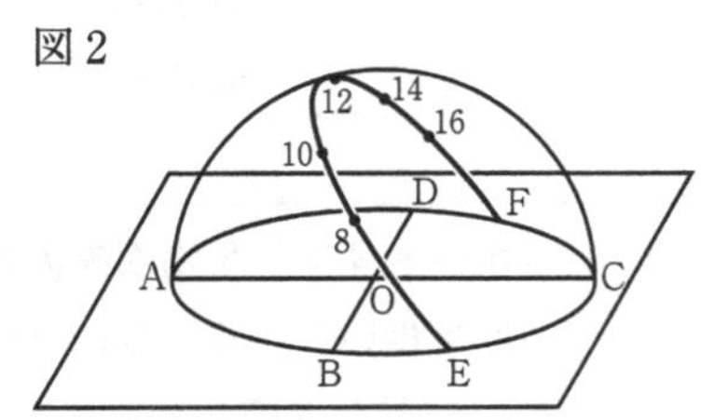

〔問1〕　<結果1>の(1)から，<観察1>の観測日の南中高度をRとしたとき，Rを示した模式図として適切なのは，下のア～エのうちではどれか。

ただし，下のア～エの図中の点Pは太陽が南中した時の透明半球上の太陽の位置を示している。

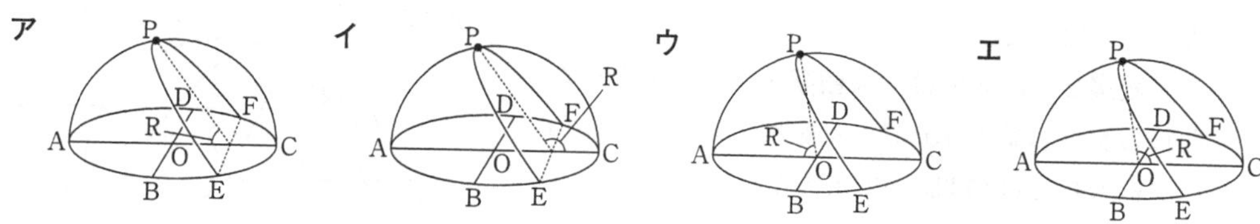

〔問2〕　<結果1>の(2)から，地球上での太陽の見かけ上の動く速さについてどのようなことが分かるか。「2時間ごとに記録した透明半球上の•印のそれぞれの間隔は，」に続く形で，理由も含めて簡単に書け。

〔問3〕　図3は，北極点の真上から見た地球を模式的に表したものである。点J，点K，点L，点Mは，それぞれ東京のX地点（北緯35.6°）の6時間ごとの位置を示しており，点Jは南中した太陽が見える位置である。地球の自転の向きについて述べた次の文章の ① ～ ④ に，それぞれ当てはまるものを組み合わせたものとして適切なのは，後の表のア～エのうちではどれか。

図3

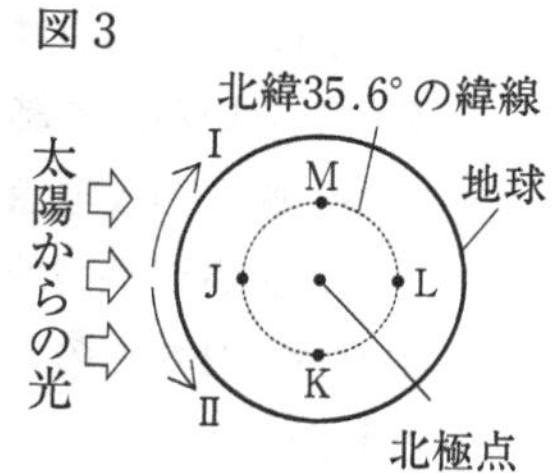

<結果1>の(1)から，地球上では太陽は見かけ上，[①]に移動して見えることが分かる。また，図3において，東の空に太陽が見えるのは点[②]の位置であり，西の空に太陽が見えるのは点[③]の位置である。そのため地球は，[④]の方向に自転していると考えられる。

	①	②	③	④
ア	西の空から東の空	K	M	I
イ	東の空から西の空	K	M	II
ウ	西の空から東の空	M	K	I
エ	東の空から西の空	M	K	II

次に，東京のX地点（北緯35.6°）で，<観察1>を行った日と同じ年の9月のある日に<観察2>を行ったところ，<結果2>（次のページ）のようになった。

<観察2>

(1)　<観察1>の(3)と(4)の結果を記録した図2（前のページ）のセロハンテープで白い紙に固定した透明半球を準備した。

(2)　N極が黒く塗られた方位磁針を用いて点Cが北の方角に一致するよう線分ACを南北方向に合わせ，透明半球を日当たりのよい水平な場所に固定した。

(3)　8時から16時までの間，2時間ごとに，油性ペンの先の影が円の中心Oと一致する透明半球上の位置に▲印と観察した時刻を記録した。

(4) (3)で記録した▲印を滑らかな線で結び，その線を透明半球の縁まで延ばした。

(5) <**観察１**>と<**観察２**>で透明半球上にかいた曲線の長さをそれぞれ測定した。

<**結果２**>

(1) <**観察２**>の(3)と(4)の透明半球上の記録は図４のようになった。

(2) <**観察２**>の(5)では，<**観察１**>の(4)でかいた曲線の長さは約37.7cmで，<**観察２**>の(4)でかいた曲線の長さは約33.8cmであった。

図４

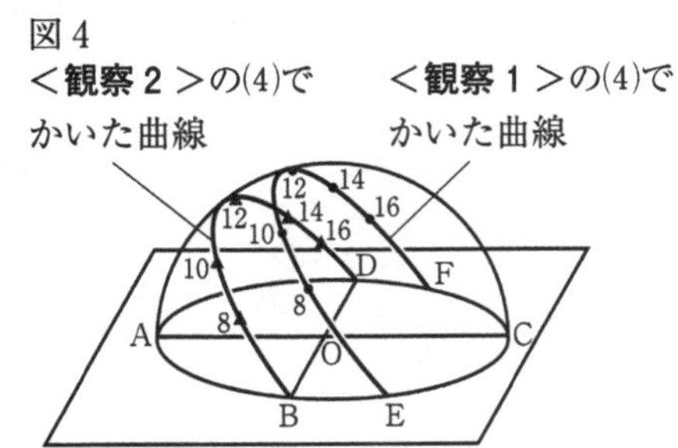

〔問４〕 図５は，<**観察１**>を行った日の地球を模式的に表したものである。図５のX地点は<**観察１**>を行った地点を示し，図５のY地点は北半球にあり，X地点より高緯度の地点を示している。<**結果２**>から分かることを次の①，②から一つ，図５のX地点とY地点における夜の長さを比較したとき夜の長さが長い地点を下の③，④から一つ，それぞれ選び，組み合わせたものとして適切なのは，下の**ア**～**エ**のうちではどれか。

図５

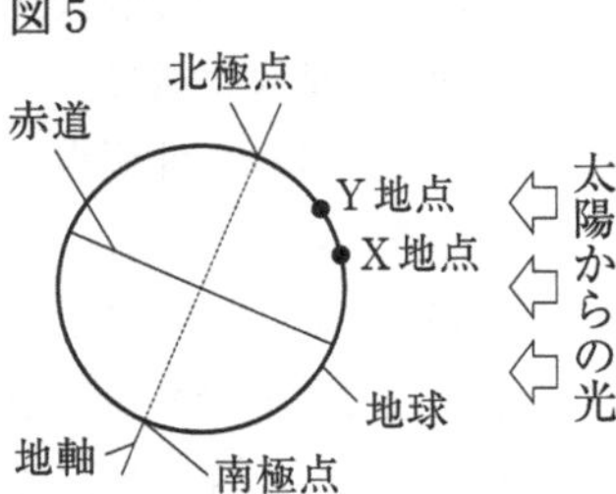

① 日の入りの位置は，<**観察１**>を行った日の方が<**観察２**>を行った日よりも北寄りで，昼の長さは<**観察１**>を行った日の方が<**観察２**>を行った日よりも長い。

② 日の入りの位置は，<**観察１**>を行った日の方が<**観察２**>を行った日よりも南寄りで，昼の長さは<**観察２**>を行った日の方が<**観察１**>を行った日よりも長い。

③ X地点

④ Y地点

ア ①，③　**イ** ①，④　**ウ** ②，③　**エ** ②，④

4 植物の働きに関する実験について，次の各問に答えよ。
<**実験**>を行ったところ，<**結果**>のようになった。

<**実験**>

(1) 図１のように，２枚のペトリ皿に，同じ量の水と，同じ長さに切ったオオカナダモA，オオカナダモBを用意した。オオカナダモA，オオカナダモBの先端付近の葉をそれぞれ１枚切り取り，プレパラートを作り，顕微鏡で観察し，細胞内の様子を記録した。

図１

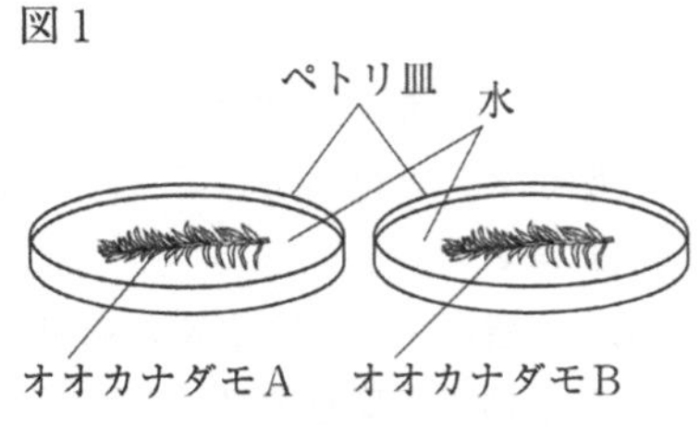

(2) 図２のように，オオカナダモA，オオカナダモBを，20℃の条件の下で，光が当たらない場所に２日間置いた。

(3) ２日後，オオカナダモA，オオカナダモBの先端付近の葉をそれぞれ１枚切り取り，熱湯に浸した後，温

図２

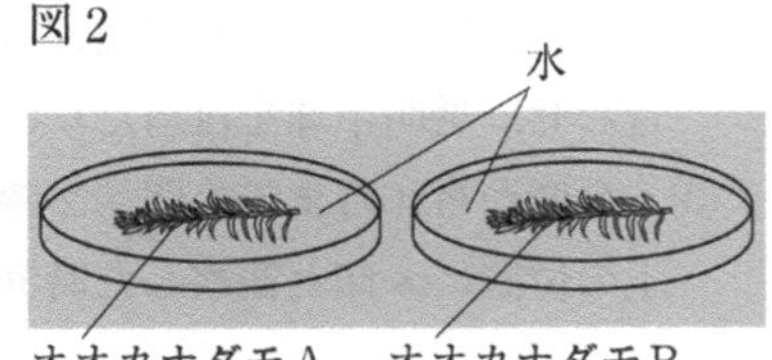

めたエタノールに入れ，脱色した。脱色した葉を水で洗った後，ヨウ素液を１滴落とし，プレパラートを作り，顕微鏡で観察し，細胞内の様子を記録した。

(4) (2)で光が当たらない場所に２日間置いたオオカナダモＢの入ったペトリ皿をアルミニウムはくで覆い，ペトリ皿の内部に光が入らないようにした。

(5) 図３のように，20℃の条件の下で，(2)で光が当たらない場所に２日間置いたオオカナダモＡが入ったペトリ皿と，(4)でアルミニウムはくで覆ったペトリ皿を，光が十分に当たる場所に３日間置いた。

図３

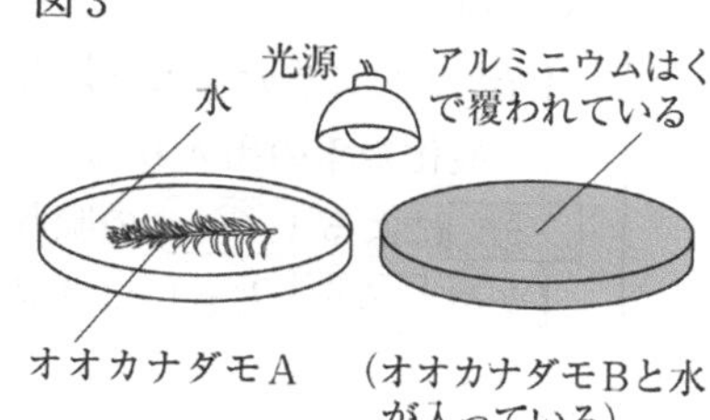

(6) ３日後，オオカナダモＡとオオカナダモＢの先端付近の葉をそれぞれ１枚切り取った。

(7) (6)で切り取った葉を熱湯に浸した後，温めたエタノールに入れ，脱色した。脱色した葉を水で洗った後，ヨウ素液を１滴落とし，プレパラートを作り，顕微鏡で観察し，細胞内の様子を記録した。

<結果>

(1) **<実験>**の(1)のオオカナダモＡとオオカナダモＢの先端付近の葉の細胞内には，緑色の粒がそれぞれ多数観察された。

(2) **<実験>**の(3)のオオカナダモの先端付近の葉の細胞内の様子の記録は，表１のようになった。

表１

オオカナダモＡの先端付近の葉の細胞内の様子	オオカナダモＢの先端付近の葉の細胞内の様子
<実験>の(1)で観察された緑色の粒と同じ形の粒は，透明であった。	**<実験>**の(1)で観察された緑色の粒と同じ形の粒は，透明であった。

(3) **<実験>**の(7)のオオカナダモの先端付近の葉の細胞内の様子の記録は，表２のようになった。

表２

オオカナダモＡの先端付近の葉の細胞内の様子	オオカナダモＢの先端付近の葉の細胞内の様子
<実験>の(1)で観察された緑色の粒と同じ形の粒は，青紫色に染色されていた。	**<実験>**の(1)で観察された緑色の粒と同じ形の粒は，透明であった。

〔問１〕 **<実験>**の(1)でプレパラートを作り，顕微鏡で観察をする準備を行う際に，プレパラートと対物レンズを，最初に，できるだけ近づけるときの手順について述べたものと，対物レンズが20倍で接眼レンズが10倍である顕微鏡の倍率とを組み合わせたものとして適切なのは，次の表の**ア**～**エ**のうちではどれか。

	顕微鏡で観察をする準備を行う際に，プレパラートと対物レンズを，最初に，できるだけ近づけるときの手順	対物レンズが20倍で接眼レンズが10倍である顕微鏡の倍率
ア	接眼レンズをのぞきながら，調節ねじを回してプレパラートと対物レンズをできるだけ近づける。	200倍
イ	顕微鏡を横から見ながら，調節ねじを回してプレパラートと対物レンズをできるだけ近づける。	200倍
ウ	接眼レンズをのぞきながら，調節ねじを回してプレパラートと対物レンズをできるだけ近づける。	30倍
エ	顕微鏡を横から見ながら，調節ねじを回してプレパラートと対物レンズをできるだけ近づける。	30倍

〔問2〕　<**実験**>の(6)で葉を切り取ろうとした際に，オオカナダモAに気泡が付着していることに気付いた。このことに興味をもち，植物の働きによる気体の出入りについて調べ，<**資料**>にまとめた。

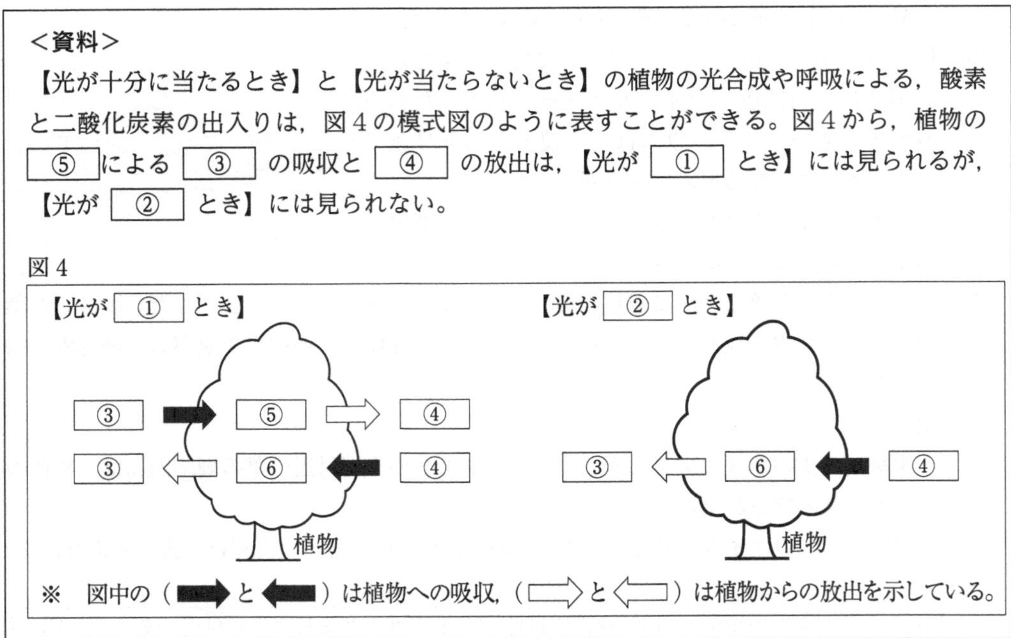

<**資料**>

【光が十分に当たるとき】と【光が当たらないとき】の植物の光合成や呼吸による，酸素と二酸化炭素の出入りは，図4の模式図のように表すことができる。図4から，植物の［⑤］による［③］の吸収と［④］の放出は，【光が［①］とき】には見られるが，【光が［②］とき】には見られない。

図4

<**資料**>の［①］～［⑥］にそれぞれ当てはまるものを組み合わせたものとして適切なのは，次の表の**ア**～**エ**のうちではどれか。

	①	②	③	④	⑤	⑥
ア	十分に当たる	当たらない	二酸化炭素	酸素	光合成	呼吸
イ	十分に当たる	当たらない	酸素	二酸化炭素	呼吸	光合成
ウ	当たらない	十分に当たる	二酸化炭素	酸素	光合成	呼吸
エ	当たらない	十分に当たる	酸素	二酸化炭素	呼吸	光合成

〔問3〕　<**結果**>の(1)～(3)から分かることとして適切なのは，次のうちではどれか。

ア　光が十分に当たる場所では，オオカナダモの葉の核でデンプンが作られることが分かる。

イ　光が十分に当たる場所では，オオカナダモの葉の核でアミノ酸が作られることが分かる。

ウ　光が十分に当たる場所では，オオカナダモの葉の葉緑体でデンプンが作られることが分かる。

エ　光が十分に当たる場所では，オオカナダモの葉の葉緑体でアミノ酸が作られることが分かる。

5　水溶液に関する実験について，あとの各問に答えよ。

<**実験1**>を行ったところ，<**結果1**>（次のページ）のようになった。

<**実験1**>

(1)　ビーカーA，ビーカーB，ビーカーCにそれぞれ蒸留水（精製水）を入れた。

(2) ビーカーBに塩化ナトリウムを加えて溶かし，5％の塩化ナトリウム水溶液を作成した。ビーカーCに砂糖を加えて溶かし，5％の砂糖水を作成した。
(3) 図1のように実験装置を組み，ビーカーAの蒸留水，ビーカーBの水溶液，ビーカーCの水溶液に，それぞれ約3Vの電圧を加え，電流が流れるか調べた。

図1
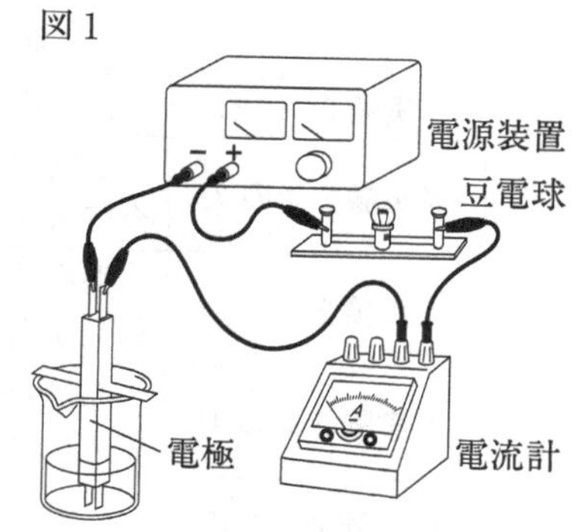

＜**結果1**＞

ビーカーA	ビーカーB	ビーカーC
電流が流れなかった。	電流が流れた。	電流が流れなかった。

〔問1〕 ＜**結果1**＞から，ビーカーBの水溶液の溶質の説明と，ビーカーCの水溶液の溶質の説明とを組み合わせたものとして適切なのは，次の表の**ア**～**エ**のうちではどれか。

	ビーカーBの水溶液の溶質の説明	ビーカーCの水溶液の溶質の説明
ア	蒸留水に溶け，電離する。	蒸留水に溶け，電離する。
イ	蒸留水に溶け，電離する。	蒸留水に溶けるが，電離しない。
ウ	蒸留水に溶けるが，電離しない。	蒸留水に溶け，電離する。
エ	蒸留水に溶けるが，電離しない。	蒸留水に溶けるが，電離しない。

次に，＜**実験2**＞を行ったところ，＜**結果2**＞のようになった。

＜**実験2**＞

(1) 試験管A，試験管Bに，室温と同じ27℃の蒸留水（精製水）をそれぞれ5g（5㎝^{3}）入れた。次に，試験管Aに硝酸カリウム，試験管Bに塩化ナトリウムをそれぞれ3g加え，試験管をよくふり混ぜた。試験管A，試験管Bの中の様子をそれぞれ観察した。
(2) 図2のように，試験管A，試験管Bの中の様子をそれぞれ観察しながら，ときどき試験管を取り出し，ふり混ぜて，温度計が27℃から60℃を示すまで水溶液をゆっくり温めた。
(3) 加熱を止め，試験管A，試験管Bの中の様子をそれぞれ観察しながら，温度計が27℃を示すまで水溶液をゆっくり冷やした。
(4) 試験管A，試験管Bの中の様子をそれぞれ観察しながら，さらに温度計が20℃を示すまで水溶液をゆっくり冷やした。
(5) (4)の試験管Bの水溶液を1滴とり，スライドガラスの上で蒸発させた。

図2
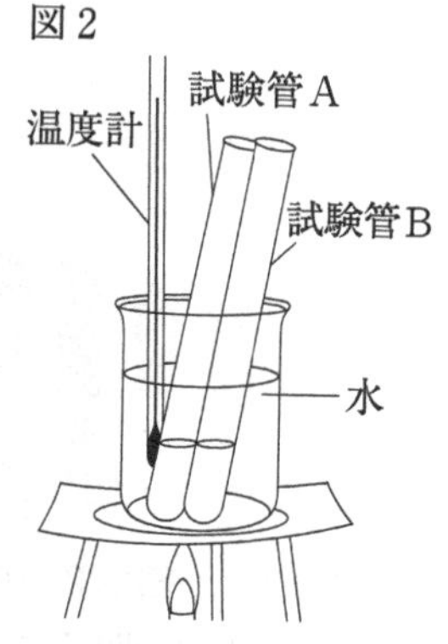

＜**結果2**＞

(1) ＜**実験2**＞の(1)から＜**実験2**＞の(4)までの結果は次のページの表のようになった。

	試験管Aの中の様子	試験管Bの中の様子
<実験２>の(1)	溶け残った。	溶け残った。
<実験２>の(2)	温度計が約38℃を示したときに全て溶けた。	**<実験２>**の(1)の試験管Bの中の様子に比べ変化がなかった。
<実験２>の(3)	温度計が約38℃を示したときに結晶が現れ始めた。	**<実験２>**の(2)の試験管Bの中の様子に比べ変化がなかった。
<実験２>の(4)	結晶の量は，**<実験２>**の(3)の結果に比べ増加した。	**<実験２>**の(3)の試験管Bの中の様子に比べ変化がなかった。

(2)　**<実験２>**の(5)では，スライドガラスの上に白い固体が現れた。
さらに，硝酸カリウム，塩化ナトリウムの水に対する溶解度を図書館で調べ，**<資料>**を得た。

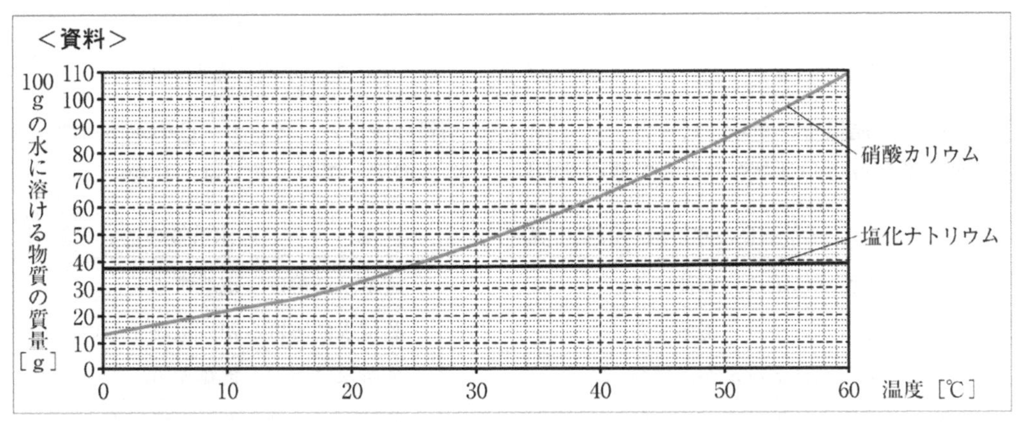

［問２］　**<結果２>**の(1)と**<資料>**から，温度計が60℃を示すまで温めたときの試験管Aの水溶液の温度と試験管Aの水溶液の質量パーセント濃度の変化との関係を模式的に示した図として適切なのは，次のうちではどれか。

ア

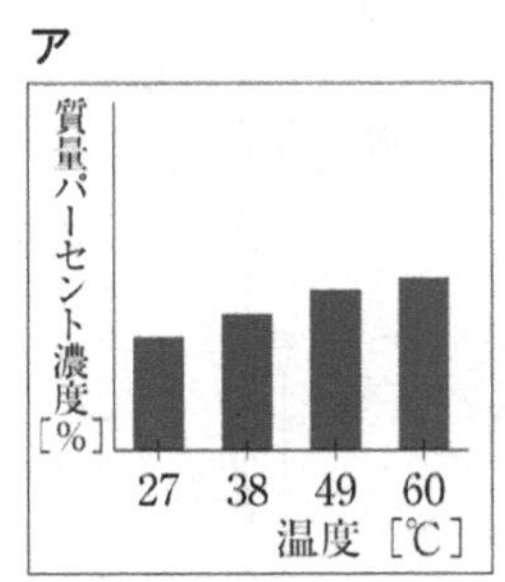

イ

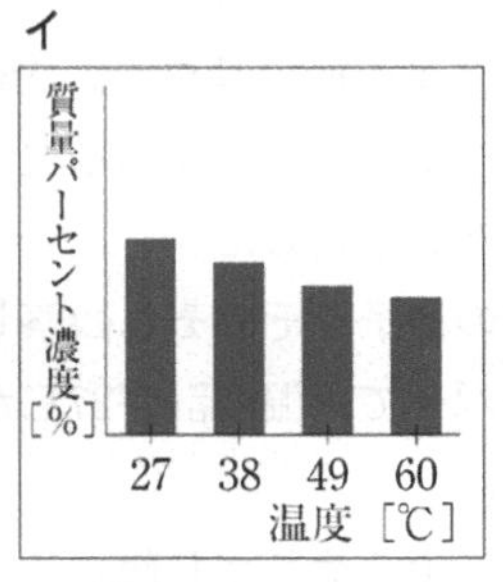

ウ

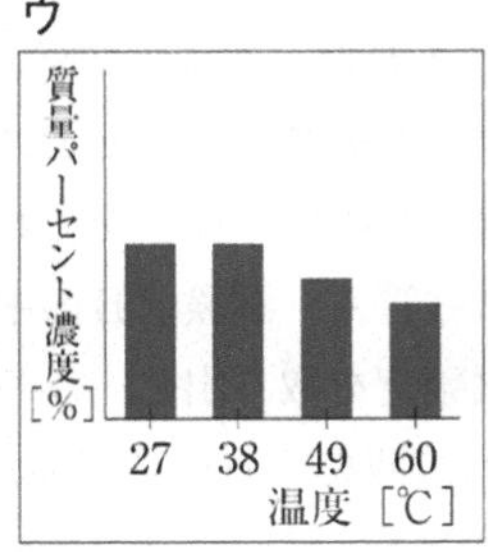

エ

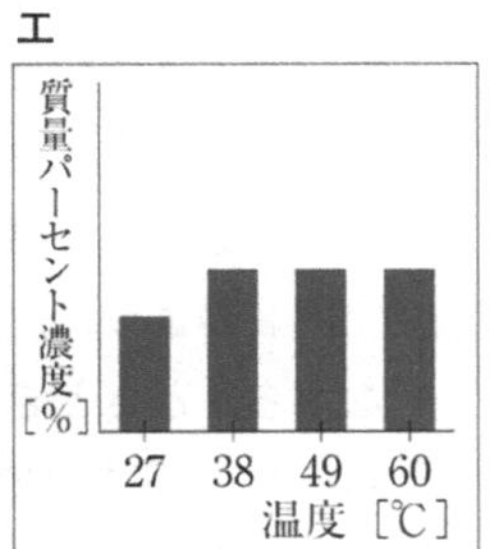

［問３］　**<結果２>**の(1)から，試験管Bの中の様子に変化がなかった理由を，温度の変化と溶解度の変化の関係に着目して，「**<資料>**から，」に続く形で，簡単に書け。

［問４］　**<結果２>**の(2)から，水溶液の溶媒を蒸発させると溶質が得られることが分かった。試験管Bの水溶液の温度が20℃のときと同じ濃度の塩化ナトリウム水溶液が0.35gあった場合，**<資料>**を用いて考えると，溶質を全て固体として取り出すために蒸発させる溶媒の質量として適切なのは，次のうちではどれか。

ア　約0.13g　　**イ**　約0.21g　　**ウ**　約0.25g　　**エ**　約0.35g

6　力学的エネルギーに関する実験について，次の各問に答えよ。
ただし，質量100ｇの物体に働く重力の大きさを１Ｎとする。

＜**実験１**＞を行ったところ，＜**結果１**＞のようになった。

＜**実験１**＞

(1)　図１のように，力学台車と滑車を合わせた質量600ｇの物体を糸でばねばかりにつるし，基準面で静止させ，ばねばかりに印を付けた。その後，ばねばかりをゆっくり一定の速さで水平面に対して垂直上向きに引き，物体を基準面から10cm持ち上げたとき，ばねばかりが示す力の大きさと，印が動いた距離と，移動にかかった時間を調べた。

図１

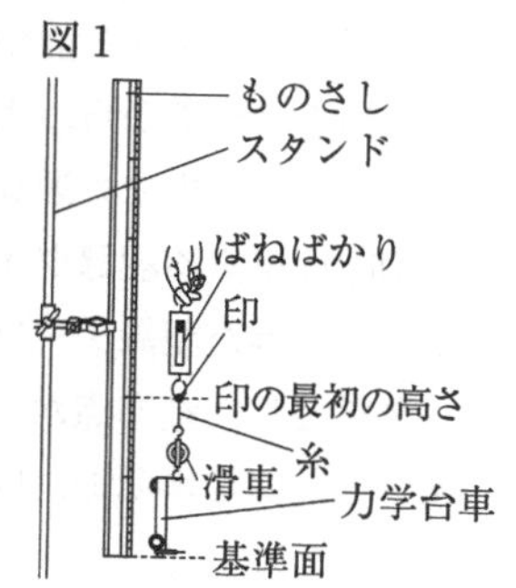

(2)　図２のように，(1)と同じ質量600ｇの物体を，一端を金属の棒に結び付けた糸でばねばかりにつるし，(1)と同じ高さの基準面で静止させ，ばねばかりに印を付けた。その後，ばねばかりをゆっくり一定の速さで水平面に対して垂直上向きに引き，物体を基準面から10cm持ち上げたとき，ばねばかりが示す力の大きさと，印が動いた距離と，移動にかかった時間を調べた。

図２

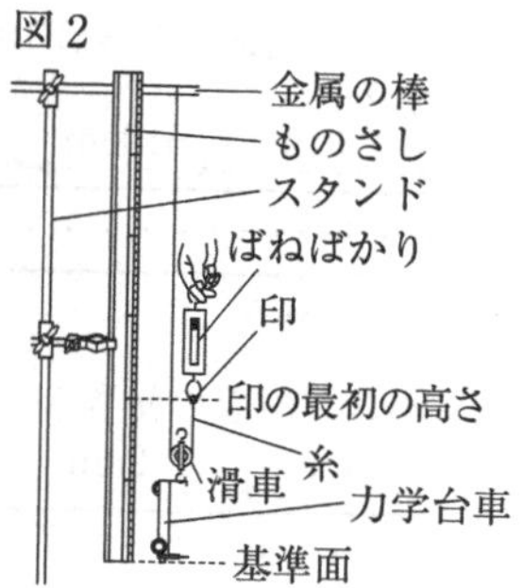

＜**結果１**＞

	ばねばかりが示す力の大きさ〔N〕	印が動いた距離〔cm〕	移動にかかった時間〔s〕
＜**実験１**＞の(1)	6	10	25
＜**実験１**＞の(2)	3	20	45

〔問１〕　＜**結果１**＞から，＜**実験１**＞の(1)で物体を基準面から10cm持ち上げたときに「ばねばかりが糸を引く力」がした仕事の大きさと，＜**実験１**＞の(2)で「ばねばかりが糸を引く力」を作用としたときの反作用とを組み合わせたものとして適切なのは，次の表の**ア**～**エ**のうちではどれか。

	「ばねばかりが糸を引く力」がした仕事の大きさ〔J〕	＜**実験１**＞の(2)で「ばねばかりが糸を引く力」を作用としたときの反作用
ア	0.6	力学台車と滑車を合わせた質量600gの物体に働く重力
イ	6	力学台車と滑車を合わせた質量600gの物体に働く重力
ウ	0.6	糸がばねばかりを引く力
エ	6	糸がばねばかりを引く力

次に，＜**実験２**＞を行ったところ，＜**結果２**＞のようになった。（次のページ）

＜実験２＞

(1)　図３のように，斜面の傾きを10°にし，記録テープを手で支え，力学台車の先端を点Ａの位置にくるように静止させた。

(2)　記録テープから静かに手をはなし，力学台車が動き始めてから，点Ｂの位置にある車止めに当たる直前までの運動を，１秒間に一定間隔で50回打点する記録タイマーで記録テープに記録した。

図３

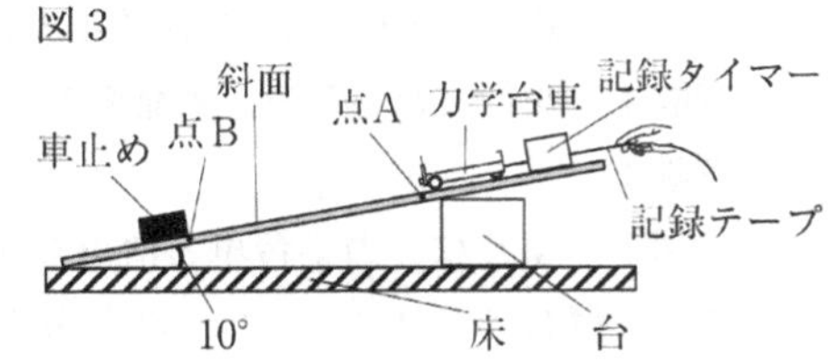

(3)　(2)で得た記録テープの，重なっている打点を用いずに，はっきり区別できる最初の打点を基準点とし，基準点から５打点間隔ごとに長さを測った。

(4)　(1)と同じ場所で，同じ実験器具を使い，斜面の傾きを20°に変えて同じ実験を行った。

＜結果２＞

図４　斜面の傾きが10°のときの記録テープ

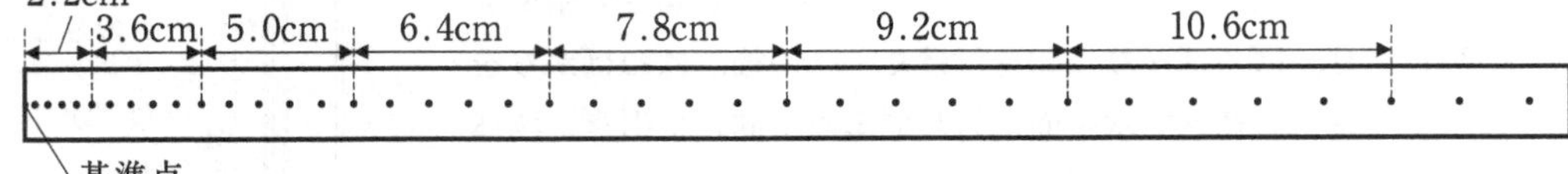

図５　斜面の傾きが20°のときの記録テープ

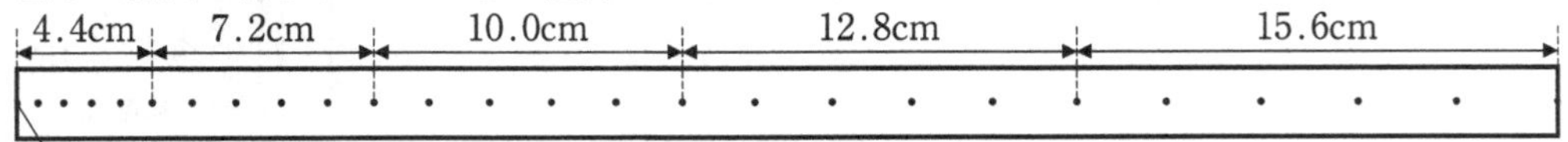

〔問２〕　＜結果２＞から，力学台車の平均の速さについて述べた次の文章の ① と ② にそれぞれ当てはまるものとして適切なのは，下の**ア**～**エ**のうちではどれか。

> ＜実験２＞の(2)で，斜面の傾きが10°のときの記録テープの基準点が打点されてから0.4秒経過するまでの力学台車の平均の速さをＣとすると，Ｃは ① である。また，＜実験２＞の(4)で，斜面の傾きが20°のときの記録テープの基準点が打点されてから0.4秒経過するまでの力学台車の平均の速さをＤとしたとき，ＣとＤの比を最も簡単な整数の比で表すとＣ：Ｄ＝ ② となる。

① **ア**　16cm/s　　**イ**　32cm/s　　**ウ**　43cm/s　　**エ**　64cm/s

② **ア**　1：1　　**イ**　1：2　　**ウ**　2：1　　**エ**　14：15

〔問３〕　＜結果２＞から，＜実験２＞で斜面の傾きを10°から20°にしたとき，点Ａから点Ｂの直前まで斜面を下る力学台車に働く重力の大きさと，力学台車に働く重力を斜面に平行な（沿った）方向と斜面に垂直な方向の二つの力に分解したときの斜面に平行な方向に分解した力の大きさとを述べたものとして適切なのは，次のうちではどれか。

ア　力学台車に働く重力の大きさは変わらず，斜面に平行な分力は大きくなる。

イ　力学台車に働く重力の大きさは大きくなり，斜面に平行な分力も大きくなる。

ウ　力学台車に働く重力の大きさは大きくなるが，斜面に平行な分力は変わらない。

エ　力学台車に働く重力の大きさは変わらず，斜面に平行な分力も変わらない。

〔問4〕 <**実験1**>の位置エネルギーと<**実験2**>の運動エネルギーの大きさについて述べた次の文章の ① と ② にそれぞれ当てはまるものを組み合わせたものとして適切なのは，下の表の**ア**～**エ**のうちではどれか。

<**実験1**>の(1)と(2)で，ばねばかりをゆっくり一定の速さで引きはじめてから25秒経過したときの力学台車の位置エネルギーの大きさを比較すると ① 。

<**実験2**>の(2)と(4)で，力学台車が点Aから点Bの位置にある車止めに当たる直前まで下ったとき，力学台車のもつ運動エネルギーの大きさを比較すると ② 。

	①	②
ア	<**実験1**>の(1)と(2)で等しい	<**実験2**>の(2)と(4)で等しい
イ	<**実験1**>の(1)と(2)で等しい	<**実験2**>の(4)の方が大きい
ウ	<**実験1**>の(1)の方が大きい	<**実験2**>の(2)と(4)で等しい
エ	<**実験1**>の(1)の方が大きい	<**実験2**>の(4)の方が大きい

＜社会＞

時間　50分　　満点　100点

1　次の各問に答えよ。

〔問1〕　次の地形図は，2017年の「国土地理院発行2万5千分の1地形図（取手(とりで)）」の一部を拡大して作成した地形図上に●で示したA点から，B～E点の順に，F点まで移動した経路を太線（━━）で示したものである。次のページの**ア**～**エ**の写真と文は，地形図上のB～E点の**いずれか**の地点の様子を示したものである。地形図上のB～E点のそれぞれに当てはまるのは，次のページの**ア**～**エ**のうちではどれか。

（編集の都合で90％に縮小してあります。）

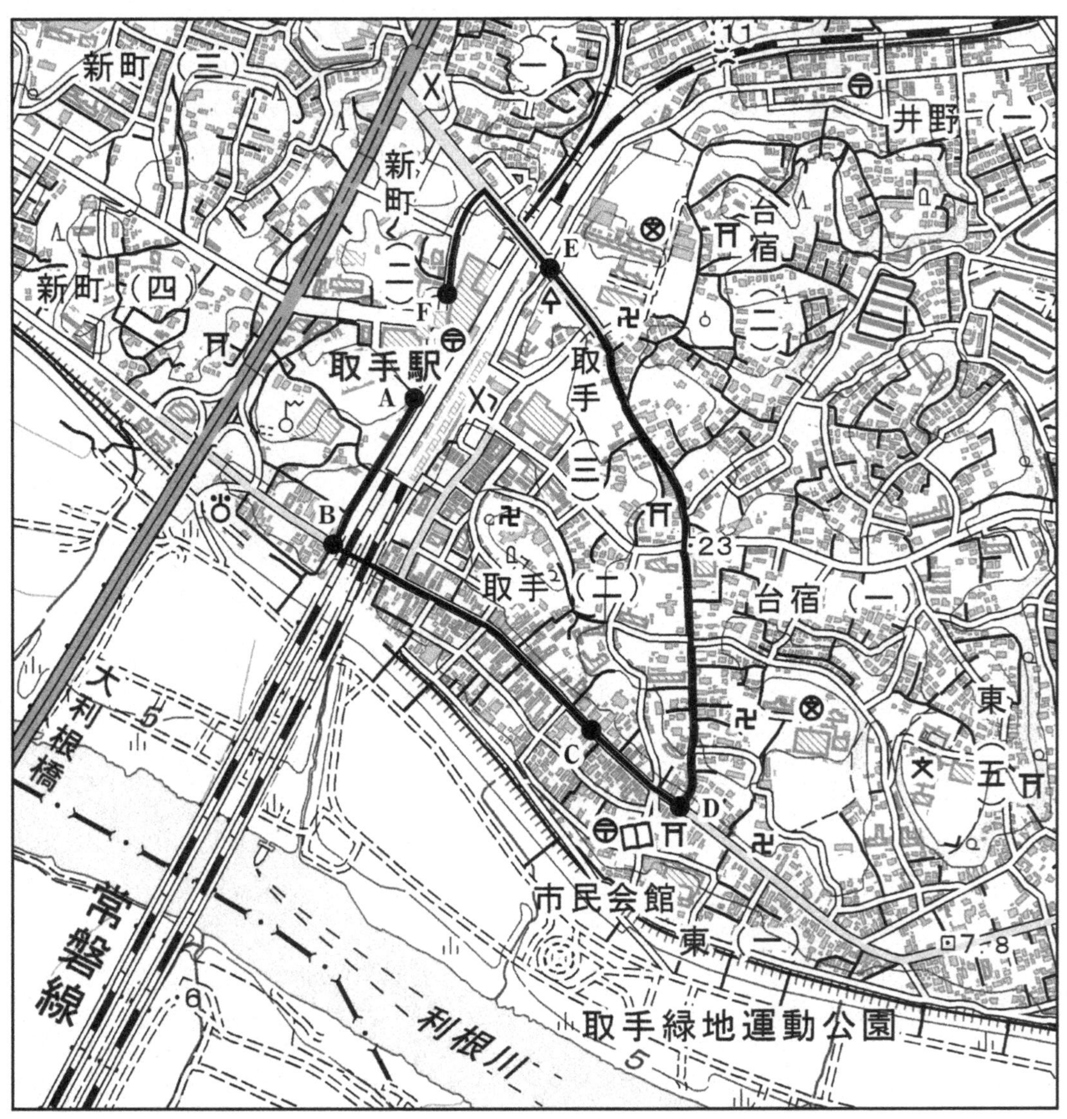

ア

この地点から進行する方向を見ると，鉄道の線路の上に橋が架けられており，道路と鉄道が立体交差していた。

イ

この地点から進行する方向を見ると，道路の上に鉄道の線路が敷設(ふせつ)されており，道路と鉄道が立体交差していた。

ウ

丁字形(ていじけい)の交差点であるこの地点に立ち止まり，進行する方向を見ると，登り坂となっている道の両側に住宅が建ち並んでいた。

エ

直前の地点から約470m進んだこの地点に立ち止まり，北東の方向を見ると，宿場の面影を残す旧取手宿本陣表門(きゅうとりでしゅくほんじんおもてもん)があった。

〔問２〕　次の文で述べている決まりに当てはまるのは，下のア～エのうちのどれか。

> 戦国大名が，領国を支配することを目的に定めたもので，家臣が，勝手に他国から嫁や婿を取ることや他国へ娘を嫁に出すこと，国内に城を築くことなどを禁止した。

ア　御成敗式目(ごせいばいしきもく)　　イ　大宝律令(たいほうりつりょう)　　ウ　武家諸法度(ぶけしょはっと)　　エ　分国法(ぶんこくほう)

〔問３〕　次の文章で述べているものに当てはまるのは，下のア～エのうちのどれか。

> 衆議院の解散による衆議院議員の総選挙後に召集され，召集とともに内閣が総辞職するため，両議院において内閣総理大臣の指名が行われる。会期は，その都度，国会が決定し，２回まで延長することができる。

ア　常会　　イ　臨時会　　ウ　特別会　　エ　参議院の緊急集会

2　次の略地図を見て，あとの各問に答えよ。

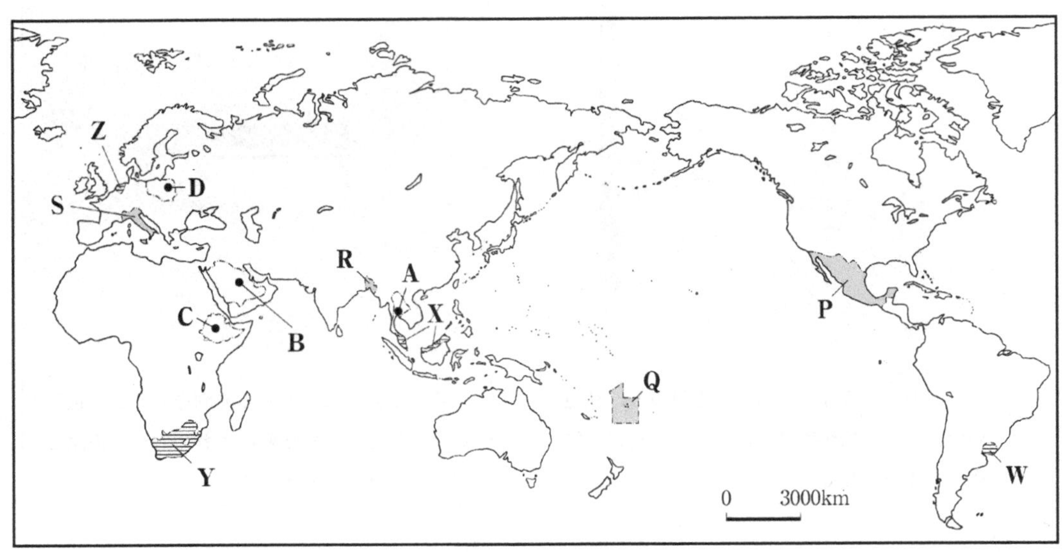

〔問1〕　略地図中のA～Dは，それぞれの国の首都の位置を示したものである。次のIの文章は，略地図中のA～Dの**いずれか**の首都を含む国の自然環境と農業についてまとめたものである。IIの**ア**～**エ**のグラフは，略地図中のA～Dの**いずれか**の首都の，年平均気温と年降水量及び各月の平均気温と降水量を示したものである。Iの文章で述べている国の首都に当てはまるのは，略地図中のA～Dのうちのどれか，また，その首都のグラフに当てはまるのは，IIの**ア**～**エ**のうちのどれか。

I

> 首都は標高約2350mに位置し，各月の平均気温の変化は年間を通して小さい。コーヒー豆の原産地とされており，2019年におけるコーヒー豆の生産量は世界第5位であり，輸出額に占める割合が高く，主要な収入源となっている。

II

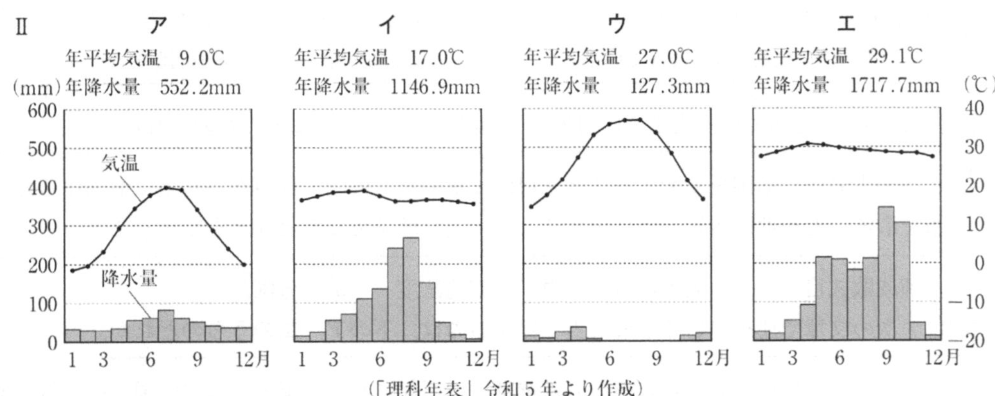

（「理科年表」令和5年より作成）

〔問２〕　次の表の**ア**～**エ**は，前のページの略地図中に　　　で示したＰ～Ｓの**いずれか**の国の，2019年における米，小麦，とうもろこしの生産量，農業と食文化の様子についてまとめたものである。略地図中のＰ～Ｓのそれぞれの国に当てはまるのは，次の表の**ア**～**エ**のうちではどれか。

	米（万ｔ）	小麦（万ｔ）	とうもろこし（万ｔ）	農業と食文化の様子
ア	25	324	2723	○中央部の高原ではとうもろこしの栽培が行われ，北西部ではかんがい農業や牛の放牧が行われている。 ○とうもろこしが主食であり，とうもろこしの粉から作った生地を焼き，具材を挟んだ料理などが食べられている。
イ	149	674	628	○北部の平野では冬季に小麦の栽培が行われ，沿岸部では柑橘（かんきつ）類やオリーブなどの栽培が行われている。 ○小麦が主食であり，小麦粉から作った麺に様々なソースをあわせた料理などが食べられている。
ウ	0.6	－	0.1	○畑ではタロいもなどの栽培が行われ，海岸沿いの平野ではさとうきびなどの栽培が行われている。 ○タロいもが主食であり，バナナの葉に様々な食材と共にタロいもを包んで蒸した料理などが食べられている。
エ	5459	102	357	○河川が形成した低地では雨季の降水などを利用した稲作が行われ，北東部では茶の栽培が行われている。 ○米が主食であり，鶏やヤギの肉と共に牛乳から採れる油を使って米を炊き込んだ料理などが食べられている。

（注）－は，生産量が不明であることを示す。

（「データブック オブ・ザ・ワールド」2022年版などより作成）

〔問３〕　次のⅠとⅡ（次のページ）の表の**ア**～**エ**は，略地図中に　　　で示したＷ～Ｚの**いずれか**の国に当てはまる。Ⅰの表は，2001年と2019年における日本の輸入額，農産物の日本の主な輸入品目と輸入額を示したものである。Ⅱの表は，2001年と2019年における輸出額，輸出額が多い上位３位までの貿易相手国を示したものである。次のページのⅢの文章は，略地図中のＷ～Ｚの**いずれか**の国について述べたものである。Ⅲの文章で述べている国に当てはまるのは，略地図中のＷ～Ｚのうちのどれか，また，ⅠとⅡの表の**ア**～**エ**のうちのどれか。

Ⅰ

		日本の輸入額（百万円）	農産物の日本の主な輸入品目と輸入額（百万円）					
ア	2001年	226492	植物性原材料	18245	ココア	4019	野菜	3722
	2019年	343195	豚肉	17734	チーズ等	12517	植物性原材料	6841
イ	2001年	5538	羊毛	210	米	192	チーズ等	31
	2019年	3017	牛肉	1365	羊毛	400	果実	39
ウ	2001年	338374	とうもろこし	12069	果実	9960	砂糖	5680
	2019年	559098	果実	7904	植物性原材料	2205	野菜	2118
エ	2001年	1561324	パーム油	14952	植物性原材料	2110	天然ゴム	2055
	2019年	1926305	パーム油	36040	植物性原材料	15534	ココア	15390

（財務省「貿易統計」より作成）

Ⅱ

		輸出額（百万ドル）	輸出額が多い上位3位までの貿易相手国		
			1位	2位	3位
ア	2001年	169480	ドイツ	イギリス	ベルギー
	2019年	576785	ドイツ	ベルギー	フランス
イ	2001年	2058	ブラジル	アルゼンチン	アメリカ合衆国
	2019年	7680	中華人民共和国	ブラジル	アメリカ合衆国
ウ	2001年	27928	アメリカ合衆国	イギリス	ドイツ
	2019年	89396	中華人民共和国	ドイツ	アメリカ合衆国
エ	2001年	88005	アメリカ合衆国	シンガポール	日本
	2019年	240212	中華人民共和国	シンガポール	アメリカ合衆国

（国際連合「貿易統計年鑑」2020などより作成）

Ⅲ

　この国では農業の機械化が進んでおり，沿岸部の砂丘では花や野菜が栽培され，ポルダーと呼ばれる干拓地では酪農が行われている。

　2001年と比べて2019年では，日本の輸入額は2倍に届いてはいないが増加し，輸出額は3倍以上となっている。2019年の輸出額は日本に次ぎ世界第5位となっており，輸出額が多い上位3位までの貿易相手国は全て同じ地域の政治・経済統合体の加盟国となっている。

3　次の略地図を見て，あとの各問に答えよ。

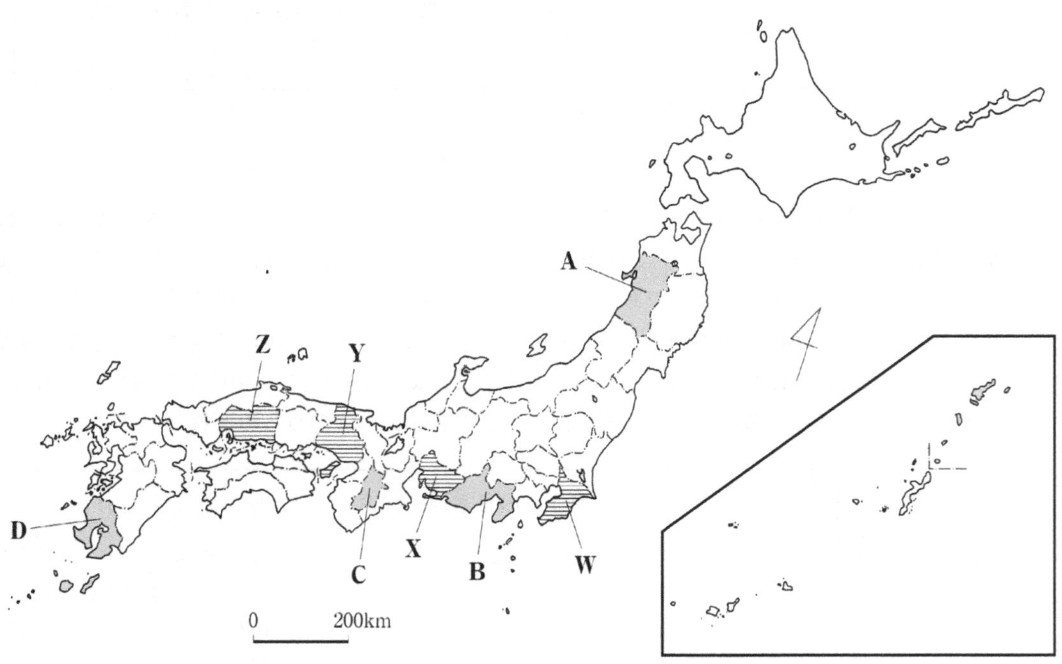

〔問1〕　次のページの表のア～エの文章は，略地図中に▒▒で示した，A～Dのいずれかの県の，自然環境と第一次産業の様子についてまとめたものである。A～Dのそれぞれの県に当てはまるのは，次の表のア～エのうちではどれか。

	自然環境と第一次産業の様子
ア	○南東側の県境付近に位置する山を水源とする河川は，上流部では渓谷を蛇行しながら北西方向に流れた後，流路を大きく変えて西流し，隣接する県を貫流して海に注いでいる。 ○南東部は，季節風の影響などにより国内有数の多雨地域であり，木材の生育に適していることから，古くから林業が営まれ，高品質な杉などが生産されていることが知られている。
イ	○北側の3000m級の山々が連なる山脈は，南北方向に走っており，東部の半島は，複数の火山が見られる山がちな地域であり，入り組んだ海岸線が見られる。 ○中西部にある台地は，明治時代以降に開拓され，日当たりと水はけがよいことから，国内有数の茶の生産量を誇っており，ブランド茶が生産されていることが知られている。
ウ	○南側の県境付近に位置する山を水源とする河川は，上流部や中流部では，南北方向に連なる山脈と山地の間に位置する盆地を貫流し，下流部では平野を形成して海に注いでいる。 ○南東部にある盆地は，夏に吹く北東の冷涼な風による冷害の影響を受けにくい地形の特徴などがあることから，稲作に適しており，銘柄米が生産されていることが知られている。
エ	○二つの半島に挟まれた湾の中に位置する島や北東側の県境に位置する火山などは，現在でも活動中であり，複数の離島があり，海岸線の距離は約2600kmとなっている。 ○水を通しやすい火山灰などが積もってできた台地が広範囲に分布していることから，牧畜が盛んであり，肉牛などの飼育頭数は国内有数であることが知られている。

〔問２〕 次のⅠの表の**ア**～**エ**は，略地図中に▤で示した**W**～**Z**の**いずれか**の県の，2020年における人口，県庁所在地の人口，他の都道府県への従業・通学者数，製造品出荷額等，製造品出荷額等に占める上位３位の品目と製造品出荷額等に占める割合を示したものである。次のⅡの文章は，Ⅰの表の**ア**～**エ**の**いずれか**の県の工業や人口の様子について述べたものである。Ⅱの文章で述べている県に当てはまるのは，Ⅰの**ア**～**エ**のうちのどれか，また，略地図中の**W**～**Z**のうちのどれか。

Ⅰ

	人口（万人）	県庁所在地の人口（万人）	他の都道府県への従業・通学者数（人）	製造品出荷額等（億円）	製造品出荷額等に占める上位３位の品目と製造品出荷額等に占める割合（％）
ア	628	97	797943	119770	石油・石炭製品(23.1)，化学(17.2)，食料品(13.3)
イ	280	120	26013	89103	輸送用機械(32.8)，鉄鋼(11.2)，生産用機械(9.7)
ウ	547	153	348388	153303	化学（13.6），鉄鋼（11.0），食料品（10.8）
エ	754	233	88668	441162	輸送用機械(53.0)，電気機械(7.7)，鉄鋼(4.9)

（2021年経済センサスなどより作成）

Ⅱ

○湾に面した沿岸部は，1950年代から埋め立て地などに，製油所，製鉄所や火力発電所などが建設されており，国内最大規模の石油コンビナートを有する工業地域となっている。

○中央部及び北西部に人口が集中しており，2020年における人口に占める他の都道府県への従業・通学者数の割合は，１割以上となっている。

〔問3〕　次の資料は，2019年に富山市が発表した「富山市都市マスタープラン」に示された，富山市が目指すコンパクトなまちづくりの基本的な考え方の一部をまとめたものである。資料から読み取れる，将来の富山市における日常生活に必要な機能の利用について，現状と比較し，自宅からの移動方法に着目して，簡単に述べよ。

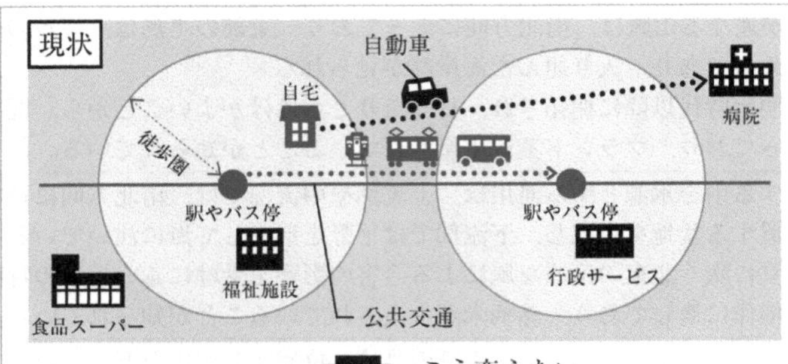

・公共交通のサービス水準が不十分で利用しにくい。
・駅やバス停を中心とした徒歩圏に日常生活に必要な機能がそろっていない。
・自動車を利用しないと生活しづらい。

こう変えたい

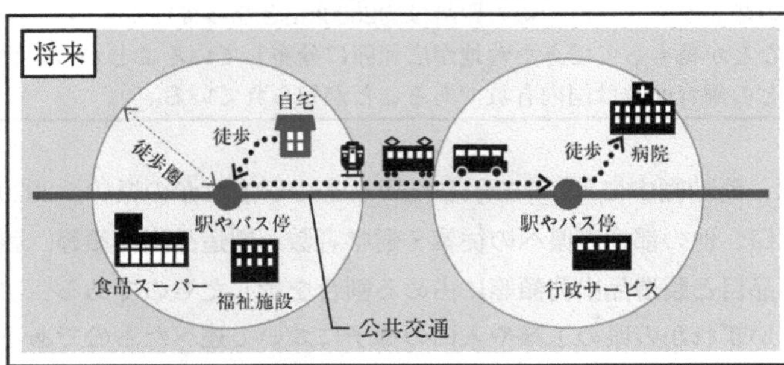

・公共交通のサービス水準が向上して利用しやすい。
・駅やバス停を中心とした徒歩圏に日常生活に必要な機能がそろっている。

（注）
・日常生活に必要な機能とは，行政サービス，福祉施設，病院，食品スーパーである。
・公共交通のサービス水準とは，鉄道・路面電車・バスの運行頻度などである。

（「富山市都市マスタープラン」より作成）

4　次の文章を読み，あとの各問に答えよ。

海上交通は，一度に大量の人や物を輸送することができることから，社会の発展のために重要な役割を果たしてきた。

古代から，各時代の権力者は，(1)周辺の国々へ使節を派遣し，政治制度や文化を取り入れたり，貿易により利益を得たりすることなどを通して，権力の基盤を固めてきた。時代が進むと，商人により，貨幣や多様な物資がもたらされ，堺(さかい)や博多(はかた)などの港が繁栄した。

江戸時代に入り，幕府は海外との貿易を制限するとともに，(2)国内の海上交通を整備し，全国的な規模で物資の輸送を行うようになった。開国後は，(3)諸外国との関わりの中で，産業が発展し，港湾の開発が進められた。

第二次世界大戦後，政府は，経済の復興を掲げ，海上交通の再建を目的に，造船業を支援した。(4)現在でも，外国との貿易の大部分は海上交通が担(にな)い，私たちの生活や産業の発展を支えている。

〔問1〕 (1)周辺の国々へ使節を派遣し，政治制度や文化を取り入れたり，貿易により利益を得たりすることなどを通して，権力の基盤を固めてきた。とあるが，次のア～エは，飛鳥時代から室町時代にかけて，権力者による海外との交流の様子などについて述べたものである。時期の古いものから順に記号を並べよ。

ア　混乱した政治を立て直すことを目的に，都を京都に移し，学問僧として唐へ派遣された最澄が帰国後に開いた密教を許可した。

イ　将軍を補佐する第五代執権として，有力な御家人を退けるとともに，国家が栄えることを願い，宋より来日した禅僧の蘭渓道隆を開山と定め，建長寺を建立した。

ウ　明へ使者を派遣し，明の皇帝から「日本国王」に任命され，勘合を用いて朝貢の形式で行う貿易を開始した。

エ　隋に派遣され，政治制度などについて学んだ留学生を国博士に登用し，大化の改新における政治制度の改革に取り組ませた。

〔問2〕 (2)国内の海上交通を整備し，全国的な規模で物資の輸送を行うようになった。とあるが，次のⅠの文章は，河村瑞賢が，1670年代に幕府に命じられた幕府の領地からの年貢米の輸送について，幕府に提案した内容の一部をまとめたものである。Ⅱの略地図は，Ⅰの文章で述べられている寄港地などの所在地を示したものである。ⅠとⅡの資料を活用し，河村瑞賢が幕府に提案した，幕府の領地からの年貢米の輸送について，輸送経路，寄港地の役割に着目して，簡単に述べよ。

Ⅰ

○陸奥国信夫郡（現在の福島県）などの幕府の領地の年貢米を積んだ船は，荒浜を出航したあと，平潟，那珂湊，銚子，小湊を寄港地とし，江戸に向かう。
○出羽国（現在の山形県）の幕府の領地の年貢米を積んだ船は，酒田を出航したあと，小木，福浦，柴山，温泉津，下関，大阪，大島，方座，安乗，下田を寄港地とし，江戸に向かう。
○寄港地には役人を置き，船の発着の日時や積荷の点検などを行う。

Ⅱ

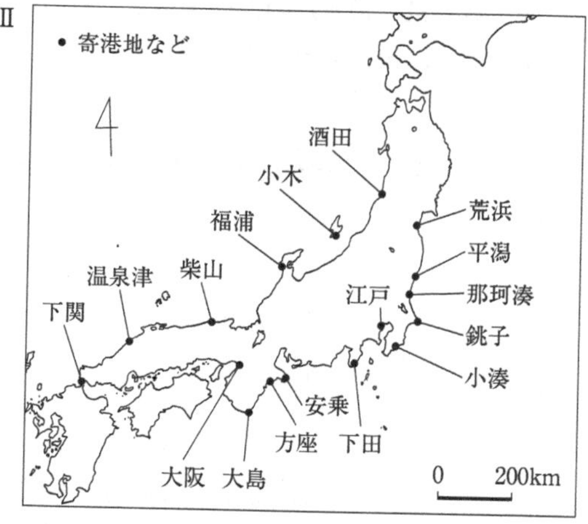

〔問3〕 (3)諸外国との関わりの中で，産業が発展し，港湾の開発が進められた。とあるが，次のページの略年表は，江戸時代から昭和時代にかけての，外交に関する主な出来事についてまとめたものである。略年表中のA～Dのそれぞれの時期に当てはまるのは，後のア～エのうちではどれか。

ア　四日市港は，日英通商航海条約の調印により，治外法権が撤廃され，関税率の一部引き上げが可能になる中で，外国との貿易港として開港場に指定された。

イ　東京港は，関東大震災の復旧工事の一環として，関東大震災の2年後に日の出ふ頭が完成したことにより，大型船の接岸が可能となった。

ウ　函館港は，アメリカ合衆国との間に締結した和親条約により，捕鯨船への薪と水，食糧を補給する港として開港された。

エ　三角港は，西南戦争で荒廃した県内の産業を発展させることを目的に，オランダ人技術者の設計により造成され，西南戦争の10年後に開港された。

西暦	外交に関する主な出来事	
1842	●幕府が天保の薪水給与令を出し，異国船打ち払い令を緩和した。	
		A
1871	●政府が不平等条約改正の交渉などのために，岩倉使節団を欧米に派遣した。	
		B
1889	●大日本帝国憲法が制定され，近代的な政治制度が整えられた。	
		C
1911	●日米新通商航海条約の調印により，関税自主権の回復に成功した。	
		D
1928	●15か国が参加し，パリ不戦条約が調印された。	

〔問４〕　(4)現在でも，外国との貿易の大部分は海上交通が担い，私たちの生活や産業の発展を支えている。とあるが，次のグラフは，1950年から2000年までの，日本の海上貿易量（輸出）と海上貿易量（輸入）の推移を示したものである。グラフ中のA～Dのそれぞれの時期に当てはまるのは，後のア～エのうちではどれか。

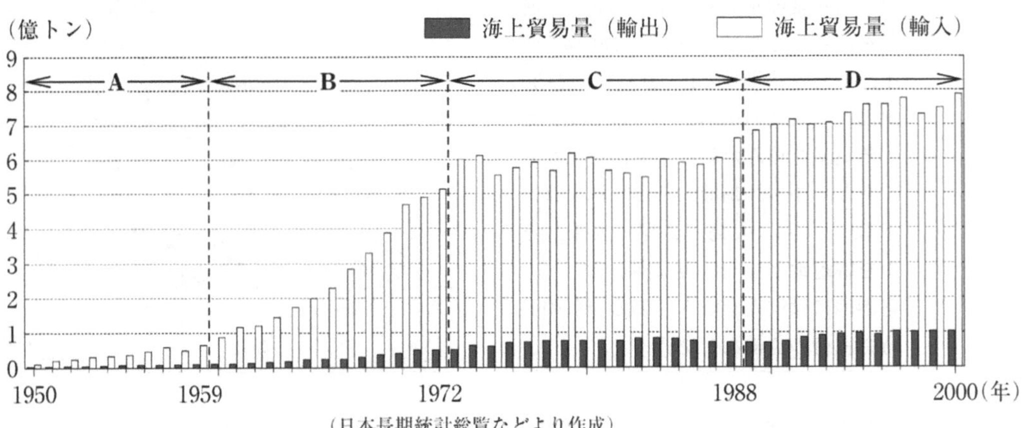

（日本長期統計総覧などより作成）

ア　サンフランシスコ平和条約（講和条約）を結び，国際社会に復帰する中で，海上貿易量は輸出・輸入ともに増加し，特に石油及び鉄鋼原料の需要の増加に伴い，海上貿易量（輸入）の増加が見られた。

イ　エネルギーの供給量において石油が石炭を上回り，海上輸送においてタンカーの大型化が進展する中で，日本初のコンテナ船が就航した他，この時期の最初の年と比較して最後の年では，海上貿易量（輸出）は約４倍に，海上貿易量（輸入）は約６倍に増加した。

ウ　冷たい戦争（冷戦）が終結するとともに，アジアにおいて経済発展を背景にした巨大な海運市場が形成される中で，海上貿易量は輸出・輸入ともに増加傾向にあったが，国内景気の後退や海外生産の増加を要因として，一時的に海上貿易量は輸出・輸入ともに減少が見られた。

エ この時期の前半は二度にわたる石油価格の急激な上昇が，後半はアメリカ合衆国などとの貿易摩擦の問題がそれぞれ見られる中で，前半は海上貿易量（輸出）が増加し，後半は急速な円高により海上貿易量（輸入）は減少から増加傾向に転じた。

5 次の文章を読み，あとの各問に答えよ。

私たちは，家族，学校など様々な集団を形成しながら生活している。(1)一人一人が集団の中で個人として尊重されることが重要であり，日本国憲法においては，基本的人権が保障されている。

集団の中では，考え方の違いなどにより対立が生じた場合，多様な価値観をもつ人々が互いに受け入れられるよう，合意に至る努力をしている。例えば，国権の最高機関である(2)国会では，国の予算の使途や財源について合意を図るため，予算案が審議され，議決されている。

国際社会においても，(3)世界の国々が共存していくために条約を結ぶなど，合意に基づく国際協調を推進することが大切である。

今後も，よりよい社会の実現のために，(4)私たち一人一人が社会の課題に対して自らの考えをもち，他の人たちと協議するなど，社会に参画し，積極的に合意形成に努めることが求められている。

〔問１〕 (1)一人一人が集団の中で個人として尊重されることが重要であり，日本国憲法においては，基本的人権が保障されている。とあるが，基本的人権のうち，平等権を保障する日本国憲法の条文は，次の**ア**～**エ**のうちではどれか。

ア すべて国民は，健康で文化的な最低限度の生活を営む権利を有する。

イ すべて国民は，法の下に平等であつて，人種，信条，性別，社会的身分又は門地により，政治的，経済的又は社会的関係において，差別されない。

ウ 何人も，自己に不利益な供述を強要されない。

エ 何人も，裁判所において裁判を受ける権利を奪はれない。

〔問２〕 (2)国会では，国の予算の使途や財源について合意を図るため，予算案が審議され，議決されている。とあるが，次のページのⅠのグラフは，1989年度と2021年度における我が国の一般会計歳入額及び歳入項目別の割合を示したものである。Ⅰのグラフ中の**A**～**D**は，法人税，公債金，所得税，消費税の**いずれか**に当てはまる。次のページのⅡの文章は，Ⅰのグラフ中の**A**～**D**の**いずれか**について述べたものである。Ⅱの文章で述べている歳入項目に当てはまるのは，Ⅰの**A**～**D**のうちのどれか，また，その歳入項目について述べているのは，後の**ア**～**エ**のうちではどれか。

I
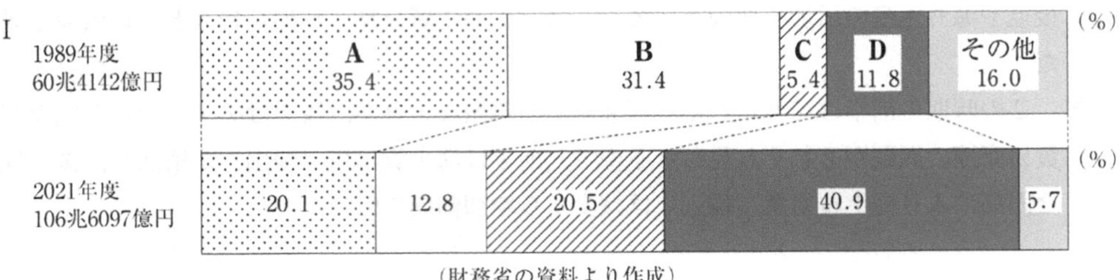

（財務省の資料より作成）

II

> 間接税の一つであり，1989年に国民福祉の充実などに必要な歳入構造の安定化を図るために導入され，その後，段階的に税率が引き上げられた。2021年度の歳入額は20兆円を超え，1989年度に比べて6倍以上となっている。

ア　歳入の不足分を賄うため，借金により調達される収入で，元本の返済や利子の支払いなどにより負担が将来の世代に先送りされる。

イ　給料や商売の利益などに対して課され，主に勤労世代が負担し，税収が景気や人口構成の変化に左右されやすく，負担額は負担者の収入に応じて変化する。

ウ　商品の販売やサービスの提供に対して課され，勤労世代など特定の世代に負担が集中せず，税収が景気や人口構成の変化に左右されにくい。

エ　法人の企業活動により得られる所得に対して課され，税率は他の税とのバランスを図りながら，財政事情や経済情勢等を反映して決定される。

〔問3〕　(3)世界の国々が共存していくために条約を結ぶなど，合意に基づく国際協調を推進することが大切である。とあるが，次のIの文章は，ある国際的な合意について述べたものである。IIの略年表は，1948年から2019年までの，国際社会における合意に関する主な出来事についてまとめたものである。Iの国際的な合意が結ばれた時期に当てはまるのは，IIの略年表中の**ア**～**エ**のうちではどれか。

I

> 地球上の「誰一人取り残さない」ことをスローガンに掲げ，「質の高い教育をみんなに」などの17のゴールと169のターゲットで構成されている。持続可能でよりよい世界を目指し全ての国が取り組むべき国際目標として，国際連合において加盟国の全会一致で採択された。

II

西暦	国際社会における合意に関する主な出来事	
1948	●世界人権宣言が採択された。	**ア**
1976	●国際連合において，児童権利宣言の20周年を記念して，1979年を国際児童年とすることが採択された。	**イ**
1990	●「気候変動に関する政府間パネル」により第一次評価報告書が発表された。	**ウ**
2001	●「極度の貧困と飢餓の撲滅」などを掲げたミレニアム開発目標が設定された。	**エ**
2019	●国際連合において，科学者グループによって起草された「持続可能な開発に関するグローバル・レポート2019」が発行された。	

〔問４〕 (4)私たち一人一人が社会の課題に対して自らの考えをもち，他の人たちと協議するなど，社会に参画し，積極的に合意形成に努めることが求められている。とあるが，次のⅠの文章は，2009年に法務省の法制審議会において取りまとめられた「民法の成年年齢の引下げについての最終報告書」の一部を分かりやすく書き改めたものである。Ⅱの表は，2014年から2018年までに改正された18歳，19歳に関する法律の成立年と主な改正点を示したものである。ⅠとⅡの資料を活用し，Ⅱの表で示された一連の法改正における，国の若年者に対する期待について，主な改正点に着目して，簡単に述べよ。

Ⅰ

○民法の成年年齢を20歳から18歳に引き下げることは，18歳，19歳の者を大人として扱い，社会への参加時期を早めることを意味する。

○18歳以上の者を，大人として処遇することは，若年者が将来の国づくりの中心であるという国としての強い決意を示すことにつながる。

Ⅱ

	成立年	主な改正点
憲法改正国民投票法の一部を改正する法律	2014	投票権年齢を満18歳以上とする。
公職選挙法等の一部を改正する法律	2015	選挙権年齢を満18歳以上とする。
民法の一部を改正する法律	2018	一人で有効な契約をすることができ，父母の親権に服さず自分の住む場所や，進学や就職などの進路について，自分の意思で決めることができるようになる成年年齢を満18歳以上とする。

6 次の文章を読み，あとの各問に答えよ。

国際社会では，人，物，お金や情報が，国境を越えて地球規模で移動するグローバル化が進んでいる。例えば，科学や文化などの面では，(1)これまでも多くの日本人が，研究などを目的に海外に移動し，滞在した国や地域，日本の発展に貢献してきた。また，経済の面では，(2)多くの企業が，世界規模で事業を展開するようになり，一企業の活動が世界的に影響を与えるようになってきた。

地球規模の課題は一層複雑になっており，課題解決のためには，(3)国際連合などにおける国際協調の推進が一層求められている。

〔問１〕 (1)これまでも多くの日本人が，研究などを目的に海外に移動し，滞在した国や地域，日本の発展に貢献してきた。とあるが，次のページの表のア～エは，次のページの略地図中に　　　で示したＡ～Ｄの**いずれか**の国に滞在した日本人の活動などについて述べたものである。略地図中のＡ～Ｄのそれぞれの国に当てはまるのは，後の表のア～エのうちではどれか。

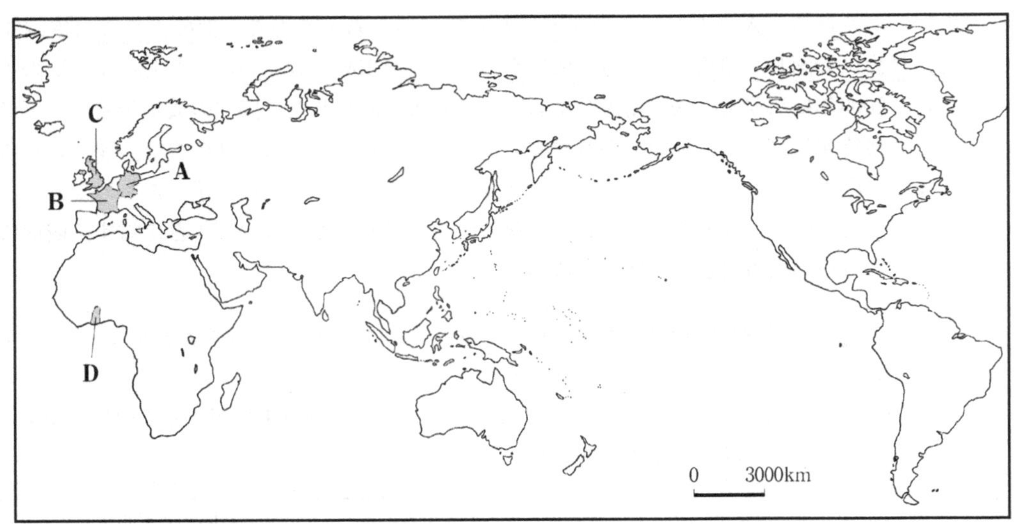

	日本人の活動など
ア	1789年に市民革命が起こったこの国に，1884年から1893年まで留学した黒田清輝（くろだせいき）は，途中から留学目的を洋画研究に変更し，ルーブル美術館で模写をするなどして，絵画の技法を学んだ。帰国後は，展覧会に作品を発表するとともに，後進の育成にも貢献した。
イ	1871年に統一されたこの国に，1884年から1888年まで留学した森鷗外（もりおうがい）は，コレラ菌などを発見したことで知られるコッホ博士などから細菌学を学んだ。帰国後は，この国を舞台とした小説を執筆するなど，文学者としても活躍した。
ウ	1902年に日本と同盟を結んだこの国に，1900年から1903年まで留学した夏目漱石（なつめそうせき）は，シェイクスピアの作品を観劇したり，研究者から英文学の個人指導を受けたりした。帰国後は，作家として多くの作品を発表し，文学者として活躍した。
エ	ギニア湾岸にあるこの国に，1927年から1928年まで滞在した野口英世（のぐちひでよ）は，この国を含めて熱帯地方などに広まっていた黄熱病（おうねつびょう）の原因を調査し，予防法や治療法の研究を行った。功績を記念し，1979年にこの国に野口記念医学研究所が設立された。

〔問２〕 (2)多くの企業が，世界規模で事業を展開するようになり，一企業の活動が世界的に影響を与えるようになってきた。とあるが，次のページのⅠの略年表は，1976年から2016年までの，国際会議に関する主な出来事についてまとめたものである。次のページのⅡの文は，Ⅰの略年表中の**ア**～**エ**の**いずれか**の国際会議について述べたものである。Ⅱの文で述べている国際会議に当てはまるのは，Ⅰの略年表中の**ア**～**エ**のうちのどれか。

Ⅰ

西暦	国際会議に関する主な出来事
1976	●東南アジア諸国連合（ＡＳＥＡＮ）首脳会議がインドネシアで開催された。…………………ア
1993	●アジア太平洋経済協力（ＡＰＥＣ）首脳会議がアメリカ合衆国で開催された。…………………イ
1996	●世界貿易機関（ＷＴＯ）閣僚会議がシンガポールで開催された。
2008	●金融・世界経済に関する首脳会合（Ｇ20サミット）がアメリカ合衆国で開催された。…………ウ
2016	●主要国首脳会議（Ｇ７サミット）が日本で開催された。……………………………………………エ

Ⅱ

アメリカ合衆国に本社がある証券会社の経営破綻などを契機に発生した世界金融危機（世界同時不況，世界同時金融危機）と呼ばれる状況に対処するために，初めて参加国の首脳が集まる会議として開催された。

〔問３〕 (3)国際連合などにおける国際協調の推進が一層求められている。とあるが，次のⅠのグラフ中の**ア**～**エ**は，1945年から2020年までのアジア州，アフリカ州，ヨーロッパ州，南北アメリカ州の**いずれか**の州の国際連合加盟国数の推移を示したものである。Ⅱの文章は，Ⅰのグラフ中の**ア**～**エ**の**いずれか**の州について述べたものである。Ⅱの文章で述べている州に当てはまるのは，Ⅰの**ア**～**エ**のうちのどれか。

Ⅰ

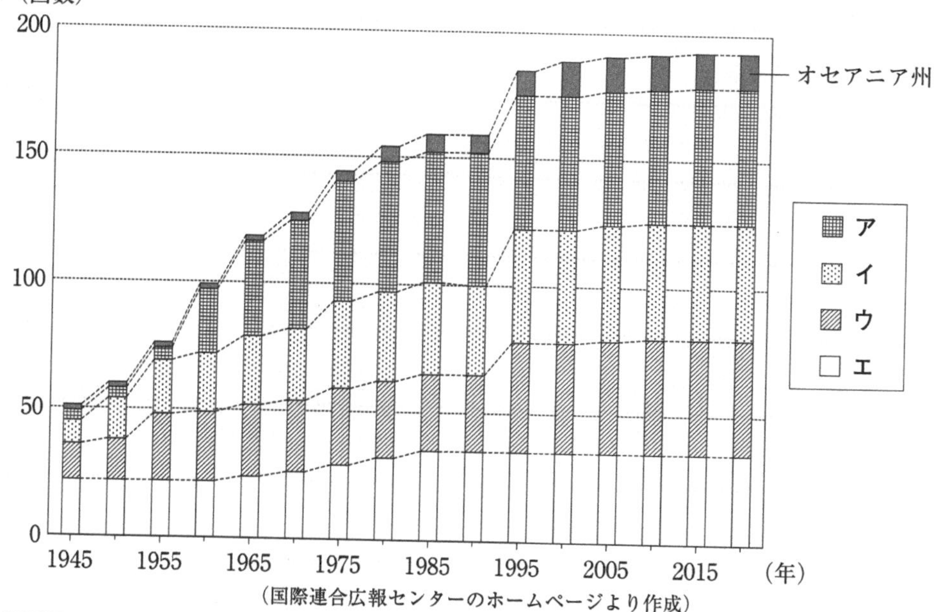

（国際連合広報センターのホームページより作成）

Ⅱ

○国際連合が設立された1945年において，一部の国を除き他国の植民地とされており，民族の分布を考慮しない直線的な境界線が引かれていた。

○国際連合総会で「植民地と人民に独立を付与する宣言」が採択された1960年に，多くの国が独立し，2020年では，50か国を超える国が国際連合に加盟している。

大切なことはメモしておこうネ！

T.G

2024年度

解答と解説

《2024年度の配点は解答用紙集に掲載してあります。》

<理科解答>

1 〔問1〕 エ　〔問2〕 イ　〔問3〕 ウ　〔問4〕 ア　〔問5〕 イ　〔問6〕 エ

2 〔問1〕 ア　〔問2〕 イ　〔問3〕 エ　〔問4〕 ウ

3 〔問1〕 ウ　〔問2〕 2時間ごとに記録した透明半球上の・印のそれぞれの間隔は，どれも等しいため，地球上での太陽の見かけ上の動く速さは一定であることが分かる。
〔問3〕 エ　〔問4〕 ア

4 〔問1〕 イ　〔問2〕 ア　〔問3〕 ウ

5 〔問1〕 イ　〔問2〕 エ　〔問3〕 <資料>から，塩化ナトリウムの溶解度は，温度によってほとんど変化しないものであるため。　〔問4〕 ウ

6 〔問1〕 ウ　〔問2〕 ① ウ　② イ　〔問3〕 ア　〔問4〕 エ

<理科解説>

1 **(小問集合－物質の成り立ち，化学変化と物質の質量：質量保存の法則，電流：オームの法則・電力量，動物の特徴と分類，原子の成り立ちとイオン：原子の構造，気象要素の観測，動物の体のつくりとはたらき)**

〔問1〕 水素，酸素，水は分子として存在する。また，質量保存の法則により，化学変化の前後で，原子の組み合わせは変化するが，原子の種類と数は変化しない。以上により，**水素2分子と酸素1分子が結びついて，水2分子ができるモデル**，エが正解である。

〔問2〕 **電熱線の抵抗の大きさ〔Ω〕$=\frac{6〔V〕}{1.5〔A〕}$**$=4$〔Ω〕である。**電力量〔J〕＝6〔V〕×1.5〔A〕×300〔s〕**＝9.0〔W〕×300〔s〕＝2700〔J〕である。

〔問3〕 **甲殻類はエビ・カニの仲間**であるため無脊椎動物である。よって，魚類，両生類，鳥類が脊椎動物であり，昆虫類と甲殻類が無脊椎動物である。

〔問4〕 原子核はプラスの電気をもつ陽子と，電気をもたない中性子からできているため，**原子核はプラスの電気**をもつ。**電子はマイナスの電気**をもち，ふつうの状態では**陽子の数と等しい。**

〔問5〕 くもりの**天気記号**は◎であり，風向が北東であるため矢は北東の向きにかく。表1より風速が3.0〔m/s〕であるため，表2より風力は2であり，矢ばねは2本である。よって，**天気図記号**はイである。

〔問6〕 ヒトの**ヘモグロビン**は，血液中の赤血球に含まれ，酸素の多いところでは酸素と結び付き，**酸素の少ないところでは酸素をはなす性質**がある。

2 **(自由研究－身近な地形や地層・岩石の観察，地層の重なりと過去の様子，化学変化と物質の質量，化学変化：酸化と還元，光と音：光の屈折，自然界のつり合い)**

〔問1〕 **フズリナは古生代の示準化石**であり，**アンモナイトは中生代の示準化石**であるため，地質年代の古いものは石材aに含まれるフズリナの化石である。石材cに含まれる**サンゴの化石**は，その化石を含む地層が堆積した当時の環境を示す**示相化石**である。

〔問2〕　不純物を含まないクジャク石の粉0.20gを加熱すると，酸化銅0.13gと二酸化炭素と水に分解される。**得られた酸化銅に炭素をよく混ぜ加熱すると，酸化銅が還元されて銅が得られるが，このときの銅の質量を求める。**表2より，**銅の質量〔g〕：加熱して得られる酸化銅の質量〔g〕＝4：5，**である。酸化銅0.13gに含まれる銅の質量をxgとすると，x〔g〕：0.13〔g〕＝4：5，x〔g〕＝0.104〔g〕，である。よって，クジャク石の粉0.20gに含まれる銅の割合は，**0.104〔g〕÷0.20〔g〕×100＝**52〔%〕，より，52%である。

〔問3〕　図2の境界面RをR$_1$とすると，光源装置から出た光が通過するとき**入射角より屈折角が大きくなる境界面は境界面R$_1$**である。厚さを2倍にした直方体のガラスを点線の枠に合わせて入れ替えた場合は，空気側からガラス側に入射して屈折した光を**厚さが2倍になった境界面R$_2$まで光の道筋をまっすぐ延長して，境界面R$_2$で屈折するように作図する**と，直線L上の点Pの位置はTの方向にずれる。

〔問4〕　生態系を構成する生物どうしの数量的な関係は，ピラミッドのような形で表すことができ，**食べられる側の生物の数の方が，食べる側の生物の数よりも多くなる。**生態系Vにおいて生物の数が少ないものから順に並べると，生物w＜x＜y＜z，であるため，図3の③はウの生物yである。

[3]　(天体の動きと地球の自転・公転：透明半球を用いた太陽の日周経路の観察・北極側から見た地球の自転と太陽の方向に対する地上の方位の変化・地軸の傾きと季節の変化及び緯度の高低による夜の長さ)

〔問1〕　太陽が天頂より南側で子午線(天頂と南北を結ぶ線)を通過するときの太陽の高度が**南中高度**である。高度は**観察者の位置(円の中心O)**で地平線から太陽までの角度で表す。

〔問2〕　2時間ごとに記録した透明半球上の・印のそれぞれの間隔は，どれも等しいため，地球上での**太陽の見かけ上の動く速さは一定**であることが分かる。

〔問3〕　地球上では太陽は見かけ上，①東から西に移動して見える。それは，**地球が北極側から見て反時計回り，④図3ではⅡの方向に自転しているため**である。**東の空に太陽が見えるのは，②点M**の位置であり，**西の空に太陽が見えるのは，③点K**の位置である。

〔問4〕　＜観察1＞は夏至の頃であり，＜観察2＞は秋分の頃である。図4より，**日の入りの位置は，＜観察1＞を行った日の方が**＜観察2＞を行った日よりも**北寄り**である。＜結果2＞より，＜観察1＞の(4)でかいた曲線の長さの方が，＜観察2＞の(4)でかいた曲線の長さよりも長いため，**昼の長さは＜観察1＞を行った日の方が**＜観察2＞を行った日よりも**長い**。また，地球が公転面に対して23.4°傾けて公転していることにより，**図5は北極点が太陽の方向に傾いているため，夜の長さはX地点の方がY地点よりも長い。**

[4]　(植物の体のつくりとはたらき：光合成の対照実験・光合成の条件，光の明るさと光合成量・呼吸量の関係，生物と細胞：顕微鏡操作)

〔問1〕　顕微鏡で観察をする準備を行う際に，プレパラートと対物レンズを，最初に，できるだけ近づけるときの手順は，**顕微鏡を横から見ながら，**調節ねじを回してプレパラートと対物レンズを**できるだけ近づける。**対物レンズが20倍で接眼レンズが10倍である顕微鏡の倍率は，20×10＝200〔倍〕，である。

〔問2〕　植物は昼間など，光の当たるときだけ光合成を行うが，呼吸は光が当たるかどうかに関係なく，昼も夜も行われている。よって，左の図は，**光が①十分に当たる**ときであり，植物の**⑤光合成**による**③二酸化炭素**の吸収と**④酸素**の放出が見られるが，右の図の光が②当たらないときには見られない。左右の図に共通して見られる⑥は呼吸であり，④酸素の吸収と③二酸化炭素の放出が見られる。光が強い日中は，光合成によって出入りする気体の量の方が呼吸によって出入りする量より多いため，光が当たると光合成だけが行われているように見える。

〔問3〕 オオカナダモAとオオカナダモBは対照実験を行うために用意されている。<結果>(1)では，オオカナダモの葉AとBの細胞内に緑色の葉緑体を観察できた。<結果>(2)では，表1から，オオカナダモの葉AとBがヨウ素液に反応しなかったことから，光が当たらない場所に2日間置いたため，オオカナダモの葉AとBが作っていたデンプンはすべてなくなっていたことがわかる。<実験>(5)で，オオカナダモAは光が十分に当たる場所に置き，オオカナダモBはそのペトリ皿を光が当たらないようにアルミはくで覆って，Aと同様に光が十分に当たる場所に置いた。3日後，<実験>(7)による<結果>(3)表2から，対照実験を行った結果，光が十分当たる場所に置いたオオカナダモAの葉緑体にのみ，青紫色に染色されたヨウ素液への反応があらわれたことから，光が十分に当たる場所では，オオカナダモの葉の葉緑体で，デンプンが作られることが分かる。

5 (水溶液：溶質と溶媒・飽和水溶液・溶解度曲線の温度変化にともなう水溶液の濃度の変化・溶質の取り出し，水溶液とイオン：電離・電解質と非電解質)

〔問1〕 砂糖を水にとかすと，砂糖水ができる。この場合，砂糖のように，とけている物質を溶質，水のように，溶質をとかす液体を溶媒という。溶質が溶媒にとけた液全体を溶液という。溶媒が水である溶液を水溶液という。ビーカーBの水溶液の溶質である塩化ナトリウムは電解質であるため，蒸留水に溶け，電離する。ビーカーCの水溶液の溶質である砂糖は非電解質であるため，蒸留水に溶けるが，電離しない。

〔問2〕 水100gに物質を溶かして飽和水溶液にしたとき，溶けた溶質の質量〔g〕の値を溶解度という。資料の溶解度曲線は，溶解度と温度との関係を表している。<実験2>(1)では試験管Aに27℃の蒸留水5gと硝酸カリウム3gを入れたが，水溶液の温度による溶質の溶け方の変化について溶解度曲線を用いて考察するには，試験管Aには27℃の蒸留水100gを入れ，同じ濃度になるように硝酸カリウム60gを加えたとして考察する。27℃のときの溶解度は41であるため，溶け残ると考察でき，<実験2>の(1)の結果と一致する。溶解度が60になり，飽和の状態になるのは38℃である。27℃から38℃までは硝酸カリウムが溶ける質量は少しずつ増加するため，質量パーセント濃度〔%〕は増加し，38℃で飽和して濃度は最大になる。38℃から60℃まで水溶液の温度が上昇しても質量パーセント濃度〔%〕は一定である。

〔問3〕 試験管Bの水溶液の温度を27℃から60℃まで上昇させても，その後，27℃，20℃とゆっくり冷やしても，試験管の中の様子に変化がなかったのは，資料から，塩化ナトリウムの溶解度は，温度によってほとんど変化しないものであるためである。

〔問4〕 試験管Bの塩化ナトリウム水溶液の温度が20℃のとき，溶解度は約38であり，溶質である塩化ナトリウムの濃度は，38〔g〕÷(100〔g〕+38〔g〕)×100≒28〔%〕，である。水溶液0.35gのうち，溶質の質量が28%であるため，溶媒である水の質量は72%である。よって，溶質を全て固体として取り出すために蒸発させる溶媒の質量は，0.35〔g〕×0.72≒0.25〔g〕，より，約0.25gである。

6 (力と物体の運動：斜面上での台車の運動，力のつり合いと合成・分解：斜面上の台車に働く力の分解と作用・反作用の法則，力学的エネルギー：位置エネルギーと運動エネルギー，仕事とエネルギー)

〔問1〕 「ばねばかりが糸を引く力」がした仕事の大きさ〔J〕=6〔N〕×0.1〔m〕=0.6〔J〕である。ば

ねばかりが糸に引く力(作用)を加えると，同時に，ばねばかりは糸から大きさが同じで逆向きの引く力(反作用)を受ける。よって，「ばねばかりが糸を引く力」を作用としたときの反作用は，「糸がばねばかりを引く力」である。

〔問2〕 ① 記録タイマーは**1秒間に50回打点するから，0.1秒間に5回打点**する。よって，0.4秒経過するまでの力学台車の平均の速さ〔cm/s〕$=\dfrac{2.2+3.6+5.0+6.4〔\mathrm{cm}〕}{0.4〔\mathrm{s}〕}=43〔\mathrm{cm/s}〕$である。
② 0.4秒経過するまでの力学台車の移動距離は，**斜面の傾き**が図4の10°では17.2cmであり**その速さをC**，図5の**20°**では34.4cmであり**その速さをD**としたとき，同じ時間でDの移動距離はCの2倍であったため，**CとDの比は1：2**である。

〔問3〕 斜面を下る力学台車に働く重力の大きさは変わらない。**斜面の傾きを大きくしていくほど，重力の斜面に平行な分力は大きくなり**，重力の斜面に垂直な分力は小さくなる。

〔問4〕 ① ばねばかりを引きはじめてから25秒経過したときの力学台車の位置エネルギーを比較する。<結果1>**<実験1>の(1)図1**では，力学台車は**基準面から10cmの高さ**であり，**<実験1>の(2)図2**では，糸を引く速さは，動滑車を使った場合は物体を引く力の大きさが半分になるためか，少し大きくなっているが，**25秒間で印が動いた距離は<実験1>の(1)とほぼ同じであると考えると，動滑車を用いたので物体は引いた距離の半分しか上がらないため**，力学台車は**基準面から約5cmの高さ**にしかならない。表のデータからは，一定の速さで45秒間引くと力学台車は基準面から10cmの高さになるので，25秒間では，$\dfrac{10〔\mathrm{cm}〕\times 25〔\mathrm{s}〕}{45〔\mathrm{s}〕}\fallingdotseq 5.6〔\mathrm{cm}〕$，と計算できる。よって，**力学台車の位置エネルギーの大きさは，<実験1>の(1)の方が大きい。** ② **運動エネルギーは**力学台車の速さが速いほど大きく，**〔問2〕から力学台車の速さは斜面の角度が大きい方が速いため，<実験2>の(4)の方が大きい。**

<社会解答>

1 〔問1〕 B イ　C エ　D ウ　E ア　〔問2〕 エ　〔問3〕 ウ

2 〔問1〕 (略地図中のA～D) C　(Ⅱのア～エ) イ　〔問2〕 P ア　Q ウ　R エ　S イ　〔問3〕 (略地図中のW～Z) Z　(ⅠとⅡのア～エ) ア

3 〔問1〕 A ウ　B イ　C ア　D エ　〔問2〕 (Ⅰのア～エ) ア　(略地図中のW～Z) W　〔問3〕 自動車を利用しなくても，公共交通を利用することで，日常生活に必要な機能が利用できる。

4 〔問1〕 エ→ア→イ→ウ　〔問2〕 太平洋のみを通る経路と，日本海と太平洋を通る経路で，寄港地では積荷の点検などを行い，江戸に輸送すること。　〔問3〕 A ウ　B エ　C ア　D イ　〔問4〕 A ア　B イ　C エ　D ウ

5 〔問1〕 イ　〔問2〕 (ⅠのA～D) C　(ア～エ) ウ　〔問3〕 エ　〔問4〕 投票権年齢，選挙権年齢，成年年齢を満18歳以上とし，社会への参加時期を早め，若年者が将来の国づくりの中心として積極的な役割を果たすこと。

6 〔問1〕 A イ　B ア　C ウ　D エ　〔問2〕 ウ　〔問3〕 ア

<社会解説>

1 **(地理的分野―日本地理－地形図の見方，歴史的分野―日本史時代別－鎌倉時代から室町時代，―日本史テーマ別－法律史，公民的分野―国の政治の仕組み)**

〔問1〕 B地点 **地形図**によれば，B地点からC地点に向かうと，すぐに鉄道との立体交差を通過す

る。B地点はイである。　C地点　C地点からD地点の長さは，地形図上では2cm弱である。この地形図の**縮尺**は，2万5千分の1である。それにより，実際の距離を計算すれば，2.0(cm)×25,000＝50,000(cm)＝約500(m)である。説明文の470mとほぼ合致する。C地点はエである。　D地点　D地点は丁(てい)字形の交差点であり，進行する方向には道の両側に住宅地が見られる。D地点はウである。　E地点　E地点からF地点に向かうには，鉄道の上を道路が通る立体交差があるとの説明文があり，地形図と合致する。E地点はアである。

〔問2〕　**中世**から**近世**へ移り変わるころには，**下剋上**の風潮が強まり，実力のあるものが上の者を倒して**戦国大名**へとのし上がって行った。**戦国大名**が，自分の領国を治めるために制定したのが，**分国法**である。分国法の内容としては，家臣の統制など具体的なものが多い。家臣間の争いを禁じた**喧嘩両成敗**の規定が多くの分国法に見られる。分国法としては，今川氏の今川仮名目録，武田氏の甲州法度などが有名である。なお，アの**御成敗式目**は，1232年に鎌倉幕府によって定められたもの，イの**大宝律令**は，701年に朝廷によって定められたもの，ウの**武家諸法度**は江戸時代に幕府によって定められたものである。

〔問3〕　**日本国憲法**第54条によって定められる，**衆議院**の解散による衆議院議員総選挙後の30日以内に召集しなければならない国会を，**特別会**または**特別国会**という。特別国会が召集されると，日本国憲法第67条にあるように，「内閣総理大臣を，国会議員の中から国会の議決で，これを指名する。この指名は，他のすべての案件に先だって，これを行う。」ことになっている。

2　(地理的分野―世界地理－気候・人々のくらし・産業・貿易)

〔問1〕　まず，A～Dの国・都市を確定する。Aはタイの首都バンコク，Bはサウジアラビアの首都リャド，Cはエチオピアの首都アディスアベバ，Dはポーランドの首都ワルシャワである。Ⅰの文章は，「標高2350m」「コーヒーの生産量世界第5位」との記述から，エチオピアの首都アディスアベバだとわかる。解答はCである。アディスアベバは，**標高**2000m以上の高地にあるため，年間を通して最高気温25℃前後，最低気温15℃前後である。**降雨量**は**小雨季**(2月～5月)，**大雨季**(6月～9月)，**乾季**(10月～1月)に分かれるが，全体として降雨量は多くはない。Ⅱの中では，イの**雨温図**がアディスアベバを表している。

〔問2〕　まず，P～Sの国を確定する。Pはメキシコ，Qはフィジー，Rはバングラデシュ，Sはイタリアである。アは，「**とうもろこし**が主食であり，(中略)生地に具材を挟んだ料理などが食べられている。」(この料理はトルティーヤである)との記述からPのメキシコであるとわかる。イは，地中海性気候を生かした農業を行うSのイタリアについての説明であるとわかる。冬は気温10度前後で，雨が少なく，夏は気温が高く，雨がほとんど降らないのが，**地中海性気候**の特徴である。地中海沿岸部では，気候を生かして，夏は乾燥に強いオレンジやオリーブやぶどうなどの作物を栽培し，冬は北部を中心に小麦を栽培している。ウは，「**タロイモ**が主食であり」「バナナの葉に様々な食材と共にタロイモを包んで蒸した料理(以下略)」との記述から，Qのフィジーであるとわかる。エは，**雨季**の降水に依存して米を大量に生産し，米を主食とするところから，Rのバングラデシュであるとわかる。上記により，正しい組み合わせは，Pア・Qウ・Rエ・Sイとなる。

〔問3〕　まず，W～Zの国を確定する。Wはウルグアイ，Xはマレーシア，Yは南アフリカ共和国，Zはオランダである。Ⅲの文章の「ポルダー」とは，低湿地の干拓によって造成した土地のことを言い，普通はオランダやベルギーの干拓地のことを指す。したがって，Ⅲの文章で述べている国は，Zのオランダである。また，オランダは，2001年から2019年で輸出額は3倍以上となり，輸出額では世界第5位となっている。輸出相手国は**EU**加盟国が多くを占めている。Ⅰ表・Ⅱ表では，アである。

3 **(地理的分野—日本地理－地形・農林水産業・気候・工業・交通)**

〔問1〕 まず，A～Dの県を確定する。Aは秋田県，Bは静岡県，Cは奈良県，Dは鹿児島県である。次にア～エの県を確定する。アは，「国内有数の多雨地域」「古くから林業が営まれ，高品質な杉などが生産されている」等の文から，吉野杉の産地であるCの奈良県であるとわかる。イは，「北側の3000m級の山々」が**南アルプス**を指すところから，静岡県であるとわかる。また，「国内有数の茶の生産量」との記述からも，イが静岡県であるとわかる。ウは，文中の河川が秋田県の雄物川を指す。日本海側に位置するため，夏の「**やませ**」による冷害の影響を受けにくく，「あきたこまち」等の**銘柄米**が生産されていることから，秋田県であることがわかる。エは，二つの半島が大隅半島と薩摩半島であり，この二つの半島に囲まれているのが**活火山**の桜島である。**牧畜**が盛んであることからも，エが鹿児島県であることがわかる。上記により，正しい組み合わせは，Aウ・Bイ・Cア・Dエとなる。

〔問2〕 まず，W～Zの県を確定する。Wは千葉県，Xは愛知県，Yは兵庫県，Zは広島県である。ア～エのうち，人口に占める他の都道府県への従業・通学者の割合が1割以上となっているのは，アの千葉県である。また，国内最大規模の**石油コンビナート**を有するのは，京葉工業地域の千葉県である。Ⅱの文章に当てはまるのは，アである。千葉県は，上記で明らかなように，略地図中のW～Zのうち，Wに当たる。

〔問3〕 徒歩で利用できるところに，食品スーパー・福祉施設等の機能をそろえ，また，徒歩圏外のところでも，自動車でなく，電車やバスなどの**公共交通**を利用して，行政サービス・病院など日常生活に必要な機能が利用できるようになる。上記のような趣旨を簡潔にまとめて解答すればよい。

4 **(歴史的分野—日本史時代別－古墳時代から平安時代・鎌倉時代から室町時代・安土桃山時代から江戸時代・明治時代から現代，—日本史テーマ別－文化史・政治史・経済史・外交史・社会史)**

〔問1〕 ア **桓武天皇**が，混乱した政治を立て直すことを目的に，都を京都に移したのは，794年のことである。 イ **鎌倉幕府**の将軍を補佐する第五代**執権北条時頼**は，有力な御家人を退ける一方，**建長寺**を建立した。建長寺の建立は1253年である。 ウ **室町幕府**の三代将軍**足利義満**が明に使者を派遣し，**勘合貿易**を始めたのは1404年である。 エ **隋**から帰国した留学生を国**博士**とし，645年に始まる**大化改新**の改革に取り組ませたのは，**中大兄皇子**(のちの**天智天皇**)である。したがって，時代の古い順に並べると，エ→ア→イ→ウとなる。

〔問2〕 江戸前期の17世紀に，**河村瑞賢**は奥州荒浜から太平洋のみを通り江戸に至る**東回り航路**と，出羽酒田から日本海・瀬戸内海を通って，太平洋に出て江戸に至る**西回り航路**の両者を整えた。寄港地では積荷の点検などを行い，**年貢米**や各地の特産品を江戸に輸送することを実現した。以上の趣旨を簡潔にまとめて記せばよい。

〔問3〕 ア 四日市港は**日英通商航海条約**により，1899年に開港地に指定された。 イ 東京港では**関東大震災後**に復旧工事が行われ，震災の2年後の1925年に日の出ふ頭が完成した。 ウ 函館港は**日米和親条約**により1854年に開港され，薪・水・食糧の補給地となった。 エ 熊本の三角港は，**西南戦争**10年後の1887年にオランダ人技術者の設計により造成され，開港された。よって，略年表と照らし合わせれば，Aウ・Bエ・Cア・Dイとなる。

〔問4〕 ア 1951年に**サンフランシスコ平和条約**が結ばれ，特に海上貿易(輸入)の増加がみられた。 イ エネルギー源が**石炭**から**石油**へ転換する**エネルギー革命**が起こったのは1950年代以降である。 ウ 米ソ首脳が**マルタ島**で会談し，**冷戦終結**を宣言したのが，1989年のことであり，一時的に海上貿易量の減少がみられた。 エ 二度にわたる石油価格の急激な上昇とは，1973年の第一次石油危機と1979年の**第二次石油危機**のことを指す。この時期には海上貿易量の増加がみられた。したがって，正しい組み合わせは，Aア・Bイ・Cエ・Dウとなる。

5 (公民的分野―基本的人権・財政・国際社会との関わり・民主主義)

〔問1〕 アは，**日本国憲法**第25条の条文であり，**社会権**の中の**生存権**である。ウは，憲法第38条の条文であり，**自由権**の中の**身体の自由**である。エは，憲法第32条の条文であり，**請求権**である。残されたイが，憲法第14条に示された**平等権**である。

〔問2〕 ⅠのAは**法人税**，Bが**所得税**，Cが**消費税**，Dが**公債金**である。Ⅱの文章で説明されているのは消費税であり，Cである。また，ア・イ・ウ・エのうち，アは公債金，イは所得税，エは法人税についての説明である。消費税を正しく説明しているのは，ウである。消費税は，1989年に導入された。**3%→5%→8%→10%**と税率が変更されるにしたがって，税収が増えてきた。消費税は，年収が低いほど，税負担の割合が高いという**逆進性**がある。

〔問3〕 2015年にニューヨークで開催された「**国連持続可能な開発に関するサミット**」において採択された世界共通の17の目標が，**持続可能な開発目標(SDGs)**である。目標の例をあげれば「貧困をなくそう」「飢餓をゼロに」「質の高い教育をみんなに」「ジェンダー平等を実現しよう」「エネルギーをみんなに　そしてクリーンに」「気候変動に具体的な対策を」など，世界の様々な問題を根本的に解決し，すべての人たちにとってより良い世界をつくるために設定されたものである。時期はエである。

〔問4〕 **投票権年齢**，**選挙権年齢**，**成年年齢**をそれぞれ満20歳から満18歳以上へと引き下げることにより，政治・社会への参加時期を2年間早めることが実現されてきた。これにより，若年者自らが大人であることを自覚し，自分の考えを持ち，他者と協議し，社会に参画して積極的に合意形成に努め，若年者が将来の国づくりの中心として積極的な役割を果たすことが期待されている。上記のような趣旨のことを簡潔にまとめて解答すればよい。

6 (歴史的分野―日本史時代別－明治時代から現代，―日本史テーマ別－文化史，―世界史－経済史・政治史)

〔問1〕 はじめに，A～Dの国を確定する。Aはドイツ，Bはフランス，Cはイギリス，Dはガーナである。1789年に**市民革命**が起こったのはフランスであり，アの**黒田清輝**は1880年代から1890年代にかけてこの国に留学して，**洋画**を学んだ。1871年に統一されたのはドイツであり，イの**森鷗外**は1884年から1888年まで留学し，**細菌学**を学んだ。1902年に日本と**日英同盟**を結んだのはイギリスであり，ウの**夏目漱石**は1900年から1902年までイギリスに留学し，英文学を学んだ。現在のガーナにあたる西アフリカで，1927年から1928年にかけて，エの**野口英世**は**黄熱病**の研究に努めた。したがって，正しい組み合わせは，Aイ・Bア・Cウ・Dエである。

〔問2〕 2008年9月に，**アメリカ合衆国**の投資銀行である**リーマン・ブラザーズ**が破綻したことに端を発して，**リーマン・ショック**といわれる**世界金融危機**が発生した。日本でも大幅に景気が後退し，**実質経済成長率**はマイナスとなった。リーマンショックに対処するため，同年11月にワシントンで第一回**G20サミット**が開催された。このG20は，各国の**首脳**(大統領・首相・国王・国家主席等)のみが集まる初めての国際会議として開催された。正解はウである。

〔問3〕 19世紀までにヨーロッパ諸国により**植民地**とされていたアフリカ各地で，**第二次世界大戦**後に**独立運動**が活発になり，1960年前後に一斉に独立を達成した。特に1960年は，17か国が独立をし，「**アフリカの年**」といわれる。これらの独立をした国々が**国際連合**に加盟したために，1960年前後はアフリカ州の国々の加盟国数が急激に増えた。Ⅱの文章は，アフリカ州について述べている。Ⅰのグラフのうち，1960年前後に国連加盟国数が急激に増えているのはアであり，アフリカ州がアである。

2024年度英語　リスニングテスト

〔放送台本〕

これから，リスニングテストを行います。リスニングテストは，全て放送による指示で行います。リスニングテストの問題には，問題Aと問題Bの二つがあります。問題Aと，問題Bの＜Question 1＞では，質問に対する答えを選んで，その記号を答えなさい。問題Bの＜Question 2＞では，質問に対する答えを英語で書きなさい。英文とそのあとに出題される質問が，それぞれ全体を通して二回ずつ読まれます。問題用紙の余白にメモをとってもかまいません。答えは全て解答用紙に書きなさい。

〔問題A〕

問題Aは，英語による対話文を聞いて，英語の質問に答えるものです。ここで話される対話文は全部で三つあり，それぞれ質問が一つずつ出題されます。質問に対する答えを選んで，その記号を答えなさい。では，＜対話文1＞を始めます。

Tom: Satomi, I heard you love dogs.
Satomi: Yes, Tom. I have one dog. How about you?
Tom: I have two dogs. They make me happy every day.
Satomi: My dog makes me happy, too. Our friend, Rina also has dogs. I think she has three.
Tom: Oh, really?
Satomi: Yes. I have an idea. Let's take a walk with our dogs this Sunday. How about at four p.m.?
Tom: OK. Let's ask Rina, too. I can't wait for next Sunday.

Question: How many dogs does Tom have?

＜対話文2＞を始めます。

John: Our grandfather will be here soon. How about cooking spaghetti for him, Mary?
Mary: That's a nice idea, John.
John: Good. We can use these tomatoes and onions. Do we need to buy anything?
Mary: We have a lot of vegetables. Oh, we don't have cheese.
John: OK. Let's buy some cheese at the supermarket.
Mary: Yes, let's.
John: Should we buy something to drink, too?
Mary: I bought some juice yesterday. So, we don't have to buy anything to drink.

Question: What will John and Mary buy at the supermarket?

＜対話文3＞を始めます。

Jane: Hi, Bob, what are you going to do this weekend?
Bob: Hi, Jane. I'm going to go to the stadium to watch our school's baseball game on Sunday afternoon.
Jane: Oh, really? I'm going to go to watch it with friends, too. Can we go to the stadium together?
Bob: Sure. Let's meet at Momiji Station. When should we meet?
Jane: The game will start at two p.m. Let's meet at one thirty at the station.
Bob: Well, why don't we eat lunch near the station before then?
Jane: That's good. How about at twelve?
Bob: That's too early.
Jane: OK. Let's meet at the station at one.
Bob: Yes, let's do that.

Question: When will Jane and Bob meet at Momiji Station?
これで問題Aを終わり，問題Bに入ります。

〔英文の訳〕

〔問題A〕

＜対話文1＞

トム　：サトミ，あなたは犬が大好きだと聞きましたよ。
サトミ：はい，トム。私は犬を1匹飼っています。あなたは？
トム　：私は2匹飼っています。彼らは毎日私を幸せにしてくれます。
サトミ：私の犬も私を幸せにしてくれます。友達のリナも犬を飼っています。彼女は3匹飼っていると思います。
トム　：へえ，本当に？
サトミ：はい。考えがあります。この日曜日に一緒に犬を散歩しましょう。午後の4時はどうですか？
トム　：オーケー。リナにも聞きましょう。次の日曜日が待ちきれません。
質問：トムは何匹の犬を飼っていますか？
答え：イ　2匹。

＜対話文2＞

ジョン　：おじいちゃんがもうすぐここに来るよ。彼にスパゲッティを作るのはどうだろう，メアリー？
メアリー：それはいいアイディアね，ジョン。
ジョン　：いいね。このトマトと玉ねぎを使えるね。何か買う必要あるかな？
メアリー：野菜はたくさんあるね。ああ，チーズがないよ。
ジョン　：オーケー。スーパーでチーズを買おう。
メアリー：うん，そうしよう。
ジョン　：何か飲み物も買うべきかな？
メアリー：昨日ジュースを買ったよ。だから飲み物を買う必要はないよ。
質問：ジョンとメアリーはスーパーで何を買いますか？

答え：ウ　チーズ。

<対話文3>

ジェイン：こんにちは，ボブ。この週末は何をするつもりですか？

ボブ　　：こんにちは，ジェイン。日曜日の午後に学校の野球の試合を見にスタジアムに行くつもりです。

ジェイン：あら，本当？　私も友達と一緒に行くつもりです。一緒にスタジアムへ行ってもいいですか？

ボブ　　：もちろん。モミジ駅で会いましょう。いつ会いましょうか？

ジェイン：試合は午後2時に始まります。1時半に駅で会いましょう。

ボブ　　：ええと，その前に駅のそばでランチを食べるのはどうですか？

ジェイン：それはいいですね。12時はどうですか？

ボブ　　：それは早すぎます。

ジェイン：オーケー。じゃあ1時に駅で会いましょう。

ボブ　　：はい，そうしましょう。

質問：ジェインとボブはいつモミジ駅で会いますか？

答え：エ　1時。

〔放送台本〕

〔問題B〕

これから聞く英語は，ある動物園の来園者に向けた説明です。内容に注意して聞きなさい。あとから，英語による質問が二つ出題されます。<Question 1> では，質問に対する答えを選んで，その記号を答えなさい。<Question 2> では，質問に対する答えを英語で書きなさい。なお，<Question 2>のあとに，15 秒程度，答えを書く時間があります。では，始めます。

Good morning everyone. Welcome to Tokyo Chuo Zoo. We have special news for you. We have a new rabbit. It’s two months old. It was in a different room before. But one week ago, we moved it. Now you can see it with other rabbits in “Rabbit House.” You can see the rabbit from eleven a.m. Some rabbits are over one year old. They eat vegetables, but the new rabbit doesn’t.

In our zoo, all the older rabbits have names. But the new one doesn’t. We want you to give it a name. If you think of a good one, get some paper at the information center and write the name on it. Then put the paper into the post box there. Thank you.

<Question 1>　How old is the new rabbit?

<Question 2>　What does the zoo want people to do for the new rabbit?

〔英文の訳〕

〔問題B〕

みなさん，おはようございます。東京中央動物園へようこそ。みなさんに特別なニュースがあります。新しいウサギがいます。生後2か月のウサギです。以前は違う部屋にいました。しかし1週間前に移動しました。「ウサギハウス」で他のウサギと一緒にそのウサギを見ることができます。午前11時からそのウサギを見ることができます。1歳以上のウサギもいます。彼らは野菜を食べますが，その新しいウサギは食べません。

私たちの動物園では全ての年上のウサギには名前があります。しかしその新しいウサギには名前がありません。みなさんにそのウサギに名前をつけてもらいたいです。いい名前を思いついたら，インフォメーションセンターで紙をもらってそれに名前を書いてください。そしてそこにあるポストボックスに紙を入れてください。ありがとうございました。

質問1：新しいウサギは何歳ですか？
答え　：ア　生後2か月。
質問2：動物園は新しいウサギのために人々に何をしてもらいたいですか？
答え　：(例)それに名前をつけること。

大切なことはメモしておこうネ！

東京都公立高等学校

2023年度

★★★★★★★★★★★★★★★★★★★★★★★★

共通問題(理科・社会)

●くわしい解説……29ページ

＜理科＞

時間　50分　　満点　100点

1　次の各問に答えよ。

〔問1〕　次のA～Fの生物を生産者と消費者とに分類したものとして適切なのは，下の表のア～エのうちではどれか。

A　エンドウ　　B　サツマイモ　　C　タカ　　D　ツツジ　　E　バッタ　　F　ミミズ

	生産者	消費者
ア	A，B，D	C，E，F
イ	A，D，F	B，C，E
ウ	A，B，E	C，D，F
エ	B，C，D	A，E，F

〔問2〕　図1の岩石Aと岩石Bのスケッチは，一方が玄武岩であり，もう一方が花こう岩である。岩石Aは岩石Bより全体的に白っぽく，岩石Bは岩石Aより全体的に黒っぽい色をしていた。岩石Aと岩石Bのうち玄武岩であるものと，玄武岩のでき方とを組み合わせたものとして適切なのは，下の表のア～エのうちではどれか。

図1

岩石A

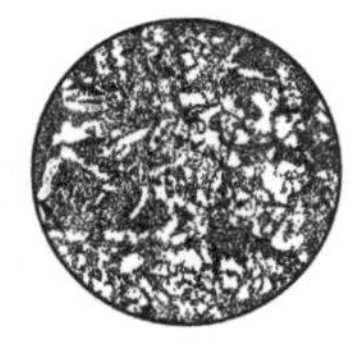

岩石B

	玄武岩	玄武岩のでき方
ア	岩石A	マグマがゆっくりと冷えて固まってできた。
イ	岩石A	マグマが急激に冷えて固まってできた。
ウ	岩石B	マグマがゆっくりと冷えて固まってできた。
エ	岩石B	マグマが急激に冷えて固まってできた。

〔問3〕　図2のガスバーナーに点火し，適正な炎の大きさに調整したが，炎の色から空気が不足していることが分かった。炎の色を青色の適正な状態にする操作として適切なのは，あとのア～エのうちではどれか。

図2

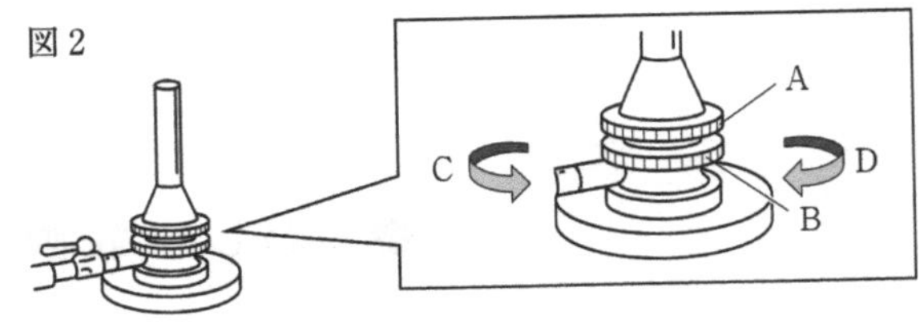

ア　Aのねじを押さえながら，Bのねじを Cの向きに回す。

イ　Aのねじを押さえながら，Bのねじを Dの向きに回す。
ウ　Bのねじを押さえながら，Aのねじを Cの向きに回す。
エ　Bのねじを押さえながら，Aのねじを Dの向きに回す。

〔問4〕 図3のように，凸レンズの二つの焦点を通る一直線上に，物体（光源付き），凸レンズ，スクリーンを置いた。

凸レンズの二つの焦点を通る一直線上で，スクリーンを矢印の向きに動かし，凸レンズに達する前にはっきりと像が映る位置に調整した。図3のA点，B点のうちはっきりと像が映るときのスクリーンの位置と，このときスクリーンに映った像の大きさについて述べたものとを組み合わせたものとして適切なのは，下の表の**ア**～**エ**のうちではどれか。

図3

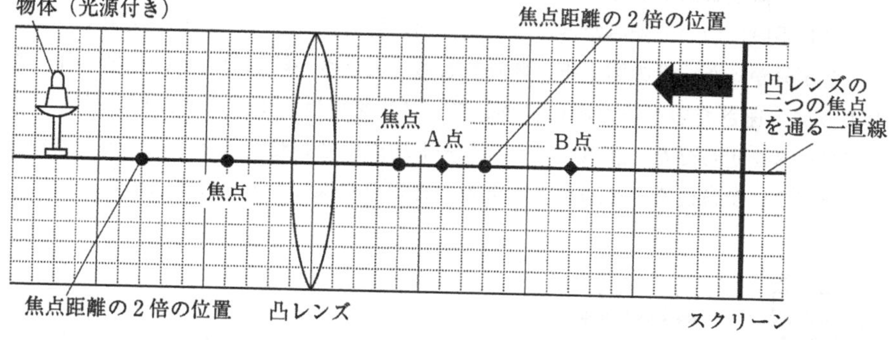

	スクリーンの位置	スクリーンに映った像の大きさについて述べたもの
ア	A点	物体の大きさと比べて，スクリーンに映った像の方が大きい。
イ	A点	物体の大きさと比べて，スクリーンに映った像の方が小さい。
ウ	B点	物体の大きさと比べて，スクリーンに映った像の方が大きい。
エ	B点	物体の大きさと比べて，スクリーンに映った像の方が小さい。

〔問5〕 次のA～Dの物質を化合物と単体とに分類したものとして適切なのは，次の表の**ア**～**エ**のうちではどれか。

A　二酸化炭素
B　水
C　アンモニア
D　酸素

	化合物	単体
ア	A，B，C	D
イ	A，B	C，D
ウ	C，D	A，B
エ	D	A，B，C

〔問6〕 図4はアブラナの花の各部分を外側にあるものからピンセットではがし，スケッチしたものである。図4のA～Dの名称を組み合わせたものとして適切なのは，次のページの表の**ア**～**エ**のうちではどれか。

図4

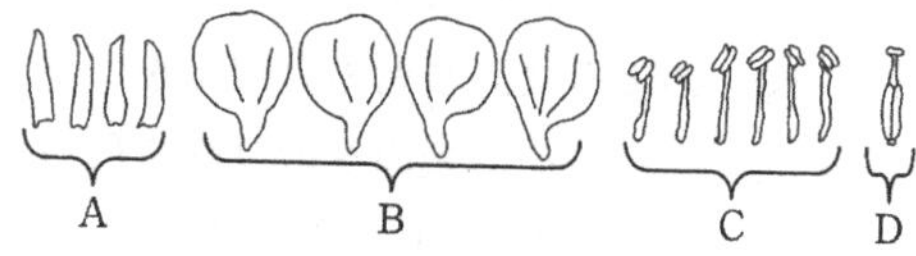

	A	B	C	D
ア	がく	花弁	めしべ	おしべ
イ	がく	花弁	おしべ	めしべ
ウ	花弁	がく	おしべ	めしべ
エ	花弁	がく	めしべ	おしべ

2　生徒が，南極や北極に関して科学的に探究しようと考え，自由研究に取り組んだ。生徒が書いたレポートの一部を読み，次の各問に答えよ。

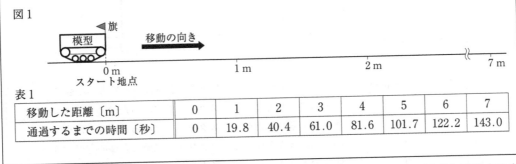

<レポート１>　雪上車について

雪上での移動手段について調べたところ，南極用に設計され，−60℃でも使用できる雪上車があることが分かった。その雪上車に興味をもち，大きさが約40分の１の模型を作った。

図１のように，速さを調べるために模型に旗（◀）を付け，１mごとに目盛りをつけた７mの直線コースを走らせた。旗（◀）をスタート地点に合わせ，模型がスタート地点を出発してから旗（◀）が各目盛りを通過するまでの時間を記録し，表１にまとめた。

図１

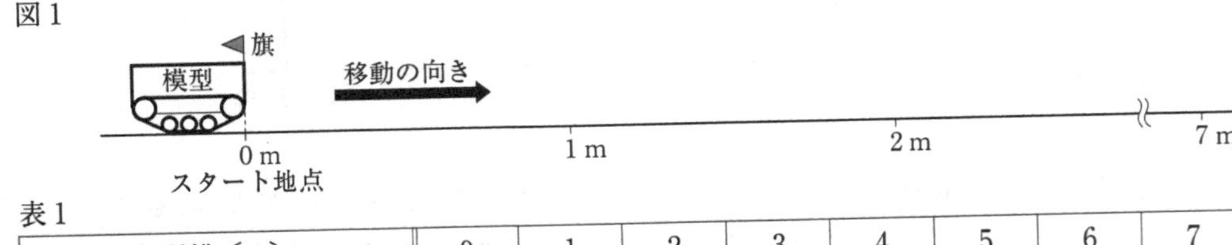

表１

移動した距離〔m〕	0	1	2	3	4	5	6	7
通過するまでの時間〔秒〕	0	19.8	40.4	61.0	81.6	101.7	122.2	143.0

〔問１〕　**<レポート１>**から，模型の旗（◀）が２m地点を通過してから６m地点を通過するまでの平均の速さを計算し，小数第三位を四捨五入したものとして適切なのは，次のうちではどれか。

ア　0.02m／s　　**イ**　0.05m／s　　**ウ**　0.17m／s　　**エ**　0.29m／s

<レポート２>　海氷について

北極圏の海氷について調べたところ，海水が凍ることで生じる海氷は，海面に浮いた状態で存在していることや，海水よりも塩分の濃度が低いことが分かった。海氷ができる過程に興味をもち，食塩水を用いて次のようなモデル実験を行った。

図２のように，３％の食塩水をコップに入れ，液面上部から冷却し凍らせた。凍った部分を取り出し，その表面を取り除き残った部分を二つに分けた。その一つを溶かし食塩の濃度を測定したところ，0.84％であった。また，もう一つを３％の食塩水に入れたところ浮いた。

図２

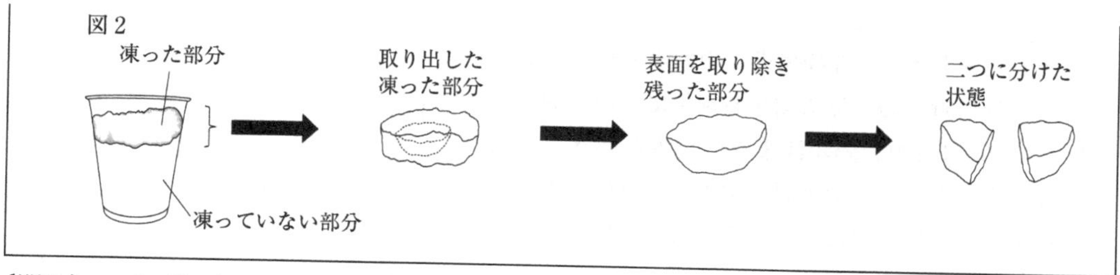

〔問２〕　＜レポート２＞から，「３％の食塩水100ｇに含まれる食塩の量」に対する「凍った部分の表面を取り除き残った部分100ｇに含まれる食塩の量」の割合として適切なのは，下の ① のアとイのうちではどれか。また，「３％の食塩水の密度」と「凍った部分の表面を取り除き残った部分の密度」を比べたときに，密度が大きいものとして適切なのは，下の ② のアとイのうちではどれか。ただし，凍った部分の表面を取り除き残った部分の食塩の濃度は均一であるものとする。

① **ア**　約13%　　　**イ**　約28%

② **ア**　３％の食塩水　　**イ**　凍った部分の表面を取り除き残った部分

＜レポート３＞　生物の発生について

水族館で，南極海に生息している図３のようなナンキョクオキアミの発生に関する展示を見て，生物の発生に興味をもった。発生の観察に適した生物を探していると，近所の池で図４の模式図のようなカエル（ニホンアマガエル）の受精卵を見付けたので持ち帰り，発生の様子をルーペで継続して観察したところ，図５や図６の模式図のように，細胞分裂により細胞数が増えていく様子を観察することができた。なお，図５は細胞数が２個になった直後の胚（はい）を示しており，図６は細胞数が４個になった直後の胚を示している。

図３　図４　図５　図６

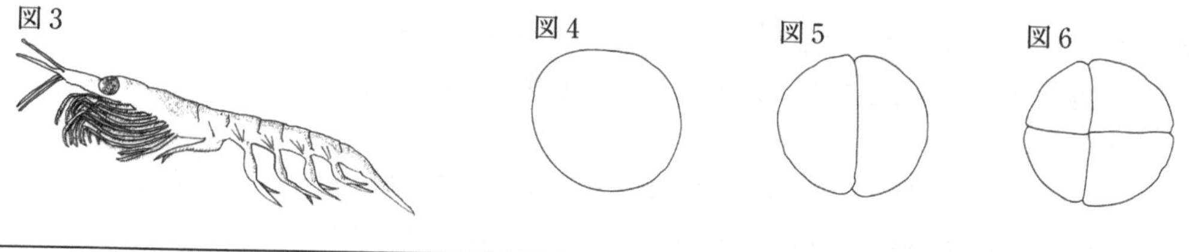

〔問３〕　＜レポート３＞の図４の受精卵の染色体の数を24本とした場合，図５及び図６の胚に含まれる合計の染色体の数として適切なのは，次の表の**ア**～**エ**のうちではどれか。

	図５の胚に含まれる合計の染色体の数	図６の胚に含まれる合計の染色体の数
ア	12本	6本
イ	12本	12本
ウ	48本	48本
エ	48本	96本

<レポート４>　北極付近での太陽の動きについて

北極付近での天体に関する現象について調べたところ，1日中太陽が沈まない現象が起きることが分かった。１日中太陽が沈まない日に北の空を撮影した連続写真には，図７のような様子が記録されていた。

地球の公転軌道を図８のように模式的に表した場合，図７のように記録された連続写真は，図８のＡの位置に地球があるときに撮影されたことが分かった。

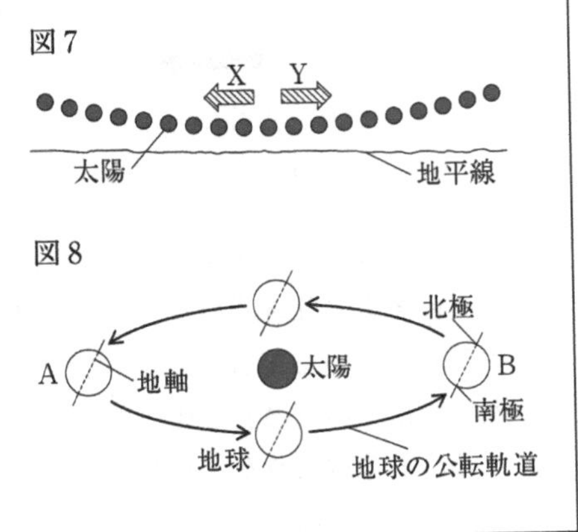

〔問４〕 **<レポート４>**から，図７のＸとＹのうち太陽が見かけ上動いた向きと，図８のＡとＢのうち日本で夏至となる地球の位置とを組み合わせたものとして適切なのは，次の表の**ア～エ**のうちではどれか。

	図７のＸとＹのうち太陽が見かけ上動いた向き	図８のＡとＢのうち日本で夏至となる地球の位置
ア	X	A
イ	X	B
ウ	Y	A
エ	Y	B

３　露点及び雲の発生に関する実験について，次の各問に答えよ。

<実験１>を行ったところ，次のページの**<結果１>**のようになった。

<実験１>

(1)　ある日の午前10時に，あらかじめ実験室の室温と同じ水温にしておいた水を金属製のコップの半分くらいまで入れ，温度計で金属製のコップ内の水温を測定した。

(2)　図１のように，金属製のコップの中に氷水を少しずつ加え，水温が一様になるようにガラス棒でかき混ぜながら，金属製のコップの表面の温度が少しずつ下がるようにした。

(3)　金属製のコップの表面に水滴が付き始めたときの金属製のコップ内の水温を測定した。

(4)　**<実験１>**の(1)～(3)の操作を同じ日の午後６時にも行った。

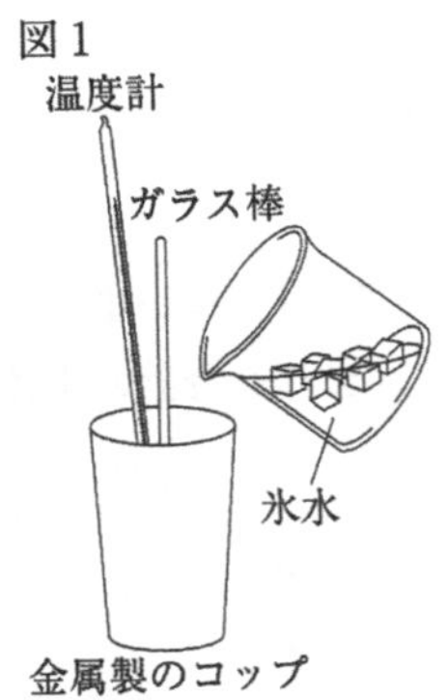

なお，この実験において，金属製のコップ内の水温とコップの表面付近の空気の温度は等しいものとし，同じ時刻における実験室内の湿度は均一であるものとする。

＜結果１＞

	午前10時	午後６時
＜実験１＞の(1)で測定した水温〔℃〕	17.0	17.0
＜実験１＞の(3)で測定した水温〔℃〕	16.2	12.8

〔問１〕 ＜実験１＞の(2)で，金属製のコップの表面の温度が少しずつ下がるようにしたのはなぜか。簡単に書け。

〔問２〕 図２は，気温と飽和水蒸気量の関係をグラフに表したものである。

図２

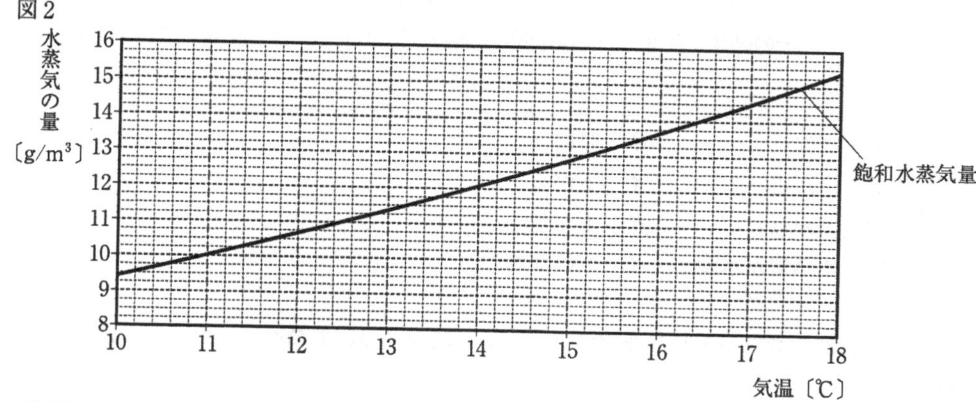

＜結果１＞から，午前10時の湿度として適切なのは，下の ① のアとイのうちではどれか。
また，午前10時と午後６時の実験室内の空気のうち，１m³に含まれる水蒸気の量が多い空気として適切なのは，下の ② のアとイのうちではどれか。

① **ア** 約76%　**イ** 約95%

② **ア** 午前10時の実験室内の空気　**イ** 午後６時の実験室内の空気

次に＜実験２＞を行ったところ，次のページの＜結果２＞のようになった。

＜実験２＞

(1) 丸底フラスコの内部をぬるま湯でぬらし，線香のけむりを少量入れた。

(2) 図３のように，ピストンを押し込んだ状態の大型注射器とデジタル温度計を丸底フラスコに空気がもれないようにつなぎ，装置を組み立てた。

(3) 大型注射器のピストンをすばやく引き，すぐに丸底フラスコ内の様子と丸底フラスコ内の温度の変化を調べた。

(4) ＜実験２＞の(3)の直後，大型注射器のピストンを元の位置まですばやく押し込み，すぐに丸底フラスコ内の様子と丸底フラスコ内の温度の変化を調べた。

図３

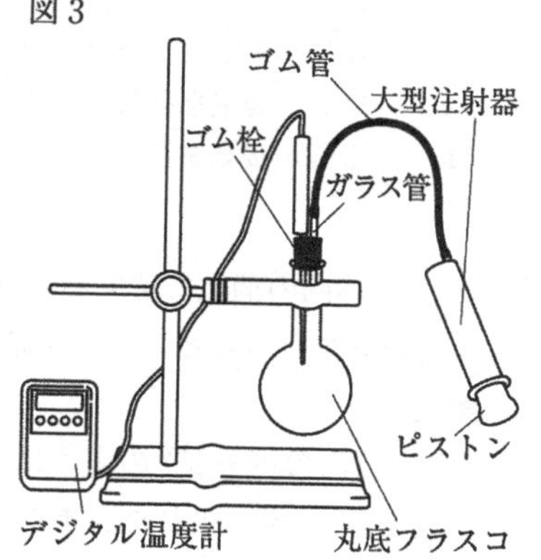

＜結果２＞

	＜実験２＞の(3)の結果	＜実験２＞の(4)の結果
丸底フラスコ内の様子	くもった。	くもりは消えた。
丸底フラスコ内の温度	26.9℃から26.7℃に変化した。	26.7℃から26.9℃に変化した。

〔問３〕 ＜結果２＞から分かることをまとめた次の文章の ① ～ ④ にそれぞれ当てはまるものとして適切なのは，下のアとイのうちではどれか。

> ピストンをすばやく引くと，丸底フラスコ内の空気は ① し丸底フラスコ内の気圧は ② 。その結果，丸底フラスコ内の空気の温度が ③ ，丸底フラスコ内の ④ に変化した。

① ア 膨張　　イ 収縮
② ア 上がる　　イ 下がる
③ ア 上がり　　イ 下がり
④ ア 水蒸気が水滴　　イ 水滴が水蒸気

さらに，自然界で雲が生じる要因の一つである前線について調べ，＜資料＞を得た。

＜資料＞

次の文章は，日本のある場所で寒冷前線が通過したときの気象観測の記録について述べたものである。

> 午前６時から午前９時までの間に，雨が降り始めるとともに気温が急激に下がった。この間，風向は南寄りから北寄りに変わった。

〔問４〕 ＜資料＞から，通過した前線の説明と，前線付近で発達した雲の説明とを組み合わせたものとして適切なのは，次の表のア～エのうちではどれか。

	通過した前線の説明	前線付近で発達した雲の説明
ア	暖気が寒気の上をはい上がる。	広い範囲に長く雨を降らせる雲
イ	暖気が寒気の上をはい上がる。	短時間に強い雨を降らせる雲
ウ	寒気が暖気を押し上げる。	広い範囲に長く雨を降らせる雲
エ	寒気が暖気を押し上げる。	短時間に強い雨を降らせる雲

4 ヒトの体内の消化に関する実験について，次の各問に答えよ。

＜実験＞を行ったところ，＜結果＞のようになった。

＜実験＞

(1) 図１（次のページ）のように，試験管Ａ，試験管Ｂ，試験管Ｃ，試験管Ｄに0.5％のデンプン溶液を５cm^3ずつ入れた。また，試験管Ａ，試験管Ｃには唾液を１cm^3ずつ入れ，試験管Ｂ，試験管Ｄには水を１cm^3ずつ入れた。

(2) 図２（次のページ）のように，試験管Ａ，試験管Ｂ，試験管Ｃ，試験管Ｄを約40℃に保った水に10分間つけた。

⑶　図３のように，試験管Ａ，試験管Ｂにヨウ素液を入れ，10分後，溶液の色の変化を観察した。

⑷　図４のように，試験管Ｃ，試験管Ｄにベネジクト液と沸騰石を入れ，その後，加熱し，１分後，溶液の色の変化を観察した。

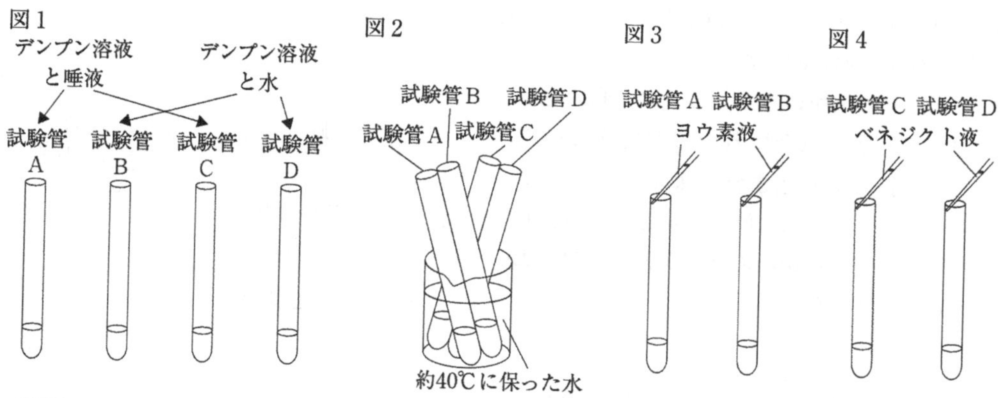

＜結果＞

	試験管Ａ	試験管Ｂ	試験管Ｃ	試験管Ｄ
色の変化	変化しなかった。	青紫色になった。	赤褐色になった。	変化しなかった。

〔問１〕　＜結果＞から分かる唾液のはたらきについて述べたものとして適切なのは，次のうちではどれか。

ア　試験管Ａと試験管Ｂの比較から，唾液にはデンプンをデンプンではないものにするはたらきがあることが分かり，試験管Ｃと試験管Ｄの比較から，唾液にはデンプンをアミノ酸にするはたらきがあることが分かる。

イ　試験管Ａと試験管Ｄの比較から，唾液にはデンプンをデンプンではないものにするはたらきがあることが分かり，試験管Ｂと試験管Ｃの比較から，唾液にはデンプンをアミノ酸にするはたらきがあることが分かる。

ウ　試験管Ａと試験管Ｂの比較から，唾液にはデンプンをデンプンではないものにするはたらきがあることが分かり，試験管Ｃと試験管Ｄの比較から，唾液にはデンプンをブドウ糖がいくつか結合した糖にするはたらきがあることが分かる。

エ　試験管Ａと試験管Ｄの比較から，唾液にはデンプンをデンプンではないものにするはたらきがあることが分かり，試験管Ｂと試験管Ｃの比較から，唾液にはデンプンをブドウ糖がいくつか結合した糖にするはたらきがあることが分かる。

〔問２〕　消化酵素により分解されることで作られた，ブドウ糖，アミノ酸，脂肪酸，モノグリセリドが，ヒトの小腸の柔毛で吸収される様子について述べたものとして適切なのは，あとのうちではどれか。

ア　アミノ酸とモノグリセリドはヒトの小腸の柔毛で吸収されて毛細血管に入り，ブドウ糖と脂肪酸はヒトの小腸の柔毛で吸収された後に結合してリンパ管に入る。

イ　ブドウ糖と脂肪酸はヒトの小腸の柔毛で吸収されて毛細血管に入り，アミノ酸とモノグリセリドはヒトの小腸の柔毛で吸収された後に結合してリンパ管に入る。

ウ　脂肪酸とモノグリセリドはヒトの小腸の柔毛で吸収されて毛細血管に入り，ブドウ糖とアミノ酸はヒトの小腸の柔毛で吸収された後に結合してリンパ管に入る。

エ　ブドウ糖とアミノ酸はヒトの小腸の柔毛で吸収されて毛細血管に入り，脂肪酸とモノグリセリドはヒトの小腸の柔毛で吸収された後に結合してリンパ管に入る。

〔問３〕　図５は，ヒトの体内における血液の循環の経路を模式的に表したものである。図５のAとBの場所のうち，ヒトの小腸の毛細血管から吸収された栄養分の濃度が高い場所と，細胞に取り込まれた栄養分からエネルギーを取り出す際に使う物質とを組み合わせたものとして適切なのは，次の表の**ア**～**エ**のうちではどれか。

図５

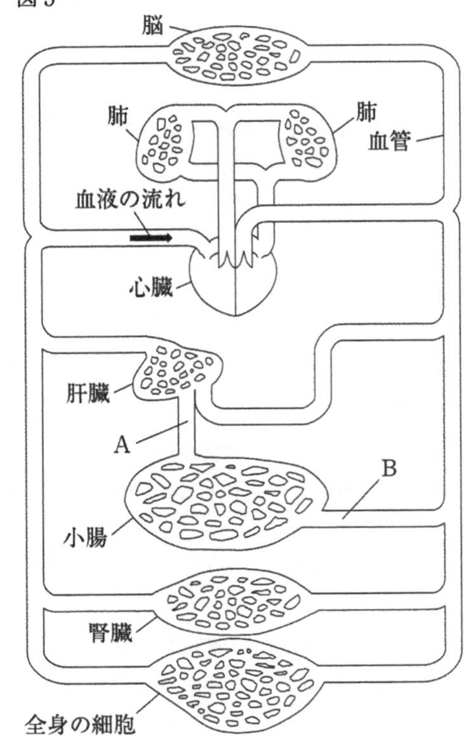

	栄養分の濃度が高い場所	栄養分からエネルギーを取り出す際に使う物質
ア	A	酸素
イ	A	二酸化炭素
ウ	B	酸素
エ	B	二酸化炭素

5　水溶液の実験について，次の各問に答えよ。

＜実験１＞を行ったところ，**＜結果１＞**のようになった。

＜実験１＞

(1)　図１のように，炭素棒，電源装置をつないで装置を作り，ビーカーの中に５％の塩化銅水溶液を入れ，3.5Vの電圧を加えて，３分間電流を流した。

電流を流している間に，電極A，電極B付近の様子などを観察した。

(2)　**＜実験１＞**の(1)の後に，それぞれの電極を蒸留水（精製水）で洗い，電極の様子を観察した。

電極Aに付着した物質をはがし，その物質を薬さじでこすった。

図１

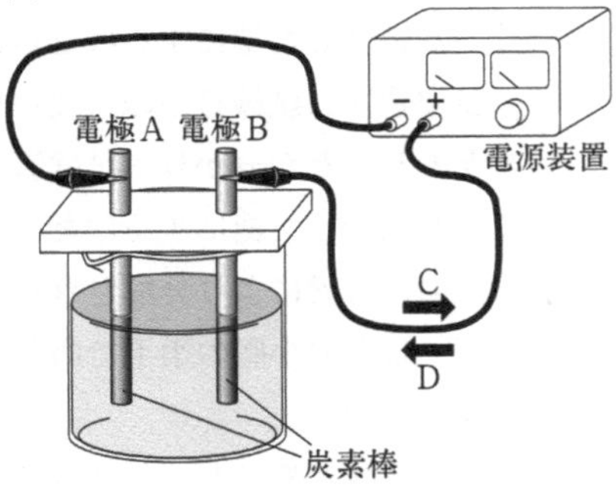

電極A　電極B　電源装置　－　＋　C　D　炭素棒

＜結果１＞

(1)　**＜実験１＞**の(1)では，電極Aに物質が付着し，電極B付近から気体が発生し，刺激臭がした。

(2)　**＜実験１＞**の(2)では，電極Aに赤い物質の付着が見られ，電極Bに変化は見られなかった。

その後，電極Aからはがした赤い物質を薬さじでこすると，金属光沢が見られた。

次に<**実験2**>を行ったところ，<**結果2**>のようになった。

<**実験2**>

(1)　図1のように，炭素棒，電源装置をつないで装置を作り，ビーカーの中に5％の水酸化ナトリウム水溶液を入れ，3.5Vの電圧を加えて，3分間電流を流した。
　電流を流している間に，電極Aとその付近，電極Bとその付近の様子を観察した。

(2)　<**実験2**>の(1)の後，それぞれの電極を蒸留水で洗い，電極の様子を観察した。

<**結果2**>

(1)　<**実験2**>の(1)では，電流を流している間に，電極A付近，電極B付近からそれぞれ気体が発生した。

(2)　<**実験2**>の(2)では，電極A，電極B共に変化は見られなかった。

［問1］　塩化銅が蒸留水に溶けて陽イオンと陰イオンに分かれた様子を表したモデルとして適切なのは，下の**ア**～**オ**のうちではどれか。
　ただし，モデルの●は陽イオン1個，○は陰イオン1個とする。

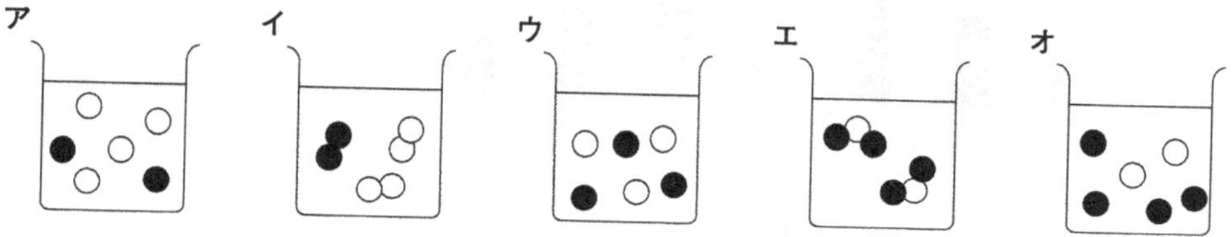

［問2］　<**結果1**>から，電極Aは陽極と陰極のどちらか，また，回路に流れる電流の向きはCとDのどちらかを組み合わせたものとして適切なのは，次の表の**ア**～**エ**のうちではどれか。

	電極A	回路に流れる電流の向き
ア	陽極	C
イ	陽極	D
ウ	陰極	C
エ	陰極	D

［問3］　<**結果1**>の(1)から，電極B付近で生成された物質が発生する仕組みを述べた次の文の ① と ② にそれぞれ当てはまるものを組み合わせたものとして適切なのは，下の表の**ア**～**エ**のうちではどれか。

> 塩化物イオンが電子を ① ，塩素原子になり，塩素原子が ② ，気体として発生した。

	①	②
ア	放出し（失い）	原子1個で
イ	放出し（失い）	2個結び付き，分子になり
ウ	受け取り	原子1個で
エ	受け取り	2個結び付き，分子になり

〔問4〕　<**結果1**>から，電流を流した時間と水溶液中の銅イオンの数の変化の関係を模式的に示した図として適切なのは，下の ① の**ア**～**ウ**のうちではどれか。また，<**結果2**>から，電流を流した時間と水溶液中のナトリウムイオンの数の変化の関係を模式的に示した図として適切なのは，下の ② の**ア**～**ウ**のうちではどれか。

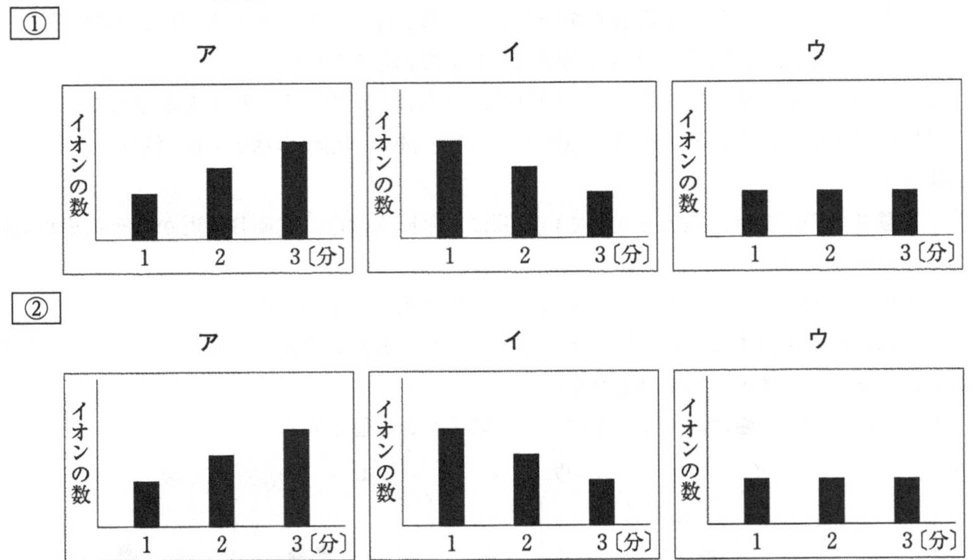

6　電流の実験について，次の各問に答えよ。

<**実験**>を行ったところ，次のページの<**結果**>のようになった。

<**実験**>

(1)　電気抵抗の大きさが5Ωの抵抗器Xと20Ωの抵抗器Y，電源装置，導線，スイッチ，端子，電流計，電圧計を用意した。

(2)　図1のように回路を作った。電圧計で測った電圧の大きさが1.0V，2.0V，3.0V，4.0V，5.0Vになるように電源装置の電圧を変え，回路を流れる電流の大きさを電流計で測定した。

(3)　図2のように回路を作った。電圧計で測った電圧の大きさが1.0V，2.0V，3.0V，4.0V，5.0Vになるように電源装置の電圧を変え，回路を流れる電流の大きさを電流計で測定した。

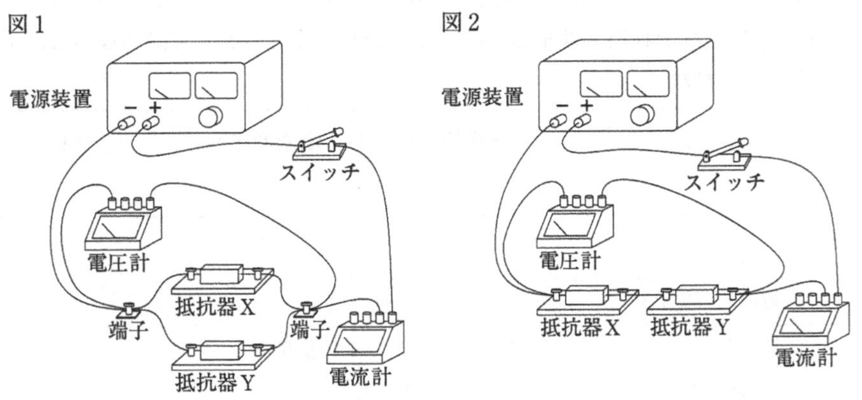

<結果>

<**実験**>の⑵と<**実験**>の⑶で測定した電圧と電流の関係をグラフに表したところ，図3のようになった。

図3

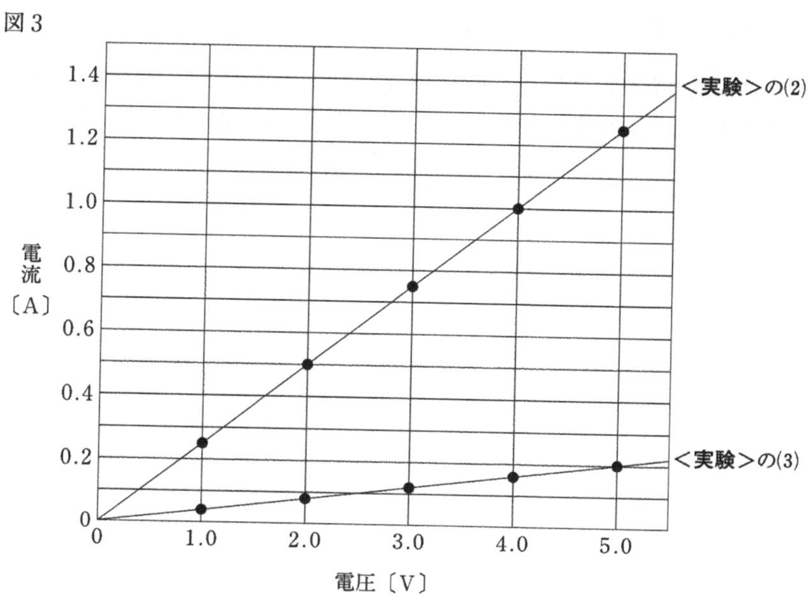

〔問1〕　<**結果**>から，図1の回路の抵抗器Xと抵抗器Yのうち，「電圧の大きさが等しいとき，流れる電流の大きさが大きい方の抵抗器」と，<**結果**>から，図1の回路と図2の回路のうち，「電圧の大きさが等しいとき，流れる電流の大きさが大きい方の回路」とを組み合わせたものとして適切なのは，次の表の**ア**～**エ**のうちではどれか。

	電圧の大きさが等しいとき，流れる電流の大きさが大きい方の抵抗器	電圧の大きさが等しいとき，流れる電流の大きさが大きい方の回路
ア	抵抗器X	図1の回路
イ	抵抗器X	図2の回路
ウ	抵抗器Y	図1の回路
エ	抵抗器Y	図2の回路

〔問2〕　<**結果**>から，次のA，B，Cの抵抗の値の関係を表したものとして適切なのは，下の**ア**～**カ**のうちではどれか。

A　抵抗器Xの抵抗の値

B　抵抗器Xと抵抗器Yを並列につないだ回路全体の抵抗の値

C　抵抗器Xと抵抗器Yを直列につないだ回路全体の抵抗の値

ア　A＜B＜C　　**イ**　A＜C＜B　　**ウ**　B＜A＜C

エ　B＜C＜A　　**オ**　C＜A＜B　　**カ**　C＜B＜A

〔問3〕　<**結果**>から，<**実験**>の⑵において抵抗器Xと抵抗器Yで消費される電力と，<**実験**>の⑶において抵抗器Xと抵抗器Yで消費される電力が等しいときの，図1の回路の抵抗器Xに加わる電圧の大きさをS，図2の回路の抵抗器Xに加わる電圧の大きさをTとしたときに，最も簡単な整数の比でＳ：Ｔを表したものとして適切なのは，次の**ア**～**オ**のうちではどれか。

ア　1：1　**イ**　1：2　**ウ**　2：1　**エ**　2：5　**オ**　4：1

〔問４〕 図２の回路の電力と電力量の関係について述べた次の文の □ に当てはまるものとして適切なのは，下の**ア**～**エ**のうちではどれか。

回路全体の電力を９Ｗとし，電圧を加え電流を２分間流したときの電力量と，回路全体の電力を４Ｗとし，電圧を加え電流を □ 間流したときの電力量は等しい。

ア　2分　**イ**　4分30秒　**ウ**　4分50秒　**エ**　7分

＜社会＞

時間　50分　　満点　100点

1　次の各問に答えよ。

〔問1〕　次の発表用資料は，地域調査を行った神奈川県鎌倉市の亀ヶ谷坂切通周辺の様子をまとめたものである。発表用資料中の＜地形図を基に作成したA点→B点→C点の順に進んだ道の傾斜を模式的に示した図＞に当てはまるのは，次のページのア～エのうちではどれか。

発表用資料

鎌倉の切通を調査する（亀ヶ谷坂切通班）

○調査日　令和4年9月3日（土）　天候　晴れ

○集合場所・時間　北鎌倉駅・午前9時

○調査ルート　＜亀ヶ谷坂切通周辺の地形図＞に示したA点→B点→C点の順に進んだ。

＜亀ヶ谷坂切通の位置＞

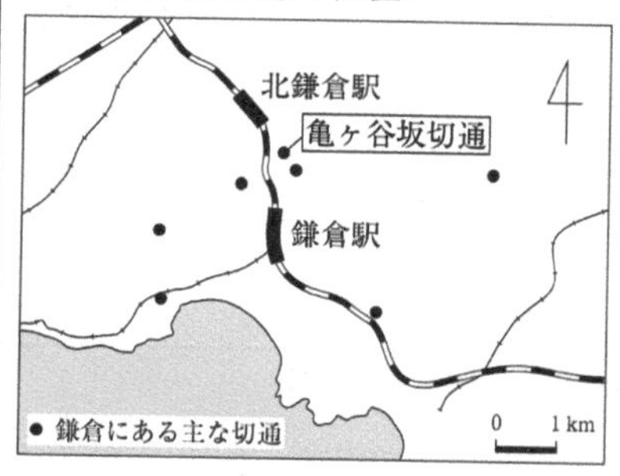

＜亀ヶ谷坂切通周辺の地形図＞

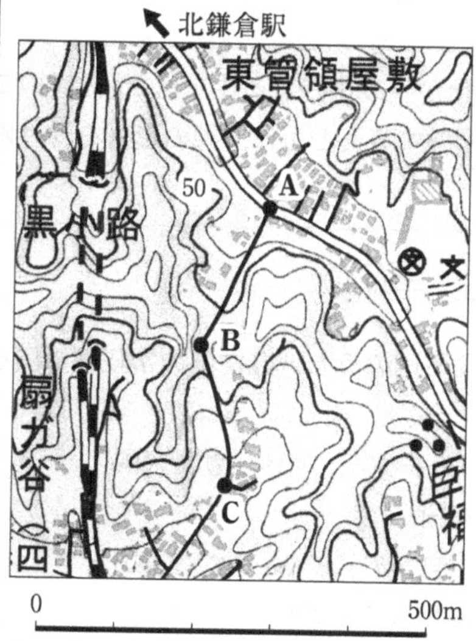

（2016年の「国土地理院発行2万5千分の1地形図（鎌倉）」の一部を拡大して作成）

＜A点，B点，C点　それぞれの付近の様子＞

A点　亀ヶ谷坂切通の方向を示した案内板が設置されていた。

B点　切通と呼ばれる山を削って作られた道なので，地層を見ることができた。

C点　道の両側に住居が建ち並んでいた。

＜B点付近で撮影した写真＞

＜地形図を基に作成したA点→B点→C点の順に進んだ道の傾斜を模式的に示した図＞

<調査を終えて>
○切通は，谷を利用して作られた道で，削る部分を少なくする工夫をしていると感じた。
○道幅が狭かったり，坂道が急であったりしていて，守りが堅い鎌倉を実感することができた。
○徒歩や自転車で通る人が多く，現在でも生活道路として利用されていることが分かった。

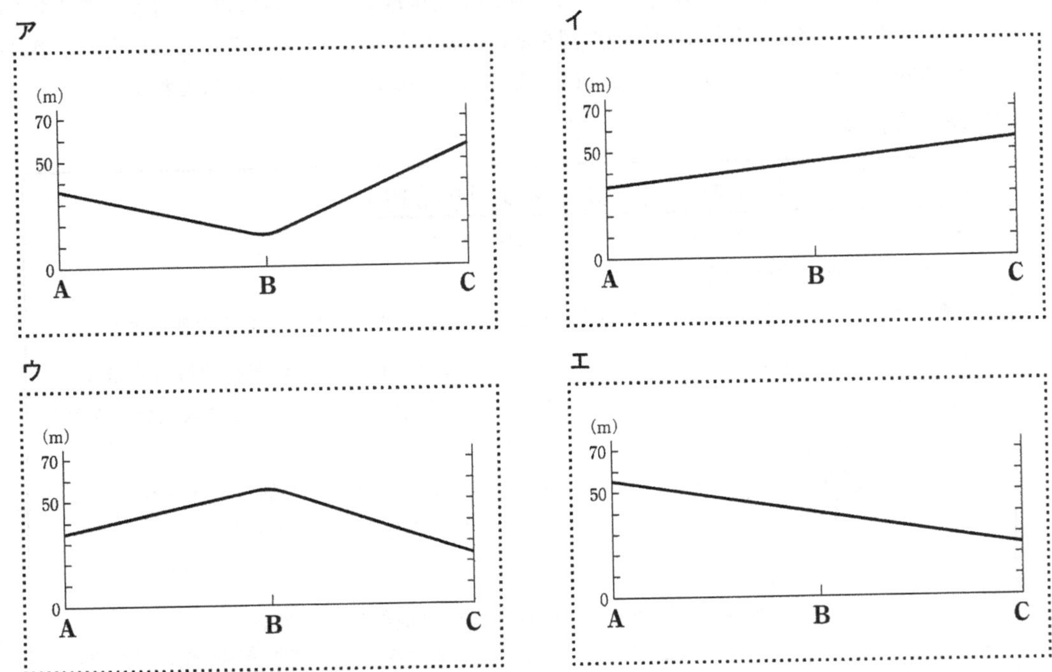

〔問2〕　次の文で述べている人物に当てはまるのは，下の**ア**～**エ**のうちのどれか。

> 大名や都市の豪商の気風を反映した壮大で豪華な文化が生み出される中で，堺（さかい）出身のこの人物は，全国統一を果たした武将に茶の湯の作法を指導するとともに，禅の影響を受けたわび茶を完成させた。

ア　喜多川歌麿（きたがわうたまろ）　**イ**　栄西（えいさい／ようさい）　**ウ**　尾形光琳（おがたこうりん）　**エ**　千利休（せんのりきゅう）

〔問3〕　2022年における国際連合の安全保障理事会を構成する国のうち，5か国の常任理事国を全て示しているのは，次の**ア**～**エ**のうちのどれか。

ア　中華人民共和国，フランス，ロシア連邦（ロシア），イギリス，アメリカ合衆国
イ　インド，フランス，ケニア，イギリス，アメリカ合衆国
ウ　中華人民共和国，ケニア，ノルウェー，ロシア連邦（ロシア），アメリカ合衆国
エ　ブラジル，インド，フランス，ノルウェー，ロシア連邦（ロシア）

2 次の略地図を見て，あとの各問に答えよ。

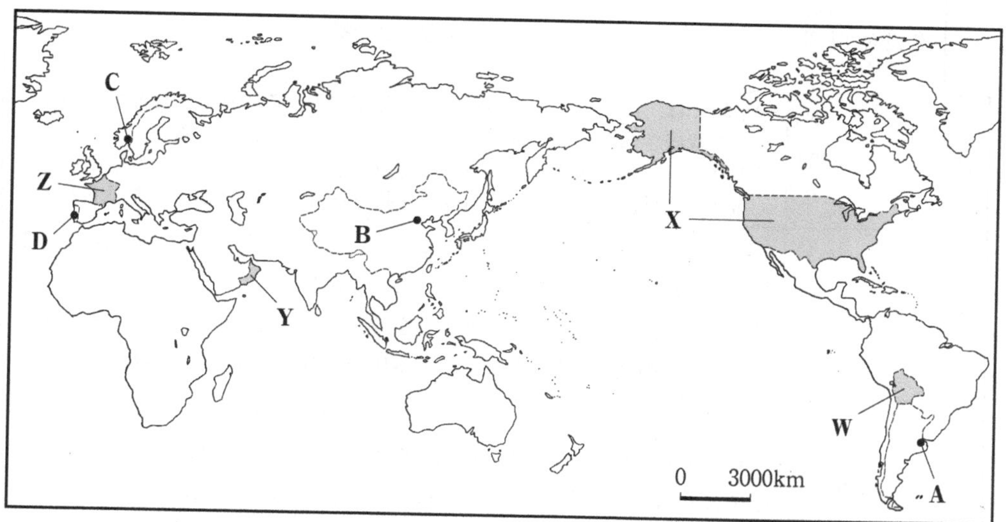

〔問１〕 次のⅠの文章は，略地図中にA～Dで示した**いずれか**の都市の商業などの様子についてまとめたものである。Ⅱの**ア**～**エ**のグラフは，略地図中のA～Dの**いずれか**の都市の，年平均気温と年降水量及び各月の平均気温と降水量を示したものである。Ⅰの文章で述べている都市に当てはまるのは，略地図中のA～Dのうちのどれか，また，その都市のグラフに当てはまるのは，Ⅱの**ア**～**エ**のうちのどれか。

Ⅰ

夏季は高温で乾燥し，冬季は温暖で湿潤となる気候を生かして，ぶどうやオリーブが栽培されている。国産のぶどうやオリーブは加工品として販売され，飲食店では塩漬けにされたタラをオリーブ油で調理した料理などが提供されている。

Ⅱ

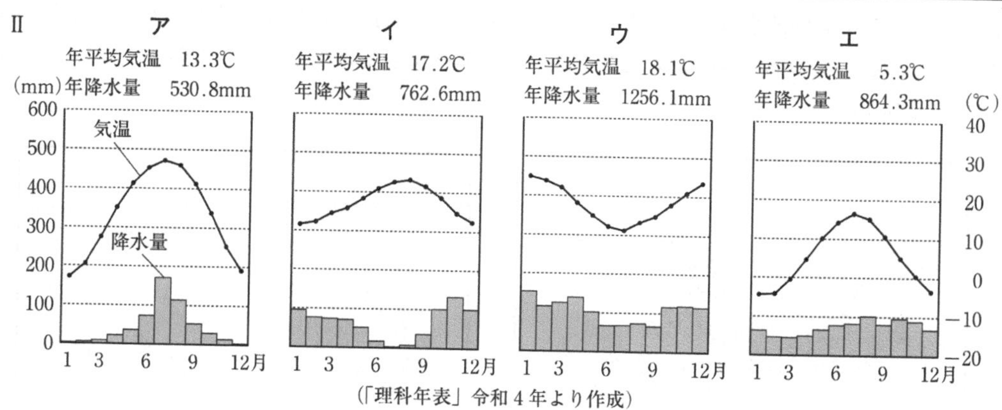

（「理科年表」令和４年より作成）

〔問２〕 次のページの表の**ア**～**エ**は，略地図中に　　で示したW～Zの**いずれか**の国の，2019年における一人当たりの国民総所得，小売業などの様子についてまとめたものである。略地図中のW～Zのそれぞれの国に当てはまるのは，次の表の**ア**～**エ**のうちではどれか。

	一人当たりの国民総所得（ドル）	小売業などの様子
ア	3520	○市場では，ポンチョや強い紫外線を防ぐ帽子，この地方が原産で傾斜地などで栽培された様々な種類のじゃがいもが販売されている。 ○キリスト教徒の割合が最も多く，先住民の伝統的な信仰との結び付きがあり，農耕儀礼などに用いる品々を扱う店舗が立ち並ぶ町並が見られる。
イ	42290	○キリスト教徒（カトリック）の割合が最も多く，基本的に日曜日は非労働日とされており，休業日としている店舗がある。 ○首都には，ガラス製のアーケードを備えた商店街（パサージュ）や，鞄（かばん）や洋服などの世界的なブランド店の本店が立ち並ぶ町並が見られる。
ウ	65910	○高速道路（フリーウエー）が整備されており，道路沿いの巨大なショッピングセンターでは，大量の商品が陳列され，販売されている。 ○多民族国家を形成し，同じ出身地の移民が集まる地域にはそれぞれの国の料理を扱う飲食店や物産品を扱う店舗が立ち並ぶ町並が見られる。
エ	14150	○スークと呼ばれる伝統的な市場では，日用品に加えて，なつめやし，伝統衣装，香料などが販売されている。 ○イスラム教徒の割合が最も多く，断食（だんじき）が行われる期間は，日没後に営業を始める飲食店が立ち並ぶ町並が見られる。

（注）一人当たりの国民総所得とは，一つの国において新たに生み出された価値の総額を人口で割った数値のこと。
（「データブック オブ・ザ・ワールド」2022年版より作成）

〔問３〕　次のⅠの略地図は，2021年における東南アジア諸国連合（ＡＳＥＡＮ（アセアン））加盟国の2001年と比較した日本からの輸出額の増加の様子を数値で示したものである。Ⅱの略地図は，2021年における東南アジア諸国連合（ＡＳＥＡＮ）加盟国の2001年と比較した進出日本企業の増加数を示したものである。次のページのⅢの文章で述べている国に当てはまるのは，次のページのア～エのうちのどれか。

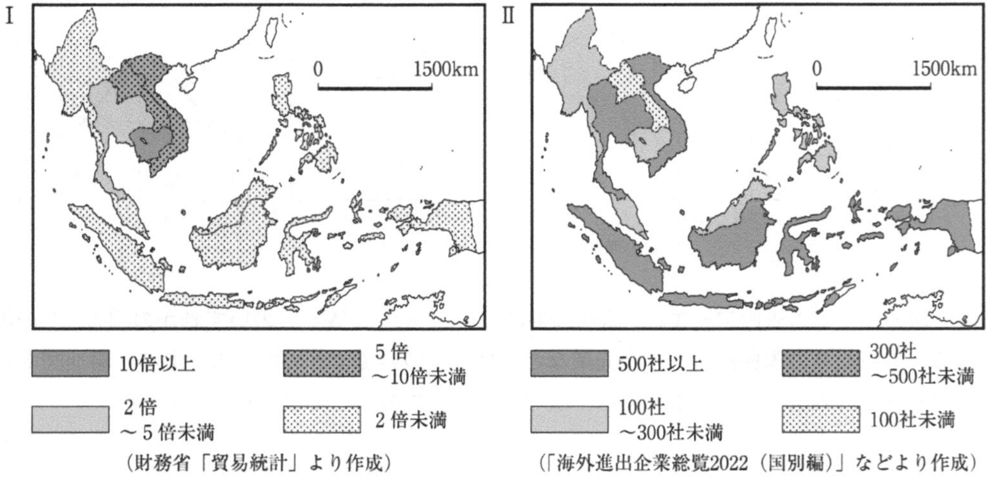

（財務省「貿易統計」より作成）
（「海外進出企業総覧2022（国別編）」などより作成）

Ⅲ

1945年の独立宣言後，国が南北に分離した時代を経て，1976年に統一された。国営企業中心の経済からの転換が図られ，現在では外国企業の進出や民間企業の設立が進んでいる。

2001年に約2164億円であった日本からの輸出額は，2021年には約２兆968億円となり，2001年に179社であった進出日本企業数は，2021年には1143社へと増加しており，日本との結び付きを強めている。首都の近郊には日系の自動車工場が見られ，最大の人口を有する南部の都市には，日系のコンビニエンスストアの出店が増加している。

ア　インドネシア　　イ　ベトナム　　ウ　ラオス　　エ　タイ

3　次の略地図を見て，あとの各問に答えよ。

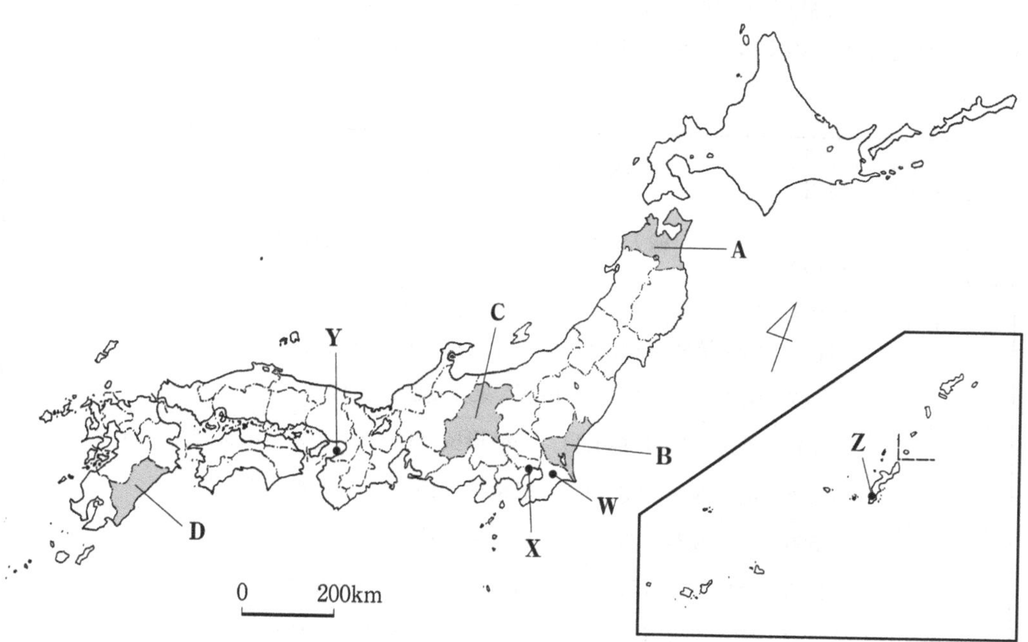

〔問１〕　次の表のア～エの文章は，略地図中に▒で示した，A～Dのいずれかの県の，自然環境と農産物の東京への出荷の様子についてまとめたものである。A～Dのそれぞれの県に当てはまるのは，あとの表のア～エのうちではどれか。

	自然環境と農産物の東京への出荷の様子
ア	○平均標高は1132mで，山脈が南北方向に連なり，フォッサマグナなどの影響によって形成された盆地が複数見られる。 ○東部の高原で他県と比べ時期を遅らせて栽培されるレタスは，明け方に収穫後，その日の正午頃に出荷され，東京まで約５時間かけて主に保冷トラックで輸送されている。
イ	○平均標高は100mで，北西部には山地が位置し，中央部から南西部にかけては河川により形成された平野が見られ，砂丘が広がる南東部には，水はけのよい土壌が分布している。 ○南東部で施設栽培により年間を通して栽培されるピーマンは，明け方に収穫後，その日の午後に出荷され，東京まで約３時間かけてトラックで輸送されている。

ウ	○平均標高は402mで，北西部に山地が位置し，中央部から南部にかけて海岸線に沿って平野が広がっている。 ○平野で施設栽培により年間を通して栽培されるきゅうりは，明け方に収穫後，翌日に出荷され，東京まで１日以上かけてフェリーなどで輸送されている。
エ	○平均標高は226mで，西部には平野が広がり，中央部に位置する火山の南側には水深が深い湖が見られ，東部の平坦な地域は夏季に吹く北東の風の影響で冷涼となることがある。 ○病害虫の影響が少ない東部で栽培されるごぼうは，収穫され冷蔵庫で保管後，発送日の午前中に出荷され，東京まで約10時間かけてトラックで輸送されている。

（国土地理院の資料より作成）

〔問２〕　次の表の**ア**～**エ**は，前のページの略地図中に**W**～**Z**で示した成田国際空港，東京国際空港，関西国際空港，那覇空港の**いずれか**の空港の，2019年における国内線貨物取扱量，輸出額及び輸出額の上位３位の品目と輸出額に占める割合，輸入額及び輸入額の上位３位の品目と輸入額に占める割合を示したものである。略地図中の**X**の空港に当てはまるのは，次の表の**ア**～**エ**のうちのどれか。

	国内線貨物取扱量（t）	輸出額（億円）／輸入額（億円）	輸出額の上位３位の品目と輸出額に占める割合（％）／輸入額の上位３位の品目と輸入額に占める割合（％）
ア	14905	51872	電気機器（44.4），一般機械（17.8），精密機器類（6.4）
		39695	電気機器（32.3），医薬品（23.2），一般機械（11.6）
イ	204695	42	肉類及び同調製品（16.8），果実及び野菜（7.5），魚介類及び同調製品（4.4）
		104	輸送用機器（40.1），一般機械（15.9），その他の雑製品（11.3）
ウ	22724	105256	電気機器（23.7），一般機械（15.1），精密機器類（7.0）
		129560	電気機器（33.9），一般機械（17.4），医薬品（12.3）
エ	645432	3453	金属製品（7.5），電気機器（5.0），医薬品（4.2）
		12163	輸送用機器（32.3），電気機器（18.2），一般機械（11.8）

（国土交通省「令和２年空港管理状況調書」などより作成）

〔問３〕　次のⅠの資料は，国土交通省が推進しているモーダルシフトについて分かりやすくまとめたものである。Ⅱのグラフは，2020年度における，重量１ｔの貨物を１㎞輸送する際に，営業用貨物自動車及び鉄道から排出される二酸化炭素の排出量を示したものである。Ⅲの略地図は，2020年における貨物鉄道の路線，主な貨物ターミナル駅，七地方区分の境界を示したものである。Ⅰ～Ⅲの資料から読み取れる，⑴「国がモーダルシフトを推進する目的」と⑵「国がモーダルシフトを推進する上で前提となる，七地方区分に着目した貨物鉄道の路線の敷設（ふせつ）状況及び貨物ターミナル駅の設置状況」の二点について，それぞれ簡単に述べよ。

（Ⅰの資料，Ⅱのグラフ，Ⅲの略地図は次のページにあります。）

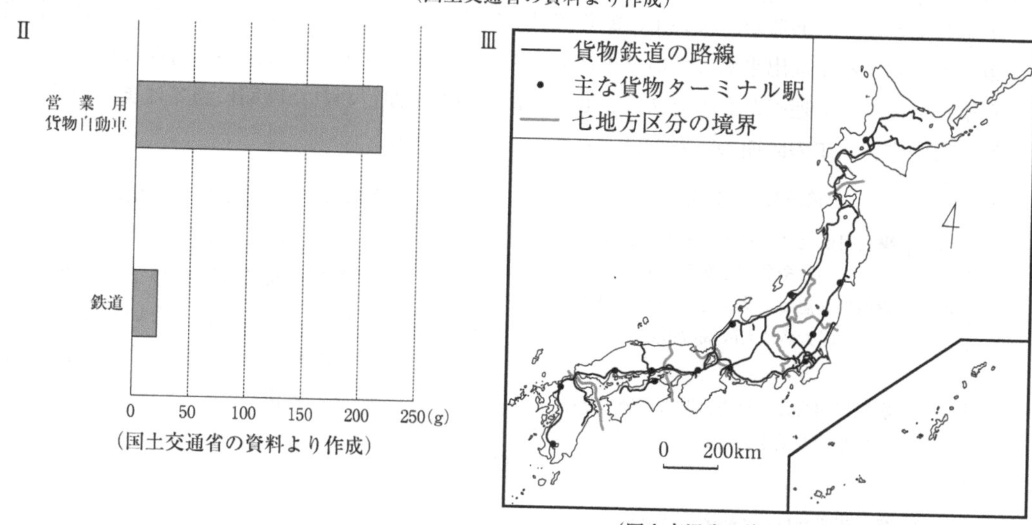

4　次の文章を読み，あとの各問に答えよ。

私たちは，いつの時代も最新の知識に基づいて生産技術を向上させ，新たな技術を生み出すことで，社会を発展させてきた。

古代から，各時代の権力者は，(1)統治を継続することなどを目的に，高度な技術を有する人材に組織の中で役割を与え，寺院などを築いてきた。

中世から近世にかけて，農業においても新しい技術が導入されることで生産力が向上し，各地で特産物が生産されるようになった。また，(2)財政再建を行う目的で，これまで培（つちか）ってきた技術を生かし，新田開発などの経済政策を実施してきた。

近代以降は，政府により，(3)欧米諸国に対抗するため，外国から技術を学んで工業化が進められた。昭和時代以降は，(4)飛躍的に進歩した技術を活用し，社会の変化に対応した新たな製品を作り出す企業が現れ，私たちの生活をより豊かにしてきた。

〔問1〕　(1)統治を継続することなどを目的に，高度な技術を有する人材に組織の中で役割を与え，寺院などを築いてきた。とあるが，あとのア～エは，飛鳥（あすか）時代から室町時代にかけて，各時代の権力者が築いた寺院などについて述べたものである。時期の古いものから順に記号を並べよ。

ア　公家（くげ）の山荘を譲り受け，寝殿造（しんでんづくり）や禅宗様（ぜんしゅうよう）の様式を用いた三層からなる金閣（きんかく）を京都の北山（きたやま）に築いた。

イ　仏教の力により，社会の不安を取り除き，国家の安泰を目指して，3か年8回にわたる鋳造の末，銅製の大仏を奈良の東大寺に造立した。

ウ　仏教や儒教の考え方を取り入れ，役人の心構えを示すとともに，金堂などからなる法隆寺を斑鳩に建立した。

エ　産出された金や交易によって得た財を利用し，金ぱく，象牙や宝石で装飾し，極楽浄土を表現した中尊寺金色堂を平泉に建立した。

〔問2〕 (2)<u>財政再建を行う目的で，これまで培ってきた技術を生かし，新田開発などの経済政策を実施してきた。</u>とあるが，次のⅠの略年表は，安土・桃山時代から江戸時代にかけての，経済政策などに関する主な出来事についてまとめたものである。Ⅱの文章は，ある時期に行われた経済政策などについて述べたものである。Ⅱの経済政策などが行われた時期に当てはまるのは，Ⅰの略年表中の**ア**～**エ**の時期のうちではどれか。

Ⅰ

西暦	経済政策などに関する主な出来事	
1577	●織田信長は，安土の城下を楽市とし，一切の役や負担を免除した。	
		ア
1619	●徳川秀忠は，大阪を幕府の直轄地とし，諸大名に大阪城の再建を命じた。	
		イ
1695	●徳川綱吉は，幕府の財政を補うため，貨幣の改鋳を命じた。	
		ウ
1778	●田沼意次は，長崎貿易の輸出品である俵物の生産を奨励した。	
		エ
1841	●水野忠邦は，物価の上昇を抑えるため，株仲間の解散を命じた。	

Ⅱ

○新田開発を奨励し，開発に当たり商人に出資を促し，将軍と同じく，紀伊藩出身の役人に技術指導を担わせた。

○キリスト教に関係しない，漢文に翻訳された科学技術に関係する洋書の輸入制限を緩和した。

〔問3〕 (3)<u>欧米諸国に対抗するため，外国から技術を学んで工業化が進められた。</u>とあるが，次の**ア**～**ウ**は，明治時代に操業を開始した工場について述べたものである。略地図中のA～Cは，**ア**～**ウ**の**いずれか**の工場の所在地を示したものである。**ア**～**ウ**について，操業を開始した時期の古いものから順に記号を並べよ。また，略地図中のBに当てはまるのは，次の**ア**～**ウ**のうちではどれか。

ア　実業家が発起人となり，イギリスの技術を導入し設立され，我が国における産業革命の契機となった民間の紡績会社で，綿糸の生産が開始された。

イ　国産生糸の増産や品質の向上を図ることを目的に設立された官営模範製糸場で，フランスの技術を導入し生糸の生産が開始された。

ウ　鉄鋼の増産を図ることを目的に設立された官営の製鉄所で，国内産の

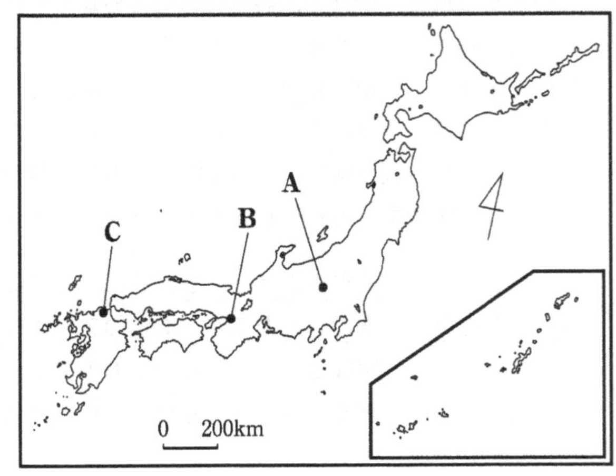

石炭と輸入された鉄鉱石を原材料に外国人技術者の援助を受けて鉄鋼の生産が開始された。

〔問４〕 (4)飛躍的に進歩した技術を活用し，社会の変化に対応した新たな製品を作り出す企業が現れ，私たちの生活をより豊かにしてきた。とあるが，次の略年表は，昭和時代から平成時代にかけて，東京に本社を置く企業の技術開発に関する主な出来事についてまとめたものである。略年表中のＡ～Ｄのそれぞれの時期に当てはまるのは，下のア～エのうちではどれか。

西暦	東京に本社を置く企業の技術開発に関する主な出来事	
1945	●造船会社により製造されたジェットエンジンを搭載した飛行機が，初飛行に成功した。	
1952	●顕微鏡・カメラ製造会社が，医師からの依頼を受け，日本初の胃カメラの実用化に成功した。	A
1955	●通信機器会社が，小型軽量で持ち運び可能なトランジスタラジオを販売した。	
		B
1972	●計算機会社が，大規模集積回路を利用した電子式卓上計算機を開発した。	
		C
1989	●フィルム製造会社が，家電製造会社と共同開発したデジタルカメラを世界で初めて販売した。	
		D
2003	●建築会社が，独立行政法人と共同して，不整地歩行などを実現するロボットを開発した。	

ア　地価や株価が上がり続けるバブル経済が終わり，構造改革を迫られ，インターネットの普及が急速に進み，撮影した写真を送信できるカメラ付き携帯電話が初めて販売された。

イ　連合国軍最高司令官総司令部（ＧＨＱ）の指令に基づき日本政府による民主化政策が実施され，素材，機器，測定器に至る全てを国産化した移動無線機が初めて製作された。

ウ　石油危機により，省エネルギー化が進められ，運動用品等に利用されていた我が国の炭素素材が，航空機の部材として初めて使用された。

エ　政府により国民所得倍増計画が掲げられ，社会資本の拡充の一環として，速度を自動的に調整するシステムを導入した東海道新幹線が開業した。

5　次の文章を読み，あとの各問に答えよ。

企業は，私たちが消費している財（もの）やサービスを提供している。企業には，国や地方公共団体が経営する公企業と民間が経営する私企業がある。(1)私企業は，株式の発行や銀行からの融資などにより調達した資金で，生産に必要な土地，設備，労働力などを用意し，利潤を得ることを目的に生産活動を行っている。こうして得た財やサービスの価格は，需要量と供給量との関係で変動するものや，(2)政府や地方公共団体により料金の決定や改定が行われるものなどがある。

私企業は，自社の利潤を追求するだけでなく，(3)国や地方公共団体に税を納めることで，社会を支えている。また，社会貢献活動を行い，社会的責任を果たすことが求められている。

(4)日本経済が発展するためには，私企業の経済活動は欠かすことができず，今後，国内外からの信頼を一層高めていく必要がある。

〔問１〕 (1)私企業は，株式の発行や銀行からの融資などにより調達した資金で，生産に必要な土地，設備，労働力などを用意し，利潤を得ることを目的に生産活動を行っている。とあるが，経済活動の自由を保障する日本国憲法の条文は，次のア～エのうちではどれか。

ア　すべて国民は，法の下に平等であつて，人種，信条，性別，社会的身分又は門地により，政治的，経済的又は社会的関係において，差別されない。

イ　何人も，法律の定める手続によらなければ，その生命若しくは自由を奪はれ，又はその他の刑罰を科せられない。

ウ　すべて国民は，法律の定めるところにより，その能力に応じて，ひとしく教育を受ける権利を有する。

エ　何人も，公共の福祉に反しない限り，居住，移転及び職業選択の自由を有する。

〔問２〕　(2)政府や地方公共団体により料金の決定や改定が行われるものなどがある。とあるが，次の文章は，令和２年から令和３年にかけて，ある公共料金が改定されるまでの経過について示したものである。この文章で示している公共料金に当てはまるのは，下のア～エのうちではどれか。

> ○所管省庁の審議会分科会が公共料金の改定に関する審議を開始した。（令和２年３月16日）
> ○所管省庁の審議会分科会が審議会に公共料金の改定に関する審議の報告を行った。（令和２年12月23日）
> ○所管省庁の大臣が審議会に公共料金の改定に関する諮問を行った。（令和３年１月18日）
> ○所管省庁の審議会が公共料金の改定に関する答申を公表した。（令和３年１月18日）
> ○所管省庁の大臣が公共料金の改定に関する基準を告示した。（令和３年３月15日）

ア　鉄道運賃　　**イ**　介護報酬　　**ウ**　公営水道料金　　**エ**　郵便料金（手紙・はがきなど）

〔問３〕　(3)国や地方公共団体に税を納めることで，社会を支えている。とあるが，次の表は，企業の経済活動において，課税する主体が，国であるか，地方公共団体であるかを，国である場合は「国」，地方公共団体である場合は「地」で示そうとしたものである。表のＡとＢに入る記号を正しく組み合わせているのは，次のア～エのうちのどれか。

	課税する主体
企業が提供した財やサービスの売上金から経費を引いた利潤にかかる法人税	Ａ
土地や建物にかかる固定資産税	Ｂ

	ア	イ	ウ	エ
Ａ	地	地	国	国
Ｂ	国	地	地	国

〔問４〕　(4)日本経済が発展するためには，私企業の経済活動は欠かすことができず，今後，国内外からの信頼を一層高めていく必要がある。とあるが，次のページのⅠの文章は，2010年に開催された法制審議会会社法制部会第１回会議における資料の一部を分かりやすく書き改めたものである。次のページのⅡの文は，2014年に改正された会社法の一部を分かりやすく書き改めたもので

ある。Ⅲのグラフは，2010年から2020年までの東京証券取引所に上場する会社における，具体的な経営方針等を決定する取締役会（とりしまりやくかい）に占める，会社と利害関係を有しない独立性を備えた社外取締役の人数別の会社数の割合を示したものである。Ⅰ～Ⅲの資料を活用し，2014年に改正された会社法によりもたらされた取締役会の変化について，社外取締役の役割及び取締役会における社外取締役の人数に着目して，簡単に述べよ。

Ⅰ

○現行の会社法では，外部の意見を取り入れる仕組を備える適正な企業統治を実現するシステムが担保されていない。
○我が国の上場会社等の企業統治については，内外の投資者等から強い懸念（けねん）が示されている。

Ⅱ

これまでの会社法では，社外取締役の要件は，自社又は子会社の出身者等でないことであったが，親会社の全ての取締役等，兄弟会社の業務執行取締役等，自社の取締役等及びその配偶者の近親者等でないことを追加する。

Ⅲ

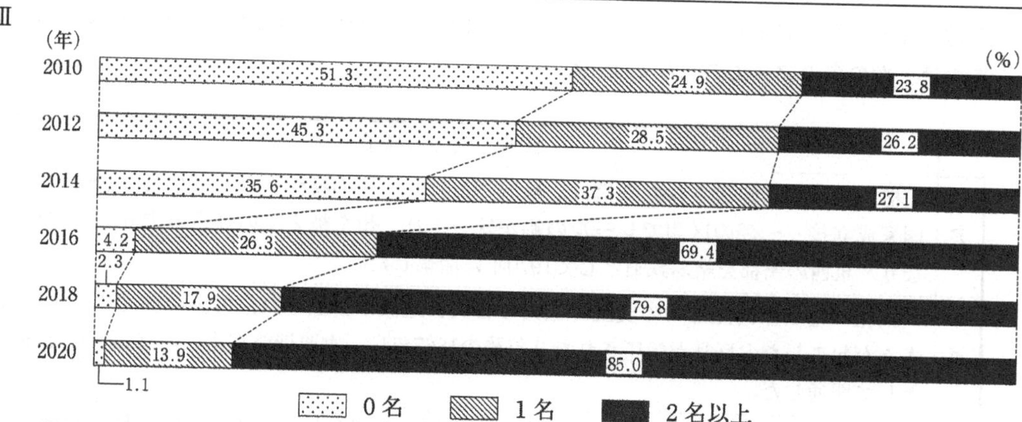

（注）四捨五入をしているため，社外取締役の人数別の会社数の割合を合計したものは，100％にならない場合がある。
（東京証券取引所の資料より作成）

6 次の文章を読み，次のページの略地図を見て，あとの各問に答えよ。

⑴1851年に開催された世界初の万国博覧会は，蒸気機関車などの最新技術が展示され，鉄道の発展のきっかけとなった。1928年には，国際博覧会条約が35か国により締結され，⑵テーマを明確にした国際博覧会が開催されるようになった。

2025年に大阪において「いのち輝く未来社会のデザイン」をテーマとした万国博覧会の開催が予定されており，⑶我が国で最初の万国博覧会が大阪で開催された時代と比べ，社会の様子も大きく変化してきた。

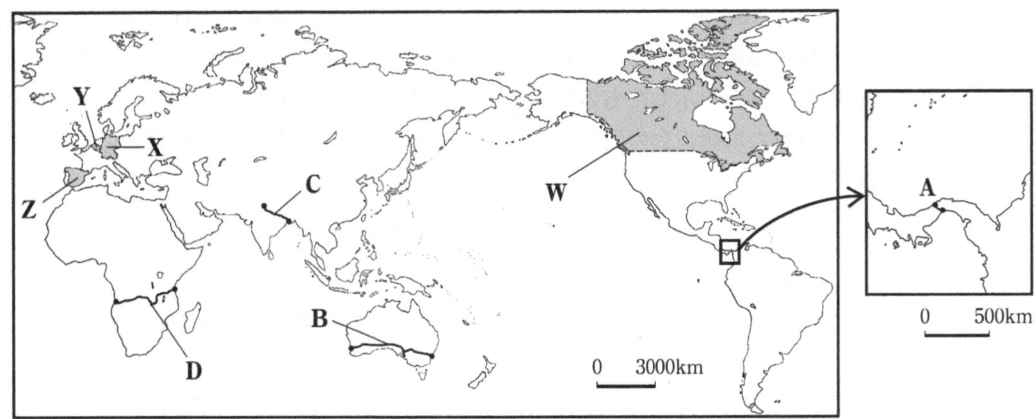

〔問1〕 (1)1851年に開催された世界初の万国博覧会は，蒸気機関車などの最新技術が展示され，鉄道の発展のきっかけとなった。とあるが，略地図中に•—•で示したA～Dは，世界各地の主な鉄道の路線を示したものである。次の表のア～エは，略地図中にA～Dで示した**いずれか**の鉄道の路線の様子についてまとめたものである。略地図中のA～Dのそれぞれの鉄道の路線に当てはまるのは，次の表のア～エのうちではどれか。

	鉄道の路線の様子
ア	植民地時代に建設された鉄道は，地域ごとにレールの幅が異なっていた。1901年の連邦国家成立後，一部の区間でレールの幅が統一され，州を越えての鉄道の乗り入れが可能となり，東西の州都を結ぶ鉄道として1970年に開業した。
イ	綿花の輸出や内陸部への支配の拡大を目的に建設が計画され，外国の支配に不満をもつ人々が起こした大反乱が鎮圧された9年後の1867年に，主要港湾都市と内陸都市を結ぶ鉄道として開通した。
ウ	二つの大洋をつなぎ，貿易上重要な役割を担（にな）う鉄道として，1855年に開業した。日本人技術者も建設に参加した国際運河が1914年に開通したことにより，貿易上の役割は低下したが，現在では観光資源としても活用されている。
エ	1929年に内陸部から西側の港へ銅を輸送する鉄道が開通した。この鉄道は内戦により使用できなくなり，1976年からは内陸部と東側の港とを結ぶ新たに作られた鉄道がこの地域の主要な銅の輸送路となった。2019年にこの二本の鉄道が結ばれ，大陸横断鉄道となった。

〔問2〕 (2)テーマを明確にした国際博覧会が開催されるようになった。とあるが，次のページのⅠの略年表は，1958年から2015年までの，国際博覧会に関する主な出来事についてまとめたものである。次のページのⅡの文章は，Ⅰの略年表中のA～Dの**いずれか**の国際博覧会とその開催国の環境問題について述べたものである。Ⅱの文章で述べている国際博覧会に当てはまるのは，Ⅰの略年表中のA～Dのうちのどれか，また，その開催国に当てはまるのは，略地図中に▒で示したW～Zのうちのどれか。

Ⅰ

西暦	国際博覧会に関する主な出来事
1958	●「科学文明とヒューマニズム」をテーマとした万国博覧会が開催された。……A
1967	●「人間とその世界」をテーマとした万国博覧会が開催された。……B
1974	●「汚染なき進歩」をテーマとした国際環境博覧会が開催された。
1988	●「技術時代のレジャー」をテーマとした国際レジャー博覧会が開催された。
1992	●「発見の時代」をテーマとした万国博覧会が開催された。……C
2000	●「人間・自然・技術」をテーマとした万国博覧会が開催された。……D
2015	●「地球に食料を，生命にエネルギーを」をテーマとした万国博覧会が開催された。

Ⅱ

この博覧会は，「環境と開発に関するリオ宣言」などに基づいたテーマが設定され，リオデジャネイロでの地球サミットから８年後に開催された。この当時，国境の一部となっている北流する国際河川の東側に位置する森林（シュヴァルツヴァルト）で生じた木々の立ち枯れは，偏西風などにより運ばれた有害物質による酸性雨が原因であると考えられていた。

〔問３〕 (3)我が国で最初の万国博覧会が大阪で開催された時代と比べ，社会の様子も大きく変化してきた。とあるが，次のⅠの**ア**～**エ**のグラフは，1950年，1970年，2000年，2020年の**いずれか**の我が国における人口ピラミッドを示したものである。次のページのⅡの文章で述べている年の人口ピラミッドに当てはまるのは，Ⅰの**ア**～**エ**のうちのどれか。

Ⅰ

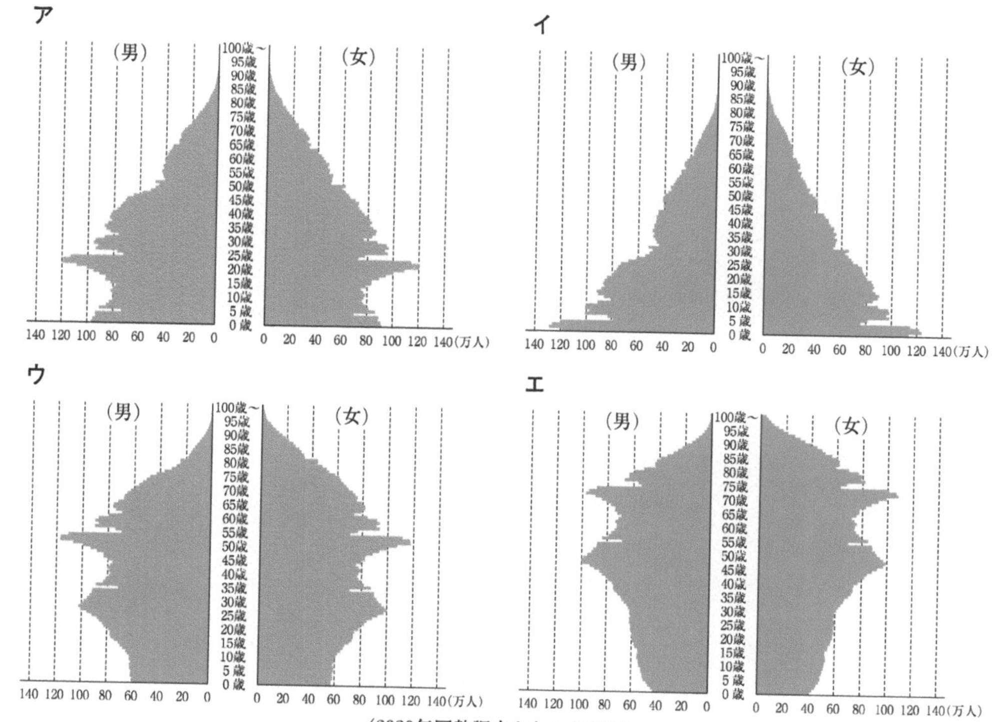

（2020年国勢調査などより作成）

Ⅱ

○我が国の人口が１億人を突破して３年後のこの年は，65歳以上の割合は７％を超え，高齢化社会の段階に入っている。
○地方から都市への人口移動が見られ，郊外にニュータウンが建設され，大阪では「人類の進歩と調和」をテーマに万国博覧会が開催された。

2023年度

解　答　と　解　説

《2023年度の配点は解答用紙集に掲載してあります。》

＜理科解答＞

1 〔問1〕 ア　〔問2〕 エ　〔問3〕 ウ　〔問4〕 イ　〔問5〕 ア　〔問6〕 イ
2 〔問1〕 イ　〔問2〕 ① イ　② ア　〔問3〕 エ　〔問4〕 ウ
3 〔問1〕 水滴が付き始める瞬間の温度を正確に読み取るため。　〔問2〕 ① イ　② ア
〔問3〕 ① ア　② イ　③ イ　④ ア　〔問4〕 エ
4 〔問1〕 ウ　〔問2〕 エ　〔問3〕 ア
5 〔問1〕 ア　〔問2〕 エ　〔問3〕 イ　〔問4〕 ① イ　② ウ
6 〔問1〕 ア　〔問2〕 ウ　〔問3〕 ウ　〔問4〕 イ

＜理科解説＞

1 **(小問集合－自然界のつり合い，火山活動と火成岩：火山岩，身のまわりの物質とその性質：ガスバーナーの操作，光と音：凸レンズによってできる像，物質の成り立ち，植物の体のつくりとはたらき：花のつくり)**

〔問1〕 **生産者は光合成を行い，みずから有機物をつくり出すことができる生物**であり，消費者はほかの生物から有機物を得る生物である。よって，生産者は**葉緑体**があるエンドウ，サツマイモ，ツツジである。消費者はタカ，バッタ，ミミズである。

〔問2〕 **玄武岩**はマグマが冷え固まって岩石になった火成岩であり，火成岩のうち，上昇したマグマが地表に近い地下や，溶岩のように地表にふき出て急激に冷えて固まってできた**火山岩**である。**斑状組織でカンラン石やキ石のような有色鉱物を多く含むため，岩石は黒っぽい。**

〔問3〕 ガスバーナーに点火し，適正な炎の大きさに調整した後，**空気不足になっている炎を青色の適正な状態にする操作は，Bのガス調節ねじを押さえながら，Aの空気調節ねじだけをCの向きに回して少しずつ開き**，青色の安定した炎にする。

〔問4〕 図3において，光の進み方を作図する。物体から光軸に平行に凸レンズに入った光は，屈折した後，反対側の焦点を通る。凸レンズの中心を通った光は，そのまま直進する。スクリーンの位置がA点にあると，2つの直線の交点がスクリーン上にくるため，はっきりと像が映る。作図から，物体の大きさと比べて，スクリーンに映った像の方が小さいことが分かる。

〔問5〕 **単体は1種類の元素からできている物質であり，2種類以上の元素からできている物質が化合物である。**よって，A 二酸化炭素の化学式はCO_2，B 水の化学式はH_2O，C アンモニアの化学式はNH_3，D 酸素の化学式はO_2であるため，化合物はA，B，Cであり，単体はDである。

〔問6〕 アブラナの花のつくりは，外側から，A がく，B 花弁，C おしべ，D めしべである。

2 **(自由研究－力と物体の運動：平均の速さ，身のまわりの物質とその性質：密度，水溶液：濃度，力のつり合いと合成・分解：浮力，生物の成長と生殖：発生，天体の動きと地球の自転・公転：白夜の太陽の見かけの動き)**

〔問1〕 平均の速さ〔m/s〕$=\dfrac{6〔m〕-2〔m〕}{122.2〔s〕-40.4〔s〕}=0.048\cdots$〔m/s〕$\fallingdotseq 0.05$〔m/s〕である。

［問2］（凍った部分の表面を取り除き残った部分100gに含まれる食塩の量）÷（3%の食塩水100gに含まれる食塩の量）×100＝（100g×0.0084）÷（100g×0.03）×100＝28，よって，28%である。食塩水の上部に浮いた凍った部分の表面を取り除き残った部分に含まれる食塩の量は，3%の食塩水の28%であるため，3%の食塩水の方が密度が大きいと言える。このことは，**食塩水を凍らせると，凍った部分が浮くのは，凍って密度が小さくなった部分にかかる重力より，凍った部分より密度が大きい食塩水からの水圧による浮力のほうが大きい**ことからもわかる。

［問3］図4，5，6は，**カエルの受精卵が体細胞分裂により細胞の数をふやして胚になる過程**である。体細胞分裂であるため，**分裂を何回くり返しても，ひとつひとつの細胞の染色体の数は変わらない**。よって，図5の胚に含まれる細胞の和は2個であるため，合計の染色体の和は、24本×2＝48本，である。同様にして，図6の胚に含まれる細胞の和は4個であるため，合計の染色体の和は、24本×4＝96（本），である。

［問4］地軸を中心に太陽が北側へとまわってきたとき，図7の**北の空では，向かって右方向が東**であるため，**太陽は見かけ上，東方向に向かって上昇するように動く**。よって，太陽が見かけ上動いた向きはYである。日本で**夏至**となる地球の位置は，**北緯35°付近にある日本で太陽の南中高度が最も高く**，日の出と日の入りの位置が北寄りになり，日照時間が最も長くなるAである。

3　**（気象要素の観測：金属製のコップによる露点の測定実験と湿度の計算，天気の変化：雲の発生に関する実験と寒冷前線）**

［問1］**金属製のコップの表面の温度が少しずつ下がるようにしたのは，「水滴が付き始める瞬間の温度を正確に読み取るため。」**である。

［問2］午前10時に測定した水温は，同じ時刻の実験室の室温と等しいので，午前10時の実験室内の気温は17.0℃である。また，金属製のコップの表面に水滴がつき始めたときの金属製のコップ内の水温が露点であり，**この場合，露点16.2℃における飽和水蒸気量が，実際に午前10時の実験室内の1m³の空気に含まれる水蒸気の質量〔g/m³〕である**。よって，湿度〔%〕＝$\frac{1\text{m}^3\text{の空気に含まれる水蒸気の質量〔g/m}^3\text{〕}}{\text{その空気と同じ気温での飽和水蒸気量〔g/m}^3\text{〕}}$×100，から，午前10時の湿度〔%〕＝$\frac{13.8\text{〔g/m}^3\text{〕}}{14.5\text{〔g/m}^3\text{〕}}$×100≒95.2〔%〕である。午後6時も同じ気温であるため，**露点が高いほうが**1m³の空気に含まれる水蒸気の量が多いので，結果1の表から，午前10時の実験室内の空気である。

［問3］<実験2>は雲を発生させる実験装置である。「ピストンをすばやく引くと，丸底フラスコ内の空気は**膨張し**，丸底フラスコ内の**気圧は下がる**。その結果，丸底フラスコ内の**空気の温度が下がり露点に達し**，丸底フラスコ内の**水蒸気が水滴に変化**した。」そのため，丸底フラスコ内はくもった。自然界では**雲**である。

［問4］寒冷前線は，**寒気が**暖気の下にもぐりこみ，**暖気を押し上げながら進んでいく**。暖気が急激に上空高くに押し上げられ，強い上昇気流が生じて**積乱雲**が発達するため，**短時間に強い雨**が降り，**強い風**がふくことが多い。

4　**（動物の体のつくりとはたらき：消化の対照実験・柔毛での吸収・血液の循環・細胞の呼吸）**

［問1］試験管AとBは，**ヨウ素液**との反応により，**唾液がデンプンをデンプンではないものに変えるはたらき**があるのか否か比較して調べる**対照実験**である。試験管CとDは，**ベネジクト液を加えて加熱する**ことにより，唾液にはデンプンをブドウ糖がいくつか結合した**糖に変えるはたらき**があるのか否か比較して調べる対照実験である。

［問2］消化酵素により分解されることで作られた，**ブドウ糖とアミノ酸は**ヒトの**小腸の柔毛**で吸収されて**毛細血管**に入り，**脂肪酸とモノグリセリドは**ヒトの小腸の柔毛で吸収された後に**結合し**

てリンパ管に入る。

〔問3〕　心臓の左心室から送り出された血液はBの動脈を通って小腸の毛細血管に入る。毛細血管で栄養分を吸収し，**小腸から肝臓へと向かう血液が流れるA**の肝門脈を通って肝臓に運ばれる。よって，**栄養分の濃度が高い場所は，A**である。**細胞による呼吸**については，血液の成分である血しょうがしみ出て組織液となり，養分や酸素を細胞に届ける。からだを構成しているひとつひとつの細胞では，届いた**酸素を使い，養分からエネルギーが取り出される。このとき，二酸化炭素と水ができる。**

5　**(水溶液とイオン・原子の成り立ちとイオン：塩化銅の電気分解の仕組み・イオンの粒子モデル・化学式，物質の成り立ち：水の電気分解，気体の発生とその性質)**

〔問1〕　**<実験1>は塩化銅の電気分解**である。塩化銅が水に溶けて電離したようすを化学式を使って表すと，$CuCl_2 \rightarrow Cu^{2+} + 2Cl^-$，であり，陽イオンの数：陰イオンの数＝1：2，である。よって，モデルはアである。

〔問2〕　電極Aは，電源装置の－端子に接続しているので陰極である。また，実験結果から，**陽イオンとなっていた銅が付着していたことから，電極Aは，陰極**であると言える。回路に流れる**電流の向きは，**電源装置の**＋端子から出て－端子に入る向き**であると決められているので，Dである。

〔問3〕　陽極である電極B付近からは，**刺激臭がする気体である塩素**が生成された。塩素の気体が発生する仕組みは，「**塩化物イオンCl^-が，電子を放出し(失い)，塩素原子になり，塩素原子が2個結びつき，分子になり，気体として発生した。**」である。

〔問4〕　<結果1>は塩化銅の電気分解の結果であり，**銅イオンCu^{2+}は，陰極から電子を2個受けとり，銅原子Cuになり，陰極に金属となって付着するため，**電流を流した時間が長くなるほど，水溶液中の銅イオンの数は減少する。よって，グラフはイである。<結果2>は水の電気分解の結果であり，**5%の水酸化ナトリウム水溶液を加えたのは，電流が流れやすくするためであり，水酸化ナトリウムそのものは分解されない**ので，電流を流した時間が長くなっても，水溶液中のナトリウムイオンの数は変化しない。よって，グラフはウである。水の電気分解の化学反応式は，$2H_2O \rightarrow 2H_2 + O_2$，であり，**陰極**である電極A付近から発生した気体は**水素**で，**陽極**である電極Bから発生した気体は**酸素**である。

6　**(電流：電圧と電流と抵抗・電力・電力量)**

〔問1〕　オームの法則により，電流＝$\frac{電圧}{抵抗}$であるから，**電圧の大きさが等しいとき，**5Ωの抵抗器Xの方が，20Ωの抵抗器Yよりも大きい電流が流れる。また，<結果>図3のグラフから，電圧の大きさが等しいとき，<実験>の(2)図1の**並列回路の方が，**<実験>の(3)図2の**直列回路よりも大きい電流が流れる。**

〔問2〕　抵抗器Xと抵抗器Yを**並列**につないだ回路**全体の抵抗**をR_Pとすると，$\frac{1}{R_P[\Omega]} = \frac{1}{5[\Omega]} + \frac{1}{20[\Omega]}$より，$R_P[\Omega] = 4[\Omega]$である。抵抗器Xと抵抗器Yを**直列**につないだ回路全体の**抵抗**をR_Sとすると，$R_S[\Omega] = 5[\Omega] + 20[\Omega] = 25[\Omega]$である。抵抗Xは5Ωであるため，ウが適切である。

〔問3〕　**<結果>の図3グラフから，<実験>の(2)並列回路では2.0Vのとき0.5Aであり，電力[W]＝2.0[V]×0.5[A]＝1.0[W]である。<実験>の(3)直列回路では5.0Vのとき0.2Aであり，電力[W]＝5.0[V]×0.2[A]＝1.0[W]である。**このとき，抵抗器Xと抵抗器Yで消費される電力は1.0Wで等しい。図1の**並列回路では，各抵抗の両端の電圧は電源の電圧に等しい**ため，抵抗器Xに加わる電圧の大きさSは，2.0Vである。図2の**直列回路を流れる電流の大きさはどこでも等し**

いため，抵抗器Xに加わる電圧の大きさTは，T〔V〕=0.2〔A〕×5〔Ω〕=1.0〔V〕である。よって，S：T=2：1である。

〔問4〕 回路全体の電力を9Wとし，電圧を加え電流を2分間流したときの**電力量〔J〕=9〔W〕×120〔s〕=1080〔J〕**である。回路全体の電力を4Wとし，電圧を加え電流をt秒間流したときの電力量1080〔J〕=4〔W〕×t〔s〕である。よって，t〔s〕=270〔s〕であるから，電流を4分30秒間流したときである。

＜社会解答＞

1 〔問1〕 ウ 〔問2〕 エ 〔問3〕 ア

2 〔問1〕 略地図中のA～D D Ⅱのア～エ イ 〔問2〕 W ア X ウ Y エ Z イ 〔問3〕 イ

3 〔問1〕 A エ B イ C ア D ウ 〔問2〕 エ 〔問3〕 (1) (目的) 貨物輸送で生じる二酸化炭素の排出量を減少させるため。 (2) (敷設(ふせつ)状況及び設置状況) 全ての地方に貨物鉄道の路線と貨物ターミナル駅がある。

4 〔問1〕 ウ→イ→エ→ア 〔問2〕 ウ 〔問3〕 (時期) イ→ア→ウ (略地図) ア 〔問4〕 A イ B エ C ウ D ア

5 〔問1〕 エ 〔問2〕 イ 〔問3〕 ウ 〔問4〕 適正な企業統治を実現する役割をになう社外取締役の要件が追加され，取締役会に外部の意見がより反映されるよう，社外取締役を2名以上置く会社数の割合が増加した。

6 〔問1〕 A ウ B ア C イ D エ 〔問2〕 Ⅰの略年表中のA～D D 略地図中のW～Z X 〔問3〕 ア

＜社会解説＞

1 (地理的分野―日本地理－地形図の見方，歴史的分野―日本史時代別－安土桃山時代から江戸時代，―日本史テーマ別－文化史，公民的分野―国際社会との関わり)

〔問1〕 縮尺2万5千分の1の**地形図**では，**等高線**は**標高差10m**ごとに引かれている。等高線を手がかりに見ると，A地点は標高約40m，B地点は約60m，C地点は約30mである。したがって，ウの図が適当である。

〔問2〕 安土桃山時代の茶人で，**千家流**茶道の創始者であるのが**千利休**(せんのりきゅう)である。堺の出身で，幼少のころから**茶の湯**に親しみ，**武野紹鴎**(たけのじょうおう)に師事して茶の湯を学び，**わび茶**を大成させた。織田信長と豊臣秀吉に続けて仕えたが，最後は秀吉に切腹を命じられた。

〔問3〕 国際の平和と安全の維持について,主要な責任を有するのが，**国際連合**の**安全保障理事会**である。具体的には，紛争当事者に対して，紛争を平和的手段によって解決するよう要請したり，平和に対する脅威の存在を決定し，平和と安全の維持と回復のために勧告を行うこと，経済制裁などの非軍事的強制措置及び軍事的強制措置を決定すること等を，その主な権限とする。しかし，**アメリカ・イギリス・フランス・ロシア・中国**の5か国の**常任理事国**が1か国でも反対すると，決議ができないことになっている。常任理事国は**拒否権**を持っていることになる。なお，日本は10か国ある非常任理事国の一つである(2023年現在)。

2 (地理的分野―世界地理－都市・気候・人々のくらし・産業)

〔問1〕 まず，A～Dの国・都市を確定する。Aはアルゼンチンのブエノスアイレス，Bは中国の北京，Cはノルウェーのオスロ，Dはポルトガルのリスボンである。Ⅰの文章は，**地中海性気候**のポルトガルのリスボンについての説明である。夏は気温が30度近く，雨がほとんど降らず，冬は気温10度前後で，夏に比べて雨が多いのが，地中海性気候の特徴である。雨温図のイである。地中海沿岸部の，ポルトガル・スペイン・イタリア・ギリシャ等の国では，気候を生かして夏は乾燥に強いオレンジやオリーブやぶどうなどの作物を，冬は小麦を栽培している。

〔問2〕 まず，W～Zの国を確認する。Wはボリビア，Xはアメリカ合衆国，Yはオマーン，Zはフランスである。かつてスペインの植民地であり，「キリスト教徒の割合が最も多い」「この地方が原産で傾斜地などで栽培された様々な種類のじゃがいも」との記述から，アは，ボリビアである。「高速道路が整備され」「多民族国家を形成し」との一節から，また，**一人当たりの国民総所得**が最も多いウがアメリカ合衆国である。「代表的市場はスークと呼ばれる」「断食が行われる」の一節から，エは**イスラム教徒**の最も多いオマーンである。「**キリスト教徒(カトリック)**の信者の割合が最も多く」「日曜日は非労働日とされており休日とする店舗がある」という記述から，イはフランスである。よって正しい組み合わせは，Wア　Xウ　Yエ　Zイとなる。

〔問3〕 1967年に設立され，現在はタイ・インドネシア・ベトナム・フィリピン・マレーシア・ブルネイ・シンガポール・ラオス・ミャンマー・カンボジアの10か国から構成されているのが，**ASEAN**(東南アジア諸国連合)である。ASEANの中で，ベトナムは，独自の歴史を持っている。フランス・アメリカが援助する**資本主義**の南ベトナム共和国と，中国・ソ連が援助する**社会主義**のベトナム民主共和国(北ベトナム)が対立し，**ベトナム戦争**へと発展した。1964年には，アメリカが**北爆**を開始し，ベトナム戦争は本格化したが，最終的に北ベトナムが勝利し，1976年に**南北ベトナムが統一**された。こうして成立したベトナムは，中国や韓国と比べて，労働者の月額平均賃金が安価であり，生産コストを抑えられるために，ベトナムに進出する日本企業数が大幅に増加しているのである。

3 (地理的分野―日本地理－農林水産業・工業・貿易・交通)

〔問1〕 まず，A～Dの県名を確定する。Aは青森県，Bは茨城県，Cは長野県，Dは宮崎県である。次にア～エの都道府県を確定する。アは，「**フォッサマグナ**」「レタスの**抑制栽培**」等の語句から，長野県の説明であるとわかる。イは，「**施設栽培**により年間を通して栽培されるピーマン」「東京まで3時間」との記述から，**近郊農業**を行う茨城県であるとわかる。ウは，「**施設栽培**により年間を通して栽培されるきゅうり」「フェリーで1日以上」との記述から，宮崎県についての説明であるとわかる。エは，「ごぼうは(中略)東京まで約10時間かけてトラックで輸送」との記述から，青森県であるとわかる。青森県はごぼうの生産量全国第1位である。したがって正しい組み合わせは，Aがエの青森県，Bがイの茨城県，Cがアの長野県，Dがウの宮崎県となる。

〔問2〕 まず，W～Zの空港を確定する。Wは**成田国際空港**，Xは**東京国際空港**(羽田空港)，Yは**関西国際空港**，Zが**那覇空港**である。このうち輸出入額の一番小さいZが，空港規模の最も小さい那覇空港であり，表中のイである。日本で最大の輸出入のある空港はWの成田国際空港であり，表中のウである。関西国際空港は，医薬品の輸入が多いのが特徴であり，表中のアである。残るエが東京国際空港である。なお，東京国際空港では医薬品は輸出の第3位である。

〔問3〕 (1) 〔目的〕 **モーダルシフト**とは，トラック等の自動車で行われている貨物輸送を環境負荷の小さい鉄道や船舶の利用へと転換することをいい，それによって貨物輸送で生じる**温暖化**の原因となる**二酸化炭素**の排出量を減少させることを目的として行われる。上記のような趣旨を簡潔にまとめればよい。　(2)〔敷設状況及び設置状況〕七地方区分の全ての地方に，貨物鉄道の路線と貨物ターミナル駅があることを指摘し簡潔に述べればよい。「全ての地方」「貨物鉄道」「貨物ターミナル駅」の語句を必ず使うことに注意して解答する必要がある。

4 **(歴史的分野―日本史時代別－古墳時代から平安時代・鎌倉時代から室町時代・安土桃山時代から江戸時代・明治時代から現代，―日本史テーマ別－文化史・政治史・技術史・経済史)**

〔問1〕　ア　**室町幕府**の3代将軍である**足利義満**は，**南北朝**を統一した後，1397年に**金閣**を建立した。金閣は1950年に放火により焼失し，現在の金閣は再建されたものである。　イ　奈良の**平城京**を中心にして8世紀に花開いた貴族文化・仏教文化を，**聖武天皇**のときの元号である「天平」から**天平文化**と呼ぶ。天平文化は，**遣唐使**を通じて盛唐の影響を強く受けていた。さらにシルクロードを通じて，国際色豊かな文化が花開いていた。一方，奈良時代の社会は疫病が流行り，大きな戦乱が起こるなど混乱していた。聖武天皇は，国家を守るという仏教の**鎮護国家**の働きに頼ろうとし，都に**東大寺**と**大仏**を，諸国に**国分寺**・国分尼寺を建立させた。大仏造立の詔は743年に出され，開眼供養は752年に行われた。　ウ　**飛鳥時代**には，**聖徳太子**によって，603年に**冠位十二階の制**が定められ，604年には**憲法十七条**が定められた。また607年には**遣隋使**が派遣され，同年に**法隆寺**が建立された。　エ　12世紀に**奥州平泉**を本拠地とし，豊富だった金(きん)や馬を利用して勢力を築き上げ，**中尊寺金色堂**を建立したのは，**奥州藤原氏**である。奥州藤原氏は，1189年に源頼朝によって滅ぼされた。したがって時期の古い順に並べると，ウ→イ→エ→アとなる。

〔問2〕　資料Ⅱは，江戸幕府の8代将軍**徳川吉宗**が，**享保の改革**の際に行った1726年の**新田**検地条目と1720年の**洋書輸入の制限緩和**について述べている。よって，資料Ⅰのウの時期に該当する。

〔問3〕（時期）　ア　1882年に，**渋沢栄一**らの主唱で大阪に近代的設備を備えた**大阪紡績会社**(現在の東洋紡)が設立された。　イ　**富岡製糸場**は，**殖産興業**政策の一環として，1872年に群馬県に建設された，日本で最初の**官営模範工場**である。フランス人技師が招かれ，全国から多くの**工女**を集めて操業を開始した。富岡製糸場は，2014年に**UNESCO**(国連教育科学文化機関)によって**世界遺産**に登録された。　ウ　この製鉄所は，北九州に建設された官営の**八幡製鉄所**である。この製鉄所は中国から輸入される鉄鉱石を原料とし，近くの炭田から採掘される石炭を燃料として生産するのに適した場所として，北九州に建設された。操業は1901年に開始された。八幡製鉄所は，日本の鉄鋼の生産高の大部分を占めるようになり，13％強だった日本の鉄鋼の自給率を3倍近くまで高めた。したがって，操業を開始した時期の古い順に並べると，イ→ア→ウとなる。（略地図）　Bは大阪であり，大阪紡績会社について述べているアに該当する。

〔問4〕　Aの時期にあたるのは，イである。この時期の前半には日本を占領する**GHQ**(連合国最高司令官総司令部)によって**財閥解体**・**農地改革**など様々な日本民主化政策がとられていた。Bの時期にあたるのは，エである。1960年に**池田勇人内閣**は，実質国民総生産を10年以内に2倍にすることを目標とする**「国民所得倍増計画」**を閣議決定し，政策を実施した。また，この時期には東海道新幹線が開業した。Cの時期にあたるのは，ウである。1973年に第4次**中東戦争**を機に，**OPEC**(石油輸出国機構)の各国が石油価格を大幅に引き上げた。このことにより，世界経済全体が大きな混乱に陥ったことを，**石油危機**という。1979年には，第2次石油危機があった。Dにあたるのは，アである。土地や株式に対する投資が増大し，実際の価値以上に地価や株価が異常に高くなる現象を，**バブル経済**という。1986年末に始まったバブル経済が崩壊したのは，1991年である。バブル崩壊後は，景気が後退し，構造改革が進んだ。よって組み合わせは，Aイ・Bエ・Cウ・Dアである

5 **(公民的分野—基本的人権・財政・経済一般)**

〔問1〕 アは，**法の下の平等**を定めた**日本国憲法**第14条である。イは，**生命及び自由の保障**について定めた日本国憲法第31条である。ウは，**教育を受ける権利**について定めた日本国憲法第26条である。ア・イ・ウのどれも経済活動の自由とは関係がない。エが，日本国憲法第21条の，**居住・移転・職業選択の自由**であり，**経済活動の自由を保障**する条文である。これが経済活動の自由を保障した条文とは分かりにくいので注意が必要である。

〔問2〕 様々な料金の中で，その決定や変更に国会・政府・地方自治体が関わっているものを**公共料金**と呼ぶ。資料の診療報酬や介護報酬といった医療関連の公共料金は，所轄省庁の審議会・分科会での審議を経て，所轄省庁である厚生労働省の大臣が発議し，国が決定するものである。

〔問3〕 **法人税**は国税であり，**固定資産税**は**地方税**である。したがって，正しい組み合わせはウである。

〔問4〕 2014年に会社法が改正され，適正な**企業統治**を実現する役割をになう**社外取締役**の条件が追加された。これにより**取締役会**に外部の意見がより反映されるよう，社外取締役を2名以上置く会社数の割合が，2014年の20％台から2020年の80％台まで増加した。このような趣旨のことを簡潔にまとめればよい。

6 **(歴史的分野—世界史－政治史，公民的分野—公害・環境問題，地理的分野—日本地理－人口)**

〔問1〕 略地図上のAは，「国際運河が1914年に開通した」との記述から，パナマの鉄道だとわかる。ウの文章と合致する。略地図上のBは，「1901年に連邦国家が成立した」との記述から，オーストラリアの鉄道だとわかる。さらに「州を越え東西の州都を結ぶ鉄道が，1970年に開業した」との記述から，アの文章と合致する。略地図上のCは，「大反乱が鎮圧された9年後の1867年」との記述が，1857年に起こり翌年鎮圧された**インド大反乱**を指し，インドの鉄道だとわかる。文章のイと合致する。略地図上のDは，「2019年にこの2本の鉄道が結ばれ，大陸横断鉄道となった」に該当し，エの文章と合致する。よって組み合わせは，Aウ・Bア・Cイ・Dエとなる。

〔問2〕 1992年に，**「国連持続可能な開発会議」**がブラジルのリオデジャネイロで開催された。その8年後の2000年にドイツのハノーバーで，**万国博覧会**が開催された。当時のドイツでは，南西部の**シュバルツバルトの森**と呼ばれる地域で，強い酸を含む酸性雨の影響で多くの木々が突然枯れる現象が起こっていた。Ⅰの略年表のDである。また，ドイツの位置は略地図上のXである。

〔問3〕 Ⅱの文章は，大阪で万国博覧会が開催された年であるから，1970年である。1970年は**少子高齢化社会**の段階に入り，65歳以上の人口が7％を超えている。該当する**人口ピラミッド**は，アである。なお，人口ピラミッドのイは1950年，ウは2000年，エは2020年である。

2023年度英語 リスニングテスト

〔放送台本〕

これから，リスニングテストを行います。リスニングテストは，全て放送による指示で行います。リスニングテストの問題には，問題Aと問題Bの二つがあります。問題Aと，問題Bの＜Question1＞では，質問に対する答えを選んで，その記号を答えなさい。問題Bの＜Question2＞では，質問に対する答えを英語で書きなさい。英文とそのあとに出題される質問が，それぞれ全体を通して二回ずつ読まれます。問題用紙の余白にメモをとってもかまいません。答えは全て解答用紙に書きなさい。

〔問題A〕

問題Aは，英語による対話文を聞いて，英語の質問に答えるものです。ここで話される対話文は全部で三つあり，それぞれ質問が一つずつ出題されます。質問に対する答えを選んで，その記号を答えなさい。では，＜対話文1＞を始めます。

Meg: Hi, Taro. What did you do last Sunday?
Taro: Hi, Meg. I went to my grandmother's house to have a birthday party.
Meg: That's nice.
Taro: In the morning, I wrote a birthday card for her at home. Then I visited her and gave her the card. She looked happy. After that, she made some tea for me.
Meg: That sounds good.
Taro: In the evening, my sisters, mother, and father brought a cake for her.
Meg: Did you enjoy the party?
Taro: Yes, very much.

Question: Why did Taro go to his grandmother's house?

＜対話文2＞を始めます。

Satomi: Hi, John. I've been looking for you. Where were you?
John: I'm sorry, Satomi. I was very busy.
Satomi: I went to your classroom in the morning and during lunch time. What were you doing then?
John: Early in the morning, I gave water to flowers in the school garden. After that, I did my homework in my classroom.
Satomi: Oh, you did. How about during lunch time? I went to your room at one o'clock.
John: After I ate lunch, I went to the library. That was at about twelve fifty. I read some history books there for twenty minutes and came back to my room at one fifteen.

Question: What was John doing at one o'clock?

＜対話文3＞を始めます。

Jane: Hi, Bob. I'm happy that I can come to the concert today.
Bob: Hi, Jane. Yes. Me, too.
Jane: How did you get here today?
Bob: Why? I came by bike from home.
Jane: This morning, I watched the weather news. I think it'll be rainy this afternoon.
Bob: Oh, really? I'll have to go home by train and bus. What should I do with my bike?
Jane: After the concert, I will keep it at my house. We can walk to my house.
Bob: Thank you.
Jane: You're welcome. And you can use my umbrella when you go back home from my house.

Question: How did Bob get to the concert from home today?

〔英文の訳〕

〔問題A〕

＜対話文1＞

メグ　：こんにちは，タロウ。この前の日曜日は何をしましたか。
タロウ：こんにちは，メグ。誕生会をするために祖母の家に行きました。
メグ　：それはいいですね。
タロウ：午前中，家で彼女への誕生日カードを書きました。そして彼女を訪れそのカードを彼女に渡しました。彼女は嬉しそうでした。その後私に紅茶をいれてくれました。
メグ　：いいですね。
タロウ：夜に姉[妹]たちと母，父が彼女にケーキを持ってきました。
メグ　：パーティーは楽しかったですか。
タロウ：はい，とても。
質問：タロウはなぜ彼の祖母の家に行きましたか。
答え：ア　誕生会をするため。

＜対話文2＞

サトミ：こんにちは，ジョン。あなたを探していたんです。どこにいたんですか。
ジョン：ごめんなさい，サトミ。とても忙しかったんです。
サトミ：午前中と昼食の時間にあなたの教室に行きました。そのときは何をしていたんですか。
ジョン：午前中の早い時間に学校の庭の花に水をあげました。そのあと教室で宿題をしました。
サトミ：ああ，そうだったんですね。昼食の時間はどうでしたか。1時にあなたの教室へ行きました。
ジョン：昼食を食べたあと図書館へ行きました。それが大体12時50分でした。そこで20分歴史の本をいくつか読んで1時15分に教室に戻りました。
質問：ジョンは1時に何をしていましたか。
答え：エ　彼は歴史の本をいくつか読んでいました。

<対話文3>

ジェイン：こんにちは，ボブ。今日はコンサートに来られてうれしいです。
ボブ　　：こんにちは，ジェイン。はい，僕もです。
ジェイン：今日はどうやってここに来ましたか。
ボブ　　：なんでですか？　家から自転車で来ました。
ジェイン：今朝天気予報を見ました。今日の午後は雨だと思います。
ボブ　　：え，本当ですか？　電車とバスで家に帰らなければならないでしょうね。自転車をどうしたらいいでしょうか。
ジェイン：コンサートのあとに私の家に置いておきますよ。私たちは家まで歩けます。
ボブ　　：ありがとうございます。
ジェイン：どういたしまして。そして私の家から帰るときには私のカサを使っていいですよ。
質問：今日ボブはどのようにして家からコンサートまで来ましたか。
答え：ウ　彼は自転車でそこに来ました。

〔放送台本〕

［問題B］

これから聞く英語は，外国人のEmily先生が，離任式で中学生に向けて行ったスピーチです。内容に注意して聞きなさい。あとから，英語による質問が二つ出題されます。<Question1>では，質問に対する答えを選んで，その記号を答えなさい。<Question2>では，質問に対する答えを英語で書きなさい。なお，<Question2>のあとに，15秒程度，答えを書く時間があります。では，始めます。

Hello, everyone. This will be my last day of work at this school. First, I want to say thank you very much for studying English with me. You often came to me and taught me Japanese just after I came here. Your smiles always made me happy. I hope you keep smiling when you study English.

I had many good experiences here. I ran with you in sports festivals, and I sang songs with your teachers in school festivals. I was especially moved when I listened to your songs.

After I go back to my country, I'll keep studying Japanese hard. I want you to visit other countries in the future. I think English will help you have good experiences there. Goodbye, everyone.

<Question1> What made Emily happy?
<Question2> What does Emily want the students to do in the future?

〔英文の訳〕

［問題B］

みなさん，こんにちは。今日が私のこの学校で働く最後の日です。まず，私と英語を勉強してくれて本当にありがとうと言いたいです。みなさんは私がここに来てすぐあと，よく私のところに来て日本語を教えてくれました。あなた方の笑顔はいつも私を幸せにしてくれました。みなさんが英語を勉強するときに笑顔でいられることを願っています。

私はここでたくさんのいい経験をしました。体育祭でみなさんと一緒に走り，学園祭では先生方と一緒に歌を歌いました。私はみなさんの歌を聞いたときに特に感動しました。

国に戻ったら日本語を一生懸命勉強し続けるつもりです。将来みなさんには他の国々を訪れて欲しいです。英語がそこでいい経験をするのを手助けしてくれると思います。みなさん，さようなら。

質問1：何がエミリーを幸せにしましたか。

答え　：イ　生徒たちの笑顔。

質問2：エミリーは生徒たちに将来何をしてもらいたいですか。

答え　：(例)他の国々を訪れること。

大切なことはメモしておこうネ！

東京都公立高等学校

2022年度

★★★★★★★★★★★★★★★★★★★★★★★

共通問題（理科・社会）

●くわしい解説……31ページ

＜理科＞　時間　50分　満点　100点

1　次の各問に答えよ。

〔問1〕　図1は，質量を測定した木片に火をつけ，酸素で満たした集気びんPに入れ，ふたをして燃焼させた後の様子を示したものである。図2は，質量を測定したスチールウールに火をつけ，酸素で満たした集気びんQに入れ，ふたをして燃焼させた後の様子を示したものである。

燃焼させた後の木片と，燃焼させた後のスチールウールを取り出し質量を測定するとともに，それぞれの集気びんに石灰水を入れ，ふたをして振った。

燃焼させた後に質量が大きくなった物体と，石灰水が白くにごった集気びんとを組み合わせたものとして適切なのは，下の表のア～エのうちではどれか。

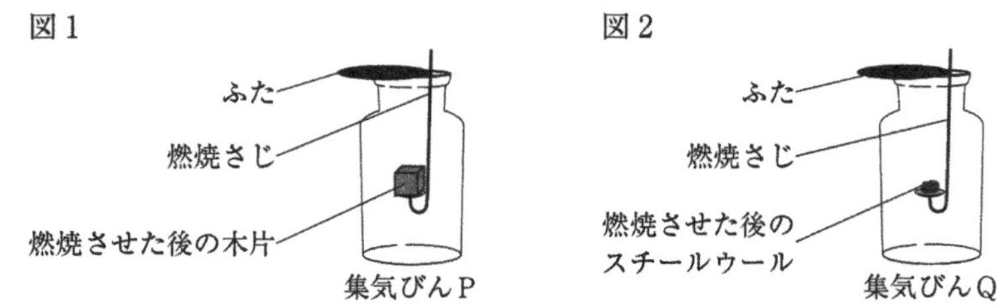

	燃焼させた後に質量が大きくなった物体	石灰水が白くにごった集気びん
ア	木片	集気びんP
イ	スチールウール	集気びんP
ウ	木片	集気びんQ
エ	スチールウール	集気びんQ

〔問2〕　図3は，ヒトの心臓を正面から見て，心臓から送り出された血液が流れる血管と心臓に戻ってくる血液が流れる血管を模式的に表したものである。また，図中の矢印（➡）は全身から右心房に戻る血液の流れを示している。

血管A～血管Dのうち，動脈と，動脈血が流れる血管とを組み合わせたものとして適切なのは，次の表のア～エのうちではどれか。

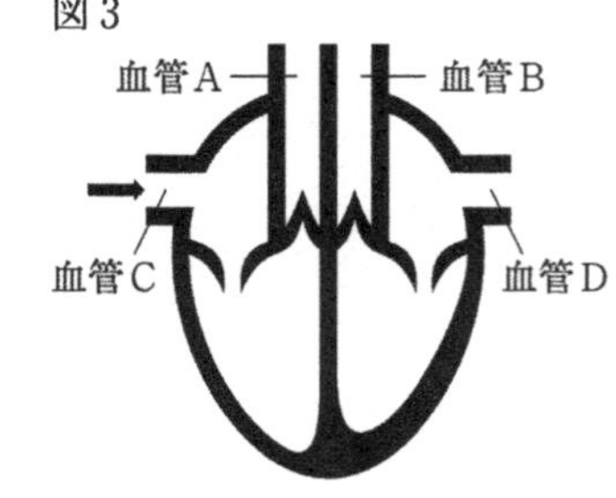

	動脈	動脈血が流れる血管
ア	血管Aと血管B	血管Bと血管D
イ	血管Aと血管B	血管Aと血管C
ウ	血管Cと血管D	血管Bと血管D
エ	血管Cと血管D	血管Aと血管C

〔問3〕 図4は，平らな底に「A」の文字が書かれた容器に水を入れた状態を模式的に表したものである。水中から空気中へ進む光の屈折に関する説明と，観察者と容器の位置を変えずに内側の「A」の文字の形が全て見えるようにするときに行う操作とを組み合わせたものとして適切なのは，下の表の**ア**～**エ**のうちではどれか。

図4

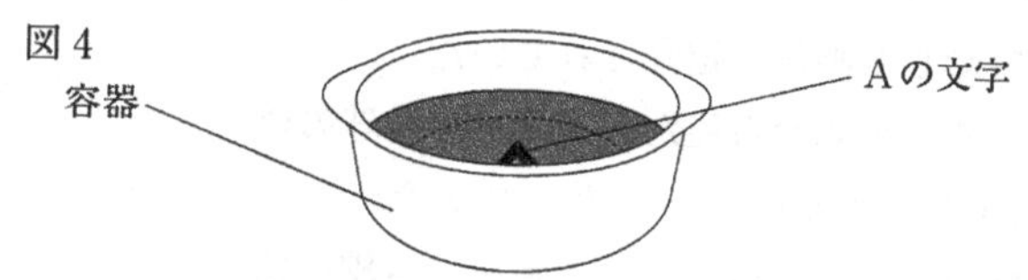

	水中から空気中へ進む光の屈折に関する説明	「A」の文字の形が全て見えるようにするときに行う操作
ア	屈折角より入射角の方が大きい。	容器の中の水の量を減らす。
イ	屈折角より入射角の方が大きい。	容器の中の水の量を増やす。
ウ	入射角より屈折角の方が大きい。	容器の中の水の量を減らす。
エ	入射角より屈折角の方が大きい。	容器の中の水の量を増やす。

〔問4〕 前線が形成されるときの暖気と寒気の動きを矢印（⇨）で模式的に表したものがA，Bである。温暖前線付近の暖気と寒気の動きを次のA，Bから一つ，できた直後の温暖前線付近の暖気と寒気を比較したときに，密度が小さいものを下のC，Dから一つ，それぞれ選び，組み合わせたものとして適切なのは，下の**ア**～**エ**のうちではどれか。

暖気と寒気の動き

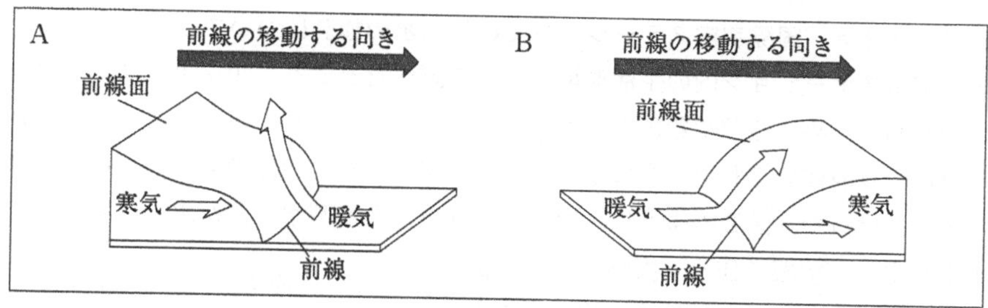

密度が小さいもの

ア　A，C　　**イ**　A，D　　**ウ**　B，C　　**エ**　B，D

〔問5〕 図5は，12Vの電源装置と1.2Ωの抵抗器A，2Ωの抵抗器B，3Ωの抵抗器Cをつないだ回路図である。この回路に電圧を加えたときの，回路上の点p，点q，点rを流れる電流の大きさを，それぞれP〔A〕，Q〔A〕，R〔A〕とした。このときP，Q，Rの関係を表したものとして適切なのは，次のうちではどれか。

図5

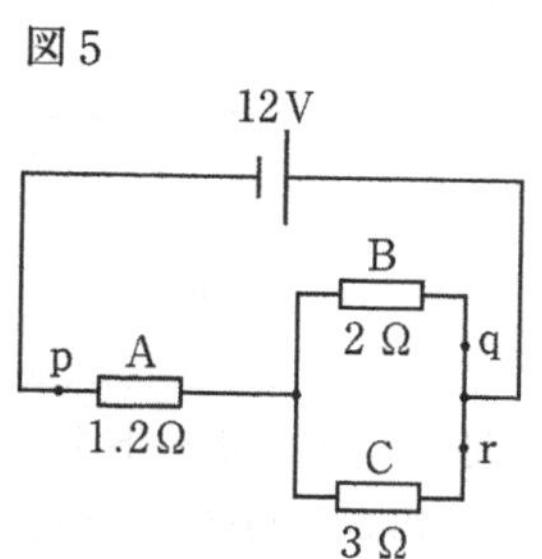

ア　P＜Q＜R　　**イ**　P＜R＜Q

ウ　Q＜R＜P　　**エ**　R＜Q＜P

2　生徒が，国際宇宙ステーションに興味をもち，科学的に探究しようと考え，自由研究に取り組んだ。生徒が書いたレポートの一部を読み，次の各問に答えよ。

<レポート1>　日食について

金環日食が観察された日の地球にできた月の影を，国際宇宙ステーションから撮影した画像が紹介されていた。

日食が生じるときの北極星側から見た太陽，月，地球の位置関係を模式的に示すと，図1のようになっていた。さらに，日本にある観測地点Aは，地球と月と太陽を一直線に結んだ線上に位置していた。

図1

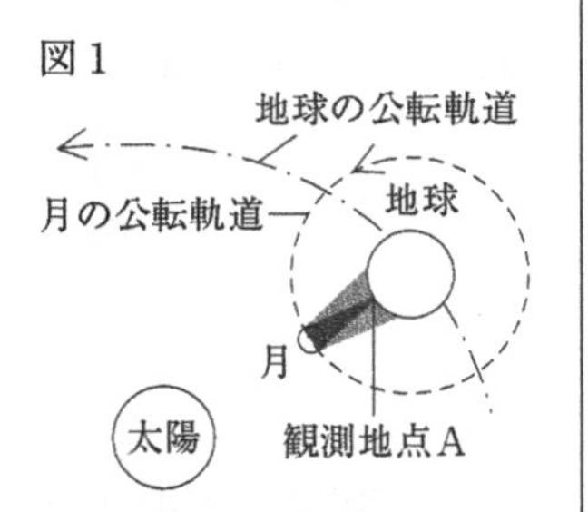

〔問1〕　**<レポート1>**から，図1の位置関係において，観測地点Aで月を観測したときに月が真南の空に位置する時刻と，この日から1週間後に観察できる月の見え方に最も近いものとを組み合わせたものとして適切なのは，次の表の**ア**～**エ**のうちではどれか。

	真南の空に位置する時刻	1週間後に観察できる月の見え方
ア	12時	上弦の月
イ	18時	上弦の月
ウ	12時	下弦の月
エ	18時	下弦の月

<レポート2>　国際宇宙ステーションでの飲料水の精製について

国際宇宙ステーション内の生活環境に関して調べたところ，2018年では，生活排水をタンクに一時的にため，蒸留や殺菌を行うことできれいな水にしていたことが紹介されていた。

蒸留により液体をきれいな水にすることに興味をもち，液体の混合物から水を分離するモデル実験を行った。図2のように，塩化ナトリウムを精製水（蒸留水）に溶かして5％の塩化ナトリウム水溶液を作り，実験装置で蒸留した。蒸留して出てきた液体が試験管に約1cmたまったところで蒸留を止めた。枝付きフラスコに残った水溶液Aと蒸留して出てきた液体Bをそれぞれ少量とり，蒸発させて観察し，結果を表1にまとめた。

図2

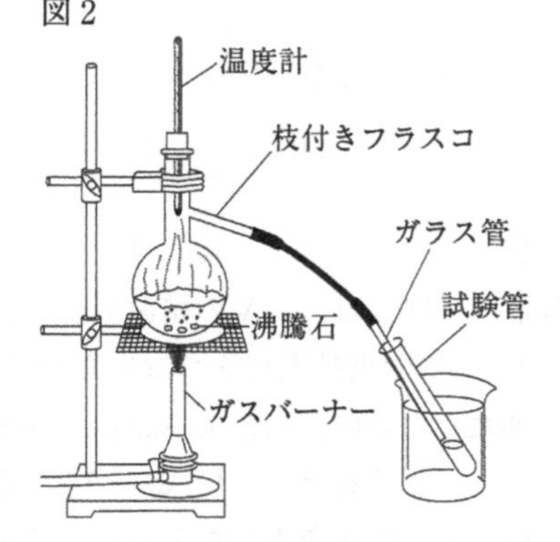

表1

蒸発させた液体	観察した結果
水溶液A	結晶が見られた。
液体B	結晶が見られなかった。

〔問2〕　**<レポート2>**から，結晶になった物質の分類と，水溶液Aの濃度について述べたものとを組み合わせたものとして適切なのは，次のページの表の**ア**～**エ**のうちではどれか。

	結晶になった物質の分類	水溶液Aの濃度
ア	混合物	5％より高い。
イ	化合物	5％より高い。
ウ	混合物	5％より低い。
エ	化合物	5％より低い。

<レポート3>　国際宇宙ステーションでの植物の栽培について

国際宇宙ステーションでは，宇宙でも効率よく成長する植物を探すため，図3のような装置の中で植物を発芽させ，実験を行っていることが紹介されていた。植物が光に向かって成長することから，装置の上側に光源を設置してあることが分かった。

植物の成長に興味をもち，植物を真上から観察すると，上下にある葉が互いに重ならないようにつき，成長していくことが分かった。

図3

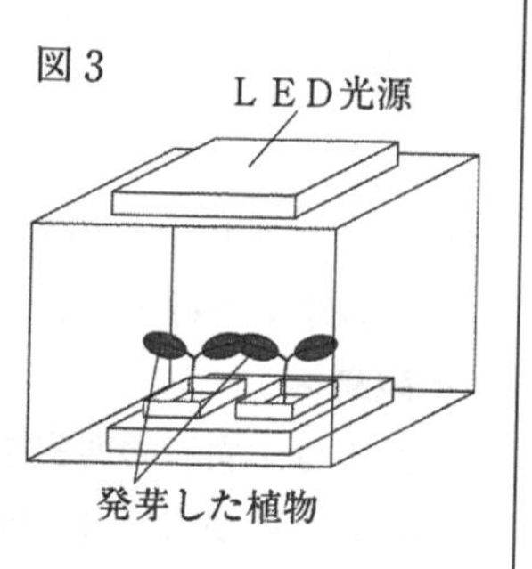

［問3］　<レポート3>から，上下にある葉が互いに重ならないようにつく利点と，葉で光合成でつくられた養分（栄養分）が通る管の名称とを組み合わせたものとして適切なのは，次の表のア～エのうちではどれか。

	上下にある葉が互いに重ならないようにつく利点	光合成でつくられた養分（栄養分）が通る管の名称
ア	光が当たる面積が小さくなる。	道管
イ	光が当たる面積が小さくなる。	師管
ウ	光が当たる面積が大きくなる。	道管
エ	光が当たる面積が大きくなる。	師管

<レポート4>　月面での質量と重さの関係について

国際宇宙ステーション内では，見かけ上，物体に重力が働かない状態になるため，てんびんや地球上で使っている体重計では質量を測定できない。そのため，宇宙飛行士は質量を測る際に特別な装置で行っていることが紹介されていた。

地球上でなくても質量が測定できることに興味をもち調べたところ，重力が変化しても物体そのものの量は，地球上と変わらないということが分かった。

また，重力の大きさは場所によって変わり，月面では同じ質量の物体に働く重力の大きさが地球上と比べて約6分の1であることも分かった。

図4のような測定を月面で行った場合，質量300ｇの物体Aを上皿てんびんに載せたときにつり合う分銅の種類と，物体Aをはかりに載せたときの目盛りの値について考えた。

図4

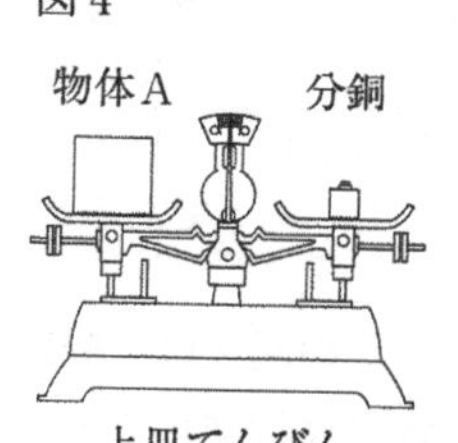

上皿てんびん

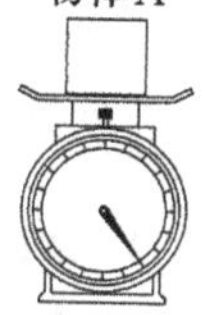

はかり

〔問４〕　<レポート４>から，図４のような測定を月面で行った場合，質量300ｇの物体Ａを上皿てんびんに載せたときにつり合う分銅の種類と，物体Ａをはかりに載せたときの目盛りの値とを組み合わせたものとして適切なのは，次の表の**ア**～**エ**のうちではどれか。

	上皿てんびんに載せたときにつり合う分銅の種類	はかりに載せたときの目盛りの値
ア	50gの分銅	約50g
イ	50gの分銅	約300g
ウ	300gの分銅	約50g
エ	300gの分銅	約300g

3　岩石や地層について，次の各問に答えよ。

<観察>を行ったところ，<結果>のようになった。

<観察>

図１は，岩石の観察を行った地域Ａと，ボーリング調査の記録が得られた地域Ｂとを示した地図である。

(1)　地域Ａでは，特徴的な岩石Ｐと岩石Ｑを採取後，ルーペで観察し，スケッチを行い特徴を記録した。

(2)　岩石Ｐと岩石Ｑの，それぞれの岩石の中に含まれているものを教科書や岩石に関する資料を用いて調べた。

(3)　地域ＢにあるＸ点とＹ点でのボーリング調査の記録と，この地域で起きた過去の堆積の様子についてインターネットで調べた。

なお，Ｘ点の標高は40.3m，Ｙ点の標高は36.8mである。

図１

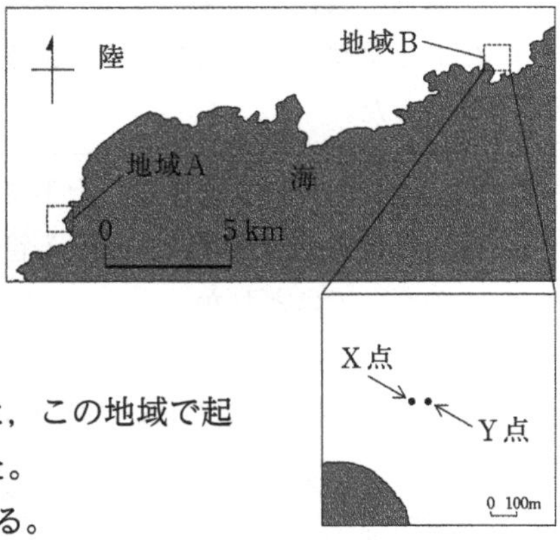

<結果>

(1)　<観察>の(1)と(2)を，表１のように，岩石Ｐと岩石Ｑについてまとめた。

表１

	岩石Ｐ	岩石Ｑ
スケッチ		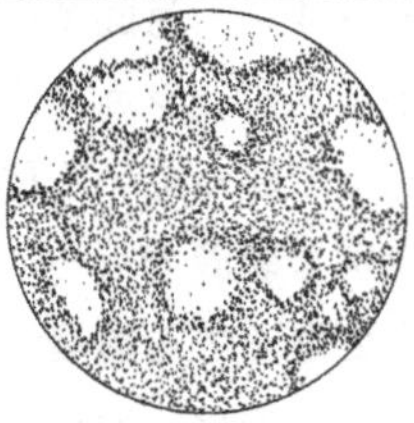
特徴	全体的に黒っぽい色で，小さな鉱物の間に，やや大きな鉱物が散らばっていた。	全体的に灰色で，白く丸いものが多数散らばっていた。
教科書や資料から分かったこと	無色鉱物である長石や，有色鉱物である輝石（きせき）が含まれていた。	丸いものはフズリナの化石であった。

(2)　次のページの図２は<観察>の(3)で調べた地域ＢにあるＸ点とＹ点のそれぞれのボーリング調査の記録（柱状図）である。凝灰岩（ぎょうかいがん）の層は同じ時期に堆積している。また，地域Ｂの地層で

は上下の入れ替わりは起きていないことが分かった。

図2

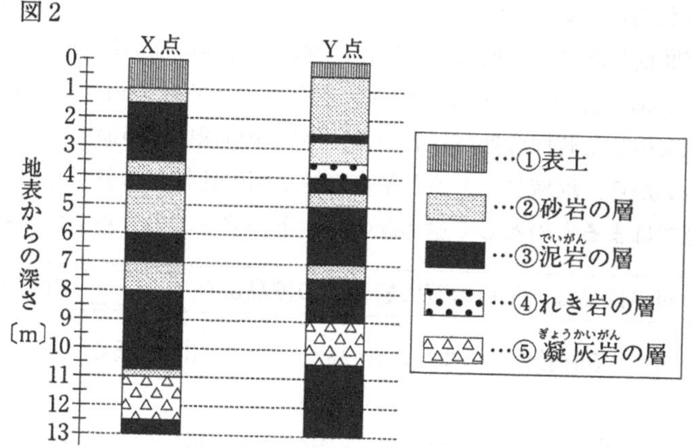

〔問1〕 ＜**結果**＞の(1)の岩石Pと＜**結果**＞の(2)の④の層に含まれるれき岩の，それぞれのでき方と，れき岩を構成する粒の特徴とを組み合わせたものとして適切なのは，次の表の**ア**～**エ**のうちではどれか。

	岩石Pとれき岩のそれぞれのでき方	れき岩を構成する粒の特徴
ア	岩石Pは土砂が押し固められてできたもので，れき岩はマグマが冷えてできたものである。	角が取れて丸みを帯びた粒が多い。
イ	岩石Pは土砂が押し固められてできたもので，れき岩はマグマが冷えてできたものである。	角ばった粒が多い。
ウ	岩石Pはマグマが冷えてできたもので，れき岩は土砂が押し固められてできたものである。	角が取れて丸みを帯びた粒が多い。
エ	岩石Pはマグマが冷えてできたもので，れき岩は土砂が押し固められてできたものである。	角ばった粒が多い。

〔問2〕 ＜**結果**＞の(1)で，岩石Qが堆積した地質年代に起きた出来事と，岩石Qが堆積した地質年代と同じ地質年代に生息していた生物とを組み合わせたものとして適切なのは，次の表の**ア**～**エ**のうちではどれか。

	岩石Qが堆積した地質年代に起きた出来事	同じ地質年代に生息していた生物
ア	魚類と両生類が出現した。	アンモナイト
イ	魚類と両生類が出現した。	三葉虫（サンヨウチュウ）
ウ	鳥類が出現した。	アンモナイト
エ	鳥類が出現した。	三葉虫（サンヨウチュウ）

〔問3〕 ＜**結果**＞の(2)にある泥岩の層が堆積した時代の地域B周辺の環境について述べたものとして適切なのは，次の**ア**～**エ**のうちではどれか。

ア　流水で運搬され海に流れた土砂は，粒の小さなものから陸の近くに堆積する。このことから，泥岩の層が堆積した時代の地域B周辺は，河口から近い浅い海であったと考えられる。

イ　流水で運搬され海に流れた土砂は，粒の大きなものから陸の近くに堆積する。このことから，泥岩の層が堆積した時代の地域B周辺は，河口から近い浅い海であったと考えられる。

ウ　流水で運搬され海に流れた土砂は，粒の小さなものから陸の近くに堆積する。このことから，泥岩の層が堆積した時代の地域B周辺は，河口から遠い深い海であったと考えられる。

エ　流水で運搬され海に流れた土砂は，粒の大きなものから陸の近くに堆積する。このことから，泥岩の層が堆積した時代の地域B周辺は，河口から遠い深い海であったと考えられる。

〔問4〕　**<結果>**の(2)から，地域BのX点とY点の柱状図の比較から分かることについて述べた次の文の □ に当てはまるものとして適切なのは，下の**ア**～**エ**のうちではどれか。

X点の凝灰岩の層の標高は，Y点の凝灰岩の層の標高より □ なっている。

ア　1.5m高く　　**イ**　1.5m低く　　**ウ**　3.5m高く　　**エ**　3.5m低く

4　植物の花のつくりの観察と，遺伝の規則性を調べる実験について，次の各問に答えよ。

<観察>を行ったところ，**<結果1>**のようになった。

<観察>

(1)　メンデルの実験で用いられた品種と同じエンドウを校庭で育てた。

(2)　(1)から花を1個採取後，分解しセロハンテープに並べて貼り付けた。

(3)　(1)からさらに花をもう1個採取後，花の内側にある花弁が2枚合わさるように重なっている部分（図1の点線）をカッターナイフで切り，断面を観察して，スケッチした。

図1

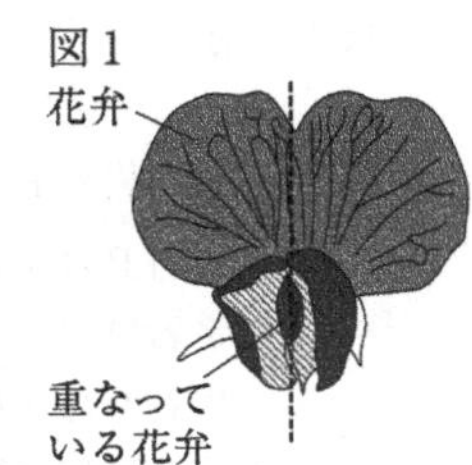

<結果1>

(1)　**<観察>**の(2)から，図2のようにエンドウの花弁は5枚あり，その1枚1枚が離れていた。

(2)　**<観察>**の(3)から，図3のように，おしべとめしべは内側の2枚の花弁で包まれていた。また，子房の中には，胚珠（はいしゅ）が見られた。

図2

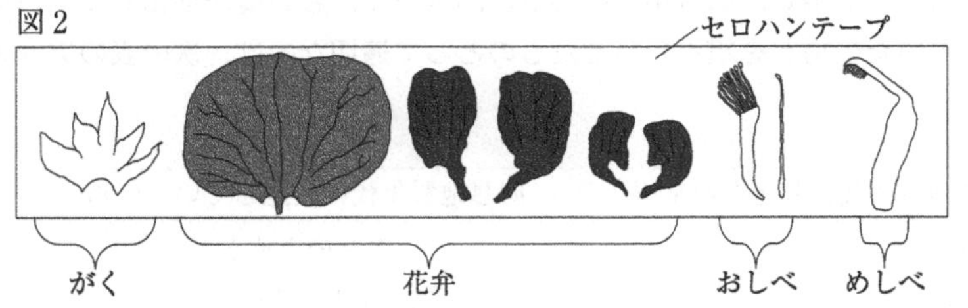

図3

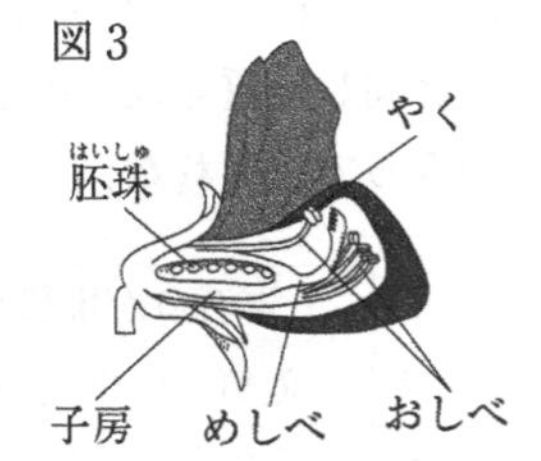

次に，**<実験>**を行ったところ，**<結果2>**のようになった。

<実験>

(1)　校庭で育てたエンドウには，草たけ（茎の長さ）の高い個体と低い個体がそれぞれあった。

(2)　草たけが高い個体を1本選び，エンドウが自家受粉し，受精後にできた種子を採取した。

(3)　草たけが低い個体を1本選び，エンドウが自家受粉し，受精後にできた種子を採取した。

(4)　(2)で採取した種子をまいて育て，成長したエンドウの草たけを調べた。

(5)　(3)で採取した種子をまいて育て，成長したエンドウの草たけを調べた。

(6) (4)で調べたエンドウの花で，花粉がつくられる前に，やくを全て取り除いた。

(7) (6)のエンドウの花の柱頭に，(5)で調べたエンドウの花のやくから採取した花粉を付け，受精した後にできた種子を採取した。

(8) (7)で採取した種子をまいて育て，成長したエンドウの草たけを調べた。

<結果２>

(1) **<実験>**の(4)から，全て草たけの高い個体（図４のＰ）であった。

(2) **<実験>**の(5)から，全て草たけの低い個体（図４のＱ）であった。

(3) **<実験>**の(8)から，全て草たけの高い個体（図４のＲ）であった。

図４　**<実験>**の模式図

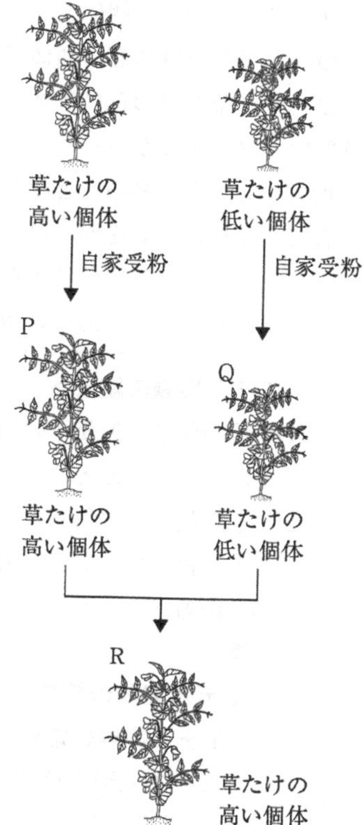

〔問１〕 **<結果１>**の(1)の花のつくりをもつ植物の子葉の枚数と，**<結果１>**の(2)のように胚珠が子房の中にある植物のなかまの名称とを組み合わせたものとして適切なのは，次の表の**ア**～**エ**のうちではどれか。

	子葉の枚数	胚珠が子房の中にある植物のなかまの名称
ア	１枚	被子植物
イ	１枚	裸子植物
ウ	２枚	被子植物
エ	２枚	裸子植物

〔問２〕 **<実験>**の(7)では，花粉から花粉管が伸長し，その中を移動する生殖細胞１個の染色体数は７本である。花粉管の中を移動する生殖細胞のうち１個と合体する細胞と，受精卵１個に含まれる染色体数とを組み合わせたものとして適切なのは，次の表の**ア**～**エ**のうちではどれか。

	花粉管の中を移動する生殖細胞のうち１個と合体する細胞	受精卵１個に含まれる染色体数
ア	卵	７本
イ	卵	14本
ウ	卵細胞	７本
エ	卵細胞	14本

〔問３〕 **<結果２>**の(3)の個体で，花粉がつくられる前にやくを全て取り除き，柱頭に**<結果２>**の(2)の個体のやくから採取した花粉を付け受精させ，種子を採取した。その種子をまいて育て，成長したエンドウの草たけを調べたときの結果として適切なのは，あとのうちではどれか。

ア　草たけの高い個体数と草たけの低い個体数のおよその比は１：１であった。
イ　草たけの高い個体数と草たけの低い個体数のおよその比は１：３であった。
ウ　全て草たけの高い個体であった。
エ　全て草たけの低い個体であった。

〔問４〕　メンデルが行ったエンドウの種子の形の遺伝に関する実験では，顕性形質の丸形と，潜性形質のしわ形があることが分かった。遺伝子の組み合わせが分からない丸形の種子を２個まき，育てた個体どうしをかけ合わせる**<モデル実験の結果>**から，**<考察>**をまとめた。

ただし，エンドウの種子が丸形になる遺伝子をＡ，しわ形になる遺伝子をａとし，子や孫の代で得られた種子は，遺伝の規則性のとおりに現れるものとする。

<モデル実験の結果>

(1)　親の代で，遺伝子の組み合わせが分からない丸形の種子を２個まき，育てた個体どうしをかけ合わせたところ，子の代では丸形の種子だけが得られた。

(2)　子の代として得られた丸形の種子を全てまき，育てた個体をそれぞれ自家受粉させたところ，孫の代として，丸形の種子だけが得られた個体と丸形・しわ形の種子が得られた個体の両方があった。

<考察>

<モデル実験の結果>の(1)で，子の代として得られた丸形の種子の遺伝子の組み合わせは，**<モデル実験の結果>**の(2)から，2種類あることが分かる。このことから，親の代としてまいた２個の丸形の種子の遺伝子の組み合わせを示すと［　　］であることが分かる。

<考察>の［　　］に当てはまるものとして適切なのは，下の**ア**～**ウ**のうちではどれか。

ア　ＡＡとＡＡ　　**イ**　ＡａとＡａ　　**ウ**　ＡＡとＡａ

5　イオンの性質を調べる実験について，次の各問に答えよ。

<実験１>を行ったところ，**<結果１>**のようになった。

<実験１>

(1)　図１のように，ビーカー①に硫酸亜鉛水溶液を入れ，亜鉛板Ｐを設置した。次に，ビーカー①に硫酸銅水溶液を入れたセロハンの袋を入れ，セロハンの袋の中に銅板Ｑを設置した。プロペラ付きモーターに亜鉛板Ｐと銅板Ｑを導線でつないだ後に金属板の表面の様子を観察した。

(2)　図２のように，簡易型電気分解装置に薄い水酸化ナトリウム水溶液を入れ，電極Ｒと電極Ｓを導線で電源装置につなぎ，電圧を加えて電流を流した後に電極の様子を観察した。

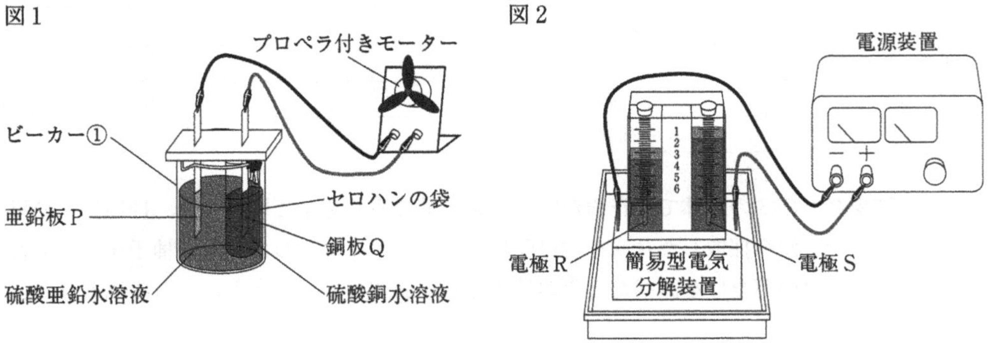

＜結果１＞

(1)　＜実験１＞の(1)でプロペラは回転した。亜鉛板Ｐは溶け，銅板Ｑには赤茶色の物質が付着した。

(2)　＜実験１＞の(2)で電極Ｒと電極Ｓからそれぞれ気体が発生した。

〔問１〕　＜結果１＞の(1)から，水溶液中の亜鉛板Ｐと銅板Ｑの表面で起こる化学変化について，亜鉛原子１個を●，亜鉛イオン１個を●$^{2+}$，銅原子１個を●，銅イオン１個を●$^{2+}$，電子１個を•というモデルで表したとき，亜鉛板Ｐの様子をＡ，Ｂから一つ，銅板Ｑの様子をＣ，Ｄから一つ，それぞれ選び，組み合わせたものとして適切なのは，下の**ア**～**エ**のうちではどれか。

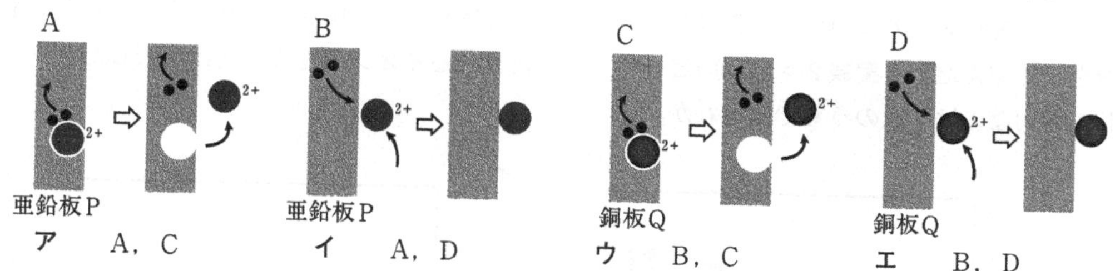

〔問２〕　＜結果１＞の(1)と(2)から，ビーカー①内の硫酸亜鉛水溶液と硫酸銅水溶液を合わせた水溶液中に含まれるZn^{2+}の数とCu^{2+}の数のそれぞれの増減と，電極Ｒと電極Ｓでそれぞれ発生する気体の性質とを組み合わせたものとして適切なのは，次の表の**ア**～**カ**のうちではどれか。

	合わせた水溶液に含まれるZn^{2+}の数	合わせた水溶液に含まれるCu^{2+}の数	電極Ｒで発生する気体の性質	電極Ｓで発生する気体の性質
ア	増える。	減る。	空気より軽い。	水に溶けにくい。
イ	増える。	増える。	空気より軽い。	水に溶けやすい。
ウ	増える。	減る。	空気より重い。	水に溶けにくい。
エ	減る。	増える。	空気より軽い。	水に溶けやすい。
オ	減る。	減る。	空気より重い。	水に溶けやすい。
カ	減る。	増える。	空気より重い。	水に溶けにくい。

次に，＜実験２＞を行ったところ，＜結果２＞のようになった。

＜実験２＞

(1)　ビーカー②に薄い塩酸を12cm^{3}入れ，BTB溶液を５滴加えてよく混ぜた。図３は，水溶液中の陽イオンを◯，陰イオンを⊗というモデルで表したものである。

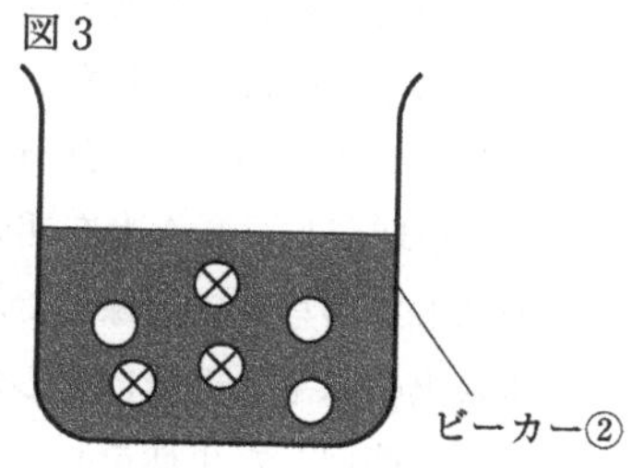

(2)　水酸化ナトリウム水溶液を10cm^{3}用意した。

(3)　(2)の水酸化ナトリウム水溶液をビーカー②に少しずつ加え，ガラス棒でかき混ぜ水溶液の様子を観察した。

(4)　(3)の操作を繰り返し，水酸化ナトリウム水溶液を合計６cm^{3}加えると，水溶液は緑色になった。

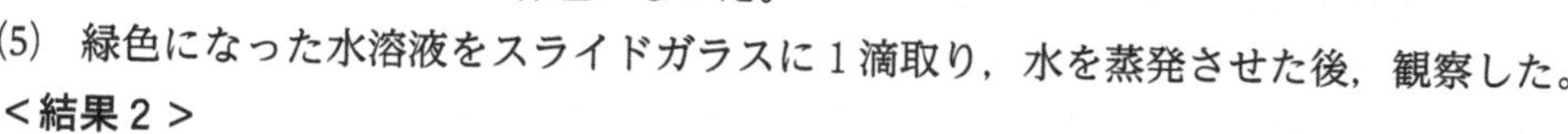

(5)　緑色になった水溶液をスライドガラスに１滴取り，水を蒸発させた後，観察した。

＜結果２＞

スライドガラスには，塩化ナトリウムの結晶が見られた。

〔問3〕 **<実験2>**の(4)のビーカー②の水溶液中で起きた化学変化を下の点線で囲まれた**<化学反応式>**で表すとき，下線部にそれぞれ当てはまる化学式を一つずつ書け。

ただし，**<化学反応式>**において酸の性質をもつ物質の化学式は（酸）の上の____に，アルカリの性質をもつ物質の化学式は（アルカリ）の上の____に，塩は（塩）の上の____に書くこと。

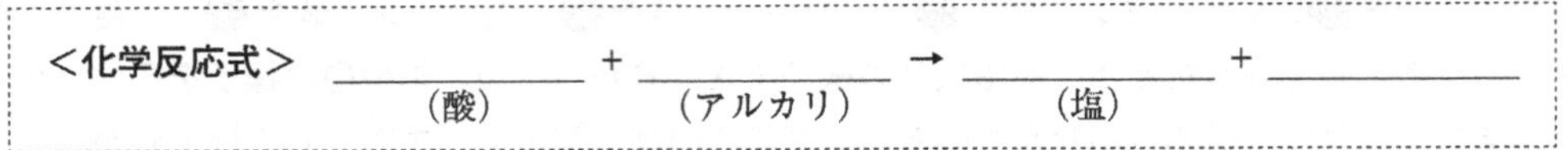

〔問4〕 **<実験2>**の(5)の後，**<実験2>**の(3)の操作を繰り返し，用意した水酸化ナトリウム水溶液を全て加えた。**<実験2>**の(1)のビーカー②に含まれるイオンの総数の変化を表したグラフとして適切なのは，次のうちではどれか。

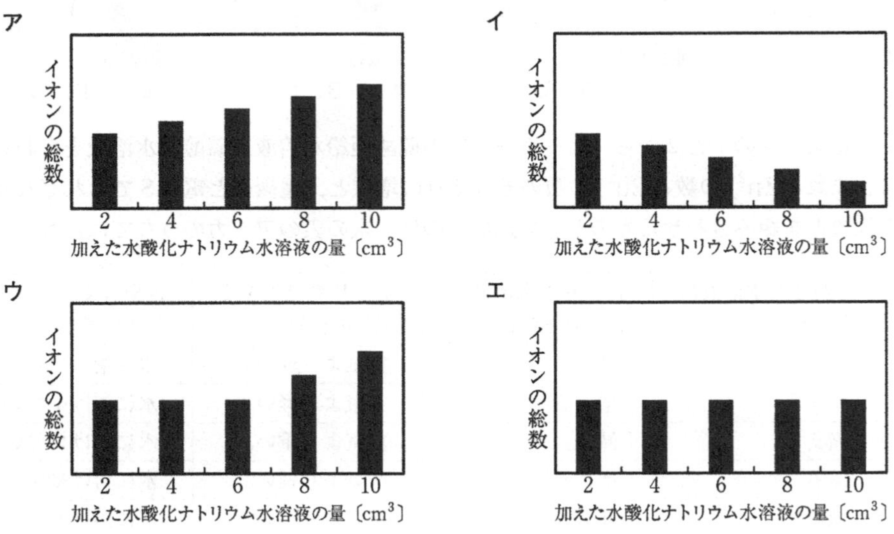

6 物体の運動に関する実験について，次の各問に答えよ。

<実験>を行ったところ，**<結果>**のようになった。

<実験>

(1) 形が異なるレールAとレールBを用意し，それぞれに目盛りを付け，次のページの図1のように水平な床に固定した。

(2) レールA上の水平な部分から9㎝の高さの点aに小球を静かに置き，手を放して小球を転がし，小球がレールA上を運動する様子を，小球が最初に一瞬静止するまで，発光時間間隔0.1秒のストロボ写真で記録した。レールA上の水平な部分からの高さが4㎝となる点を点b，レールA上の水平な部分に達した点を点cとした。

(3) (2)で使用した小球をレールB上の水平な部分から9㎝の高さの点dに静かに置き，(2)と同様の実験をレールB上で行った。レールB上の水平な部分からの高さが5.2㎝となる点を点e，レールB上の水平な部分に達した点を点fとした。

(4) ストロボ写真に記録された結果から，小球がレールA上の点aから運動を始め，最初に一瞬静止するまでの0.1秒ごとの位置を模式的に表すと次のページの図2のようになった。さらに

0.1秒ごとに①から⑪まで，順に区間番号を付けた。

(5)　レールBについて，(4)と同様に模式的に表し，0.1秒ごとに①から⑪まで，順に区間番号を付けた。

(6)　レールAとレールBにおいて，①から⑪までの各区間における小球の移動距離を測定した。

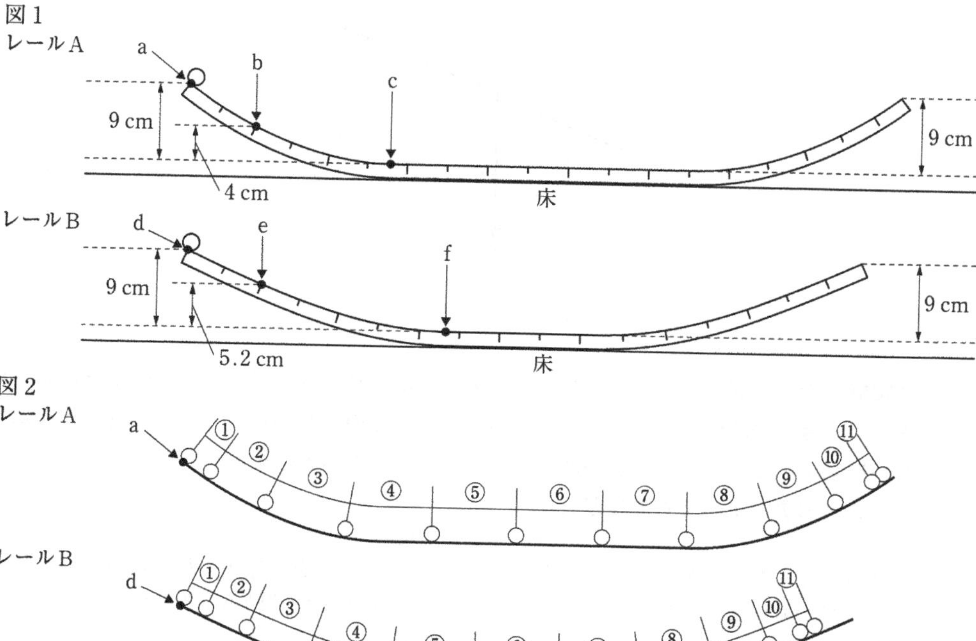

＜結果＞

区間番号	①	②	③	④	⑤	⑥	⑦	⑧	⑨	⑩	⑪
時間〔s〕	0~0.1	0.1~0.2	0.2~0.3	0.3~0.4	0.4~0.5	0.5~0.6	0.6~0.7	0.7~0.8	0.8~0.9	0.9~1.0	1.0~1.1
レールAにおける移動距離〔cm〕	3.6	7.9	10.4	10.9	10.9	10.9	10.8	10.6	9.0	5.6	1.7
レールBにおける移動距離〔cm〕	3.2	5.6	8.0	10.5	10.9	10.9	10.6	9.5	6.7	4.2	1.8

〔問1〕　＜結果＞から，レールA上の⑧から⑩までの小球の平均の速さとして適切なのは，次のうちではどれか。

ア　0.84m/s　　**イ**　0.95m/s　　**ウ**　1.01m/s　　**エ**　1.06m/s

〔問2〕　＜結果＞から，小球がレールB上の①から③まで運動しているとき，小球が運動する向きに働く力の大きさと小球の速さについて述べたものとして適切なのは，次のうちではどれか。

ア　力の大きさがほぼ一定であり，速さもほぼ一定である。

イ　力の大きさがほぼ一定であり，速さはほぼ一定の割合で増加する。

ウ　力の大きさがほぼ一定の割合で増加し，速さはほぼ一定である。

エ　力の大きさがほぼ一定の割合で増加し，速さもほぼ一定の割合で増加する。

〔問3〕　次のページの図3の矢印は，小球がレールB上の⑨から⑪までの斜面上にあるときの小球に働く重力を表したものである。小球が斜面上にあるとき，小球に働く重力の斜面に平行な分力と，斜面に垂直な分力を解答用紙の方眼を入れた図にそれぞれ矢印でかけ。

図3

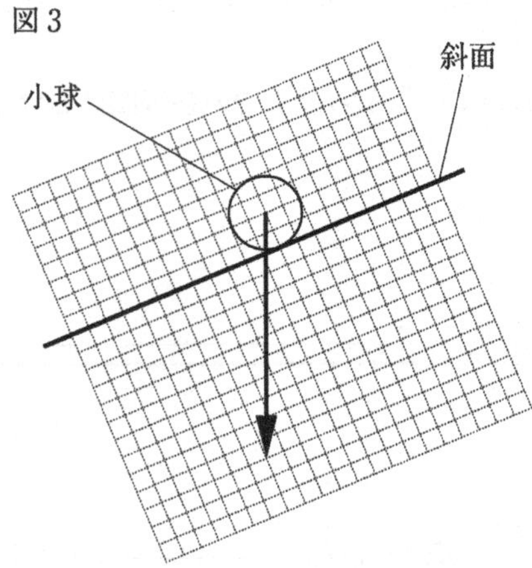

〔問4〕　**<実験>**の(2)，(3)において，点bと点eを小球がそれぞれ通過するときの小球がもつ運動エネルギーの大きさの関係について述べたものと，点cと点fを小球がそれぞれ通過するときの小球がもつ運動エネルギーの大きさの関係について述べたものとを組み合わせたものとして適切なのは，次の表の**ア**～**エ**のうちではどれか。

	点bと点eを小球がそれぞれ通過するときの小球がもつ運動エネルギーの大きさの関係	点cと点fを小球がそれぞれ通過するときの小球がもつ運動エネルギーの大きさの関係
ア	点bの方が大きい。	点fの方が大きい。
イ	点bの方が大きい。	ほぼ等しい。
ウ	ほぼ等しい。	点fの方が大きい。
エ	ほぼ等しい。	ほぼ等しい。

＜社会＞

時間　50分　　満点　100点

1　次の各問に答えよ。

〔問1〕　次の資料は，ある地域の様子を地域調査の発表用としてまとめたものの一部である。次のページのア～エの地形図は，「国土地理院発行2万5千分の1地形図」の一部を拡大して作成した地形図上に●で示したA点から，B点を経て，C点まで移動した経路を太線（━━）で示したものである。資料で示された地域に当てはまるのは，次のページのア～エのうちではどれか。

漁師町の痕跡を巡る　　調査日　令和3年10月2日（土）　天候　晴れ

複数の文献等に共通した地域の特徴

○A点付近の様子
　ベカ舟がつながれていた川，漁業を営む家，町役場

○B点付近の様子
　にぎやかな商店街，細い路地

〔ベカ舟〕

長さ約4.8m，幅約1.0m，高さ約0.6m

漁師町の痕跡を巡った様子

　A点で川に架かる橋から東を見ると，漁業に使うベカ舟がつながれていた川が曲がっている様子が見えた。その橋を渡ると，水準点がある場所に旧町役場の跡の碑があった。南へ約50m歩いて南東に曲がった道路のB点では，明治時代初期の商家の建物や細い路地がいくつか見られた。川に並行した道路を約450m歩き，北東に曲がって川に架かる橋を渡り，少し歩いて北西に曲がって川に並行した道路を約250m直進し，曲がりくねった道を進み，東へ曲がると，学校の前のC点に着いた。

A点（漁業に使うベカ舟がつながれていた川）

B点（明治時代初期の商家の建物が見られる道路）

ア

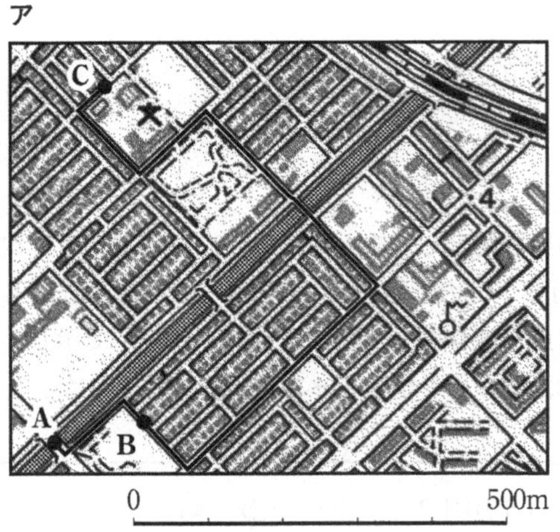

(2019年の「国土地理院発行2万5千分の1地形図(千葉西部)」の一部を拡大して作成)

イ

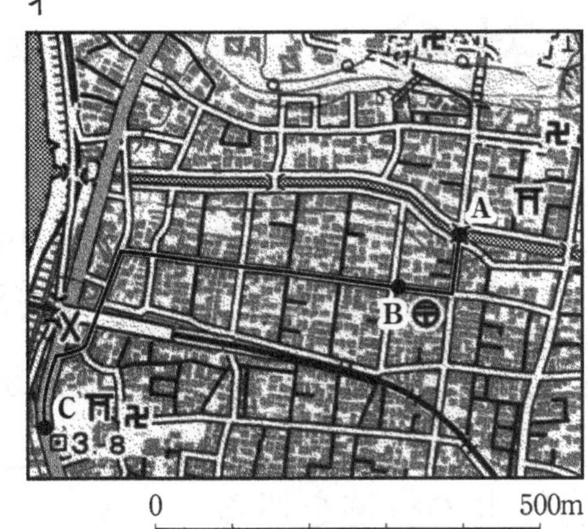

(2019年の「国土地理院発行2万5千分の1地形図(船橋(ふなばし))」の一部を拡大して作成)

ウ

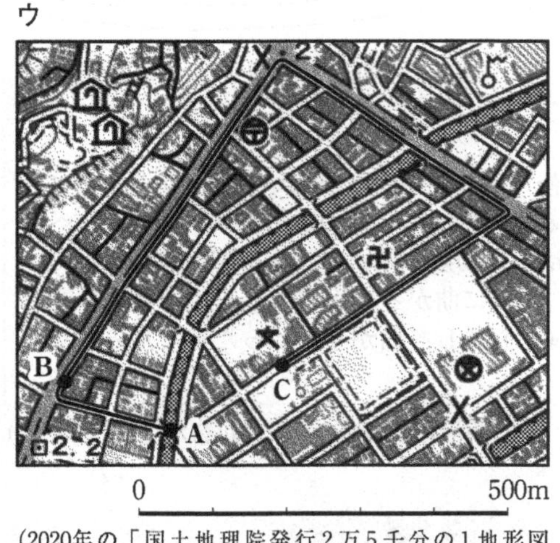

(2020年の「国土地理院発行2万5千分の1地形図(横浜西部)」の一部を拡大して作成)

エ

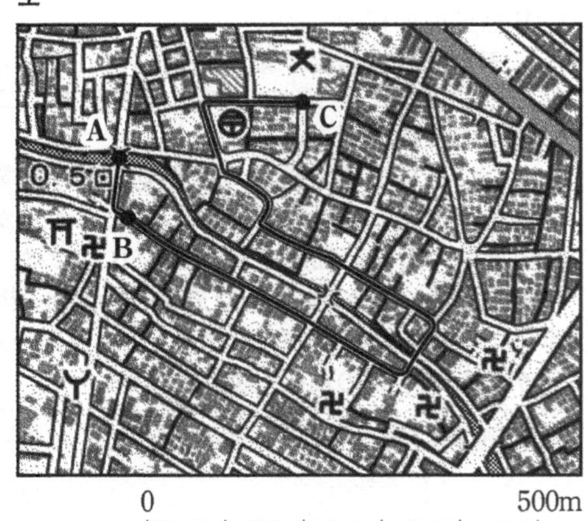

(2015年の「国土地理院発行2万5千分の1地形図(浦安(うらやす))」の一部を拡大して作成)

〔問2〕　次のページのⅠの略地図中の**ア**～**エ**は，世界遺産に登録されている我が国の主な歴史的文化財の所在地を示したものである。Ⅱの文章で述べている歴史的文化財の所在地に当てはまるのは，略地図中の**ア**～**エ**のうちのどれか。

Ⅰ

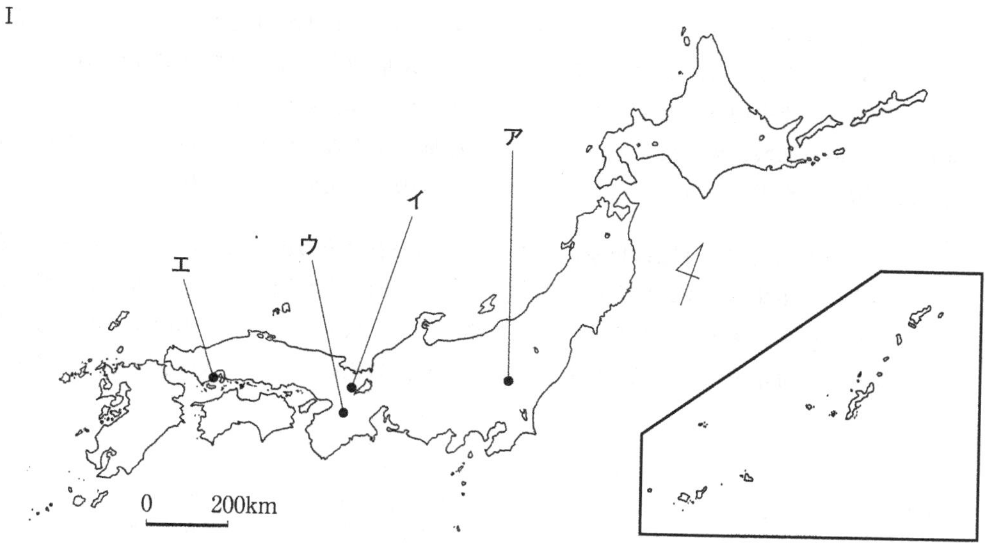

Ⅱ

鑑真によって伝えられた戒律を重んじる律宗の中心となる寺院は，中央に朱雀大路が通り，碁盤の目状に整備された都に建立された。金堂や講堂などが立ち並び，鑑真和上坐像が御影堂に納められており，1998年に世界遺産に登録された。

〔問3〕　次の文章で述べている司法機関に当てはまるのは，下のア～エのうちのどれか。

都府県に各1か所，北海道に4か所の合計50か所に設置され，開かれる裁判は，原則，第一審となり，民事裁判，行政裁判，刑事裁判を扱う。重大な犯罪に関わる刑事事件の第一審では，国民から選ばれた裁判員による裁判が行われる。

ア　地方裁判所　　イ　家庭裁判所　　ウ　高等裁判所　　エ　簡易裁判所

2　次の略地図を見て，あとの各問に答えよ。

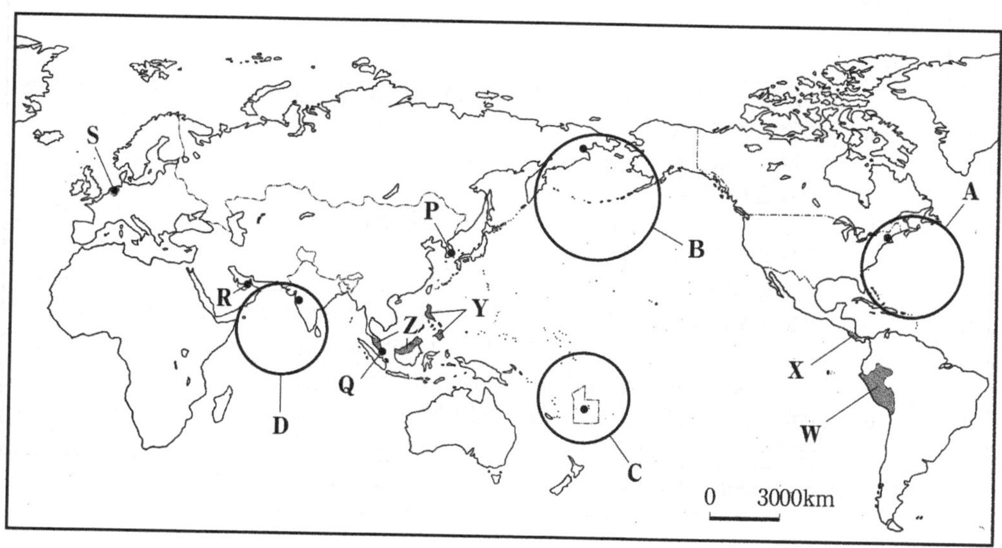

〔問１〕　次のⅠの文章は，略地図中に◯で示したＡ～Ｄの**いずれか**の範囲の海域と都市の様子についてまとめたものである。Ⅱの**ア**～**エ**のグラフは，略地図中のＡ～Ｄの**いずれか**の範囲内に●で示した都市の，年平均気温と年降水量及び各月の平均気温と降水量を示したものである。Ⅰの文章で述べている海域と都市に当てはまるのは，略地図中のＡ～Ｄのうちのどれか，また，その範囲内に位置する都市のグラフに当てはまるのは，Ⅱの**ア**～**エ**のうちのどれか。

Ⅰ

> イスラム商人が，往路は夏季に発生する南西の風とその風の影響による海流を，復路は冬季に発生する北東の風とその風の影響による海流を利用して，三角帆のダウ船で航海をしていた。●で示した都市では，季節風（モンスーン）による雨の到来を祝う文化が見られ，降水量が物価動向にも影響するため，気象局が「モンスーン入り」を発表している。

Ⅱ

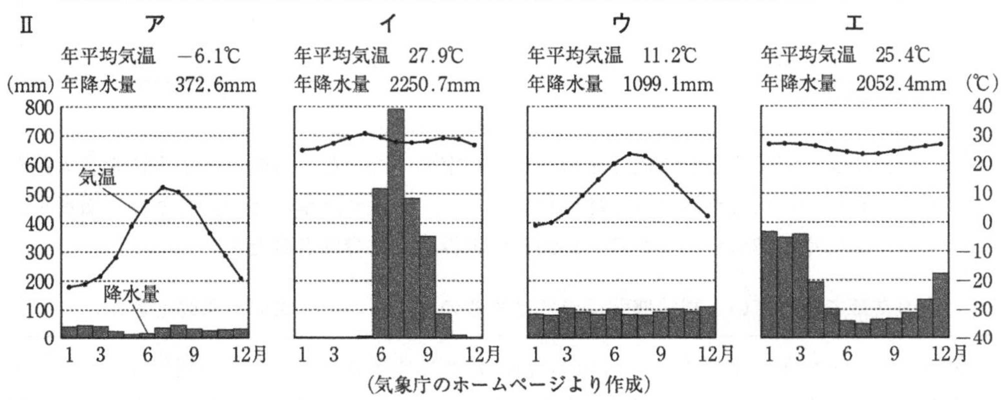

（気象庁のホームページより作成）

〔問２〕　次の表の**ア**～**エ**は，コンテナ埠頭（ふとう）が整備された港湾が位置する都市のうち，略地図中にＰ～Ｓで示した，釜山（プサン），シンガポール，ドバイ，ロッテルダムの**いずれか**の都市に位置する港湾の，2018年における総取扱貨物量と様子についてまとめたものである。略地図中のＰ～Ｓのそれぞれの都市に位置する港湾に当てはまるのは，次の表の**ア**～**エ**のうちではどれか。

	総取扱貨物量（百万ｔ）	港湾の様子
ア	461	経済大国を最短距離で結ぶ大圏航路上付近に位置する利点を生かし，国際貨物の物流拠点となるべく，国家事業として港湾整備が進められ，2018年にはコンテナ取扱量は世界第６位となっている。
イ	174	石油の輸送路となる海峡付近に位置し，石油依存の経済からの脱却を図る一環として，この地域の物流を担（にな）う目的で港湾が整備され，2018年にはコンテナ取扱量は世界第10位となっている。
ウ	469	複数の国を流れる河川の河口に位置し，2020年では域内の国の人口の合計が約４億5000万人，国内総生産（ＧＤＰ）の合計が約15兆2000億ドルの単一市場となる地域の中心的な貿易港で，2018年にはコンテナ取扱量は世界第11位となっている。
エ	630	人口密度約8000人/km^{2}を超える国の南部に位置し，地域の安定と発展を目的に1967年に５か国で設立され現在10か国が加盟する組織において，ハブ港としての役割を果たし，2018年にはコンテナ取扱量は世界第２位となっている。

（注）国内総生産とは，一つの国において新たに生み出された価値の総額を示した数値のことである。

（「データブック オブ・ザ・ワールド」2021年版などより作成）

〔問３〕　次のⅠとⅡの表の**ア～エ**は，略地図中に［　］で示したW～Zの**いずれか**の国に当てはまる。Ⅰの表は，1999年と2019年における日本の輸入総額，日本の主な輸入品目と輸入額を示したものである。Ⅱの表は，1999年と2019年における輸出総額，輸出額が多い上位３位までの貿易相手国を示したものである。Ⅲの文章は，略地図中のW～Zの**いずれか**の国について述べたものである。Ⅲの文章で述べている国に当てはまるのは，略地図中のW～Zのうちのどれか，また，ⅠとⅡの表の**ア～エ**のうちのどれか。

Ⅰ

		日本の輸入総額（億円）	日本の主な輸入品目と輸入額（億円）					
ア	1999年	12414	電気機器	3708	一般機械	2242	液化天然ガス	1749
	2019年	19263	電気機器	5537	液化天然ガス	4920	一般機械	755
イ	1999年	331	金属鉱及びくず	112	非鉄金属	88	飼料	54
	2019年	2683	金属鉱及びくず	1590	液化天然ガス	365	揮発油	205
ウ	1999年	93	一般機械	51	コーヒー	14	植物性原材料	6
	2019年	459	精密機器類	300	電気機器	109	果実	15
エ	1999年	6034	一般機械	1837	電気機器	1779	果実	533
	2019年	11561	電気機器	4228	金属鉱及びくず	1217	一般機械	1105

（「データブック オブ・ザ・ワールド」2021年版などより作成）

Ⅱ

		輸出総額（億ドル）	輸出額が多い上位３位までの貿易相手国		
			１位	２位	３位
ア	1999年	845	アメリカ合衆国	シンガポール	日本
	2019年	2381	中華人民共和国	シンガポール	アメリカ合衆国
イ	1999年	59	アメリカ合衆国	スイス	イギリス
	2019年	461	中華人民共和国	アメリカ合衆国	カナダ
ウ	1999年	63	アメリカ合衆国	オランダ	イギリス
	2019年	115	アメリカ合衆国	オランダ	ベルギー
エ	1999年	350	アメリカ合衆国	日本	オランダ
	2019年	709	アメリカ合衆国	日本	中華人民共和国

（国際連合貿易統計データベースより作成）

Ⅲ

1946年に独立したこの国では，軽工業に加え電気機器関連の工業に力を注ぎ，外国企業によるバナナ栽培などの一次産品中心の経済から脱却を図ってきた。1989年にはアジア太平洋経済協力会議（ＡＰＥＣ（エイペック））に参加し，1999年と比較して2019年では，日本の輸入総額は２倍に届かないものの増加し，貿易相手国としての中華人民共和国の重要性が増している。1960年代から日本企業の進出が見られ，近年では，人口が１億人を超え，英語を公用語としていることからコールセンターなどのサービス産業も発展している。

3 次の略地図を見て，あとの各問に答えよ。

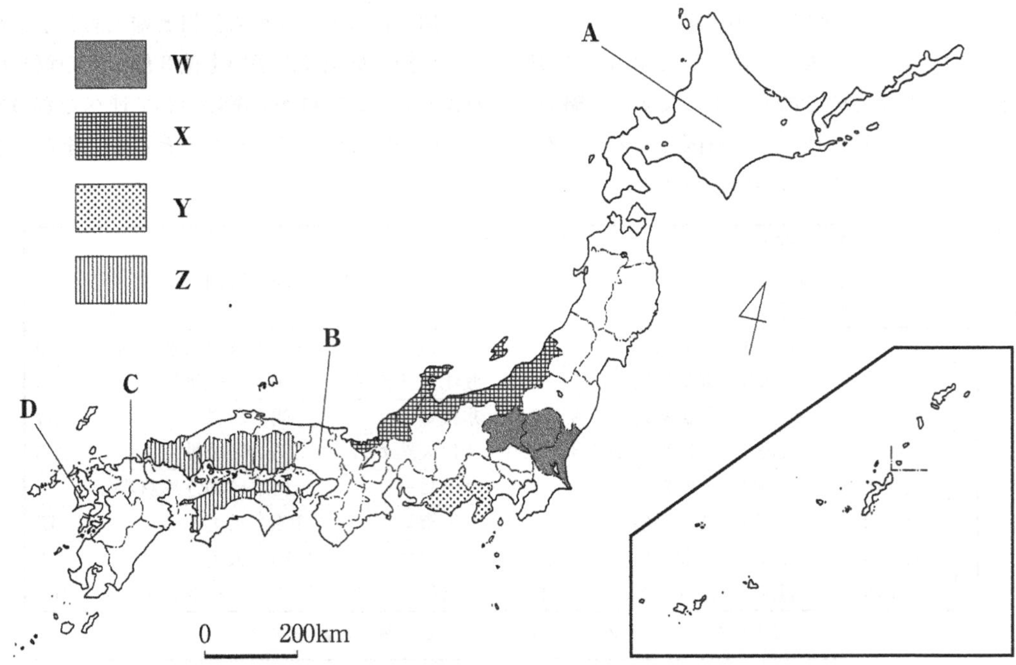

〔問１〕 次の表の**ア**～**エ**は，略地図中にＡ～Ｄで示した**いずれか**の道県の，2019年における鉄鋼業と造船業の製造品出荷額等，海岸線と臨海部の工業の様子についてまとめたものである。Ａ～Ｄのそれぞれの道県に当てはまるのは，次の表の**ア**～**エ**のうちではどれか。

	製造品出荷額等（億円） 鉄鋼	造船	海岸線と臨海部の工業の様子
ア	9769	193	○678kmの海岸線には，干潟や陸と島をつなぐ砂州が見られ，北東部にある東西20km，南北２kmの湾に，工業用地として埋め立て地が造成された。 ○国内炭と中国産の鉄鉱石を原料に鉄鋼を生産していた製鉄所では，現在は輸入原料を使用し，自動車用の鋼板を生産している。
イ	19603	2503	○855kmの海岸線には，北部に国立公園に指定されたリアス海岸が見られ，南部に工業用地や商業用地として埋め立て地が造成された。 ○南部の海岸には，高度経済成長期に輸入原料を使用する製鉄所が立地し，国際貿易港に隣接する岬には，造船所が立地している。
ウ	3954	310	○4445kmの海岸線には，砂嘴（さし）や砂州，陸繋島（りくけいとう），プレート運動の力が複雑に加わり形成された半島などが見られる。 ○国内炭と周辺で産出される砂鉄を原料に鉄鋼を生産していた製鉄所では，現在は輸入原料を使用し，自動車の部品に使われる特殊鋼を生産している。
エ	336	2323	○4170kmの海岸線には，多くの島や半島，岬によって複雑に入り組んだリアス海岸が見られる。 ○人口が集中している都市の臨海部に，カーフェリーなどを建造する造船所が立地し，周辺にはボイラーの製造などの関連産業が集積している。

（「日本国勢図会」2020/21年版などより作成）

〔問２〕　次のⅠのア～エのグラフは，略地図中にW～Zで示した**いずれか**の地域の1971年と2019年における製造品出荷額等と産業別の製造品出荷額等の割合を示したものである。Ⅱの文章は，Ⅰのア～エの**いずれか**の地域について述べたものである。Ⅱの文章で述べている地域に当てはまるのは，Ⅰのア～エのうちのどれか，また，略地図中のW～Zのうちのどれか。

Ⅰ

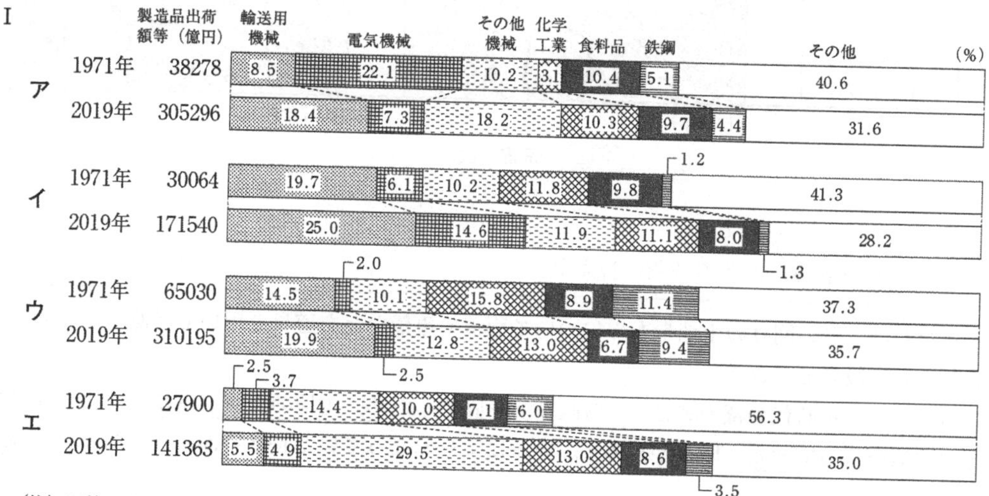

（注）四捨五入をしているため，産業別の製造品出荷額等の割合を合計したものは，100%にならない場合がある。
（2019年工業統計表などより作成）

Ⅱ

> 絹織物や航空機産業を基礎として，電気機械等の製造業が発展した。高速道路網の整備に伴い，1980年に西部が，1987年に中部が東京とつながり，2011年には1998年開港の港湾と結ばれた。西部の高速道路沿いには，未来技術遺産に登録された製品を生み出す高度な技術をもつ企業の工場が立地している。2019年には電気機械の出荷額等は約２兆円となる一方で，自動車関連の輸送用機械の出荷額等が増加し，5兆円を超えるようになった。

〔問３〕　次のⅠ(1)と次のページのⅡ(1)の文は，1984年に示された福島市と1997年に示された岡山市の太線（━━）で囲まれた範囲を含む地域に関する地区計画の一部を分かりやすく書き改めたものである。Ⅰ(2)は1984年・1985年のⅠ(3)は2018年の「２万５千分の１地形図（福島北部・福島南部）」の一部を拡大して作成したものである。Ⅱ(2)は1988年の，Ⅱ(3)は2017年の「２万５千分の１地形図（岡山南部）」の一部を拡大して作成したものである。ⅠとⅡの資料から読み取れる，太線で囲まれた範囲に共通した土地利用の変化について，簡単に述べよ。また，ⅠとⅡの資料から読み取れる，その変化を可能にした要因について，それぞれの県内において乗降客数が多い駅の一つである福島駅と岡山駅に着目して，簡単に述べよ。

Ⅰ

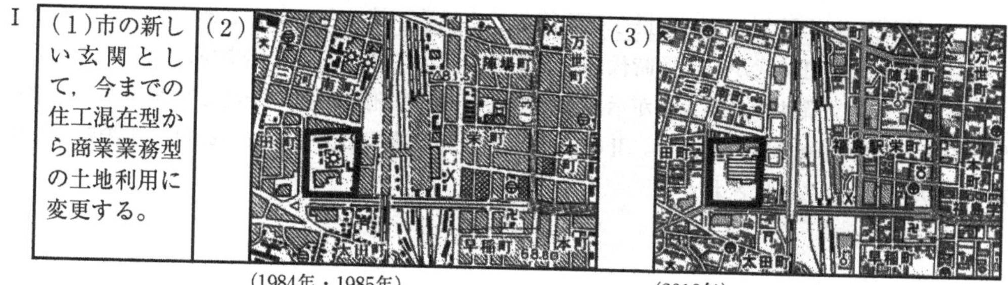

（1984年・1985年）　　（2018年）

Ⅱ

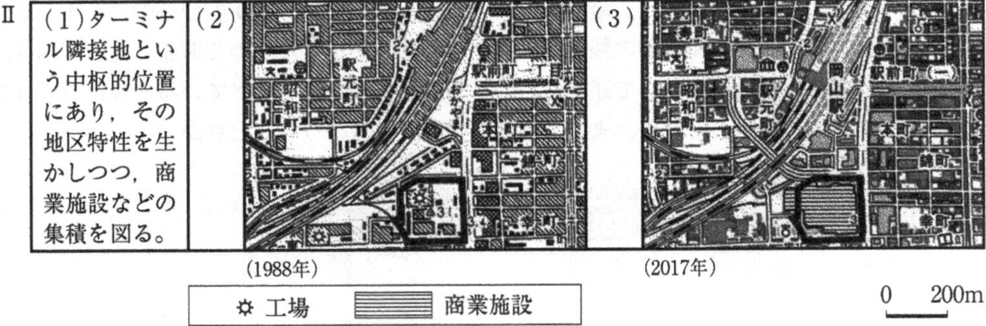

(1)ターミナル隣接地という中枢的位置にあり，その地区特性を生かしつつ，商業施設などの集積を図る。
(2)
(3)
(1988年)
(2017年)
工場
商業施設
0　200m

4　次の文章を読み，あとの各問に答えよ。

> 私たちは，身の回りの土地やものについて面積や重量などを道具を用いて計測し，その結果を暮らしに役立ててきた。
>
> 古代から，各時代の権力者は，(1)財政基盤を固めるため，土地の面積を基に税を徴収するなどの政策を行ってきた。時代が進み，(2)地域により異なっていた長さや面積などの基準が統一された。
>
> (3)江戸時代に入ると，天文学や数学なども発展を遂げ，明治時代以降，我が国の科学技術の研究水準も向上し，独自の計測技術も開発されるようになった。
>
> 第二次世界大戦後になると，従来は計測することができなかった距離や大きさなどが，新たに開発された機器を通して計測することができるようになり，(4)環境問題などの解決のために生かされてきた。

〔問1〕　(1)財政基盤を固めるため，土地の面積を基に税を徴収するなどの政策を行ってきた。とあるが，次のア～エは，権力者が財政基盤を固めるために行った政策の様子について述べたものである。時期の古いものから順に記号を並べよ。

ア　朝廷は，人口増加に伴う土地不足に対応するため，墾田永年私財法を制定し，新しく開墾した土地であれば，永久に私有地とすることを認めた。

イ　朝廷は，財政基盤を強化するため，摂関政治を主導した有力貴族や寺社に集中していた荘園を整理するとともに，大きさの異なる枡の統一を図った。

ウ　朝廷は，元号を建武に改め，天皇中心の政治を推進するため，全国の田畑について調査させ，年貢などの一部を徴収し貢納させた。

エ　二度にわたる元軍の襲来を退けた幕府は，租税を全国に課すため，諸国の守護に対して，田地面積や領有関係などを記した文書の提出を命じた。

〔問2〕　(2)地域により異なっていた長さや面積などの基準が統一された。とあるが，次のページのⅠの略年表は，室町時代から江戸時代にかけての，政治に関する主な出来事についてまとめたものである。Ⅱの文章は，ある人物が示した検地における実施命令書の一部と計測基準の一部を分かりやすく書き改めたものである。Ⅱの文章が出された時期に当てはまるのは，Ⅰの略年表中のア～エの時期のうちではどれか。

Ⅰ

西暦	政治に関する主な出来事	
1560	●駿河国（静岡県）・遠江国（静岡県）などを支配していた人物が，桶狭間において倒された。	
		ア
1582	●全国統一を目指していた人物が，京都の本能寺において倒された。	
		イ
1600	●関ケ原の戦いに勝利した人物が，全国支配の実権をにぎった。	
		ウ
1615	●全国の大名が守るべき事柄をまとめた武家諸法度が定められた。	
		エ
1635	●全国の大名が，国元と江戸とを1年交代で往復する制度が定められた。	

Ⅱ

【実施命令書の一部】

○日本全国に厳しく申し付けられている上は，おろそかに実施してはならない。

【計測基準の一部】

○田畑・屋敷地は長さ6尺3寸を1間とする竿を用い，5間かける60間の300歩を，1反として面積を調査すること。

○上田の石盛は1石5斗，中田は1石3斗，下田は1石1斗，下々田は状況で決定すること。

○升は京升に定める。必要な京升を準備し渡すようにすること。

〔問3〕 (3)江戸時代に入ると，天文学や数学なども発展を遂げ，明治時代以降，我が国の科学技術の研究水準も向上し，独自の計測技術も開発されるようになった。とあるが，次のア～エは，江戸時代から昭和時代にかけての我が国独自の計測技術について述べたものである。時期の古いものから順に記号を並べよ。

ア　後にレーダー技術に応用される超短波式アンテナが開発された頃，我が国最初の常設映画館が開館した浅草と，上野との間で地下鉄の運行が開始された。

イ　正確な暦を作るために浅草に天文台が設置された後，寛政の改革の一環として，幕府直轄の昌平坂学問所や薬の調合などを行う医官養成機関の医学館が設立された。

ウ　西洋時計と和時計の技術を生かして，時刻や曜日などを指し示す機能を有する万年自鳴鐘が開発された頃，黒船来航に備えて台場に砲台を築造するため，水深の計測が実施された。

エ　中部地方で発生した地震の研究に基づいて大森式地震計が開発された頃，日英同盟の締結を契機に，イギリスの無線技術を基にした無線電信機が開発された。

〔問4〕 (4)環境問題などの解決のために生かされてきた。とあるが，次のページのⅠのグラフは，1965年から2013年までの，東京のある地点から富士山が見えた日数と，大気汚染の一因となる二酸化硫黄の東京における濃度の変化を示したものである。Ⅱの文章は，Ⅰのグラフの**ア～エ**の**いずれか**の時期における国際情勢と，我が国や東京の環境対策などについてまとめたものである。Ⅱの文章で述べている時期に当てはまるのは，Ⅰのグラフの**ア～エ**の時期のうちではどれか。

Ⅰ
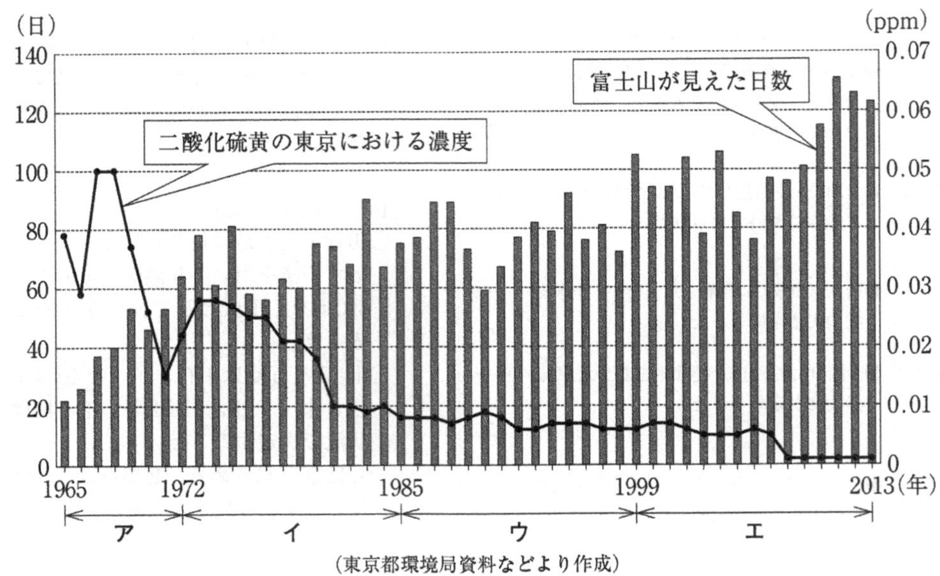

（東京都環境局資料などより作成）

Ⅱ

東ヨーロッパ諸国で民主化運動が高まり，東西ドイツが統一されるなど国際協調の動きが強まる中で，国際連合を中心に地球温暖化防止策が協議され，温室効果ガスの排出量の削減について数値目標を設定した京都議定書が採択された。長野県では，施設建設において極力既存の施設を活用し，自然環境の改変が必要な場合は大会後復元を図った，オリンピック・パラリンピック冬季競技大会が開催され，東京都においては，「地球環境保全東京アクションプラン」を策定し，大気汚染の状況は改善された。この時期には，Ⅰのグラフの観測地点から平均して週１回は富士山を見ることができた。

5　次の文章を読み，あとの各問に答えよ。

明治時代に作られた情報という言葉は，ある事柄の内容について文字などで伝達する知らせを表す意味として現在は用いられている。天気予報や経済成長率などの情報は，私たちの日々の暮らしに役立っている。

日本国憲法の中では，(1)自分の意見を形成し他者に伝える権利が，一定の決まり（ルール）の下で保障されている。

現代の社会は　(2)情報が大きな役割を担（にな）うようになり，情報化社会とも呼ばれるようになった。その後，インターネットの普及は，私たちと情報との関わり方を変えることとなった。

(3)情報が新たな価値を生み出す社会では，企業の中で，情報化を推進し，課題の解決策を示したり，ソフトウェアを開発したりする，デジタル技術を活用できる人材を確保していくことの重要性が増している。また，(4)情報の活用を進め，社会の様々な課題を解決していくためには，新たな決まり（ルール）を定める必要がある。

〔問１〕　(1)自分の意見を形成し他者に伝える権利が，一定の決まり（ルール）の下で保障されている。とあるが，精神（活動）の自由のうち，個人の心の中にある，意思，感情などを外部に明らかにすることを保障する日本国憲法の条文は，次のア～エのうちではどれか。

ア　何人(なんぴと)も，いかなる奴隷的拘束も受けない。又，犯罪に因(よ)る処罰の場合を除いては，その意に反する苦役に服させられない。

イ　思想及び良心の自由は，これを侵してはならない。

ウ　何人も，公共の福祉に反しない限り，居住，移転及び職業選択の自由を有する。

エ　集会，結社及び言論，出版その他一切の表現の自由は，これを保障する。

〔問2〕　(2)情報が大きな役割を担(にな)うようになり，情報化社会とも呼ばれるようになった。とあるが，次のⅠの略年表は，1938年から1998年までの，我が国の情報に関する主な出来事をまとめたものである。Ⅱの文章は，Ⅰの略年表中のア～エの**いずれか**の時期における社会の様子について，①は通信白書の，②は国民生活白書の一部をそれぞれ分かりやすく書き改めたものである。Ⅱの文章で述べている時期に当てはまるのは，Ⅰの略年表中のア～エの時期のうちではどれか。

Ⅰ

西暦	我が国の情報に関する主な出来事	
1938	●標準放送局型ラジオ受信機が発表された。	
1945	●人が意見を述べる参加型ラジオ番組の放送が開始された。	ア
1953	●白黒テレビ放送が開始された。	
1960	●カラーテレビ放送が開始された。	イ
1964	●東京オリンピック女子バレーボール決勝の平均視聴率が関東地区で66.8％を記録した。	
1972	●札幌オリンピック閉会式の平均視聴率が札幌で59.5％を記録した。	
1974	●テレビの深夜放送が一時的に休止された。	ウ
1985	●テレビで文字多重放送が開始された。	
1989	●衛星テレビ放送が開始された。	エ
1998	●ニュースなどを英語で発信するワールドテレビ放送が開始された。	

Ⅱ

①私たちの社会は，情報に対する依存を強めており，情報の流通は食料品や工業製品などの流通，つまり物流と同等あるいはそれ以上の重要性をもつようになった。

②社会的な出来事を同時に知ることができるようになり，テレビやラジオを通じて人々の消費生活も均質化している。また，節約の経験により，本当に必要でなければ買わないで今持っているものの使用期間を長くする傾向が，中東で起きた戦争の影響を受けた石油危機から3年後の現在も見られる。

〔問3〕　(3)情報が新たな価値を生み出す社会では，企業の中で，情報化を推進し，課題の解決策を示したり，ソフトウェアを開発したりする，デジタル技術を活用できる人材を確保していくことの重要性が増している。とあるが，次のページのⅠの文章は，2019年の情報通信白書の一部を分かりやすく書き改めたものである。次のページのⅡのグラフは，2015年の我が国とアメリカ合衆国における情報処理・通信に携わる人材の業種別割合を示したものである。Ⅱのグラフから読み取れる，Ⅰの文章が示された背景となる我が国の現状について，我が国より取り組みが進んでいるアメリカ合衆国と比較して，情報通信技術を提供する業種と利用する業種の構成比の違いに着目し，簡単に述べよ。

I

○今後，情報通信技術により，企業は新しい製品やサービスを市場に提供することが可能となる。
○新たな製品やサービスを次々と迅速に開発・提供していくために，情報通信技術を利用する業種に十分な情報通信技術をもった人材が必要である。

II

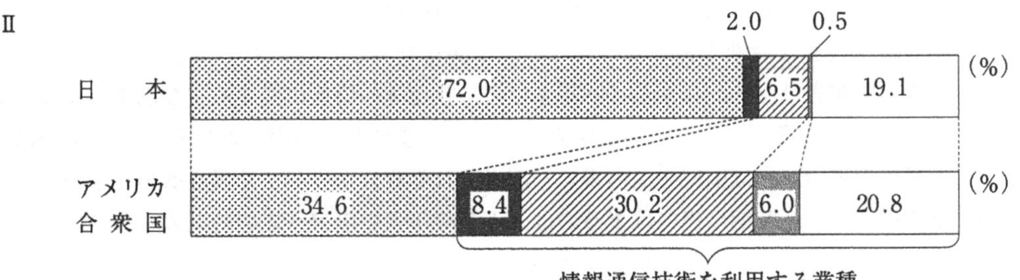

（注）四捨五入をしているため，情報処理・通信に携わる人材の業種別割合を合計したものは，100%にならない場合がある。

（独立行政法人情報処理推進機構資料より作成）

〔問4〕 (4)情報の活用を進め，社会の様々な課題を解決していくためには，新たな決まり（ルール）を定める必要がある。とあるが，次のIのA～Eは，令和3年の第204回通常国会で，情報通信技術を用いて多様で大量の情報を適正かつ効果的に活用することであらゆる分野における創造的かつ活力ある発展が可能となる社会の形成について定めた「デジタル社会形成基本法」が成立し，その後，公布されるまでの経過について示したものである。IIの文で述べていることが行われたのは，下のア～エのうちではどれか。

I

A　第204回通常国会が開会される。（1月18日）
B　法律案が内閣で閣議決定され，国会に提出される。（2月9日）
C　衆議院の本会議で法律案が可決される。（4月6日）
D　参議院の本会議で法律案が可決される。（5月12日）
E　内閣の助言と承認により，天皇が法律を公布する。（5月19日）

（衆議院，参議院のホームページより作成）

II

衆議院の内閣委員会で法律案の説明と質疑があり，障害の有無などの心身の状態による情報の活用に関する機会の格差の是正を着実に図ることや，国や地方公共団体が公正な給付と負担の確保のための環境整備を中心とした施策を行うことを，原案に追加した修正案が可決される。

ア　AとBの間　　イ　BとCの間　　ウ　CとDの間　　エ　DとEの間

6 次の文章を読み，下の略地図を見て，あとの各問に答えよ。

都市には，小さな家屋から超高層建築まで多様な建物が見られ，(1)人々が快適な生活を送るために様々な社会資本が整備されてきた。また，(2)政治の中心としての役割を果たす首都には，新たに建設された都市や，既存の都市に政府機関を設置する例が見られる。

都市への人口集中は，経済を成長させ新たな文化を創造する一方で，(3)交通渋滞などの都市問題を深刻化させ，我が国は多くの国々の都市問題の解決に協力している。

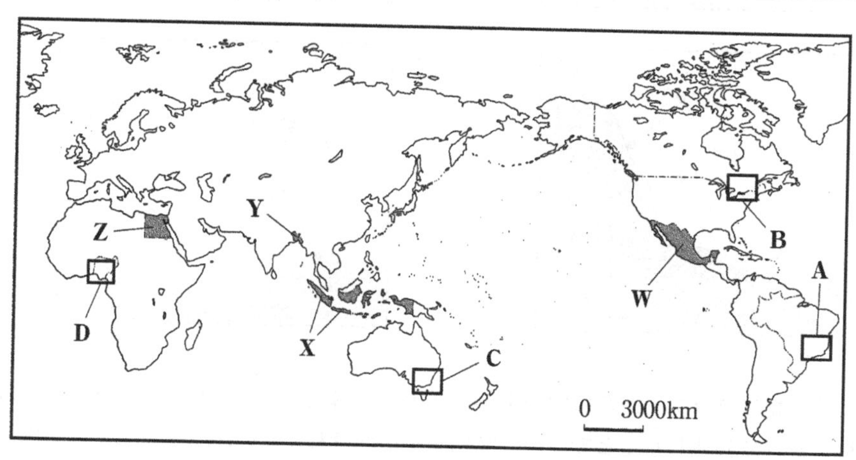

〔問１〕 (1)人々が快適な生活を送るために様々な社会資本が整備されてきた。とあるが，次の**ア**～**エ**の文は，それぞれの時代の都市の様子について述べたものである。時期の古いものから順に記号を並べよ。

ア　ドイツ帝国の首都ベルリンでは，ビスマルクの宰相（さいしょう）任期中に，工業の発展により人口の流入が起き，上下水道が整備され，世界で初めて路面電車の定期運行が開始された。

イ　イギリスの首都ロンドンでは，冷戦（冷たい戦争）と呼ばれる東西の対立が起き緊張が高まる中で，ジェット旅客機が就航し，翌年，空港に新滑走路が建設された。

ウ　アメリカ合衆国の都市ニューヨークでは，300mを超える超高層ビルが建設され，フランクリン・ルーズベルト大統領によるニューディール政策の一環で公園建設なども行われた。

エ　オーストリアの首都ウィーンでは，フランス同様に国王が強い政治権力をもつ専制政治（絶対王政）が行われ，マリア・テレジアが住んでいた郊外の宮殿の一角に動物園がつくられた。

〔問２〕 (2)政治の中心としての役割を果たす首都には，新たに建設された都市や，既存の都市に政府機関を設置する例が見られる。とあるが，次のページのⅠのＡ～Ｄは，略地図中のＡ～Ｄの□で示した部分を拡大し，主な都市の位置を**ア**～**ウ**で示したものである。次のページのⅡの文章は，略地図中のＡ～Ｄの中に首都が位置する**いずれか**の国とその国の首都の様子について述べたものである。Ⅱの文章で述べているのは，ⅠのＡ～Ｄのうちのどれか，また，首都に当てはまるのは，選択したⅠのＡ～Ｄの**ア**～**ウ**のうちのどれか。

Ⅰ A

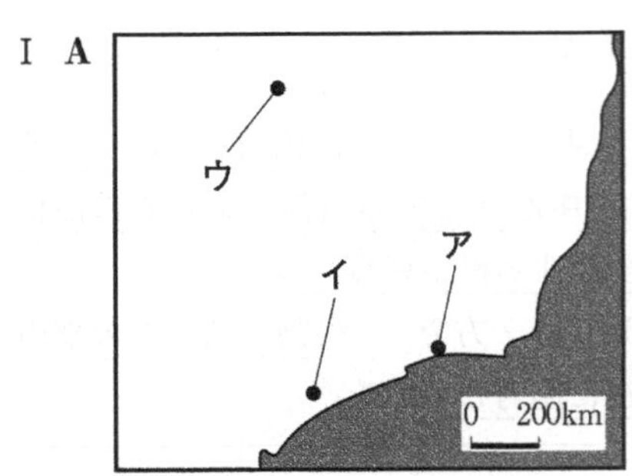

B

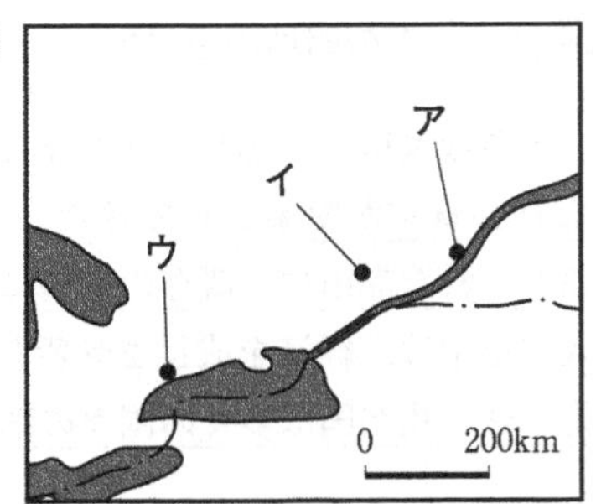

C

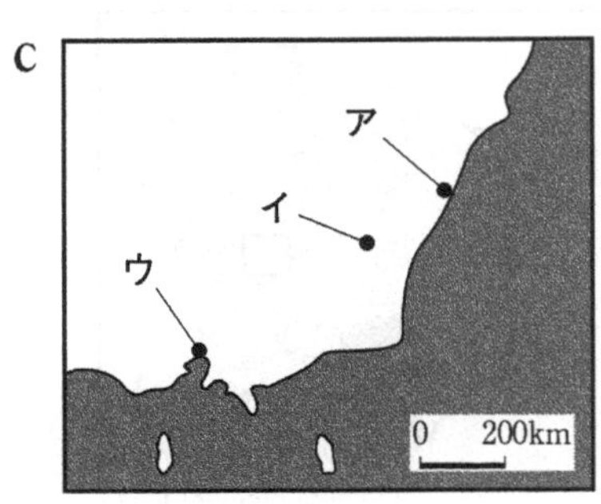

D

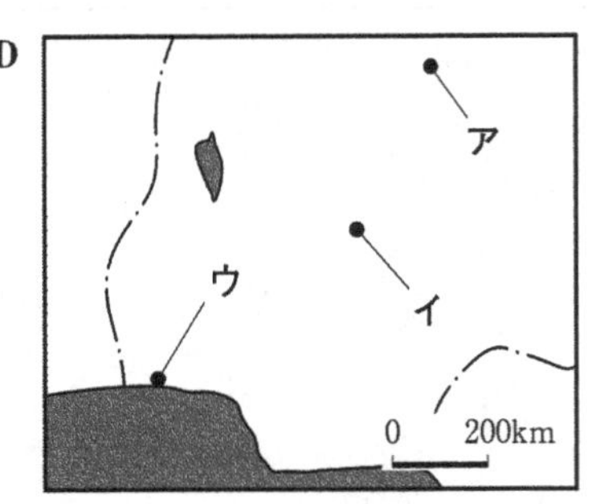

Ⅱ

16世紀にフランスがこの国の東部に進出し，隣国からイギリス人がフランス人の定住地を避けて移住したことで二つの文化圏が形成されたため，立憲君主である国王により文化圏の境界に位置する都市が首都と定められた。首都から約350km離れイギリス系住民が多い都市は，自動車産業などで隣国との結び付きが見られ，首都から約160km離れフランス系住民が多い都市は，フランス語のみで示されている道路標識などが見られる。

［問３］　(3)交通渋滞などの都市問題を深刻化させ．我が国は多くの国々の都市問題の解決に協力している。とあるが，次のⅠのW～Zのグラフは，略地図中に■で示したW～Zのそれぞれの国の，1950年から2015年までの第１位の都市圏と第２位の都市圏の人口の推移を示したものである。Ⅱの文章で述べている国に当てはまるのは，略地図中のW～Zのうちのどれか。

Ⅰ

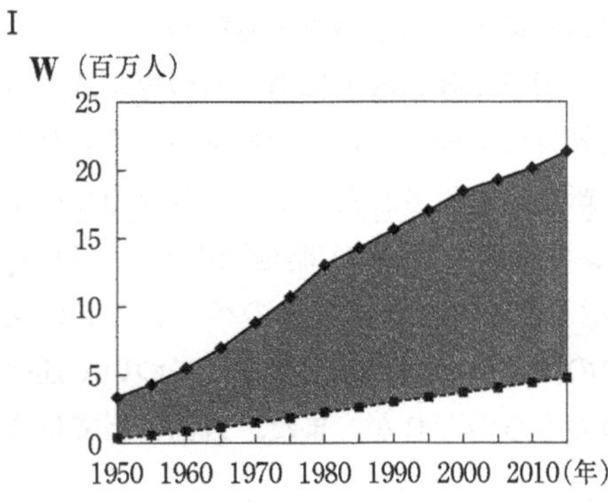

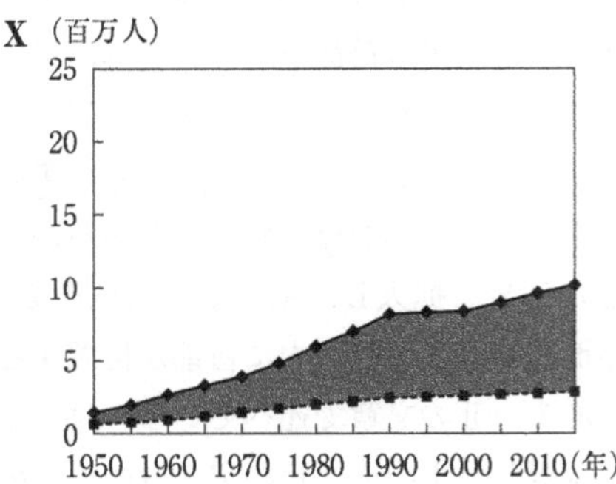

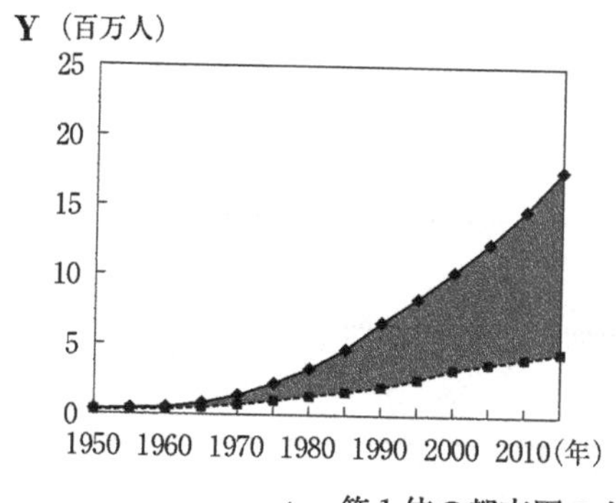

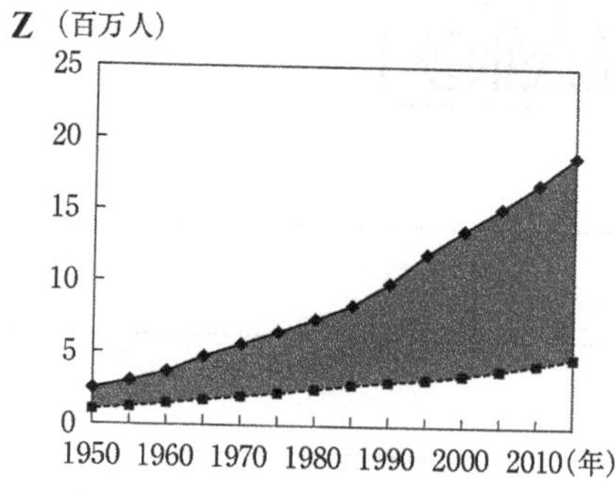

第１位の都市圏の人口　第２位の都市圏の人口

（国際連合資料より作成）

Ⅱ

○1949年にオランダから独立し，イスラム教徒が８割を超えるこの国では，第１位の都市圏と第２位の都市圏の人口差は，1950年に100万人を下回っていたが，1990年には人口差は約７倍と急激に拡大しており，その後緩やかな拡大傾向が続いた。

○深刻化した交通渋滞や大気汚染などの都市問題を解決するため，日本の技術や運営の支援を受け，都市の中心部と住宅地をつなぐ国内初の地下鉄が2019年に開通した。

大切なことはメモしておこうネ！

T・G

2022年度

解答と解説

《2022年度の配点は解答用紙集に掲載してあります。》

<理科解答>

1 〔問1〕 イ　〔問2〕 ア　〔問3〕 エ　〔問4〕 ウ　〔問5〕 エ

2 〔問1〕 ア　〔問2〕 イ　〔問3〕 エ　〔問4〕 ウ

3 〔問1〕 ウ　〔問2〕 イ　〔問3〕 エ　〔問4〕 ア

4 〔問1〕 ウ　〔問2〕 エ　〔問3〕 ア　〔問4〕 ウ

5 〔問1〕 イ　〔問2〕 ア

〔問3〕 <化学反応式> $\underset{(酸)}{\underline{HCl}}+\underset{(アルカリ)}{\underline{NaOH}}\rightarrow \underset{(塩)}{\underline{NaCl}}+H_2O$

〔問4〕 ウ

6 〔問1〕 ア　〔問2〕 イ　〔問3〕 右図

〔問4〕 イ

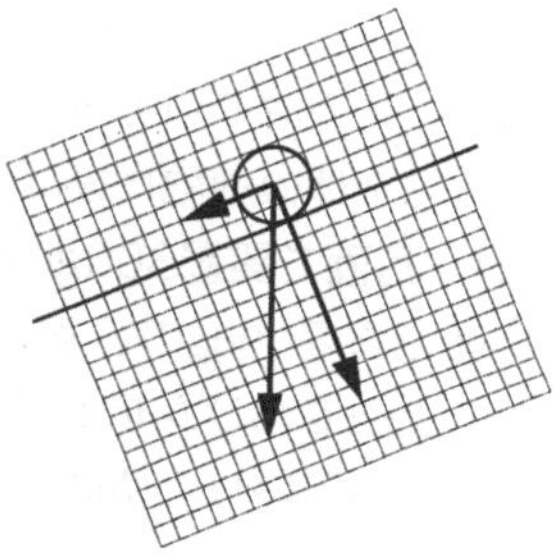

<理科解説>

1 **(小問集合―化学変化：燃焼，気体の発生とその性質，動物の体のつくりとはたらき：血液の循環，光と音：光の屈折，天気の変化：温暖前線，電流：電圧と電流と抵抗)**

〔問1〕 木には炭素原子や水素原子などがふくまれているので，木をじゅうぶんに燃焼させると，炭素や水素が酸化されて，**二酸化炭素や水(水蒸気)**などができる。二酸化炭素や水蒸気は空気中に出ていき，残るのは少量の灰なので質量が小さくなる。一方，スチールウールを燃焼させると，**酸素と化合して固体の酸化鉄になる**ので，結びついた酸素の分，質量が大きくなる。よって，石灰水が白くにごったのは，二酸化炭素が発生した集気びんPである。

〔問2〕 全身から戻った血液は大静脈Cを通って右心房に入り，右心室へ送られ，**静脈血は右心室から肺動脈Aへ送られ**，肺でガス交換が行われ動脈血となる。**動脈血は肺静脈Dを通って左心房に入り**，左心室へ送られる。動脈血は左心室から大動脈Bを通って全身に送り出される。よって，動脈は血管Aと血管Bであり，動脈血が流れる血管は血管Dと血管Bである。

〔問3〕 水中から空気中へ光が入射する場合，入射角より屈折角の方が大きい。容器の中の水の量を増やすと，**「A」の文字からの光が水面で屈折する点が上がるため，光はその点で屈折して目に入るようになる。**よって，屈折光の延長線上に実際より浮き上がった位置に見えるため，「A」の文字の形が全て見えるようになる。

〔問4〕 温暖前線は，**密度が小さい暖気が，密度が大きい寒気の上にはい上がり，**寒気をおしやりながら進んでいく。

〔問5〕 **P〔A〕＝Q〔A〕＋R〔A〕より，Q<Pであり，R<Pである。BとCは並列回路により，各抵抗にかかる電圧は等しい。よって抵抗が小さい方が大きい電流が流れるため，R<Qである。よって，3点を流れる電流の大きさは，R<Q<P，である。**

2 **(自由研究一太陽系と恒星：月の見え方・日食，状態変化：蒸留，水溶液，物質の成り立ち，植物の体のつくりとはたらき，力と圧力：月面での重力)**

〔問1〕 観測地点Aは，地球と月と太陽を一直線に結んだ線上に位置している。このとき，太陽は真南の空に位置しているので，時刻は12時である。よって，**月が真南の空に位置する時刻は12時**である。北極星側から見ると，**月は地球のまわりを約1か月かけて反時計回りに公転**している。そのため，1週間後に真南の空に観察できる月の見え方は，**西側が光って見える上弦の月**である。

〔問2〕 蒸留して出てきた液体Bは水である。蒸留後，枝付きフラスコに残った水溶液Aは5％より濃度が高くなった塩化ナトリウム水溶液であるため，結晶は塩化ナトリウムであり，**塩化ナトリウムは，ナトリウム原子と塩素原子の2種類の原子でできている化合物**である。

〔問3〕 装置の上側に設置された光源に向かって成長していく植物では，上下にある葉が互いに重ならないようにつくが，その利点は，**光が当たる面積が大きくなり，光合成量が増加する**ことである。光合成でつくられた養分(栄養分)は，水にとけやすい物質に変化してから，**師管**を通ってからだ全体の細胞に運ばれ，それぞれの細胞で使われる。

〔問4〕 **月面で質量300gの物体Aに働く重力の大きさは**，地球上と比べて約6分の1の0.5Nである。月面で質量300gの分銅に働く重力の大きさは，地球上と比べて約6分の1の0.5Nである。よって，**上皿てんびんに載せたときにつり合うのは質量300gの分銅**である。物体Aを**はかりに載せたときの目盛りの値は**，0.5Nの重力が物体Aに働くので，**約50g**である。

3 **(地層の重なりと過去の様子：柱状図・示準化石・堆積岩，動物の分類と生物の進化：セキツイ動物の出現，火山活動と火成岩，)**

〔問1〕 岩石Pは**石基と斑晶**が見られ，斑状組織であることから，岩石Pはマグマが冷えてできたもので，れき岩は土砂が押し固められてできたものである。れき岩を構成する粒の特徴は，流れる水のはたらきで，角が取れて**丸みを帯びた粒**が多い。

〔問2〕 岩石Qにはフズリナの化石が含まれていたので，岩石Qは古生代に堆積したもので，**古生代には魚類と両生類が出現**した。また，示準化石であるサンヨウチュウも生息していた。

〔問3〕 流水で運搬され海に流れ出た土砂は，粒の大きいものから陸の近くに堆積する。このことから，泥岩の層が堆積した時代の地域B周辺は，**河口から遠い深い海**であったと考えられる。

〔問4〕 X地点の**凝灰岩層の標高は，40.3m－11m＝29.3m**，であり，Y地点の凝灰岩層の標高は，36.8m－9m＝27.8m，である。よって，X地点の凝灰岩層の標高は，Y地点の凝灰岩層の標高より，29.3m－27.8m＝1.5m，高くなっている。

4 **(遺伝の規則性と遺伝子：メンデルの実験，生物の成長と生殖：減数分裂，植物の分類)**

〔問1〕 図2で，エンドウは花弁が1枚1枚離れていることから，**双子葉類の離弁花**であるため，子葉は2枚である。また，胚珠が子房の中にあることから，**被子植物**である。

〔問2〕 花粉の中では雄の生殖細胞の精細胞がつくられ，胚珠の中には雌の生殖細胞の卵細胞がつくられるが，**生殖細胞は減数分裂によりつくられるので，染色体数は体細胞の2分の1である。**よって，精細胞の核と卵細胞の核が合体してできた受精卵の核の染色体数は14本である。

〔問3〕 草たけが高い個体が**自家受粉**し，受精後にできた種子をまいて育てた結果は，<結果2>(1)のように，全て草たけの高い個体(図4のP)であった。これらのことから，エンドウの草たけを高くする遺伝子をA，対立形質である草たけを低くする遺伝子をaとすると，**エンドウPとその親の遺伝子はAA**で表せる。同様に，**エンドウQとその親の遺伝子はaa**で表せる。<結果2>の(3)の個体Rは，<実験>(7)で**PとQをかけ合わせ**てできた個体で，遺伝子は**全てAa**であり，草たけが高い形質が顕性形質であると，全て草たけが高い個体になる。**遺伝子Aaの個体Rに，<結果2>の(2)，すなわち<実験>(5)の結果である図4の遺伝子がaaの個体Qをかけ合わせると，**子の遺伝子は，Aa：aa＝草たけが高い個体の数：草たけが低い個体の数＝1：1，である。

〔問4〕　<モデル実験の結果から>子の代では丸形の種子だけが得られたが，丸形は顕性であることから，**子の代の遺伝子はAAとAaの**2種類が考えられる。**子の代を自家受粉させると，孫の代では丸形の種子だけが得られた個体と丸形・しわ形の種子が得られた個体の両方あったことから，前者の子の代は丸形の純系で遺伝子はAAであり親の代の遺伝子もAAである。後者では丸形としわ形の種子が得られたことから，子の代の遺伝子はAaであったと考えられ，親の代の遺伝子もAaであると考えられる。**よって，親の代としてまいた2個の丸形の種子の遺伝子の組み合わせは，AAとAaである。

5　**(化学変化と電池，水溶液とイオン，物質の成り立ち：電気分解，気体の発生とその性質，酸・アルカリとイオン，中和と塩)**

〔問1〕　図1は，**ダニエル電池**である。ダニエル電池の特徴は，セロハンで2種類の電解質の水溶液を仕切っているという点である。亜鉛板を硫酸亜鉛水溶液に，銅板を硫酸銅水溶液にひたし，導線でつないだつくりになっている。セロハンにはとても小さな穴が開いており，水溶液中の陽イオンと陰イオンはこの穴を通りぬけることができる。ダニエル電池では，**イオン化傾向(イオンへのなりやすさ)の大きい亜鉛原子Znが水溶液中に亜鉛イオンZn^{2+}となってとけ出し，亜鉛板に残った電子は導線を通って銅板へ移動し電流が流れる。水溶液中の銅イオンCu^{2+}は銅板に達した電子を受けとって銅原子Cuになる。(－極)$Zn \rightarrow Zn^{2+}+2e^-$，**によりモデルで表した図はAであり，**(＋極)$Cu^{2+}+2e^- \rightarrow Cu$，**によりモデルで表した図はDである。

〔問2〕　図1のダニエル電池については，－極の亜鉛が次々にイオンとなって溶け出すので，Zn^{2+}は増加し，＋極では水溶液中のCu^{2+}が，導線を通ってやってきた亜鉛が放出した電子を受けとって，銅の金属となって電極に付着するため，Cu^{2+}は減少する。**図2は水の電気分解**である。－極である電極Rには空気より軽い水素が発生し，＋極である電極Sには水に溶けにくい酸素が発生する。

〔問3〕　<実験2>は，酸にアルカリを加えるごとに酸の性質が打ち消され，塩と水ができる中和の実験である。よって，**化学反応式は，$HCl+NaOH \rightarrow NaCl+H_2O$，**である。

〔問4〕　図3のモデルで表した薄い塩酸に水酸化ナトリウム水溶液を加えるたびに起きる化学変化を，イオン式を用いて表し，ビーカー②に含まれるイオンの総数を考察する。**$(3H^++3Cl^-)+(Na^++OH^-) \rightarrow Na^++Cl^-+H_2O+2H^++2Cl^-$，であり，$H^++OH^- \rightarrow H_2O$，の中和反応によって$H^+$が1個減少するが，$Na^++Cl^-$は水に溶ける塩なので，$Na^+$が1個増加するため，化学変化の前後で水素イオンの総数は変わらない。さらに水酸化ナトリウム水溶液を加えても，同様の考察ができる。H^+とOH^-が同数の中性になるまで化学変化の前後でイオンの総数は変わらない。**<実験2>の場合，薄い塩酸12cm^{3}に水酸化ナトリウム水溶液を6cm^{3}加えたとき，BTB溶液が緑色になったことから，中性である。**中性を過ぎると，加えた水酸化ナトリウムは化学変化をしないのでNa^+とOH^-のどちらもイオンとして残り，イオンの総数は増加する。**

6　**(力と物体の運動：斜面を下る小球の運動，力の規則性：重力の分力，力学的エネルギー：力学的エネルギーの保存)**

〔問1〕　小球の平均の速さ〔m/s〕＝{(10.6＋9.0＋5.6)÷100}〔m〕÷3÷0.1〔s〕＝0.84〔m/s〕である。

〔問2〕　レールBの斜面①から③の上の小球に働く重力は，小球に働く斜面下向きの斜面に平行な力と斜面に垂直な力に分解できる。小球に働く斜面下向きの力は小球が運動する向きに働く力である。**斜面①から③までは斜面の傾きはほぼ一定であるから，小球が運動する向きに働く力はほぼ一定である。小球が運動する向きに働く力がほぼ一定であり続けるとき，小球の速さはほぼ一定の割合で増加する。**よって，イが適切である。

〔問3〕 小球に働く重力が対角線となるような長方形をかく。小球に働く重力の斜面に平行な分力と斜面に垂直な分力の大きさを長方形の各辺の長さとして矢印をかく。

〔問4〕 点aと点dは9cmの同じ高さなので小球がもつ位置エネルギーは等しい。小球がもつ位置エネルギーは，斜面を下るにつれて運動エネルギーに変わるが，**位置エネルギーと運動エネルギーの和の力学的エネルギーは一定に保存されている。**点bと点eはそれぞれ4cmと5.2cmの高さなので，小球がもつ運動エネルギーは点bの方が大きい。点cと点fはそれぞれ水平な部分の上なので，小球がもつ位置エネルギーは，全て運動エネルギーに変っているため，運動エネルギーの大きさはほぼ等しい。

＜社会解答＞

1 〔問1〕 エ　〔問2〕 ウ　〔問3〕 ア

2 〔問1〕 (略地図中のA～D) D　(Ⅱのア～エ) イ　〔問2〕 P ア　Q エ　R イ　S ウ　〔問3〕 (略地図中のW～Z) Y　(ⅠとⅡの表のア～エ) エ

3 〔問1〕 A ウ　B イ　C ア　D エ　〔問2〕 (Ⅰのア～エ) ア　(略地図中のW～Z) W　〔問3〕 〔変化〕地区計画により，工場であった土地に，商業施設が建てられた。　〔要因〕多くの人が集まる駅に近いこと。

4 〔問1〕 ア→イ→エ→ウ　〔問2〕 イ　〔問3〕 イ→ウ→エ→ア　〔問4〕 ウ

5 〔問1〕 エ　〔問2〕 ウ　〔問3〕 情報処理・通信に携わる人材は，アメリカ合衆国では，情報通信技術を利用する業種に就いている割合が高いが，我が国では，情報通信技術を提供する業種に就いている割合が高い。　〔問4〕 イ

6 〔問1〕 エ→ア→ウ→イ　〔問2〕 ⅠのA～D B　ⅠのA～Dのア～ウ イ　〔問3〕 X

＜社会解説＞

1 **(地理的分野―日本地理―地形図の見方，歴史的分野―日本史時代別―古墳時代から平安時代，―日本史テーマ別―文化史，公民的分野―三権分立)**

〔問1〕 資料で示されたA地点からB地点に到達するまでに**水準点**「⊡」を通るのは，エの**地形図**のみである。歩いた距離や方角を正確に表しているのも，エの地形図のみである。

〔問2〕 8世紀半ばに**鑑真**によって開かれた**唐招提寺**は，大和国の**平城京**に建立された。平城京の位置は地図のウである。

〔問3〕 **裁判員裁判**は，重大な**刑事事件**の**第一審**で，**地方裁判所**で行われる。**家庭裁判所**は，公に公開される通常の訴訟手続きにはそぐわないと考えられている家庭内の紛争や，非行のある少年の事件を扱う裁判所である。**簡易裁判所**は，日常生活において発生する軽微な民事事件・刑事事件を迅速・簡易に処理するための裁判所である。**高等裁判所**は，地方裁判所および簡易裁判所の第一審判決に対する控訴を扱う裁判所である。

2 **(地理的分野―世界地理―都市・気候・産業・貿易)**

〔問1〕 Ⅰの文章は，イスラム商人の航海に関する記述から，Dの海域の説明であることがわかる。

また，その範囲内に位置する都市の**雨温図**は，**赤道**に近い都市であることから，一年間の気温差が少ないもの，**北半球**に属することから山型の気温変化があるもの，また**モンスーン**の季節以外は極めて雨が少なく，**雨季**と**乾季**があるものを選べばよい。これにあたるのが，イである。

〔問2〕 イは石油依存の経済との説明から，アラブ首長国連邦のドバイの説明であることがわかる。ウはEUの中心的な貿易港であるとの説明から，オランダのロッテルダムのことだとわかる。エはASEANの中のハブ港との記述から，シンガポールであるとわかる。残るアは，釜山だとわかる。

〔問3〕 初めに，略地図中のW～Zの国を確定する。Wはペルー，Xはニカラグア，Yはフィリピン，Zはマレーシアである。このうちⅢの文章にある「1946年に独立し」,「1989年にAPECに参加し」,「人口が1億人を超え」に該当するのはフィリピンである。また，Ⅲの文章を読み，Ⅰの表を見ると，日本の輸入総額が1999年から2019年の間で2倍弱増加し，果実の輸入量が上位3位から脱落していることから，エがフィリピンに該当するとわかる。また，Ⅱの表で上位3か国に中華人民共和国が新たに入ったことから，エがフィリピンに該当するとわかる。

3 (地理的分野―日本地理―地形・工業・交通・地形図の見方)

〔問1〕 初めに，AからDの道県を確定する。Aが北海道，Bが兵庫県，Cが福岡県，Dが長崎県である。都道府県中で最も海岸線が長いのは北海道であり，Aはウである。次に長いのは長崎県であり，Dがエである。都道府県中で最も鉄鋼の生産量が多いのは愛知県であり，兵庫県は第2位である。Bがイである。残るCがアである。

〔問2〕 Ⅱは**北関東工業地域**の説明である。北関東工業地域では，輸送用機械の出荷額の割合が増えている。輸送用機械を作るためには広い工場敷地面積が必要であり，北関東では，広い敷地を安く確保できるからである。また，1980年に**関越自動車道**が開通し，群馬から東京への輸送が容易になった。1987年には**東北自動車道**が開通し，栃木から東京への輸送が容易になった。さらに2011年の**北関東自動車道**の開通によって，内陸地の群馬県や栃木県から太平洋岸に輸送しやすくなったこと等が要因である。飛躍的に**輸送用機械**の出荷額が伸びているアのグラフが該当する。略地図中のW～Zのうち，Wが北関東工業地域である。

〔問3〕〔変化〕 地区計画により，工場「☼」であった土地に，商業施設が建てられたことを簡潔に指摘すればよい。 〔要因〕 乗降客数が多い駅に近く，人が集まりやすいことを指摘すればよい。

4 (歴史的分野―日本史時代別―古墳時代から平安時代・鎌倉時代から室町時代・安土桃山時代から江戸時代・明治時代から現代，―日本史テーマ別―政治史・社会史，―世界史―政治史)

〔問1〕 アは8世紀の奈良時代の政策の様子である。イは11世紀の**後三条天皇**の時代の政策の様子である。ウは14世紀の**後醍醐天皇**の時代の政策の様子である。エは13世紀の鎌倉時代の政策の様子である。したがって，時代の古い順に並べると，ア→イ→エ→ウとなる。

〔問2〕 Ⅱは**太閤検地**の説明である。太閤検地は，**織田信長**の死後に**豊臣秀吉**によって行われた。略年表中のイの時期にあてはまる。

〔問3〕 ア 浅草から上野の間に**地下鉄**が開通したのは，1927年である。 イ **寛政の改革**が行われたのは，1787年から1793年である。 ウ **黒船**来航に備えて**台場**に砲台が設置されたのは，1853年からである。 エ **日英同盟**が締結されたのは，1902年である。したがって，時代の古い順に並べると，イ→ウ→エ→アとなる。

〔問4〕 **東西ドイツの統一**は1990年，**京都議定書**の採択は1997年，長野オリンピックは1998年に開催された。いずれも略年表のウの時期にあてはまる。

5 (公民的分野―基本的人権・経済一般・国の政治の仕組み)

〔問1〕　日本国憲法第21条には「集会，結社及び言論，出版その他一切の**表現の自由**は，これを保障する。」との規定があり，個人の心の中にある，意思，感情などを外部に明らかにすることを保障している。

〔問2〕　**第4次中東戦争**が勃発し，OPEC諸国は原油の値上げを決定し，いわゆる**石油危機**が起こったのは，1973年のことであり，ウの時期がこれにあたる。

〔問3〕　情報処理・通信に携わる人材は，我が国では，日本のグラフに見られるように，**情報通信技術**を提供する業種に就いている割合が72%と高い。これに対し，アメリカ合衆国のグラフでは，金融業・サービス業など情報通信技術を利用する業種に就いている割合が65.4%と高くなっている。このような趣旨のことを簡潔に述べればよい。

〔問4〕　**内閣委員会**は，**常任委員会**の一つで，内閣府の所管に属する事項のうち，他の常任委員会の所管に属さないものなどを扱う。常任委員会は国会に提出された法律案を，本会議の審議前に審議するので，BとCの間になる。

6 (歴史的分野―世界史―政治史，地理的分野―世界地理―都市・人口)

〔問1〕　ア　**ビスマルク**の宰相在任中とは，19世紀後期である。　イ　**冷戦**と呼ばれた東西の対立が起き，緊張が高まったのは，20世紀後期である。　ウ　**ニューディール政策**は，20世紀前期にアメリカで行われた。　エ　**マリア・テレジア**がハプスブルク家の皇帝フランツ1世の皇后にして共同統治者の地位にあったのは，18世紀である。したがって，時代の古い順に並べると，エ→ア→ウ→イとなる。

〔問2〕　Ⅱの文章は，「イギリス系住民」「フランス系住民」の記述から，カナダの説明であることがわかる。A～Dのうち，五大湖の一部が描かれているBがカナダである。カナダの首都オタワの位置は，ア～ウのうち，イである。

〔問3〕　Ⅱの文章は，「オランダから独立」「イスラム教徒が8割を超える」との記述から，インドネシアを指していることがわかる。1950年に人口差が100万人を下回っており，1990年には約7倍，その後は緩やかな拡大傾向が続いているグラフは，Xである。

2022年度英語　リスニングテスト

〔放送台本〕

これから，リスニングテストを行います。リスニングテストは，全て放送による指示で行います。リスニングテストの問題には，問題Aと問題Bの二つがあります。問題Aと，問題Bの<Question 1>では，質問に対する答えを選んで，その記号を答えなさい。問題Bの<Question 2>では，質問に対する答えを英語で書きなさい。英文とそのあとに出題される質問が，それぞれ全体を通して二回ずつ読まれます。問題用紙の余白にメモをとってもかまいません。答えは全て解答用紙に書きなさい。

〔問題A〕

問題Aは，英語による対話文を聞いて，英語の質問に答えるものです。ここで話される対話文は全部で三つあり，それぞれ質問が一つずつ出題されます。質問に対する答えを選んで，その記号を答えなさい。では，<対話文1>を始めます。

Sakura: Hi, Tom, do you think it's going to rain this afternoon?
Tom: Hi, Sakura. I don't think so.
Sakura: Really? It was sunny this morning, but it's cloudy now. If it rains, we will have to change our plan to practice tennis this afternoon.
Tom: Don't worry. We won't have to do that. The weather news says it will rain tomorrow morning, but not today.
Sakura: I'm glad to hear that.
Tom: Let's talk about today's practice on the phone this evening.
Sakura: Sure.

Question : When will Sakura and Tom practice tennis?

<対話文2>を始めます。

Jane: Excuse me. I'm Jane. I'm a new student. Can you help me?
Bob: Hi, Jane. I'm Bob. What's the problem?
Jane: I want to see Ms. Brown. Can you tell me the way to the teacher's room?
Bob: Well, she is usually in the music room.
Jane: I see. So, where is the music room?
Bob: Can you see the library? Turn right at the library and you'll see the music room next to the art room. Also, she sometimes reads some books in the library.
Jane: Thanks. I will go to the library first.
Bob: I hope you find her.

Question : Where will Jane go first?

<対話文3>を始めます。

Girl: My school looks new, but it has a long history.
Boy: What do you mean?
Girl: The building is new, but my school will be one hundred years old next year.
Boy: Really?
Girl: Yes. My grandfather was a student of the same school sixty years ago.
Boy: Oh, how old is your grandfather?
Girl: He will be seventy-two years old this year.
Boy: Oh, is that right?
Girl: Yes. We sometimes sing our school song together.
Boy: Sounds nice!

Question : How old is the school now?

〔英文の訳〕
＜対話文1＞
サクラ：こんにちは，トム，今日の午後雨が降ると思う？
トム　：こんにちは，サクラ。そうは思わないよ。
サクラ：本当？　今朝は天気が良かったけど今は曇ってるね。もし雨が降ったら午後のテニスの練習予定を変えないといけないね。
トム　：心配ないよ。そうする必要はないよ。天気予報は今日じゃなくて明日の朝に降るって言ってるよ。
サクラ：それを聞いてよかったわ。
トム　：今晩電話で今日の練習について話そう。
サクラ：わかった。
質問：サクラとトムはいつテニスを練習しますか？
答え：ア　今日の午後。
＜対話文2＞
ジェーン：すみません。私はジェーンです。新しい生徒です。手伝ってもらえますか？
ボブ　　：こんにちは，ジェーン。僕はボブ。どうしましたか？
ジェーン：ブラウン先生に会いたいんです。教員室への行き方を教えてくれませんか。
ボブ　　：ああ，彼女はたいてい音楽室にいますよ。
ジェーン：そうですか。じゃあ音楽室はどこですか。
ボブ　　：図書館が見えますか？　図書館を右に曲がると美術室のとなりに音楽室が見えます。あと彼女は図書館でときどき本を読みます。
ジェーン：ありがとう。まず図書館に行きますね。
ボブ　　：彼女が見つかるといいですね。
質問：ジェーンは最初にどこへ行きますか？
答え：ウ　図書館へ。
＜対話文3＞
女の子：私の学校は新しく見えるけど長い歴史があるのよ。
男の子：どういう意味？
女の子：建物は新しいけど私の学校は来年で100年になるの。
男の子：本当に？
女の子：うん。祖父は60年前に同じ学校の生徒だったの。
男の子：ええ，おじいさんは何歳なの？
女の子：今年72歳になるよ。
男の子：ええ，そうなの？
女の子：うん。時々一緒に校歌を歌うよ。
男の子：いいね！
質問：今この学校は何周年になりますか？
答え：イ　99年。

〔放送台本〕

〔問題B〕

これから聞く英語は，カナダの中学生の Cathy が，日本の中学生とのオンライン交流で行ったスピーチです。内容に注意して聞きなさい。あとから，英語による質問が二つ出題されます。<Question 1>では，質問に対する答えを選んで，その記号を答えなさい。<Question 2>では，質問に対する答えを英語で書きなさい。なお，<Question 2>のあとに，15秒程度，答えを書く時間があります。

では，始めます。

Hello, everyone! My name is Cathy. I'm fifteen years old. I'm happy to meet you on the Internet today.

First, I will talk about my country. In summer, many people enjoy walking and bird watching in the mountains. I often go to a swimming pool during summer vacation. In winter, many people enjoy watching basketball games. They are very exciting, and I like to watch them, too. Also, people enjoy skiing. The mountains are beautiful with snow. I go skiing with my family every year. I like skiing the best of all sports. I have learned that there are a lot of places for skiing in Japan. Do you like winter sports?

Next, I will tell you about things I want to know about Japan. I'm very interested in Japanese movies. I think the stories are interesting. I want you to tell me about some popular Japanese movies. I'm looking for a new one to enjoy watching. Let's have fun on the Internet today.

<Question 1> What sport does Cathy like the best?

<Question 2> What does Cathy think about the stories in Japanese movies?

〔英文の訳〕

みなさん，こんにちは！　私の名前はキャシーです。15歳です。今日はインターネットでみなさんにお会いできて嬉しいです。

まず，私の国について話します。夏は多くの人たちが山で歩いたりバードウオッチングをしたりして楽しみます。私は夏休みの間よくプールに行きます。冬は多くの人たちがバスケットボールの試合を見て楽しみます。とてもワクワクするし私も見るのが好きです。またみんなスキーを楽しみます。山は雪をかぶって美しいです。私は毎年家族とスキーに行きます。全てのスポーツの中でスキーが一番好きです。日本にはたくさんのスキー場があると知りました。みなさんは冬のスポーツは好きですか？

次に，私が日本について知っていることについて話します。私は日本の映画にとても興味があります。ストーリーが面白いと思います。人気の日本映画についてみなさんに教えてもらいたいです。見て楽しめる映画を今探しています。今日はインターネットで楽しみましょう。

質問1：キャシーが一番好きなスポーツは何ですか？

答え　：エ　スキー。

質問2：日本映画のストーリーについてキャシーはどう思っていますか？

答え　：(例)それは面白い。

大切なことはメモしておこうネ！

東京都公立高等学校

2021年度

★★★★★★★★★★★★★★★★★★★★★★★

共通問題（理科・社会）

2021年度

●くわしい解説……29ページ

＜理科＞

時間　50分　　満点　100点

1　次の各問に答えよ。

〔問1〕 図1は，ヒトのからだの器官を模式的に表したものである。消化された養分を吸収する器官を図1のA，Bから一つ，アンモニアを尿素(にょうそ)に変える器官を図1のC，Dから一つ，それぞれ選び，組み合わせたものとして適切なのは，次のうちではどれか。

図1

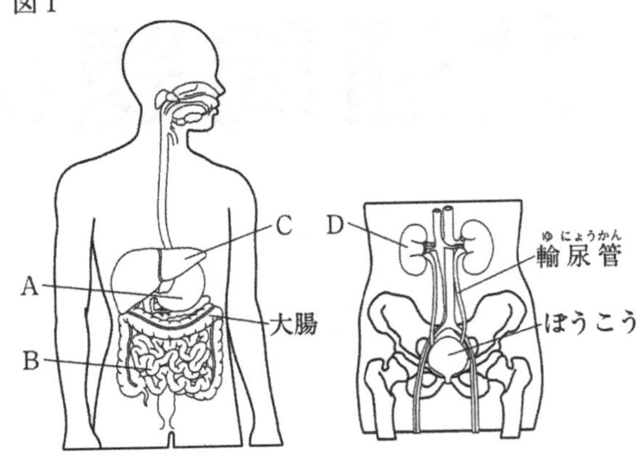

ア　A，C
イ　A，D
ウ　B，C
エ　B，D

〔問2〕 音さXと音さYの二つの音さがある。音さXをたたいて出た音をオシロスコープで表した波形は，図2のようになった。図中のAは1回の振動にかかる時間を，Bは振幅を表している。音さYをたたいて出た音は，図2で表された音よりも高くて大きかった。この音をオシロスコープで表した波形を図2と比べたとき，波形の違いとして適切なのは，次のうちではどれか。

図2

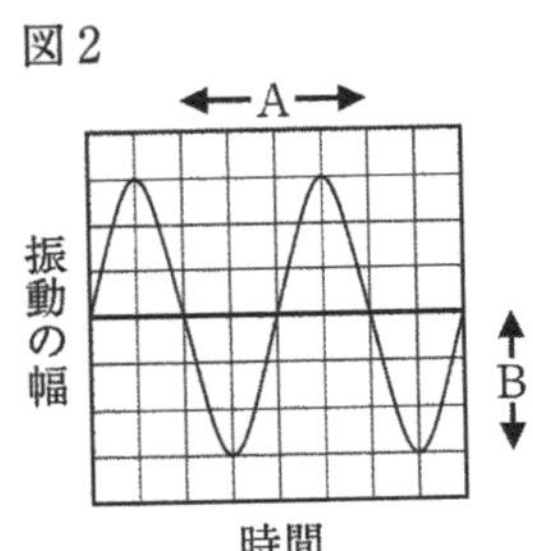

ア　Aは短く，Bは大きい。
イ　Aは短く，Bは小さい。
ウ　Aは長く，Bは大きい。
エ　Aは長く，Bは小さい。

〔問3〕 表1は，ある場所で起きた震源が浅い地震の記録のうち，観測地点A～Cの記録をまとめたものである。この地震において，震源からの距離(きょり)が90kmの地点で初期微動の始まった時刻は10時10分27秒であった。震源からの距離が90kmの地点で主要動の始まった時刻として適切なのは，下のア～エのうちではどれか。

ただし，地震の揺(ゆ)れを伝える2種類の波は，それぞれ一定の速さで伝わるものとする。

表1

観測地点	震源からの距離	初期微動の始まった時刻	主要動の始まった時刻
A	36km	10時10分18秒	10時10分20秒
B	54km	10時10分21秒	10時10分24秒
C	108km	10時10分30秒	10時10分36秒

ア　10時10分28秒　　イ　10時10分30秒　　ウ　10時10分31秒　　エ　10時10分32秒

〔問４〕 スライドガラスの上に溶液Ａをしみ込ませたろ紙を置き，図３のように，中央に ✕ 印を付けた２枚の青色リトマス紙を重ね，両端をクリップで留めた。薄い塩酸と薄い水酸化ナトリウム水溶液を青色リトマス紙のそれぞれの ✕ 印に少量付けたところ，一方が赤色に変色した。両端のクリップを電源装置につないで電流を流したところ，赤色に変色した部分は陰極側に広がった。このとき溶液Ａとして適切なのは，下の ① のア～エのうちではどれか。また，青色リトマス紙を赤色に変色させたイオンとして適切なのは，下の ② のア～エのうちではどれか。

図３

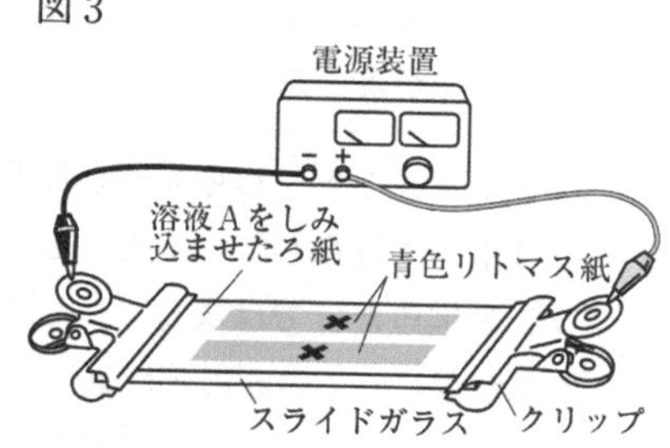

① **ア** エタノール水溶液　**イ** 砂糖水　**ウ** 食塩水　**エ** 精製水（蒸留水）

② **ア** H^{+}　**イ** Cl^{-}　**ウ** Na^{+}　**エ** OH^{-}

〔問５〕 エンドウの丸い種子の個体とエンドウのしわのある種子の個体とをかけ合わせたところ，得られた種子は丸い種子としわのある種子であった。かけ合わせた丸い種子の個体としわのある種子の個体のそれぞれの遺伝子の組み合わせとして適切なのは，下の**ア**～**エ**のうちではどれか。

ただし，種子の形の優性形質（丸）の遺伝子をＡ，劣性形質（しわ）の遺伝子をａとする。

ア　ＡＡとＡａ
イ　ＡＡとａａ
ウ　ＡａとＡａ
エ　Ａａとａａ

〔問６〕 図４のＡ～Ｃは，机の上に物体を置いたとき，机と物体に働く力を表している。力のつり合いの関係にある２力と作用・反作用の関係にある２力とを組み合わせたものとして適切なのは，下の表の**ア**～**エ**のうちではどれか。

ただし，図４ではＡ～Ｃの力は重ならないように少しずらして示している。

図４

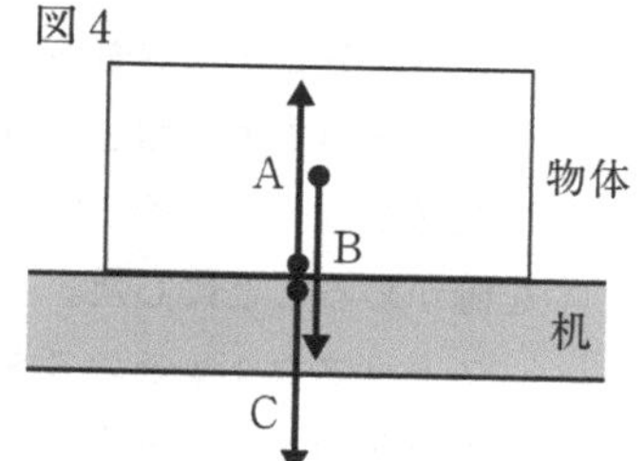

Ａ：机が物体を押す力
Ｂ：物体に働く重力
Ｃ：物体が机を押す力

	力のつり合いの関係にある２力	作用・反作用の関係にある２力
ア	ＡとＢ	ＡとＢ
イ	ＡとＢ	ＡとＣ
ウ	ＡとＣ	ＡとＢ
エ	ＡとＣ	ＡとＣ

2　生徒が，毎日の暮らしの中で気付いたことを，科学的に探究しようと考え，自由研究に取り組んだ。生徒が書いたレポートの一部を読み，次の各問に答えよ。

<レポート１>　しらす干しに混じる生物について

食事の準備をしていると，しらす干しの中にはイワシの稚魚だけではなく，エビのなかまやタコのなかまが混じっていることに気付いた。しらす干しは，製造する過程でイワシの稚魚以外の生物を除去していることが分かった。そこで，除去する前にどのような生物が混じっているのかを確かめることにした。

しらす漁の際に捕れた，しらす以外の生物が多く混じっているものを購入（こうにゅう）し，それぞれの生物の特徴を観察し，表１のように４グループに分類した。

表１

グループ	生物
A	イワシ・アジのなかま
B	エビ・カニのなかま
C	タコ・イカのなかま
D	二枚貝のなかま

〔問１〕　**<レポート１>**から，生物の分類について述べた次の文章の ① と ② にそれぞれ当てはまるものとして適切なのは，下の**ア**～**エ**のうちではどれか。

> 表１の４グループを，セキツイ動物とそれ以外の生物で二つに分類すると，セキツイ動物のグループは，［①］である。また，軟体動物（なんたいどうぶつ）とそれ以外の生物で二つに分類すると，軟体動物のグループは，［②］である。

①　**ア**　A　**イ**　AとB　**ウ**　AとC　**エ**　AとBとD

②　**ア**　C　**イ**　D　**ウ**　CとD　**エ**　BとCとD

<レポート２>　おもちゃの自動車の速さについて

ぜんまいで動くおもちゃの自動車で弟と遊んでいたときに，本物の自動車の速さとの違いに興味をもった。そこで，おもちゃの自動車が運動する様子をビデオカメラで撮影し，速さを確かめることにした。

ストップウォッチのスタートボタンを押すと同時におもちゃの自動車を走らせて，方眼紙の上を運動する様子を，ビデオカメラの位置を固定して撮影した。おもちゃの自動車が運動を始めてから0.4秒後，0.5秒後及び0.6秒後の画像は，図１のように記録されていた。

図１

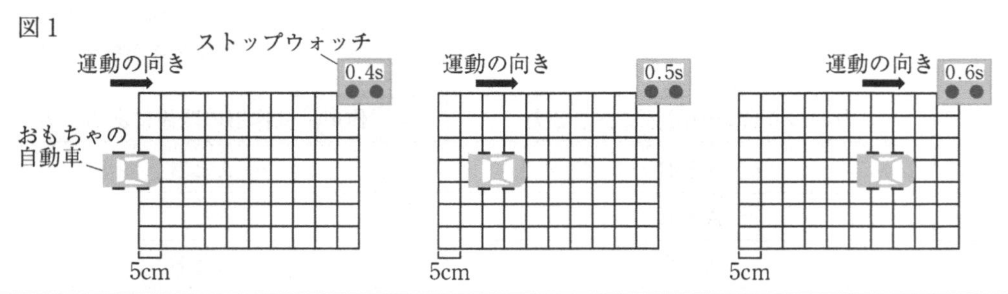

〔問２〕　**<レポート２>**から，おもちゃの自動車が運動を始めて0.4秒後から0.6秒後までの平均の速さとして適切なのは，次のうちではどれか。

ア　2.7km/h　**イ**　5.4km/h　**ウ**　6.3km/h　**エ**　12.6km/h

＜レポート３＞　プラスチックごみの分別について

ペットボトルを資源ごみとして分別するため，ボトル，ラベル，キャップに分けて水を入れた洗いおけの中に入れた。すると，水で満たされたボトルとラベルは水に沈み，キャップは水に浮くことに気付いた。ボトルには，図２の表示があったのでプラスチックの種類はＰＥＴであることが分かったが，ラベルには，プラスチックの種類の表示がなかったため分からなかった。そこで，ラベルのプラスチックの種類を調べるため食塩水を作り，食塩水への浮き沈みを確かめることにした。

図２

水50cm^{3}に食塩15ｇを加え，体積を調べたところ55cm^{3}であった。この食塩水に小さく切ったラベルを，空気の泡が付かないように全て沈めてから静かに手を放した。すると，小さく切ったラベルは食塩水に浮いた。

また，ペットボトルに使われているプラスチックの種類を調べたところ，表２のうちの，いずれかであることが分かった。

表２

プラスチックの種類	密度〔g/cm^3〕
ポリエチレンテレフタラート	1.38〜1.40
ポリスチレン	1.05〜1.07
ポリエチレン	0.92〜0.97
ポリプロピレン	0.90〜0.92

〔問３〕　＜レポート３＞から，食塩水に浮いたラベルのプラスチックの種類として適切なのは，下のア〜エのうちではどれか。

ただし，ラベルは１種類のプラスチックからできているものとする。

ア　ポリエチレンテレフタラート　　**イ**　ポリスチレン

ウ　ポリエチレン　　**エ**　ポリプロピレン

＜レポート４＞　夜空に見える星座について

毎日同じ時刻に戸じまりをしていると，空に見える星座の位置が少しずつ移動して見えることに気付いた。そこで，南の空に見られるオリオン座の位置を，同じ時刻に観察して確かめることにした。

方位磁針を使って東西南北を確認（かくにん）した後，午後10時に地上の景色と共にオリオン座の位置を記録した。11月15日から１か月ごとに記録した結果は，図３のようになり，１月15日のオリオン座は真南に見えた。

図３

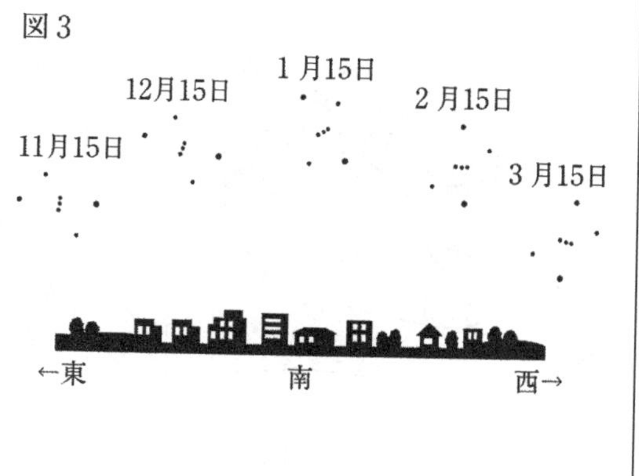

〔問４〕　＜レポート４＞から，２月15日にオリオン座が真南に見える時刻として適切なのは，次のうちではどれか。

ア　午前０時頃（ごろ）　**イ**　午前２時頃　**ウ**　午後６時頃　**エ**　午後８時頃

3　天気の変化と気象観測について，次の各問に答えよ。

＜観測＞を行ったところ，**＜結果＞**のようになった。

＜観測＞

天気の変化について調べるために，ある年の３月31日から連続した３日間，観測地点Ｐにおいて，気象観測を行った。気温，湿度，気圧は自動記録計により測定し，天気，風向，風力，天気図はインターネットで調べた。図１は観測地点Ｐにおける１時間ごとの気温，湿度，気圧の気象データを基に作成したグラフと，３時間ごとの天気，風向，風力の気象データを基に作成した天気図記号を組み合わせたものである。図２，図３，図４はそれぞれ３月31日から４月２日までの12時における日本付近の天気図であり，前線Ｘ（▼▼）は観測を行った期間に観測地点Ｐを通過した。

＜結果＞

図１

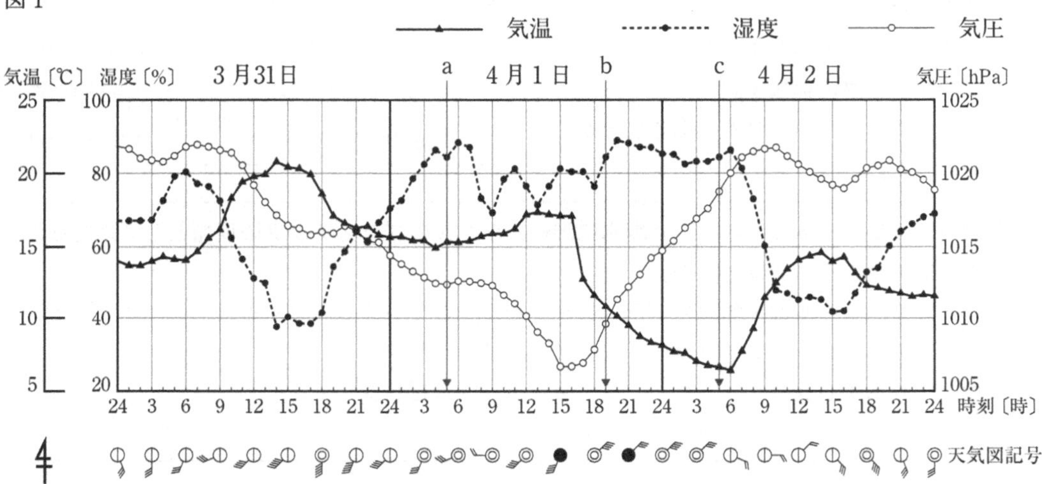

図２　３月31日12時の天気図

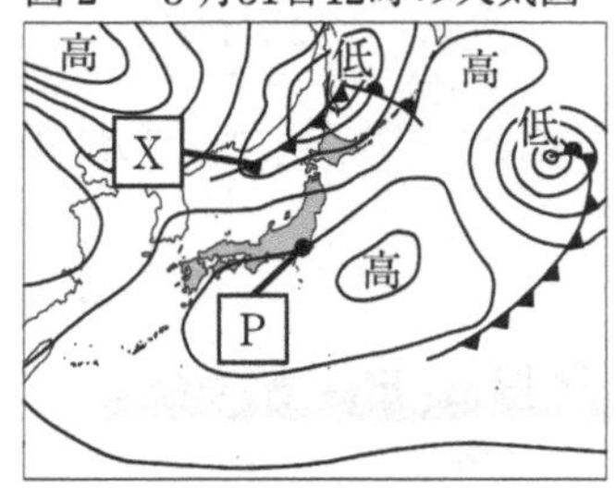

図３　４月１日12時の天気図

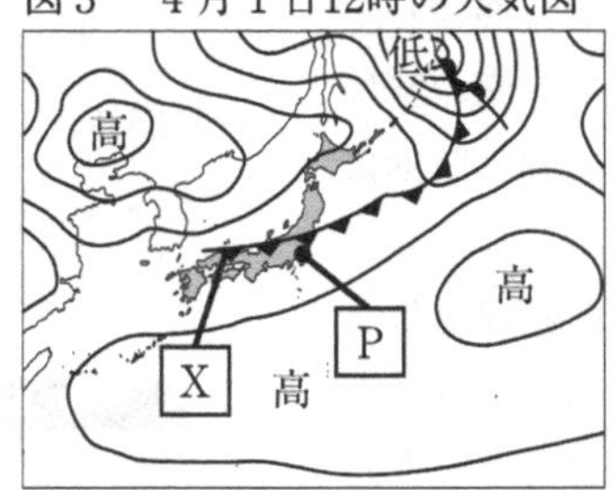

図４　４月２日12時の天気図

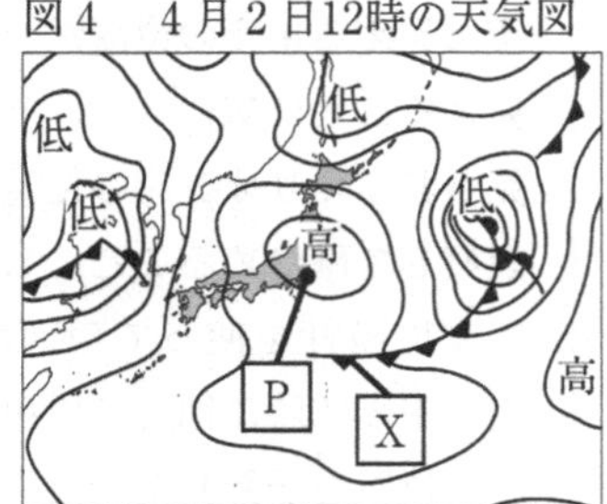

〔問１〕　**＜結果＞**の図１のａ，ｂ，ｃの時刻における湿度は全て84％であった。ａ，ｂ，ｃの時刻における空気中の水蒸気の量をそれぞれＡ〔g/m³〕，Ｂ〔g/m³〕，Ｃ〔g/m³〕としたとき，Ａ，Ｂ，Ｃの関係を適切に表したものは，次のうちではどれか。

ア　Ａ＝Ｂ＝Ｃ　　**イ**　Ａ＜Ｂ＜Ｃ　　**ウ**　Ｂ＜Ａ＜Ｃ　　**エ**　Ｃ＜Ｂ＜Ａ

〔問２〕　**＜結果＞**の図１から分かる，３月31日の天気の概況について述べた次のページの文章の ① ～ ③ にそれぞれ当てはまるものとして適切なのは，あとの**ア**～**ウ**のうちではどれか。

日中の天気はおおむね ① で，② が吹く。③ は日が昇るとともに上がり始め，昼過ぎに最も高くなり，その後しだいに下がる。

①	ア　快晴	イ　晴れ	ウ　くもり
②	ア　東寄りの風	イ　北寄りの風	ウ　南寄りの風
③	ア　気温	イ　湿度	ウ　気圧

〔問3〕 <結果>から，4月1日の15時～18時の間に前線Xが観測地点Pを通過したと考えられる。前線Xが通過したときの観測地点Pの様子として適切なのは，下の ① のア～エのうちではどれか。また，図4において，観測地点Pを覆(おお)う高気圧の中心付近での空気の流れについて述べたものとして適切なのは，下の ② のア～エのうちではどれか。

① ア　気温が上がり，風向は北寄りに変化した。
　イ　気温が上がり，風向は南寄りに変化した。
　ウ　気温が下がり，風向は北寄りに変化した。
　エ　気温が下がり，風向は南寄りに変化した。

② ア　地上から上空へ空気が流れ，地上では周辺から中心部へ向かって風が吹き込む。
　イ　地上から上空へ空気が流れ，地上では中心部から周辺へ向かって風が吹き出す。
　ウ　上空から地上へ空気が流れ，地上では周辺から中心部へ向かって風が吹き込む。
　エ　上空から地上へ空気が流れ，地上では中心部から周辺へ向かって風が吹き出す。

〔問4〕 日本には，季節の変化があり，それぞれの時期において典型的な気圧配置が見られる。次のア～エは，つゆ（6月），夏（8月），秋（11月），冬（2月）のいずれかの典型的な気圧配置を表した天気図である。つゆ，夏，秋，冬の順に記号を並べよ。

ア

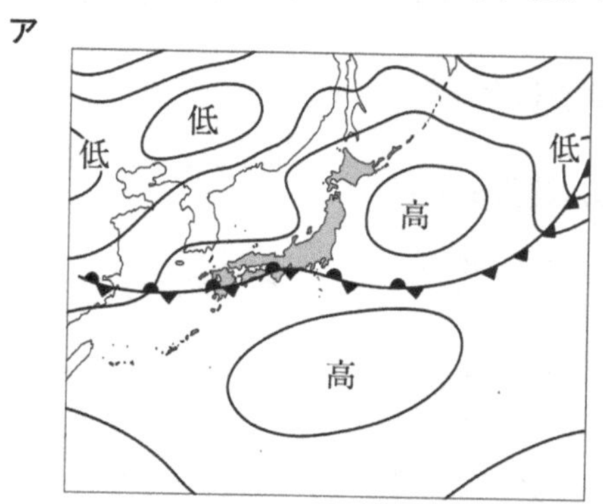

イ

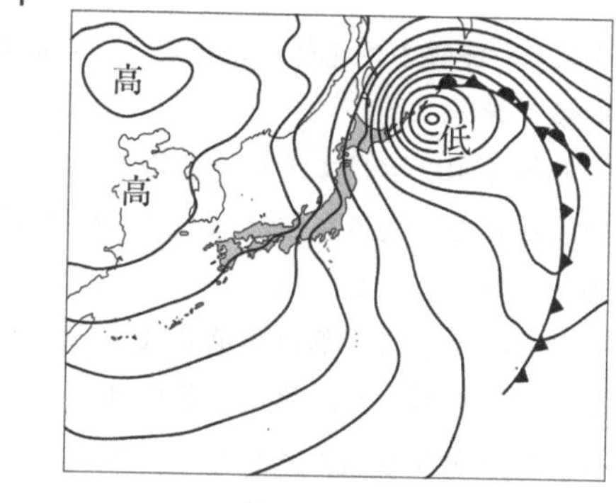

ウ

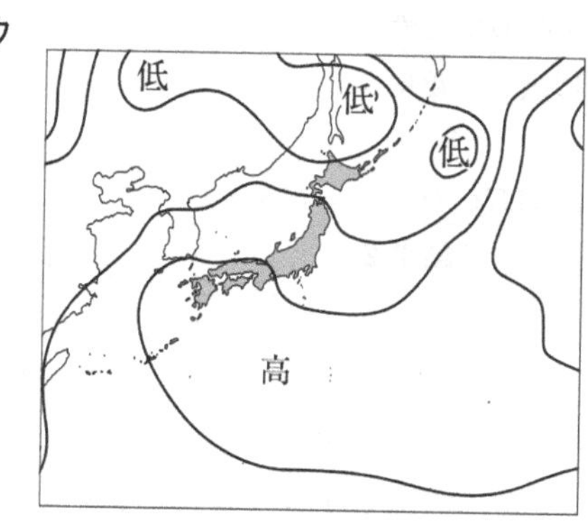

エ

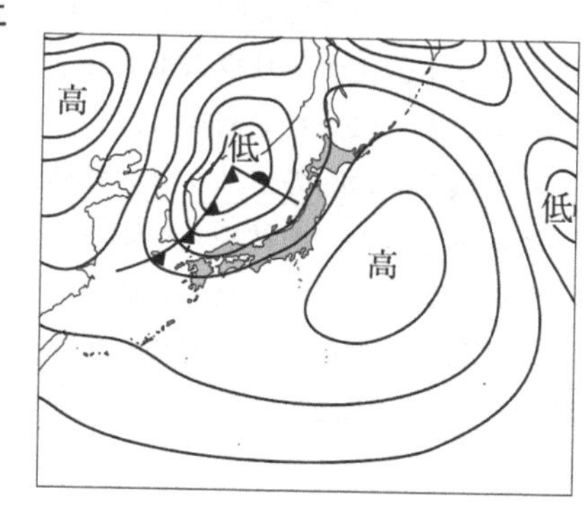

4　ツユクサを用いた観察，実験について，次の各問に答えよ。

<観察>を行ったところ，**<結果１>**のようになった。

<観察>

(1)　ツユクサの葉の裏側の表皮をはがし，スライドガラスの上に載せ，水を１滴落とし，プレパラートを作った。

(2)　(1)のプレパラートを顕微鏡で観察した。

(3)　(1)の表皮を温めたエタノールに入れ，脱色されたことを顕微鏡で確認した後，スライドガラスの上に載せ，ヨウ素液を１滴落とし，プレパラートを作った。

(4)　(3)のプレパラートを顕微鏡で観察した。

図１

A　B

<結果１>

(1)　**<観察>**の(2)では，図１のAのような２個の三日月形の細胞で囲まれた隙間が観察された。三日月形の細胞にはBのような緑色の粒が複数見られた。

(2)　**<観察>**の(4)では，**<結果１>**の(1)のBが青紫色に変化した。

〔問１〕　**<結果１>**で観察されたAについて述べたものと，Bについて述べたものとを組み合わせたものとして適切なのは，次の表の**ア**～**エ**のうちではどれか。

	Aについて述べたもの	Bについて述べたもの
ア	酸素，二酸化炭素などの気体の出入り口である。	植物の細胞に見られ，酸素を作る。
イ	酸素，二酸化炭素などの気体の出入り口である。	植物の細胞の形を維持する。
ウ	細胞の活動により生じた物質を蓄えている。	植物の細胞に見られ，酸素を作る。
エ	細胞の活動により生じた物質を蓄えている。	植物の細胞の形を維持する。

次に，**<実験１>**を行ったところ，**<結果２>**のようになった。

<実験１>

(1)　無色透明なポリエチレンの袋４枚と，ツユクサの鉢植えを１鉢用意した。大きさがほぼ同じ４枚の葉を選び，葉C，葉D，葉E，葉Fとした。

(2)　図２のように，葉D・葉Fは，それぞれアルミニウムはくで葉の両面を覆った。葉C，葉Dは，それぞれ袋で覆い，紙ストローで息を吹き込み密封した。葉E，葉Fは，それぞれ袋で覆い，紙ストローで息を吹き込んだ後，二酸化炭素を吸収する性質のある水酸化ナトリウム水溶液をしみ込ませたろ紙を，葉に触れないように入れて密封した。

(3)　<u>**<実験１>**の(2)のツユクサの鉢植えを暗室に24時間置いた。</u>

(4)　**<実験１>**の(3)の鉢植えを明るい場所に３時間置いた後，葉C～Fをそれぞれ切り取った。

(5)　切り取った葉C～Fを温めたエタノールに入れて脱色し，ヨウ素液に浸して色の変化を調べた。

図２

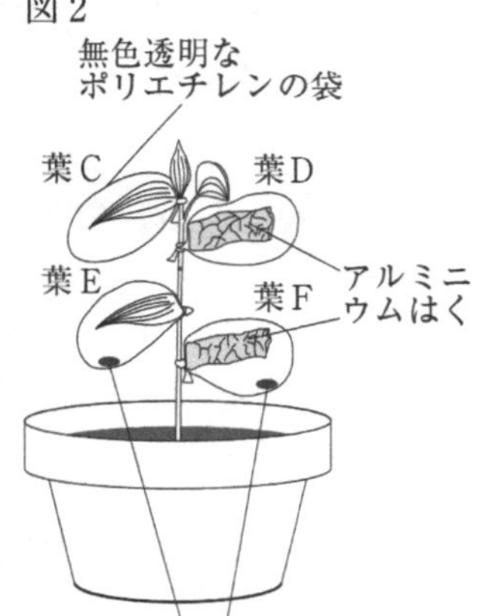

<結果２>

	色の変化
葉C	青紫色に変化した。
葉D	変化しなかった。
葉E	変化しなかった。
葉F	変化しなかった。

〔問２〕 ＜実験１＞の(3)の下線部のように操作する理由として適切なのは，下の ① のア～ウのうちではどれか。また，＜結果２＞から，光合成には二酸化炭素が必要であることを確かめるための葉の組合せとして適切なのは，下の ② のア～ウのうちではどれか。

① **ア**　葉にある水を全て消費させるため。
　イ　葉にある二酸化炭素を全て消費させるため。
　ウ　葉にあるデンプンを全て消費させるため。

② **ア**　葉Ｃと葉Ｄ　　**イ**　葉Ｃと葉Ｅ　　**ウ**　葉Ｄと葉Ｆ

次に，＜実験２＞を行ったところ，＜結果３＞のようになった。

＜実験２＞

(1)　明るさの度合いを1，2の順に明るくすることができる照明器具を用意した。葉の枚数や大きさ，色が同程度のツユクサを入れた同じ大きさの無色透明なポリエチレンの袋を３袋用意し，袋Ｇ，袋Ｈ，袋Ｉとした。

(2)　袋Ｇ～Ｉのそれぞれの袋に，紙ストローで息を十分に吹き込み，二酸化炭素の割合を気体検知管で測定した後，密封した。

(3)　袋Ｇは，暗室に５時間置いた後，袋の中の二酸化炭素の割合を気体検知管で測定した。

(4)　袋Ｈは，図３のように，照明器具から１ｍ離れたところに置き，明るさの度合いを１にして５時間光を当てた後，袋の中の二酸化炭素の割合を気体検知管で測定した。

(5)　袋Ｉは，図３のように，照明器具から１ｍ離れたところに置き，明るさの度合いを２にして５時間光を当てた後，袋の中の二酸化炭素の割合を気体検知管で測定した。

図３

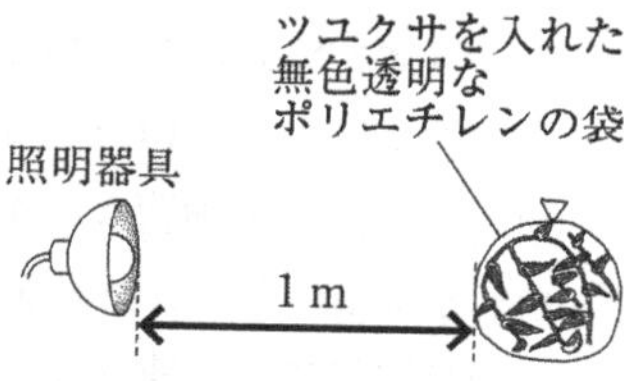

照明器具
ツユクサを入れた無色透明なポリエチレンの袋
1ｍ

＜結果３＞

		暗い → 明るい		
		袋Ｇ 暗室	袋Ｈ 明るさの度合い１	袋Ｉ 明るさの度合い２
二酸化炭素の割合〔％〕	実験前	4.0	4.0	4.0
	実験後	7.6	5.6	1.5

〔問３〕 ＜結果３＞から，袋Ｈと袋Ｉのそれぞれに含まれる二酸化炭素の量の関係について述べたものとして適切なのは，下の ① のア～ウのうちではどれか。また，＜結果２＞と＜結果３＞から，袋Ｈと袋Ｉのそれぞれのツユクサでできるデンプンなどの養分の量の関係について述べたものとして適切なのは，次のページの ② のア～ウのうちではどれか。

① **ア**　呼吸によって出される二酸化炭素の量よりも，光合成によって使われた二酸化炭素の量の方が多いのは，袋Ｈである。
　イ　呼吸によって出される二酸化炭素の量よりも，光合成によって使われた二酸化炭素の量の方が多いのは，袋Ｉである。
　ウ　袋Ｈも袋Ｉも呼吸によって出される二酸化炭素の量と光合成によって使われた二酸化炭素の量は，同じである。

② ア デンプンなどの養分のできる量が多いのは，袋Hである。
イ デンプンなどの養分のできる量が多いのは，袋Ⅰである。
ウ 袋Hと袋Ⅰでできるデンプンなどの養分の量は，同じである。

5 物質の変化やその量的な関係を調べる実験について，次の各問に答えよ。
＜実験１＞を行ったところ，**＜結果１＞**のようになった。

＜実験１＞

(1) 乾いた試験管Aに炭酸水素ナトリウム2.00gを入れ，ガラス管をつなげたゴム栓をして，試験管Aの口を少し下げ，スタンドに固定した。

(2) 図1のように，試験管Aを加熱したところ，ガラス管の先から気体が出てきたことと，試験管Aの内側に液体が付いたことが確認できた。出てきた気体を３本の試験管に集めた。

図1

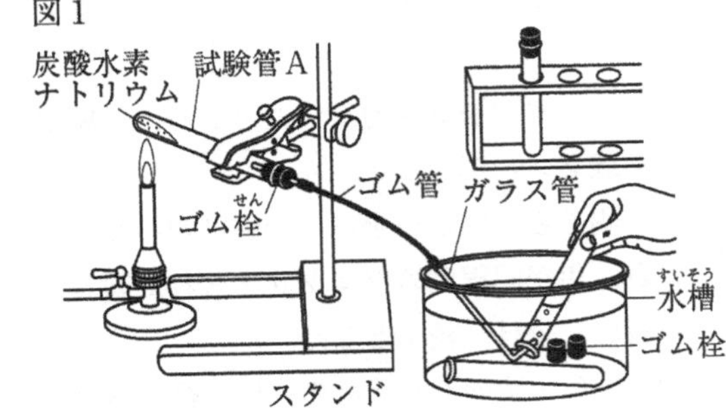

(3) ガラス管を水槽の水の中から取り出した後，試験管Aの加熱をやめ，試験管Aが十分に冷めてから試験管Aの内側に付いた液体に青色の塩化コバルト紙を付けた。

(4) 気体を集めた３本の試験管のうち，１本目の試験管には火のついた線香を入れ，２本目の試験管には火のついたマッチを近付け，３本目の試験管には石灰水を入れてよく振った。

(5) 加熱後の試験管Aの中に残った物質の質量を測定した。

(6) 水5.0cm^{3}を入れた試験管を２本用意し，一方の試験管には炭酸水素ナトリウムを，もう一方の試験管には**＜実験１＞**の(5)の物質をそれぞれ1.00g入れ，水への溶け方を観察した。

＜結果１＞

塩化コバルト紙の色の変化	火のついた線香の変化	火のついたマッチの変化	石灰水の変化	加熱後の物質の質量	水への溶け方
青色から赤色（桃色）に変化した。	線香の火が消えた。	変化しなかった。	白く濁った。	1.26g	炭酸水素ナトリウムは溶け残り，加熱後の物質は全て溶けた。

〔問1〕 **＜実験１＞**の(3)の下線部のように操作する理由として適切なのは，下の ① のア～エのうちではどれか。また，**＜実験１＞**の(6)の炭酸水素ナトリウム水溶液と加熱後の物質の水溶液のpHの値について述べたものとして適切なのは，下の ② のア～ウのうちではどれか。

① ア 試験管A内の気圧が上がるので，試験管Aのゴム栓が飛び出すことを防ぐため。
イ 試験管A内の気圧が上がるので，水槽の水が試験管Aに流れ込むことを防ぐため。
ウ 試験管A内の気圧が下がるので，試験管Aのゴム栓が飛び出すことを防ぐため。
エ 試験管A内の気圧が下がるので，水槽の水が試験管Aに流れ込むことを防ぐため。

② ア 炭酸水素ナトリウム水溶液よりも加熱後の物質の水溶液の方がpHの値が小さい。
イ 炭酸水素ナトリウム水溶液よりも加熱後の物質の水溶液の方がpHの値が大きい。
ウ 炭酸水素ナトリウム水溶液と加熱後の物質の水溶液のpHの値は同じである。

〔問2〕 <実験1>の(2)で試験管A内で起きている化学変化と同じ種類の化学変化として適切なのは，下の ① のア～エのうちではどれか。また，<実験1>の(2)で試験管A内で起きている化学変化をモデルで表した図2のうち，ナトリウム原子1個を表したものとして適切なのは，下の ② のア～エのうちではどれか。

① ア　酸化銀を加熱したときに起こる化学変化
イ　マグネシウムを加熱したときに起こる化学変化
ウ　鉄と硫黄（いおう）の混合物を加熱したときに起こる化学変化
エ　鉄粉と活性炭の混合物に食塩水を数滴（すうてき）加えたときに起こる化学変化

図2

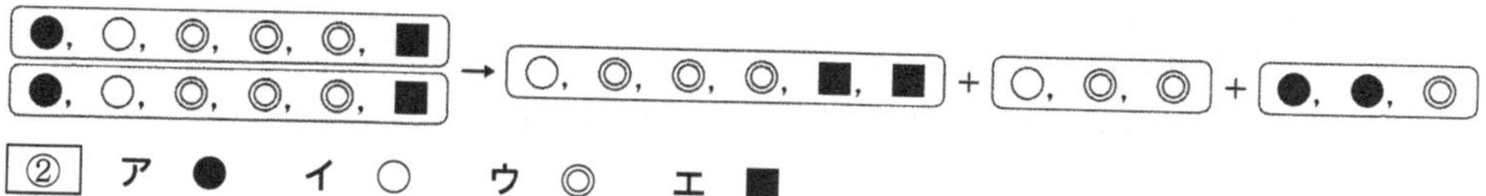

② ア ●　イ ○　ウ ◎　エ ■

次に，<実験2>を行ったところ，<結果2>のようになった。

<実験2>

(1) 乾いたビーカーに薄い塩酸10.0cm^{3}を入れ，図3のようにビーカーごと質量を測定し，反応前の質量とした。

(2) 炭酸水素ナトリウム0.50gを，<実験2>の(1)の薄い塩酸の入っているビーカーに少しずつ入れたところ，気体が発生した。気体の発生が止まった後，ビーカーごと質量を測定し，反応後の質量とした。

(3) <実験2>の(2)で，ビーカーに入れる炭酸水素ナトリウムの質量を，1.00g，1.50g，2.00g，2.50g，3.00gに変え，それぞれについて<実験2>の(1)，(2)と同様の実験を行った。

図3

<結果2>

反応前の質量〔g〕	79.50	79.50	79.50	79.50	79.50	79.50
炭酸水素ナトリウムの質量〔g〕	0.50	1.00	1.50	2.00	2.50	3.00
反応後の質量〔g〕	79.74	79.98	80.22	80.46	80.83	81.33

〔問3〕 <結果2>から，炭酸水素ナトリウムの質量と発生した気体の質量との関係を表したグラフとして適切なのは，次のうちではどれか。

ア

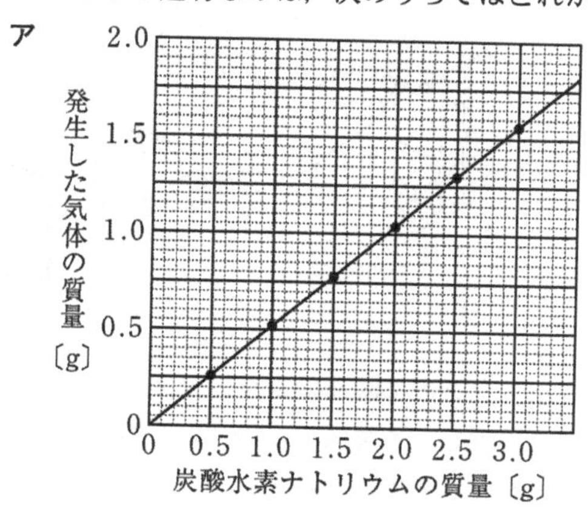

イ

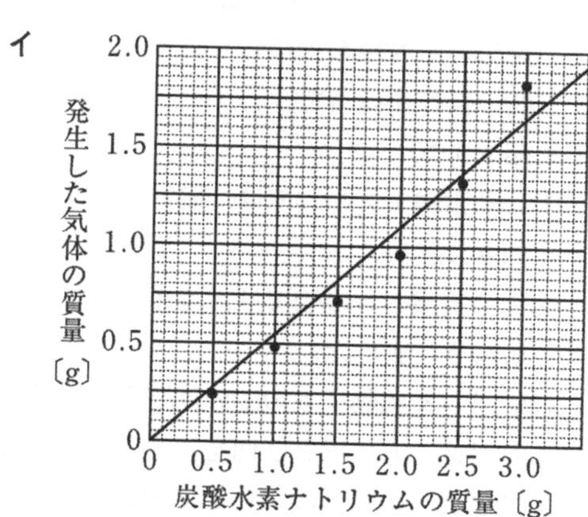

ウ

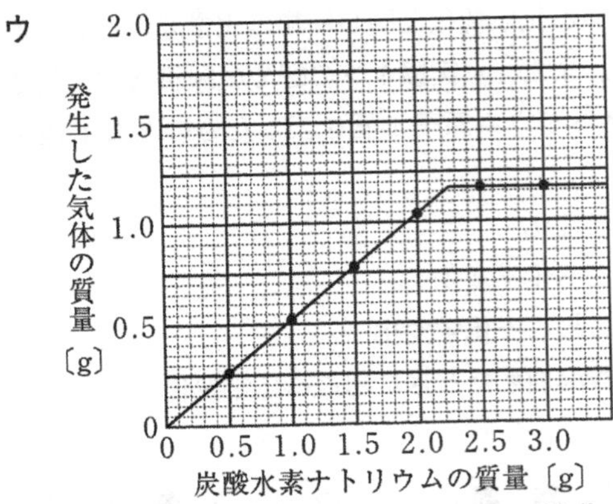

エ

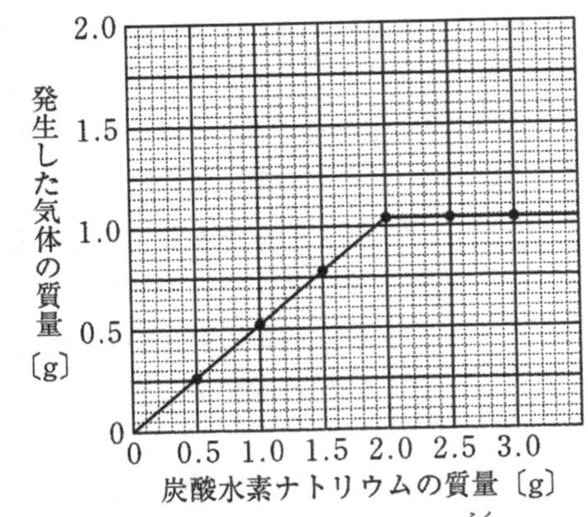

〔問４〕　**<実験２>**で用いた塩酸と同じ濃度（のうど）の塩酸10.0cm³に，炭酸水素ナトリウムが含（ふく）まれているベーキングパウダー4.00gを入れたところ，0.65gの気体が発生した。ベーキングパウダーに含まれている炭酸水素ナトリウムは何％か。答えは，小数第一位を四捨五入して整数で求めよ。

ただし，発生した気体はベーキングパウダーに含まれている炭酸水素ナトリウムのみが反応して発生したものとする。

6　電流と磁界に関する実験について，次の各問に答えよ。

<実験１>を行ったところ，**<結果１>**のようになった。

<実験１>

(1)　木の棒を固定したスタンドを水平な机の上に置き，図１のように電源装置，導線，スイッチ，20Ωの抵抗器（ていこうき），電流計，コイルAを用いて回路を作った。

(2)　コイルAの下にN極が黒く塗（ぬ）られた方位磁針を置いた。

(3)　電源装置の電圧を５Vに設定し，回路のスイッチを入れた。

(4)　**<実験１>**の(1)の回路に図２のようにU字型磁石をN極を上にして置き，**<実験１>**の(3)の操作を行った。

<結果１>

(1)　**<実験１>**の(3)では，磁針は図３で示した向きに動いた。

(2)　**<実験１>**の(4)では，コイルAは図２のHの向きに動いた。

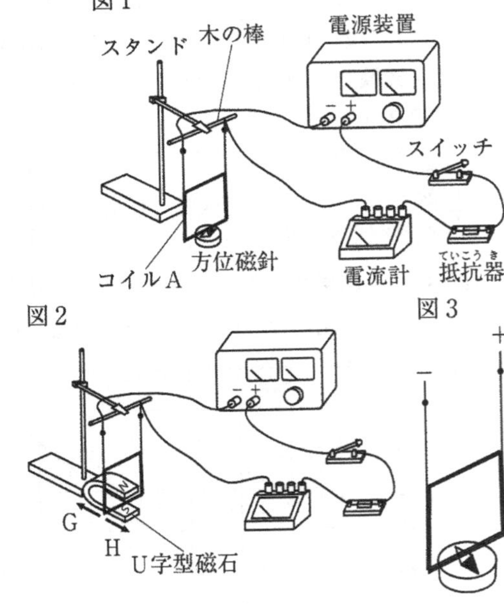

〔問１〕　**<実験１>**の(1)の回路と木の棒を固定したスタンドに図４のようにアクリル板２枚を取り付け，方位磁針２個をコイルAの内部と上部に設置し，**<実験１>**の(3)の操作を行った。このときの磁針の向きとして適切なのは，次のページのうちではどれか。

図4

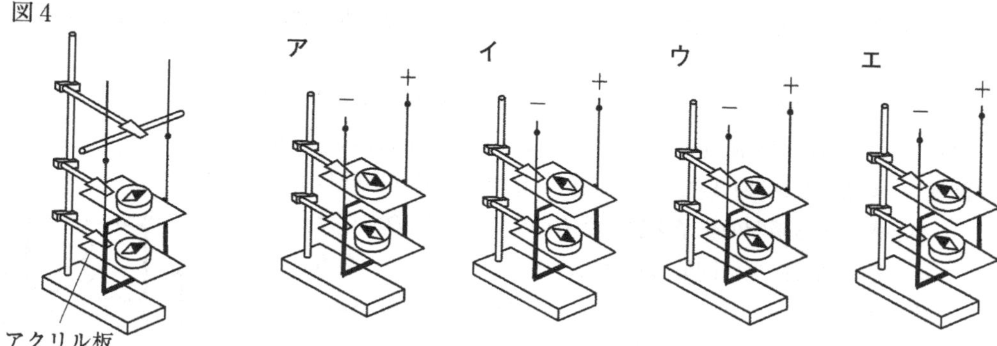

次に，<**実験２**>を行ったところ，<**結果２**>のようになった。

<**実験２**>

⑴　図５のようにコイルＡに導線で検流計をつないだ。

⑵　コイルＡを手でＧとＨの向きに交互に動かし，検流計の針の動きを観察した。

<**結果２**>

コイルＡを動かすと，検流計の針は左右に振れた。

〔問２〕　<**結果２**>から，コイルＡに電圧が生じていることが分かる。コイルＡに電圧が生じる理由を簡単に書け。

図５

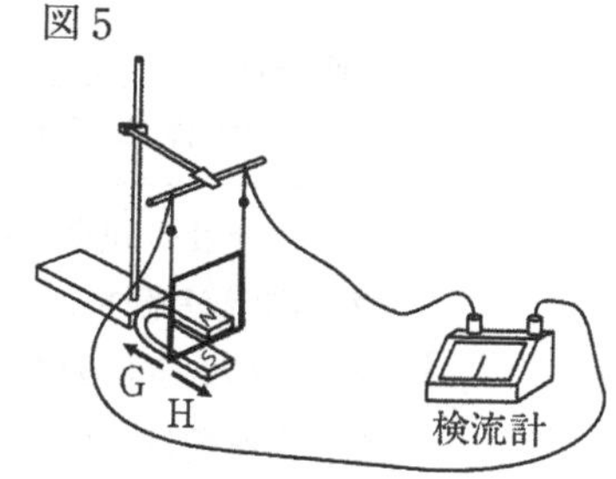

次に，<**実験３**>を行ったところ，<**結果３**>のようになった。

<**実験３**>

⑴　図６において，電流をｅからｆに流すとき，ａ→ｂ→ｃ→ｄの向きに電流が流れるようエナメル線を巻き，左右に軸を出した。ｅ側の軸のエナメルを下半分，ｆ側の軸のエナメルを全てはがしたコイルＢを作った。

なお，図６のエナメル線の白い部分はエナメルをはがした部分を表している。

図６

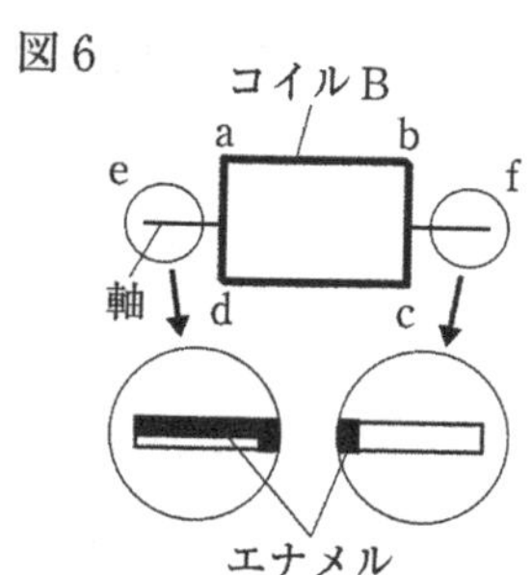

⑵　図７のように，磁石のＳ極を上にして置き，その上にコイルＢをａｂの部分が上になるように金属製の軸受けに載せた。電源装置，導線，スイッチ，20Ωの抵抗器，電流計，軸受けを用いて回路を作り，<**実験１**>の⑶の操作を行った。

<**結果３**>

コイルＢは，同じ向きに回転し続けた。

〔問３〕　<**実験３**>の⑵において，コイルＢを流れる電流を大きくするとコイルの回転が速くなる。次のページの**ア**～**エ**は，図７の回路の抵抗器にもう一つ抵抗器をつなぐ際の操作を示したものであ

図７

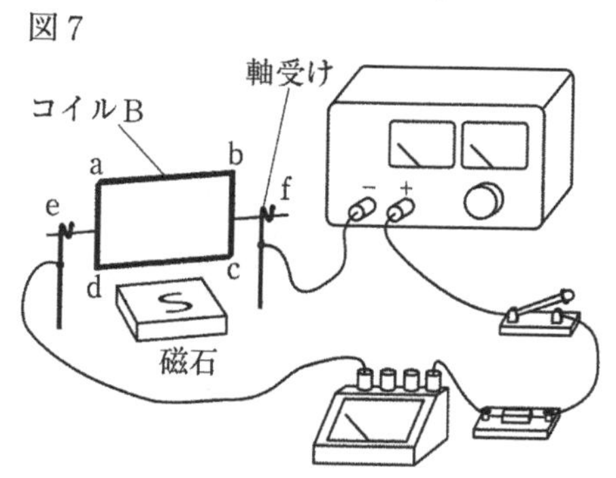

る。**＜実験１＞**の⑶の操作を行うとき，コイルＢが速く回転するつなぎ方の順に記号を並べよ。

ア　５Ωの抵抗器を直列につなぐ。　　**イ**　５Ωの抵抗器を並列（へいれつ）につなぐ。

ウ　10Ωの抵抗器を直列につなぐ。　　**エ**　10Ωの抵抗器を並列につなぐ。

〔問４〕　**＜結果３＞**において，図８と図９はコイルＢが回転しているときのある瞬間の様子を表したものである。次の文章は，コイルＢが同じ向きに回転し続けた理由を述べたものである。文章中の ① ～ ④ にそれぞれ当てはまるものとして適切なのは，下の**ア**～**ウ**のうちではどれか。

図８

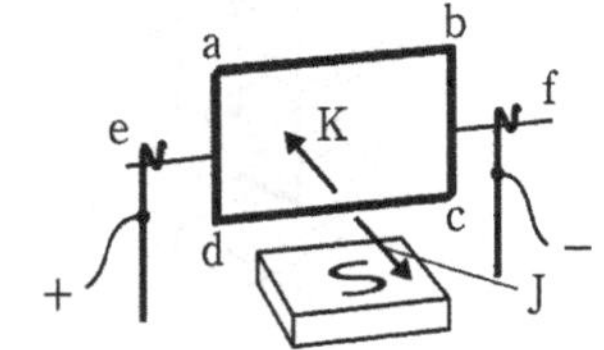

図９

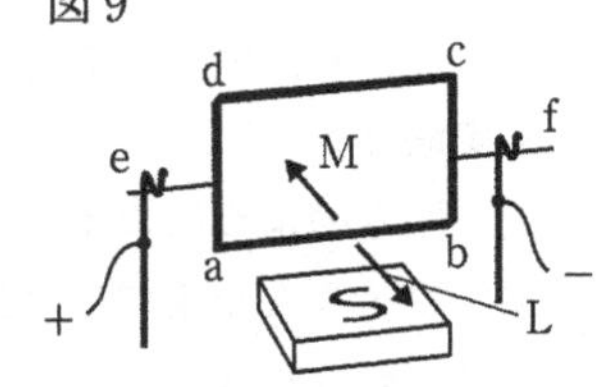

> 図８の状態になったときには，コイルＢのｃｄの部分には ① ため，磁界から ② 。半回転して図９の状態になったときには，コイルＢのａｂの部分には ③ ため，磁界から ④ 。そのため，同じ向きの回転を続け，さらに半回転して再び図８の状態になるから。

① **ア**　ｃ→ｄの向きに電流が流れる　　**イ**　ｄ→ｃの向きに電流が流れる
　ウ　電流が流れない

② **ア**　Ｊの向きに力を受ける　　**イ**　Ｋの向きに力を受ける
　ウ　力を受けない

③ **ア**　ａ→ｂの向きに電流が流れる　　**イ**　ｂ→ａの向きに電流が流れる
　ウ　電流が流れない

④ **ア**　Ｌの向きに力を受ける　　**イ**　Ｍの向きに力を受ける
　ウ　力を受けない

＜社会＞

時間　50分　　満点　100点

1　次の各問に答えよ。

I

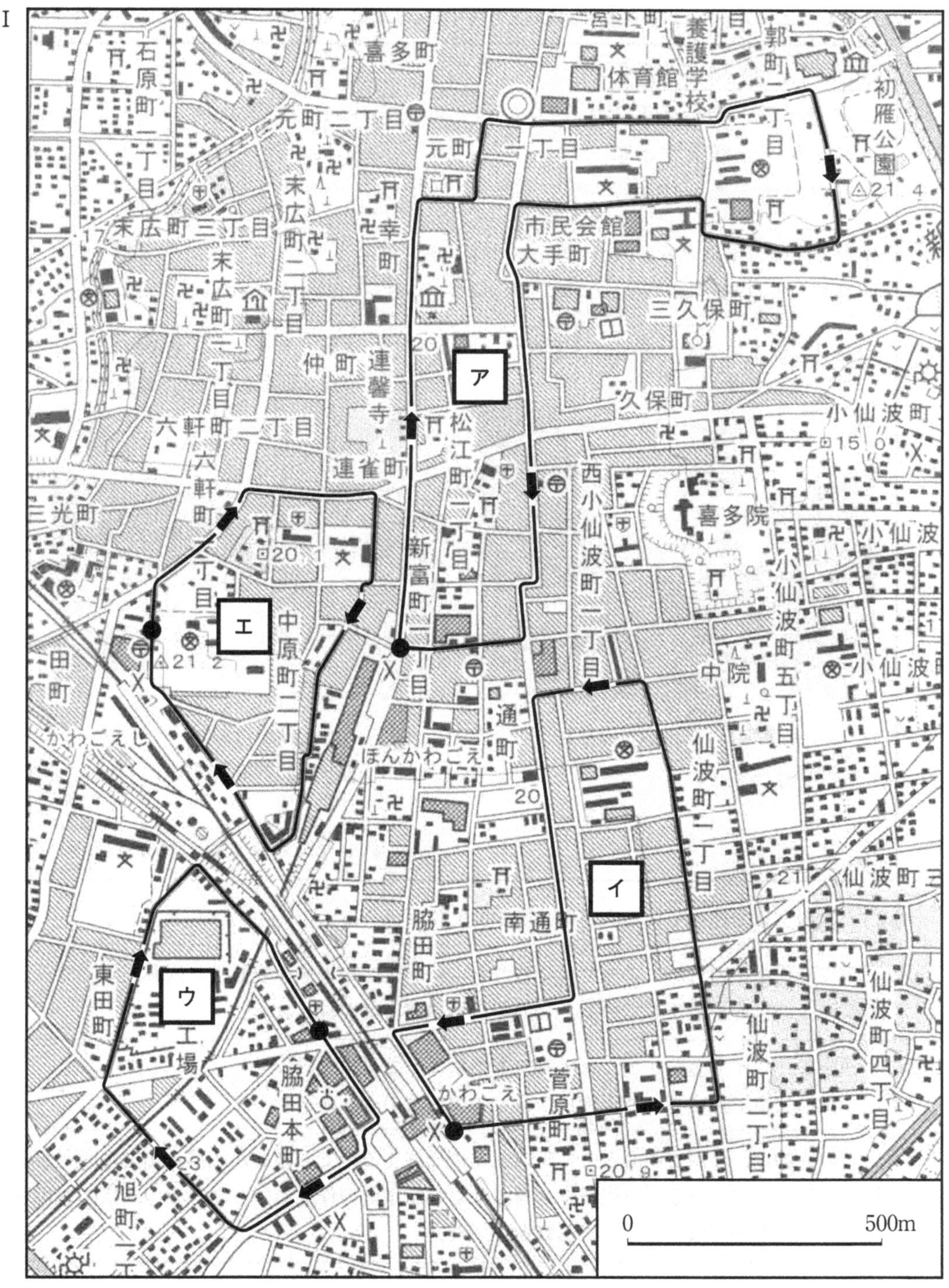

〔問１〕　前のページのⅠの地形図は，2006年と2008年の「国土地理院発行２万５千分の１地形図（川越南部・川越北部）」の一部を拡大して作成したものである。下のⅡの図は，埼玉県川越市中心部の地域調査で確認できる城下町の痕跡を示したものである。Ⅰの**ア**～**エ**の経路は，地域調査で地形図上に●で示した地点を起点に矢印（➡）の方向に移動した様子を━━で示したものである。Ⅱの図で示された痕跡を確認することができる経路に当てはまるのは，Ⅰの**ア**～**エ**のうちではどれか。（31ページの地図は編集の都合で90％に縮小してあります。）

Ⅱ

城下町の痕跡を探そう

調査日　令和２年10月３日（土）　集合時刻　午前９時

集合場所　駅前交番前

移動距離　約4.1km

痕跡１　城に由来するものが，現在の町名に残っている。

郭町　城の周囲にめぐらした郭に由来する。　大手町　川越城の西大手門に由来する。

痕跡２　城下に「時」を告げてきた鐘つき堂

地形図上では，「高塔」の地図記号で示されている。

痕跡３　見通しを悪くし，敵が城に侵入しづらくなるようにした鍵型の道路

通行しやすくするために，鍵型の道路は直線的に結ばれている。

（↓は写真を撮った向きを示す。）

〔問２〕　次の文章で述べている我が国の歴史的文化財は，下の**ア**～**エ**のうちのどれか。

平安時代中期の貴族によって建立された，阿弥陀如来坐像を安置する阿弥陀堂であり，極楽浄土の世界を表現している。1994年に世界遺産に登録された。

ア　法隆寺　　**イ**　金閣　　**ウ**　平等院鳳凰堂　　**エ**　東大寺

〔問３〕　次の文章で述べている人物は，あとの**ア**～**エ**のうちのどれか。

この人物は，江戸を中心として町人文化が発展する中で，波間から富士山を垣間見る構図の作品に代表される「富嶽三十六景」などの風景画の作品を残した。大胆な構図や色彩はヨーロッパの印象派の画家に影響を与えた。

ア　雪舟　イ　葛飾北斎　ウ　菱川師宣　エ　狩野永徳

〔問４〕　次の条文がある法律の名称は，下のア～エのうちのどれか。

> ○労働条件は，労働者と使用者が，対等の立場において決定すべきものである。
> ○使用者は，労働者に，休憩時間を除き一週間について四十時間を超えて，労働させてはならない。

ア　男女共同参画社会基本法　イ　労働組合法
ウ　男女雇用機会均等法　エ　労働基準法

2　次の略地図を見て，あとの各問に答えよ。

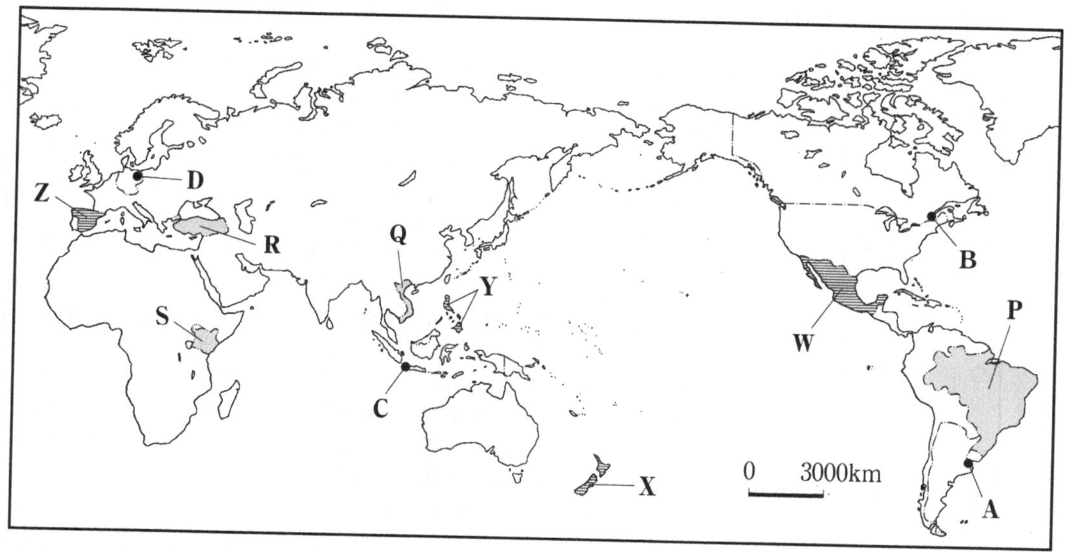

〔問１〕　次のＩのア～エのグラフは，略地図中にＡ～Ｄで示した**いずれか**の都市の，年平均気温と年降水量及び各月の平均気温と降水量を示したものである。Ⅱの表のア～エは，略地図中にＡ～Ｄで示した**いずれか**の都市を含む国の，2017年における米，小麦，とうもろこし，じゃがいもの生産量を示したものである。略地図中のＤの都市のグラフに当てはまるのは，Ｉのア～エのうちのどれか，また，その都市を含む国の，2017年における米，小麦，とうもろこし，じゃがいもの生産量に当てはまるのは，次のページのⅡの表のア～エのうちのどれか。

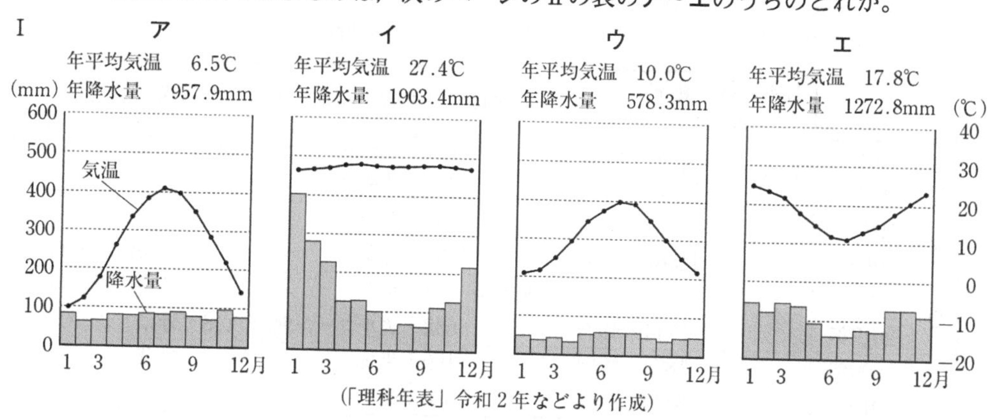

（「理科年表」令和２年などより作成）

Ⅱ

	米（万ｔ）	小麦（万ｔ）	とうもろこし(万ｔ)	じゃがいも（万ｔ）
ア	8138	−	2795	116
イ	133	1840	4948	245
ウ	−	2998	1410	441
エ	−	2448	455	1172

（注）−は，生産量が不明であることを示す。（「データブック　オブ・ザ・ワールド」2020年版などより作成）

〔問２〕 次の表の**ア**～**エ**は，略地図中に ▒▒ で示したＰ～Ｓの**いずれか**の国の，2017年におけるコーヒー豆と茶の生産量，国土と食文化の様子についてまとめたものである。略地図中のＰ～Ｓのそれぞれの国に当てはまるのは，次の表の**ア**～**エ**のうちではどれか。

	コーヒー豆(百ｔ)	茶(百ｔ)	国土と食文化の様子
ア	−	2340	○北西部には二つの州を隔てる海峡が位置し，北部と南部も海に面し，中央部には首都が位置する高原が広がっている。 ○帝国時代からコーヒーが飲まれ，共和国時代に入り紅茶の消費量も増え，トマトや羊肉のスープを用いた料理などが食べられている。
イ	26845	5	○北部の盆地には流域面積約700万km²の河川が東流し，南部にはコーヒー栽培に適した土壌が分布し，首都が位置する高原が広がっている。 ○ヨーロッパ風に，小さなカップで砂糖入りの甘いコーヒーが飲まれ，豆と牛や豚の肉を煮込んだ料理などが食べられている。
ウ	15424	2600	○南北方向に国境を形成する山脈が走り，北部には首都が位置する平野が，南部には国内最大の稲作地域である三角州が広がっている。 ○練乳入りコーヒーや主に輸入小麦で作られたフランス風のパンが見られ，スープに米粉の麺と野菜を入れた料理などが食べられている。
エ	386	4399	○中央部には標高5000mを超える火山が位置し，西部には茶の栽培に適した土壌が分布し，首都が位置する高原が広がっている。 ○イギリス風に紅茶を飲む習慣が見られ，とうもろこしの粉を湯で練った主食と，野菜を炒め塩で味付けした料理などが食べられている。

（注）−は，生産量が不明であることを示す。（「データブック　オブ・ザ・ワールド」2020年版などより作成）

〔問３〕 次のⅠとⅡ（次のページ）の表の**ア**～**エ**は，略地図中に ▤ で示したＷ～Ｚの**いずれか**の国に当てはまる。Ⅰの表は，1999年と2019年における日本の輸入総額，農産物の日本の主な輸入品目と輸入額を示したものである。Ⅱの表は，1999年と2019年における輸出総額，輸出額が多い上位３位までの貿易相手国を示したものである。あとのⅢの文章は，ⅠとⅡの表における**ア**～**エ**のいずれかの国について述べたものである。Ⅲの文章で述べている国に当てはまるのは，ⅠとⅡの表の**ア**～**エ**のうちのどれか，また，略地図中のＷ～Ｚのうちのどれか。

Ⅰ

		日本の輸入総額(億円)	農産物の日本の主な輸入品目と輸入額（億円）					
ア	1999年	2160	野菜	154	チーズ	140	果実	122
	2019年	2918	果実	459	チーズ	306	牛肉	134
イ	1999年	6034	果実	533	野菜	34	麻類	6
	2019年	11561	果実	1033	野菜	21	植物性原材料	8
ウ	1999年	1546	アルコール飲料	44	果実	31	植物性原材料	11
	2019年	3714	豚肉	648	アルコール飲料	148	野菜	50
エ	1999年	1878	豚肉	199	果実	98	野菜	70
	2019年	6440	豚肉	536	果実	410	野菜	102

（財務省「貿易統計」より作成）

Ⅱ

		輸出総額（億ドル）	輸出額が多い上位3位までの貿易相手国		
			1位	2位	3位
ア	1999年	125	オーストラリア	アメリカ合衆国	日本
	2019年	395	中華人民共和国	オーストラリア	アメリカ合衆国
イ	1999年	350	アメリカ合衆国	日本	オランダ
	2019年	709	アメリカ合衆国	日本	中華人民共和国
ウ	1999年	1115	フランス	ドイツ	ポルトガル
	2019年	3372	フランス	ドイツ	イタリア
エ	1999年	1363	アメリカ合衆国	カナダ	ドイツ
	2019年	4723	アメリカ合衆国	カナダ	ドイツ

（国際連合貿易統計データベースより作成）

Ⅲ

現在も活動を続ける造山帯に位置しており，南部には氷河に削られてできた複雑に入り組んだ海岸線が見られる。偏西風の影響を受け，湿潤な西部に対し，東部の降水量が少ない地域では，牧羊が行われている。一次産品が主要な輸出品となっており，1999年と比べて2019年では，日本の果実の輸入額は3倍以上に増加し，果実は外貨獲得のための貴重な資源となっている。貿易の自由化を進め，2018年には，日本を含む6か国による多角的な経済連携協定が発効したことなどにより，貿易相手国の順位にも変化が見られる。

3 次の略地図を見て，あとの各問に答えよ。

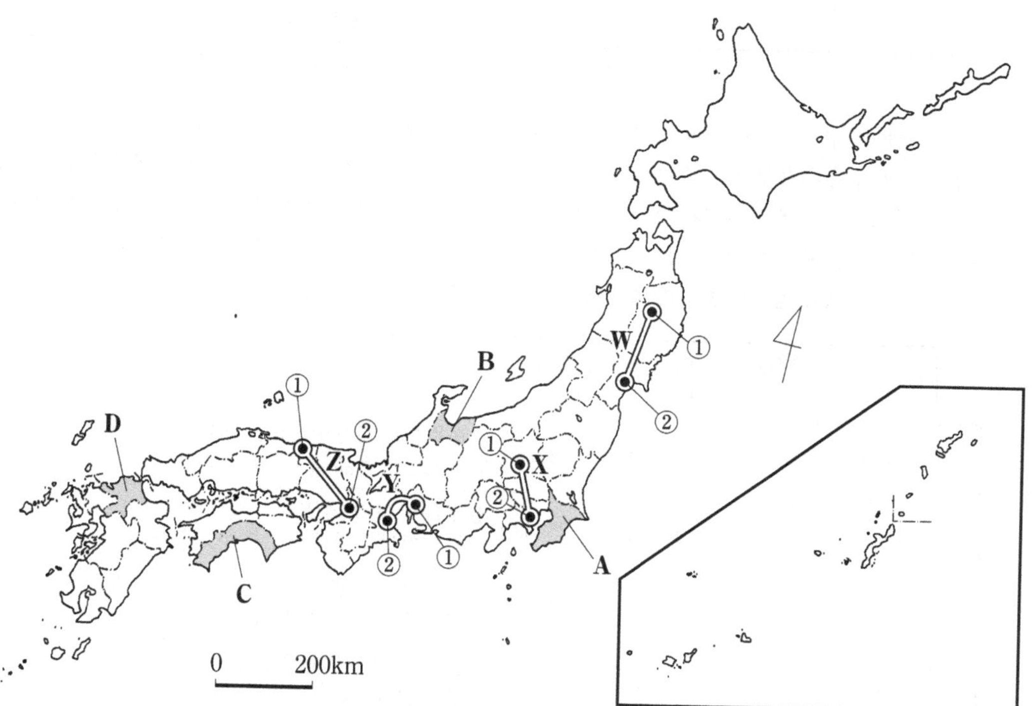

〔問1〕 次のページの表の**ア**～**エ**は，略地図中に ▒ で示した，**A**～**D**の**いずれか**の県の，2019年における人口，県庁所在地（市）の人口，県内の自然環境と情報通信産業などの様子についてまとめたものである。**A**～**D**のそれぞれの県に当てはまるのは，次の表の**ア**～**エ**のうちではどれか。

	人口（万人） 県庁所在地（市）の人口（万人）	県内の自然環境と情報通信産業などの様子
ア	70 33	○北部には山地が位置し，中央部には南流する複数の河川により形成された平野が見られ，沖合を流れる暖流の影響で，気候が温暖である。 ○県庁が所在する平野部には，園芸農業を行う施設内の環境を自動制御するためのシステムを開発する企業が立地している。
イ	510 154	○北西部に広がる平野の沖合には暖流が流れ，北東部には潮流が速い海峡が見られ，南西部に広がる平野は干満差の大きい干潟のある海に面している。 ○県庁所在地の沿岸部には，住宅地開発を目的に埋め立てられた地域に，報道機関やソフトウェア設計の企業などが集積している。
ウ	104 42	○冬季に降水が多い南部の山々を源流とし，北流する複数の河川が形成する平野が中央部に見られ，東部には下流に扇状地を形成する河川が見られる。 ○県庁が所在する平野部には，豊富な水を利用した医薬品製造拠点があり，生産管理のための情報技術などを開発する企業が立地している。
エ	626 97	○平均標高は約40mで，北部にはローム層が堆積する台地があり，西部には大都市が立地し，南部には温暖な気候の丘陵地帯が広がっている。 ○県庁所在地に近い台地には，安定した地盤であることを生かして金融関係などの情報を処理する電算センターが立地している。

（「日本国勢図会」2020／21年版などより作成）

〔問２〕　略地図中に①　◉══◉　②で示したＷ～Ｚは，それぞれの①の府県の府県庁所在地と②の府県の府県庁所在地が，鉄道と自動車で結び付く様子を模式的に示したものである。次の表のア～エは，Ｗ～Ｚの**いずれか**の府県庁所在地間の直線距離，2017年における，府県相互間の鉄道輸送量，自動車輸送量，起点となる府県の産業の様子を示したものである。略地図中のＷ～Ｚのそれぞれに当てはまるのは，次の表の**ア**～**エ**のうちではどれか。

	起点→終点	直線距離（km）	鉄道（百ｔ）	自動車（百ｔ）	起点となる府県の産業の様子
ア	①→②	117.1	1078	32172	輸送用機械関連企業が南部の工業団地に立地し，都市部では食品加工業が見られる。
	②→①		10492	25968	沿岸部では鉄鋼業や石油化学コンビナートが，内陸部では電子機械工業が見られる。
イ	①→②	161.1	334	41609	中山間部には畜産業や林業，木材加工業が，南北に走る高速道路周辺には電子工業が見られる。
	②→①		3437	70931	平野部には稲作地帯が広がり，沿岸部では石油精製業が見られる。
ウ	①→②	147.9	209	11885	漁港周辺には水産加工業が，砂丘が広がる沿岸部には果樹栽培が見られる。
	②→①		33	9145	沿岸部には鉄鋼業が，都市中心部には中小工場が，内陸部には電気機械工業が見られる。

エ	①→②	61.8	1452	79201	世界を代表する輸送用機械関連企業が内陸部に位置し，沿岸部には鉄鋼業などが見られる。
	②→①		1777	95592	石油化学コンビナートや，岬と入り江が入り組んだ地形を生かした養殖業が見られる。

（国土交通省「貨物地域流動調査」などより作成）

〔問３〕　次のⅠとⅡの地形図は，千葉県八千代市の1983年と2009年の「国土地理院発行２万５千分の１地形図（習志野）」の一部である。Ⅲの略年表は，1980年から1996年までの，八千代市（萱田）に関する主な出来事についてまとめたものである。ⅠとⅡの地形図を比較して読み取れる，○で示した地域の変容について，宅地に着目して，簡単に述べよ。また，Ⅰ～Ⅲの資料から読み取れる，○で示した地域の変容を支えた要因について，八千代中央駅と東京都（大手町）までの所要時間に着目して，簡単に述べよ。

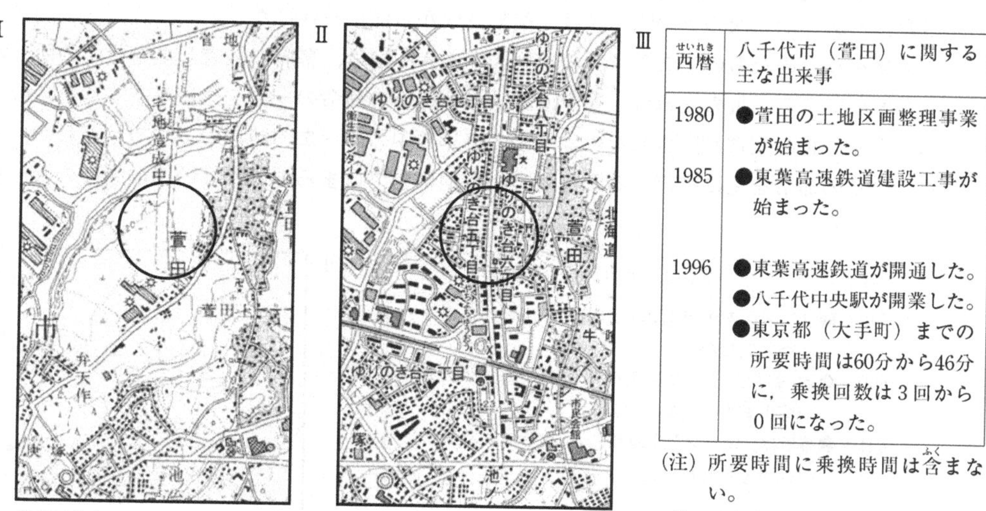

（1983年）　（2009年）

西暦	八千代市（萱田）に関する主な出来事
1980	●萱田の土地区画整理事業が始まった。
1985	●東葉高速鉄道建設工事が始まった。
1996	●東葉高速鉄道が開通した。 ●八千代中央駅が開業した。 ●東京都（大手町）までの所要時間は60分から46分に，乗換回数は３回から０回になった。

（注）所要時間に乗換時間は含まない。

（「八千代市統計書」などより作成）

4　次の文章を読み，あとの各問に答えよ。

政治や行政の在り方は，時代とともにそれぞれ変化してきた。

古代では，クニと呼ばれるまとまりが生まれ，政治の中心地が，やがて都となり，行政を行う役所が設けられるようになった。さらに，(1)都から各地に役人を派遣し，土地や人々を治める役所を設け，中央集権体制を整えた。

中世になると，武家が行政の中心を担うようになり，(2)支配を確実なものにするために，独自の行政の仕組みを整え，新たな課題に対応してきた。

明治時代に入ると，近代化政策が推進され，欧米諸国を模範として，(3)新たな役割を担う行政機関が設置され，地方自治の制度も整備された。そして，社会の変化に対応した政策を実現するため，(4)様々な法律が整備され，行政が重要な役割を果たすようになった。

〔問１〕　(1)都から各地に役人を派遣し，土地や人々を治める役所を設け，中央集権体制を整えた。

とあるが，次のア～エは，飛鳥時代から室町時代にかけて，各地に設置された行政機関について述べたものである。時期の古いものから順に記号を並べよ。

ア　足利尊氏は，関東への支配を確立する目的で，関東8か国と伊豆・甲斐の2か国を支配する機関として，鎌倉府を設置した。

イ　桓武天皇は，支配地域を拡大する目的で，東北地方に派遣した征夷大将軍に胆沢城や志波城を設置させた。

ウ　中大兄皇子は，白村江の戦いに敗北した後，大陸からの防御を固めるため，水城や山城を築き，大宰府を整備した。

エ　北条義時を中心とする幕府は，承久の乱後の京都の治安維持，西国で発生した訴訟の処理，朝廷の監視等を行う機関として，六波羅探題を設置した。

〔問2〕　(2)支配を確実なものにするために，独自の行政の仕組みを整え，新たな課題に対応してきた。とあるが，次のⅠの略年表は，室町時代から江戸時代にかけての，外国人に関する主な出来事をまとめたものである。Ⅱの略地図中のA～Dは，幕府が設置した奉行所の所在地を示したものである。Ⅲの文章は，幕府直轄地の奉行への命令の一部を分かりやすく書き改めたものである。Ⅲの文章が出されたのは，Ⅰの略年表中のア～エの時期のうちではどれか。また，Ⅲの文章の命令を主に実行する奉行所の所在地に当てはまるのは，Ⅱの略地図中のA～Dのうちのどれか。

Ⅰ

西暦	外国人に関する主な出来事	
1549	●フランシスコ・ザビエルが，キリスト教を伝えるため来航した。	
		ア
1600	●漂着したイギリス人ウィリアム・アダムスが徳川家康と会見した。	
		イ
1641	●幕府は，オランダ商館長によるオランダ風説書の提出を義務付けた。	
		ウ
1709	●密入国したイタリア人宣教師シドッチを新井白石が尋問した。	
		エ
1792	●ロシア使節のラクスマンが来航し，通商を求めた。	

Ⅱ

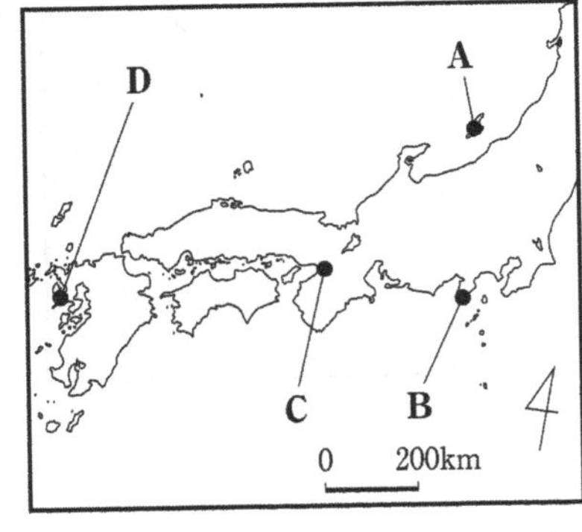

Ⅲ

○外国へ日本の船を行かせることを厳禁とする。
○日本人を外国へ渡航させてはならない。

〔問3〕　(3)新たな役割を担う行政機関が設置され，とあるが，次の文章は，帝都復興院総裁を務めることになる後藤新平が，1923年9月6日に　閣議に文書を提出する際に記した決意の一部を分かりやすく書き改めたものである。この決意をした時期の東京の様子について述べているのは，あとのア～エのうちではどれか。

○大変災は突如として帝都を震え上がらせた。
○火災に包まれる帝都を目撃し，自分の任務が極めて重要であることを自覚すると同時に復興の計画を策定することが急務であることを痛感した。
○第一に救護，第二に復旧，第三に復興の方針を執るべきである。

ア　新橋・横浜間に鉄道が開通するなど，欧米の文化が取り入れられ始め，現在の銀座通りに洋風れんが造りの２階建ての建物が建設された。

イ　我が国の国際的な地位を高めるために，イギリスと同盟を結び，我が国最初の国立図書館である帝国図書館が上野公園内に建設された。

ウ　大日本帝国憲法が制定され，近代的な政治制度が整えられ，東京では，都市の整備が進み，我が国最初のエレベーターを備える凌雲閣が浅草に建設された。

エ　東京駅が開業し，都市で働くサラリーマンや工場労働者の人口が大きく伸び，バスの車掌やタイピストなどの新しい職業に就く女性が増え，丸の内ビルヂング（丸ビル）が建設された。

〔問４〕　(4)様々な法律が整備され，行政が重要な役割を果たすようになった。とあるが，次の略年表は，大正時代から昭和時代にかけての，我が国の法律の整備に関する主な出来事についてまとめたものである。略年表中のＡ～Ｄのそれぞれの時期に当てはまるのは，下のア～エのうちではどれか。

西暦	我が国の法律の整備に関する主な出来事	
1921	●工業品規格の統一を図るため，度量衡法が改正され，メートル法への統一が行われた。	
		A
1931	●国家による電力の管理体制を確立するため，電気事業法が改正され，国家経済の基礎となる産業への優先的な電力供給が始まった。	
		B
1945	●我が国の民主化を進めるため，衆議院議員選挙法が改正され，女性に選挙権が与えられた。	
1950	●我が国の文化財の保護・活用のため，文化財保護法が公布され，新たに無形文化財や埋蔵文化財が保存の対象として取り入れられた。	C
1961	●所得格差の改善を図るため，農業基本法が公布され，農業の生産性向上及び農業総生産の増大などが国の施策として義務付けられた。	
		D
1973	●物価の急激な上昇と混乱に対処するため，国民生活安定緊急措置法が公布され，政府は国民生活に必要な物資の確保と価格の安定に努めることを示した。	

ア　普通選挙などを求める運動が広がり，連立内閣が成立し，全ての満25歳以上の男子に選挙権を認める普通選挙法が制定され，国民の意向が政治に反映される道が開かれた。

イ　急速な経済成長をとげる一方で，公害が深刻化し，国民の健康と生活環境を守るため，公害対策基本法が制定され，環境保全に関する施策が展開された。

ウ　農地改革などが行われ，日本国憲法の精神に基づく教育の基本を確立するため，教育基本法が制定され，教育の機会均等，男女共学などが定められた。

エ　日中戦争が長期化し，国家総動員法が制定され，政府の裁量により，経済，国民生活，労務，言論などへの広範な統制が可能となった。

5 次の文章を読み，あとの各問に答えよ。

地方自治は，民主政治を支える基盤である。地方自治を担う地方公共団体は，住民が安心した生活を送ることができるように，地域の課題と向き合い，その課題を解決する重要な役割を担っている。(1)日本国憲法では，我が国における地方自治の基本原則や地方公共団体の仕組みなどについて規定している。

地方自治は，住民の身近な生活に直接関わることから，(2)住民の意思がより反映できるように，直接民主制の要素を取り入れた仕組みになっている。

国は，民主主義の仕組みを一層充実させ，住民サービスを向上させるなどの目的で，(3)1999年に地方分権一括法を成立させ，国と地方が，「対等・協力」の関係で仕事を分担できることを目指して，地方公共団体に多くの権限を移譲してきた。現在では，全国の地方公共団体が地域の課題に応じた新たな取り組みを推進できるように　国に対して地方分権改革に関する提案を行うことができる仕組みが整えられている。

〔問1〕 (1)日本国憲法では，我が国における地方自治の基本原則や地方公共団体の仕組みなどについて規定している。とあるが，日本国憲法が規定している地方公共団体の仕事について述べているのは，次の**ア**～**エ**のうちではどれか。

ア 条約を承認する。

イ 憲法及び法律の規定を実施するために，政令を制定する。

ウ 条例を制定する。

エ 一切の法律，命令，規則又は処分が憲法に適合するかしないかを決定する。

〔問2〕 (2)住民の意思がより反映できるように，直接民主制の要素を取り入れた仕組みになっている。とあるが，住民が地方公共団体に対して行使できる権利について述べているのは，次の**ア**～**エ**のうちではどれか。

ア 有権者の一定数以上の署名を集めることで，議会の解散や，首長及び議員の解職，事務の監査などを請求することができる。

イ 最高裁判所の裁判官を，任命後初めて行われる衆議院議員総選挙の際に，直接投票によって適任かどうかを審査することができる。

ウ 予算の決定などの事項について，審議して議決を行ったり，首長に対して不信任決議を行ったりすることができる。

エ 国政に関する調査を行い，これに関して，証人の出頭及び証言，記録の提出を要求することができる。

〔問3〕 (3)1999年に地方分権一括法を成立させ，国と地方が，「対等・協力」の関係で仕事を分担できることを目指して，地方公共団体に多くの権限を移譲してきた。とあるが，次のページのⅠのグラフは，1995年から2019年までの我が国の地方公共団体への事務・権限の移譲を目的とした法律改正数を示したものである。Ⅱの文章は，2014年に地方公共団体への事務・権限の移譲を目的とした法律改正が行われた後の，2014年6月24日に地方分権改革有識者会議が取りまとめた「個性を活かし自立した地方をつくる～地方分権改革の総括と展望～」の一部を分かりやすく書き改めたものである。ⅠとⅡの資料を活用し，1995年から2014年までの期間と比較した，2015年から2019年までの期間の法律改正数の動きについて，地方分権改革の推進手法と，毎年の法律改正の有無及び毎年の法律改正数に着目して，簡単に述べよ。

Ⅰ

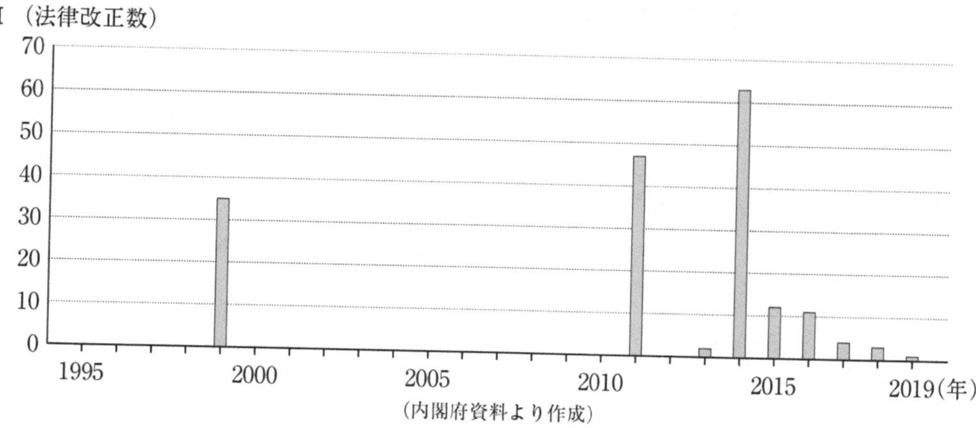

（内閣府資料より作成）

Ⅱ

○これまでの地方分権改革の推進手法は，国が主導する短期集中型の方式であり，この取組を実施することで一定の成果を得ることができた。
○今後は，これまでの改革の理念を継承し，更に発展させていくことが重要である。
○今後の地方分権改革の推進手法については，地域における実情や課題を把握している地方公共団体が考え提案する長期継続型の方式を導入する。

6　次の文章を読み，あとの各問に答えよ。

世界各国では，株式会社や国営企業などが，(1)利潤を追求するなどの目的で誕生してきた。

人口が集中し，物資が集積する交通の要衝に設立された企業や，地域の自然環境や地下資源を生かしながら発展してきた企業など，(2)企業は立地条件に合わせ多様な発展を見せてきた。

(3)我が国の企業は，世界経済の中で，高度な技術を生み出して競争力を高め，我が国の経済成長を支えてきた。今後は，国際社会において，地球的規模で社会的責任を果たしていくことが，一層求められている。

〔問1〕　(1)利潤を追求するなどの目的で誕生してきた。とあるが，次のア～エは，それぞれの時代に設立された企業について述べたものである。時期の古いものから順に記号を並べよ。

ア　綿織物を大量に生産するために産業革命が起こったイギリスでは，動力となる機械の改良が進み，世界最初の蒸気機関製造会社が設立された。

イ　南部と北部の対立が深まるアメリカ合衆国では，南北戦争が起こり，西部開拓を進めるために大陸を横断する鉄道路線を敷設する会社が設立された。

ウ　第一次世界大戦の休戦条約が結ばれ，ベルサイユ条約が締結されるまでのドイツでは，旅客輸送機の製造と販売を行う会社が新たに設立された。

エ　スペインの支配に対する反乱が起こり，ヨーロッパの貿易で経済力を高めたオランダでは，アジアへの進出を目的とした東インド会社が設立された。

〔問２〕　(2)企業は立地条件に合わせ多様な発展を見せてきた。とあるが，下の表のア～エの文章は，略地図中に示したＡ～Ｄのいずれかの都市の歴史と，この都市に立地する企業の様子についてまとめたものである。Ａ～Ｄのそれぞれの都市に当てはまるのは，下の表のア～エのうちではどれか。

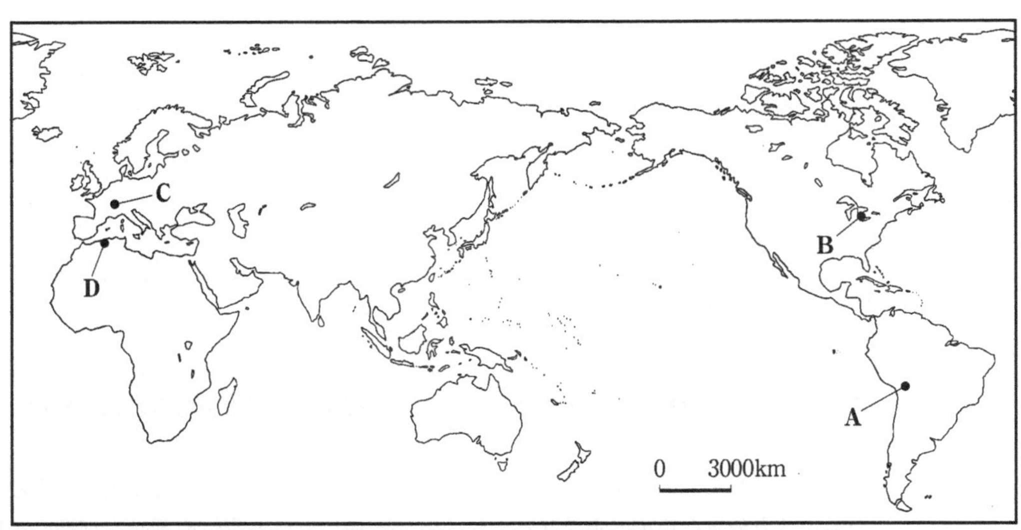

	都市の歴史と，この都市に立地する企業の様子
ア	○この都市は，標高3000mを超え，強風を遮るすり鉢状の地形に位置する首都で，1548年にスペイン人により建設され，金鉱もあったことから発展し，政治と経済の拠点となった。 ○国営企業が，銀，亜鉛などの鉱山開発を行っており，近年では，新たに国営企業が設立され，塩湖でのリチウムイオン電池の原料の採取を複数の外国企業と共同で行っている。
イ	○この都市は，標高3000mを超える山脈の北側に位置する首都で，内陸部にはイスラム風の旧市街地が，沿岸部にはフランスの影響を受けた建物が見られる港湾都市となっている。 ○独立後に設立された，砂漠地帯で採掘される天然ガスや石油などを扱う国営企業は，近年，石油の増産と輸出の拡大に向けて外国企業との共同開発を一層進めている。
ウ	○この都市は，1701年にフランス人により砦が築かれ，毛皮の交易が始まり，水運の拠点となり，1825年に東部との間に運河が整備され，20世紀に入り海洋とつながった。 ○19世紀後半には自動車の生産が始まり，20世紀に入ると大量生産方式の導入により，自動車工業の中心地へと成長し，現在でも巨大自動車会社が本社を置いている。
エ	○この都市は，20世紀に入り，湖の南西部に広がる市街地に国際連盟の本部が置かれ，第二次世界大戦後は200を超える国際機関が集まる都市となった。 ○16世紀後半に小型時計製造の技術が伝わったことにより精密機械関連企業が立地し，近年では生産の合理化や販売網の拡大などを行い，高価格帯腕時計の輸出量を伸ばしている。

〔問３〕　(3)我が国の企業は，世界経済の中で，高度な技術を生み出して競争力を高め，我が国の経済成長を支えてきた。とあるが，次のページのⅠのグラフは，1970年度から2018度までの我が国の経済成長率と法人企業の営業利益の推移を示したものである。Ⅱの文章は，Ⅰのグラフ

の**ア**～**エ**の**いずれか**の時期における我が国の経済成長率と法人企業の営業利益などについてまとめたものである。Ⅱの文章で述べている時期に当てはまるのは，Ⅰのグラフの**ア**～**エ**の時期のうちではどれか。

Ⅰ

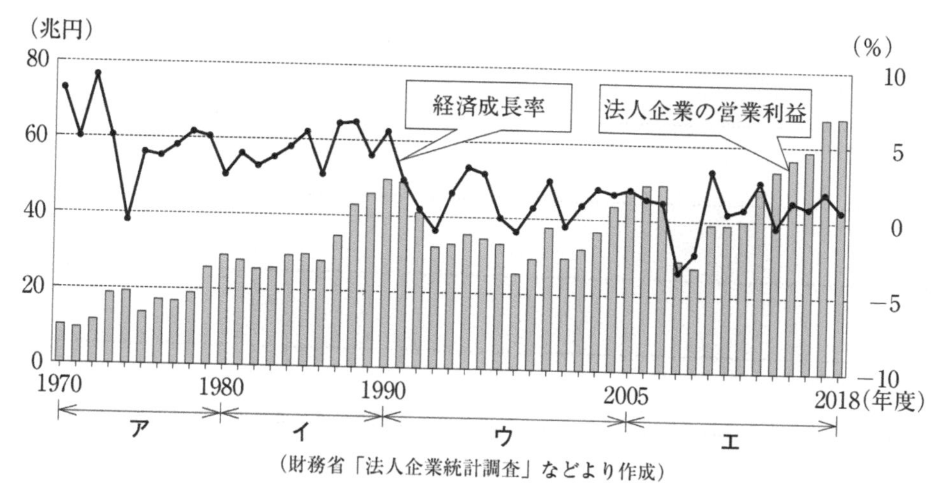

（財務省「法人企業統計調査」などより作成）

Ⅱ

○この時期の前半は，アメリカ合衆国の経済政策によって円安・ドル高が進行し，自動車などの輸送用機械や電気機械の輸出量が増えたことで，我が国の貿易収支は大幅な黒字となり，経済成長率は上昇傾向を示した。

○この時期の後半は，国際社会において貿易収支の不均衡（ふきんこう）を是正（ぜせい）するために為替相場（かわせそうば）を円高・ドル安へ誘導（ゆうどう）する合意がなされ，輸出量と輸出額が減少し，我が国の経済成長率は一時的に下降した。その後，日本銀行が貸付のための金利を下げたことなどで，自動車や住宅の購入（こうにゅう），株式や土地への投資が増え，株価や地価が高騰（こうとう）する好景気となり，法人企業の営業利益は増加し続けた。

大切なことはメモしておこうネ！

2021年度

解 答 と 解 説

《2021年度の配点は解答用紙集に掲載してあります。》

<理科解答>

1　〔問1〕 ウ　〔問2〕 ア　〔問3〕 エ　〔問4〕 ① ウ　② ア　〔問5〕 エ
〔問6〕 イ

2　〔問1〕 ① ア　② ウ　〔問2〕 ウ　〔問3〕 イ　〔問4〕 エ

3　〔問1〕 エ　〔問2〕 ① イ　② ウ　③ ア　〔問3〕 ① ウ　② エ
〔問4〕 ア→ウ→エ→イ

4　〔問1〕 ア　〔問2〕 ① ウ　② イ　〔問3〕 ① イ　② イ

5　〔問1〕 ① エ　② イ　〔問2〕 ① ア　② エ　〔問3〕 ウ　〔問4〕 31%

6　〔問1〕 ア　〔問2〕 (例)コイルAの中の磁界が変化するから。　〔問3〕 イ→エ→ア→ウ
〔問4〕 ① ア　② ア　③ ウ　④ ウ

<理科解説>

1　**(小問集合－動物の体のつくりとはたらき：ヒトのからだの器官，光と音：音の大小と高低，地震と地球内部のはたらき：地震波，水溶液とイオン，酸・アルカリとイオン，遺伝の規則性と遺伝子：メンデルの実験，力の規則性：2力のつり合いと作用・反作用の法則)**

〔問1〕 消化された養分は，Bの小腸の内側の壁にある，たくさんのひだの表面にある多数の柔毛から吸収される。細胞の活動にともなってできた**有害なアンモニアは，Cの肝臓で無害な尿素に変えられて**から排出される。

〔問2〕 振動数が多いほど音は高くなるので，Aは短い。振幅が大きいほど音は大きくなるので，Bは大きい。

〔問3〕 **初期微動継続時間は震源からの距離に比例して長くなる。**よって，震源からの距離が90kmの地点での初期微動継続時間をx〔s〕とすると，36〔km〕: 90〔km〕＝2〔s〕：x〔s〕，x〔s〕＝5〔s〕であり，初期微動継続時間は5秒である。したがって，震源からの距離が90kmの地点での主要動の始まった時刻は，10時10分27秒＋5秒＝10時10分32秒，である。

〔問4〕 ① この実験における溶液Aは電解質であり，水溶液は中性である必要があるため，ウの食塩水である。　② 塩酸が電離すると，$HCl \rightarrow H^+ + Cl^-$，により，青色のリトマス紙を赤色に変える水素イオン「H^+」が生じ，塩酸は酸性であることを示す。

〔問5〕 エンドウの種子は「丸」が優性形質，「しわ」が劣性形質なので，**エンドウの丸い種子がもつ遺伝子は，AAまたはAa**であり，しわのある種子がもつ遺伝子は，aaである。AAとaaのかけ合わせで得られる種子の遺伝子はすべてAaであり，すべて丸い種子である。Aaとaaのかけ合わせで得られる種子の遺伝子は，Aa：aa＝1：1，であり，丸い種子：しわのある種子＝1：1，となる。よって，かけ合わせた丸い種子の個体としわのある種子の個体のそれぞれの遺伝子の組み合わせは，Aaとaaである。

〔問6〕 **力のつり合いの関係にある2力は，1つの物体にはたらく。**物体には，物体にはたらく重力

Bと机が物体を押す力(垂直抗力)Aの2力がはたらく。この2力は，一直線上にあり，大きさが等しく，向きが逆向きなので，力のつり合いの関係にある。**作用・反作用の関係にある2力は，2つの物体に別々にはたらく。**物体が机を押す力Cは机にはたらくのに対して，机が物体を押す力(垂直抗力)Aは物体にはたらく。この2力も，一直線上にあり，大きさが等しく，向きが逆向きであり，作用・反作用の関係にある2力である。

[2]　(自由研究－動物の分類と生物の進化：セキツイ動物と軟体動物，力と物体の運動：速さ，身のまわりの物質とその性質：密度，天体の動きと地球の自転・公転：星の日周運動・星の年周運動)

〔問1〕　表1においては，セキツイ動物のグループは，魚類であるイワシ・アジのなかまである。軟体動物のグループは，**外とう膜で内臓がある部分が包まれていて，からだとあしには節がない，**タコ・イカのなかまと外とう膜をおおう貝殻がある二枚貝のなかまである。

〔問2〕　図1より，0.2秒間で7目盛りの35cm運動しているので，1時間に運動する距離をxkmとすると，0.2〔s〕：(60×60)〔s〕＝0.00035〔km〕：x〔km〕，x〔km〕＝6.3〔km〕，である。よって，平均の速さは，6.3km/hである。

〔問3〕　4℃の水の密度1g/cm³を用いて計算すると，**食塩水の密度〔g/cm³〕＝(15〔g〕＋50〔g〕)÷55〔cm³〕**＝1.18〔g/cm³〕，である。ラベルは，水に沈み，食塩水に浮いたため，**水の密度1g/cm³＜ラベルの密度＜食塩水の密度1.18g/cm³**，であり，ポリスチレンである。

〔問4〕　地球の太陽を中心とした西から東への公転による**年周運動**で，同時刻に見える星は1年に360°(1日に約1°)，東から西に動いて見える。また，地球の地軸を中心とした西から東への自転による**日周運動**で，星は1日に360°(1時間に15°)，東から西に動いて見える。よって，1月15日午後10時に真南に見えたオリオン座は，1か月後には年周運動により，30°西に見えるので，2月15日にオリオン座が真南に見える時刻は，自転により，30°÷15°＝2，であるため，2時間前の午後8時頃である。

[3]　(天気の変化：空気中の水蒸気量・前線の通過，気象観測，日本の気象：日本の天気の特徴と天気図)

〔問1〕　湿度〔%〕＝空気1m³にふくまれる水蒸気量〔g/m³〕÷その温度での飽和水蒸気量〔g/m³〕×100，であり，a，b，cの時刻における湿度は84%で等しい。よって，**空気1m³にふくまれる水蒸気量〔g/m³〕は，その温度での飽和水蒸気量〔g/m³〕が大きい方が，多い。**図1から，**aの気温は約15.5℃であり，bの気温は約11℃，cの気温は約6.5℃であるため，**その温度での**飽和水蒸気量〔g/m³〕は，a＞b＞c**である。よって，a，b，cの時刻における空気中の水蒸気の量は，C〔g/m³〕＜B〔g/m³〕＜A〔g/m³〕，である。

〔問2〕　観測地点Pは，図1の天気図記号から，日中の天気はおおむね晴れで，南寄りの風が吹く。気温は日が昇るとともに上がり始め，昼過ぎに最も高くなり，その後しだいに下がる。

〔問3〕　図1の**4月1日15時から18時にかけて，**天気図記号の**風向が，南寄りから北寄りに変わったことから前線Xは寒冷前線であり，**通過したとき，気圧が大きく下がり，気温が急激に下がったことがグラフから読みとれる。図4の観測地点Pを覆う高気圧の中心付近では，上空から地上へ空気が流れ，地上では中心部から周辺へ向かって風が吹き出す。

〔問4〕　つゆ(6月)の天気図は，南のあたたかくしめった気団と北の冷たくしめった気団の間に梅雨前線ができている，アである。夏(8月)は，小笠原気団におおわれ，南高北低の気圧配置になっている，ウである。**秋(11月)は，偏西風の影響を受けて，日本付近を移動性高気圧と低気圧が交互に通過し天気が周期的に変化する，**エである。冬(2月)は，西高東低の気圧配置で，南北方向の等圧線がせまい間隔で並ぶ，イである。

4 **(植物の体のつくりとはたらき：葉のつくり・光合成の実験・観察・対照実験・光の明るさの変化に伴う光合成量と呼吸量の関係)**

〔問1〕 Aは気孔で，呼吸や光合成によって生じる酸素や二酸化炭素などの気体の出入り口である。Bは気孔を囲む**孔辺細胞にある葉緑体**であり，<観察>の操作から，植物の細胞に見られ，ヨウ素液に反応して青紫色に変色したことから光合成によりデンプンが作られたことがわかる。光合成では酸素も作られる。

〔問2〕 光を当てる前に，<実験1>の(3)のツユクサの鉢植えを暗室に24時間置いた理由は，葉にあるデンプンを全て消費させるためである。葉にあるデンプンは分解されて糖になり，師管を通して植物体の各部に送られるが，多くの植物では，糖の移動は夜間に行われる。光合成に二酸化炭素が必要であることを確かめるための**対照実験**に適する葉の組み合わせは，葉緑体があり，日光が当たり，二酸化炭素があり，水がある「葉C」と，葉Cの条件のうち，水酸化ナトリウム水溶液をしみ込ませたろ紙を入れて二酸化炭素が無い状態にした「葉E」である。結果2により，光合成が，葉Cでは行われたが，葉Eでは行われなかったことから，光合成には二酸化炭素が必要であることが確かめられる。

〔問3〕 暗室に置いた「袋G」の場合，実験後の呼吸によって出された二酸化炭素の割合＝7.6％－4.0％＝3.6％であり，光合成によって使われた二酸化炭素の割合＝0％，である。明るさの度合い1の「袋H」の場合，実験後の呼吸によって出された二酸化炭素の割合は3.6％であり，光合成によって使われた二酸化炭素の割合＝7.6％－5.6％＝2.0％である。**明るさの度合い2の「袋I」の場合，実験後の呼吸によって出された二酸化炭素の割合は3.6％であり，光合成によって使われた二酸化炭素の割合＝7.6％－1.5％＝6.1％である。**よって，呼吸によって出される二酸化炭素の量よりも，光合成によって使われた二酸化炭素の量の方が多いのは，「袋I」である。そこで，デンプンなどの養分のできる量が多いのは，最も光合成量が大きかった「袋I」である。

5 **(化学変化と物質の質量：化学変化と質量の保存・質量変化の規則性，物質の成り立ち：熱分解・原子と分子・化学変化のモデル化，酸・アルカリとイオン：pH)**

〔問1〕 (3)で，ガラス管を水槽の水の中から取り出した後，試験管Aの加熱をやめるのは，**試験管Aが冷えて内部の気圧が大気圧より下がる**ことにより，水槽の水が試験管Aに**逆流するのを防ぐため**である。また，(6)で，加熱後にできた白い物質は，炭酸ナトリウムで，炭酸水素ナトリウムより水に溶けやすく，その水溶液は**強いアルカリ性**であるため，弱いアルカリ性である炭酸水素ナトリウムより，**pHの値が大きい。**

〔問2〕 <実験1>の(2)で起きている化学変化は化学反応式で表すと，$2NaHCO_3 \rightarrow Na_2CO_3 + CO_2 + H_2O$，であり，**熱分解**である。よって，同じ種類の化学変化は酸化銀を加熱したときにも起こり，化学反応式で表すと，$2Ag_2O \rightarrow 4Ag + O_2$，の熱分解である。炭酸水素ナトリウムの熱分解を表したモデルでナトリウム原子1個を表しているのは，エの■である。

〔問3〕 <実験2>の<結果2>の表から，炭酸水素ナトリウムの質量が0.50gのときに発生した気体の質量は，79.50g＋0.50g－79.74g＝0.26g，である。同様に計算して，炭酸水素ナトリウムの質量〔g〕をx，発生した気体の質量〔g〕をyとして，測定値の座標(x，y)をもとめると，(0.50g，0.26g)，(1.00g，0.52g)，(1.50g，0.78g)，(2.0g，1.04g)，(2.50g，1.17g)，(3.0g，1.17g)である。y＝0.52xとy＝1.17の交点の座標は(2.25，1.17)である。よって，**炭酸水素ナトリウムの質量が2.25gまでは，原点から各点のもっとも近いところを通る比例の直線，y＝0.52xであり，**

炭酸水素ナトリウムの質量が2.25g以上になると，y＝1.17の直線になる。

〔問4〕〔問3〕より，0.65gの気体が発生したときの塩酸10.0cm^3に加えた炭酸水素ナトリウムの質量xgは，0.65g＝0.52xg，xg＝1.25g，である。ベーキングパウダー4.00gに含まれていた炭酸水素ナトリウムの質量は1.25gであるため，1.25〔g〕÷4.00〔g〕×100＝31.25〔%〕であり，約31〔%〕である。ウのグラフからも1.25gは読みとれる。

6 (電流と磁界：右ねじの法則・電磁誘導・フレミングの左手の法則・コイルの回転，電流：合成抵抗)

〔問1〕　図3において，磁針のN極が指す向きがその点の磁界の向きであり，**右ねじの法則**により，電流は右ねじが進む向きに流れている。よって，電流は，コイルAの下側では＋方向(紙面向かって右)から－方向(紙面向かって左)へ流れている。図4において，コイルAの下側の導線がつくる磁界ではアクリル板上の磁針のN極の向きは図3の磁針のN極の向きとは反対になる。コイルAの上側は，コイルAの下側とは電流の向きが反対に変わるので，アの磁針の向きが適切である。

〔問2〕　コイルAをGとHの向きに交互に動かし，コイルAの中の**磁界が変化すると，電磁誘導により，その変化に応じた電圧が生じて，コイルAに誘導電流が流れる。**

〔問3〕　アの合成抵抗$R_ア$〔Ω〕＝20〔Ω〕＋5〔Ω〕＝25〔Ω〕である。ウの合成抵抗$R_ウ$〔Ω〕＝20〔Ω〕＋10〔Ω〕＝30〔Ω〕である。イの合成抵抗を$R_イ$〔Ω〕とすると，$\frac{1}{R_イ[\Omega]}=\frac{1}{20[\Omega]}+\frac{1}{5[\Omega]}=\frac{5}{20[\Omega]}$であるから，$R_イ$〔Ω〕＝4〔Ω〕である。エの合成抵抗を$R_エ$〔Ω〕とすると，$\frac{1}{R_エ[\Omega]}=\frac{1}{20[\Omega]}+\frac{1}{10[\Omega]}=\frac{3}{20[\Omega]}$であるから，$R_エ$〔Ω〕＝6.7〔Ω〕である。オームの法則より，合成抵抗の小さい順にコイルBを流れる電流は大きくなるため，コイルBが速く回転するつなぎ方の順は，イ→エ→ア→ウである。

〔問4〕　図8のときには，コイルBのc→dの向きに電流が流れるため，**フレミングの左手の法則**により，磁界からJの向きに力を受ける。半回転して図9になると，**コイルBのabの部分には電流が流れないため，磁界から力を受けないが，勢いで同じ向きの回転を続け，**さらに半回転して再び図8にもどる。

＜社会解答＞

1 〔問1〕 ア　〔問2〕 ウ　〔問3〕 イ　〔問4〕 エ

2 〔問1〕（Ⅰのア～エ） ウ　（Ⅱの表のア～エ） エ　〔問2〕 P イ　Q ウ　R ア　S エ　〔問3〕（ⅠとⅡの表のア～エ） ア　（略地図中のW～Z） X

3 〔問1〕 A エ　B ウ　C ア　D イ　〔問2〕 W イ　X ア　Y エ　Z ウ　〔問3〕〔地域の変容〕(例)畑や造成中だった土地に，住宅が造られた。〔要因〕(例)八千代中央駅が開業し，東京都(大手町)までの所要時間が短くなり，移動が便利になった。

4 〔問1〕 ウ→イ→エ→ア　〔問2〕（Ⅰの略年表中のア～エ） イ　（Ⅱの略地図中のA～D） D　〔問3〕 エ　〔問4〕 A ア　B エ　C ウ　D イ

5 〔問1〕 ウ　〔問2〕 ア　〔問3〕（例)国が主導する短期集中型の方式から地方公共団体が考え提案する長期継続型の方式となり，毎年ではなく特定の年に多く見られていた法律改正数は，数は少なくなったものの毎年見られるようになった。

6 〔問1〕 エ→ア→イ→ウ　〔問2〕 A ア　B ウ　C エ　D イ　〔問3〕 イ

＜社会解説＞

1 **(地理的分野―日本地理－地形図の見方，歴史的分野―日本史時代別－古墳時代から平安時代・安土桃山時代から江戸時代，―日本史テーマ別－文化史，公民的分野―経済一般)**

〔問1〕 経路途中に大手町，郭町の地名が見られるところ，元町に鐘つき堂を示す高塔の地図記号「口」が見られるところから，Ⅰの図の経路アである。

〔問2〕 平安時代中期は**末法思想**の流行から，**浄土信仰**が全盛を迎え，**摂関政治**の全盛期である11世紀半ばに，**関白藤原頼通**によって浄土信仰に基づいて建立されたのが，宇治の**平等院鳳凰堂**である。

〔問3〕 江戸時代後期の**浮世絵**師であり，**化政文化**を代表するのは**葛飾北斎**である。代表作に『**富嶽三十六景**』がある。中でも『神奈川沖浪裏』『凱風快晴(赤富士)』等が特に有名である。

〔問4〕 労働者のための統一的な保護法として，1947年に制定されたのが**労働基準法**である。労働条件の基準を定め，**1日8時間労働制**や，改定を重ねて現在では**1週40時間労働制**などを内容としている。

2 **(地理的分野―世界地理－都市・気候・地形・産業・人々のくらし・貿易)**

〔問1〕 Aの都市はブエノスアイレスであり，**南半球**に属することから，Ⅰのエである。Bの都市はオタワであり，年間を通じ降水量が100mm弱で冷涼な気候であることから，Ⅰのアである。Cの都市はジャカルタであり，**赤道直下**に位置するため年間を通じ気温が高く，**雨季**と**乾季**があることから，Ⅰのイである。Dの都市はベルリンであり，**西岸海洋性気候**にあたることから，降水量は**偏西風**の影響で一年中一定で少ない。Ⅰのウである。ベルリンを首都とするドイツでは，世界のベストテンに入るほどじゃがいも・小麦の生産量が多い。Ⅱの表のエである。

〔問2〕 Pはブラジルである。「流域面積700km^{2}の河川が東流し」との文と，「南部にはコーヒー栽培に適した土壌が分布し」との文から，ブラジルはイであることがわかる。河川は**世界最大の流域面積**を持つ**アマゾン川**である。Qはベトナムである。「南北方向に国境を形成する山脈が走り，北部には首都が位置する平野が，南部には…**三角州**が広がっている」との文から，ベトナムはウであることがわかる。国境を形成する山脈とは，**アンナン山脈**である。ベトナムの首都はハノイである。Rはトルコである。「帝国時代からコーヒーが飲まれ」の一文から，トルコはアであることがわかる。4国の中で**帝国**時代を持つのはトルコだけである。Sはケニアである。「中央部には標高5000mを超える火山が位置し，西部には茶の栽培に適した土壌が分布し」との文から，ケニアがエであるとわかる。火山とは，**キリマンジャロ**に次ぐアフリカ第2の高峰，**ケニア火山**である。ケニアは紅茶の産地として有名である。

〔問3〕 Ⅲの文章は，「**偏西風**の影響を受け，湿潤な西部に対し，東部の降水量が少ない地域では**牧羊**が行われている」との文から，ニュージーランドの説明であるとわかる。　ⅠとⅡの表のア～エ　ニュージーランドからの日本への輸入品は果実・チーズなどで，果実は1999年から2019年で3倍以上に増えている。また，ニュージーランドは，1999年の段階では輸出総額の1位は隣国オーストラリアであったが，2019年の段階では，近年この地域に経済的影響力を増している中華人民共和国が1位となっている。　略地図中のW～Z　Xがニュージーランドである。Wはメキシコ，Yはフィリピン，Zはスペインである。

3 **(地理的分野―日本地理－都市・地形・気候・農林水産業・工業・地形図の見方・交通)**

〔問1〕 Aは千葉県であり，「北部には**ローム層**が堆積する台地があり」との文から，エが千葉県だとわかる。Bは富山県であり，「冬季に降水が多い南部の山々を源流とし」との文から，ウが富山県だとわかる。Cは高知県であり，「沖合を流れる**暖流**の影響で，気候が温暖である」との文から，アが高知県だとわかる。この暖流は**日本海流**である。Dは福岡県であり，「南西部に広がる平野は干満差の大きい干潟のある海に面している」との文から，イが福岡県であるとわかる。この海は**有明海**である。

〔問2〕 W ①は岩手県盛岡市であり，②は宮城県仙台市である。盛岡市周辺の山間部では**畜産業・林業**などが発達しており，仙台市周辺の平野部では**稲作地帯**が広がっているため，Wは表中のイである。 X ①は群馬県前橋市であり，②は神奈川県横浜市である。群馬県南部の**工業団地**には**輸送用機械関連企業**が多く，横浜市周辺の京浜工業地帯では**石油化学コンビナート**が見られるため，Xは表中のアである。 Y ①は愛知県名古屋市であり，②は三重県津市である。愛知県には，世界的**自動車関連企業**があり，津市近辺には**石油化学コンビナート**があり，周辺では**リアス海岸**を生かした**養殖業**が行われているため，Yは表中のエである。 Z ①は鳥取県鳥取市であり，②は大阪府大阪市である。鳥取県では**砂丘**の広がる沿岸部で果樹栽培が行われており，また，大阪市では都市中心部に**中小工場**が数多く見られるため，Zは表中のウである。

〔問3〕〔地域の変容〕 **地形図**によれば，1983年から2009年の間に，畑(「∨」)や造成中だった土地が整備され，ゆりのき台と呼ばれる**住宅地**が造られた。〔要因〕 1996年に八千代中央駅が開業し，東京都(大手町)までの所要時間が60分から46分と短くなり，**通勤・通学**や**買い物**などの移動が便利になったことを指摘し解答する。

4 **(歴史的分野―日本史時代別－古墳時代から平安時代・鎌倉時代から室町時代・安土桃山時代から江戸時代・明治時代から現代，―日本史テーマ別－政治史・法律史・社会史)**

〔問1〕 ア **足利尊氏**が**鎌倉府**を設置したのは，14世紀のことである。 イ **桓武天皇**が**胆沢城**や**志波城**を設置させたのは，9世紀のことである。 ウ **中大兄皇子**が**大宰府**を整備したのは，7世紀のことである。 エ **北条義時**を中心とする幕府が**六波羅探題**を設置したのは，13世紀のことである。したがって，時代の古い順に並べると，ウ→イ→エ→アとなる。

〔問2〕 Ⅰの略年表中のア～エ **日本人の海外渡航禁止・海外在住日本人の帰国禁止**の法令が出されたのは1635年のことであり，略年表中のイに該当する。 Ⅱの略地図中のA～D こうした法令を主に実行するのは，**老中**直属の**遠国奉行**の一つで，**直轄領長崎**を支配した長崎の**奉行所**であった。略地図中のDが該当する。

〔問3〕 文章は，1923年の**関東大震災直後**に**後藤新平**が表明したものである。アの**新橋・横浜間**に**鉄道**が開通したのは，1872年のことである。イのイギリスと**日英同盟**を結んだのは，1902年のことである。ウの**大日本帝国憲法**が発布されたのは，1889年のことである。エの**東京駅**が開業したのは1914年，**丸ビル**が建設されたのは1923年である。したがって，文章と同時期の東京の様子を表しているのは，エである。

〔問4〕 アの**普通選挙法**が制定されたのは，1925年である。Aの時期にあてはまる。イの**公害対策基本法**が制定されたのは，1967年であり，Dの時期にあてはまる。ウの**教育基本法**が制定されたのは1947年であり，Cの時期にあてはまる。エの**国家総動員法**が制定されたのは，1938年であり，Bの時期にあてはまる。

5 **(公民的分野―地方自治・国の政治の仕組み)**

〔問1〕 日本国憲法第94条に「**地方公共団体**は，その財産を管理し，事務を処理し，及び行政を執行する権能を有し，法律の範囲内で**条例**を制定することができる。」とあり，地方公共団体は条例を議決・制定することができる。なお，アの**条約**を承認するのは**国会**の仕事である。イの**政令**

を制定するのは**内閣**の仕事である。エの法律等が**憲法**に適合するかどうか決定するのは，**最高裁判所**の仕事である。

〔問2〕 **地方自治法**において，**直接請求**の制度が定められ，有権者の一定数以上の署名を集めることで，**条例の改廃**や，**議会の解散**，**首長及び議員の解職**などを請求することができる。

〔問3〕 2014年の改正によって，**地方分権改革**の推進手法が，**国**が主導する短期集中型の方式から，**地方公共団体**が提案する長期継続型の方式となったことを指摘する。1995年から2014年の期間では，1999年・2011年・2014年など特定の年にのみ多く見られていた法律改正数が，2015年以降は，数は少なくなったが，毎年見られるようになったことを読み取り解答する。

6 **(歴史的分野―世界史－経済史，地理的分野―都市，公民的分野―経済一般)**

〔問1〕 ア　イギリスで**産業革命**が起こり，世界最初の**蒸気機関**製造会社が設立されたのは，18世紀後期である。　イ　アメリカで**南北戦争**が起こり，**大陸を横断**する鉄道路線を敷設する会社が設立されたのは，19世紀半ばである。　ウ　**第一次世界大戦後**のドイツで，旅客輸送機の製造と販売を行う会社が設立されたのは，20世紀前期である。　エ　オランダで**東インド会社**が設立されたのは，17世紀初頭である。時代の古い順に並べると，エ→ア→イ→ウとなる。

〔問2〕 Aの都市はボリビアの首都ラパスである。「標高3000mを超え，1548年にスペイン人により建設され，金鉱もあった。」との表現から，アが該当することがわかる。Bの都市はデトロイトである。「19世紀後半には自動車の生産が始まり，20世紀に入ると自動車工業の中心地へと成長し」との表現から，ウが該当するとわかる。Cの都市はジュネーブである。「**国際連盟**の本部が置かれ」との表現から，エが該当するとわかる。Dの都市はフランスを旧宗主国とするアルジェリアの首都アルジェである。「内陸部にはイスラム風の旧市街地が，沿岸部にはフランスの影響を受けた建物が見られる港湾都市となっている。」との表現から，イが該当するとわかる。

〔問3〕 グラフⅠに見られるように，1980年代の前半は**円安・ドル高**が進行し，日本の**貿易収支**は大幅な黒字となり，**経済成長率**は上昇傾向を見せた。その後1985年に**先進5か国蔵相・中央銀行総裁会議**がニューヨークのプラザホテルで行われ，ここで決定したプラザ合意により，円高・ドル安へと誘導され，日本の経済成長率は一時的に下降した。その後**日本銀行**が金利を下げたことなどで，株式や土地への投資が増え，株価や地価が高騰する**バブル景気**が到来し，法人企業の営業利益は増加し続けた。このバブル景気は1991年に終結を迎えた。Ⅱの文章で述べている時期に当てはまるのは，イの時期である。

2021年度英語　リスニングテスト

〔放送台本〕

これから，リスニングテストを行います。リスニングテストは，全て放送による指示で行います。リスニングテストの問題には，問題Aと問題Bの二つがあります。問題Aと，問題Bの<Question 1>では，質問に対する答えを選んで，その記号を答えなさい。問題Bの<Question 2>では，質問に対する答えを英語で書きなさい。英文とそのあとに出題される質問が，それぞれ全体を通して二回ずつ読まれます。問題用紙の余白にメモをとってもかまいません。答えは全て解答用紙に書きなさい。

〔問題A〕

問題Aは，英語による対話文を聞いて，英語の質問に答えるものです。ここで話される対話文は全部で三つあり，それぞれ質問が一つずつ出題されます。質問に対する答えを選んで，その記号を答えなさい。では，<対話文1>を始めます。

Yumi: David, we are on the highest floor of this building. The view from here is beautiful.
David: I can see some temples, Yumi.
Yumi: Look! We can see our school over there.
David: Where?
Yumi: Can you see that park? It's by the park.
David: Oh, I see it. This is a very nice view.
Yumi: I'm glad you like it. It's almost noon. Let's go down to the seventh floor. There are nice restaurants there.

Question: Where are Yumi and David talking?
<対話文2>を始めます。

Taro: Hi, Jane. Will you help me with my homework? It's difficult for me.
Jane: OK, Taro. But I have to go to the teachers' room now. I have to see Mr. Smith to give this dictionary back to him.
Taro: I see. Then, I'll go to the library. I have a book to return, and I'll borrow a new one for my homework.
Jane: I'll go there later and help you.
Taro: Thank you.

Question: Why will Jane go to the library?
<対話文3>を始めます。

Woman: Excuse me. I'd like to go to Minami Station. What time will the next train leave?
Man: Well, it's eleven o'clock. The next train will leave at eleven fifteen.
Woman: My mother hasn't come yet. I think she will get here at about eleven twenty.
Man: OK. Then you can take a train leaving at eleven thirty. You will arrive at Minami Station at eleven fifty-five.
Woman: Thank you. We'll take that train.

Question: When will the woman take a train?

〔英文の訳〕
<対話文1>
ユミ　：ディビッド，私たちはこの建物の一番高い階にいるわね。ここからの景色は美しいわね。

ディビッド：お寺がいくつか見えるね，ユミ。
ユミ　　　：見て！　あそこに私たちの学校が見えるわよ。
ディビッド：どこ？
ユミ　　　：あの公園が見える？　その公園のそばよ。
ディビッド：ああ，見えるよ。これはとてもいい景色だね。
ユミ　　　：あなたが気に入ってくれて嬉しいわ。もうそろそろ正午ね。7階に行きましょう。いいレストランがあるわ。
質問：ユミとディビッドはどこで話をしていますか。
答え：ア　建物の一番高い階。

<対話文2>

タロウ　：こんにちは，ジェイン。僕の宿題手伝ってくれる？　僕には難しいよ。
ジェイン：オーケー，タロウ。でも今教員室に行かないといけないの。スミス先生にこの辞書を返しに行かなといけないの。
タロウ　：そうか。じゃあ僕は図書館に行くよ。返す本があるし，宿題のために新しい本を借りるんだ。
ジェイン：後でそこに行って，お手伝いするわ。
タロウ　：ありがとう。
質問：なぜジェインは図書館に行きますか。
答え：エ　タロウを手伝うため。

<対話文3>

女性：すみません。ミナミ駅へ行きたいんですが。次の電車は何時に出発しますか。
男性：ええと，今11時です。次の電車は11時15分に出発します。
女性：母がまだ来ていません。11時20分くらいにここに着くと思います。
男性：オーケー。じゃあ11時30分に出発する電車に乗れます。ミナミ駅に11時55分に着くでしょう。
女性：ありがとうございます。その電車に乗ります。
質問：いつ女性は電車に乗りますか。
答え：ウ　11時30分。

〔放送台本〕

〔問題B〕

これから聞く英語は，ある外国人の英語の先生が，新しく着任した中学校の生徒に対して行った自己紹介です。内容に注意して聞きなさい。あとから，英語による質問が二つ出題されます。<Question 1>では，質問に対する答えを選んで，その記号を答えなさい。<Question 2>では，質問に対する答えを英語で書きなさい。なお，<Question 2>のあとに，15秒程度，答えを書く時間があります。では，始めます。

Good morning, everyone. My name is Margaret Green. I'm from Australia. Australia is a very large country. Have you ever been there? Many Japanese people visit my country every year. Before coming to Japan, I taught English for five years in China. I had a good time there.

I have lived in Japan for six years. After coming to Japan, I enjoyed traveling around the country for one year. I visited many famous places. Then I went to school to study Japanese for two years. I have taught English now for three years. This school is my second school as an English teacher in Japan. Please tell me about your school. I want to know about it. I' m glad to become a teacher of this school. Thank you.

<Question 1> How long has Ms. Green taught English in Japan?

<Question 2> What does Ms. Green want the students to do?

以上で，リスニングテストを終わります。

〔英文の訳〕

みなさん，おはようございます。私の名前はマーガレット・グリーンです。オーストラリアから来ました。オーストラリアはとても大きな国です。今までそこへ行ったことがありますか。毎年多くの日本人が私の国を訪れています。日本に来る前，私は中国で5年間英語を教えていました。そこでとてもいい時間を過ごしました。

私は日本に6年間住んでいます。日本に来たあと，1年間この国を旅行して楽しみました。多くの有名な場所を訪れました。そして2年間日本語を勉強するために学校へ行きました。今3年間英語を教えています。この学校は日本での英語の先生として2校目の学校です。あなた達の学校について教えてください。そのことを知りたいです。この学校の先生になれて嬉しいです。ありがとうございます。

質問1：グリーン先生は日本でどれくらい英語を教えていますか。

答え　：イ　3年間。

質問2：グリーン先生は生徒たちに何をしてもらいたいですか。

答え　：(例)彼らの学校について彼女に伝える。

東京都公立高等学校

2020年度

★★★★★★★★★★★★★★★★★★★★★★★★

共通問題（理科・社会）

2020年度

●くわしい解説……31ページ

＜理科＞ 時間　50分　満点　100点

1　次の各問に答えよ。

〔問１〕 有性生殖では，受精によって新しい一つの細胞ができる。受精後の様子について述べたものとして適切なのは，次のうちではどれか。

ア　受精により親の体細胞に含まれる染色体の数と同じ数の染色体をもつ胚(はい)ができ，成長して受精卵になる。

イ　受精により親の体細胞に含まれる染色体の数と同じ数の染色体をもつ受精卵ができ，細胞分裂によって胚になる。

ウ　受精により親の体細胞に含まれる染色体の数の２倍の数の染色体をもつ胚ができ，成長して受精卵になる。

エ　受精により親の体細胞に含まれる染色体の数の２倍の数の染色体をもつ受精卵ができ，細胞分裂によって胚になる。

〔問２〕 図１のように，電気分解装置に薄い塩酸を入れ，電流を流したところ，塩酸の電気分解が起こり，陰極からは気体Ａが，陽極からは気体Ｂがそれぞれ発生し，集まった体積は気体Ａの方が気体Ｂより多かった。気体Ａの方が気体Ｂより集まった体積が多い理由と，気体Ｂの名称とを組み合わせたものとして適切なのは，次の表のア～エのうちではどれか。

図１

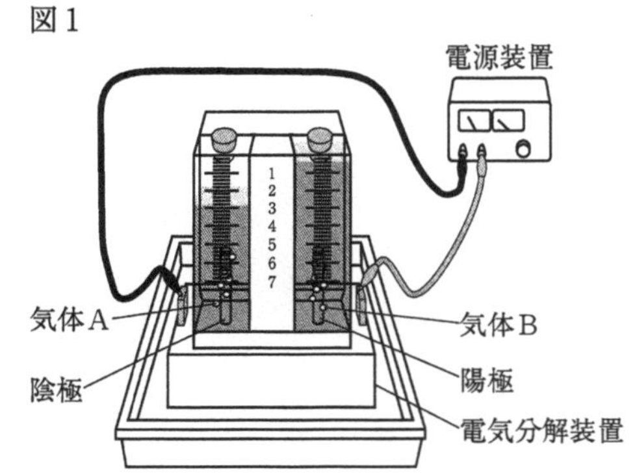

	気体Ａの方が気体Ｂより集まった体積が多い理由	気体Ｂの名称
ア	発生する気体Ａの体積の方が，発生する気体Ｂの体積より多いから。	塩素
イ	発生する気体Ａの体積の方が，発生する気体Ｂの体積より多いから。	酸素
ウ	発生する気体Ａと気体Ｂの体積は変わらないが，気体Ａは水に溶けにくく，気体Ｂは水に溶けやすいから。	塩素
エ	発生する気体Ａと気体Ｂの体積は変わらないが，気体Ａは水に溶けにくく，気体Ｂは水に溶けやすいから。	酸素

〔問３〕 150ｇの物体を一定の速さで1.6m持ち上げた。持ち上げるのにかかった時間は２秒だった。持ち上げた力がした仕事率を表したものとして適切なのは，下の**ア**～**エ**のうちではどれか。
ただし，100ｇの物体に働く重力の大きさは１Ｎとする。

ア　1.2W　　**イ**　2.4W　　**ウ**　120W　　**エ**　240W

〔問4〕 図2は，ある火成岩をルーペで観察したスケッチである。観察した火成岩は有色鉱物の割合が多く，黄緑色で不規則な形の有色鉱物Aが見られた。観察した火成岩の種類の名称と，有色鉱物Aの名称とを組み合わせたものとして適切なのは，次の表の**ア**～**エ**のうちではどれか。

図2

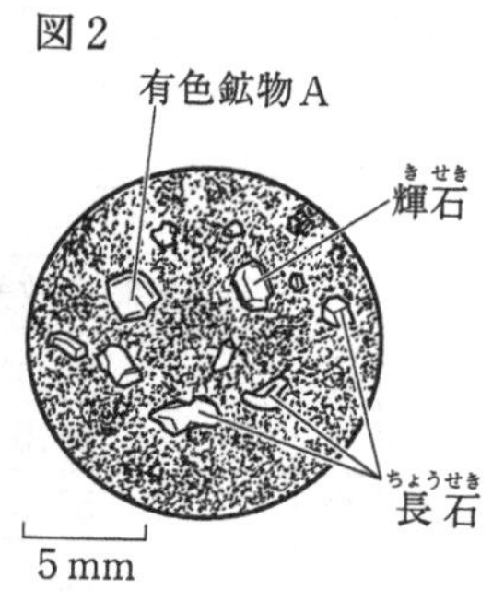

	観察した火成岩の種類の名称	有色鉱物Aの名称
ア	はんれい岩	石英
イ	はんれい岩	カンラン石
ウ	玄武岩	石英
エ	玄武岩	カンラン石

〔問5〕 酸化銀を加熱すると，白色の物質が残った。酸化銀を加熱したときの反応を表したモデルとして適切なのは，下の**ア**～**エ**のうちではどれか。

ただし，●は銀原子1個を，○は酸素原子1個を表すものとする。

ア　○●○　○●○　→　●　●　＋　○○　○○
イ　●○●　●○●　→　●　●　●　●　＋　○○
ウ　●○　→　●　＋　○
エ　●○●　→　●　●　＋　○

2 生徒が，水に関する事物・現象について，科学的に探究しようと考え，自由研究に取り組んだ。生徒が書いたレポートの一部を読み，次の各問に答えよ。

<レポート1>　空気中に含まれる水蒸気と気温について

雨がやみ，気温が下がった日の早朝に，霧が発生していた。同じ気温でも，霧が発生しない日もある。そこで，霧の発生は空気中に含まれている水蒸気の量と温度に関連があると考え，空気中の水蒸気の量と，水滴が発生するときの気温との関係について確かめることにした。

教室の温度と同じ24℃のくみ置きの水を金属製のコップAに半分入れた。次に，図1のように氷を入れた試験管を出し入れしながら，コップAの中の水をゆっくり冷やし，コップAの表面に水滴がつき始めたときの温度を測ると，14℃であった。教室の温度は24℃で変化がなかった。

また，飽和水蒸気量〔g/m^3〕は表1のように温度によって決まっていることが分かった。

図1

表1

温度〔℃〕	飽和水蒸気量〔g/m^3〕
12	10.7
14	12.1
16	13.6
18	15.4
20	17.3
22	19.4
24	21.8

〔問１〕　＜レポート１＞から，測定時の教室の湿度と，温度の変化によって霧が発生するときの空気の温度の様子について述べたものとを組み合わせたものとして適切なのは，次の表の**ア**～**エ**のうちではどれか。

	測定時の教室の湿度	温度の変化によって霧が発生するときの空気の温度の様子
ア	44.5%	空気が冷やされて，空気の温度が露点より低くなる。
イ	44.5%	空気が暖められて，空気の温度が露点より高くなる。
ウ	55.5%	空気が冷やされて，空気の温度が露点より低くなる。
エ	55.5%	空気が暖められて，空気の温度が露点より高くなる。

＜レポート２＞　凍結防止剤と水溶液の状態変化について

雪が降る予報があり，川にかかった橋の歩道で凍結防止剤が散布されているのを見た。凍結防止剤の溶けた水溶液は固体に変化するときの温度が下がることから，凍結防止剤は，水が氷に変わるのを防止するとともに，雪をとかして水にするためにも使用される。そこで，溶かす凍結防止剤の質量と温度との関係を確かめることにした。

３本の試験管Ａ～Ｃにそれぞれ10㎤の水を入れ，凍結防止剤の主成分である塩化カルシウムを試験管Ｂには１ｇ，試験管Ｃには２ｇ入れ，それぞれ全て溶かした。試験管Ａ～Ｃのそれぞれについて－15℃まで冷却し試験管の中の物質を固体にした後，試験管を加熱して試験管の中の物質が液体に変化するときの温度を測定した結果は，表２のようになった。

表２

試験管	A	B	C
塩化カルシウム〔g〕	0	1	2
試験管の中の物質が液体に変化するときの温度〔℃〕	0	－5	－10

〔問２〕　＜レポート２＞から，試験管Ａの中の物質が液体に変化するときの温度を測定した理由について述べたものとして適切なのは，次のうちではどれか。

ア　塩化カルシウムを入れたときの水溶液の沸点が下がることを確かめるには，水の沸点を測定する必要があるため。

イ　塩化カルシウムを入れたときの水溶液の融点が下がることを確かめるには，水の融点を測定する必要があるため。

ウ　水に入れる塩化カルシウムの質量を変化させても，水溶液の沸点が変わらないことを確かめるため。

エ　水に入れる塩化カルシウムの質量を変化させても，水溶液の融点が変わらないことを確かめるため。

＜レポート３＞　水面に映る像について

池の水面にサクラの木が逆さまに映って見えた。そこで，サクラの木が水面に逆さまに映って見える現象について確かめることにした。

鏡を用いた実験では，光は空気中で直進し，空気とガラスの境界面で反射することや，光が反射するときには入射角と反射角は等しいという光の反射の法則が成り立つことを学んだ。水面に映るサクラの木が逆さまの像となる現象も，光が直進することと光の反射の法則により説明できることが分かった。

〔問３〕 **<レポート３>**から，観測者が観測した位置を点Ｘとし，水面とサクラの木を模式的に表したとき，点Ａと点Ｂからの光が水面で反射し点Ｘまで進む光の道筋と，点Ｘから水面を見たときの点Ａと点Ｂの像が見える方向を表したものとして適切なのは，下の**ア**～**エ**のうちではどれか。ただし，点Ａは地面からの高さが点Ｘの２倍の高さ，点Ｂは地面からの高さが点Ｘと同じ高さとする。

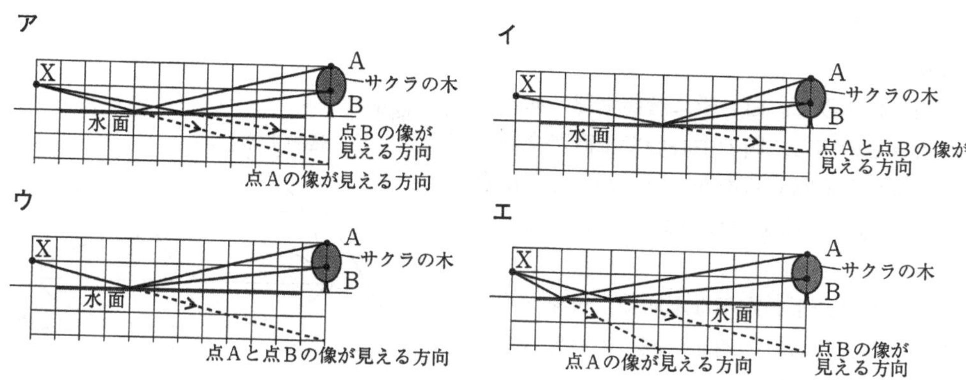

<レポート４>　水生生物による水質調査について

川にどのような生物がいるかを調査することによって，調査地点の水質を知ることができる。水生生物による水質調査では，表３のように，水質階級はⅠ～Ⅳに分かれていて，水質階級ごとに指標生物が決められている。調査地点で見つけた指標生物のうち，個体数が多い上位２種類を２点，それ以外の指標生物を１点として，水質階級ごとに点数を合計し，最も点数の高い階級をその地点の水質階級とすることを学んだ。そこで，学校の近くの川について確かめることにした。

表３

水質階級	指標生物
Ⅰ きれいな水	カワゲラ・ナガレトビケラ・ウズムシ・ヒラタカゲロウ・サワガニ
Ⅱ ややきれいな水	シマトビケラ・カワニナ・ゲンジボタル
Ⅲ 汚い水	タニシ・シマイシビル・ミズカマキリ
Ⅳ とても汚い水	アメリカザリガニ・サカマキガイ・エラミミズ・セスジユスリカ

学校の近くの川で調査を行った地点では，ゲンジボタルは見つからなかったが，ゲンジボタルの幼虫のエサとして知られているカワニナが見つかった。カワニナは内臓が外とう膜で覆われている動物のなかまである。カワニナのほかに，カワゲラ，ヒラタカゲロウ，シマトビケラ，シマイシビルが見つかり，その他の指標生物は見つからなかった。見つけた生物のうち，シマトビケラの個体数が最も多く，シマイシビルが次に多かった。

〔問４〕 **<レポート４>**から，学校の近くの川で調査を行った地点の水質階級と，内臓が外とう膜で覆われている動物のなかまの名称とを組み合わせたものとして適切なのは，次の表の**ア**～**エ**のうちではどれか。

	調査を行った地点の水質階級	内臓が外とう膜で覆われている動物のなかまの名称
ア	Ⅰ	節足動物
イ	Ⅰ	軟体動物
ウ	Ⅱ	節足動物
エ	Ⅱ	軟体動物

3　太陽の１日の動きを調べる観察について，次の各問に答えよ。

東京の地点X（北緯35.6°）で，ある年の夏至の日に，**<観察>**を行ったところ，**<結果１>**のようになった。

<観察>

(1)　図１のように，白い紙に透明半球の縁と同じ大きさの円と，円の中心Oで垂直に交わる直線ACと直線BDをかいた。かいた円に合わせて透明半球をセロハンテープで固定した。

(2)　日当たりのよい水平な場所で，N極が黒く塗られた方位磁針の南北に図１の直線ACを合わせて固定した。

(3)　９時から15時までの間，１時間ごとに，油性ペンの先の影が円の中心Oと一致する透明半球上の位置に●印と観察した時刻を記入した。

(4)　図２のように，記録した●印を滑らかな線で結び，その線を透明半球の縁まで延ばして東側で円と交わる点をFとし，西側で円と交わる点をGとした。

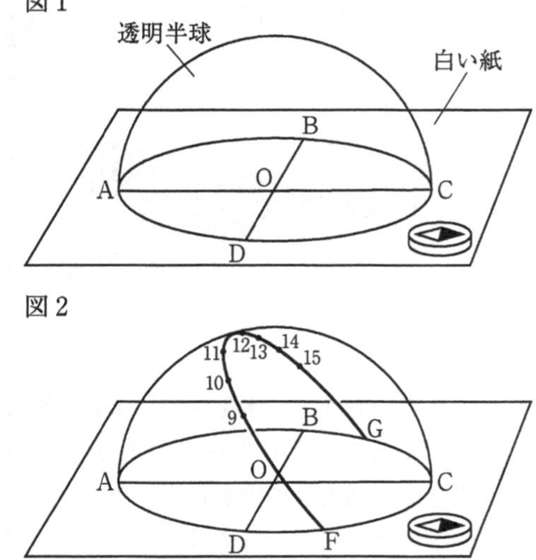

(5)　透明半球にかいた滑らかな線に紙テープを合わせて，１時間ごとに記録した●印と時刻を写し取り，点Fから９時までの間，●印と●印の間，15時から点Gまでの間をものさしで測った。

<結果１>

図３のようになった。

図３

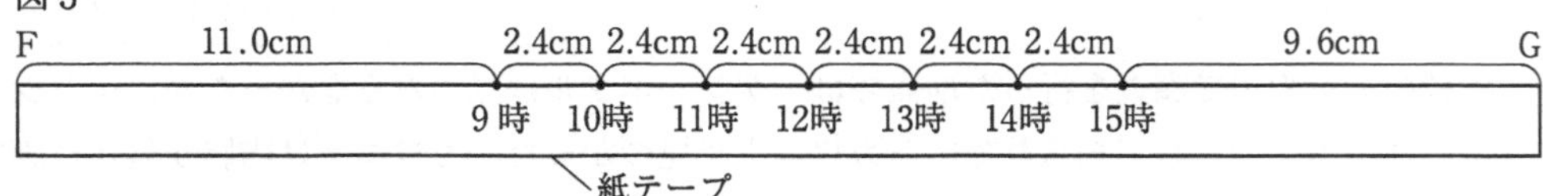

〔問１〕　**<観察>**を行った日の日の入りの時刻を，**<結果１>**から求めたものとして適切なのは，次のうちではどれか。

ア　18時　　**イ**　18時35分　　**ウ**　19時　　**エ**　19時35分

〔問２〕　**<観察>**を行った日の南半球のある地点Y（南緯35.6°）における，太陽の動きを表した模式図として適切なのは，次のうちではどれか。

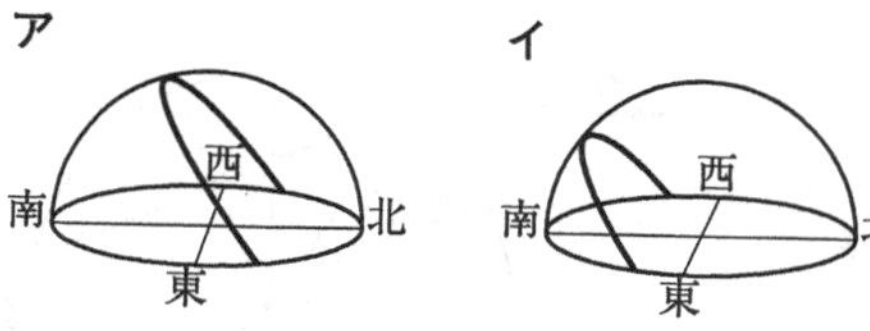

ウ
西
南
北
東

次に，＜**観察**＞を行った東京の地点Xで，秋分の日に＜**観察**＞の(1)から(3)までと同様に記録し，記録した●印を滑らかな線で結び，その線を透明半球の縁まで延ばしたところ，図4のようになった。

図4

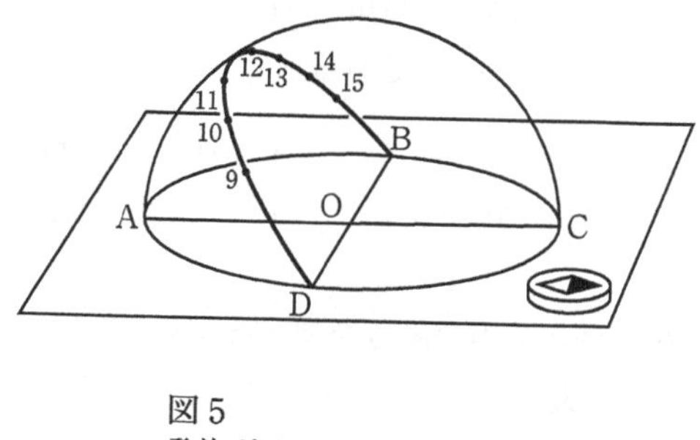

次に，秋分の日の翌日，東京の地点Xで，＜**実験**＞を行ったところ，＜**結果2**＞のようになった。

＜**実験**＞

(1) 黒く塗った試験管，ゴム栓，温度計，発泡ポリスチレンを二つずつ用意し，黒く塗った試験管に24℃のくみ置きの水をいっぱいに入れ，空気が入らないようにゴム栓と温度計を差し込み，図5のような装置を2組作り，装置H，装置Iとした。

(2) 12時に，図6のように，日当たりのよい水平な場所に装置Hを置いた。また，図7のように，装置Iを装置と地面（水平面）でできる角を角a，発泡ポリスチレンの上端と影の先を結んでできる線と装置との角を角bとし，黒く塗った試験管を取り付けた面を太陽に向けて，太陽の光が垂直に当たるように角bを90°に調節して，12時に日当たりのよい水平な場所に置いた。

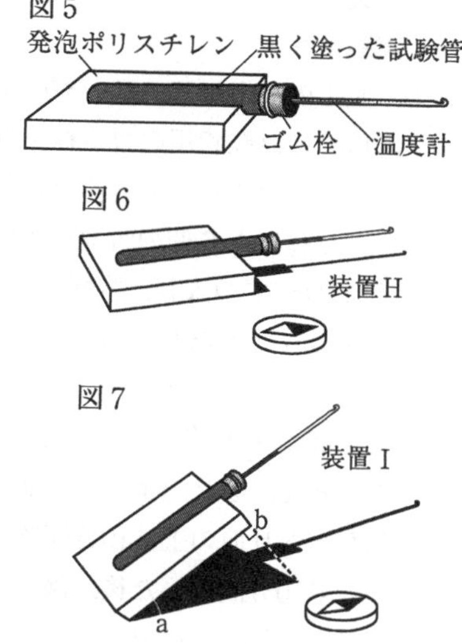

(3) 装置Hと装置Iを置いてから10分後の試験管内の水温を測定した。

＜**結果2**＞

	装置H	装置I
12時の水温〔℃〕	24.0	24.0
12時10分の水温〔℃〕	35.2	37.0

〔問3〕 南中高度が高いほど地表が温まりやすい理由を，＜**結果2**＞を踏まえて，同じ面積に受ける太陽の光の量（エネルギー）に着目して簡単に書け。

〔問4〕 次のページの図8は，＜**観察**＞を行った東京の地点X（北緯35.6°）での冬至の日の太陽の光の当たり方を模式的に表したものである。次のページの文は，冬至の日の南中時刻に，地点Xで図7の装置Iを用いて，黒く塗った試験管内の水温を測定したとき，10分後の水温が最も高くなる装置Iの角aについて述べている。

文中の ① と ② にそれぞれ当てはまるものとして適切なのは，次のページの**ア**～**エ**のうちではどれか。

ただし，地軸は地球の公転面に垂直な方向に対して23.4°傾いているものとする。

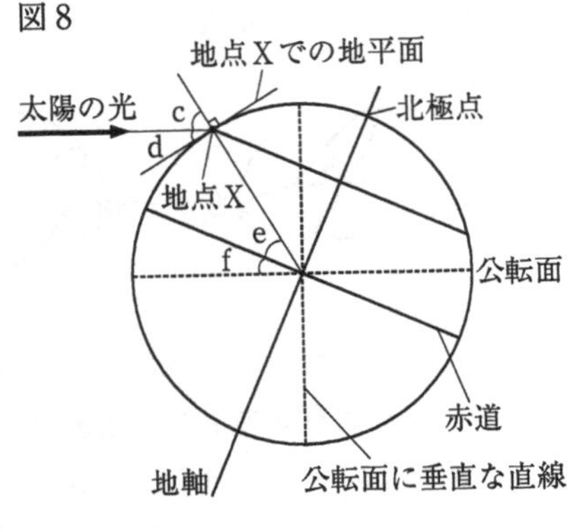

> 地点Xで冬至の日の南中時刻に，図７の装置Ⅰを用いて，黒く塗った試験管内の水温を測定したとき，10分後の水温が最も高くなる角aは，図８中の角 ① と等しく，角の大きさは ② である。

①	ア　c	イ　d	ウ　e	エ　f
②	ア　23.4°	イ　31.0°	ウ　59.0°	エ　66.6°

4　消化酵素の働きを調べる実験について，次の各問に答えよ。

<実験１>を行ったところ，<結果１>のようになった。

<実験１>

(1)　図１のように，スポンジの上に載せたアルミニウムはくに試験管用のゴム栓を押し付けて型を取り，アルミニウムはくの容器を６個作った。

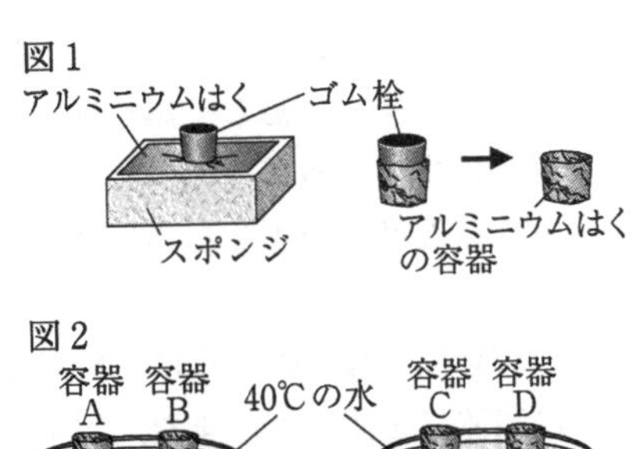

(2)　(1)で作った６個の容器に１％デンプン溶液をそれぞれ２cm³ずつ入れ，容器A～Fとした。

(3)　容器Aと容器Bには水１cm³を，容器Cと容器Dには水で薄めた唾液１cm³を，容器Eと容器Fには消化酵素Xの溶液１cm³を，それぞれ加えた。容器A～Fを，図２のように，40℃の水を入れてふたをしたペトリ皿の上に10分間置いた。

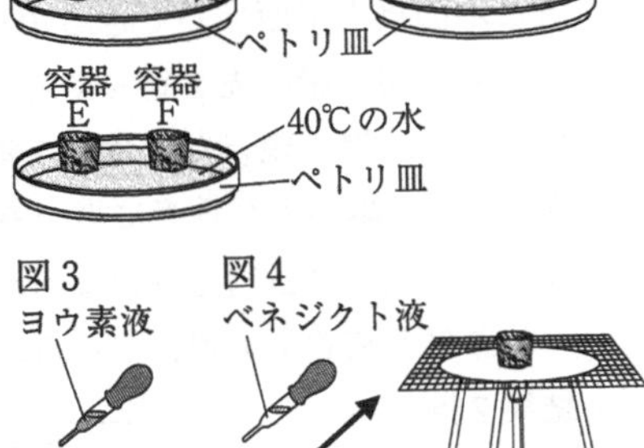

(4)　(3)で10分間置いた後，図３のように，容器A，容器C，容器Eにはヨウ素液を加え，それぞれの溶液の色を観察した。また，図４のように，容器B，容器D，容器Fにはベネジクト液を加えてから弱火にしたガスバーナーで加熱し，それぞれの溶液の色を観察した。

図３　ヨウ素液　　図４　ベネジクト液

<結果１>

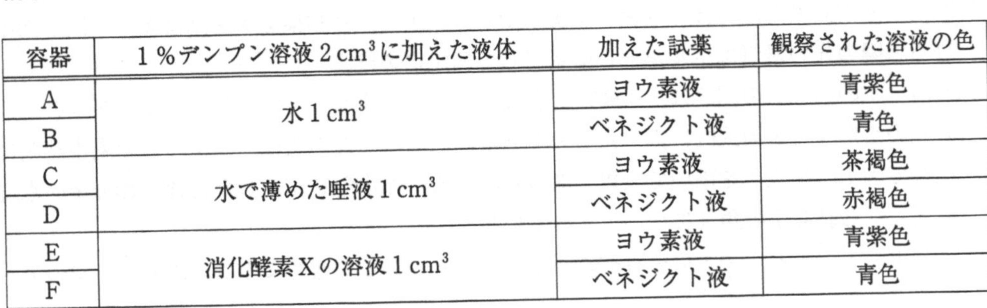

容器	１％デンプン溶液２cm³に加えた液体	加えた試薬	観察された溶液の色
A	水１cm³	ヨウ素液	青紫色
B		ベネジクト液	青色
C	水で薄めた唾液１cm³	ヨウ素液	茶褐色
D		ベネジクト液	赤褐色
E	消化酵素Xの溶液１cm³	ヨウ素液	青紫色
F		ベネジクト液	青色

次に，＜**実験１**＞と同じ消化酵素Ｘの溶液を用いて＜**実験２**＞を行ったところ，＜**結果２**＞のようになった。

＜**実験２**＞

⑴　ペトリ皿を２枚用意し，それぞれのペトリ皿に60℃のゼラチン水溶液を入れ，冷やしてゼリー状にして，ペトリ皿ＧとＨとした。ゼラチンの主成分はタンパク質であり，ゼリー状のゼラチンは分解されると溶けて液体になる性質がある。

⑵　図５のように，ペトリ皿Ｇには水をしみ込ませたろ紙を，ペトリ皿Ｈには消化酵素Ｘの溶液をしみ込ませたろ紙を，それぞれのゼラチンの上に載せ，24℃で15分間保った。

図５
ペトリ皿Ｇ　ペトリ皿Ｈ
ゼリー状のゼラチン
水をしみ込ませたろ紙
消化酵素Ｘの溶液をしみ込ませたろ紙

⑶　⑵で15分間保った後，ペトリ皿ＧとＨの変化の様子を観察した。

＜**結果２**＞

ペトリ皿	ろ紙にしみ込ませた液体	ろ紙を載せた部分の変化	ろ紙を載せた部分以外の変化
Ｇ	水	変化しなかった。	変化しなかった。
Ｈ	消化酵素Ｘの溶液	ゼラチンが溶けて液体になった。	変化しなかった。

次に，＜**実験１**＞と同じ消化酵素Ｘの溶液を用いて＜**実験３**＞を行ったところ，＜**結果３**＞のようになった。

＜**実験３**＞

⑴　ペトリ皿に60℃のゼラチン水溶液を入れ，冷やしてゼリー状にして，ペトリ皿Ｉとした。

⑵　図６のように，消化酵素Ｘの溶液を試験管に入れ80℃の水で10分間温めた後に24℃に戻し，加熱後の消化酵素Ｘの溶液とした。図７のように，ペトリ皿Ｉには加熱後の消化酵素Ｘの溶液をしみ込ませたろ紙を，ゼラチンの上に載せ，24℃で15分間保った後，ペトリ皿Ｉの変化の様子を観察した。

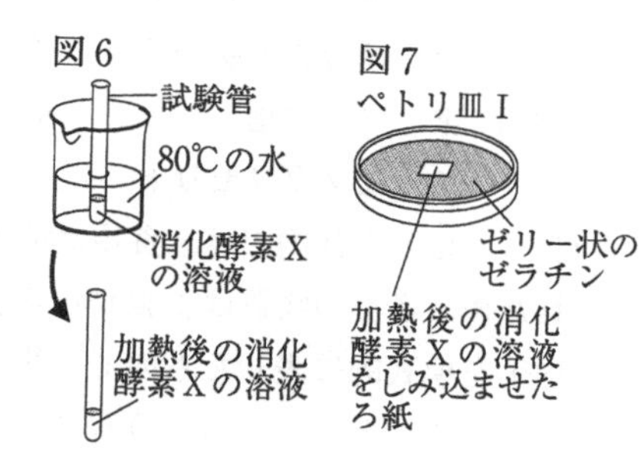

＜**結果３**＞

ろ紙を載せた部分も，ろ紙を載せた部分以外も変化はなかった。

〔問１〕　＜**結果１**＞から分かる，消化酵素の働きについて述べた次の文の ① ～ ③ にそれぞれ当てはまるものとして適切なのは，下の**ア**～**エ**のうちではどれか。

> ① の比較から，デンプンは ② の働きにより別の物質になったことが分かる。さらに， ③ の比較から， ② の働きによりできた別の物質は糖であることが分かる。

①　**ア**　容器Ａと容器Ｃ　**イ**　容器Ａと容器Ｅ
　　ウ　容器Ｂと容器Ｄ　**エ**　容器Ｂと容器Ｆ

②　**ア**　水　**イ**　ヨウ素液　**ウ**　唾液　**エ**　消化酵素Ｘ

③ ア 容器Aと容器C イ 容器Aと容器E
ウ 容器Bと容器D エ 容器Bと容器F

〔問2〕 <結果1>と<結果2>から分かる，消化酵素Xと同じ働きをするヒトの消化酵素の名称と，<結果3>から分かる，加熱後の消化酵素Xの働きの様子とを組み合わせたものとして適切なのは，次の表のア～エのうちではどれか。

	消化酵素Xと同じ働きをするヒトの消化酵素の名称	加熱後の消化酵素Xの働きの様子
ア	アミラーゼ	タンパク質を分解する。
イ	アミラーゼ	タンパク質を分解しない。
ウ	ペプシン	タンパク質を分解する。
エ	ペプシン	タンパク質を分解しない。

〔問3〕 ヒトの体内における，デンプンとタンパク質の分解について述べた次の文の ① ～ ④ にそれぞれ当てはまるものとして適切なのは，下のア～エのうちではどれか。

> デンプンは， ① から分泌される消化液に含まれる消化酵素などの働きで，最終的に ② に分解され，タンパク質は， ③ から分泌される消化液に含まれる消化酵素などの働きで，最終的に ④ に分解される。

① ア 唾液腺・胆のう イ 唾液腺・すい臓 ウ 胃・胆のう エ 胃・すい臓
② ア ブドウ糖 イ アミノ酸 ウ 脂肪酸
エ モノグリセリド
③ ア 唾液腺・胆のう イ 唾液腺・すい臓 ウ 胃・胆のう エ 胃・すい臓
④ ア ブドウ糖 イ アミノ酸 ウ 脂肪酸
エ モノグリセリド

〔問4〕 ヒトの体内では，食物は消化酵素などの働きにより分解された後，多くの物質は小腸から吸収される。図8は小腸の内壁の様子を模式的に表したもので，約1㎜の長さの微小な突起で覆われていることが分かる。分解された物質を吸収する上での小腸の内壁の構造上の利点について，微小な突起の名称に触れて，簡単に書け。

図8
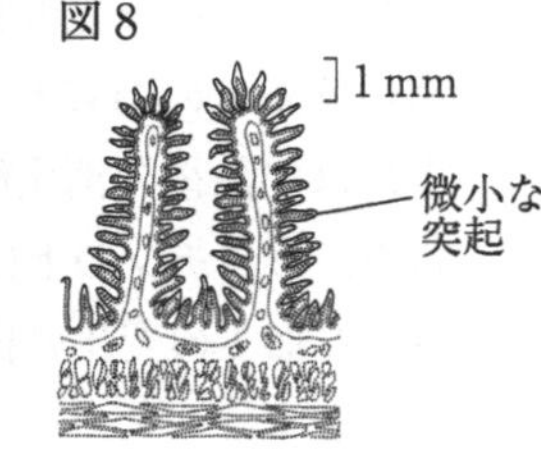

5 物質の性質を調べて区別する実験について，次の各問に答えよ。

4種類の白色の物質A～Dは，塩化ナトリウム，ショ糖（砂糖），炭酸水素ナトリウム，ミョウバンのいずれかである。

<実験1>を行ったところ，<結果1>のようになった。

<実験1>

(1) 物質A～Dをそれぞれ別の燃焼さじに少量載せ，図1のように加熱し，物質の変化の様子を調べた。

(2) <実験1>の(1)では，物質Bと物質Cは，燃えずに白色の物質が残り，区別がつかなかった。そのため，乾いた試験管を2本用意し，それ

図1

ぞれの試験管に物質B，物質Cを少量入れた。物質Bの入った試験管にガラス管がつながっているゴム栓をして，図2のように，試験管の口を少し下げ，スタンドに固定した。

⑶　試験管を加熱し，加熱中の物質の変化を調べた。気体が発生した場合，発生した気体を水上置換法で集めた。

⑷　**<実験1>**の⑵の物質Bの入った試験管を物質Cの入った試験管に替え，**<実験1>**の⑵，⑶と同様の実験を行った。

図2

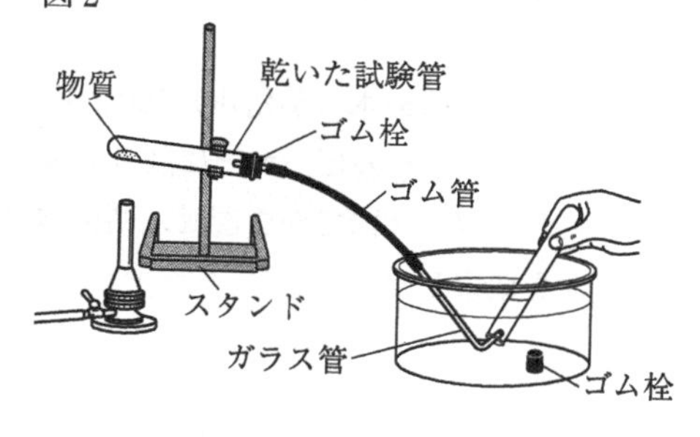

<結果1>

	物質A	物質B	物質C	物質D
<実験1>の⑴で加熱した物質の変化	溶けた。	白色の物質が残った。	白色の物質が残った。	焦げて黒色の物質が残った。
<実験1>の⑶，⑷で加熱中の物質の変化		気体が発生した。	変化しなかった。	

〔問1〕　**<実験1>**の⑴で，物質Dのように，加熱すると焦げて黒色に変化する物質について述べたものとして適切なのは，次のうちではどれか。

ア　ろうは無機物であり，炭素原子を含まない物質である。
イ　ろうは有機物であり，炭素原子を含む物質である。
ウ　活性炭は無機物であり，炭素原子を含まない物質である。
エ　活性炭は有機物であり，炭素原子を含む物質である。

〔問2〕　**<実験1>**の⑶で，物質Bを加熱したときに発生した気体について述べた次の文の ① に当てはまるものとして適切なのは，下の**ア**～**エ**のうちではどれか。また，② に当てはまるものとして適切なのは，下の**ア**～**エ**のうちではどれか。

> 物質Bを加熱したときに発生した気体には ① という性質があり，発生した気体と同じ気体を発生させるには， ② という方法がある。

① **ア**　物質を燃やす
イ　空気中で火をつけると音をたてて燃える
ウ　水に少し溶け，その水溶液は酸性を示す
エ　水に少し溶け，その水溶液はアルカリ性を示す

② **ア**　石灰石に薄い塩酸を加える
イ　二酸化マンガンに薄い過酸化水素水を加える
ウ　亜鉛に薄い塩酸を加える
エ　塩化アンモニウムと水酸化カルシウムを混合して加熱する

次に，＜**実験2**＞を行ったところ，＜**結果2**＞のようになった。

＜実験2＞

⑴ 20℃の精製水（蒸留水）100gを入れたビーカーを4個用意し，それぞれのビーカーに図3のように物質A～Dを20gずつ入れ，ガラス棒でかき混ぜ，精製水（蒸留水）に溶けるかどうかを観察した。

図3

⑵ 図4のように，ステンレス製の電極，電源装置，豆電球，電流計をつないで回路を作り，＜**実験2**＞の⑴のそれぞれのビーカーの中に，精製水（蒸留水）でよく洗った電極を入れ，電流が流れるかどうかを調べた。

図4

ステンレス製の電極
電源装置
豆電球
電流計

⑶ 塩化ナトリウム，ショ糖（砂糖），炭酸水素ナトリウム，ミョウバンの水100gに対する溶解度を，図書館で調べた。

＜結果2＞

⑴ ＜**実験2**＞の⑴，⑵で調べた結果は，次の表のようになった。

	物質A	物質B	物質C	物質D
20℃の精製水（蒸留水）100gに溶けるかどうか	一部が溶けずに残った。	一部が溶けずに残った。	全て溶けた。	全て溶けた。
電流が流れるかどうか	流れた。	流れた。	流れた。	流れなかった。

⑵ ＜**実験2**＞の⑶で調べた結果は，次の表のようになった。

水の温度〔℃〕	塩化ナトリウムの質量〔g〕	ショ糖（砂糖）の質量〔g〕	炭酸水素ナトリウムの質量〔g〕	ミョウバンの質量〔g〕
0	35.6	179.2	6.9	5.7
20	35.8	203.9	9.6	11.4
40	36.3	238.1	12.7	23.8
60	37.1	287.3	16.4	57.4

〔問3〕 物質Cを水に溶かしたときの電離の様子を，化学式とイオン式を使って書け。

〔問4〕 ＜**結果2**＞で，物質の一部が溶けずに残った水溶液を40℃まで加熱したとき，一方は全て溶けた。全て溶けた方の水溶液を水溶液Pとするとき，水溶液Pの溶質の名称を書け。また，40℃まで加熱した水溶液P120gを20℃に冷やしたとき，取り出すことができる結晶の質量〔g〕を求めよ。

6 電熱線に流れる電流とエネルギーの移り変わりを調べる実験について，次の各問に答えよ。
<実験１>を行ったところ，<結果１>のようになった。

<実験１>

(1) 電流計，電圧計，電気抵抗の大きさが異なる電熱線Ａと電熱線Ｂ，スイッチ，導線，電源装置を用意した。

(2) 電熱線Ａをスタンドに固定し，図１のように，回路を作った。

(3) 電源装置の電圧を1.0Ｖに設定した。

(4) 回路上のスイッチを入れ，回路に流れる電流の大きさ，電熱線の両端に加わる電圧の大きさを測定した。

(5) 電源装置の電圧を2.0Ｖ，3.0Ｖ，4.0Ｖ，5.0Ｖに変え，<実験１>の(4)と同様の実験を行った。

(6) 電熱線Ａを電熱線Ｂに変え，<実験１>の(3)，(4)，(5)と同様の実験を行った。

図１

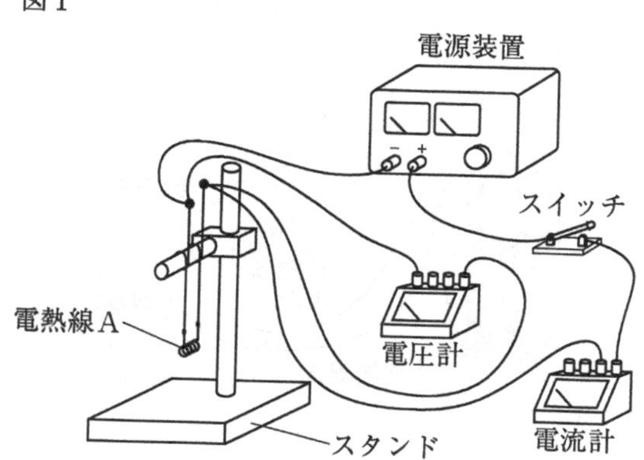

<結果１>

	電源装置の電圧〔V〕	1.0	2.0	3.0	4.0	5.0
電熱線Ａ	回路に流れる電流の大きさ〔A〕	0.17	0.33	0.50	0.67	0.83
	電熱線Ａの両端に加わる電圧の大きさ〔V〕	1.0	2.0	3.0	4.0	5.0
電熱線Ｂ	回路に流れる電流の大きさ〔A〕	0.25	0.50	0.75	1.00	1.25
	電熱線Ｂの両端に加わる電圧の大きさ〔V〕	1.0	2.0	3.0	4.0	5.0

〔問１〕 <結果１>から，電熱線Ａについて，電熱線Ａの両端に加わる電圧の大きさと回路に流れる電流の大きさの関係を，解答用紙の方眼を入れた図に●を用いて記入し，グラフをかけ。
また，電熱線Ａの両端に加わる電圧の大きさが9.0Ｖのとき，回路に流れる電流の大きさは何Ａか。

次に，<実験２>を行ったところ，<結果２>のようになった。

<実験２>

(1) 電流計，電圧計，<実験１>で使用した電熱線Ａと電熱線Ｂ，200ｇの水が入った発泡ポリスチレンのコップ，温度計，ガラス棒，ストップウォッチ，スイッチ，導線，電源装置を用意した。

(2) 図２（次のページ）のように，電熱線Ａと電熱線Ｂを直列に接続し，回路を作った。

(3) 電源装置の電圧を5.0Ｖに設定した。

(4) 回路上のスイッチを入れる前の水の温度を測定し，ストップウォッチのスタートボタンを押すと同時に回路上のスイッチを入れ，回路に流れる電流の大きさ，回路上の点ａから点ｂまでの間に加わる電圧の大きさを測定した。

⑸　１分ごとにガラス棒で水をゆっくりかきまぜ，回路上のスイッチを入れてから５分後の水の温度を測定した。

⑹　図３のように，電熱線Ａと電熱線Ｂを並列に接続し，回路を作り，**<実験２>**の⑶，⑷，⑸と同様の実験を行った。

図２

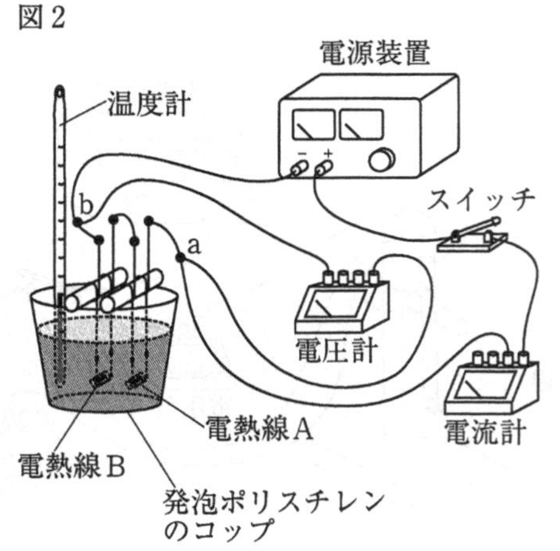

図３

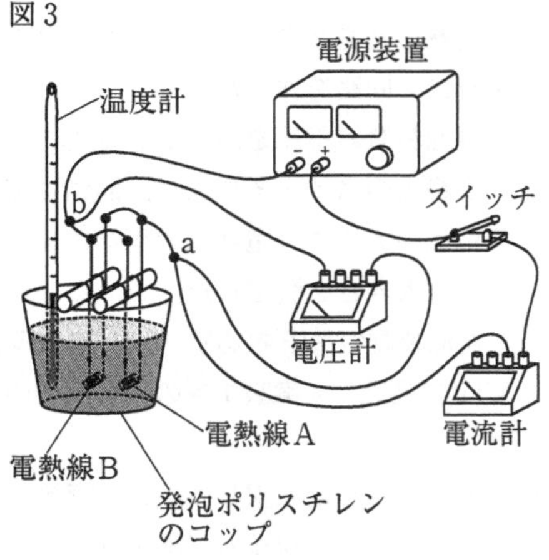

<結果２>

	電熱線Ａと電熱線Ｂを直列に接続したとき	電熱線Ａと電熱線Ｂを並列に接続したとき
電源装置の電圧〔V〕	5.0	5.0
スイッチを入れる前の水の温度〔℃〕	20.0	20.0
回路に流れる電流の大きさ〔A〕	0.5	2.1
回路上の点ａから点ｂまでの間に加わる電圧の大きさ〔V〕	5.0	5.0
回路上のスイッチを入れてから５分後の水の温度〔℃〕	20.9	23.8

〔問２〕　**<結果１>**と**<結果２>**から，電熱線Ａと電熱線Ｂを直列に接続したときと並列に接続したときの回路において，直列に接続したときの電熱線Ｂに流れる電流の大きさと並列に接続したときの電熱線Ｂに流れる電流の大きさを最も簡単な整数の比で表したものとして適切なのは，次のうちではどれか。

ア　1：5　　**イ**　2：5
ウ　5：21　　**エ**　10：21

〔問３〕　**<結果２>**から，電熱線Ａと電熱線Ｂを並列に接続し，回路上のスイッチを入れてから５分間電流を流したとき，電熱線Ａと電熱線Ｂの発熱量の和を**<結果２>**の電流の値を用いて求めたものとして適切なのは，次のうちではどれか。

ア　12.5 J　　**イ**　52.5 J
ウ　750 J　　**エ**　3150 J

〔問４〕　**<結果１>**と**<結果２>**から，電熱線の性質とエネルギーの移り変わりの様子について述べたものとして適切なのは，次のうちではどれか。

ア　電熱線には電気抵抗の大きさが大きくなると電流が流れにくくなる性質があり，電気エネルギーを熱エネルギーに変換している。

イ　電熱線には電気抵抗の大きさが大きくなると電流が流れにくくなる性質があり，電気エネルギーを化学エネルギーに変換している。

ウ　電熱線には電気抵抗の大きさが小さくなると電流が流れにくくなる性質があり，熱エネルギーを電気エネルギーに変換している。

エ　電熱線には電気抵抗の大きさが小さくなると電流が流れにくくなる性質があり，熱エネルギーを化学エネルギーに変換している。

＜社会＞

時間　50分　　満点　100点

1　次の各問に答えよ。

〔問１〕　次の図は，神奈川県藤沢市の「江の島」の様子を地域調査の発表用資料としてまとめたものである。この地域の景観を，●で示した地点から矢印の向きに撮影した写真に当てはまるのは，下のア～エのうちではどれか。

発表用資料

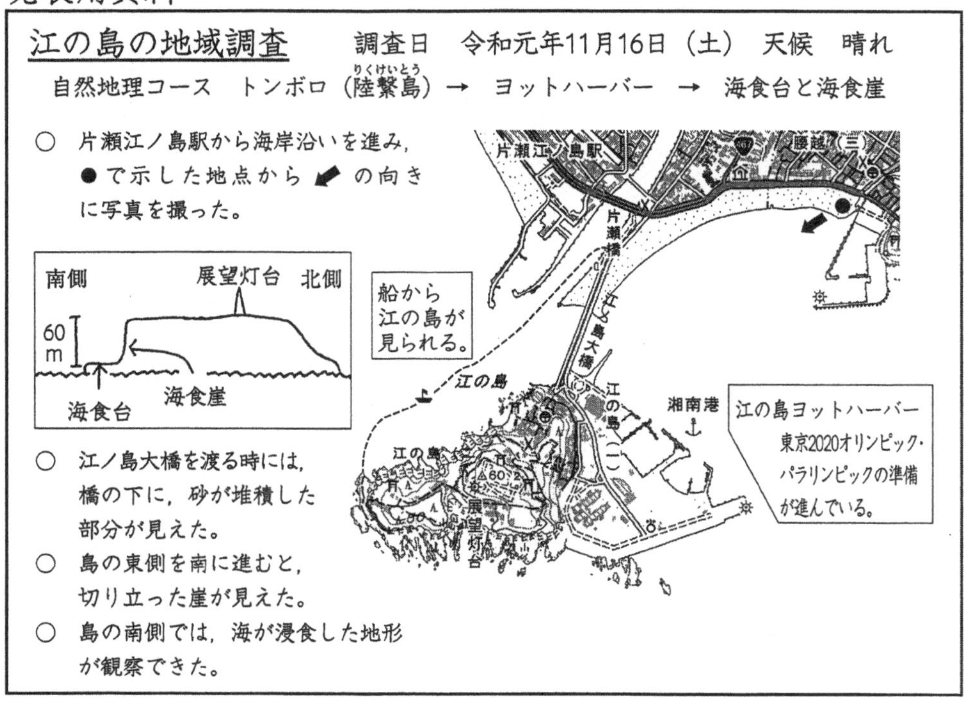

江の島の地域調査　調査日　令和元年11月16日（土）　天候　晴れ
自然地理コース　トンボロ（陸繋島）→ ヨットハーバー → 海食台と海食崖
○　片瀬江ノ島駅から海岸沿いを進み，●で示した地点から の向きに写真を撮った。
南側
展望灯台
北側
60 m
海食台
海食崖
○　江ノ島大橋を渡る時には，橋の下に，砂が堆積した部分が見えた。
○　島の東側を南に進むと，切り立った崖が見えた。
○　島の南側では，海が浸食した地形が観察できた。
片瀬江ノ島駅
腰越（三）
片瀬橋
船から江の島が見られる。
江ノ島大橋
江の島
湘南港
江の島ヨットハーバー
東京2020オリンピック・パラリンピックの準備が進んでいる。
展望灯台

ア

イ

ウ

エ

〔問2〕　次のⅠの略地図中の**ア**～**エ**は，世界遺産に登録されている我が国の主な歴史的文化財の所在地を示したものである。Ⅱの文で述べている歴史的文化財の所在地に当てはまるのは，略地図中の**ア**～**エ**のうちのどれか。

Ⅰ

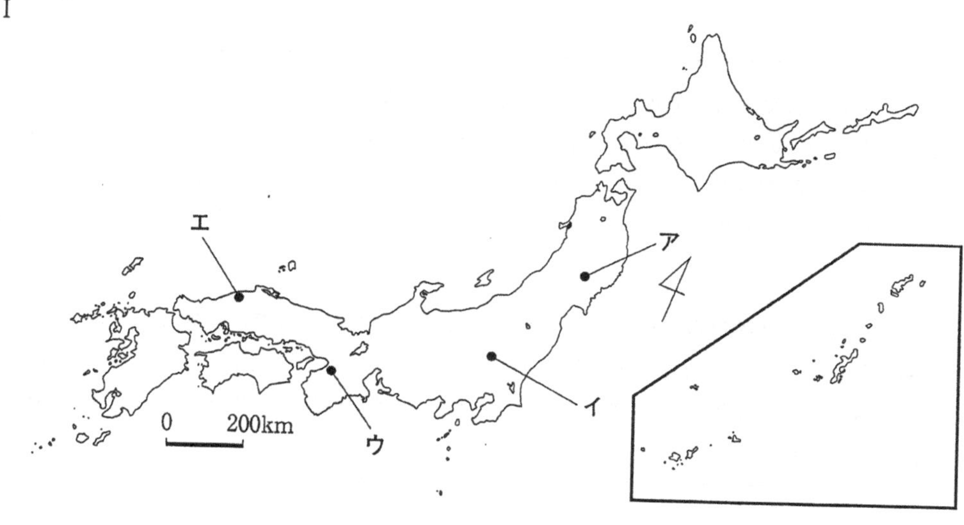

Ⅱ

> 5世紀中頃に造られた，大王(おおきみ)の墓と言われる日本最大の面積を誇る前方後円墳で，周囲には三重の堀が巡らされ，古墳の表面や頂上等からは，人や犬，馬などの形をした埴輪(はにわ)が発見されており，2019年に世界遺産に登録された。

〔問3〕 次の文で述べている国際連合の機関に当てはまるのは，下の**ア**～**エ**のうちのどれか。

> 国際紛争を調査し，解決方法を勧告する他，平和を脅(おびや)かすような事態の発生時には，経済封鎖や軍事的措置などの制裁を加えることができる主要機関である。

ア 国連難民高等弁務官事務所
イ 安全保障理事会
ウ 世界保健機関
エ 国際司法裁判所

2 次の略地図を見て，あとの各問に答えよ。

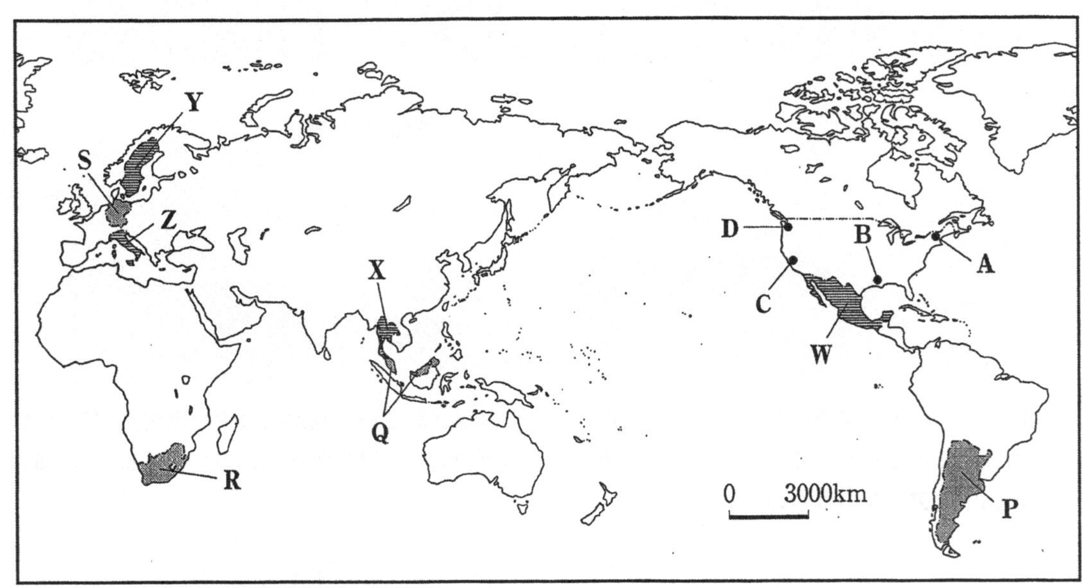

〔問1〕 次のⅠの文章は，略地図中のA～D**のいずれか**の都市の様子についてまとめたものである。次のページのⅡのグラフは，A～D**のいずれか**の都市の，年平均気温と年降水量及び各月の平均気温と降水量を示したものである。Ⅰの文章で述べている都市に当てはまるのは，略地図中のA～Dのうちのどれか，また，その都市のグラフに当てはまるのは，Ⅱの**ア**～**エ**のうちのどれか。

Ⅰ

> サンベルト北限付近に位置し，冬季は温暖で湿潤だが，夏季は乾燥し，寒流の影響で高温にならず，一年を通して過ごしやすい。周辺には1885年に大学が設立され，1950年代から半導体の生産が始まり，情報分野で世界的な企業が成長し，現在も世界各国から研究者が集まっている。

Ⅱ

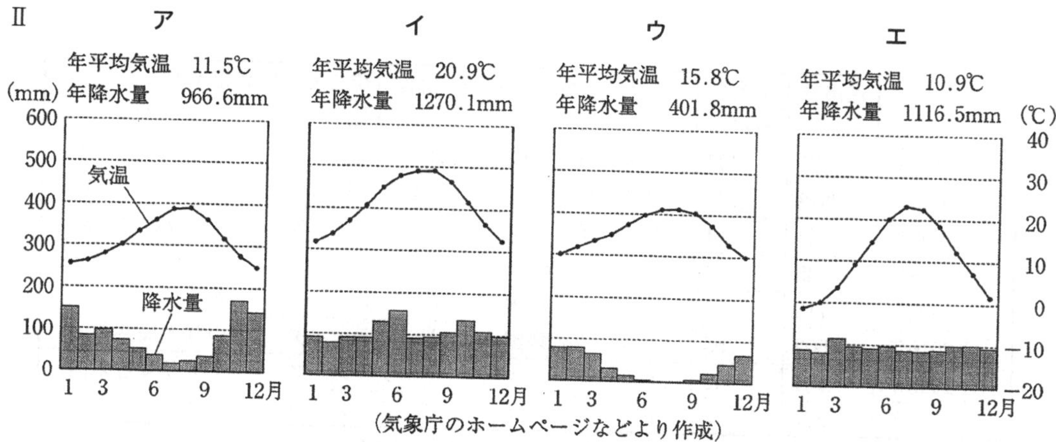

（気象庁のホームページなどより作成）

〔問２〕　次の表のア～エは，略地図中に ▒ で示したＰ～Ｓのいずれかの国の，2017年における自動車の生産台数，販売台数，交通や自動車工業の様子についてまとめたものである。略地図中のＰ～Ｓのそれぞれの国に当てはまるのは，次の表のア～エのうちではどれか。

	自動車		交通や自動車工業の様子
	生産（千台）	販売（千台）	
ア	460	591	○年間数万隻の船舶が航行する海峡に面する港に高速道路が延び，首都では渋滞解消に向け鉄道が建設された。 ○1980年代には，日本企業と協力して熱帯地域に対応した国民車の生産が始まり，近年は政策としてハイブリッド車などの普及を進めている。
イ	472	900	○現在も地殻変動が続き，国土の西側に位置し，国境を形成する山脈を越えて，隣国まで続く高速道路が整備されている。 ○2017年は，隣国の需要の低下により乗用車の生産が減少し，パンパでの穀物生産や牧畜で使用されるトラックなどの商用車の生産が増加した。
ウ	5646	3811	○国土の北部は氷河に削られ，城郭都市の石畳の道や，1930年代から建設が始まった速度制限のない区間が見られる高速道路が整備されている。 ○酸性雨の被害を受けた経験から，自動車の生産では，エンジンから排出される有害物質の削減に力を入れ，ディーゼル車の割合が減少している。
エ	590	556	○豊富な地下資源を運ぶトラックから乗用車まで様々な種類の自動車が見られ，1970年代に高速道路の整備が始められた。 ○欧州との時差が少なく，アジアまで船で輸送する利便性が高いことを生かして，欧州企業が日本向け自動車の生産拠点を置いている。

（「世界国勢図会」2018/19年版などより作成）

〔問３〕　次のページのⅠとⅡの表のア～エは，略地図中に ▤ で示したＷ～Ｚのいずれかの国に当てはまる。Ⅰの表は，1993年と2016年における進出日本企業数と製造業に関わる進出日本企業数，輸出額が多い上位３位までの貿易相手国，Ⅱの表は，1993年と2016年における日本との貿易総額，日本の輸入額の上位３位の品目と日本の輸入額に占める割合を示したものである。次のページのⅢの文章は，ⅠとⅡの表におけるア～エのいずれかの国について述べたものである。Ⅲの文章で述べている国に当てはまるのは，略地図中のＷ～Ｚのうちのどれか，また，ⅠとⅡの表のア～エのうちのどれか。

Ⅰ

		進出日本企業数		輸出額が多い上位3位までの貿易相手国		
			製造業	1位	2位	3位
ア	1993年	875	497	アメリカ合衆国	日本	シンガポール
	2016年	2318	1177	アメリカ合衆国	中華人民共和国	日本
イ	1993年	44	4	ドイツ	イギリス	アメリカ合衆国
	2016年	80	19	ノルウェー	ドイツ	デンマーク
ウ	1993年	113	56	アメリカ合衆国	カナダ	スペイン
	2016年	502	255	アメリカ合衆国	カナダ	中華人民共和国
エ	1993年	164	46	ドイツ	フランス	アメリカ合衆国
	2016年	237	72	ドイツ	フランス	アメリカ合衆国

（国際連合「貿易統計年鑑」2016などより作成）

Ⅱ

		貿易総額（億円）	日本の輸入額の上位3位の品目と日本の輸入額に占める割合（%）					
			1位		2位		3位	
ア	1993年	20885	魚介類	15.3	一般機械	11.3	電気機器	10.7
	2016年	51641	電気機器	21.1	一般機械	13.6	肉類・同調製品	8.0
イ	1993年	3155	電気機器	20.4	医薬品	16.7	自動車	15.3
	2016年	3970	医薬品	29.4	一般機械	11.9	製材	9.7
ウ	1993年	5608	原油・粗油	43.3	塩	8.1	果実及び野菜	7.8
	2016年	17833	原油	23.2	電気機器	17.0	自動車部品	7.9
エ	1993年	7874	一般機械	11.6	衣類	10.3	織物用糸・繊維製品	10.2
	2016年	14631	一般機械	12.1	バッグ類	10.9	医薬品	10.0

（国際連合「貿易統計年鑑」2016などより作成）

Ⅲ

雨季と乾季があり，国土の北部から南流し，首都を通り海に注ぐ河川の両側に広がる農地などで生産される穀物が，1980年代まで主要な輸出品であったが，1980年代からは工業化が進んだ。2016年には，製造業の進出日本企業数が1993年と比較し２倍以上に伸び，貿易相手国として中華人民共和国の重要性が高まった。また，この国と日本との貿易総額は1993年と比較し２倍以上に伸びており，電気機器の輸入額に占める割合も２割を上回るようになった。

3 次の略地図を見て，あとの各問に答えよ。

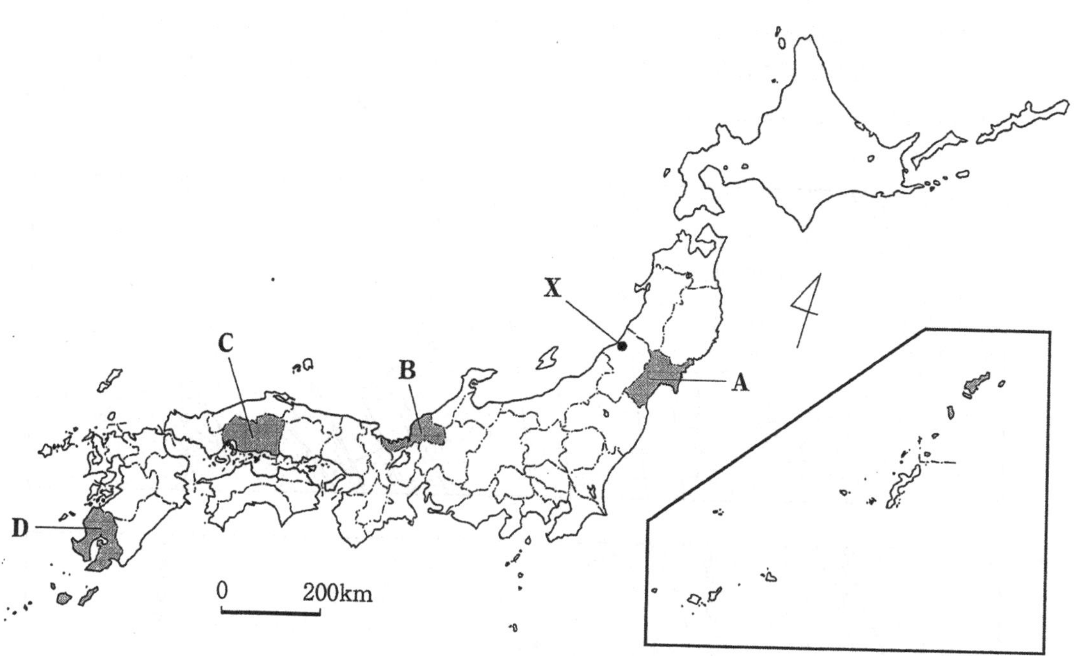

〔問１〕 次の表の**ア**～**エ**の文章は，略地図中に ▒ で示した，**A**～**D**の**いずれか**の県の，2017年における鉄道の営業距離，県庁所在地（市）の人口，鉄道と県庁所在地の交通機関などの様子についてまとめたものである。略地図中の**A**～**D**のそれぞれの県に当てはまるのは，次の表の**ア**～**エ**のうちではどれか。

	営業距離(km) 人口（万人）	鉄道と県庁所在地の交通機関などの様子
ア	710 119	○内陸部の山地では南北方向に，造船業や鉄鋼業が立地する沿岸部では東西方向に鉄道が走り，新幹線の路線には５駅が設置されている。 ○この都市では，中心部には路面電車が見られ，1994年に開業した鉄道が北西の丘陵地に形成された住宅地と三角州上に発達した都心部とを結んでいる。
イ	295 27	○リアス海岸が見られる地域や眼鏡産業が立地する平野を鉄道が走り，2022年には県庁所在地を通る新幹線の開業が予定されている。 ○この都市では，郊外の駅に駐車場が整備され，自動車から鉄道に乗り換え通勤できる環境が整えられ，城下町であった都心部の混雑が緩和されている。
ウ	642 109	○南北方向に走る鉄道と，西側に位置する山脈を越え隣県へつながる鉄道などがあり，1982年に開通した新幹線の路線には４駅が設置されている。 ○この都市では，中心となるターミナル駅に郊外から地下鉄やバスが乗り入れ，周辺の道路には町を象徴する街路樹が植えられている。
エ	423 61	○石油の備蓄基地が立地する西側の半島に鉄道が走り，2004年には北西から活動中の火山の対岸に位置する県庁所在地まで新幹線が開通した。 ○この都市では，路面電車の軌道を芝生化し，緑豊かな環境が整備され，シラス台地に開発された住宅地と都心部は，バス路線で結ばれている。

（「データで見る県勢」第27版などより作成）

〔問２〕 次のⅠとⅡの地形図は，1988年と1998年の「国土地理院発行２万５千分の１地形図（湯野浜（ゆのはま））」の一部である。Ⅲの文章は，略地図中にXで示した庄内空港（しょうないくうこう）が建設された地域について，ⅠとⅡの地形図を比較して述べたものである。Ⅲの文章の［P］～［S］のそれぞれに当てはまるのは，次のアとイのうちではどれか。なお，Ⅱの地形図上において，Y－Z間の長さは８cmである。

Ⅰ
Ⅱ
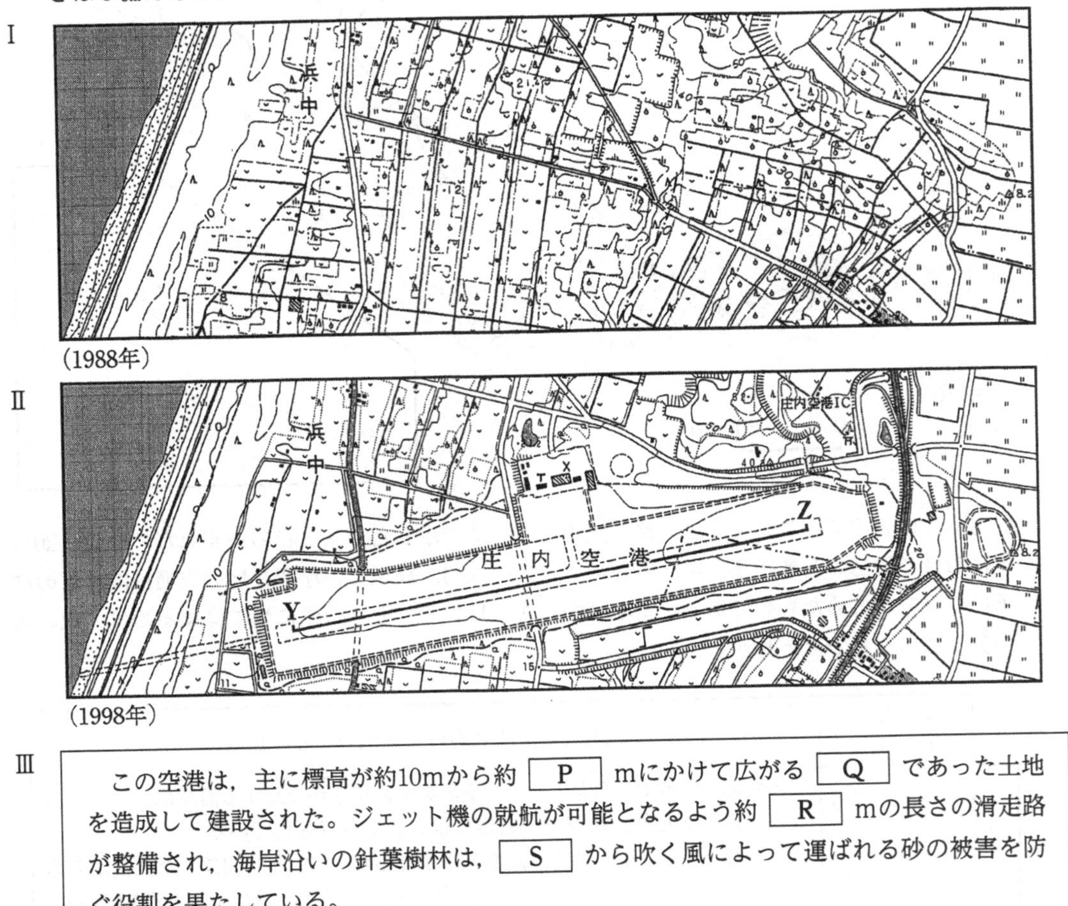

（1988年）
（1998年）

Ⅲ

> この空港は，主に標高が約10mから約［P］mにかけて広がる［Q］であった土地を造成して建設された。ジェット機の就航が可能となるよう約［R］mの長さの滑走路が整備され，海岸沿いの針葉樹林は，［S］から吹く風によって運ばれる砂の被害を防ぐ役割を果たしている。

［P］ ア 40　イ 80　　［Q］ ア 果樹園・畑　イ 水田

［R］ ア 1500　イ 2000　　［S］ ア 南東　イ 北西

〔問３〕 次のⅠの文章は，2012年４月に示された「つなぐ・ひろがる　しずおかの道」の内容の一部をまとめたものである。Ⅱの略地図は，2018年における東名高速道路と新東名高速道路の一部を示したものである。Ⅲの表は，Ⅱの略地図中に示した御殿場（ごてんば）から三ヶ日（みっかび）までの，東名と新東名について，新東名の開通前（2011年４月17日から2012年４月13日までの期間）と，開通後（2014年４月13日から2015年４月10日までの期間）の，平均交通量と10km以上の渋滞回数を示したものである。自然災害に着目し，ⅠとⅡの資料から読み取れる，新東名が現在の位置に建設された理由と，平均交通量と10km以上の渋滞回数に着目し，新東名が建設された効果について，それぞれ簡単に述べよ。

I

○東名高速道路は，高波や津波などによる通行止めが発生し，経済に影響を与えている。
○東名高速道路は，全国の物流・経済を支えており，10km以上の渋滞回数は全国１位である。

II

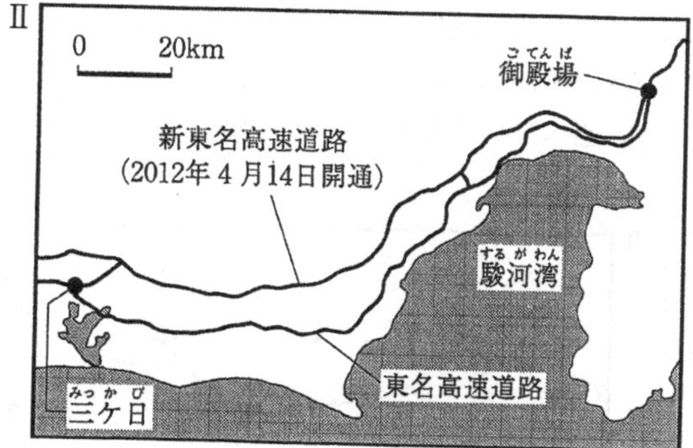

III

		開通前	開通後
東名	平均交通量（千台／日）	73.2	42.9
	10km以上の渋滞回数(回)	227	4
新東名	平均交通量（千台／日）	－	39.5
	10km以上の渋滞回数(回)	－	9

（注）－は，データが存在しないことを示す。
（中日本高速道路株式会社作成資料より作成）

4　次の文章を読み，あとの各問に答えよ。

紙は，様々な目的に使用され，私たちの生活に役立ってきた。

古代では，様々な手段で情報を伝え，支配者はクニと呼ばれるまとまりを治めてきた。我が国に紙が伝来すると，(1)支配者は，公的な記録の編纂（へんさん）や情報の伝達に紙を用い，政治を行ってきた。

中世に入ると，(2)屋内の装飾の材料にも紙が使われ始め，我が国独自の住宅様式の確立につながっていった。

江戸時代には，各藩のひっ迫した財政を立て直すために工芸作物の生産を奨励される中で，各地で紙が生産され始め，人々が紙を安価に入手できるようになった。(3)安価に入手できるようになった紙は，書物や浮世絵（うきよえ）などの出版にも利用され，文化を形成してきた。

明治時代以降，欧米の進んだ技術を取り入れたことにより，従来から用いられていた紙に加え，西洋風の紙が様々な場面で使われるようになった。さらに，(4)生産技術が向上すると，紙の大量生産も可能となり，新聞や雑誌などが広く人々に行き渡ることになった。

〔問１〕　(1)支配者は，公的な記録の編纂（へんさん）や情報の伝達に紙を用い，政治を行ってきた。とあるが，次の**ア**～**エ**は，飛鳥（あすか）時代から室町時代にかけて，紙が政治に用いられた様子について述べたものである。時期の古いものから順に記号を並べよ。

ア　大宝律令（たいほうりつりょう）が制定され，天皇の文書を作成したり図書の管理をしたりする役所の設置など，大陸の進んだ政治制度が取り入れられた。

イ　武家政権と公家政権の長所を政治に取り入れた建武式目が制定され，治安回復後の京都に幕府が開かれた。

ウ　全国に支配力を及ぼすため，紙に書いた文書により，国ごとの守護と荘園（しょうえん）や公領ごとの地頭を任命する政策が，鎌倉で樹立された武家政権で始められた。

エ　各地方に設置された国分寺と国分尼寺（こくぶんにじ）へ，僧を派遣したり経典の写本を納入したりするなど，様々な災いから仏教の力で国を守るための政策が始められた。

〔問２〕　(2)屋内の装飾の材料にも紙が使われ始め，我が国独自の住宅様式の確立につながっていった。とあるが，次のⅠの略年表は，鎌倉時代から江戸時代にかけての，我が国の屋内の装飾に関する主な出来事についてまとめたものである。Ⅱの略地図中のＡ～Ｄは，我が国の主な建築物の所在地を示したものである。Ⅲの文は，ある時期に建てられた建築物について述べたものである。Ⅲの文で述べている建築物が建てられた時期に当てはまるのは，Ⅰの略年表中のア～エの時期のうちではどれか。また，Ⅲの文で述べている建築物の所在地に当てはまるのは，Ⅱの略地図中のＡ～Ｄのうちのどれか。

Ⅰ

西暦	我が国の屋内の装飾に関する主な出来事	
1212	●鴨長明が「方丈記」の中で，障子の存在を記した。	
		ア
1351	●藤原隆昌と父が「慕帰絵」の中で，襖に絵を描く僧の様子を表した。	
		イ
1574	●織田信長が上杉謙信に「洛中洛外図屏風」を贈った。	
		ウ
1626	●狩野探幽が二条城の障壁画を描いた。	
		エ
1688	●屏風の売買の様子を記した井原西鶴の「日本永代蔵」が刊行された。	

Ⅱ

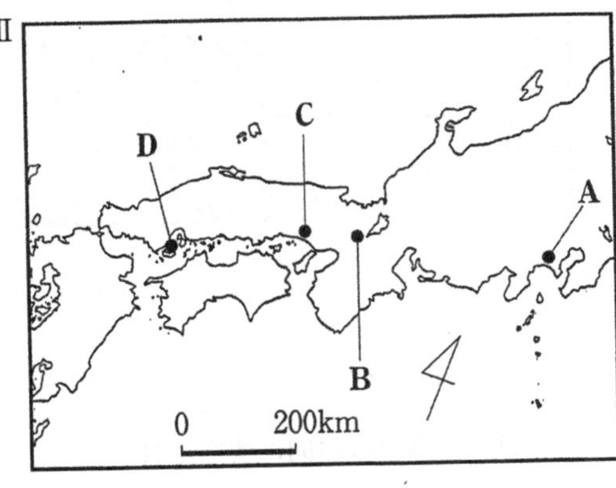

Ⅲ

慈照寺にある東求堂同仁斎には，障子や襖といった紙を用いた建具が取り入れられ，我が国の和室の原点と言われる書院造の部屋が造られた。

〔問３〕　(3)安価に入手できるようになった紙は，書物や浮世絵などの出版にも利用され，文化を形成してきた。とあるが，次の文章は，江戸時代の医師が著しさた「後見草」の一部を分かりやすく示したものである。下のア～エは，江戸時代に行われた政策について述べたものである。この書物に書かれた出来事の４年後から10年後にかけて主に行われた政策について当てはまるのは，下のア～エのうちではどれか。

> ○天明３年７月６日夜半，西北の方向に雷のような音と振動が感じられ，夜が明けても空はほの暗く，庭には細かい灰が舞い降りていた。７日は灰がしだいに大粒になり，８日は早朝から激しい振動が江戸を襲ったが，当初人々は浅間山が噴火したとは思わず，日光か筑波山で噴火があったのではないかと噂し合った。
>
> ○ここ３，４年，気候も不順で，五穀の実りも良くなかったのに，またこの大災害で，米価は非常に高騰し，人々の困窮は大変なものだった。

ア　物価の引き下げを狙って，公認した株仲間を解散させたり，外国との関係を良好に保つよう，外国船には燃料や水を与えるよう命じたりするなどの政策を行った。

イ　投書箱を設置し，民衆の意見を政治に取り入れたり，税収を安定させて財政再建を図ることを目的に，新田開発を行ったりするなどの政策を行った。

ウ　税収が安定するよう，株仲間を公認したり，長崎貿易の利益の増加を図るため，俵物と呼ばれる海産物や銅の輸出を拡大したりするなどの政策を行った。

エ　幕府が旗本らの生活を救うため借金を帳消しにする命令を出したり，江戸に出稼ぎに来ていた農民を農村に返し就農を進め，飢饉に備え各地に米を蓄えさせたりするなどの政策を行った。

〔問4〕 (4)生産技術が向上すると，紙の大量生産も可能となり，新聞や雑誌などが広く人々に行き渡ることになった。とあるが，次の略年表は，明治時代から昭和時代にかけての，我が国の紙の製造や印刷に関する主な出来事についてまとめたものである。略年表中のAの時期に当てはまるのは，下のア～エのうちではどれか。

西暦	我が国の紙の製造や印刷に関する主な出来事
1873	●渋沢栄一により洋紙製造会社が設立された。
1876	●日本初の純国産活版洋装本が完成した。
1877	●国産第1号の洋式紙幣である国立銀行紙幣が発行された。
1881	●日本で初めての肖像画入り紙幣が発行された。
1890	●東京の新聞社が，フランスから輪転印刷機を輸入し，大量高速印刷が実現した。
1904	●初の国産新聞輪転印刷機が大阪の新聞社に設置された。
1910	●北海道の苫小牧で，新聞用紙国内自給化の道を拓く製紙工場が操業を開始した。（A 始）
1928	●日本初の原色グラビア印刷が開始された。
1933	●3社が合併し，我が国の全洋紙生産量の85％の生産量を占める製紙会社が誕生した。（A 終）
1940	●我が国の紙・板紙の生産量が過去最大の154万トンになった。

ア　国家総動員法が制定され国民への生活統制が強まる中で，東京市が隣組回覧板を10万枚配布し，毎月2回の会報の発行を開始した。

イ　官営の製鉄所が開業し我が国の重工業化か進む中で，義務教育の就学率が90％を超え，国定教科書用紙が和紙から洋紙に切り替えられた。

ウ　東京でラジオ放送が開始されるなど文化の大衆化が進む中で，週刊誌や月刊誌の発行部数が急速に伸び，東京の出版社が初めて1冊1円の文学全集を発行した。

エ　廃藩置県により，実業家や政治の実権を失った旧藩主による製紙会社の設立が東京において相次ぐ中で，政府が製紙会社に対して地券用紙を大量に発注した。

5　次の文章を読み，あとの各問に答えよ。

> (1)我が国の行政の役割は，国会で決めた法律や予算に基づいて，政策を実施することである。行政の各部門を指揮・監督する(2)内閣は，内閣総理大臣と国務大臣によって構成され，国会に対し，連帯して責任を負う議院内閣制をとっている。
>
> 行政は，人々が安心して暮らせるよう，(3)社会を支える基本的な仕組みを整え，資源配分や経済の安定化などの機能を果たしている。その費用は，(4)主に国民から納められた税金により賄われ，年を追うごとに財政規模は拡大している。

〔問1〕 (1)我が国の行政の役割は，国会で決めた法律や予算に基づいて，政策を実施することである。とあるが，内閣の仕事を規定する日本国憲法の条文は，次のページのア～エのうちではどれか。

ア　条約を締結すること。但し，事前に，時宜によっては事後に，国会の承認を経ることを必要とする。

イ　両議院は，各々国政に関する調査を行ひ，これに関して，証人の出頭及び証言並びに記録の提出を要求することができる。

ウ　すべて国民は，個人として尊重される。生命，自由及び幸福追求に対する国民の権利については，公共の福祉に反しない限り，立法その他の国政の上で，最大の尊重を必要とする。

エ　地方公共団体の組織及び運営に関する事項は，地方自治の本旨に基いて，法律でこれを定める。

〔問2〕　(2)内閣は，内閣総理大臣と国務大臣によって構成され，国会に対し，連帯して責任を負う議院内閣制をとっている。とあるが，次の表は，我が国の内閣と，アメリカ合衆国の大統領の権限について，「議会に対して法律案を提出する権限」，「議会の解散権」があるかどうかを，権限がある場合は「○」，権限がない場合は「×」で示そうとしたものである。表のAとBに入る記号を正しく組み合わせているのは，下の**ア**～**エ**のうちのどれか。

	我が国の内閣	アメリカ合衆国の大統領
議会に対して法律案を提出する権限	○	**A**
議会の解散権	**B**	×

	ア	イ	ウ	エ
A	○	○	×	×
B	○	×	○	×

〔問3〕　(3)社会を支える基本的な仕組みを整え，資源配分や経済の安定化などの機能を果たしている。とあるが，次の文章は，行政が担う役割について述べたものである。この行政が担う役割に当てはまるのは，下の**ア**～**エ**のうちではどれか。

> 社会資本は，長期間にわたり，幅広く国民生活を支えるものである。そのため，時代の変化に応じて機能の変化を見通して，社会資本の整備に的確に反映させ，蓄積・高度化を図っていくことが求められる。

ア　収入が少ない人々に対して，国が生活費や教育費を支給し，最低限度の生活を保障し，自立を助ける。

イ　国民に加入を義務付け，毎月，保険料を徴収し，医療費や高齢者の介護費を支給し，国民の負担を軽減する。

ウ　保健所などによる感染症の予防や食品衛生の管理，ごみ処理などを通して，国民の健康維持・増進を図る。

エ　公園，道路や上下水道，図書館，学校などの公共的な施設や設備を整え，生活や産業を支える。

〔問4〕　(4)主に国民から納められた税金により賄われ，年を追うごとに財政規模は拡大している。とあるが，次のページのⅠのグラフは，1970年度から2010年度までの我が国の歳入と歳出の決算総額の推移を示したものである。次のページのⅡの文章は，ある時期の我が国の歳入と歳出の決算総額の変化と経済活動の様子について述べたものである。Ⅱの文章で述べている経済活動の時期に当てはまるのは，Ⅰのグラフの**ア**～**エ**の時期のうちではどれか。

Ⅰ

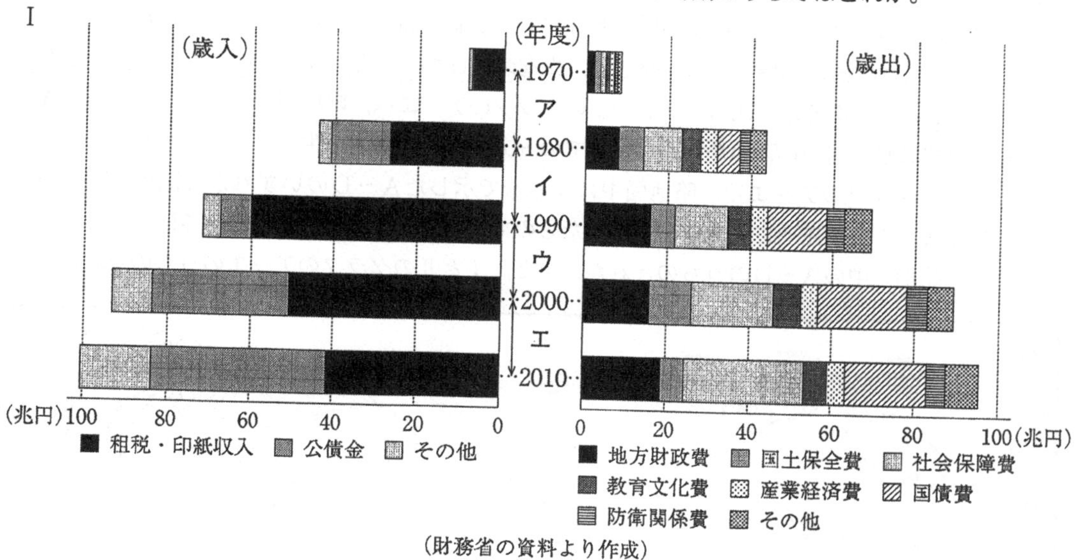

（財務省の資料より作成）

Ⅱ

○この10年間で，歳入総額に占める租税・印紙収入の割合の増加に伴い，公債金の割合が低下し，歳出総額は約1.5倍以上となり，国債費も約２倍以上に増加した。
○この時期の後半には，６％台の高い経済成長率を示すなど景気が上向き，公営企業の民営化や税制改革が行われる中で，人々は金融機関から資金を借り入れ，値上がりを見込んで土地や株の購入を続けた。

6　次の文章を読み，あとの各問に答えよ。

世界の国々は，地球上の様々な地域で，人々が活動できる範囲を広げてきた。そして，(1)対立や多くの困難に直面する度に，課題を克服し解決してきた。また，(2)科学技術の進歩や経済の発展は，先進国だけでなく発展途上国の人々の暮らしも豊かにしてきた。

グローバル化が加速し，人口増加や環境の変化が急速に進む中で，持続可能な社会を実現するために，(3)我が国にも世界の国々と強調した国際貢献が求められている。

〔問１〕　(1)対立や多くの困難に直面する度に，課題を克服し解決してきた。とあるが，次の**ア**～**エ**は，それぞれの時代の課題を克服した様子について述べたものである。時期の古いものから順に記号で並べよ。

ア　特定の国による資源の独占が国家間の対立を生み出した反省から，資源の共有を目的とした共同体が設立され，その後つくられた共同体と統合し，ヨーロッパ共同体（ＥＣ）が発足した。

イ　アマゾン川流域に広がるセルバと呼ばれる熱帯林などの大規模な森林破壊の解決に向け，リオデジャネイロで国連環境開発会議（地球サミット）が開催された。

ウ　パリで講和会議が開かれ，戦争に参加した国々に大きな被害を及ぼした反省から，アメリカ合衆国大統領の提案を基にした，世界平和と国際協調を目的とする国際連盟が発足した。

エ ドイツ，オーストリア，イタリアが三国同盟を結び，ヨーロッパで政治的な対立が深まる一方で，科学者の間で北極と南極の国際共同研究の実施に向け，国際極年が定められた。

〔問2〕 (2)科学技術の進歩や経済の発展は，先進国だけでなく発展途上国の人々の暮らしも豊かにしてきた。とあるが，次のページのⅠのグラフの**ア**～**エ**は，略地図中に ▒ で示したA～Dの**いずれか**の国の1970年から2015年までの一人当たりの国内総生産の推移を示したものである。Ⅱのグラフの**ア**～**エ**は，略地図中に ▒ で示したA～Dの**いずれか**の国の1970年から2015年までの乳幼児死亡率の推移を示したものである。Ⅲの文章で述べている国に当てはまるのは，略地図中のA～Dのうちのどれか，また，ⅠとⅡのグラフの**ア**～**エ**のうちのどれか。

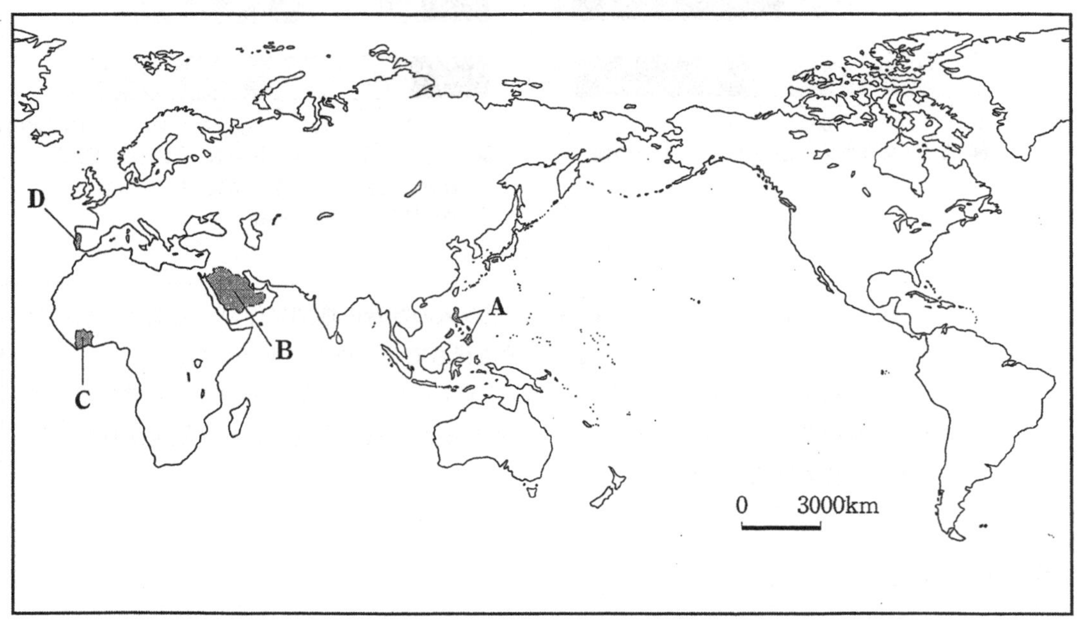

Ⅰ

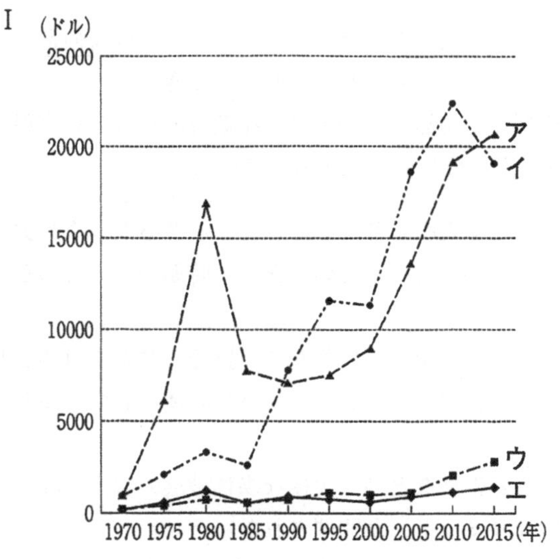

Ⅱ

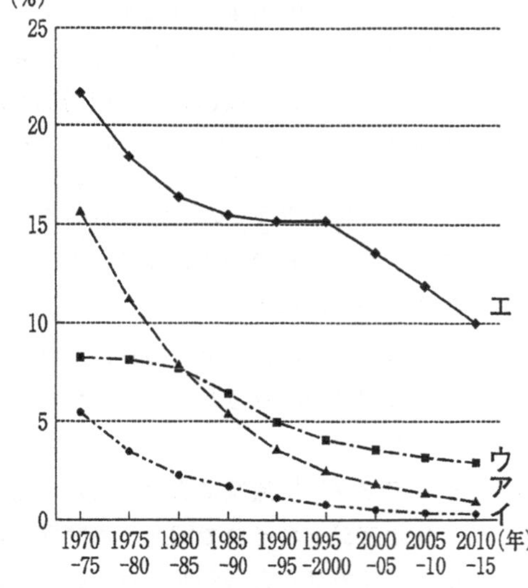

（注）国内総生産とは，一つの国において新たに生み出された価値の総額を示した数値のこと。

（国際連合のホームページより作成）

Ⅲ

文字と剣が緑色の下地に描かれた国旗をもつこの国は，石油輸出国機構（OPEC〔オペック〕）に加盟し，二度の石油危機を含む期間に一人当たりの国内総生産が大幅に増加したが，一時的に減少し，1990年以降は増加し続けた。また，この国では公的医療機関を原則無料で利用することができ，1970年から2015年までの間に乳幼児死亡率は約10分の1に減少し，現在も人口増加が続き，近年は最新の技術を導入し，高度な医療を提供する病院が開業している。

〔問3〕 (3)我が国にも世界の国々と協調した国際貢献が求められている。とあるが，次のⅠの文章は，2015年に閣議決定し，改定された開発協力大綱の一部を抜粋して分かりやすく書き改めたものである。Ⅱの表は，1997年度と2018年度における政府開発援助（ODA）事業予算，政府開発援助（ODA）事業予算のうち政府貸付と贈与について示したものである。Ⅲの表は，Ⅱの表の贈与のうち，1997年度と2018年度における二国間政府開発援助贈与，二国間政府開発援助贈与のうち無償資金協力と技術協力について示したものである。1997年度と比較した2018年度における政府開発援助（ODA）の変化について，Ⅰ～Ⅲの資料を活用し，政府開発援助（ODA）事業予算と二国間政府開発援助贈与の内訳に着目して，簡単に述べよ。

Ⅰ

○自助努力を後押しし，将来における自立的発展を目指すのが日本の開発協力の良き伝統である。

○引き続き，日本の経験と知見を活用しつつ，当該国の発展に向けた協力を行う。

Ⅱ

	政府開発援助(ODA)事業予算(億円)		
		政府貸付	贈与
1997年度	20147	9767(48.5%)	10380(51.5%)
2018年度	21650	13705(63.3%)	7945(36.7%)

Ⅲ

	二国間政府開発援助贈与(億円)		
		無償資金協力	技術協力
1997年度	6083	2202(36.2%)	3881(63.8%)
2018年度	4842	1605(33.1%)	3237(66.9%)

(外務省の資料より作成)

大切なことはメモしておこうネ！

T.G

2020年度

解答と解説

《2020年度の配点は解答用紙集に掲載してあります。》

<理科解答>

1 〔問1〕 イ 〔問2〕 ウ 〔問3〕 ア 〔問4〕 エ 〔問5〕 イ

2 〔問1〕 ウ 〔問2〕 イ 〔問3〕 ア 〔問4〕 エ

3 〔問1〕 ウ 〔問2〕 エ 〔問3〕 太陽の光の当たる角度が地面に対して垂直に近いほど，同じ面積に受ける太陽の光の量が多いから。

〔問4〕 ① ア ② ウ

4 〔問1〕 ① ア ② ウ ③ ウ 〔問2〕 エ

〔問3〕 ① イ ② ア ③ エ ④ イ

〔問4〕 柔毛で覆われていることで小腸の内側の壁の表面積が大きくなり，効率よく物質を吸収することができる点。

5 〔問1〕 イ 〔問2〕 ① ウ ② ア

〔問3〕 $NaCl \rightarrow Na^{+} + Cl^{-}$

〔問4〕 溶質の名称　ミョウバン　結晶の質量　8.6g

6 〔問1〕 右図　電流の大きさ　1.5A 〔問2〕 イ

〔問3〕 エ 〔問4〕 ア

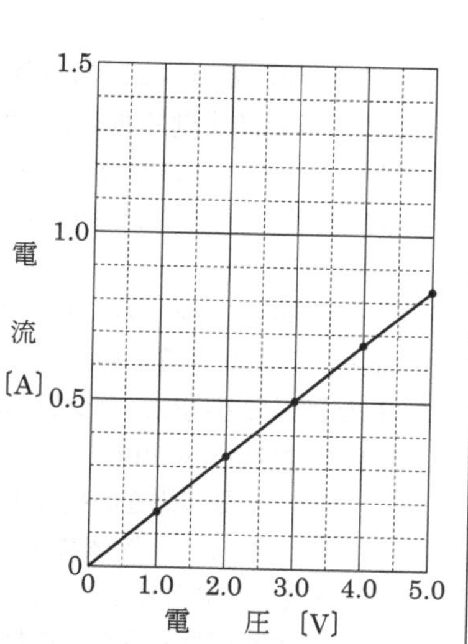

<理科解説>

1 **(小問集合－生物の成長と生殖，水溶液とイオン・電解質の電気分解，気体の発生とその性質，仕事とエネルギー：仕事率，火山活動と火成岩：火山岩，物質の成り立ち・化学変化：熱分解のモデル化)**

〔問1〕 動物では卵と精子，被子植物では卵細胞と精細胞の2種類の生殖細胞が結合し，それぞれの核が合体して1個の細胞となることを受精といい，受精卵の染色体数は親の体細胞の染色体と同数である。受精卵は体細胞分裂をして胚になる。

〔問2〕 塩酸の電離をイオン式で表すと，$HCl \rightarrow H^{+} + Cl^{-}$，であり，電圧がかかると陰極からは気体Aの水素が発生し，陽極からは気体Bの塩素が発生する。塩酸の電気分解を化学反応式で表すと，$2HCl \rightarrow H_2 + Cl_2$，であり，発生する気体の体積比は，水素：塩素＝1：1，であるが，実験で集まった体積は，水素の方が塩素より多かった。それは，水素は水に溶けにくく，塩素は水に溶けやすいためである。

〔問3〕 持ち上げた力がした仕事率〔W〕$=1.5〔N〕\times\dfrac{1.6〔m〕}{2〔s〕}=\dfrac{2.4〔J〕}{2〔s〕}=1.2〔W〕$である。

〔問4〕 観察した火成岩は，**有色鉱物の割合が多く，図2より斑状組織であることから，ねばりけが弱いマグマが，地表や地表付近で短い時間で冷えて固まった火山岩**である。よって，この火成岩の種類は玄武岩であり，黄緑色で不規則な形の有色鉱物Aはカンラン石である。

〔問5〕 酸化銀の熱分解の化学反応式は，$2Ag_2O \rightarrow 4Ag + O_2$，であり，銀原子1個を●，酸素原子1個を○で表してモデル化すると，●○● ●○● → ● ● ● ● ＋ ○○，である。

2 **(自由研究－天気の変化：空気中の水蒸気量・霧の発生，光と音：光の反射と像の見え方，科学技術の発展：凍結防止剤，状態変化：融点，電流：電力・発熱量，自然環境の調査と環境保全：水質調査，動物の分類：無セキツイ動物)**

〔問1〕 **24℃の教室の$1m^3$中に含まれる水蒸気量は，図1の金属製のコップAの表面に水滴がつき始めた温度，すなわち露点の14℃における飽和水蒸気量である。**よって，

教室の湿度〔%〕$=\dfrac{1m^3\text{の空気に含まれる水蒸気の質量}[g/m^3]}{\text{その空気と同じ気温での飽和水蒸気量}[g/m^3]}\times100=\dfrac{12.1[g/m^3]}{21.8[g/m^3]}\times100\fallingdotseq55.5$〔%〕である。夜や明け方などに空気が冷やされ露点より低くなると，地表付近でも空気中の水蒸気が水滴に変わって，霧が発生する。

〔問2〕 **凍結防止剤**である塩化カルシウムが溶けた水溶液は固体に変化するときの温度が下がることから，水が氷に変わるのを防止する効果がある。そこで，塩化カルシウムを入れたときの水溶液の融点が下がることを確かめるには，氷が溶けて水になるときの温度である融点を測定する必要がある。

〔問3〕 アの作図は，さくらの木の点Aと点Bの各点からの光が水面に入射して反射するときの，入射角と反射角が等しい。また，この観察では，**水面が鏡のようになり，反射光線を反対側に延長した破線の方向に，サクラの木が水面に対して対称の位置に逆さまに映って見える。**

〔問4〕 学校近くの川の調査地点で見つかった，水質階級Ⅰの指標生物は，カワゲラとヒラタカゲロウで，水質階級Ⅱの指標生物は，シマトビケラとカワニナ，水質階級Ⅲの指標生物は，シマイシビルであった。個体数が最も多かったシマトビケラと次に多かったシマイシビルを2点とし，他を1点として計算すると，調査を行った付近の水質階級は，最も点数が多かった水質階級Ⅱである。**内蔵が外とう膜で覆われている動物の仲間の名称は，軟体動物である。**

3 **(太陽系と恒星：太陽の日周運動，太陽の南中高度と気温の変化)**

〔問1〕 図3より，1時間ごとの紙テープの長さは2.4cmであるため，15時から日の入りの点Gまでの紙テープの長さは9.6cmであることから，日の入りの時刻〔時〕＝15〔時〕＋9.6〔cm〕÷2.4〔cm/時〕＝19〔時〕である。

〔問2〕 地球の自転により，南半球では，太陽は天の南極を中心に回転して見える。<観測>を行ったのは東京が夏至の日であるため，南半球では冬至である。**南半球のある地点(南緯35.6°)では，冬至の北中高度(南半球では，南と天頂と北を結ぶ線(天の子午線)上を通過するとき，太陽は北中するという)は，最も低い**ため，エが正しい。

〔問3〕 図6と図7で，試験管と太陽の光がなす角度が装置Hより大きい装置Iは，結果2から水温の上昇が装置Hより大きかった。このモデル実験から，南中高度が高いほど，太陽の光の当たる角度が地面に対して垂直に近いため，同じ面積に受ける太陽の光の量(エネルギー)が多いから，地表が温まりやすいことがわかる。

〔問4〕 図7において，10分後の水温が最も高くなる角aは，太陽の光が装置Iの試験管に垂直に当たるように角bを90°にしたときである。このとき，**∠a＝90°－南中高度**，である。また，図8では，**90°－南中高度＝∠c**，である。よって，**∠a＝∠c**，である。したがって，図8で，同位角により，**∠c＝∠e(北緯)＋∠f(地軸の傾き)**＝35.6°＋23.4°＝59.0°＝∠a，である。

4 **(動物の体のつくりとはたらき：消化酵素のはたらきを調べる実験・ヒトの消化と吸収)**

〔問1〕 1%デンプン溶液に水を加えた容器Aと唾液を加えた容器Cを体温に近い40℃に保って比較すると，容器Cではヨウ素デンプン反応が起きないのでデンプンは**唾液のはたらき**により別の物質に変化したことが分かる。さらに，容器Bと容器Dの比較から，容器Dでは**ベネジクト液を加えて加熱した結果，赤褐色の沈殿ができたことから別の物質は糖であることが分かる。**

〔問2〕 消化酵素Xは，<実験1><結果1>では容器Aと容器Eの結果から，40℃においてデンプンを分解しないことが分かる。消化酵素Xは，<実験2><結果2>では容器Gと容器Hの結果から，24℃において主成分が**タンパク質であるゼラチンを別の物質に変化させた**ことがわかる。よって，消化酵素Xと同じはたらきをするヒトの消化酵素は**ペプシン**である。<実験3><結果3>から，80℃で加熱後の消化酵素Xは，タンパク質を分解しないことが分かる。

〔問3〕 デンプンは，唾液腺・すい臓から分泌される消化液に含まれる消化酵素などのはたらきで，最終的にブドウ糖に分解される。また，タンパク質は，胃・すい臓から分泌される消化液に含まれる消化酵素などのはたらきで，最終的にアミノ酸に分解される。

〔問4〕 小腸のかべにはたくさんのひだがあり，その表面はたくさんの柔毛で覆われていることで，小腸の内側のかべの**表面積は非常に大きくなっている。**このため，効率よく養分を吸収することができる。

5 (身のまわりの物質とその性質：白い物質を区別する探究活動・有機物，物質の成り立ち：熱分解，気体の発生とその性質，水溶液とイオン，水溶液：溶解度・結晶)

〔問1〕 物質Dは，加熱すると焦げて黒色に変化する炭素原子を含む物質で，4種類の白い物質のうちでは，有機物のショ糖である。ろうも強く熱すると，炎を出して燃え，二酸化炭素と水ができる炭素原子を含む物質で，**有機物**である。活性炭は，炭素原子を主成分とする多孔質の物質で，無機物である。

〔問2〕 4種類の白い物質のうち，燃焼さじで加熱すると白色の物質が残り，図2の装置で加熱すると水上置換で集められる気体が発生するのは，炭酸水素ナトリウムである。よって，物質Bは炭酸水素ナトリウムである。炭酸水素ナトリウムの熱分解の化学反応式は，$2NaHCO_3 \rightarrow Na_2CO_3 + H_2O + CO_2$，であり，発生する二酸化炭素の性質は，水に少し溶け，その水溶液は酸性を示す。また，二酸化炭素は，石灰石に薄い塩酸を加えても発生させることができる。

〔問3〕 物質Aと物質Cについては，<実験2>の<結果2>において，(1)の表から**物質Aと物質Cはどちらも電解質であるが，**(1)と(2)の表から**20℃のときの溶解度は物質Cの方が物質Aより大きいので，全て溶けた物質Cが塩化ナトリウムであり，物質Aがミョウバンである。**塩化ナトリウムが電離したときの様子を化学式とイオン式で表すと，$NaCl \rightarrow Na^+ + Cl^-$，である。

〔問4〕 (1)の表から，20℃のとき，一部が溶けずに残ったのは，物質Aのミョウバンと物質Bの炭酸水素ナトリウムである。(2)の表から，40℃のときの溶解度はミョウバンの方が大きいので，全部溶けた水溶液Pの溶質はミョウバンである。40℃のミョウバンの水溶液120gは，水100gにミョウバン20gが溶けている。これを20℃まで温度を下げると溶解度は11.4gなので，析出する結晶の質量は，20g－11.4g＝8.6g，である。

6 (電流：電流と電圧と抵抗・発熱量，いろいろなエネルギー：エネルギーの変換)

〔問1〕 電圧〔V〕をX軸に，電流〔A〕をY軸に表した方眼用紙に，<結果1>からの，(1.0, 0.17)，(2.0, 0.33)，(3.0, 0.50)，(4.0, 0.67)，(5.0, 0.83)の点を・を用いて記入する。次に，原点を通り，上記の5個の点の最も近くを通る直線を引く。y＝0.17xの直線のグラフとなる。x＝9.0〔V〕を代入すると，y＝0.17×9.0〔V〕≒1.5〔A〕である。

〔問2〕 電熱線Aと電熱線Bを直列に接続したとき，電熱線Aと電熱線Bには回路に流れる電流の大きさに等しい電流が流れる。よって，<結果2>から，このとき電熱線Bに流れる電流の大きさは0.5Aである。<結果1>から，電熱線Bの抵抗〔Ω〕$=\frac{4.0〔V〕}{1.00〔A〕}$=4.0〔Ω〕である。よって，**電熱線Aと電熱線Bを並列に接続したとき，電熱線Bに流れる電流の大きさ〔A〕$=\frac{5.0〔V〕}{4.0〔Ω〕}$=1.25〔A〕である。**よって，0.5A：1.25A=2：5である。

〔問3〕 電熱線Aと電熱線Bの発熱量の和〔J〕=2.1〔A〕×5.0〔V〕×300〔s〕=10.5〔W〕×300〔s〕=3150〔J〕である。

〔問4〕 電熱線には電気抵抗の大きさが大きくなると電流が流れにくくなる性質があり，電気エネルギーを熱エネルギーに変換して熱を発生している。

<社会解答>

1 〔問1〕 エ　〔問2〕 ウ　〔問3〕 イ

2 〔問1〕 略地図中のA～D　C　Ⅱのア～エ　ウ　〔問2〕 P　イ　Q　ア　R　エ　S　ウ　〔問3〕 略地図中のW～Z　X　ⅠとⅡの表のア～エ　ア

3 〔問1〕 A　ウ　B　イ　C　ア　D　エ　〔問2〕 P　ア　Q　ア　R　イ　S　イ　〔問3〕 (建設された理由) 内陸に建設されたのは，高波や津波などの影響を受けにくいからである。　(建設された効果) 東名高速道路と新東名高速道路の交通量の合計は増加したが，分散が図られたことで渋滞回数が減少した。

4 〔問1〕 ア→エ→ウ→イ　〔問2〕 Ⅰの略年表中のア～エ　イ　Ⅱの略地図中のA～D　B　〔問3〕 エ　〔問4〕 ウ

5 〔問1〕 ア　〔問2〕 ウ　〔問3〕 エ　〔問4〕 イ

6 〔問1〕 エ→ウ→ア→イ　〔問2〕 略地図中のA～D　B　ⅠとⅡのグラフのア～エ　ア　〔問3〕 政府開発援助事業予算に占める，政府貸付の割合を増やすとともに，二国間政府開発援助贈与に占める，技術協力の割合を増やすことで，自助努力を後押しし，自立的発展を目指している。

<社会解説>

1 **(地理的分野―日本地理－地形図の見方，歴史的分野―日本史時代別－古墳時代から平安時代，―日本史テーマ別－文化史，公民的分野―国際社会との関わり)**

〔問1〕 ●印から矢印の方向に写真を写せば，右手前に砂浜が見え，左奥に江の島が見えるはずなので，エが正しい。

〔問2〕 問題文で説明されているのは，2019年に**ユネスコ**によって**世界文化遺産**に登録された，**百舌鳥・古市古墳群**の**大山古墳**(仁徳天皇陵と伝えられる)であり，地図上の位置としては，大阪府堺市を示すウが正しい。

〔問3〕 国際の平和と安全の維持について，主要な責任を有するのが，国際連合の**安全保障理事会**である。具体的には，紛争当事者に対して，紛争を平和的手段によって解決するよう要請したり，平和に対する脅威の存在を決定し，平和と安全の維持と回復のために勧告を行うこと，**経済制裁**などの**非軍事的強制措置**及び**軍事的強制措置**を決定すること等を，その主な権限とする。しかし，5か国ある**常任理事国**が1か国でも反対すると，決議ができないことになっている。常任理事国は**拒否権**を持っていることになる。

2 (地理的分野―世界地理－都市・気候・産業・貿易)

〔問1〕 Ⅰの文章は，**サンフランシスコ**を指しており，略地図中のCである。1885年にサンフランシスコ大学が創立され，郊外のサノゼ地区は**シリコンバレー**と呼ばれ，**半導体産業**の一大拠点となっている。サンフランシスコは，冬季は温暖湿潤で，夏季は乾燥するが高温にはならない。**雨温図**はウである。

〔問2〕 Pの国は**アルゼンチン**，Qは**インドネシア**，Rは**南アフリカ共和国**，Sは**ドイツ**である。パンパは，アルゼンチン中部のラプラタ川流域に広がる草原地帯であり，Pはイである。年間数万隻の船舶が通行する海峡とは，**マラッカ海峡**であり，Qはアである。欧州との時差が少なく，アジアまで船で輸送する利便性が高いのは，南アフリカ共和国であり，Rはエである。**シュバルツバルト**(黒い森)が**酸性雨**の被害を受けたのは，ドイツであり，Sはウである。

〔問3〕 略地図中のW～ZのWはメキシコ，Xはタイ，Yはスウェーデン，Zはイタリアである。

国土の北部から南流し，首都を通り，海に注ぐ河川とは，**タイ**のチャオプラヤー川であり，Ⅲの文章はタイの説明である。**進出日本企業数**が2倍以上となっていて，中華人民共和国の重要性が高まっているのは，Ⅰ表のアである。日本との貿易総額が2倍以上に伸び，電気機器の輸入額に占める割合が2割を上回るようになったのは，Ⅱ表のアである。

3 (地理的分野―日本地理－都市・交通・地形図の見方・工業)

〔問1〕 Aは**宮城県**であり，「中心となるターミナル駅に郊外から地下鉄やバスが乗り入れ(以下略)」との記述から，ウが該当することがわかる。宮城県の**県庁所在地**の**仙台市**では，地下鉄・市バスが乗り入れている。Bは**福井県**であり，「リアス海岸が見られる地域や眼鏡産業が立地する平野(以下略)」との記述から，イが該当することがわかる。福井県は，若狭湾の**リアス海岸**が有名であり，また福井県**鯖江市**は，日本に流通している眼鏡の9割以上を生産する，一大**眼鏡産業地帯**である。Cは**広島県**であり，「造船業や鉄鋼業が立地する沿岸部(以下略)」「中心部には路面電車が見られ(以下略)」との記述から，アが該当することがわかる。広島県の沿岸部では，**造船業**や**鉄鋼業**が盛んである。また，県庁所在地の**広島市**には，**路面電車**が運行されている。Dは**鹿児島県**であり，「シラス台地に開発された住宅地(以下略)」との記述から，エが該当することがわかる。**シラス台地**は，**桜島**などの火山の噴出物からなる，九州南部に分布する台地である。

〔問2〕 地形図は2万5千分の1地形図であり，**等高線**は10mごとに引かれているので，標高は，約10mから約40mである。空港は，Ⅰの地図で果樹園「ὀ」や畑「∨」であった土地を造成してつくられた。地形図は2万5千分の1地形図なので，計算すれば8cm×25000＝200000cm＝2000mである。海岸沿いの針葉樹林は，冬の北西からの**季節風**によって運ばれる砂の害を防ぐ**防砂林**の役割を果たしている。

〔問3〕 東名高速道路が**高波**や**津波**などの影響を受けていたため，**新東名高速道路**は，沿岸部を避けて，高波や津波などの影響を受けにくい内陸に建設されたことを簡潔に指摘する。 建設された効果としては，東名高速道路と新東名高速道路の**交通量**の合計はやや増加したが，交通量の分散が実現したことで，**渋滞回数**が激減したことがあげられることを指摘する。

4 (歴史的分野―日本史時代別－古墳時代から平安時代・鎌倉時代から室町時代・安土桃山時代から江戸時代・明治時代から現代，―日本史テーマ別－政治史・社会史・文化史)

〔問1〕　ア　**大宝律令**が制定されたのは，8世紀の初期である。　イ　十七か条の**建武式目**が制定されたのは，1336年である。　ウ　**守護**や**地頭**を任命する政策が始められたのは，1185年のことである。　エ　各地方に**国分寺**や**国分尼寺**が建立されたのは，8世紀中期のことである。時期の古いものから順に並べると，ア→エ→ウ→イとなる。

〔問2〕　室町幕府の8代将軍の**足利義政**が，1480年代に東山に山荘を築き，これが後の**慈照寺**となった。Ⅰの略年表中のイの時期である。慈照寺は京都にあり，Ⅱの略地図上のBである。

〔問3〕　**浅間山**が**大噴火**を起こしたのは，1783年のことであり，その4年後から10年後にかけて行われたのは，**老中松平定信**の**寛政の改革**であり，**棄捐令・旧里帰農令・囲米の制**などの政策がとられた。

〔問4〕　**ラジオ放送**が開始され，新聞・週刊誌・月刊誌の発行部数が急速に伸び，1冊1円の**円本**が発行されたのは，大正期から昭和初期にかけてのことであり，ウが正しい。なお，アは昭和10年代，イは明治30年代，エは明治初期のことである。

5　**(公民的分野―国の政治の仕組み・財政)**

〔問1〕　日本国憲法第73条では，内閣の事務として，第3項に「**条約**を締結すること。但し，事前に，時宜によっては事後に，国会の承認を経ることを必要とする。」と定めている。

〔問2〕　**アメリカ合衆国の大統領**は，議会に対して法律案を提出する権限がないが，**大統領令**によって**行政権**を直接行使することができる。日本の**内閣**は，**衆議院**の**解散権**を持っている。

〔問3〕　**社会資本**とは，道路・港湾・上下水道・公園・公営住宅・病院・学校など，産業や生活の基盤となる公共施設のことを指し，その整備は行政の役割である。

〔問4〕　1980年から1990年の10年間で，**租税・印紙収入**は約2倍となり，歳入総額に占める割合が大幅に増加し，歳出総額も1.5倍以上となった。1980年代の後半には，**土地や株式**に対する投資が増大し，実際の価値以上に地価や株価が異常に高くなった。この時期の景気を，**バブル景気**という。その後は，バブル崩壊期を迎え，1991年から景気後退期となった。

6　**(歴史的分野―世界史－政治史，地理的分野―地理総合，公民的分野―国際社会との関わり)**

〔問1〕　ア　**ヨーロッパ共同体(EC)**が発足したのは，1967年のことである。　イ　**国連環境開発会議**がリオデジャネイロで開催されたのは，1992年のことである。　ウ　**パリ**で**講和会議**が開かれ，**国際連盟**が発足したのは，1919年から1920年にかけてである。　エ　ドイツ・オーストリア・イタリアの**三国同盟**が結ばれたのは，1882年のことである。年代の古い順に並べると，エ→ウ→ア→イとなる。

〔問2〕　略地図中のAはフィリピン，Bはサウジアラビア，Cはコートジボワール，Dはポルトガルである。**石油輸出国機構**の加盟国であるのは，サウジアラビアである。サウジアラビアで1973年と1979年の二度の**石油危機**を含む期間に，一人当りの**国内総生産**が大幅に増加し，1990年以降に国内総生産が増加し続けているのを示しているのは，Ⅰグラフのアである。また，乳幼児死亡率が約10分の1に減少しているのを示しているのは，Ⅱグラフのアである。

〔問3〕　まず，**政府開発援助**事業予算に占める，途上国に対して無償で提供される**贈与**を減らし，将来に途上国が返済することを前提とした**政府貸付**の割合を増やしたことを指摘する。また，**二国間政府開発援助贈与**に占める，返済義務を課さない**無償資金協力**の割合を減らし，日本の知識・技術・経験を活かし，同地域の経済社会開発の担い手となる人材の育成を行う**技術協力**の割合を増やしたことを指摘する。**開発途上国**の**自助努力**を後押しし，**自立的発展**を目指して援助を行う傾向が強まっていることを，全般的な傾向として指摘する。

2020年度英語　リスニングテスト

〔放送台本〕

これから，リスニングテストを行います。リスニングテストは，全て放送による指示で行います。リスニングテストの問題には，問題Aと問題Bの二つがあります。問題Aと，問題Bの＜Question 1＞では，質問に対する答えを選んで，その記号を答えなさい。問題Bの＜Question 2＞では，質問に対する答えを英語で書きなさい。

英文とそのあとに出題される質問が，それぞれ全体を通して二回ずつ読まれます。問題用紙の余白にメモをとってもかまいません。答えは全て解答用紙に書きなさい。

〔問題A〕

問題Aは，英語による対話文を聞いて，英語の質問に答えるものです。ここで話される対話文は全部で三つあり，それぞれ質問が一つずつ出題されます。質問に対する答えを選んで，その記号を答えなさい。では，＜対話文1＞を始めます。

Tom: I am going to buy a birthday present for my sister. Lisa, can you go with me?
Lisa: Sure, Tom.
Tom: Are you free tomorrow?
Lisa: Sorry. I can't go tomorrow. When is her birthday?
Tom: Next Monday. Then, how about next Saturday or Sunday?
Lisa: Saturday is fine with me.
Tom: Thank you.
Lisa: What time and where shall we meet?
Tom: How about at eleven at the station?
Lisa: OK. See you then.

Question : When are Tom and Lisa going to buy a birthday present for his sister?

＜対話文2＞を始めます。

（呼び出し音）
Bob's mother: Hello?
Ken: Hello. This is Ken. Can I speak to Bob, please?
Bob's mother: Hi, Ken. I'm sorry, he is out now. Do you want him to call you later?
Ken: Thank you, but I have to go out now. Can I leave a message?
Bob's mother: Sure.
Ken: Tomorrow we are going to do our homework at my house. Could you ask him to bring his math notebook? I have some questions to ask him.
Bob's mother: OK. I will.
Ken: Thank you.

Bob's mother: You're welcome.

Question : What does Ken want Bob to do?

<対話文3>を始めます。

Yumi: Hi, David. What kind of book are you reading?
David: Hi, Yumi. It's about *ukiyoe* pictures. I learned about them last week in an art class.
Yumi: I see. I learned about them, too. You can see *ukiyoe* in the city art museum now.
David: Really? I want to visit there. In my country, there are some museums that have *ukiyoe*, too.
Yumi: Oh, really? I am surprised to hear that.
David: I have been there to see *ukiyoe* once. I want to see them in Japan, too.
Yumi: I went to the city art museum last weekend. It was very interesting. You should go there.

Question : Why was Yumi surprised?

〔英文の訳〕

<対話文1>

トム：妹(姉)に誕生日プレゼントを買うつもりなんだ。リサ，一緒に行ってもらえるかい？
リサ：もちろんよ，トム。
トム：明日はひま？
リサ：ごめんね，明日は行けないの。彼女のお誕生日はいつなの？
トム：次の月曜日だよ。じゃあ次の土曜日か日曜日はどう？
リサ：土曜日が都合がいいわ。
トム：ありがとう。
リサ：何時にどこで会う？
トム：11時に駅はどう？
リサ：オーケー。じゃあね。
質問：トムとリサはいつ妹(姉)の誕生日プレゼントを買いに行くつもりですか。
答え：ウ　次の土曜日

<対話文2>

ボブの母：もしもし。
ケン　　：もしもし。ケンです。ボブはいらっしゃいますか。
ボブの母：こんにちは，ケン。ごめんなさいね，ボブは今外出中なのよ。後で電話させましょうか？
ケン　　：ありがとうございます。でも僕は今出かけないといけないんです。伝言をお願いできますか。
ボブの母：もちろんよ。

ケン　　：明日僕たちは僕の家で宿題をするつもりです。ボブに数学のノートを持ってくるように言ってもらえますか。いつくか聞きたいことがあるんです。
ボブの母：オーケー。伝えておくわ。
ケン　　：ありがとうございます。
ボブの母：どういたしまして。
質問：ケンはボブに何をしてもらいたいですか。
答え：エ　彼の数学のノートを持ってくる。

<対話文3>

ユミ　　　：こんにちは，ディビッド。何の本を読んでいるの？
ディビッド：こんにちは，ユミ。これは浮世絵についての本だよ。先週美術の時間にこのことについて習ったんだ。
ユミ　　　：なるほどね。私もそのことを習ったわ。今市の美術館で浮世絵を見られるわよ。
ディビッド：本当？　行きたいな。僕の国でも浮世絵がある美術館がいくつかあるよ。
ユミ　　　：あら，本当に？　それを聞いて驚いたわ。
ディビッド：一度そこに浮世絵を見に行ったことがあるんだ。日本でも見たいな。
ユミ　　　：先週末にその市の美術館に行ったのよ。とても興味深かったわよ。行った方がいいわよ。
質問：なぜユミは驚いたのですか。
答え：イ　ディビッドが彼の国の美術館に浮世絵があると言ったから。

〔放送台本〕
〔問題B〕

これから聞く英語は，カナダの高校に留学している日本の生徒たちに向けて，留学先の生徒が行った留学初日の行動についての説明及び連絡です。内容に注意して聞きなさい。あとから，英語による質問が二つ出題されます。<Question 1>では，質問に対する答えを選んで，その記号を答えなさい。<Question 2>では，質問に対する答えを英語で書きなさい。なお，<Question 2>のあとに，15秒程度，答えを書く時間があります。では，始めます。

Welcome to our school. I am Linda, a second-year student of this school. We are going to show you around our school today.
Our school was built in 2015, so it's still new. Now we are in the gym. We will start with the library, and I will show you how to use it. Then we will look at classrooms and the music room, and we will finish at the lunch room. There, you will meet other students and teachers.

After that, we are going to have a welcome party.

There is something more I want to tell you. We took a group picture in front of our school. If you want one, you should tell a teacher tomorrow. Do you have any questions? Now let's start. Please come with me.

<Question 1>　Where will the Japanese students meet other students and teachers?

<Question 2>　If the Japanese students want a picture, what should they do tomorrow?

以上で，リスニングテストを終わります。

〔英文の訳〕

私たちの学校へようこそ。私はこの学校の２年生のリンダです。今日は私たちが皆さんに学校を案内します。

私たちの学校は2015年に設立されたのでまだ新しいです。今私たちは体育館にいます。最初は図書館からスタートして使い方を説明します。そして教室と音楽室を見て，最後はランチルームになります。そこで他の生徒や先生達と会います。

その後，歓迎会を行うつもりです。

さらにお伝えしたいことがあります。学校の前でグループ写真を撮りました。もし1枚欲しいようでしたら明日先生に伝えてください。何か質問はありますか。では始めましょう。一緒に来てください。

質問1：日本の生徒たちはどこで他の生徒や先生達に会いますか。

答え　：ウ　ランチルームで。

質問2：もし日本の生徒たちが写真を欲しいときは，明日何をすべきですか。

答え　：先生に伝えるべきだ。

解答用紙集

○月×日 △曜日 天気(合格日和)

◆ご利用のみなさまへ
＊解答用紙の公表を行っていない学校につきましては、弊社の責任において、解答用紙を制作いたしました。
＊編集上の理由により一部縮小掲載した解答用紙がございます。
＊編集上の理由により一部実物と異なる形式の解答用紙がございます。

人間の最も偉大な力とは、その一番の弱点を克服したところから生まれてくるものである。 ――カール・ヒルティ――

東京学参株式会社

都立立川高等学校　2024年度

◇数学◇

※ 130％に拡大していただくと，解答欄は実物大になります。

1	
〔問 1〕	
〔問 2〕	$x =$ 　　　　，$y =$
〔問 3〕	
〔問 4〕	

A　B　C　D

2	
〔問 1〕	
〔問 2〕	【　途中の式や計算など　】 （答え）$a =$ 　　，$b =$ 　　，$c =$
〔問 3〕	$S : T =$ 　　　：

3		
〔問 1〕		cm
〔問 2〕	(1)	【 証　　明 】
〔問 2〕	(2)	cm^2

4	
〔問 1〕	cm^3
〔問 2〕	AP : BP = 　　　:
〔問 3〕	【 途中の式や計算など 】
	(答え)

都立立川高等学校　2024年度

◇英語◇

※ 154%に拡大していただくと，解答欄は実物大になります。

1	〔問題A〕	〈対話文1〉		〈対話文2〉		〈対話文3〉	
	〔問題B〕	〈Question 1〉					
		〈Question 2〉					

2					
〔問1〕		〔問2〕		〔問3〕	
〔問4〕					
〔問5〕		〔問6〕		〔問7〕	
〔問8〕					
〔問9〕	40語　50語				

3					
〔問1〕		〔問2〕		〔問3〕	
〔問4〕		〔問5〕			
〔問6〕		〔問7〕		〔問8〕	
〔問9〕					
〔問10〕	①		②		
	③		④		

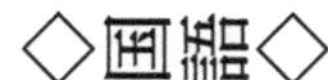

◇国語◇

都立立川高等学校　２０２４年度

※154%に拡大していただくと、解答欄は実物大になります。

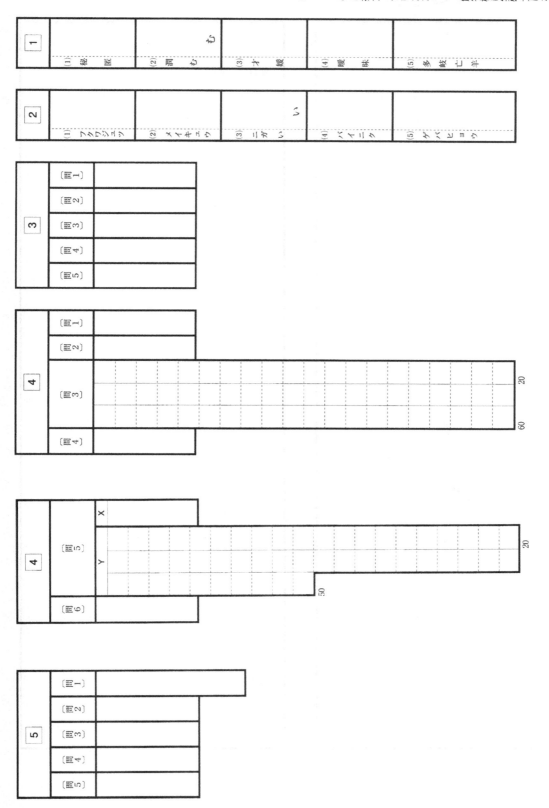

1					
	(1) 秘匿	(2) 潤む　　む	(3) 才媛	(4) 曖昧	(5) 多岐亡羊

2					
	(1) フクワジュツ	(2) メイキュウ	(3) ニガい　　い	(4) バイニク	(5) ゲバヒョウ

3	
〔問1〕	
〔問2〕	
〔問3〕	
〔問4〕	
〔問5〕	

4	
〔問1〕	
〔問2〕	
〔問3〕	20 / 60
〔問4〕	

4	
〔問5〕 X	
〔問5〕 Y	20 / 50
〔問6〕	

5	
〔問1〕	
〔問2〕	
〔問3〕	
〔問4〕	
〔問5〕	

都立立川高等学校　　2023年度

◇数学◇

※ 132％に拡大していただくと，解答欄は実物大になります。

1

〔問 1〕	
〔問 2〕	$x =$ 　　　，$y =$
〔問 3〕	
〔問 4〕	
〔問 5〕	

A

2

〔問 1〕	$y =$
〔問 2〕	【　途中の式や計算など　】 （答え）
〔問 3〕	cm^2

3

〔問 1〕 (　　　　　　　　) cm²

〔問 2〕 (1) 【 証　明 】

〔問 2〕 (2) ℓ =

4

〔問 1〕 cm

〔問 2〕 (1) 【 途中の式や計算など 】

〔問 2〕 (2) cm

都立立川高等学校　2023年度

◇英語◇

※ 149％に拡大していただくと，解答欄は実物大になります。

1							
	〔問題A〕	〈対話文１〉		〈対話文２〉		〈対話文３〉	
	〔問題B〕	〈Question 1〉					
		〈Question 2〉					

2						
	〔問１〕					
	〔問２〕		〔問３〕		〔問４〕	
	〔問５〕		〔問６〕		〔問７〕	
	〔問８〕					
	〔問９〕	40語　50語				

3					
	〔問１〕		〔問２〕		
	〔問３〕		〔問４〕		
	〔問５〕	①		②	
	〔問６〕		〔問７〕		
	〔問８〕				
	〔問９〕	①		②	
		③		④	

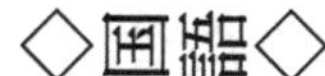

都立立川高等学校　２０２３年度

※182%に拡大していただくと、解答欄は実物大になります。

1	
(1) 剥製	
(2) 苛烈	
(3) 装丁	
(4) 殊に	に
(5) 東奔西走	

2	
(1) クッシン	
(2) リンリツ	
(3) キハツセイ	
(4) ナ（り）	り
(5) サンシコウコウ	

3	
〔問1〕	
〔問2〕	
〔問3〕	
〔問4〕	
〔問5〕	
〔問6〕	

4	
〔問1〕	
〔問2〕	
〔問3〕	
〔問4〕	

4		
〔問5〕	X	20 / 60 / 75
	Y	20 / 100 / 150
〔問6〕		

5	
〔問1〕	
〔問2〕	
〔問3〕	
〔問4〕	
〔問5〕	

都立立川高等学校　　2022年度

◇数学◇

※ 132%に拡大していただくと，解答欄は実物大になります。

1

〔問 1〕	
〔問 2〕	$x =$　　　　　，$y =$
〔問 3〕	個
〔問 4〕	
〔問 5〕	

A

B　　C

2

〔問 1〕	$y =$
〔問 2〕	【　途中の式や計算など　】 （答え）　$t =$
〔問 3〕	(　　　　　　) cm

3

〔問 1〕		cm
〔問 2〕	(1)	【 証　　明 】
〔問 2〕	(2)	△ BCE の面積　　倍	△ ADH の面積　　倍

4

〔問 1〕		cm
〔問 2〕	(1)	cm
〔問 2〕	(2)	【 途中の式や計算など 】

（答え）　　cm^3

都立立川高等学校　2022年度

◇英語◇

※ 149%に拡大していただくと，解答欄は実物大になります。

1						
〔問題A〕	〈対話文1〉		〈対話文2〉		〈対話文3〉	
〔問題B〕	〈Question 1〉					
	〈Question 2〉					

2						
〔問1〕		〔問2〕		〔問3〕		
〔問4〕		〔問5〕		〔問6〕		
〔問7〕		〔問8〕				
〔問9〕	40語 50語					

3				
〔問1〕				
〔問2〕		〔問3〕		
〔問4〕		〔問5〕		
〔問6〕				
〔問7〕		〔問8〕		
〔問9〕	①		②	
	③		④	

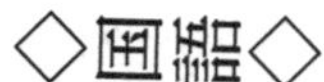

◇国語◇

都立立川高等学校　２０２２年度

※１６４％に拡大していただくと、解答欄は実物大になります。

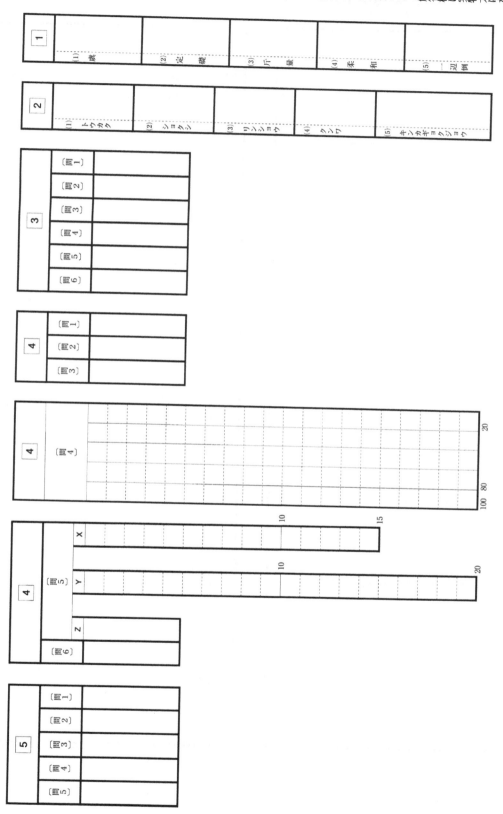

1

(1) 歳

(2) 定礎

(3) 斤量

(4) 柔和

(5) 一辺倒

2

(1) トウカク

(2) ショクシ

(3) リンショウ

(4) クンワ

(5) キンカギョクジョウ

3

〔問1〕

〔問2〕

〔問3〕

〔問4〕

〔問5〕

〔問6〕

4

〔問1〕

〔問2〕

〔問3〕

4

〔問4〕 20 80 100

4

〔問5〕 X 10 15

Y 10 20

Z

〔問6〕

5

〔問1〕

〔問2〕

〔問3〕

〔問4〕

〔問5〕

都立立川高等学校　2021年度

◇数学◇

※ 133％に拡大していただくと，解答欄は実物大になります。

1	
〔問 1〕	
〔問 2〕	$x =$　　　　, $y =$
〔問 3〕	$p =$
〔問 4〕	
〔問 5〕	A　B

2	
〔問 1〕	$a =$
〔問 2〕	【 途中の式や計算など 】 （答え）　（　　　，　　　）
〔問 3〕	

3

〔問 1〕		cm
〔問 2〕	(1)	【 証 明 】
〔問 2〕	(2)	度

4

〔問 1〕	個
〔問 2〕	cm^2
〔問 3〕	【 途中の式や計算など 】

（答え） 個

都立立川高等学校　2021年度

◇英語◇

※ 149％に拡大していただくと，解答欄は実物大になります。

1						
〔問題A〕	〈対話文1〉		〈対話文2〉		〈対話文3〉	
〔問題B〕	〈Question 1〉					
	〈Question 2〉					

2					
〔問1〕		〔問2〕		〔問3〕	
〔問4〕		〔問5〕		〔問6〕	
〔問7〕		〔問8〕			
〔問9〕	40語　50語				

3				
〔問1〕		〔問2〕		
〔問3〕				
〔問4〕		〔問5〕		
〔問6〕				
〔問7〕		〔問8〕		
〔問9〕	①		②	
	③		④	

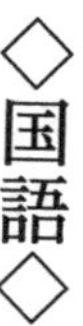

◇国語◇

都立立川高等学校　２０２１年度

※１６１%に拡大していただくと、解答欄は実物大になります。

1
(1) 誉れ　　れ
(2) 必定
(3) 沿革
(4) 得心
(5) 折半

2
(1) セキ
(2) ソウゴウ
(3) ヘイコウ
(4) ラクセイ
(5) メイキョウシスイ

3
〔問1〕
〔問2〕
〔問3〕
〔問4〕
〔問5〕
〔問6〕

4
〔問1〕
20
80
100

4
〔問2〕
20
80
100

4
〔問3〕
〔問4〕
〔問5〕
〔問6〕

5
〔問1〕
〔問2〕
〔問3〕
〔問4〕
〔問5〕

都立立川高等学校　2020年度

◇数学◇

※ 135％に拡大していただくと，解答欄は実物大になります。

1	
〔問 1〕	
〔問 2〕	x = 　　　, y =
〔問 3〕	個
〔問 4〕	
〔問 5〕	D B A C

2	
〔問 1〕	
〔問 2〕	cm^2
〔問 3〕	s =
〔問 4〕	【　途中の式や計算など　】 （答え）　t =

※ 141%に拡大していただくと，解答欄は実物大になります。

3	
〔問 1〕	cm
〔問 2〕	【 証　明 】
〔問 3〕	cm^2

4	
〔問 1〕	cm
〔問 2〕	ℓ =
〔問 3〕	【 途中の式や計算など 】 (答え)　cm^3

都立立川高等学校　2020年度

◇英語◇

※ 192%に拡大していただくと，解答欄は実物大になります。

1	〔問題A〕	〈対話文1〉		〈対話文2〉		〈対話文3〉	
	〔問題B〕	〈Question 1〉					
		〈Question 2〉					

2	〔問1〕		〔問2〕		〔問3〕		
	〔問4〕	3番目		6番目			
	〔問5〕	(a)		(b)			
	〔問6〕						
	〔問7〕						
	〔問8〕	(a)		(b)			
		(c)		(d)			

3	〔問1〕						
	〔問2〕						
	〔問3〕	4番目		8番目			
	〔問4〕		〔問5〕		〔問6〕		
	〔問7〕						

3	〔問8〕	40語 50語

◇国語◇

都立立川高等学校　２０２０年度

※１８９％に拡大していただくと，解答欄は実物大になります。

1

(1) 献	(2) 遵守	(3) 盤石	(4) 荘重	(5) 万端

2

(1) メイ	(2) タダ（ちに）	(3) サイゲン	(4) シザ	(5) キショクマンメン
	ちに			

3

〔問1〕	〔問2〕	〔問3〕	〔問4〕	〔問5〕	〔問6〕

4

〔問1〕	〔問2〕

4

〔問3〕

20　60　80

4

〔問4〕

20　80　100

4

〔問5〕	〔問6〕

5

〔問1〕	〔問2〕	〔問3〕	〔問4〕	〔問5〕

東京都公立高校　2024年度

※ 143％に拡大していただくと，解答欄は実物大になります。

解答用紙　理科

▭部分がマークシート方式により解答する問題です。

マーク上の注意事項

1　ＨＢ又はＢの鉛筆（シャープペンシルも可）を使って，◯の中を正確に塗りつぶすこと。

2　答えを直すときは，きれいに消して，消しくずを残さないこと。

3　決められた欄以外にマークしたり，記入したりしないこと。

良い例	悪い例
●	線　小さい　はみ出し　丸囲み　レ点　うすい

受検番号						
⓪①②③④⑤⑥⑦⑧⑨	⓪①②③④⑤⑥⑦⑧⑨	⓪①②③④⑤⑥⑦⑧⑨	⓪①②③④⑤⑥⑦⑧⑨	⓪①②③④⑤⑥⑦⑧⑨	⓪①②③④⑤⑥⑦⑧⑨	⓪①②③④⑤⑥⑦⑧⑨

1		
	〔問1〕	㋐　㋑　㋒　㋓
	〔問2〕	㋐　㋑　㋒　㋓
	〔問3〕	㋐　㋑　㋒　㋓
	〔問4〕	㋐　㋑　㋒　㋓
	〔問5〕	㋐　㋑　㋒　㋓
	〔問6〕	㋐　㋑　㋒　㋓

2		
	〔問1〕	㋐　㋑　㋒　㋓
	〔問2〕	㋐　㋑　㋒　㋓
	〔問3〕	㋐　㋑　㋒　㋓
	〔問4〕	㋐　㋑　㋒　㋓

3		
	〔問1〕	㋐　㋑　㋒　㋓
	〔問2〕	2時間ごとに記録した透明半球上の・印のそれぞれの間隔は，
	〔問3〕	㋐　㋑　㋒　㋓
	〔問4〕	㋐　㋑　㋒　㋓

4		
	〔問1〕	㋐　㋑　㋒　㋓
	〔問2〕	㋐　㋑　㋒　㋓
	〔問3〕	㋐　㋑　㋒　㋓

5		
	〔問1〕	㋐　㋑　㋒　㋓
	〔問2〕	㋐　㋑　㋒　㋓
	〔問3〕	<資料>から，
	〔問4〕	㋐　㋑　㋒　㋓

6			
	〔問1〕	㋐　㋑　㋒　㋓	
	〔問2〕	①	②
		㋐㋑㋒㋓	㋐㋑㋒㋓
	〔問3〕	㋐　㋑　㋒　㋓	
	〔問4〕	㋐　㋑　㋒　㋓	

※ 149%に拡大していただくと，解答欄は実物大になります。

解答用紙　社会

□部分がマークシート方式により解答する問題です。

マーク上の注意事項

1　ＨＢ又はＢの鉛筆（シャープペンシルも可）を使って，◯の中を正確に塗りつぶすこと。

2　答えを直すときは，きれいに消して，消しくずを残さないこと。

3　決められた欄以外にマークしたり，記入したりしないこと。

良い例	悪い例		
●	線	小さい	はみ出し
	丸囲み	レ点	うすい

受検番号						
⓪①②③④⑤⑥⑦⑧⑨	⓪①②③④⑤⑥⑦⑧⑨	⓪①②③④⑤⑥⑦⑧⑨	⓪①②③④⑤⑥⑦⑧⑨	⓪①②③④⑤⑥⑦⑧⑨	⓪①②③④⑤⑥⑦⑧⑨	⓪①②③④⑤⑥⑦⑧⑨

1

	B	C	D	E
〔問1〕	㋐㋑㋒㋓	㋐㋑㋒㋓	㋐㋑㋒㋓	㋐㋑㋒㋓
〔問2〕	㋐　㋑　㋒　㋓			
〔問3〕	㋐　㋑　㋒　㋓			

2

〔問1〕	略地図中のA～D		Ⅱのア～エ	
	Ⓐ Ⓑ Ⓒ Ⓓ		㋐ ㋑ ㋒ ㋓	
〔問2〕	P	Q	R	S
	㋐㋑㋒㋓	㋐㋑㋒㋓	㋐㋑㋒㋓	㋐㋑㋒㋓
〔問3〕	略地図中のW～Z		ⅠとⅡの表のア～エ	
	Ⓦ Ⓧ Ⓨ Ⓩ		㋐ ㋑ ㋒ ㋓	

3

〔問1〕	A	B	C	D
	㋐㋑㋒㋓	㋐㋑㋒㋓	㋐㋑㋒㋓	㋐㋑㋒㋓
〔問2〕	Ⅰのア～エ		略地図中のW～Z	
	㋐ ㋑ ㋒ ㋓		Ⓦ Ⓧ Ⓨ Ⓩ	
〔問3〕				

4

〔問1〕	㋐㋑㋒㋓ →	㋐㋑㋒㋓ →	㋐㋑㋒㋓ →	㋐㋑㋒㋓
〔問2〕				
〔問3〕	A	B	C	D
	㋐㋑㋒㋓	㋐㋑㋒㋓	㋐㋑㋒㋓	㋐㋑㋒㋓
〔問4〕	A	B	C	D
	㋐㋑㋒㋓	㋐㋑㋒㋓	㋐㋑㋒㋓	㋐㋑㋒㋓

5

〔問1〕	㋐　㋑　㋒　㋓	
〔問2〕	ⅠのA～D	ア～エ
	Ⓐ Ⓑ Ⓒ Ⓓ	㋐ ㋑ ㋒ ㋓
〔問3〕	㋐　㋑　㋒　㋓	
〔問4〕		

6

	A	B	C	D
〔問1〕	㋐㋑㋒㋓	㋐㋑㋒㋓	㋐㋑㋒㋓	㋐㋑㋒㋓
〔問2〕	㋐　㋑　㋒　㋓			
〔問3〕	㋐　㋑　㋒　㋓			

2024年度入試配点表(東京都)

理科	1	2	3	4	5	6	計
	各4点×6	各4点×4	各4点×4	各4点×3	各4点×4	各4点×4 (問2完答)	100点

社会	1	2	3	4	5	6	計
	各5点×3 (問1完答)	各5点×3 (問1~問3各完答)	各5点×3 (問1,問2各完答)	各5点×4 (問1,問3,問4 各完答)	各5点×4 (問2完答)	各5点×3 (問1完答)	100点

※ 143%に拡大していただくと，解答欄は実物大になります。

解答用紙　理科

▭部分がマークシート方式により解答する問題です。

マーク上の注意事項

1　ＨＢ又はＢの鉛筆（シャープペンシルも可）を使って，◯の中を正確に塗りつぶすこと。

2　答えを直すときは，きれいに消して，消しくずを残さないこと。

3　決められた欄以外にマークしたり，記入したりしないこと。

良い例	悪い例
●	線　小さい　はみ出し　丸囲み　レ点　うすい

受検番号						
⓪〜⑨	⓪〜⑨	⓪〜⑨	⓪〜⑨	⓪〜⑨	⓪〜⑨	⓪〜⑨

1		
	〔問1〕	㋐ ㋑ ㋒ ㋓
	〔問2〕	㋐ ㋑ ㋒ ㋓
	〔問3〕	㋐ ㋑ ㋒ ㋓
	〔問4〕	㋐ ㋑ ㋒ ㋓
	〔問5〕	㋐ ㋑ ㋒ ㋓
	〔問6〕	㋐ ㋑ ㋒ ㋓

2			
	〔問1〕	㋐ ㋑ ㋒ ㋓	
	〔問2〕	①	②
		㋐ ㋑	㋐ ㋑
	〔問3〕	㋐ ㋑ ㋒ ㋓	
	〔問4〕	㋐ ㋑ ㋒ ㋓	

3					
	〔問1〕				
	〔問2〕	①		②	
		㋐ ㋑		㋐ ㋑	
	〔問3〕	①	②	③	④
		㋐ ㋑	㋐ ㋑	㋐ ㋑	㋐ ㋑
	〔問4〕	㋐ ㋑ ㋒ ㋓			

4		
	〔問1〕	㋐ ㋑ ㋒ ㋓
	〔問2〕	㋐ ㋑ ㋒ ㋓
	〔問3〕	㋐ ㋑ ㋒ ㋓

5			
	〔問1〕	㋐ ㋑ ㋒ ㋓ ㋔	
	〔問2〕	㋐ ㋑ ㋒ ㋓	
	〔問3〕	㋐ ㋑ ㋒ ㋓	
	〔問4〕	①	②
		㋐ ㋑ ㋒	㋐ ㋑ ㋒

6		
	〔問1〕	㋐ ㋑ ㋒ ㋓
	〔問2〕	㋐ ㋑ ㋒ ㋓ ㋔ ㋕
	〔問3〕	㋐ ㋑ ㋒ ㋓ ㋔
	〔問4〕	㋐ ㋑ ㋒ ㋓

※ 149%に拡大していただくと，解答欄は実物大になります。

解答用紙　社会

▭部分がマークシート方式により解答する問題です。

マーク上の注意事項

1　ＨＢ又はＢの鉛筆（シャープペンシルも可）を使って，◯の中を正確に塗りつぶすこと。

2　答えを直すときは，きれいに消して，消しくずを残さないこと。

3　決められた欄以外にマークしたり，記入したりしないこと。

良い例	悪い例
●	線　小さい　はみ出し　丸囲み　レ点　うすい

受	検	番	号			
0	0	0	0	0	0	0
1	1	1	1	1	1	1
2	2	2	2	2	2	2
3	3	3	3	3	3	3
4	4	4	4	4	4	4
5	5	5	5	5	5	5
6	6	6	6	6	6	6
7	7	7	7	7	7	7
8	8	8	8	8	8	8
9	9	9	9	9	9	9

1

〔問1〕	㋐ ㋑ ㋒ ㋓
〔問2〕	㋐ ㋑ ㋒ ㋓
〔問3〕	㋐ ㋑ ㋒ ㋓

2

〔問1〕	略地図中のA～D		Ⅱのア～エ	
	Ⓐ Ⓑ Ⓒ Ⓓ		㋐ ㋑ ㋒ ㋓	
〔問2〕	W	X	Y	Z
	㋐㋑㋒㋓	㋐㋑㋒㋓	㋐㋑㋒㋓	㋐㋑㋒㋓
〔問3〕	㋐ ㋑ ㋒ ㋓			

3

〔問1〕	A	B	C	D
	㋐㋑㋒㋓	㋐㋑㋒㋓	㋐㋑㋒㋓	㋐㋑㋒㋓
〔問2〕	㋐ ㋑ ㋒ ㋓			
〔問3〕	〔(1)目的〕 〔(2)敷(ふ)設(せつ)状況及び設置状況〕			

4

〔問1〕	㋐㋑㋒㋓ → ㋐㋑㋒㋓ → ㋐㋑㋒㋓ → ㋐㋑㋒㋓			
〔問2〕	㋐ ㋑ ㋒ ㋓			
〔問3〕	時期			略地図
	㋐㋑㋒ → ㋐㋑㋒ → ㋐㋑㋒			㋐ ㋑ ㋒
〔問4〕	A	B	C	D
	㋐㋑㋒㋓	㋐㋑㋒㋓	㋐㋑㋒㋓	㋐㋑㋒㋓

5

〔問1〕	㋐ ㋑ ㋒ ㋓
〔問2〕	㋐ ㋑ ㋒ ㋓
〔問3〕	㋐ ㋑ ㋒ ㋓
〔問4〕	

6

〔問1〕	A	B	C	D
	㋐㋑㋒㋓	㋐㋑㋒㋓	㋐㋑㋒㋓	㋐㋑㋒㋓
〔問2〕	Ⅰの略年表中のA～D		略地図中のW～Z	
	Ⓐ Ⓑ Ⓒ Ⓓ		Ⓦ Ⓧ Ⓨ Ⓩ	
〔問3〕	㋐ ㋑ ㋒ ㋓			

2023年度入試配点表(東京都)

理科	1	2	3	4	5	6	計
	各4点×6	各4点×4 (問2完答)	各4点×4 (問2,問3各完答)	各4点×3	各4点×4 (問4完答)	各4点×4	100点

社会	1	2	3	4	5	6	計
	各5点×3	各5点×3 (問1,問2各完答)	各5点×3 (問1完答)	各5点×4 (問1,問3,問4各完答)	各5点×4	各5点×3 (問1,問2各完答)	100点

東京都公立高校　2022年度

※ 143％に拡大していただくと，解答欄は実物大になります。

解答用紙　理　科

▭部分がマークシート方式により解答する問題です。

マーク上の注意事項

1　ＨＢ又はＢの鉛筆（シャープペンシルも可）を使って，◯の中を正確に塗りつぶすこと。

2　答えを直すときは，きれいに消して，消しくずを残さないこと。

3　決められた欄以外にマークしたり，記入したりしないこと。

良い例	悪い例
●	線　小さい　はみ出し　丸囲み　レ点　うすい

受検番号						
⓪①②③④⑤⑥⑦⑧⑨	⓪①②③④⑤⑥⑦⑧⑨	⓪①②③④⑤⑥⑦⑧⑨	⓪①②③④⑤⑥⑦⑧⑨	⓪①②③④⑤⑥⑦⑧⑨	⓪①②③④⑤⑥⑦⑧⑨	⓪①②③④⑤⑥⑦⑧⑨

1		
	〔問1〕	㋐　㋑　㋒　㋓
	〔問2〕	㋐　㋑　㋒　㋓
	〔問3〕	㋐　㋑　㋒　㋓
	〔問4〕	㋐　㋑　㋒　㋓
	〔問5〕	㋐　㋑　㋒　㋓

2		
	〔問1〕	㋐　㋑　㋒　㋓
	〔問2〕	㋐　㋑　㋒　㋓
	〔問3〕	㋐　㋑　㋒　㋓
	〔問4〕	㋐　㋑　㋒　㋓

3		
	〔問1〕	㋐　㋑　㋒　㋓
	〔問2〕	㋐　㋑　㋒　㋓
	〔問3〕	㋐　㋑　㋒　㋓
	〔問4〕	㋐　㋑　㋒　㋓

4		
	〔問1〕	㋐　㋑　㋒　㋓
	〔問2〕	㋐　㋑　㋒　㋓
	〔問3〕	㋐　㋑　㋒　㋓
	〔問4〕	㋐　㋑　㋒

5		
	〔問1〕	㋐　㋑　㋒　㋓
	〔問2〕	㋐　㋑　㋒　㋓　㋔　㋕
	〔問3〕	<化学反応式> ＿＿＿＿（酸）＋＿＿＿＿（アルカリ）→ ＿＿＿＿（塩）＋＿＿＿＿
	〔問4〕	㋐　㋑　㋒　㋓

6		
	〔問1〕	㋐　㋑　㋒　㋓
	〔問2〕	㋐　㋑　㋒　㋓
	〔問3〕	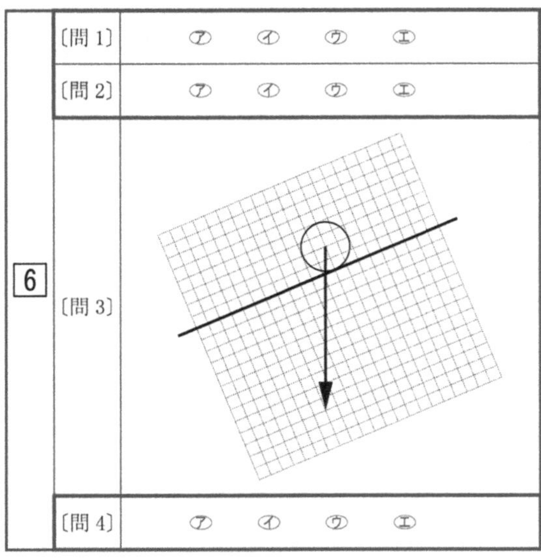
	〔問4〕	㋐　㋑　㋒　㋓

※ 149％に拡大していただくと，解答欄は実物大になります。

解答用紙　社会

□部分がマークシート方式により解答する問題です。

マーク上の注意事項

1　HB又はBの鉛筆（シャープペンシルも可）を使って，◯の中を正確に塗りつぶすこと。

2　答えを直すときは，きれいに消して，消しくずを残さないこと。

3　決められた欄以外にマークしたり，記入したりしないこと。

良い例	悪い例
●	線　小さい　はみ出し　丸囲み　レ点　うすい

受	検	番	号			
⓪①②③④⑤⑥⑦⑧⑨	⓪①②③④⑤⑥⑦⑧⑨	⓪①②③④⑤⑥⑦⑧⑨	⓪①②③④⑤⑥⑦⑧⑨	⓪①②③④⑤⑥⑦⑧⑨	⓪①②③④⑤⑥⑦⑧⑨	⓪①②③④⑤⑥⑦⑧⑨

1

〔問1〕	㋐ ㋑ ㋒ ㋓
〔問2〕	㋐ ㋑ ㋒ ㋓
〔問3〕	㋐ ㋑ ㋒ ㋓

2

〔問1〕	略地図中のA～D		IIのア～エ	
	Ⓐ Ⓑ Ⓒ Ⓓ		㋐ ㋑ ㋒ ㋓	
〔問2〕	P	Q	R	S
	㋐ ㋑ ㋒ ㋓	㋐ ㋑ ㋒ ㋓	㋐ ㋑ ㋒ ㋓	㋐ ㋑ ㋒ ㋓
〔問3〕	略地図中のW～Z		IとIIの表のア～エ	
	Ⓦ Ⓧ Ⓨ Ⓩ		㋐ ㋑ ㋒ ㋓	

3

〔問1〕	A	B	C	D
	㋐ ㋑ ㋒ ㋓	㋐ ㋑ ㋒ ㋓	㋐ ㋑ ㋒ ㋓	㋐ ㋑ ㋒ ㋓
〔問2〕	Iのア～エ		略地図中のW～Z	
	㋐ ㋑ ㋒ ㋓		Ⓦ Ⓧ Ⓨ Ⓩ	
〔問3〕	〔変化〕 〔要因〕			

4

〔問1〕	㋐㋑㋒㋓ → ㋐㋑㋒㋓ → ㋐㋑㋒㋓ → ㋐㋑㋒㋓
〔問2〕	㋐ ㋑ ㋒ ㋓
〔問3〕	㋐㋑㋒㋓ → ㋐㋑㋒㋓ → ㋐㋑㋒㋓ → ㋐㋑㋒㋓
〔問4〕	㋐ ㋑ ㋒ ㋓

5

〔問1〕	㋐ ㋑ ㋒ ㋓
〔問2〕	㋐ ㋑ ㋒ ㋓
〔問3〕	
〔問4〕	㋐ ㋑ ㋒ ㋓

6

〔問1〕	㋐㋑㋒㋓ → ㋐㋑㋒㋓ → ㋐㋑㋒㋓ → ㋐㋑㋒㋓	
〔問2〕	IのA～D	IのA～Dのア～ウ
	Ⓐ Ⓑ Ⓒ Ⓓ	㋐ ㋑ ㋒
〔問3〕	Ⓦ Ⓧ Ⓨ Ⓩ	

2022年度入試配点表(東京都)

理科	1	2	3	4	5	6	計
	各4点×5	各4点×4	各4点×4	各4点×4	各4点×4 (問3完答)	各4点×4	100点

社会	1	2	3	4	5	6	計
	各5点×3	各5点×3 (問1・問2・問3 各完答)	各5点×3 (問1・問2 各完答)	各5点×4 (問1・問3 各完答)	各5点×4	各5点×3 (問1・問2 各完答)	100点

※ 148%に拡大していただくと，解答欄は実物大になります。

解答用紙　理　科

□部分がマークシート方式により解答する問題です。

マーク上の注意事項

1　HB又はBの鉛筆（シャープペンシルも可）を使って，○の中を正確に塗りつぶすこと。

2　答えを直すときは，きれいに消して，消しくずを残さないこと。

3　決められた欄以外にマークしたり，記入したりしないこと。

良い例	悪い例
●	線　小さい　はみ出し　丸囲み　レ点　うすい

受検番号						
⓪①②③④⑤⑥⑦⑧⑨	⓪①②③④⑤⑥⑦⑧⑨	⓪①②③④⑤⑥⑦⑧⑨	⓪①②③④⑤⑥⑦⑧⑨	⓪①②③④⑤⑥⑦⑧⑨	⓪①②③④⑤⑥⑦⑧⑨	⓪①②③④⑤⑥⑦⑧⑨

1

〔問1〕	㋐ ㋑ ㋒ ㋓	
〔問2〕	㋐ ㋑ ㋒ ㋓	
〔問3〕	㋐ ㋑ ㋒ ㋓	
〔問4〕	① ㋐ ㋑ ㋒ ㋓	② ㋐ ㋑ ㋒ ㋓
〔問5〕	㋐ ㋑ ㋒ ㋓	
〔問6〕	㋐ ㋑ ㋒ ㋓	

2

〔問1〕	① ㋐ ㋑ ㋒ ㋓	② ㋐ ㋑ ㋒ ㋓
〔問2〕	㋐ ㋑ ㋒ ㋓	
〔問3〕	㋐ ㋑ ㋒ ㋓	
〔問4〕	㋐ ㋑ ㋒ ㋓	

3

〔問1〕	㋐ ㋑ ㋒ ㋓		
〔問2〕	① ㋐ ㋑ ㋒	② ㋐ ㋑ ㋒	③ ㋐ ㋑ ㋒
〔問3〕	① ㋐ ㋑ ㋒ ㋓	② ㋐ ㋑ ㋒ ㋓	
〔問4〕	㋐㋑㋒㋓ → ㋐㋑㋒㋓ → ㋐㋑㋒㋓ → ㋐㋑㋒㋓		

4

〔問1〕	㋐ ㋑ ㋒ ㋓	
〔問2〕	① ㋐ ㋑ ㋒	② ㋐ ㋑ ㋒
〔問3〕	① ㋐ ㋑ ㋒	② ㋐ ㋑ ㋒

5

〔問1〕	① ㋐ ㋑ ㋒ ㋓	② ㋐ ㋑ ㋒
〔問2〕	① ㋐ ㋑ ㋒ ㋓	② ㋐ ㋑ ㋒ ㋓
〔問3〕	㋐ ㋑ ㋒ ㋓	
〔問4〕	%	

6

〔問1〕	㋐ ㋑ ㋒ ㋓			
〔問2〕				
〔問3〕	㋐㋑㋒㋓ → ㋐㋑㋒㋓ → ㋐㋑㋒㋓ → ㋐㋑㋒㋓			
〔問4〕	① ㋐ ㋑ ㋒	② ㋐ ㋑ ㋒	③ ㋐ ㋑ ㋒	④ ㋐ ㋑ ㋒

※ 151％に拡大していただくと，解答欄は実物大になります。

解答用紙　社　会

▭部分がマークシート方式により解答する問題です。

マーク上の注意事項

1　HB又はBの鉛筆（シャープペンシルも可）を使って，◯の中を正確に塗りつぶすこと。

2　答えを直すときは，きれいに消して，消しくずを残さないこと。

3　決められた欄以外にマークしたり，記入したりしないこと。

良い例	悪い例
●	線　小さい　はみ出し　丸囲み　レ点　うすい

受検番号						
⓪①②③④⑤⑥⑦⑧⑨	⓪①②③④⑤⑥⑦⑧⑨	⓪①②③④⑤⑥⑦⑧⑨	⓪①②③④⑤⑥⑦⑧⑨	⓪①②③④⑤⑥⑦⑧⑨	⓪①②③④⑤⑥⑦⑧⑨	⓪①②③④⑤⑥⑦⑧⑨

1

〔問1〕	㋐　㋑　㋒　㋓
〔問2〕	㋐　㋑　㋒　㋓
〔問3〕	㋐　㋑　㋒　㋓
〔問4〕	㋐　㋑　㋒　㋓

2

〔問1〕	Ⅰの**ア〜エ**		Ⅱの表の**ア〜エ**	
	㋐㋑㋒㋓		㋐㋑㋒㋓	
〔問2〕	P	Q	R	S
	㋐㋑㋒㋓	㋐㋑㋒㋓	㋐㋑㋒㋓	㋐㋑㋒㋓
〔問3〕	ⅠとⅡの表の**ア〜エ**		略地図中の**W〜Z**	
	㋐㋑㋒㋓		ⓌⓍⓎⓏ	

3

〔問1〕	A	B	C	D
	㋐㋑㋒㋓	㋐㋑㋒㋓	㋐㋑㋒㋓	㋐㋑㋒㋓
〔問2〕	W	X	Y	Z
	㋐㋑㋒㋓	㋐㋑㋒㋓	㋐㋑㋒㋓	㋐㋑㋒㋓
〔問3〕	〔地域の変容〕			
	〔要因〕			

4

〔問1〕	㋐㋑㋒㋓ →	㋐㋑㋒㋓ →	㋐㋑㋒㋓ →	㋐㋑㋒㋓
〔問2〕	Ⅰの略年表中の**ア〜エ**		Ⅱの略地図中の**A〜D**	
	㋐㋑㋒㋓		ⒶⒷⒸⒹ	
〔問3〕	㋐　㋑　㋒　㋓			
〔問4〕	A	B	C	D
	㋐㋑㋒㋓	㋐㋑㋒㋓	㋐㋑㋒㋓	㋐㋑㋒㋓

5

〔問1〕	㋐　㋑　㋒　㋓
〔問2〕	㋐　㋑　㋒　㋓
〔問3〕	

6

〔問1〕	㋐㋑㋒㋓ →	㋐㋑㋒㋓ →	㋐㋑㋒㋓ →	㋐㋑㋒㋓
〔問2〕	A	B	C	D
	㋐㋑㋒㋓	㋐㋑㋒㋓	㋐㋑㋒㋓	㋐㋑㋒㋓
〔問3〕	㋐　㋑　㋒　㋓			

2021年度入試配点表(東京都)

理科	1	2	3	4	5	6	計
	各4点×6 (問4完答)	各4点×4 (問1完答)	各4点×4 (問2,問3,問4各完答)	各4点×3 (問2,問3各完答)	各4点×4 (問1,問2各完答)	各4点×4 (問3,問4各完答)	100点

社会	1	2	3	4	5	6	計
	各5点×4	各5点×3 (問1,問2,問3各完答)	各5点×3 (問1,問2各完答)	各5点×4 (問1,問2,問4各完答)	各5点×3	各5点×3 (問1,問2各完答)	100点

※この解答用紙は147％に拡大していただきますと，実物大になります。

解答用紙　理　科

受	検	番	号			
⓪①②③④⑤⑥⑦⑧⑨	⓪①②③④⑤⑥⑦⑧⑨	⓪①②③④⑤⑥⑦⑧⑨	⓪①②③④⑤⑥⑦⑧⑨	⓪①②③④⑤⑥⑦⑧⑨	⓪①②③④⑤⑥⑦⑧⑨	⓪①②③④⑤⑥⑦⑧⑨

□部分がマークシート方式により解答する問題です。

マーク上の注意事項

1　ＨＢ又はＢの鉛筆（シャープペンシルも可）を使って，○の中を正確に塗りつぶすこと。

2　答えを直すときは，きれいに消して，消しくずを残さないこと。

3　決められた欄以外にマークしたり，記入したりしないこと。

良い例	悪い例
●	線　小さい　はみ出し　丸囲み　レ点　うすい

1

〔問1〕	㋐　㋑　㋒　㋓
〔問2〕	㋐　㋑　㋒　㋓
〔問3〕	㋐　㋑　㋒　㋓
〔問4〕	㋐　㋑　㋒　㋓
〔問5〕	㋐　㋑　㋒　㋓

2

〔問1〕	㋐　㋑　㋒　㋓
〔問2〕	㋐　㋑　㋒　㋓
〔問3〕	㋐　㋑　㋒　㋓
〔問4〕	㋐　㋑　㋒　㋓

3

〔問1〕	㋐　㋑　㋒　㋓	
〔問2〕	㋐　㋑　㋒　㋓	
〔問3〕	＊ 解答欄は裏面にあります。	
〔問4〕	①	②
	㋐㋑㋒㋓	㋐㋑㋒㋓

4

〔問1〕	①	②	③	
	㋐㋑㋒㋓	㋐㋑㋒㋓	㋐㋑㋒㋓	
〔問2〕	㋐　㋑　㋒　㋓			
〔問3〕	①	②	③	④
	㋐㋑㋒㋓	㋐㋑㋒㋓	㋐㋑㋒㋓	㋐㋑㋒㋓
〔問4〕	＊ 解答欄は裏面にあります。			

5

〔問1〕	㋐　㋑　㋒　㋓	
〔問2〕	①	②
	㋐㋑㋒㋓	㋐㋑㋒㋓
〔問3〕		
〔問4〕	溶質の名称	
	結晶の質量	g

6

〔問1〕

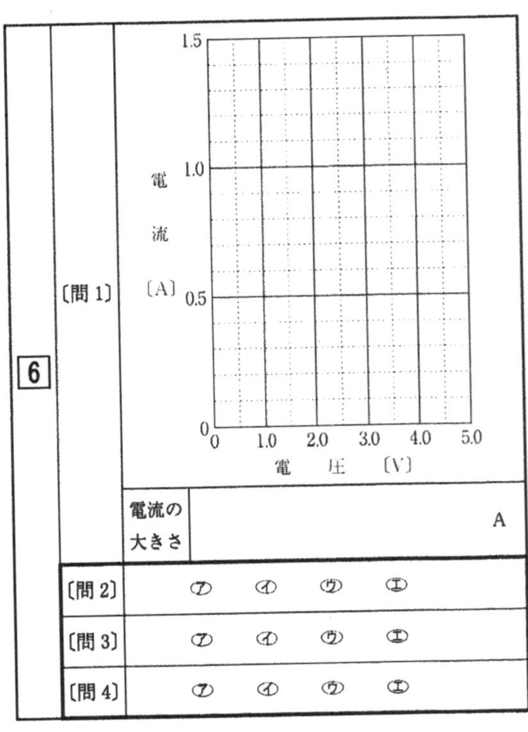

電流の大きさ	A

〔問2〕	㋐　㋑　㋒　㋓
〔問3〕	㋐　㋑　㋒　㋓
〔問4〕	㋐　㋑　㋒　㋓

解答用紙　**理　科**

受　検　番　号						

3	〔問 3〕	

4	〔問 4〕	

※この解答用紙は145％に拡大していただきますと，実物大になります。

解答用紙　社会

受	検	番	号

□部分がマークシート方式により解答する問題です。

マーク上の注意事項

1　ＨＢ又はＢの鉛筆（シャープペンシルも可）を使って，◯の中を正確に塗りつぶすこと。

2　答えを直すときは，きれいに消して，消しくずを残さないこと。

3　決められた欄以外にマークしたり，記入したりしないこと。

良い例	悪い例
●	線　小さい　はみ出し　丸囲み　レ点　うすい

1

〔問1〕	㋐ ㋑ ㋒ ㋓
〔問2〕	㋐ ㋑ ㋒ ㋓
〔問3〕	㋐ ㋑ ㋒ ㋓

2

〔問1〕	略地図中のA～D		Ⅱのア～エ	
	Ⓐ Ⓑ Ⓒ Ⓓ		㋐ ㋑ ㋒ ㋓	
〔問2〕	P	Q	R	S
	㋐ ㋑ ㋒ ㋓	㋐ ㋑ ㋒ ㋓	㋐ ㋑ ㋒ ㋓	㋐ ㋑ ㋒ ㋓
〔問3〕	略地図中のW～Z		ⅠとⅡの表のア～エ	
	Ⓦ Ⓧ Ⓨ Ⓩ		㋐ ㋑ ㋒ ㋓	

3

〔問1〕	A	B	C	D
	㋐ ㋑ ㋒ ㋓	㋐ ㋑ ㋒ ㋓	㋐ ㋑ ㋒ ㋓	㋐ ㋑ ㋒ ㋓
〔問2〕	P	Q	R	S
	㋐ ㋑	㋐ ㋑	㋐ ㋑	㋐ ㋑
〔問3〕	〔建設された理由〕 〔建設された効果〕			

4

〔問1〕	㋐ ㋑ ㋒ ㋓ → ㋐ ㋑ ㋒ ㋓ → ㋐ ㋑ ㋒ ㋓ → ㋐ ㋑ ㋒ ㋓	
〔問2〕	Ⅰの略年表中のア～エ	Ⅱの略地図中のA～D
	㋐ ㋑ ㋒ ㋓	Ⓐ Ⓑ Ⓒ Ⓓ
〔問3〕	㋐ ㋑ ㋒ ㋓	
〔問4〕	㋐ ㋑ ㋒ ㋓	

5

〔問1〕	㋐ ㋑ ㋒ ㋓
〔問2〕	㋐ ㋑ ㋒ ㋓
〔問3〕	㋐ ㋑ ㋒ ㋓
〔問4〕	㋐ ㋑ ㋒ ㋓

6

〔問1〕	㋐ ㋑ ㋒ ㋓ → ㋐ ㋑ ㋒ ㋓ → ㋐ ㋑ ㋒ ㋓ → ㋐ ㋑ ㋒ ㋓	
〔問2〕	略地図中のA～D	ⅠとⅡのグラフのア～エ
	Ⓐ Ⓑ Ⓒ Ⓓ	㋐ ㋑ ㋒ ㋓
〔問3〕		

2020年度入試配点表(東京都)

理科	1	2	3	4	5	6	計
	各4点×5	各4点×4	各4点×4 (問4完答)	各4点×4 (問1,問3各完答)	問4　各2点×2 他　各4点×3 (問2完答)	問1　各2点×2 他　各4点×3	100点

社会	1	2	3	4	5	6	計
	各5点×3	各5点×3 (問1・問2・問3 各完答)	各5点×3 (問1・問2各完答)	各5点×4 (問1・問2各完答)	各5点×4	各5点×3 (問1・問2各完答)	100点

~公立高校志望の皆様に愛されるロングセラーシリーズ~

公立高校入試シリーズ

・全国の都道府県公立高校入試問題から良問を厳選
※実力錬成編には独自問題も!
・見やすい紙面、わかりやすい解説

数学

合格のために必要な点数をゲット

目標得点別・公立入試の数学 基礎編

- 効率的に対策できる! 30・50・70点の目標得点別の章立て
- web解説には豊富な例題167問!
- 実力確認用の総まとめテストつき

定価:1,210円(本体1,100円+税10%)/ISBN:978-4-8141-2558-6

応用問題の頻出パターンをつかんで80点の壁を破る!

実戦問題演習・公立入試の数学 実力錬成編

- 応用問題の頻出パターンを網羅
- 難問にはweb解説で追加解説を掲載
- 実力確認用の総まとめテストつき

定価:1,540円(本体1,400円+税10%)/ISBN:978-4-8141-2560-9

英語

「なんとなく」ではなく確実に長文読解・英作文が解ける

実戦問題演習・公立入試の英語 基礎編

- 解き方がわかる! 問題内にヒント入り
- ステップアップ式で確かな実力がつく

定価:1,100円(本体1,000円+税10%)/ISBN:978-4-8141-2123-6

公立難関・上位校合格のためのゆるがぬ実戦力を身につける

実戦問題演習・公立入試の英語 実力錬成編

- 総合読解・英作文問題へのアプローチ手法がつかめる
- 文法、構文、表現を一つひとつ詳しく解説

定価:1,320円(本体1,200円+税10%)/ISBN:978-4-8141-2169-4

理科

短期間で弱点補強・総仕上げ

実戦問題演習・公立入試の理科

- 解き方のコツがつかめる! 豊富なヒント入り
- 基礎~思考・表現を問う問題まで重要項目を網羅

定価:1,045円(本体950円+税10%)
ISBN:978-4-8141-0454-3

社会

弱点補強・総合力で社会が武器になる

実戦問題演習・公立入試の社会

- 基礎から学び弱点を克服! 豊富なヒント入り
- 分野別総合・分野複合の融合などあらゆる問題形式を網羅
※時事用語集を弊社HPで無料配信

定価:1,045円(本体950円+税10%)
ISBN:978-4-8141-0455-0

国語

最後まで解ききれる力をつける

形式別演習・公立入試の国語

- 解き方がわかる! 問題内にヒント入り
- 基礎~標準レベルの問題で確かな基礎力を築く
- 実力確認用の総合テストつき

定価:1,045円(本体950円+税10%)
ISBN:978-4-8141-0453-6

東京学参の

中学校別入試過去問題シリーズ

＊出版校は一部変更することがあります。一覧にない学校はお問い合わせください。

東京ラインナップ

あ　青山学院中等部(L04)
麻布中学(K01)
桜蔭中学(K02)
お茶の水女子大附属中学(K07)
か　海城中学(K09)
開成中学(M01)
学習院中等科(M03)
慶應義塾中等部(K04)
啓明学園中学(N29)
晃華学園中学(N13)
攻玉社中学(L11)
国学院大久我山中学
（一般・CC）(N22)
（ＳＴ）(N23)
駒場東邦中学(L01)
さ　芝中学(K16)
芝浦工業大附属中学(M06)
城北中学(M05)
女子学院中学(K03)
巣鴨中学(M02)
成蹊中学(N06)
成城中学(K28)
成城学園中学(L05)
青稜中学(K23)
創価中学(N14)★
た　玉川学園中学部(N17)
中央大附属中学(N08)
筑波大附属中学(K06)
筑波大附属駒場中学(L02)
帝京大中学(N16)
東海大菅生高中等部(N27)
東京学芸大附属竹早中学(K08)
東京都市大付属中学(L13)
桐朋中学(N03)
東洋英和女学院中学部(K15)
豊島岡女子学園中学(M12)
な　日本大第一中学(M14)
日本大第三中学(N19)
日本大第二中学(N10)
は　雙葉中学(K05)
法政大学中学(N11)
本郷中学(M08)
ま　武蔵中学(N01)
明治大付属中野中学(N05)
明治大付属八王子中学(N07)
明治大付属明治中学(K13)
ら　立教池袋中学(M04)
わ　和光中学(N21)
早稲田中学(K10)
早稲田実業学校中等部(K11)
早稲田大高等学院中学部(N12)

神奈川ラインナップ

あ　浅野中学(O04)
栄光学園中学(O06)
か　神奈川大附属中学(O08)
鎌倉女学院中学(O27)
関東学院六浦中学(O31)
慶應義塾湘南藤沢中等部(O07)
慶應義塾普通部(O01)
さ　相模女子大中学部(O32)
サレジオ学院中学(O17)
逗子開成中学(O22)
聖光学院中学(O11)
清泉女学院中学(O20)
洗足学園中学(O18)
捜真女学校中学部(O29)
た　桐蔭学園中等教育学校(O02)
東海大付属相模高中等部(O24)
桐光学園中学(O16)
な　日本大中学(O09)
は　フェリス女学院中学(O03)
法政大第二中学(O19)
や　山手学院中学(O15)
横浜隼人中学(O26)

千・埼・茨・他ラインナップ

あ　市川中学(P01)
浦和明の星女子中学(Q06)
か　海陽中等教育学校
（入試Ｉ・Ⅱ）(T01)
（特別給費生選抜）(T02)
久留米大附設中学(Y04)
さ　栄東中学(東大・難関大)(Q09)
栄東中学(東大特待)(Q10)
狭山ヶ丘高校付属中学(Q01)
芝浦工業大柏中学(P14)
渋谷教育学園幕張中学(P09)
城北埼玉中学(Q07)
昭和学院秀英中学(P05)
清真学園中学(S01)
西南学院中学(Y02)
西武学園文理中学(Q03)
西武台新座中学(Q02)
専修大松戸中学(P13)
た　筑紫女学園中学(Y03)
千葉日本大第一中学(P07)
千葉明徳中学(P12)
東海大付属浦安高中等部(P06)
東邦大付属東邦中学(P08)
東洋大附属牛久中学(S02)
獨協埼玉中学(Q08)
な　長崎日本大中学(Y01)
成田高校付属中学(P15)
は　函館ラ・サール中学(X01)
日出学園中学(P03)
福岡大附属大濠中学(Y05)
北嶺中学(X03)
細田学園中学(Q04)
や　八千代松陰中学(P10)
ら　ラ・サール中学(Y07)
立命館慶祥中学(X02)
立教新座中学(Q05)
わ　早稲田佐賀中学(Y06)

公立中高一貫校ラインナップ

北海道　市立札幌開成中等教育学校(J22)
宮　城　宮城県仙台二華・古川黎明中学校(J17)
市立仙台青陵中等教育学校(J33)
山　形　県立東桜学館・致道館中学校(J27)
茨　城　茨城県立中学・中等教育学校(J09)
栃　木　県立宇都宮東・佐野・矢板東高校附属中学校(J11)
群　馬　県立中央・市立四ツ葉学園中等教育学校・
市立太田中学校(J10)
埼　玉　市立浦和中学校(J06)
県立伊奈学園中学校(J31)
さいたま市立大宮国際中等教育学校(J32)
川口市立高等学校附属中学校(J35)
千　葉　県立千葉・東葛飾中学校(J07)
市立稲毛国際中等教育学校(J25)
東　京　区立九段中等教育学校(J21)
都立大泉高等学校附属中学校(J28)
都立両国高等学校附属中学校(J01)
都立白鷗高等学校附属中学校(J02)
都立富士高等学校附属中学校(J03)
都立三鷹中等教育学校(J29)
都立南多摩中等教育学校(J30)
都立武蔵高等学校附属中学校(J04)
都立立川国際中等教育学校(J05)
都立小石川中等教育学校(J23)
都立桜修館中等教育学校(J24)
神奈川　川崎市立川崎高等学校附属中学校(J26)
県立平塚・相模原中等教育学校(J08)
横浜市立南高等学校附属中学校(J20)
横浜サイエンスフロンティア高校附属中学校(J34)
広　島　県立広島中学校(J16)
県立三次中学校(J37)
徳　島　県立城ノ内中等教育学校・富岡東・川島中学校(J18)
愛　媛　県立今治東・松山西中等教育学校(J19)
福　岡　福岡県立中学校・中等教育学校(J12)
佐　賀　県立香楠・致遠館・唐津東・武雄青陵中学校(J13)
宮　崎　県立五ヶ瀬中等教育学校・宮崎西・都城泉ヶ丘高校附属中学校(J15)
長　崎　県立長崎東・佐世保北・諫早高校附属中学校(J14)

公立中高一貫校
「適性検査対策」
問題集シリーズ

総合編
作文問題編
資料問題編
数と図形編
生活と科学編
実力確認テスト編

私立中・高スクールガイド
THE（ザ）私立
私立中学＆高校の学校生活がわかる！

〈ダウンロードコンテンツについて〉

本問題集のダウンロードコンテンツ、弊社ホームページで配信しております。現在ご利用いただけるのは「2025年度受験用」に対応したもので、**2025年3月末日**までダウンロード可能です。弊社ホームページにアクセスの上、ご利用ください。
※配信期間が終了いたしますと、ご利用いただけませんのでご了承ください。

高校別入試過去問題シリーズ

都立立川高等学校　2025年度

ISBN978-4-8141-2954-6

[発行所] 東京学参株式会社
〒153-0043　東京都目黒区東山2-6-4

書籍の内容についてのお問い合わせは右のQRコードから　⇒

※書籍の内容についてのお電話でのお問い合わせ、本書の内容を超えたご質問には対応できませんのでご了承ください。

2024年7月4日　初版